上海
检察文库

检察案例选编 ①

刑事疑难案例研究

（2012）

Study on Hard Cases in Criminal Justice (Vol.2012)

主　编：陶建平
副主编：张少林 肖　宁
统　稿：秦新承 欧阳昊 赵　宁 戚永福

上海交通大学出版社
SHANGHAI JIAO TONG UNIVERSITY PRESS

内 容 提 要

本书收集了近两年上海检察机关办理终结的疑难复杂案件，通过基本案情、争议焦点、评析意见、处理结果等四部分的阐述，展现刑事法学的理论与实践问题。全书共分为“刑法总则”、“刑法分则”和“刑事诉讼法”三个部分，按照实体法和程序法、总论和分论的法典体例进行编排；所选案例具有典型性、实用性和理论性的特点；论证分析不仅注意全面客观反映基本案情，而且列举实务部门的分歧意见，使读者能够触类旁通、举一反三。

图书在版编目(CIP)数据

刑事疑难案例研究. 2012/陶建平主编. —上海：上海交通大学出版社，2013
(上海检察文库)
ISBN 978-7-313-09691-3

Ⅰ. ①刑…　Ⅱ. ①陶…　Ⅲ. ①刑事犯罪—案例—中国
Ⅳ. ①D924.305

中国版本图书馆 CIP 数据核字(2013)第 094549 号

刑事疑难案例研究(2012)

陶建平　主编

上海交通大学出版社出版发行
(上海市番禺路 951 号　邮政编码 200030)
电话：64071208　出版人：韩建民
常熟市文化印刷有限公司印刷　全国新华书店经销
开本：787mm×960mm　1/16　印张：35.25　字数：551 千字
2013 年 7 月第 1 版　2013 年 7 月第 1 次印刷
ISBN 978-7-313-09691-3/D　定价：69.00 元

序 言

刑法学是一门理论与实践高度统一的学科，刑事案例则是反映现实司法活动的刑法理论与实践结合的产物。进入21世纪以来，我国经济社会发展日新月异，各种新类型的疑难复杂案件也层出不穷。在此背景下，广大司法工作人员通过办案实践，发挥自己的经验、智慧，提炼出精到的方法和理论，成为推动刑事立法、刑事法律理论发展的重要源泉。

上海检察机关历来十分重视发挥典型案例的业务指导作用，不仅通过市院检委会案例通报、业务条线案例指导以及案例教学培训等方式，提高本市检察干警发现、研究疑难案件的意识和水平，而且自2005年开始，每年编辑一本《刑事案例研究与司法问题释疑》，将司法实践中的优秀案例汇编出版，指导执法办案。为了更好地贯彻落实中央关于建立案例指导制度的司法改革举措和最高人民检察院2010年《关于案例指导工作的规定》，我们组织力量，编辑出版了本书，收集了2011年以来上海检察机关办理的153个法律适用疑难案例。

基于上述一贯的宗旨和思路，我们在汇编过程中特别注意以下三点：一是典型性。本书所选案例均来自上海检察实践，每个案例在检察办案过程中都存在较大争议，反映法律适用的一类问题；二是实用性。本书每个案例都包括基本案情、争议焦点、评析意见和处理结果四个部分，既注意全面反映客观案情，又注意反映司法实践部门的争议观点，通过对焦点问题的重点分析，提高读者对该类问题的理解和认识；三是理论性。本书的案例均来自检察办案一线，作者大多既有较长的检察工作经历，同时又有较强的理论研究能力。他们不仅对案件处理的正误进行评析，而且从法学原理和检察实践出发，举一反三，以点及面，力求实现理论上的升华。

当然,由于我们水平有限,刑法实践和理论也在不断发展,本书选编中的不当之处在所难免,在此真诚地希望读者批评指正,以便下次编撰时修订更正。

编　者
2013 年 2 月

目　录

总则部分

分则部分

刑事诉讼法部分

总则部分

特别关税税率变化对走私行为的定罪量刑是否有溯及力

一、基本案情

为了在用肥旺季时限制国内化肥出口，2008 年海关总署发布 2008 第 26 号公告，规定自 2008 年 4 月 20 日至 9 月 30 日，对化肥出口加征税率为 100%的特别关税。2008 年 5 月至 6 月间，被告单位 A 公司在经营化肥出口业务过程中，其国际业务部负责人、被告人王某在明知出口化肥需加征 100%特别关税的情况下，为逃避关税制作虚假单证，先后三次将化肥伪报为“树脂”(一种塑料，不征关税)走私出口，偷逃税款共计人民币 85 万余元。该案由海关缉私局侦查终结。

二、争议焦点

本案中认定被告人走私犯罪偷逃税款的重要依据，即海关总署 2008 第 26 号公告已于 2008 年 9 月份自行失效，而现行化肥的关税税率已调低至 75%，因此在核税依据的适用上产生争议。

第一种意见认为，应依照刑法“从旧兼从轻”的溯及力原则，认定被告单位及被告人无罪。虽然王某主观上存在走私故意，客观上实施了走私的行为，但由于核定王某偷税数额的依据，即海关对化肥征收特别关税的公告已于案件移送检察机关之前废止。按现行海关税率计算王某偷逃关税的数额，计算结果未达到走私普通货物罪的起刑点，因此其行为失去可罚性。

第二种意见认为，应按照行为时公告确定的税率来计核偷逃税额，认定相关单位和个人构成走私普通货物罪。刑法溯及力中所指的法律变更，应当专指刑法条文的变动。本案中海关征税公告的变动应认定为行政法规、规章的变更，系事实变动，不属于刑法意义上法律变更，否则有违罪刑法定原则。基于刑法本身关于走私普通货物罪的规定并未变动,不能仅因海关法规的变化而适用“从旧兼从轻”原则。

三、评析意见

笔者同意第二种意见。行政规范性文件的变动能否被认为是刑法上的法律变动,从而适用轻法溯及,不能一概而论,应当区分对待。当刑法授权行政规定对刑法罪名的构成要件进行补充时,此时的行政规定变更应视为法律变更。只有相关行政规范性文件规定的变更涉及对某行为构成要件的该当性与刑事违法性评价的根本变更时,才能适用“从旧兼从轻”的刑法溯及力原则。

(一)海关总署公告的属性

走私普通货物罪作为空白罪状,刑法中并未列明其全部构成要件(主要是行为要件),而系授权其他相关法律、规范或者制度加以补充,作为补充部分的法律、规范被称为“补充规范”。本案中海关征收特别关税的公告确定了走私普通货物罪的行为要件,明确了构罪标准,应属于该空白罪状的补充规范。国家在履行管理职能时,为了应对社会实际的变化,除对国家法律进行修改外,还经常需要对行政规范性文件进行调整。补充规范作为行政规范性文件,其变化较之法律条文的变化在程序上更简便,具有更大的灵活性和针对性,所以被广泛适用。虽然这些补充规范的变化本身没有对刑法条文做出形式性修改,但在实质上可能改变了刑法规定的适用范围,因此如何厘清这些补充规范的变更与刑法溯及力的关系具有重要意义。

(二)补充规范变动能否发生溯及力的判断方法

在法理上将补充规范的变动区分为法律变动和事实变动。法律变动可能引发溯及力问题,事实变动则不可能。补充规范是确定犯罪构成的重要组成部分,其变动直接影响刑法对行为的评价。刑法往往通过多个法律条文对一个罪名的构成要件加以规定,这些条文可以均为刑法条文,也存在非刑事法律和刑事法律共同规定犯罪构成要件的情况。如在空白罪状中,规定相关罪名客观方面(特别是行为构成要件)的补充规范主要是行政规范性文件。若补充规范发生变动,则势必对犯罪构成产生直接影响,[①]使原来可罚的行为变为不可罚,不

① 龚培华:《刑法溯及力问题研究》,载《上海市政法管理干部学院学报》2000年第6期。

可罚的行为变为可罚甚至重罚，从而造成刑法可罚范围的变化。[①] 虽然刑法条文并没有发生变化，但从本质上讲，此时刑法规范已经发生了变更，应当认为补充规范的变动属于法律的变动。

但是，并非所有补充规范的变动都能引发刑法溯及力问题。轻法溯及既往的法理依据在于"在社会已改变对某种行为的评价时，如果对以前实施了同样行为的人，还按以前的规定处以重罚，是不平等的。"[②]也就是说，只有社会(或立法者)对行为的评价发生改变，且评价为减轻或免除处罚的时候，轻法方可溯及既往；而当补充规范的变动不涉及社会评价的改变时，"从旧兼从轻"的刑法溯及力不应适用。为了更好地对不同情况下补充规范变动对溯及力的影响进行区分，笔者对补充规范变更做出如下分类，并分别对每种类型的变更对刑法溯及力的不同影响进行分析，以期为认清补充规范变更与刑法溯及力关系提供路径。

1. 补充规范为限时法

限时法的变动不能引发溯及力。限时法是指明确规定自身适用期间的法律，如在条文中明确规定，"本法在×年×月×日至×年×月×日之内有效"、"本法施行期限为×年"等，或规定"本法适用于战时"，这些均属于典型的限时法。虽然我国刑法中并没有限时法条文，但在空白罪状的补充规范中存在大量的限时法。本案中海关总署的公告明确规定了该公告的生效期限："特别关税征收日期自2008年4月至9月30日"就属于典型的限时法。这类规范即使其因期限经过而失效，但是对于有效期内实施的行为，仍应适用限时法的规定，主要基于两方面考虑：

从理论角度分析，限时法与后法之间的关系并不属于传统意义上旧法与新法的关系。由于限时法明确规定了自身适用期限，从时间概念上独立于其前法和后法。所以在其期限届满之时，无论是由新法代替或是回复到限时法之前的状态，均不否定限时法在其有效期内对违法行为的评价。即使出现新法，也应认为新法是对限时法之前旧法的评价修改，而非对限时法的更正。限时法基于其自身的特点，应被认为是独立于其前法和后法的特别规定或特殊法规。

① 张明楷：《外国刑法纲要》，清华大学出版社1999年版，第73页。

② 陈忠林：《意大利刑法纲要》，法律出版社1999年版，第37页。

从实践操作层面,如果认为限时法失效后就不能适用,那么行为人就可能在限时法即将失效时实施违法行为,或故意使对自己的处罚拖延至限时法失效之后,从而使自己免受处罚。此外,考虑到刑事案件从侦查到审查起诉再到判决所必须经过的时间跨度,如果认为限时法失效后则不能适用,那么那些违反有效期限较短的限时法(如本文案例中海关特别关税的有效期限为5个月)的行为则没有被处罚的可能性。

这一观点也能得到域外刑法的支持。[①] 此外,理论界有学者进一步认为,限时法并不仅限于在条文中明确规定适用期限的法规,对为适应一时的情事而颁布的涉及改变刑罚范围的法律也属限时法。[②] 因此,海关对于应对某些特别情况而施行的暂定关税公告,纵然未规定其有效期限,亦应视为限时法的范畴,而不适用从旧兼从轻的原则。

2. 作为技术性变动的补充性规范变更

空白罪状补充规范(特别当补充规范为行政法规范时)的变动仅仅出于技术性目的时,其变动与国家对其行为的评价并无关系,因此不应具有从轻的溯及力。如伪造货币后该货币被国家废止使用的,国家废止旧币的规定并不影响国家对伪造货币行为的否定性评价,而是国家为了更好地实施金融政策而进行的技术性变更。对于这类技术性变更引起的空白罪状变化,若因新法而认定嫌疑人的行为不具有社会危害性显然不太合理。

从理论角度分析,当补充规范仅仅是技术性变动的情况下,国家对行为性质本身的评价并没有产生根本性的变化,而仅仅是在“数量”或“价格”等技术细节上对某些规定进行调整,如前述的伪造货币案,或商业银行擅自提高利率揽存,但其后中央银行又提高利率的。[③] 在此情况中,国家废止旧币或提高利率的行为仅系金融政策的技术性调整,而并未改变对伪造货币等违法行为的否定评价,或者说国家修改相关行政规范的目的并不是对原先禁止某种行为的解除。由于国家对行为的价值评判没有发生变化,所以对于这些补充规范的变更都不

---

① 德国刑法第24条规定:“仅于一定期限内施行之法律,纵已因时限经过而失效,对于在有效施行期内发生之行为,仍适用之。”意大利刑法则规定,不溯及既往的原则、适用有利于行为人的法律的原则,不适用于限时法。

② 黄明儒:《限时刑法探究》,载《法商研究》2008年第1期。

③ 何泽宏,庄劲:《论空白罪状规范的变更及其溯及力》,载《河北法学》2001年第6期。

应溯及适用轻法。

从实践操作层面，如果对所有补充规范的变动不加区分，均承认轻法可以溯及适用，则势必会导致办案的不确定性。如在走私普通货物案中，则可能出现以下情况：在侦查阶段，按当时税率核算，属于情节严重；到审查起诉阶段，海关降低税率，按新税率计算偷逃税款刚过起刑点；起诉至法院后，海关再次调低税率，使得犯罪嫌疑人的行为不再构成犯罪。这种对空白罪状补充规范变更一味机械化的认同，会增大刑法自身的不确定性，也会使一些当罚的行为变为不可罚，从而放纵犯罪。

3. 作为评价性变动的补充规范变更

只有当补充规范的变动属于“评价性变动”时，新规范才能依据“从旧兼从轻”原理而具有溯及力。“评价性变动”是指对犯罪构成要件和刑事违法性评价的根本性变动，相当一部分补充规范的变动体现了社会对某种行为评价的改变，在此情况下应承认该种变动能够引发“从旧兼从轻”的刑法溯及力。补充规范对行为违法性评价的根本变动例如国家商务部、海关总署公告对纺织品出口取消配额许可证管理后，对于原来违反出口配额许可的行为就应该按照“从旧兼从轻”原则适用新规范不再认为是犯罪。[①] 因此，判断补充规范的变更是技术性变更，还是评价性变动就成了空白罪状是否具有溯及力的关键问题。空白罪状和一般刑法规范一样，具有禁止或限制某种行为的性质，而补充规范的刑法作用系协助空白罪状明确所禁止或限制的对象行为。所以区分“技术性变更”或“评价性变更”的关键在于分析补充规范的变化有没有对原先禁止或限制行为的评价发生改变。若原先的补充规范(旧规范)具有禁止性或限制性，而新的补充规范(新规范)仅在数量、程度或其他内容上对旧规范进行变更，则只能认定该变更为技术性变更，不具有溯及力；如果新规范取消了旧规范的禁止性或限制性规定，则应视新法为评价性变更，具有溯及力。以“纺织品配额案”为例，如果国家行政法规仅对纺织品具体进口的配额量进行增减，该变动仅系技术层面，并不影响买卖配额许可证构成非法经营罪；而如果行政法规取消了纺织品配额，则应认为国家对限制纺织品进口的评价发生了改变，此时买卖配额许可证则不能构成非法经营罪。

---

① 曹坚:《取消纺织品配额前买卖许可证应否定罪》,载《检察日报》2005 年 10 月 13 日。

在走私普通货物案件中,关税的一项重要功能就在于限制对象货物在本国的进口或出口,而关税的高或低则反映出国家调控手段的量变而非质变。本案中国家对原为零税率的化肥开征100%的特别关税,其目的就是为限制化肥出口。即使之后海关出于各种原因调低税率,也没有改变国家对逃避化肥出口限制行为的刑事违法性评价。因此,海关调低税率的行为仅属于补充规范的技术性变更而非评价性变更,不应适用新法。本案中,海关总署的公告明确规定了该公告的生效期限:“特别关税征收日期自2008年4月至9月30日”,应属于典型的限时法,对限时法有效期内施行的行为,仍应适用限时法的规定。尽管该公告因期限经过而失效,但是对于王某在2008年5月至6月间实施的行为,仍应依照公告中规定的税率对犯罪嫌疑人偷逃的税额进行计核。

四、处理结果

检察机关以被告单位A公司、被告人王某偷逃税款共计人民币85万余元,构成走私普通货物罪向法院提起公诉,法院生效判决采纳检察机关指控意见。

(黄卓昊)

非法获取公民信息罪中的“非法获取”以及“公民信息”应当如何认定

一、基本案情

2010 年 3 月，葛某使用 QQ 聊天工具在互联网上联系，后利用其获知的上海市公民车主信息以及手机用户信息，与网名为“名录网客服”的人交换了五张光盘容量 1 500 万条的企业家个人信息（包括全国各地企业名称、联系人的姓名、手机号码、身份证号码等）。案发后，在葛某笔记本硬盘中发现上述企业家个人信息及大量车主或手机用户的姓名、手机号码、身份证号码等信息。上述企业家个人信息经查为网上公开信息。

二、争议焦点

关于葛某与他人相互交换公民信息的行为应当如何定性，存在以下两种分歧意见：

第一种意见认为，葛某的行为构成非法获取公民个人信息罪。主要理由是：葛某获取的企业家个人信息是“能够识别公民个人身份的信息”，倒卖此类个人信息将引发盗窃、诈骗、绑架等刑事犯罪，《刑法修正案（七）》增设侵犯公民个人信息罪的本意即是对近年来日益严峻的公民个人信息被不当采集、恶意使用乃至非法转卖牟利的刑法回应。

第二种意见认为，葛某的行为不构成犯罪。主要理由是：个人信息是指公民所有的有关自身的或者其他民事主体不愿被特定人群以外的人知悉的、且该信息一旦泄露足以对公民的正常生活产生消极影响的信息，这才具有法律保护价值。法无明文规定不为罪，葛某使用手机车主信息“交换”企业家个人信息，不属于与非法获取公民个人信息罪规定的“窃取等”非法手段，因此本案中企业联系人等相关信息不符合非法获取公民个人信息罪中法律保护对象。

三、评析意见

关于葛某与他人相互交换公民信息的行为应怎样定性,我们同意第二种观点,理由如下:

(一)"非法获取"行为的认定

首先,关于非法获取公民个人信息罪,《刑法》第253条之一第二款规定,窃取或者以其他方法非法获取公民个人信息,情节严重的,处三年以下有期徒刑或者拘役,并处或者单处罚金。而对于上述所指的"其他方法"目前并没有相应的司法解释。"非法"就其文义来解释即为"没有法律依据",从目前我国立法现状来看,尚未形成完整的个人信息安全的法律保护体系,个人信息安全内容散见于宪法、刑法和一些民事立法中,部门法中并没有直接承认个人信息权。公民有权实施法律法规并未禁止的任何行为,在个人信息保护法并未出台以及宪法、民法对个人信息的保护并不十分明确的情况下,实践中,很难从"没有法律依据"来考量,故而"非法"应当理解为"违反法律的禁止性规定"。

《刑法修正案(七)》对此作了"窃取"等的例示性规定。"其他方法"应当理解为与窃取具有大致相当的法律意义上的社会危害性,所以"非法获取"指"盗窃、骗取、恐吓、胁迫、购买、利诱"等行为。本案中的"交换"带有等价交易的性质,其本质与"购买"是一样的,应当属于"非法获取"。但是司法实践中,通过"网络求助"、"人肉搜索"获取信息或明知对方从事个人信息买卖而"赠送"其大量公民个人信息,还有公开渠道能免费得到的信息如对于一些单位将本机构人员信息公布于网站上,或者有人将他人信息上传到网上(如"百度文库"就有"上海高尔夫俱乐部资料"等),一些经营信息的企业或个人通过网络搜索上述信息并整理出售,买受人为"图方便"而购买的,我们认为,在现行法律规定不明确的情况下就不应该入罪。

(二)《刑法修正案(七)》中有关"公民个人信息"的范围界定

我国的《个人信息保护法》尚处于起草阶段,而《刑法修正案(七)》也没有明确此处的具体含义,如何在司法实践中理解"公民个人信息"这一争议问题,值得探讨。目前,理论界主要有"广义说"和"限制说"两种观点。"广义说"观点主要采用曾参与《个人信息保护法》起草的中国社科院法学研究所周汉华等学者的观点,即"个人信息是指现实生活中能够识别特定个人的一切信息,包括姓名、年龄、体重、档案、医疗记录、收入、家庭住址、电话号码等"。"限制说"观点则认为“个人信息是指与公民人身、人格密切相关，为公民个人所有，与公共生活无关且不为公共生活所知悉的信息。”

我们认为采用“限制说”比较妥当。我国刑法将非法获取公民个人信息罪规定在侵犯公民人身权利、民主权利一章，保护的是公民自身信息的私密性。刑法是最后的保障手段，其保护的权益应当具有超越私法保护的价值。姓名、年龄、体重等信息虽然能够识别特定个人，但是否应超越民事法律、行政法律等保护手段而运用刑罚，便值得商榷。[①] 刑法保护的公民个人信息，具体的判断标准应该同时考虑个人意愿和社会评价，即公民个人主观上有保护的意思，客观上对公民个人有保护的价值。刑法的目的是保护权益，旨在禁止任何他人或单位非法侵入公民的私人领域，由于个人信息与生活息息相关，所以必须公民个人主观上有保护的意思。从哲学意义上说，即公民个人可以像掌控财产一样自主掌控自己个人信息的使用，个人信息应当与个人财产权作同等保护。

然而并非所有公民的信息都是秘密，法律也不是一律禁止他人获取公民信息。国家禁止的是在公民个人不愿意的情况下，该信息被非法获取。[②] 我们认为，对“公民个人信息”的理解应当是：与公民个人存在关联、可以识别特定个人，公民不愿为社会公众所知并对公民个人有保护价值的信息，其形式包括文字、图片、影像、数据等载体。基于以上分析，本案中的企业家信息（包括企业名称，联系人的姓名、手机号码、联系地址等）已证实确系公布在网上，目的是希望他人看到上述信息以扩大知名度联系生意。即便采取不法手段获取了这些信息，符合本条犯罪的客观方面要件，也不宜作为犯罪来处理。葛某获取的相关信息不符合公民个人信息中“公民个人不愿为公众所知并具有保护价值”的构成要件，因此不构成犯罪。

四、处理结果

公安机关将葛某等人非法获取公民个人信息案撤回起诉。

（陈　荔　朱明华）

① 王昭武，肖凯：《侵犯公民个人信息犯罪认定中的若干问题》，载《法学》2009 年第 12 期。

② 王昭武，肖凯：《侵犯公民个人信息犯罪认定中的若干问题》，载《法学》2009 年第 12 期。

跨刑事责任年龄段的未成年人犯罪案件如何进行主体认定和法律适用

一、基本案情

犯罪嫌疑人季某，女，1991年11月6日生。2008年10月17日起，使用其母为其申领的上海银行信用卡进行透支消费，至2009年8月17日，该卡发生透支逾期。经银行多次催收，同年10月16日季某向卡内还款人民币1 500元，因未达应还金额，银行继续对其进行催收，但至2010年11月18日案发，季某始终未再还款。截止至案发，季某共拖欠透支本金人民币10 229.10元。2010年11月18日，季某接公安机关电话后至公安机关配合调查，并主动交代了上述事实。案发后，季某先后退赔透支本息共计人民币12 850元。

二、争议焦点

本案中，对季某的行为系恶意透支，应当定性为信用卡诈骗罪的认识较为统一，但关于该案是否属于未成年人犯罪，即季某犯罪时是否系已满16周岁、不满18周岁未成年人的主体认定，以及能否对季某按未成年人从轻、减轻处罚的法律适用，存在以下三种分歧意见：

第一种意见认为，季某犯罪时未成年，在量刑时应对其适用《刑法》第17条第三款未成年人犯罪从轻减轻条款。主要理由为：一从主观故意来看，季某在2009年10月16日最后一次还款后直至案发就未再还款，故可推定其非法占有故意产生于此，其时季某仍未满十八周岁，是未成年人。二从客观行为来看，季某在信用卡于2009年8月17日发生透支逾期后即未再使用该卡进行过任何透支消费，故其所有透支行为均发生于其未成年之时，仅其经银行催收后的仍不还款行为延续至十八周岁成年后，从而导致了恶意透支结果的产生，故其主要行为发生之时仍系未成年，而根据我国刑法理论，信用卡诈骗罪系行为犯，对此类犯罪的认定应主要考虑其行为的实施。故综合上述两点，对季某的行为应以未成年人犯罪处理，当然适用《刑法》第17条第三款。

第二种意见认为，季某犯罪时已成年，对其量刑时不能适用《刑法》第17条第三款未成年人犯罪从轻、减轻条款。主要理由为：对季某的行为何时构成犯罪的判定应严格依据我国刑法和最高人民法院、最高人民检察院《关于办理妨害信用卡管理刑事案件具体应用法律若干问题的解释》，即季某的行为只有在透支逾期并在银行两次催收后的3个月届满仍未还款时才成立恶意透支，才能为刑法所规制。具体到本案，季某在逾期透支、经银行两次催收满3个月仍未还款时已满十八周岁，故系成年人犯罪，而因季某犯罪时已成年，即不能适用《刑法》第17条第三款。

第三种意见认为，季某犯罪时已成年，但在量刑时可以对其按未成年人犯罪从轻、减轻处罚。主要理由为：对信用卡诈骗犯罪中恶意透支行为的认定应根据刑法和相关司法解释的规定，因季某在逾期透支并经银行两次催收满3个月仍不还款时已满18周岁，故系成年人犯罪。但同时，在对季某量刑时，则应当充分考虑其在成立犯罪之时刚刚脱离未成年人，刚刚进入成年人这一跨年龄阶段行为的特殊性，在对其行为进行综合评价的基础上，对季某以未成年人犯罪作从轻、减轻处罚。

三、评析意见

我们同意第三种意见，理由如下：

（一）季某的行为构成信用卡诈骗罪

对季某犯罪行为的认定应以《刑法》第196条和两高《关于办理妨害信用卡管理刑事案件具体应用法律若干问题的解释》为据。根据《刑法》第196条第二款和两高《关于办理妨害信用卡管理刑事案件具体应用法律若干问题的解释》第6条对“恶意透支”所作的解释，季某的行为只有在透支逾期并在银行两次催收后的3个月届满仍未还款时才成立恶意透支，其行为自此才能被称为犯罪行为。具体到本案的时间点，季某出生于1991年11月6日，其涉嫌本案的逾期透支行为始于2009年8月17日，银行自同年8月28日开始据此对其进行催收，10月16日，季某最后一次还款，因未达其应还透支额而继续被银行催收，故待经银行两次催收后的3个月期限届满之时，季某已年满18周岁，依法系成年人犯罪。

(二)对季某犯罪行为的认定应遵循我国限制刑罚介入民事领域的刑事立法原意

从刑事立法的目的来看,刑法及司法解释对“恶意透支”设置“经发卡银行两次催收后超过3个月仍不归还”要件的目的,很大程度上也是为了限制刑罚介入的范围,毕竟,信用卡诈骗类犯罪有其特殊性,在严厉打击扰乱金融秩序的不法行为的同时,也不得不考虑金融市场自身的自主发展运行。考虑到银行发行信用卡本就自有其风险业务体系,透支是银行允许甚至鼓励的正常用卡行为,而对逾期不还的行为银行也有对透支款收取滞纳金的行业惩处和自我救济,因而,在此类违规行为发生但未达到一定危害程度之时是不宜也不应以刑事法律来进行规制的。具体到本案,如对季某在未成年之时实施的透支乃至不还款但尚未达到法定入罪标准的行为以犯罪行为论,显然是与立法目的及解释适用相悖离的。

(三)对季某犯罪行为的处理应符合宽严相济的刑事司法政策

季某虽拖欠透支款不还至满18周岁,但其透支恶意的产生、透支行为的实施、甚至是透支不还之初,均处在其尚未满18周岁阶段。故在对其信用卡诈骗行为进行考量时,应充分考虑这一跨刑事责任年龄段的特殊性,认识到其成年时犯罪与未成年时行为间不可分割的因果关系,从宽严相济区别对待的司法原则出发,在综合考虑本案犯罪的成因、行为人的主观恶性、产生的社会危害性以及社会效果的基础上,在本案处理时将其区别于一般的成年人犯罪案件,对其参照未成年人犯罪从轻、减轻处罚。

(四)对季某犯罪行为进行处理应同时从有利于未成年人的角度作综合评价

就本案的处理而言,如作进一步细究,会发现另一矛盾之处,即本是为限制当事人行为被刑法规制的司法解释反而加重了当事人行为受刑罚处罚的力度。详言之,司法解释在刑法条文已有解释的基础上对恶意透支中的不还款要件增加了3个月的时间限定,原意是在有利于司法实践把握恶意透支认定的同时,严格限制刑事法律介入民事领域的范围,将3个月内的不还款行为排除在受刑法规制的范围外,给予因透支逾期或超额而被银行催收的持卡人3个月的宽宥期,应当说是提高了恶意透支的入罪标准,是有利于行为人的。然而具体到本案,却恰恰变成了对行为人的不利因素。本案中,因季某恰在司法解释给予的这3个月宽宥期内度过了其18周岁生日，于是对其而言，在处理时扩大刑罚的介入范围，尽早地将其行为归为犯罪行为，反而能使其因犯罪时未成年而理所应当地受到从轻、减轻处罚。反过来，如严格按法律规定的3个月期限届满起算，因季某已成年，依法并不能从轻、减轻处罚，这对季某显然是有所不公的，也背离了罪责刑相当的刑法原则。此间矛盾，在实务中应从有利于当事人的角度出发，在处理时对季某按未成年人犯罪作从轻、减轻处罚。

四、处理结果

检察机关对犯罪嫌疑人季某作相对不起诉处理。

（丁　莹）

事先有备能否阻却防卫行为的正当性
——人身安全受到威胁后准备行为的目的判断

一、基本案情

张某、刘某系同乡，一同在某公司工作。2009 年 8 月 7 日 16 时，刘某因工作琐事与同事李某发生争吵并扭打，张某亦上前帮忙用方凳压住李某，后双方被劝开。下班时，张某听到李某对其他人扬言晚上要对刘某、张某进行报复，张某便将其听到的话告诉了刘某。当日，两人即至一超市购买两把水果刀携带于身。当晚 9 时许，李某纠集祖某、陈某等四人将在小吃店内吃饭的张某、刘某叫出店外，双方发生争执，李某打了刘某一拳，后双方开始互殴。其间，张某持水果刀刺戳陈某胸腹部致陈某因失血而死亡，刘某持水果刀刺戳祖某胸部致其轻伤。

二、争议焦点

对张某、刘某二人实施的伤害行为是否构成防卫过当，存在两种分歧意见：

第一种意见认为，张某、刘某的行为不构成防卫过当。理由在于：张某、刘某主观上具有斗殴的故意，不具有正当防卫的主观意图。当二人知道李某等将殴打其时，应当通过合法途径予以制止，但二人却为斗殴准备水果刀，体现伤害他人身体的主观故意。在其后的斗殴中造成了对方死亡、重伤的后果，因此，构成故意伤害罪。

第二种意见认为，张某、刘某的行为构成防卫过当。理由在于：一是张某、刘某的行为具有防卫起因，李某和祖某等四人对张某、刘某进行殴打，已经构成了对二人合法权益的不法侵害。二是张某、刘某在主观上具有防卫意图。张某、刘某随身准备水果刀的目的是为了防卫来自李某、祖某等人的不法伤害，而不是对他人实施故意伤害。三是张某、刘某的防卫时间具有即时性，也就是在不法侵害正在进行时对防卫对象实施防卫行为。四是张某、刘某的防卫行为超过了必要的防卫限度。在遭到围殴时，为制止正在进行的不法侵害，掏出水果刀刺戳被害人，致 1 人死亡、1 人轻伤，其防卫行为明显超出必要限度，其行为属防卫过当。

三、评析意见

笔者同意第一种意见，张某、刘某的行为不构成防卫过当，不能对二人减轻或者免除处罚。由于防卫过当在客观方面与故意伤害行为并无差异，主观方面的认识和意志因素与故意伤害罪也往往相同，因此，定性区别的关键在于张某、刘某的主观方面是具有斗殴意图还是防卫意图，主观方面的目的决定了二人随身准备水果刀的行为是正当防卫的准备行为还是斗殴的准备行为。如果随身携带水果刀的行为超出了防卫目的，在后面是否还可以构成正当防卫或者防卫过当。换言之，事先有备能否阻却防卫行为的正当性，就此问题，分析如下：

（一）人身受到威胁后的准备行为

实践中的通说认为，虽然在受到人身威胁时，最好的处理方式是应该向公安机关、单位、组织报告以获得保护，但是，当人身受到威胁后，自己也可以实施防卫的准备。因为在类似本案的现实情况下，由于威胁发生的时间、地点、危害程度都无法预知，公安机关或者单位、组织实际上不可能提供足够的保护，法律也不能要求当事人只是呼救逃避，应当允许其实施防卫的准备行为。该观点同时也指出，人身受到威胁后，危害没有实际发生前，准备工具的行为并非都是防卫的准备行为，也有可能为斗殴目的，目的的判断只能根据相关事实和证据确定，不能恣意推断。我们赞同上述观点，但是该观点并没有明确在目的判断中应该考虑哪些事实和证据。我们认为，正当防卫的立法目的表明，法律允许在人身安全受到威胁时，采取必要的“以暴制暴”的手段，即以必要限度内的侵害行为防卫不法侵害。这种法律许可的防卫既针对正在发生的侵害的即时防卫，还应延伸至侵害可能发生时或者发生之前的防卫准备行为。

（二）准备行为目的的判断方法

人身受到威胁后的准备行为是否可以认定为防卫的准备行为，最重要的是对准备行为目的的判断。在防卫目的支配下事先有备，并且针对侵害对象实施了反击，则可能成立正当防卫或者防卫过当；不具有防卫目的而只有侵害目的的情况下事先有备,并且也实施了侵害行为,则不成立正当防卫或者防卫过当,除非有更加紧迫、现实的威胁介入,在新的防卫目的支配下,才有可能成立正当防卫或者防卫过当。防卫目的的判断应该参照刑法上对正当防卫的判断方法,从起因、时间、对象和强度四个方面进行考查。

1. 准备行为的起因

防卫准备行为的起因应当是合法权益可能遭受不法侵害,这种侵害不是正在进行的而是可能发生的,如本案中对方扬言报复并纠集同伙对张某、刘某二人人身安全构成的威胁。防卫准备的起因不能是行为人假想出来的,也不能是行为人自己的不法行为挑起的,即挑拨防卫。如在"苏良才故意伤害案"中,被告人与被害人发生口角和轻微的肢体冲突后,离开现场准备利刃后返回,在后来的斗殴中造成被害人死亡。由于不存在防卫起因,法院判决认为,被告人的行为发生在斗殴当中,准备利刃的行为不是出于防卫意图,而是故意伤害他人的目的,因此被告人的行为不是防卫过当。

2. 准备行为的时间

防卫的准备必须是威胁已经发出,并在持续中实施的。时过境迁的威胁不能成为准备防卫的理由,或者为加害行为做准备时还没有受到威胁,也不能说这种准备行为具有防卫意图。

3. 准备行为的对象

防卫准备的对象应该针对威胁发出的主体,防卫准备的对象超过了威胁的来源,防卫准备也就超出了法律许可的范围,造成其他的伤害后果就不能被防卫意图所涵盖。比如受到某人的人身威胁后,准备采取暴力胁迫、劫持其近亲属来进行"防卫",一旦造成严重后果就不能认为是防卫过当。作为一种例外,如果其他对象正在实施不法侵害取代了原先的威胁来源,仍然可以成立正当防卫或者防卫过当。如行为人本来携刀准备报复他人,却碰到其他不法分子持刀行凶,立即上前与之搏斗,仍然是正当防卫。

4. 准备行为的必要限度

对于威胁的反应必须结合威胁的潜在危险性大小来决定采取防卫准备行为的工具及方式,防卫准备行为本身不能触犯法律的禁止性规定。如果对于威胁的反应超出了"必要限度",反映准备行为的目的就有可能超出了防卫意图,而具有了故意伤害、妨碍社会管理甚至危害公共安全的其他犯罪目的。如果对防卫准备行为不加以限制，将会造成社会成员之间一旦有了矛盾，就将矛盾的危险性放到最大，以威胁对方生命作为消除威胁、防备自身的手段，势必将鼓励社会成员之间争强斗狠。如仅受到一个人的言语恐吓，就纠集、串联多人准备斗殴；受到轻微的人身威胁，就携带枪支准备“防卫”；又如，虽然对方的人身威胁非常严重并且威胁手段明显，但是可以或者已经从公安机关、单位、社区得到安全的保护，却自己去纠集同伙，准备凶器，扩大行为的危险性，以上准备行为均是超过了“必要限度”。

由于“人身安全威胁”和“正在发生的不法侵害”在紧迫性上有明显区别。因此，相对于防卫行为“必要限度”的判断，在判断人身安全威胁发生后准备行为的“必要限度”时，应采取更加理性、严格的判断标准。首先，要考虑获得公权力救济和保护的可能性；其次，行为人对威胁的发生是否有过错，如自己挑起矛盾后被威胁；再次，要在威胁的严重性、实现可能性与准备行为的危险性之间进行衡量。以“胡咏平伤害案”为例，胡咏平受到的人身威胁还不确定，不可能获得公权力保护，而且胡一贯为人忠厚老实，与被害人之间的矛盾只是口角，面对对方三人可能实施的伤害行为，自己一个人准备利器在身边，在手段上没有超过“必要限度”。因此，可以认定他的准备行为出于防卫意图。另外，生命受到现实威胁的情况下，如同“无限防卫”一样，防卫准备的“必要限度”也可以明显放大。还需要说明的是，行为的准备行为出于防卫目的并不意味着一概不承担刑事责任，除了要承担防卫过当导致的刑事责任以外，准备行为本身也会构成一些危险犯或者举动犯，如携带管制刀具进入公共场所；受到生命安全威胁时，制造、购买枪支、弹药、爆炸物等以防卫为目的的准备行为。

（三）张某、刘某二人准备工具的行为出于斗殴目的

按照上文提出的判断方法，我们认为张某、刘某二人准备工具的行为是出于斗殴目的，而不是防卫目的。理由如下：首先，在准备行为的起因方面，张某、刘某二人存在过错。人身威胁发生的起因是张某、刘某与对方发生了口角甚至扭打，二人存在明显过错。其次，二人的准备行为超出了“必要限度”。对方发出的人身威胁并不严重，只是找了两个人扬言要报复，这种报复只是争强斗狠，目的是让对方向自己屈服，对人身并不具有严重的现实威胁，而且张某、刘某二人一起相对于对方不是势单力薄，得知对方要报复的情况下可以选择结伴出行，减少离开住处的次数或者携带危险性较小的防卫武器。二人没有选择息事

宁人、避让锋芒的做法,而是携带利刃进一步扩大危险。

上述行为反映出张某、刘某二人的想法是:如果他们叫人来打我们,那我们就互相打,不但要打,还要通过武器占上风。二人主观上具有斗殴的故意,充分认识到自己行为的危险性,对行为造成更加严重的后果持放任态度。虽然二人准备工具的行为,以及后来的斗殴行为与作为起因的扭打行为有较长的时间间隔,但其性质是扭打行为的继续,可以视为一个整体斗殴行为。在互殴的场合,虽然有谁先动手之别,但却没有法律意义上的侵害者与被侵害者之别,双方都有侵害对方的意图,因此,在互殴中不存在正当防卫问题。在本案中,李某一方对于犯罪发生也具有明显的过错,被害人的过错因素可以作为酌定量刑情节在对张某、刘某的量刑中予以考虑。

四、处理结果

检察机关以被告人张某、刘某行为均构成故意伤害罪向法院提起公诉,认定二人主观上具有斗殴故意,不构成防卫过当;法院判决支持检察机关的指控,并以故意伤害罪判处张某有期徒刑十年;以故意伤害罪判处刘某有期徒刑五年。

(王　晶)

一方未实施殴打行为，斗殴双方是否均构成聚众斗殴罪

一、基本案情

2006 年 3 月 15 日 23 时，被告人周某（1988 年 6 月 29 日生）与被告人王某（已满 18 周岁）因琐事发生矛盾后，双方约定至上海市中山北一路、花园路路口进行斗殴，而后王某纠集被告人曹某（1988 年 6 月 27 日生），再由曹某纠集十余人持械至约定地点。周某纠集被告人陈某（1988 年 7 月 9 日生）等近十人赴约，当行至花园路、水电路口时，陈某怕人少吃亏，让其伯父陈日某（另处）帮忙，陈日某又叫了陆某（另处）等人一同前往斗殴地点。双方碰头后，陈日某用携带的啤酒瓶威胁对方，陆某将手插在衣服内侧，佯装有枪，迫使王某、曹某等人扔下刀、棒。周某、陈某等数人见状即冲上前用刀对王某、曹某等数人进行殴打。最终致使王某右肩部背侧锐器创致右肩胛骨骨折，累及部分肌腱；曹某因外伤致使左肩胛骨小骨块撕脱性骨折，经鉴定王某、曹某均构成轻伤。

二、争议焦点

对周某、陈某、王某、曹某的行为应当如何定性，存在以下四种分歧意见：

第一种意见认为，周某、陈某构成聚众斗殴罪，王某、曹某不构成犯罪。主要理由在于：聚众双方虽然都有实施斗殴的故意，但因为王某、曹某一方迫于对方的势力最终放弃了斗殴，王某、曹某的聚众行为亦未给对方造成任何损害结果，相反其自己却遭受对方的伤害，因此此时双方的聚众斗殴行为应该终止评价，其后实施的行为应当另外进行评价，王某、曹某方已转化为被害人，故该案只需追究周某、陈某一方的刑事责任，而王某、曹某不宜再追究刑事责任。在具体殴打过程中，周某一方伤害对方的目标是明确的，即王某一方，最终导致对方两人轻伤的结果，因此该案定性为故意伤害罪。

第二种观点认为,周某、陈某构成聚众斗殴罪(预备)和故意伤害罪数罪并罚,王某、曹某构成聚众斗殴罪(预备)。主要理由在于:聚众斗殴罪中的聚众行为是斗殴行为的预备行为,是为整个斗殴做准备。双方尚未着手实施斗殴行为,在到达现场后,由于一方迫于对方的势力,导致双方并未发生斗殴行为,此时双方的聚众斗殴行为停止在预备阶段。另一方殴打对方的行为,并造成了轻伤的危害结果,系另一个故意伤害行为,需要追究刑事责任。

第三种观点认为,周某、陈某构成聚众斗殴罪(未遂)和故意伤害罪数罪并罚,王某、曹某构成聚众斗殴罪(未遂)。主要理由在于:聚众斗殴罪是一个复合型犯罪,其包含了聚众行为和斗殴行为,这两个行为是有密切联系的,只要有其中一种行为即可构成本罪。另外,聚众斗殴罪的着手为发生聚众行为,既遂状态要求发生斗殴行为,而本案并未发生斗殴行为,因为斗殴是双方互殴的意思,而现在由于一方势力强大,而另一方只能被殴打,此乃意志以外的原因导致斗殴行为未发生,故应该定聚众斗殴罪(未遂),而后造成对方两人轻伤的危害结果,系另一个故意伤害行为,应当以故意伤害罪追究刑事责任。

第四种观点认为,周某、陈某、王某、曹某均构成聚众斗殴罪(既遂)。主要理由在于:聚众斗殴罪是一个复合型犯罪,其包含了聚众行为和斗殴行为,这两个行为是有密切联系的,只要有其中一种行为即可构成本罪,并非必须要求有斗殴行为。斗殴不能片面地理解为必须双方相互殴打,只要发生了殴打行为,即为既遂。

三、评析意见

笔者同意第四种意见,即周某、陈某、王某、曹某均构成聚众斗殴罪(既遂),对聚众斗殴罪中聚众行为的定性及犯罪形态的区分是本案定性的关键。具体理由如下:

(一) 聚众斗殴罪属于复合型犯罪,其实行行为包含聚众行为和斗殴行为

我国刑法学理论中的通说认为,"所谓实行行为,是指实施刑法分则规定的直接威胁或者侵害某种具体社会关系而为完成该种犯罪所必需的行为"[①],其具有三个基本特征:第一,它是一种危害行为;第二,它是刑法分则条文规定的完

① 马克昌:《犯罪通论》,武汉大学出版社 1999 年版,第 180 页。

成某种具体犯罪所必需的危害行为；第三，它直接侵犯了某种社会关系。[①] 一般而言，一种犯罪只需一个实行行为，但现实中大量存在一个犯罪需要实施两个以上的实行行为，这叫复合实行行为，是指“由两个或者两个以上实行行为组成”。[②] 那么聚众斗殴罪是否是复合型犯罪呢？这一命题的前提就是它所包含的聚众行为是否是该罪的实行行为。我们仔细分析《刑法》第 292 条规定，可以看出所谓聚众斗殴罪是指基于报复他人、争霸一方、寻求刺激或者其他公然藐视国家法纪和社会公德的不法动机，纠集多人成帮结伙地相互进行打斗，破坏社会公共秩序的行为。通过上述概念的分析，我们可以看出聚众斗殴罪的行为样态具复合性，即由聚众行为和斗殴行为复合而成。聚众行为是指组织、策划和指挥的行为。从聚众斗殴犯罪的客观进程来看，聚众行为往往是斗殴行为的准备或者必经过程；斗殴行为则是聚众的目的和归宿；从因果关系来分析，聚众是因，斗殴是果，二者统一于聚众斗殴犯罪的发展过程中。聚众行为完全符合实行行为的三个基本特征，聚众行为虽不及斗殴行为对社会破坏性来的大，但在首要分子或者积极参与者纠集的过程中，比如聚集数十人赶往斗殴现场的行为，其实已经造成一路上的公共秩序的混乱，此时已经开始破坏社会公共秩序，而且它是完成聚众斗殴犯罪的必要行为，没有聚众行为何谈聚众斗殴罪，因此，刑法条文也规定的是：“聚众斗殴的，对首要分子……”，该罪虽然使用的是简单罪状，但其中“聚众”一词还是十分凸显的，它是该条文规定的完成该罪所必需的危害行为。立法者规定的是聚众斗殴罪而非斗殴罪，其中的道理在此也可以得以充分的体现，表明立法者对聚众行为的强调。因此，聚众行为并非简单的预备行为，而是该罪的实行行为，它作为手段行为与目的行为（斗殴行为）结合构成了该罪完整的实行行为。

（二）聚众斗殴罪是行为犯，只要实施了聚众行为，就表明行为人已着手实施犯罪

刑法学界的通说认为，犯罪预备和犯罪的既遂、未遂进行区别的时间节点即着手实行犯罪行为。[③] 正如我们前面所分析的，聚众行为是该罪的实行行为，而非预备行为，因此该案双方均已聚集多人持械赶到了约定的斗殴地点的行

① 马克昌：《犯罪通论》，武汉大学出版社 1999 年版，第 181 页。

② 马克昌：《犯罪通论》，武汉大学出版社 1999 年版，第 189 页。

③ 高铭暄，马克昌：《刑法》，北京大学出版社 2000 年版，第 145 页。

为,表明了行为双方均已着手实施犯罪。通说也认为,对于类似聚众斗殴的双重实行行为来说,行为人实施最初的手段行为即为着手实行。[①] 但有的观点却认为实施了斗殴行为才系着手实施,笔者对此并不认同,因为如此认定的结果必然是:一旦实施斗殴即告该罪成立既遂,加上本罪又非结果犯,故该罪不存在未遂状态,这是典型的举动犯,因为刑法学界一般认为只有举动犯是没有未遂状态的。[②] 而从该罪的概念分析以及刑法理论界、实务界一般均认为该罪系行为犯,而非举动犯。[③] 通过上述分析,我们可以得出该案的双方均已进入着手实施阶段,而不再是聚众斗殴的预备状态,整个聚众斗殴行为仍在发展过程中,此时并不能终止评价聚众行为,更不可能认定王某一方对自己的聚众行为不负任何刑事责任。因此,第一观点及第二种观点的前半部分的分析显然是错误的。

(三)行为人只要实施了斗殴行为就构成犯罪既遂

通说认为,所谓犯罪既遂,是指行为人所故意实施的行为已经具备了某种犯罪构成的全部要件。[④] 既然聚众行为和斗殴行为均系本罪的实行行为,那当然属于本罪的构成要件,只有两个行为都实施了,才可能构成本罪的既遂。结合本案案情来看,一方对另一方已经实施了殴打行为,因此已构成犯罪既遂。

当然第三种意见认为,斗殴是有具体含义的。斗殴,从字面意思理解,是双方互相殴打。一方对一方的殴打并不是斗殴,因此该案后半部分的行为应当认定为故意伤害,而非斗殴。笔者认为这是过于狭义地理解了斗殴的含义,我们不能仅从形式上来解释,而应从实质的角度来理解,斗殴的实质是破坏社会秩序,而造成人身伤害是其中的一种情形。刑法语境下的斗殴,与一般意义的斗殴固然具有密切的内在联系,但是亦有其特有内涵。在多数场合下,刑法语境下的斗殴是指双方互殴;在特殊场合下,斗殴可以表现为一方殴打,另一方被动挨打,这种情况在司法实践中并不少见。本案就是典型的一例,双方都有明确的斗殴故意,只是一方迫于另一方的势力而无法主动出击,对方却抓住了这个机会,对对方的多人实施了殴打行为。这一方数人对另一方殴打的行为,场面是混乱的,斗殴双方本就是抱着相互攀比逞能、称王称霸、报复的心态来参与斗

① 赵秉志:《犯罪未遂形态研究(第二版)》,中国人民大学出版社 2008 年版,第 82～88 页。
② 赵秉志:《犯罪未遂形态研究(第二版)》,中国人民大学出版社 2008 年版,第 151 页。
③ 赵秉志:《犯罪未遂形态研究(第二版)》,中国人民大学出版社 2008 年版,第 547 页。
④ 高铭暄,马克昌:《刑法学》,北京大学出版社 2000 年版,第 149 页。

殴的，在这样对一方绝对有利，而另一方无力还击的情况下，一方往往更是会满足自己的面子，而不计后果地伤害对方，而本案最终的结果也证明这一点。该行为客观上的确已严重扰乱了社会秩序，并造成了对方的人身伤害，符合聚众斗殴侵害的法益，在主观上也符合妨害社会管理秩序罪所要求的流氓动机，这也是该类犯罪与其他犯罪的重要区别点之一。再举一例，如双方到达现场后，一方见对方势力过于强大，便逃离现场，另一方见此情况，猛追猛打，这种行为对社会秩序造成的破坏程度，不会比双方殴打来得轻，如果对此不认为是斗殴，而只是殴打，那是片面理解了斗殴的含义，未认识到该罪所要保护的法益，更会造成对犯罪的放纵。在刑法学界，通说也认为"斗殴所采用的暴力的方式，即可以相互搏击，也可以是身体互不接触，而以所持的凶器相互击打；还可以是一方或多方用枪支互相射击；还包括一方逃离现场，另一方追逐等等，故只要双方或者一方采用暴力方式进行殴斗，无论采用何种暴力方式都是斗殴的行为"。[①] 因此，第二种意见的后半部分及第三种意见也是错误的。

综合上述分析，笔者认为第四种观点是正确的，双方均应当认定为聚众斗殴罪（既遂），当然鉴于周某一方的行为已造成对方的伤害结果，而另一方未造成对方的伤害，故可以对王某、曹某酌情予以从轻处理。

四、处理结果

检察机关以被告人周某、陈某、王某、曹某行为均构成聚众斗殴罪（既遂）向法院提起公诉，法院以聚众斗殴罪（既遂）判处周某有期徒刑二年，缓刑二年；以聚众斗殴罪（既遂）判处陈某有期徒刑二年，缓刑二年；以聚众斗殴罪（既遂）判处王某有期徒刑一年零六个月，缓刑二年；以聚众斗殴罪（既遂）判处曹某有期徒刑一年，缓刑一年。

（丁　琪）

---

① 王作富：《刑法分则实务研究（下册）（第二版）》，中国方正出版社 2003 年版，第 1428 页。

诈骗得被害人存款后丢弃银行卡未取款如何认定犯罪形态

一、基本案情

2007年7月5日，被告人詹某甲指使詹某丙、詹某乙利用手机短信群发器群发短信，内容为“你好，原账号已更改，汇款请汇，户名薛海英，农业银行955998012915941××××，建设银行622700720012053××××，谢谢”。被害人黄某收到上述短信后误以为是朋友向其借款所发，当日向户名薛海英、卡号955998012915941××××的中国农业银行卡内汇入人民币(以下币种均为人民币)20万元。被告人詹某甲在得知被害人将钱款汇入账户后，即指使詹某乙、詹某丙至自动取款机取款、至金店购买金饰品。詹某甲在购买金饰品过程中应营业员的要求，在签购单上留下了自己的姓名和身份证号，后将该银行卡丢弃。同日，被害人徐某收到上述诈骗短信后，误以为是客户催要货款，于7月10日向户名薛海英、卡号为955998012915941××××的中国农业银行银行卡内汇款9万元，后得知客户未收到钱款，自己受骗，于7月11日报案，警方通知银行冻结资金，后将该款发还徐某。

二、争议焦点

本案中，被告人詹某甲、詹某乙、詹某丙利用手机群发短信，骗得黄某20万元后，詹某甲将银行卡丢弃，徐某5日后汇入该账户的9万元未被取现或消费，最后通过警方得以追回钱款。对徐的9万元应认定为犯罪既遂、未遂，抑或犯罪中止，存在较大争议。

第一种意见认为，对于犯罪既遂标准应采“失控说”，即被害人一旦失去对财物的控制，意味着他的财产权益已经遭受彻底的侵犯，无论行为人是否实际获得财物，均不影响对结果的认定。本案中，徐某基于错误认识处分钱款后实际已丧失对钱款的控制,故应认定为犯罪既遂。

第二种意见认为,对于犯罪既遂标准应采"控制说",即行为人主动放弃了对财物的控制,应认定犯罪中止。本案中,行为人对被害人钱款的控制是通过银行卡来实现的,实际是一种工具控制,当行为人放弃了对工具的控制,也就放弃了对钱款的继续控制,故应认定犯罪中止。

第三种意见认为,对于犯罪既遂标准应采"失控+控制说",即在短信类诈骗犯罪中的既遂,不仅要求被害人基于错误认识交付财物,而且该财物应为行为人所占有。本案中,行为人为逃避侦查丢弃银行卡后,已无法通过银行卡来实现对被害人财物的控制,故应认定犯罪未遂。

三、评析意见

我们同意第三种意见。传统刑法理论的失控说不能准确评价短信类诈骗犯罪的犯罪形态,本着罪刑相适应的刑法原则,结合此种新类型犯罪的特点,应严格把握既、未遂的判断标准,既要考虑被害人因受骗致财物失控,更应考虑行为人对财物是否实际掌控和支配,做到不枉不纵,罪刑相适应。具体分析如下:

(一)行为人因失去控制工具而无法占有被害人钱款

短信诈骗犯罪有别于传统诈骗犯罪,被告人利用手机群发诈骗短信,采用"撒网式"的方法对不特定人群进行诈骗,并通过银行卡实现对财物的占有,行为人与被害人之间存在银行这一媒介。其模式为行为人→银行→被害人,行为人对被害人财物的非法占有必须通过控制银行卡才能实现,即被害人对财物的失控不等同于行为人立即掌控、占有该财物,银行对财物的暂时保管为行为人实际占有财物设置了必要的障碍,行为人必须持合法、有效的凭证(银行卡、存折等)才能实现对财物的非法占有。本案中,被告人詹某甲将银行卡丢弃在前,徐某将9万元汇入该卡账户在后。詹某甲失去了对工具的控制,也就无法最终占有该钱款,且因该银行卡的户名不是被告人詹某甲,其不能通过银行卡挂失等合法途径恢复对该银行卡的控制。事实上,其后警方也确实从银行而不是从被告人詹某甲处追回该9万元。

(二)行为人为逃避侦查而丢弃控制工具

《刑法》第23条第一款规定,已经着手实行犯罪,由于犯罪分子意志以外的原因而未得逞的,是犯罪未遂。犯罪未遂理论特别关注行为人的主观心态,即犯罪未得逞是否因"意志以外的原因"。短信类诈骗犯罪的一个特点是对财物控制工具的即用即弃。行为人通过控制银行卡达到非法占有财物的目的,但银行卡同时具有易查易控的风险,此类犯罪中行为人为逃避侦查一般在占有钱款后即将卡弃用,形式上是自行丢弃,主观上是被动放弃。本案中的被告人詹某甲在持该银行卡购买6万余元黄金饰品时,应营业员的要求不得已留下了自己的真实姓名和身份证号,这更增强了詹某认为会被"警察查到"要尽快弃用该信用卡的意愿,故被告人詹某甲系为逃避公安机关的侦查,不得不将银行卡弃用。结合之前已查明的事实,詹某甲在2007年6月至8月期间,利用手机群发短信诈骗钱财,使用了多张不同姓名的银行卡,故其占有银行卡内骗得的钱款的犯罪意志始终存在。且詹某虽丢弃了银行卡,但并未自动有效地防止犯罪结果的发生。如确认其行为是犯罪中止而免除处罚,则忽略了其行为造成被害人对财物的失控及动用公权力所花费的司法成本这一后果,不利于对此类犯罪的惩治。

(三)认定犯罪未遂在量刑评价时更符合罪刑相适应原则

刑法关注的核心应是行为人的行为。《刑法》第266条规定,诈骗数额特别巨大或者有其他特别严重情节的,处十年以上有期徒刑或者无期徒刑,并处罚金或者没收财产。根据相关司法解释规定,诈骗数额20万元以上即应认定《刑法》第266条规定的"数额特别巨大"。如只要被害人将钱款汇入行为人指定的账户,即使行为人因丢弃、遗失等原因不再掌控该账户,实际不可能再取得钱款,也认定为犯罪既遂。那么,之后该账户若继续汇入90万、900万,对行为人该如何定罪量刑?诈骗犯罪是结果犯,"骗"是方法,"取"是结果,当钱款已被冻结,行为人无法实际占有和支配时,如仍认定为犯罪既遂,动辄判处十年以上的刑罚,与刑法罪刑相适应的原则相悖,无法体现刑法的公正。认定上述行为是犯罪未遂,并未放纵犯罪,量刑时可根据案件的具体情况对行为人从轻或者减轻处罚,对行为人做出适当的判决。

四、处理结果

检察机关以被告人詹某甲等三人行为构成诈骗罪向法院提起公诉,法院经审理认定被告人詹某甲、詹某乙、詹某丙先后诈骗被害人黄某20万元、被害人徐某 9 万元，数额特别巨大，其行为已构成诈骗罪；被告人詹某甲等三人诈骗被害人徐某 9 万元系犯罪未遂；被告人詹某甲在共同犯罪中起主要作用，是主犯，被告人詹某乙、詹某丙起次要作用，是从犯。

（赵　罡）

敲诈勒索未实际取得部分钱款的行为应如何认定犯罪形态

一、基本案情

2010年5月5日10时许，被告人王某某、金某某、闵某某、郑某某等人，经事先预谋并分工，先由同伙用钢管将被告人郑某某的左手砸伤，后被告人王某某、郑某某在上海市浦东新区川沙新镇某超市附近搭乘被害人李某某的摩托车至新场镇，当日12时许返回。在行驶至浦东新区川沙三号桥南约200米处的磁悬浮高架桥洞下时，两被告人故意弄翻摩托车，被告人郑某某假装受伤，并逼迫李某某带其去上海市浦东新区人民医院看伤，花费李某某医药费共计483.5元。后又由事先等候在医院的被告人闵某某、金某某等人向李某某敲诈索要22 600元，后得款5 000元。此外，2010年3月19日15时许，被告人王某某伙同孟某某等人(另行处理)以相同方式向被害人金某某敲诈索要人民币7 200元。

本案经检察机关以敲诈勒索罪起诉后，一审法院审理后认为，被告人王某某、金某某、闵某某、郑某某行为均已构成敲诈勒索罪，系共同犯罪；被告人王某某部分犯罪系未遂，对该部分犯罪依法比照既遂犯减轻处罚。本案宣判后，被告人金某某、闵某某、郑某某以其部分犯罪系未遂，一审判决未予认定且量刑过重为由提出上诉。

二、争议焦点

本案争议焦点在于王某某等人敲诈勒索李某某，索要2万余元而实际得款5千元，对未得的部分钱款是否认定为犯罪未遂，存在两种分歧意见：

第一种意见认为，王某某等人敲诈勒索后未实际取得财物的行为属于犯罪未遂。敲诈勒索罪与盗窃罪相同，都属于财产型犯罪，也均存在犯罪未遂状态。

第二种意见认为，王某某等人敲诈勒索后未实际取得财物的行为不构成犯罪未遂。敲诈勒索罪是数额犯，该罪将犯罪所得数额作为构成要件之一，即没有犯罪所得就不构成犯罪，因此敲诈勒索罪不存在犯罪未遂。

三、评析意见

笔者同意上述第一种意见，理由如下：

（一）敲诈勒索罪的既遂标准

根据《刑法》第 274 条，敲诈勒索公私财物，数额较大的，处三年以下有期徒刑、拘役或者管制；数额巨大或者有其他严重情节的，处三年以上十年以下有期徒刑。根据最高人民法院 2000 年 4 月 28 日公布的《关于敲诈勒索罪数额认定标准问题的规定》，“数额较大”以 1 千元至 3 千元为起点；“数额巨大”以 1 万元至 3 万元为起点。各省、自治区、直辖市高级人民法院可以根据本地区实际情况，在上述数额幅度内，研究确定本地区执行的敲诈勒索罪“数额较大”、“数额巨大”的具体数额标准，并报最高人民法院备案。依据该司法解释的授权，上海市于 2000 年 6 月 28 日出台了上海市高级人民法院、上海市人民检察院、上海市公安局、上海市司法局《关于本市办理敲诈勒索案件执行数额标准的意见》，规定“数额较大”的起点标准为 3 千元；“数额巨大”的起点标准为 3 万元。

在认定敲诈勒索罪时，首先应当明确刑法所规定的“数额较大”指的是什么性质的数额，是以犯罪行为指向的客观对象的数额即犯罪指向数额 2 万余元，还是以行为人实际谋取的数额，即犯罪所得数额 5 千元来判断。对于这点，敲诈勒索罪的相关司法解释并没有像盗窃罪的司法解释那样明确指出，①但根据对数额认定标准的文义、目的解释，应当是指敲诈勒索他人所得的数额，也就是 5 千元。本案中四名被告的敲诈勒索所得数额已经达到 5 千元，超过了起刑点 3 千元，应当认为已经构成敲诈勒索罪既遂。

（二）敲诈勒索罪未遂的认定

根据《刑法》第 274 条，构成敲诈勒索罪必须满足敲诈勒索所得数额较大。将犯罪所得数额作为构成要件之一意味着没有犯罪所得就不构成犯罪，这将导致敲诈勒索罪不存在犯罪未遂。那么敲诈勒索罪是否存在犯罪未遂状态呢？

---

① 《最高人民法院关于审理盗窃案件具体应用法律若干问题的解释》第一条中规定：“盗窃数额，是指行为人窃取的公私财物的数额。”

笔者认为,在没有相关司法解释的情况下,可以比照同为财产型犯罪的盗窃罪的司法解释予以处理。最高人民法院《关于审理盗窃案件具体应用法律若干问题的解释》规定:"盗窃未遂,情节严重,如以数额巨大的财物或者国家珍贵文物等为盗窃目标的,应当定罪处罚。"也就是说,当盗窃或者敲诈勒索实际所得数额没有达到数额较大或者符合其他标准时,只要作为盗窃或者敲诈勒索目标的财物数额巨大时,也将构成犯罪,以犯罪未遂来认定。此处的"数额"是犯罪指向数额。一般来说,犯罪指向数额表明了行为人的主观动机和目的,如果得到实现,就会成为犯罪所得数额。但在未完成犯罪形态中,犯罪指向数额就具有定罪量刑的意义。[①] 可见,数额犯通常具有两类标准:一是犯罪所得数额较大的构成犯罪;二是犯罪指向数额巨大的构成犯罪未遂。

有关数额犯是否存在未遂问题一直是理论界争议的焦点。持"否定说"的学者认为数额犯中没有犯罪未遂,持"肯定说"的学者则认为数额犯中仍然存在犯罪未遂的情况,其分歧的关键在于对数额的理解。若将数额一概认为犯罪所得的数额,那么数额作为构成要件之一,必然导致数额犯没有未遂状态,其意义将会使得一些犯罪目标大、主观恶性强、但未最终得手的行为不被认为犯罪而逃脱法律应有的制裁。若将数额一概认为犯罪意图所得,那么现行的有关数额的规定显然过低。刑法分则中许多财产型犯罪的出罪入罪都涉及数额的认定,关于数额犯未遂我国尚无系统的司法解释,只在盗窃罪、诈骗罪等零散的几个罪名的司法解释中作出了规定。[②] 对于当前立法中有关数额不明确之处,笔者建议予以修改,将犯罪所得数额作为犯罪构成要件,将犯罪指向数额作为犯罪既遂要件。例如规定为"敲诈勒索(盗窃)公私财物,索取(窃取)的财物数额较大的或者以数额巨大的财物为目标的"。

(三) 部分犯罪既遂部分犯罪未遂的认定

本案中除去 5 千元以外的 1 万余元的部分应当如何认定,是否属于部分未遂呢? 笔者认为,本案中犯罪行为已经既遂,应以既遂的标准予以量刑,即达到数额较大标准,应在三年有期徒刑以下量刑。若本案行为人分文未得手,则 2 万余元可以作为数额巨大的目标财产以犯罪未遂来定罪。而在犯罪既遂的情

---

① 张勇:《犯罪数额研究》,中国方正出版社 2004 年版,第 25 页。

② 张博:《刍议数额犯的未遂形态》,载《法制与社会》2009 年第 8 期。

况下，未得手的 1 万余元未遂数额（但非未遂形态）可以作为反映该行为人主观恶性的一种酌定犯罪情节，在量刑中予以酌情处理。

四、处理结果

二审法院经审理，认为本案中原审被告人王某某及上诉人金某某、闵某某、郑某某的部分犯罪系未遂，一审判决仅认定原审被告人王某某而未认定上诉人金某某、闵某某、郑某某的部分犯罪系未遂，确有错误，应予纠正。判决维持原审判决对被告人王某某的量刑；撤销原审判决金某某有期徒刑一年零九个月，改判一年零六个月；撤销原审判决闵某某有期徒刑一年零七个月，改判一年零四个月；撤销原审判决郑某某有期徒刑一年零五个月，改判一年零二个月。

（樊彦敏）

如何准确理解和认定正当防卫与必要限度

一、基本案情

2009年12月22日22时20分许，犯罪嫌疑人陈某酒后至上海市某游戏机房玩游戏。期间，陈某因琐事与该游戏机房老板吴某等人发生争执，并拿出随身携带的水果刀威胁对方，在吓退对方后将水果刀放入衣服口袋。之后，游戏机房老板吴某叫来五六名游戏机房工作人员持棍棒、凳子等器械对陈某进行围攻。陈某遂再次拔出水果刀予以抵挡。在抵挡过程中，陈某捅伤游戏机房工作人员徐某腹部，后逃离现场。经法医鉴定，被害人徐某因外伤致腹部锐器创伤，肝脏破裂，腹腔内积血等，构成重伤。另根据看守所《新收人员健康检查登记表》记载，犯罪嫌疑人陈某收押前因右侧头顶部头皮裂伤并缝合四针。

二、争议焦点

本案争议焦点主要涉及两个问题：一是陈某在与游戏机房老板吴某等人发生争执后，首先实施了用随身携带的水果刀威胁对方的行为，这是否意味其不再享有正当防卫权；二是如果陈某具有正当防卫权，其在遭到游戏机房多人持械围攻时，是否享有无限防卫权，其持刀捅伤被害人徐某并致其重伤的行为，是否属于防卫过当。对于上述两个问题有如下分歧意见：

第一种意见认为，犯罪嫌疑人陈某在与游戏机房老板吴某等人发生争执后，持刀示威在先，故其不享有正当防卫权，其持刀将被害人徐某捅成重伤的行为应当构成故意伤害罪。

第二种意见认为，犯罪嫌疑人陈某虽在与游戏机房老板吴某等人发生争执后，先拿出随身携带的水果刀示威，但其并未对对方身体实施攻击。游戏房老板吴某在陈某已停止持刀示威的情况下，仍纠集多名游戏机房工作人员持械围攻陈某。陈某面对多人持械围攻而持刀抵抗，其行为应当属于正当防卫，且享有无限防卫权。

第三种意见认为，犯罪嫌疑人陈某在遭游戏机房多名工作人员持械围攻的情况下，虽享有正当防卫权，但不享有无限防卫权，其持刀捅伤被害人徐某并致其重伤的行为属于防卫过当。

第四种意见认为，犯罪嫌疑人陈某虽不享有无限防卫权，但其在遭游戏机房多名工作人员持械围攻的情况下，持刀自卫并致被害人徐某重伤的行为未明显超过正当防卫的必要限度，属正当防卫。

三、评析意见

我们同意第四种意见，具体理由分析如下：

（一）陈某持刀示威在先的行为并非防卫挑拨，故其在遭对方多人持械围攻后，持刀抵挡的行为属于正当防卫

由于本案中陈某在与游戏机房工作人员发生争执后，先拿出随身携带的水果刀向对方示威，故持陈某不享有正当防卫权观点者认为，其持刀示威在先的行为系防卫挑拨，故游戏机房一方的攻击行为属正当防卫，对正当防卫不能再实施正当防卫。所谓防卫挑拨，是指行为人事先故意以言语、行动刺激他人、挑逗他人、引诱他人向自己发起进攻，然后借口正当防卫向对方反击。不可否认，本案中陈某持刀示威在先的行为与游戏机房工作人员持械对其实施殴打的行为确实存在一定的因果关系，亦有学者将类似这种行为称之为“自招的不法侵害”。然而，“自招的不法侵害”并不仅限于防卫挑拨，“行为人实施招致行为存在不受侵害意图支配的情况，如果行为人的招致行为充其量仅算是对微小法益的侵害，而对方的攻击行为却明显针对重大法益的情形，仍有正当防卫的余地。”[①]所以我们不能简单地得出陈某拔刀示威的行为系防卫挑拨，故其对于游戏机房多名工作人员的持械围攻不享有正当防卫权的结论。本案犯罪嫌疑人陈某拔刀示威后，不仅未对对方身体实施攻击，而且主动收起刀具，从其客观行为可以判断其主观上并不具有侵害他人的故意，故陈某的行为不属于防卫挑

---

① 参见张理恒：《析刑法中“自招的不法侵害”——以正当防卫制度为限》，载《重庆科技学院学报（社会科学版）》2009 年第 7 期。

拨。在此情况下,陈某面对游戏机房多名工作人员的持械围攻殴打,理应享有正当防卫权。

(二)陈某虽享有正当防卫权,但其实施的防卫行为不能超过必要限度,即其并不享有无限防卫权

所谓无限防卫权,是指公民在某些特定情形下所采取的防卫行为,没有不超过必要限度的要求,对其防卫行为的任何后果均不负刑事责任的权利。《刑法》第20条第三款明确规定,“对正在进行行凶、杀人、抢劫、强奸、绑架以及其他严重危及人身安全的暴力犯罪,才可以行使无限防卫权。”这一规定从防卫人所面临的不法侵害必须是严重危及人身的暴力犯罪行为,以及防卫人必须出于保护人身安全的目的两个方面对无限防卫权的行使予以严格地限制。就本案而言,游戏机房多名工作人员持械围攻殴打陈某的行为显然不属于“杀人、抢劫、强奸、绑架以及其他严重危及人身安全的暴力犯罪”,故该行为是否属于“行凶”就成为是决定陈某是否享有无限防卫权的关键。对于“行凶”一词的理解,司法实践中较为普遍观点认为,“行凶”与“杀人”是一种包含和被包含的关系,“行凶”包括故意杀人行为和故意伤害行为。由于杀人行为已经在法条中明确列举,而公民对故意轻伤害和故意轻微伤害的行为不能行使特殊防卫权,所以“行凶”应该是“故意伤害(重伤)”的情形。①

结合本案的起因及具体侵害行为来看,游戏机房多名工作人员持棍棒和凳子殴打陈某的行为,并非是必然造成他人重伤的严重暴力侵害,不属于《刑法》第20条第三款列举的五种享有无限防卫权的情形,陈某也就不存在行使无限防卫权的前提条件不,故其不享有无限防卫权。

(三)陈某的防卫行为并未明显超过正当防卫的必要限度,故不属于防卫过当

《刑法》第20条第二款明确规定,“正当防卫明显超过必要限度造成重大损害的”是防卫过当。对于正当防卫“必要限度”的正确理解是区别本案中陈某的行为系正当防卫,抑或防卫过当的前提条件。我们认为,对于正当防卫中“必要限度”的理解和判断,可以从以下两方面加以考量:①防卫手段。游戏机房工作人员人数众多且持械围攻陈某,陈某身处孤立无援、寡不敌众的境地,仅凭独自

① 喻建立,刘枫:《刑法第二十条的“行凶”应改为“故意伤害”》,载《检察日报》2010年7月5日。

一人赤手空拳，显然无法有效制止对方多人的不法侵害。在这种情况下，陈某拿出随身携带的水果刀予以抵抗，应当属于自我防卫的本能选择，该防卫手段的选择并无不当。②防卫结果。为避免判断是否明显超过正当防卫必要限度的主观随意性，对于防卫结果是否明显超过必要限度的区分，一般采用以下原则：如果侵害行为有造成防卫行为人轻伤的可能性，防卫行为造成一般重伤的，可以认定为“超过”；如果防卫行为造成他人肢体残废或死亡的，则可以认定为“明显超过”。[①] 就本案而言，虽然对陈某的伤势情况未进行司法鉴定，但看守所《新收人员健康检查登记表》记录证实，其右侧头顶部头皮裂伤并缝合四针，该伤势情况已接近轻伤标准。同时，陈某持刀防卫的行为虽至被害人徐某重伤，但未致其残疾。就防卫结果而言，陈某的防卫行为亦未明显超过必要限度。综合对陈某所采取的防卫手段和防卫结果两方面的考量，其采取的防卫行为并未明显超过必要限度，故不属于防卫过当。

四、处理结果

本案由公安机关以涉嫌故意伤害罪提请检察机关审查批准逮捕犯罪嫌疑人陈某。检察机关经审查认为，犯罪嫌疑人陈某的行为属正当防卫，且未超过必要限度，根据《刑法》第 20 条的规定，陈某的行为不负刑事责任，故决定对其不批准逮捕。

（殷凯桦）

① 游伟，黄祥青：《关于正当防卫“必要限度”的理解与判定——对王某故意伤害致人重伤案的法理评析》，载《法学》2000 年第 1 期。

如何把握盗窃实施终了未遂的定罪标准

一、基本案情

2010 年 10 月 1 日 15 时许，刘某某与他人（另案处理）经预谋，至本市南京东路 353 号底楼 ZARA 服装专卖店内，趁营业员不备之机，用事先准备好开启服装磁性防盗扣的专用工具，卸下 12 件各类 ZARA 品牌男女服装的防盗扣，装入刘某某携带的包内。在刘某某离开该店时，设置在店门口的报警器报警，刘某某听到报警器响后即携赃物逃离，被保安人员追至店外近百米处将其抓获，并当场从刘某某的黑色包内查获各类 ZARA 品牌男女服装 12 件、开启磁性防盗扣专用工具一个。经鉴定，12 件 ZARA 品牌各种货号的男女服装总计价值人民币 7 208 元。

二、争议焦点

对于本案犯罪形态及行为性质的认定，主要存在以下三种分歧意见：

第一种意见认为，刘某某在将衣物的防盗扣卸下并将衣物放入自己包内时，其行为已经既遂，构成盗窃罪。理由是：对于类似本案中有防盗装置的体积小、重量轻的衣物等小件物品，是否将防盗装置拆除并将物品置于自身控制之下应作为盗窃既遂与未遂的判断标准。本案中当刘某某将衣物上的防盗扣卸下并将衣物装入自己的包中后，店门处的报警器已无法感应到被窃衣物的存在，此时被害单位对于被窃衣物已实际失去控制，因此刘某某的行为已经既遂，行为人以非法占有为目的盗窃数额较大的物品，应构成盗窃罪。

第二种意见认为，犯罪嫌疑人在离开店门时其盗窃行为已经既遂，构成盗窃罪。理由是：在特定场所内盗窃，应以是否把财物带出该场所作为既遂与未遂的界限。本案中报警器报警及保安发现的时间点都略晚于犯罪嫌疑人携赃物离开商店的瞬间时间点，此时犯罪嫌疑人已携赃离开了商店，被害单位对被盗商品已处于失控状态。此外，犯罪嫌疑人被抓获及赃物被缴获的实际地点距被害单位已有近百米，也说明了被窃商品实际上已被犯罪嫌疑人携带出被害单位的实际控制范围，犯罪嫌疑人已完成了对该部分物品的实际占有及控制，故应当认定本案犯罪状态为既遂，行为人的行为构成盗窃罪。

第三种意见认为，犯罪嫌疑人因意志以外的原因盗窃未完成，属盗窃未遂，因所盗物财物数额未达巨大标准，不能追究刑事责任。理由是：犯罪嫌疑人携带赃物逃至门口时，设置在店门口的报警器已响并被店内保安发现，后保安追至店外将其抓获，由此说明犯罪嫌疑人着手实施盗窃后在其还未离开店内时即被发现，系意志以外的原因使得盗窃行为未完成，属于盗窃未遂。实践中由于盗窃未遂一般应达到数额巨大（2 万元）以上才定罪处罚，因此犯罪嫌疑人盗窃数额未达到起刑点，不构成盗窃罪。

三、评析意见

根据本案实际情况以及相关的法律法规，笔者同意第三种意见，即犯罪嫌疑人的行为不构成犯罪。理由如下：

（一）被害单位对被盗财物始终未丧失实际控制，犯罪嫌疑人自始至终未取得对被盗财物的真正控制

物品是否脱离被害人实际控制以及是否被行为人真正控制，是判断盗窃既遂与未遂的通常标准。现实生活中，盗窃现象包罗万象，如何判断被窃财物已被犯罪嫌疑人实际控制或尚未脱离被害人实际控制是一个十分复杂的问题。刑法上的控制是一种事实上的占有状态，一般情况下，在该种状态下物品所有人能够依据自己的意志使用、支配、处分其持有物。就本案来看，被窃 12 件 ZARA 品牌服装虽然被犯罪嫌疑人带离了商店，并且在将犯罪嫌疑人抓获前，衣物始终掌握在犯罪嫌疑人手中。但是，由于犯罪嫌疑人在离开商店的一刹那报警器已经报警，店内保安人员立即实施了追击，在此种情况下，犯罪嫌疑人不可能依据自己的意志随意使用、支配、处分这些衣物。相反，被害单位则可以通过抓获犯罪嫌疑人的方式，最终追回对被窃衣物的使用、支配和处分权。因此，被窃衣物在被犯罪嫌疑人装入包内后至被抓获的过程中，被害单位自始至终没有丧失对被窃商品的实际控制权，犯罪嫌疑人也未真正控制被窃商品。

(二)是否逃离特定场所并非判断盗窃既遂与未遂的绝对标准

许多人主张,在特定场所内盗窃,应以是否把财物带出该场所作为既遂与未遂的区分界限。在某些相对封闭、独立的私人场所,如在私人住宅内,行为人只要将房内物品带出房外,即已既遂。我们认为,一般而言,特定场所的范围亦是物主对物品的实际控制范围,财物如在场所以内,物主要使人相信该财物属自己所有比较容易,而如该财物脱离了该场所,物主要让人相信物品归自己所有则比较困难。因此,盗窃行为人只要将场所内的物品带离了该场所,通常情况下其就取得了对该物品的实际控制权,物主则相应的丧失了对该物品的实际控制权。基于此点,在特定场所内盗窃,应以是否把物品带出该场所作为既遂与未遂的界限。

但是,以是否把物品带出场所作为既遂与未遂的界限,其基点在于物主对物品的实际控制范围限于特定场所空间范围内的情形。如果物主(权利人)通过防盗设备、保卫人员、场所管理者等方式扩大了自己的控制范围时,只有行为人将物品带离这种控制范围时,才能认定物品最终脱离了权利人的控制。本案中,被害单位在出口处设置有报警器,并指派有保安人员在门口专门负责安全保卫工作(显然这些保安人员的职责也包括监督是否有人将衣物盗出商店),被害单位对店内物品的实际控制权应延伸至保安人员的职责行动范围,而不能机械的以是否卸下防盗扣将衣物放入包内、是否出店门作为判断的绝对标准。本案犯罪嫌疑人在离开店门口时,报警器已经报警,保安人员立即追赶犯罪嫌疑人,在整个追赶的过程中,保安人员都紧随犯罪嫌疑人身后,犯罪嫌疑人始终未脱离保安人员视线,因此,被害单位对被盗物品没有实际失去控制,犯罪嫌疑人的犯罪行为并未既遂。

(三)特定情况下是否造成财产损失应是判断盗窃既遂与未遂的主要标准

我国现行《刑法》第 23 条第一款规定,“已经着手实行犯罪,由于犯罪嫌疑人意志以外的原因而未得逞的,是犯罪未遂”;1992 年,最高人民法院与最高人民检察院共同出台的《关于办理盗窃案件具体应用法律的若干问题的解释》(以下简称《解释》)第一条第二项规定,“已经着手实行盗窃行为,由于行为人意志以外的原因而未造成公私财物损失的,是盗窃未遂”。根据《解释》规定,区分盗窃罪的既遂与未遂的标准为是否造成财物损失,造成财物损失的就是盗窃既遂,反之为未遂。1998 年,最高人民法院出台了《关于审理盗窃案件具体应用法律若干问题的解释》，鉴于原《解释》对于盗窃未遂的定义与1997年《刑法》对于盗窃未遂的规定有所不符、且容易导致许多应当认定为盗窃既遂的不能认定，盗窃罪打击面人为缩小等情况，新《解释》删除1992年《解释》中有关盗窃未遂的定义。

不可否认，以是否造成财物损失的结果作为犯罪既遂与未遂的判断标准，有失片面。但是，作为结果犯，盗窃罪本身系以侵害结果的出现而成立犯罪既遂状态的一种犯罪，侵害结果出现与否直接决定了该盗窃行为是否既遂。我们认为，财产是否损失，在犯罪嫌疑人被当场抓获的情况下，可以作为判断犯罪既遂与未遂的标准。本案犯罪嫌疑人虽不是在实施盗窃行为的当时被抓获，但由于犯罪嫌疑人系在店门口被发现后一直被追捕，参照现行《刑法》第269条及相关司法解释关于"当场"的规定，其被抓获的情形亦应当认定为"当场"抓获，实际上就是该盗窃行为的唯一侵害结果，应成为判断盗窃既遂与未遂的主要标准。本案如果以财产损失作为判断盗窃既遂与未遂的重要标准，既符合盗窃罪作为结果犯的相关理论的规定，又符合以社会危害性大小决定罪责大小的罪责刑相适应原则，较为科学和合理。因本案是在当场追捕的过程中将犯罪嫌疑人抓获，但并未造成被窃物品的损失，按照该标准，本案也应认定为未遂。

（四）本案犯罪嫌疑人的行为属于实施终了的未遂

以犯罪行为是否实行终了为标准，犯罪未遂形态可以分为实行终了的未遂与未实行终了的未遂两种类型。所谓实行终了的未遂，是指犯罪分子将构成犯罪的必要行为已实行完毕，但由于犯罪分子意志以外的原因而使犯罪未得逞的未遂形态。判断一个犯罪行为是否实施终了，一般是以犯罪分子是否实行完毕自认为实现犯罪意图所必要的全部行为为标准。本案中，犯罪嫌疑人已将衣物上的防盗扣拆除，并将衣物放入了自己所携带的包内，其盗窃行为实际上已经全部实施完毕，只是由于在出商店门口的过程中被保安人员发现并在最后并抓获，其盗窃目的并未最终得逞，因此，其行为应属于实施终了的未遂。

四、处理结果

公安机关以犯罪嫌疑人刘某某涉嫌盗窃罪移送检察机关审查批捕，检察机关审查后认为刘某某的行为属于盗窃未遂，根据相关规定，盗窃未遂构成犯罪，盗窃财物数额必须达到“数额巨大”,本案犯罪嫌疑人刘某某所盗财物价值人民币 7 208 元,尚未达到 2 万元的“数额巨大”起刑点。因此,检察机关以犯罪嫌疑人刘某某不构成犯罪为由作出不批准逮捕的决定。

(曹艳梅)

对窃取数额较大财物后尚未逃离物主控制区域时被抓捕的行为如何处理

一、基本案情

2011年6月，被告人张某在上海市某电器商场一楼东侧，从开放式柜台处窃得黑色苹果IPhone 4(16 G)手机一部(经鉴定，价值人民币4 899元)藏匿于随身携带的咖啡色单肩背包内，后张某从商场未消费顾客出口逃离现场时，出口防盗门报警器作响，当场在商场防盗门外被人赃俱获。被告人张某到案后，承认其盗窃事实。经公安机关调查，被告人张某劣迹斑斑，多次因盗窃、诈骗、寻衅滋事被判刑或劳教。

二、争议焦点

被告人张某涉嫌盗窃毫无疑问，但对于张某是否构成盗窃罪，存在以下四种争议意见：

第一种意见认为，张某的盗窃行为已经构成盗窃罪既遂，且符合上海市关于盗窃罪的入罪数额标准，即张某涉嫌的盗窃数额已超过2 000元的起刑点，应当以盗窃罪追究张某的刑事责任。盗窃罪作为一种以平和手段取得财物的侵犯财产类犯罪，其犯罪着手于物色财物、既遂于占有财物，不论是暂时占有还是非法据为己有，只要被告人通过平和的手段非法占有了他人较大数额的财物，就构成了盗窃罪的既遂。适用于这种以财物的占有转移为盗窃罪的既未遂标准，主要基于严厉打击盗窃犯罪、清晰盗窃罪既未遂界限的目的。

第二种意见认为，张某的盗窃行为属于实施终了的盗窃未遂。根据沪检法发[2000]122号文《关于本市办理部分刑事犯罪案件标准的意见》，盗窃公私财物(包括实施终了的盗窃未遂)2 000元以上不满2万元属于“数额较大”，本案中张某涉案数额已超2 000元，所以应以盗窃罪(未遂)追究张某的刑事责任。

沪检法发[2000]122号文《关于本市办理部分刑事犯罪案件标准的意见》中提出了实施终了的盗窃未遂的概念,并规定了此类型的未遂入罪数额标准等同于既遂。上海市检察院、上海市公安局《关于本市办理盗窃助动车自行车犯罪案件的若干意见》沪公发[2004]46号文明确列举了应当认定为实施终了盗窃未遂的五种情形,在其入罪标准上也做出了与沪检法发[2000]122号文相同的规定。这一系列地方性司法文件的规定表明,实施终了的盗窃未遂依然是盗窃罪司法实践中应当贯彻使用的概念,并适用与盗窃既遂相同的入罪数额标准。

第三种意见认为,张某的行为属于盗窃未遂,但因"情节严重"应以盗窃罪(未遂)来追究其刑事责任。盗窃罪既未遂标准应以"失控说"为标准,判断是否失控首先要判断物主的控制范围。控制范围必须根据财物的性质、形状、体积大小、被害人对财物的占有状态、行为人的窃取状态等进行判断,同时也与盗窃行为发生的场合密切相关。例如在公共场所,物品处在这样一个范围,在这个范围内,物品持有人能凭自己的知觉、思维或者是智能装置确知持有物的确定位置,并具有依据自己的意志进行支配的能力,那么这个范围就是控制范围。本案中,嫌疑人张某已占有财物但未能逃出商场的控制范围,故其行为属于盗窃未遂。最高人民法院《关于审理盗窃案件具体应用法律若干问题的解释》(法释[1998]4号)中第一条第2项"盗窃未遂,情节严重,如以数额巨大的财物或者国家珍贵文物等为盗窃目标的,应当定罪处罚"。从这条司法解释能判断出,盗窃未遂的入罪标准是"情节严重"而非唯数额论。本案嫌疑人涉案数额4 899元,且嫌疑人劣迹斑斑、多次因偷盗等违法犯罪行为被劳教、追究刑事责任。综合判定该案属于盗窃未遂的情节严重,应以盗窃罪追究张某刑事责任。

第四种意见认为,张某的行为属于盗窃未遂,但因涉案数额未达"数额巨大",故不能以盗窃罪追究张某的刑事责任。最高人民法院《关于审理盗窃案件具体应用法律若干问题的解释》(法释[1998]4号)中第一条第2项"盗窃未遂,情节严重,如以数额巨大的财物或者国家珍贵文物等为盗窃目标的,应当定罪处罚"。该司法解释明确指出,在盗窃未遂的情形下,只有以数额巨大的财物或者国家珍贵文物等为盗窃目标的,才能定盗窃罪,其余情形不构成盗窃罪。

三、评析意见

我们同意上述第三种意见。盗窃罪既未遂问题众说纷纭,一直是困扰我国司法实践的理论难题。依据目前学界比较主流的法益侵害说理论，犯罪的本质就是侵害法益，盗窃罪的既未遂标准宜采用“失控说”。以“失控说”为根基，详细梳理我国司法实践中关于盗窃罪的司法解释，正确理解司法解释，以克服司法实践中的“机械主义”。

（一）涉案财物的短暂性占有转移并不构成盗窃罪的既遂具体分析如下：

1. 从法益保护的角度出发，“失控说”应为盗窃罪既未遂的标准

我国刑法理论界关于盗窃既遂、未遂标准的争议，实际上就是控制说与失控说的争议。相对控制说而言，失控说将盗窃罪法定危害结果定位为失主失去对财产的控制，在保护被害人方面具有优势。刑法制定的最根本目的在于“保护人民”，而侵犯财产罪制定的目的在于保护公私财产的所有权。财产所有权是否得到保护，应当从财产所有人的角度予以考虑。对于财产所有人而言，对其危害的大小在于是否失去对财产的控制，而不在于失去财产控制后不法侵害人是否占有了该财产。在司法实践中遇到的一般盗窃犯罪形态，即表现为财产所有人或保管人失去对自身财物的控制与盗窃行为人实际控制财物同时发生且同时具备。但一些非典型盗窃犯罪，即财产所有人或保管人失去对自己财物的控制与盗窃行为人实际控制财物不同时发生，或者不同时具备的情况，被害人失去对财产占有的危害结果已经发生，但如果依据控制说则其权利不能得到足够保护与尊重。另一方面，失控说在司法实践中更具可操作性。我们知道，失主对其财产的控制是一种合法控制，而盗窃行为人对被盗财产的控制是一种非法控制，在何种状态下能够认定行为人控制财物是一个相对复杂的、较难依常理判断的问题。

2. 短暂性的、不排除间接控制的占有转移并不意味着财物的“失控”

刑法上的占有问题可以借鉴民法的有关理论。民法理论认为，只有对物的支配是确定的，才能构成事实上的占有（控制）。所谓确定，是指对物的支配是明确的、肯定的，而且有一定的稳定性。偶然的、转瞬即逝的失去支配同样不能认为失去占有。因此，失控作为与控制对立统一的另一面，也应理解为事实上的失控，即失主事实上将永久不可能再对失去的财物实行占有、使用、收益和处分。如果失控是“转瞬即逝”的，那么在这个短暂的时段内，就可推定没有足够的时间与空间来实现永久失去对财物控制的可能性。

刑法意义上的控制指的是一种事实上的占有状态，在这种状态下物品持有

人能够依据自己的意志支配、使用、处分其持有物。这种“控制”实际上与民法“占有”的内涵及外延基本一致。根据控制状态的不同将控制划分为直接控制与间接控制。所谓直接控制是指不以第三方为媒介,直接对物进行的控制;间接控制是以第三方为媒介进行的控制。例如,某人窃取了某商场的商品并携带于身上,商场工作人员发现此人可疑,把其滞留在商场保安室并盘问,此时商场通过控制此人达到了间接控制财物的效果。

3. 公共场所物主对财物的控制范围

盗窃发生的场合不同,物主对财物的控制范围的界限也不同。在私人场所,物主对其持有物的控制具有确定性、独立(排他)性,物主的控制力及于整个场所。此时,我们能够明确给出物主的控制范围,即整个私人场所。一旦物品脱离这个控制范围,一般便可认定物主失去了对物品的控制。而在公共场所,物主控制范围的确定相对复杂。因为公共场所内各个物品持有人的控制力往往相互交叉,不具有确定性、独占性。由于盗窃既遂、未遂的争议多与公共场所有关,确定公共场所物主控制范围甚为关键。从具体物理意义上给出公共场所物主控制范围的定义是困难的,需赋予一定的抽象性。在公共场所中,物品处在这样一个范围,在这个范围内,物品持有人能凭自己的知觉、思维(包括借助智能终端)确知持有物的确定位置,并具有依据自己的意志进行支配的能力。[①]那么,这个范围就是公共场合物主对自己财物的控制范围。

本案中,商品条形码和出入口处的报警器等一系列电子设备其实是商场工作人员知觉、思维的延伸,工作人员借助这些智能终端来实现对商品的“控制”。张某从开放性货架上把手机偷藏于自己背包中,结果在报警门处被发现,这说明张某只是对手机实现了暂时性占有,并没有导致商场对它的“失控”,所以该盗窃行为属于未遂。

(二)盗窃未遂的分类在盗窃罪司法适用中不具有普遍意义

最高人民法院和最高人民检察院的司法解释中始终没有出现过盗窃未遂的分类。盗窃未遂分为实行终了的未遂和未实行终了的未遂最早始见于上海市高级人民法院、上海市检察院、上海市公安局、上海市司法局《关于本市办理盗窃犯罪案件若干问题的意见》(沪高法(1998)242 号文),其第一条规定:“以数

---

① 蔡刚毅:《盗窃罪既遂未遂界定标准新探》,载《检察日报》2000 年 8 月 28 日。

额较大的财物为目标，实施终了的盗窃未遂或者以数额巨大的财物为目标，未实施终了的盗窃未遂，可以定罪处罚。”随后，沪检法发[2000]122号文和沪公发[2004]46号文分别出现了有关“实施终了的未遂”的规定。自此以后，无论是沪检法发[2008]143号文，还是沪高发[2007]197号文都没有对实行终了的未遂和未实行终了的未遂做任何规定。从刑事司法解释及其有关规范性文件的内容可以看出，司法解释从未对盗窃未遂进行过分类，盗窃未遂的分类已经是上海刑事司法规范弃之不用的概念。从刑事司法实践来看，盗窃未遂的分类也不能适用于一切涉嫌盗窃罪的刑事案件。

盗窃未遂分类问题的引入，需要在理论上对盗窃罪的“犯罪着手”有一个清晰的界点。而盗窃罪作为多发的刑事罪名，其理论上的一系列复杂问题至今未得到有效解决。盗窃罪的既未遂标准长期存有争议，其犯罪的“着手”和“未得逞”的理解更是“千人千论”。盗窃未遂分类问题的引入只会让本来已经混乱的盗窃罪理论问题更加混乱，这直接导致了盗窃未遂分类问题在理论上没有立锥之地。实践中，盗窃未遂的分类只能针对一些非常具体的盗窃案件(例如盗窃助动自行车案件)才不会存有太多争议。

(三) 盗窃未遂的入罪标准是“情节严重”

最高人民法院《关于审理盗窃案件具体应用法律若干问题的解释》(法释[1998]4号)中第一条第2项“盗窃未遂，情节严重，如以数额巨大的财物或者国家珍贵文物等为盗窃目标的，应当定罪处罚”。该《解释》关于盗窃未遂的定罪标准，属于例示主义模式，即概括式与列举式相结合的模式，而不是采取列举式。从该条文的规定，我们可以得出这样两个结论：①《解释》关于盗窃未遂的定罪标准是“情节严重”，而不是盗窃“数额巨大”或“国家珍贵文物”，盗窃“数额巨大”或“国家珍贵文物”只是“情节严重”的例示；②盗窃未遂的范围，也不限于盗窃“数额巨大”或“国家珍贵文物”两种情形，还应包括其他“情节严重”的情形。由此可见，解释关于盗窃未遂罪与非罪的标准和范围是很明确的。

从司法解释的规定来看，并非任何盗窃未遂都可以构成犯罪，只有“情节严重”的盗窃未遂，才能以犯罪处理。根据司法解释精神，结合现实生活中实际情况，认定盗窃未遂罪与非罪，可根据下列原则掌握：对于直接以数额巨大的财物或者国家珍贵文物等为盗窃目标，或者以金融机构、文物馆室、珠宝商店等重要财产为目标，因意志以外原因而盗窃未遂的，一般应当认定属于“情节严重”，依

法定罪处罚。对于一般盗窃数额较大而未遂的,是否属于情节严重,应当从如下几个方面综合考虑判断:

一是行为人的主观认识因素和客观上的盗窃进程。从认识因素来看,盗窃未遂有两种情况:行为人对盗窃目标或对象的具体财物价值或数额有明确的认识,包括已明知概括和具体准确的数额;行为人对盗窃目标或对象的财物价值或数额没有认识,更不知道具体数额。从盗窃未遂的进程来看,也有各种不同情况:如有的刚刚着手实施盗窃,有的则即将完成盗窃;有的已经接触盗窃对象,有的则尚未接触盗窃对象等。因而,行为人对盗窃目标或对象的认识程度,盗窃行为所处的实际进程,都是考察情节轻重的因素。如行为人主观明知数额的大小,或从客观上已知数额的大小,即可从数额上确定情节的轻重。又如尽管都是盗窃未遂,刚刚着手实施盗窃与即将完成盗窃相比,其情节轻重也是不同的。一般来讲,行为人主观上明知数额较大或从客观上已知数额较大,并且即将完成盗窃的,可以认定为情节严重。反之,一般不宜作犯罪处理。

二是盗窃对象或目标。行为人选择对人们生产或生活危害较大的对象或目标进行盗窃,其情节较重,反之,情节较轻。如行为人入室盗窃、盗窃他人的耕牛等,则可认定情节严重。

三是行为人的身份。行为人的身份,对认定情节轻重,也有参考作用。如对于累犯,盗窃数额较大而未遂的,一般可以认定情节严重;对于偶犯,则可不以犯罪处理。

四是盗窃手段或情节。如破坏性盗窃,造成财产重大损失的,或多次盗窃未遂的,应当认定情节严重。

五是盗窃数额。盗窃数额较大至数额巨大有一个较大的幅度,一般来讲,盗窃数额接近巨大的,可以认定情节严重;盗窃刚刚达到数额较大起点标准,而又没有其他恶劣情节的,可不作犯罪处理。①

针对本案中张某的行为,查找上海市的地方性司法解释,截至目前最新的沪检发[2008]143 号文仅规定了“盗窃数额 2 000 元以上,属于盗窃罪的数额较大”,而对盗窃未遂的入罪标准只字未提。上海市地方性司法解释中关于盗窃

---

① 王礼仁:《小小盗窃未遂案为何招来 10 位律师上书全国人大——对司法解释关于盗窃未遂定罪标准解读》,载《最新刑事法律文件解读》2006 年第 6 期。

未遂规定的演化态势已表明:盗窃未遂的分类已经是上海刑事司法规范弃之不用的概念。所以,上海市原有地方性司法解释关于盗窃未遂的有关规定已无适用价值。此时,正确解读最高人民法院的司法解释,把握盗窃未遂入罪的标准——"情节严重",成为如何处理嫌疑人张某行为的关键。嫌疑人张某劣迹斑斑,盗窃数额较大的财物,综合判断属于"情节严重",应以盗窃罪追究其刑事责任。

四、处理结果

检察机关以被告人张某行为构成盗窃罪向法院提起公诉,法院以盗窃罪判处何某有期徒刑六个月,并处罚金人民币 2 000 元。

(魏韧思)

共同犯罪和同时犯应如何区分

一、基本案情

2010 年 5 月底，被告人窦某某、张某某二人欲在世博园区内销售假冒的世博会特许商品。张遂以利为诱，向其搭识的在世博园区内工作的上海某实业有限公司世博分公司（以下简称“该公司”）保洁员傅某某提出帮其将假冒的世博会特许商品夹带进世博园区内。傅同意之后，又将其同事，该公司负责夜班的保洁组组长李某介绍给张。被告人窦某某、张某某在“各进各货”之后，联系李、傅安排运货的时间、地点。在李或傅的安排下，窦、张于午夜利用该公司至世博园区外加油的垃圾车将假冒的世博特许商品夹带进世博园区内。次日，窦、张二人至存放货物的该公司位于世博轴的 B2－024 仓库取货，并在支付给李或傅好处费后，在世博园区内“各销各货”。被告人豆某某经窦、张的介绍，后与窦、张二人一同运货销假。2010 年 6 月 18 日，民警在该公司仓库内查获了窦某某等三人待销售的假冒世博会特许商品共计 11 520 件，价值人民币 228 300 元。经世博会特许商品经营办公室认定，该批货物系侵权商品。

二、争议焦点

对张某某、窦某某、豆某某三人在本案中的关系如何认定，有两种不同的意见：

第一种意见认为，三人系同时犯。理由是：在主观方面，三人间的意思联络是一种默契，而非共同故意；在客观行为方面，三人均是各进各的货，各卖各的货，各自所卖的钱各自所得，支付的“运费”也系三人平摊。因此，三人不具有共同犯罪的故意，也没有共同行为，三人的行为性质系在同一时间侵犯同一客体，故三人之间的关系为同时犯。根据同时犯的处断原则，各自只需对自己的犯罪数额负责，无需对查获的 20 余万元货物负责。根据现有证据，应对三人作存疑不诉。

第二种意见认为，三人系共同犯罪。理由是：在主观方面，三人在事前有共同商议，有犯意的联络，三人因此具有共同的犯罪故意；在客观方面，三人在运送货物时有相互帮助的行为，因此具有共同的犯罪行为。故三人符合共同犯罪的构成要件，系共同犯罪。根据共同犯罪的处断原则，三人应对20余万元的货物承担全部的责任。

三、评析意见

我们同意第二种意见，具体分析如下：

（一）张某某、窦某某、豆某某三人的行为符合共同犯罪的构成要件

1. 主观上三人具有共同销售假冒注册商标的商品的犯罪故意

从认识因素上看，本案的起意者是张和窦，二人商定通过傅、李将假冒的商品夹带进世博园区，以及如何运送货物和分摊“运费”，后加入的豆某某与二人有相同的合意。据此，可以认定各行为人间具有共同实施销售假冒注册商标的商品罪的犯意交流。同时，各行为人也都认识到不只是自己一个人在实施犯罪行为，而是与他人一同在实施犯罪行为，并且该三人最终达成了共同实施犯罪的合意。需要指出的是，三人的合意只需针对犯罪过程中的某一行为即可，而不需要针对犯罪的全过程。故本案中，虽然三人在进货、销货行为方面没有合意，但在运货这一行为中具有合意，便足够将三人的犯意联系在一起。从意志因素上看，张、窦、豆三人均对各自进货后，一同托人将假货夹带进世博园区内销售的行为持希望的态度。无论是始作俑者的张某某、窦某某，抑或是后来加入的豆某某，都希望通过运货销假的手段实现其牟利的目的。

2. 客观上三人共同实施了销售假冒注册商标的商品的行为

在客观方面，本案的整个作案过程是由“购买假货——运送假货至世博园区内——支付运货费用——销假”构成的。三人购买假货、销假过程各自独立完成，而运费三人平摊，也具有相对的独立性。但本案的关键行为——将假货夹带进世博园区是由其中的一人联系傅某某或李某，再行通知另二人，且在将假货带至加油站的过程中也有相互帮助行为存在，故三人在运货环节具有共同的行为。三人在运货环节的相互帮助行为符合共同犯罪客观方面的要求，即共同犯罪人利用其他共犯的行为，并将其作为自己行为的一部分而形成一个有机行为整体。换言之,各行为人在利用其他行为人行为的基础上成立自己独立的行为。由此可见,如无其他行为人的帮助行为,各行为人是无法独立完成自己的犯罪全过程的,而其他行为人的行为已经成为各行为人行为不可分割的一个组成部分,据此可以认定各行为人在客观行为方面具有共同性,因此符合共同犯罪的客观构成要件。

3. 共同犯罪行为人的责任分担

共同犯罪的处断实行“部分行为全部责任”的原则,但这并不等同于三行为人必须对查获的20余万元货物负全责,即并非论证了三人系共犯关系,就能当然地认定三人构成销售假冒注册商标的商品罪。本案中三行为人通过李、傅运送过5次假冒商品,而三人并非全程参与了这5次运货销假,这其中便存在实行过限的问题。所谓实行过限,又称共同犯罪中的过剩行为,是指实行犯实施了超出共同犯罪故意的行为。在实行过限的情况下,实行过限行为人当然应对其犯罪行为承担刑事责任,而由于过限行为超出了共同犯罪故意的范围,所以应当由实行的人对过限行为单独承担刑事责任,其他共同犯罪人对过限行为不负刑事责任,这是我国刑法处理实行过限的原则。根据现有证据,张某某参与了其中的4次,窦某某参与了其中的3次(其中1次未成功),豆某某参与了其中的2次。根据实行过限的处罚原则,各行为人均无需对自己没有参与的运货销假行为负责。鉴于本案证据可以证明查获的20余万元货物属于运进世博园区内的最后两批货物,而该三人均参与了这两批运货,故这两批货物中不存在实行过限的问题,三人可依共犯处断原则对全部货物承担责任。

即使认定了三行为人均需对查获的20余万元货物负责,也并不能当然地判处他们相同的刑罚。首先必须认定三人在共同犯罪中的地位。对三人定罪量刑的依据是三人共同参与的最后两次运送的货物,而三人在该两次运货销假过程中的作用、地位相当,故无需区分主从犯。即便如此,也不能当然地对三人适用相同的刑罚。虽然证据难以证实三人在前3次行为中的销假金额,但是可以证明三人各自参与的作案次数,可依此对三人在量刑上予以适当地区分,以体现罪刑相适应的原则。

(二)张某某、窦某某、豆某某三人并非同时犯

首先,三行为人的意思联络并非单纯的默契,而是在具有共同犯罪的意志,并达成共同犯罪的合意后,认识到自己并非单枪匹马实施犯罪,同时也希望他人能够给自己的犯罪行为实施帮助。

其次，虽然三行为人的进货行为和销货行为系单独完成，支付的“运费”也是平摊，但上述行为并非包括了作案的全过程。我们不能将一个完整的作案过程割裂分析，不能因为行为人在作案过程的一部分行为具有单独性，而否认整个过程的联系性。本案中，三行为人在托人将假货夹带进世博园区的作案过程中具有互相帮助的行为，该行为足以将三人的作案紧密地联系在一起，而使三人具有共同的实行行为。

四、处理结果

检察机关以被告人张某某、窦某某、豆某某行为均构成销售假冒注册商标的商品罪，且系共同犯罪向法院提起公诉；法院判决认定被告人张某某、窦某某、豆某某犯销售假冒注册商标的商品罪，且系共同犯罪，对被告人张某某、窦某某、豆某某均判处有期徒刑一年零二个月，罚金人民币3万元。

（杜晓丽　凌　云）

共同犯罪中主犯、从犯区分标准应如何把握

一、基本案情

2007年3月13日晚19时许，在被告人王某的提议和带领下，被告人王某伙同田某窜至上海市某别墅区内，王某用随身携带的螺丝刀将A座别墅的窗户撬开，接着王、田二人从该窗户爬入A座别墅内，按照事先的约定和分工，由田某望风，由王某实施盗窃，窃得被害人A和B放在屋内的装有COSINA28－300镜头的NIKONF60照相机一架（价值人民币700元）、卡西欧240数码相机一架、诺基亚6301手机一部等物品。后王某、田某又窜至C座别墅，再次由田某望风，王某爬入C座别墅内实施盗窃，窃得被害人冯某放在屋内的美金10 000元（价值人民币77 397元）、人民币现金6 000元、黄金耳针一付（价值人民币348.8元）、DAVINCI女式手表一块（价值人民币800元）、黄金镶嵌耳环一只（价值人民币120元）、富士通LBT3010笔记本电脑一台等物品。随后王某、田某携带上述盗窃物品逃离现场。其中，王某在盗窃被害人冯某家得手后，向田某隐瞒了自己窃得的1万美金的事实，并将该笔赃款据为己有，人民币现金6 000元二人平分，其余物品二人平分。

二、争议焦点

在刑事司法实践中对共同犯罪主、从犯的区分并没有非常统一的标准，导致对某些共同犯罪是否需要区分主、从犯存在一定争议，从而也相应影响到对共同犯罪人的准确量刑。具体到本案而言，对被告人王某、田某是否应区分主、从犯，以及对被告人田某如何量刑存在以下分歧意见：

第一种意见认为，本案是共同犯罪，被告人王某在共同犯罪中起主要作用，应认定为主犯，被告人田某在共同犯罪中起次要作用，应认定为从犯。

第二种意见认为，两名被告人在本案共同入户盗窃犯罪中的行为，无明显主次之别，不符合共同犯罪中主、从犯认定的法律规定，故本案共同犯罪中对被告人王某、田某不应区分主、从犯。

三、评析意见

我们同意第一种意见，具体分析如下：

一般而言，在共同犯罪中，应当客观全面地考察在整个共同犯罪过程中各个犯罪行为人具体实施的犯罪行为，以及犯罪起意和犯罪后分赃等情况，从而准确认定各个犯罪行为人在共同犯罪中所起作用的大小，并以此为标准区分主、从犯。具体到本案，综合全案事实和情节，对被告人王某应认定为主犯，对被告人田某应认定为从犯，并据此进行量刑。理由如下：

（一）共同犯罪中主从犯区分的一般标准

根据《刑法》第26条规定："组织、领导犯罪集团进行犯罪活动或者在共同犯罪中起主要作用的，是主犯。"第27条的规定："在共同犯罪案件中起次要或者辅助作用的，是从犯。"因此一般认为，对主犯和从犯，可从如下几个方面区分：①从共同犯罪活动中的地位看，主犯在共同犯罪中居于主导支配地位，从犯在共同犯罪中处于从属地位。②从实际参加犯罪的程度看，主犯大多参加了全部犯罪活动，而从犯在共同犯罪中一般只参与实施一部分犯罪活动。③从具体罪行的大小看，在主观上，对共同的犯罪故意的形成起主要作用的，罪行较大的是主犯；对主犯的犯罪意图表示赞成、附和、服从，对共同犯罪故意的形成起次要作用的、罪行较小的是从犯。在客观上，参与实施的犯罪行为对于共同犯罪的完成具有关键性作用的、罪行较大的是主犯；否则是从犯。④从对犯罪结果所起的作用看，那些对犯罪结果所起的作用较大的人，是共同犯罪中的主犯，否则是从犯。

（二）对简单共同犯罪而言，区分主从犯的主要标准是各共同犯罪人的"行为量"

但上述区分标准比较笼统，至于何谓主要作用、次要作用和辅助作用，没有相应的法律规定或司法解释。更为具体而言，根据共犯的基本分类之一，以共同犯罪人之间有无分工可以分为简单的共同犯罪和复杂的共同犯罪。简单的共同犯罪是指二人以上，共同故意直接实行某一具体犯罪客观要件的行为的共同犯罪,表现为两种形式:一是各共同犯罪人实施的是相同的行为;二是各共同犯罪人实施的是不同的行为,但都属于某一具体犯罪的客观要件的行为。所谓复杂的共同犯罪是指各共同犯罪人并非都直接的实施某一具体犯罪构成要件的行为,而是互有分工、彼此配合地实施不同的行为。这有三种表现形式:一是不同的犯罪人分别实施实行行为和教唆行为;二是不同犯罪人分别实施实行行为和帮助行为;三是不同犯罪人分别实施教唆行为、实行行为和帮助行为。对于有分工的复杂共同犯罪来说,只要有证据证实各犯罪人在共同犯罪中的地位和作用,比较容易区分主犯和从犯。根据调查,司法实践中的共同犯罪大多数属于简单的共同犯罪,且本案也是简单的共同犯罪,故在此主要对该种共同犯罪中区分主犯和从犯的方法进行分析。在简单的共同犯罪中,由于各共同犯罪人均直接实行某一具体犯罪客观要件的行为。因此,区分主犯和从犯的最重要的因素是各共同犯罪人实施的"行为量",这一因素需从共同犯罪的主客观方面来分析考量。

1. 通过分析各共同犯罪人的地位和角色来区分主犯和从犯

主犯与从犯在共同犯罪中的地位和作用往往是不同的,主犯处于支配和控制地位,起着主导作用,扮演着主角角色,对共同犯罪的产生、发展过程和结果起着决定性的作用,影响和决定着犯罪的进程和发展方向。主犯往往首先提出犯意,纠集共同犯罪人,制定犯罪计划,指挥、协调其他共同犯罪人的活动,积极参与实行行为的全部或主要部分,直接造成危害结果,控制赃款赃物。与此相反,从犯处于从属、顺从、服从、依赖主犯的被支配地位,扮演着配角角色,从主犯处得到部分赃款赃物,对主犯的犯意表示赞同、附和、被动接受主犯的任务,从事某一方面次要犯罪活动的共同犯罪人,一般可以认定为从犯。该方法适用于绝大部分共同犯罪中主犯和从犯的区分。

2. 通过分析各共同犯罪人对共同犯罪的"原因力"大小来区分主犯和从犯

该方法主要适用于共同侵犯他人人身权利以及妨害社会管理秩序类的案件,因为这种案件往往没有物质的犯罪所得。各个共同犯罪人的行为共同造成了危害结果,但是各共同犯罪人所实施行为对危害结果的"原因力"是不同的,大多时候是有大小、主次之分的。这里的"原因"既包括物理原因,也包括心理原因。如果共同犯罪人所实施行为符合以下几种情况,就可以认定为在共同犯罪中的原因力是主要的:一是该共同犯罪人的行为是危害结果发生的必要行为之一;二是只有该共同犯罪人的行为足以造成该危害结果;三是没有该共同犯罪人的行为一般情况下不会造成危害结果。与此相反,如果共同犯罪人实施的行为只是整个共同犯罪的一部分,有没有该行为一般不会影响危害结果的产生,只是对犯罪行为的进行有“人多胆大”的架势力量,可认定为从犯。

3. 通过分析各共同犯罪人在共同犯罪中所得赃款赃物来区分主犯和从犯

该方法主要适用于侵犯财产权利的共同犯罪中主犯和从犯的区分。司法实践中简单的共同犯罪主要是侵犯财产和侵犯人身权利的犯罪,针对侵犯财产的共同犯罪,可以经济分析的方法来区分主犯和从犯,主犯往往会控制犯罪所得,整个犯罪过程中得到的赃款赃物一般都会交给主犯管理,然后分赃。一种情况是主犯往往明确分给其他人一部分犯罪所得,自己留着较大部分犯罪所得,其他各共同犯罪人了解主犯所得数额;另一种情况是主犯分给一部分共同犯罪人一定的犯罪所得,剩下的全由自己控制,剩余犯罪所得其他各共同犯罪人根本不知道具体数额。从犯往往不知道犯罪所得的总数,一般也不过问,分赃多少没有意见。因为该类共同犯罪,特别是共同盗窃的案件,往往多次交叉结伙,在侦查过程中,各共同犯罪人又互相推卸责任,很难从地位和角色以及原因力上去区分主从犯,因此比较适合用共同犯罪人所获得的犯罪收益来区分。

综上,在共同犯罪中区分主、从犯的主要标准是:首先,如行为人系犯罪的提起者、组织者、策划者,则一般认定为共同犯罪中的主犯,如行为人在共同犯罪中属于顺从、服从、从属地位的,则一般认定为共同犯罪中的从犯。其次,如行为人是具体犯罪行为的主要实行者,或者说具体犯罪实行行为是由其实施,或者具体犯罪结果主要由其行为所直接导致,则一般认定为共同犯罪中的主犯;如行为人实施的只是对实行犯具体实行行为的帮助行为,且该行为对犯罪结果的发生没有直接影响的,则一般认定为共同犯罪中的从犯。最后,如行为人对共同犯罪的赃款赃物具有直接的控制分配权,或者占有赃款赃物的较多部分的,则一般认定为共同犯罪中的主犯,如行为人对犯罪所得没有控制分配权,或者根本不知道赃款赃物具体有多少,对分赃多少没有意见,或者占有赃款赃物较少部分的,则一般认定为共同犯罪中的从犯。

(三)具体到本案中,被告人田某在共同犯罪中系次要和辅助作用

被告人田某在犯罪预谋阶段、犯罪实施中和犯罪完成后的分赃阶段均起到的是次要和辅助作用,应当认定为从犯。

1. 犯罪预谋阶段

由被告人王某提出犯意,被告人田某表示附和,基本分工为王某实施搜取财物,田某负责望风。具体何时实施犯罪、何地实施犯罪、如何实施犯罪均没有商议,但均体现为由王某具体确定,田某听从配合。因此,王某没有与田某商议,即自行按照自己习惯的作案方式准备了钳子和手套等作案工具。

2. 犯罪实施阶段

二被告人虽然为一同外出寻找作案地点,但选择地点的决定权在于王某并实际由王某确定。到达地点以后,由王某负责撬开房屋的窗户进入房屋内,田某跟随进入并在窗前望风(供述一致,且与足迹相符)。显然,盗窃犯罪中取财的实行行为是王实施的,田实施的望风是辅助行为。虽然入户盗窃中入户具有非法侵入他人住宅的危害性,但该情节是整个犯罪事实情节轻重与否的问题,可以在量刑时予以考虑,但不应将此作为区分各被告人作用大小的标准。

3. 犯罪后的分赃阶段

由被告人王某主持分配赃物,是王具体分配给田多少,田则收受多少。且王分得整个 8 万 3 千余元赃款赃物中的绝大部分 8 万余元,田只分得 3 千余元。该分配也体现了两被告人在共同犯罪中的作用大小。

综上,在整个犯罪过程中,包括犯罪意图的提出、犯罪工具的准备、犯罪地点的选择、犯罪方式的使用、窃财行为的实施和赃款赃物的分配各环节,王某均处于主导和支配地位,田某均处于辅助和次要地位。应当分别认定为主犯和从犯。

四、处理结果

检察机关以两名被告人构成盗窃共同犯罪,且王某为主犯、田某为从犯向法院提起公诉,一审法院判决认定被告人王某、田某构成共同盗窃罪,但对于公诉机关认定的王某为主犯,田某为从犯的量刑情节不予认定。经检察机关提起抗诉,二审法院改变一审判决,判决认定被告人王某、田某分别系共同犯罪中的主、从犯,并判决王某有期徒刑十三年,剥夺政治权利三年,并处罚金人民币 1 万元;判决被告人田某有期徒刑十年,剥夺政治权利二年,并处罚金人民币 1 万元。

(赵　宁)

同案犯在逃情况下先行抓获的被告人能否被认定为从犯

一、基本案情

2007年5月至9月间,被告人张某明知上海市华翔路某仓库被他人租赁并存放假冒伪劣香烟,为获取高额运费报酬,仍帮助他人从该仓库向外运送假冒伪劣香烟,为销售伪劣产品犯罪活动提供帮助。2007年9月19日,张某驾驶牌号为沪AE25××的中型普通客车至该仓库装运假冒伪劣香烟时,被守候的公安人员当场查获。公安人员从该仓库内缴获待销售的"中华"、"云烟"、"三五"等各种品牌假冒伪劣卷烟共计28 780条,货值金额共计人民币260万余元。

二、争议焦点

对于被先行抓获的被告人张某,在同案犯在逃的情况下,是否可以被认定为从犯,司法实践中存在两种不同的意见:

第一种意见认为,不能认定张某为从犯。本案中仅抓获张某一人,按照司法实践中的一般做法,对于同案犯在逃,只抓获个别共犯人的案件,对于先行抓获的共犯人,一般不宜认定主犯或从犯。因此,对被告人张某不能认定从犯。

第二种意见认为,应认定张某为从犯。本案中的证据足以证明张某在明知他人从事销售伪劣产品犯罪活动的情况下,以谋利为目的,按照他人指令运送货物,为犯罪活动提供帮助的事实。在这一起有组织的销售伪劣产品的犯罪活动中,存在组织货源、出资采购、运输、租赁仓库以及进行销售等多个环节,而运输环节在共同犯罪中的作用是辅助和次要的。虽然其他同案犯在逃,实践中的一般做法是不宜认定主犯或从犯。但是,在已查清共同犯罪人的行为和作用的案件中,应当按照已查明的事实认定主从犯,故应当认定被告人张某系从犯。

三、评析意见

我们同意第二种意见，现就本案中张某作为从犯的定性和量刑问题分述如下：

(一) 认定张某系从犯的证据确实充分

司法实践中一般认为，对于有些共犯人在逃，只抓获个别共犯人的案件，若共同犯罪事实难以全部查清，对于先行抓获的共犯人，一般不宜认定主犯或从犯。首先，必须把握“共同犯罪事实难以全部查清”的前提。其次，必须明确不宜认定主从犯的目的在于维护刑事判决的公正、客观和稳定，对部分共同犯罪人的先行判决要准确。实践中，在共同犯罪事实没有全部查清，共同犯罪人没有全部到案时，主从犯的认定是比较困难的，尤其要避免被先行抓获的共犯人将主要责任推给未到案的共犯人，从而逃避惩处的情况发生。

1. 应该正确理解“共同犯罪事实全部查清”的前提

“共同犯罪事实全部查清”在不同情况下要求也是不同的。在主犯刑事责任的认定和处罚中，对“全部查清”的要求较高，而在从犯的定罪处罚中，对共同犯罪全部事实的查明，则没有必要达到认定主犯所要求的程度。如果在个别主犯或者从犯没有到案，部分犯罪事实细节还没有查清的情况下，对犯罪事实已经清楚的从犯一律不认定，或者按主犯定罪处罚都是不妥当的。这也正是司法实践中“一般不宜”认定主犯或从犯，而不是“一律不能”认定的原因。

2. 本案中对被告人张某定性和量刑有意义的共同犯罪事实皆已查明，即张某本人参与的犯罪活动是辅助和次要的，并且另有人在共同犯罪中发挥主要作用

即使将来抓获了主犯或者其他从犯，查明了其他共同犯罪事实，也不会对张某的定罪量刑发生影响。张某在销售伪劣产品的犯罪活动中负责运输，该事实有被告人自己的供述以及多项客观证据证明，足以证实。运输只是销售伪劣产品的犯罪活动中较小的一个环节而已，其作用明显是辅助和次要的。一般情况下伪劣产品的所有人才可能在销售伪劣产品犯罪活动中担任组织者的角色。被告人的供述和其他证人证言都证实，查获的假冒伪劣香烟的所有者不是张某，而是绰号为“老郭”的男子。证人罗某证实，被告人张某自 2007 年 5 月份起帮助“老郭”运输假香烟。证人孙某证实，其将仓库租赁给一个叫朱某的人，并

发现朱某将包装好的箱子运进仓库，之后张某开始用面包车运输货物。虽被告人张某所称假烟的所有人“老郭”无法查实，但是有证据表明，证人孙某所指的仓库租赁人“朱某”可能就是被告人张某提到的“老郭”。

（二）对张某的量刑准确适当

被告人张某运输价值260余万元的假烟，根据《刑法》第140条规定销售伪劣产品金额200万元以上的，应处十五年有期徒刑或者无期徒刑。但是由于张某运输的260余万元的假烟在仓库内尚未销售，根据最高人民法院、最高人民检察院《关于办理生产、销售伪劣商品刑事案件具体应用法律若干问题的解释》第二条规定，伪劣产品尚未销售，货值金额达到《刑法》第140规定的销售金额三倍以上的，以生产、销售伪劣产品罪（未遂）定罪处罚。依据《刑法》第23条规定，对于未遂犯可以比照既遂犯从轻或者减轻处罚。故本案被告人张某的行为属于犯罪未遂，可以从轻或减轻处罚。一审法院基于张某的犯罪情节和较好的认罪态度决定对张某减轻处罚，在《刑法》第140条规定的“十五年有期徒刑或者无期徒刑”的下一档量刑区间内，即“七年以上有期徒刑”中量刑，判处被告人张某有期徒刑七年。但是，一审判决未认定被告人张某系从犯，应予以纠正。二审法院在认定张某为从犯后，根据《刑法》第27条“对于从犯应当从轻、减轻处罚或者免除处罚”的规定，对原审判决予以改判，判处张某有期徒刑四年。该判决结果符合二审程序的全面审查原则和“以事实为依据、以法律为准绳”原则，对被告人张某的处罚合法妥当，有利于犯罪分子认罪和改造，实现了刑事司法过程中法律效果和社会效果的有机统一。

四、处理结果

一审法院以销售伪劣产品罪判处被告人张某有期徒刑七年，并处罚金人民币15万元；张某认为一审判决认定的仓库内的伪劣产品与其无关，不应对此承担刑责，且量刑过重，因此提出上诉。二审法院审理后认定张某系从犯，原审判决对此事实未作认定应予撤销，改判张某有期徒刑四年，并处罚金人民币10万元。

（朱　萍）

非法经营罪单位犯罪主体如何认定

一、基本案情

被告单位 A 公司与 B 公司共同出资成立了 C 公司，甲是 A 公司委派到 C 公司担任其中一个业务项目的主管，他为了 A 公司的利益，瞒着 C 公司主要领导层，在其负责的业务工作范围内开展非法经营活动，并把营业收入以现金形式放至其掌控的小金库内，上交至 A 公司。

二、争议焦点

对于本案当中犯罪主体的认定，存在以下几种不同意见：

第一种意见认为，甲构成非法经营罪。理由是：甲从事非法经营活动，并非 A 公司或者 C 公司的授意，而且甲还有意瞒着 C 公司领导层，应当认定甲具有独立的犯罪意志。而甲将违法所得交给 A 公司的行为，应认定为其个人对违法所得的处置。

第二种意见认为，C 公司和甲构成非法经营罪的共犯。理由是：第一，甲在 C 公司担任业务项目的主管，其与 C 公司之间形成代理关系，C 公司应当承担甲的行为所带来的法律后果。第二，甲具有非法经营的犯罪意志，并实施了非法经营活动，也应当承当相应的法律后果。

第三种意见认为，A 公司和甲构成非法经营罪的共犯。理由是：第一，甲是由 A 公司委派到 C 公司的业务主管，加之非法收益由 A 公司收取，因此，甲的行为可以被认定为在其职权范围内为 A 公司的利益从事非法经营活动，其法律后果应当由 A 公司承担。第二，非法收益虽然直接由 A 公司而非甲获取，但由于单位利益是个人利益的集合，甲作为 A 公司的员工，间接地获取了非法收益，也应当承担相应的法律后果。

三、评析意见

我们同意第三种意见[①],A 公司构成非法经营罪,具体分析如下:

社会经济的高速发展必然带来经济领域犯罪率大幅度攀升,犯罪主体是经济活动主体的案件数量呈增长态势。同时,随着立法的修订以及有关行政法规、司法解释的频繁出台,非法经营罪的适用也呈现出明显的扩张趋势。但单位犯罪率的上涨并未在非法经营罪的适用中得以相应的反映。上海市检察机关有关单位犯罪的统计数据显示,非法经营罪的单位犯罪在整个单位犯罪案件中占有极小比例。[②] 出现这种现象的原因在于,实务中对非法经营罪主体的认定还存在一定的误区。认定非法经营罪单位犯罪主体,需重点考查其是否具有单位意志,但需要对照的认定标准还不限于此。实务中,认定单位是否构成非法经营罪的主体,应当把握单位犯罪主体的形式标准和实质标准。此外,还需运用单位犯罪主体否认制度,防止单位犯罪主体独立人格的滥用。

(一) 形式标准

根据《刑法》第 30 条以及最高人民法院《关于审理单位犯罪案件具体应用法律有关问题的解释》(以下简称《解释》),单位包括国有、集体所有的公司、企业、事业单位,还包括依法设立的合资经营、合作经营企业和具有法人资格的独资、私营等公司、企业、事业单位。但是,据此还无法直接判定某一组织体是否为非法经营罪的单位犯罪主体。例如,一人公司是公司的一种新形式,具有独立的法人资格,但是否能构成单位犯罪却存有较大争议。而 2009 年 1 月上海市高级人民法院和上海市人民检察院所颁布的有关规定明确,严格依照公司法成立,经过工商登记注册,取得法人资格,公司财产和股东财产能够分离的一人公司,可以成为单位犯罪的主体。可见,至少从上海的审判实践看,不符合依法成立具有法人资格或者公司财产独立于股东财产这两项条件的一人公司,徒有“公司”之名,无法成立单位犯罪。除一人公司从形式上还无法判断之外,其他被列举的组织体都满足单位犯罪的形式标准,可以成立单位犯罪。而未被列举的组织体需要结合单位犯罪的实质标准和具体的案情进行分析,才能确定它们

---

① 自然人甲是否构成非法经营罪不在本文讨论范畴之内。

② 上海市 17 个区县人民检察院统计,2008 年和 2009 年两年办理单位犯罪案件共 253 件,其中非法经营罪案件共 12 件,占全部案件数量的 4.7%。

是否可以成立单位犯罪,例如内设机构、分支机构、私营企业、个人独资企业等组织体。

(二) 实质标准

合法性、独立性以及犯罪意志和非法收益的统一性组成了认定单位构成该罪的实质性标准。它们并非相互独立,而是彼此关联,互有融合之处。

1. 合法性

构成非法经营罪单位主体的是依法成立的法人或者非法人组织体,其目的不是为了非法经营,主要业务也不是非法经营活动。如果个人以非法经营为目的或者以非法经营活动为主要业务而成立公司、企业、事业单位等,根据最高人民法院《解释》的规定,应认定为自然人犯罪。进行工商注册登记,并非认定合法性的必要条件,未进行工商注册登记,也不能否定某组织体成为非法经营罪犯罪主体。例如,《互联网信息服务管理办法》第 7 条第三款规定,申请人取得网络经营许可证后,应持经营许可证向企业登记机关办理登记手续。如果该组织体取得许可证后未办理登记手续,但符合其他认定标准,从事非法经营活动情节严重的,仍以单位犯罪论处。

2. 独立性

该标准考察的是单位是否具有独立的意志、独立的人格和财产。独立的意志,指的是非法经营罪的犯罪意志是单位的整体意志,区别于某个自然人的意志。独立的人格和财产,指的是实施非法经营活动的单位具有一定的组织机构、独立支配的财产、自我管理的财务系统等。有一些法人的内部机构,不具有法人资格,也并不等同于一般的非法人组织体,但也有可能成立单位犯罪。例如企业法人的经营部等内设机构,能独立核算、自负盈亏,且存在市场交易证和工商备案,可认为是具有相对独立的人格和财产,并依法成立的单位,宜以单位犯罪论处。

3. 犯罪意志和非法收益的统一性

单位成立犯罪,犯罪意志和非法收益统一于单位本身。个人意志和单位意志往往很难区分,这是因为,单位是一个抽象的集合概念,依赖于自然人的言行而进行活动;自然人也可能借助单位的组织形式从事犯罪活动。这种区分是认定非法经营罪单位犯罪的关键。单位进行非法经营活动,其犯罪意志是单位的整体意志,而非自然人利用单位进行犯罪的个人意志。单位的整体意志表现为两种形态：一是单位决策机关或者负责人决定的意志，二是单位一般工作人员在职权范围内为了单位的利益决定的意志，事后经单位决策机关或者负责人所认可。认可的形式也有多种，如明知但不反对、默许等。本案中，获取非法利益也是单位对行为人的行为予以认可的更为直接的一种形式。

一般情况下，非法经营罪单位犯罪的犯罪动机是为单位的整体利益，因此非法收益也应当归属单位所有。值得注意的是，非法收益不是必要标准，这是因为：第一，非法经营罪并非必须以"非法牟利"为目的。无论是刑事立法还是司法解释，都未把"营利目的"作为构成非法经营罪的必要条件。尽管多数非法经营行为确实以营利为目的，但是也不排除非法经营行为人出于其他目的进行经营活动。[①] 第二，一些非法经营活动中并不产生非法收益，或者还未产生非法收益，但已经达到经营数额、行政处罚次数等其他"情节严重"的程度而应当入罪。

（三）单位犯罪主体否认制度

与自然人犯罪相比，单位犯罪认定的门槛高、处罚轻。因此，自然人极有可能借助单位犯罪形式逃避刑罚对其个人的处罚。最高人民法院《解释》对单位犯罪主体资格做出了特定情形下的否认。该司法解释蕴含了单位犯罪主体人格否认的制度设计，即阻止单位犯罪主体独立人格的滥用，维护单位犯罪的基本理论与罪责刑相适应的刑法基本原则，就具体刑事法律关系中的特定事实，否认单位犯罪主体的独立人格，而直接追究单位背后的犯罪操纵者（包括自然人与单位）的刑事责任，以实现刑法公平、正义之价值目标的一种法律制度。[②]

基于此，假设本案中作为A公司成员的甲盗用A公司的名义实施非法经营活动，且经营的违法所得归自己所有的，就应否认单位的独立人格，不能归责于A公司，而应直接追究甲本人的刑事责任。

本案中，非法经营活动实际上是由甲擅自以C公司的名义实施，并且隐瞒了违法所得并将违法所得交归A公司所有。C公司既无独立的犯罪意志，又未获得非法收益。所以，C公司不构成单位犯罪。而甲作为A公司委派的项目主管，为A公司利益从事非法经营活动，代表了A公司的意志，但此时犯罪意志

---

① 何帆：《刑法修正案中的经济犯罪疑难解析》，中国法制出版社2006年版，第150页。

② 高铭暄，王剑波：《单位犯罪主体人格否认制度的构建——从单位犯罪相关司法解释谈起》，载《江汉论坛》2008年第1期。

还不能直接认定为单位意志,而只能归为个人意志。事后,A公司收下了非法收益,则应视为对甲非法经营行为的追认,此时,个人意志实现了向单位意志的转变。如果A公司未收取非法收益,或明确表示反对甲的行为,则不应认定A公司有犯罪意志,不构成非法经营罪。

四、处理结果

检察机关以被告单位A公司行为构成非法经营罪向法院提起公诉,法院判决认定A公司构成非法经营罪。

(张申杰　余　超)

如何实现未成年人共同犯罪的量刑平衡以及准确适用罚金刑

一、基本案情

2010年3月4日至18日，被告人张某某（成年人）纠集被告人沈某（男，1995年1月20日生，上海籍，因犯抢劫罪于2010年3月4日被判处拘役六个月，缓刑六个月，并处罚金）、胡某（男，1995年4月4日生，重庆籍）、吕某（成年人）、蒋某某（成年人），并伙同被告人许某（男，1993年1月12日生，重庆籍）、杨某某（成年人）等人，经预谋，持砍刀、断线钳、撬棒等工具，至上海市多处公共场所，相互结伙，持刀抢劫助动车。其中，被告人张某某、沈某、胡某参与四次抢劫，其中沈某持砍刀致一人轻伤，一人轻微伤；被告人吕某、蒋某某共参与三次抢劫；被告人许某参与两次抢劫；被告人杨某某参与一次抢劫。案件审理期间，沈某家属退赔近两万元，胡某家属退赔数千元。

一审法院确认上述犯罪事实，认定全案被告人均构成抢劫罪，并对未成年被告人量刑如下：判处沈某有期徒刑五年零六个月，并处罚金人民币5 000元，撤销原缓刑判决，数罪并罚决定执行有期徒刑五年零六个月，并处罚金人民币5 000元；判处胡某有期徒刑七年，并处罚金人民币7 000元；判处许某有期徒刑五年，并处罚金人民币5 000元。对成年被告人量刑如下：判处张某某有期徒刑十四年，剥夺政治权利二年，并处罚金人民币15 000元；判处吕某有期徒刑十二年零六个月，剥夺政治权利一年，并处罚金人民币12 000元；判处蒋某某有期徒刑十二年，剥夺政治权利一年，并处罚金人民币12 000元；判处杨某某有期徒刑二年，并处罚金人民币2 000元。

二、争议焦点

围绕一审判决中未成年人沈某、胡某主刑是否平衡以及三名未成年人沈

某、胡某、许某罚金刑的适用是否恰当,形成如下分歧意见:

首先,就未成年人沈某、胡某主刑问题,均认为两人主刑量刑不平衡。

第一种意见认为,根据未成年人刑事司法实践,对沈某的量刑适当,但对胡某的量刑过重。在该意见看来,这样更有利于体现对未成年人刑事案件处理上的政策导向。

第二种意见认为,对胡某量刑适当,但对沈某量刑偏轻。理由是被告人沈某在光天化日之下持刀实施抢劫犯罪,情节严重、社会危害性大,且前科系同罪名犯罪,从宽严相济的刑事司法政策来说,应当科处较重的刑罚。被告人沈某在附带民事诉讼中赔偿了被害人更多的钱款,但从民事侵权的角度来说,沈某直接造成对被害人的伤害,应当给予更多的赔偿,一审法院因此对沈某判处显著轻微的刑罚,显然不当。

其次,就未成年人沈某、胡某、许某罚金刑适用是否正确,也有两种分歧意见:

第一种意见认为,一审判决对成年人和未成年人基本采用相同的量刑模式,即"一年主刑对应罚金 1 000 元",对未成年人没有从轻、减轻判处罚金,造成判处罚金刑不当。

第二种意见认为,对于抢劫犯罪罚金刑的适用标准,法律并无具体规定,对三名未成年人判处罚金是适当的。

另外,对于本案中未成年被告人之间主刑量刑不平衡以及判处罚金刑存在的问题,是否应当提出抗诉,也存有一定分歧意见。

三、评析意见

我们均同意第一种意见。本案中未成年人沈某、胡某的主刑量刑明显不平衡,应当以对胡某量刑偏重提出抗诉;对三名未成年人沈某、胡某、许某适用法律错误,导致罚金刑量刑不当,应当一并提出抗诉。主要理由如下:

(一) 对未成年人共同犯罪量刑标准的理解

量刑是人民法院在定罪的基础上,权衡刑事责任的轻重,依法决定对犯罪分子是否判处刑罚或适用某种非刑罚处理方法,判处何种刑种和刑度以及是否现实执行某种刑罚的审判活动。根据最高人民法院《人民法院量刑指导意见(试行)》的规定,量刑时应当充分考虑各种量刑情节,根据案件的具体情况以及量刑情节的不同情形，依法决定是否从轻、减轻或者从重处罚，决定从轻、减轻或从重处罚的，可在相应的调节比例幅度内确定量刑情节对基准刑的具体调节比例。而对于未成年人的量刑，应当综合考虑未成年人实施犯罪行为的动机和目的、犯罪时的年龄、是否初犯、犯罪后的悔罪表现、个人成长经历和一贯表现等情况确定从宽的幅度。上述规定表明，对于未成年人犯罪的量刑要结合所犯罪行轻重，充分考量其人身危险性，确定合适的起刑点和量刑幅度。而对于共同犯罪，刑法总则中对首要分子、主犯、从犯、胁从犯和教唆犯，按照各自所处的地位和所起的作用不同，实行区别对待，规定了不同的处罚原则。司法实践中，一般认为应当根据各被告人在共同犯罪中的地位、作用以及是否直接实施犯罪实行行为等情况，确定适当的刑罚，以体现量刑轻重的相对合理性和协调性。对于未成年人共同犯罪，一方面需要考虑其与同案中成年犯的量刑平衡，另一方面又要考虑各未成年人之间的平衡。这表明，对于共同犯罪未成年人之间的量刑，应当更加关注“未成年人”本身，包括累犯、前科、自首、立功、积极赔偿、认罪等犯罪行为以外的、体现被告人人身危险性大小的量刑情节，确定合适的刑罚。既要在量刑中遵循类似案件同等处理原则来达到量刑公正的目标，还应当遵循刑罚个别化原则，努力实现个体与整体的适度。

本案中，未成年被告人沈某、胡某犯罪性质相同，且均系主犯，实施抢劫的次数、手法又相似，如何确定宣告刑，应综合考量各量刑情节，以实现量刑平衡。一审法院判处被告人沈某有期徒刑五年零六个月，判处被告人胡某七年有期徒刑，该量刑明显失衡。无论是从犯罪情节、社会危害性还是从人身危险性来看，沈某均明显重于胡某。具体而言：

(1) 从主观恶性程度看。被告人胡某属初犯，而被告人沈某曾被法院以抢劫罪判处拘役六个月，缓期执行六个月，且在缓刑六个月的当日，连续两次实施了本案中的抢劫犯罪，主观恶性程度更高。

(2)从犯罪的具体行为看。两名被告人均系主犯、且共同参与了四次抢劫犯罪，但在实施抢劫犯罪过程中，沈某直接用砍刀造成一名被害人轻伤、一名被害人轻微伤的后果；而胡某则是持刀威胁及实施开车锁等行为。显然，沈某在犯罪中的地位和作用要相对高于胡某，社会危害性更大。

(3) 从刑事责任能力看。一般而言，随年龄的增长，行为人的辨别和控制能力相应增强。虽然两名被告人在作案时同属已满 14 周岁未满 16 周岁的未成年人,但沈某较胡某年长,且曾因抢劫罪被法院判处刑罚,其对本案抢劫犯罪行为的辨别意识和意志控制能力明显强于胡某,当然应当承担相对较重的刑事责任。

(4) 从重犯可能性看。上海市爱心帮教基金会青少年心理辅导部出具的MMPI测验报告表明,被告人沈某无明显后悔心理,有重犯越轨的可能性;而被告人胡某的测试结果无效,尚难以判断其重犯可能性。

综上所述,沈某行为的社会危害性及人身危险性均大于胡某,对胡某判处较重的刑罚,导致了两人间量刑的明显不平衡,违反了罪责刑相适应的刑法基本原则。综合前述分析和本案判决,笔者认为对于共同犯罪,尤其是对未成年人共同犯罪的量刑,可以借鉴"二次量刑"的理论,即"在审理案件的过程中,在对犯罪行为进行定性分析并确定法定刑之后,法官首先根据犯罪行为社会危害性的大小在法定刑幅度内选择具体案件所应适用的量刑基准,再对案件所具有的法定和酌定情节进行评价,最终得出宣告刑的一种量刑方法",以实现罪责刑的平衡。具体而言,就是对共同犯罪未成年人的量刑分为两个环节:首先,按照共同犯罪未成年人犯罪事实、犯罪性质、情节和对社会危害程度,确定犯罪基准刑;其次,结合未成年人实施犯罪行为的动机和目的、犯罪时的年龄、是否初犯、犯罪后的悔罪表现、个人成长经历和一贯表现等,进行综合评定,并最终确定宣告刑。另外,需要进一步强调的是,随着量刑规范化工作的全面推开,量刑模式发生了巨大的变化,无论是检察机关提出量刑建议,还是审判机关确定宣告刑,需要综合考虑全案情况,而非单单依据数学公式①或者计算器进行量刑,陷入机械执法的误区。

(二) 对未成年人罚金刑的适用

罚金是法院判处犯罪人向国家缴纳一定数额金钱的刑罚方法。根据最高人民法院《关于适用财产刑若干问题的规定》第二条:"人民法院应当根据犯罪情节,如违法所得数额、造成损失的大小等,并综合考虑犯罪分子缴纳罚金的能力,依法判处罚金。刑法没有明确规定罚金数额标准的,罚金的最低数额不能少于一千元。对未成年人犯罪应当从轻或者减轻判处罚金,但罚金的最低数额

① 全国各地审判机关根据最高人民法院的量刑指导意见,相继出台量刑实施细则,对常见罪名和情节的量刑标准进行了规定,在促进总体量刑平衡的同时,一定程度上会影响个案公正。

不能少于五百元"的规定，最高人民法院《关于审理未成年人刑事案件具体应用法律若干问题的解释》第十五条："……对未成年罪犯判处罚金刑时，应当依法从轻或者减轻判处，并根据犯罪情节，综合考虑其缴纳罚金的能力，确定罚金数额。但罚金的最低数额不得少于五百元人民币"等规定，对未成年人判处罚金刑应当予以从轻或减轻。

而本案一审判决中，从四名成年被告人分别判处"有期徒刑十四年，罚金人民币一万五千元；有期徒刑十二年零六个月，罚金人民币一万二千元；有期徒刑十二年，罚金人民币一万二千元；有期徒刑二年，罚金二千元"可以看出，对成年人采用了"一年主刑对应罚金一千元"的模式，这也符合上海市高级人民法院2007年7月下发的《关于抢劫犯罪适用财产刑标准的若干意见(试行)》中第三条："判处三年有期徒刑的，一般并处罚金三千元，每增加一年有期徒刑，罚金一般相应增加一千至二千元；判处十年有期徒刑的，一般并处没收财产或者罚金一万元；每增加一年有期徒刑，没收财产或者罚金一般相应增加二千至五千元"的规定。一审判决中对沈某、胡某、许某三名未成年人罚金刑的适用，也沿用了上述"一年主刑对应罚金一千元"的模式，分别判处"有期徒刑五年零六个月，罚金人民币五千元；有期徒刑七年，罚金人民币七千元；有期徒刑五年，罚金人民币五千元"，显然没有体现最高人民法院对未成年人应当从轻或减轻判处罚金刑的规定。同时，根据司法实践以及该案审判期间试行实施的《未成年人量刑指导意见实施细则》，对判处一年有期徒刑以下刑罚的犯罪，罚金一般应在500元到1 000元；一年以上每增加一年增加罚金300元至500元；对未成年人判处十年以上有期徒刑的，罚金最高数额原则上不超过5 000元。

综上，无论是根据司法解释还是相关司法实践，本案在对三名未成年被告人沈某、胡某、许某判处罚金刑中，均存在适用法律不当，造成罚金刑过重的情况。

(三) 对未成年人案件刑事政策的把握

本案中，对未成年人胡某、沈某主刑量刑明显不平衡，对三名未成年人适用罚金刑过重，但是由于全案系多人持刀实施抢劫犯罪，社会危害性较大，一审后检察机关对于是否提出抗诉以及如何提出抗诉意见，在本院内部以及本院与上级院间也多次进行讨论。最终，就胡某主刑部分判处刑罚过重、明显不当；就沈某、胡某、许某附加刑部分适用法律不当，造成罚金刑过重提出抗诉。该抗诉意

见主要基于本案的实际和对未成年人刑事政策的把握,具体如下:

1. 从案件具体情况分析

比较五名以抢劫罪被判处有期徒刑的同案成年主犯,对于胡某、沈某量刑的主刑部分均体现了减轻处罚,但是,根据全案综合情节,胡某的地位和作用均明显轻于沈某,一审法院主要依据审判阶段退赔钱款的情况,对胡某判处较重的刑罚,未综合考虑本案的犯罪事实和各自家庭的缴付能力,不利于实现刑罚个别预防目的,不利于实现对未成年人的教育、改造和挽救。且随着近年来各级审判机关量刑规范化工作的全面实施,根据被告人退赔情况,确定从轻、减轻处罚比例的情况①有泛滥的趋势,检察机关应当考虑通过个案抗诉予以纠正,促进全面、正确把握宽严相济的刑事政策。

2. 从未成年人案件专门办理的价值评判角度出发

当各种法益之间存在矛盾需要进行选择时,具有明显优越性的法益就是需要进行特别保护的利益。本案系由基层院刑庭进行全案审理的案件,在对未成年人刑事政策总体把握上(主要是罚金刑适用方面)明显存在不足。就案件本身而言,提出对未成年人沈某主刑量刑偏轻或者是对胡某主刑量刑偏重,都能实现个案正义,但是考虑未成年人刑事案件审理中应当全面贯彻"教育为主、惩罚为辅"的原则,并积极维护未成年人合法权益,本案应当以对胡某量刑过重提出抗诉为宜,并有利于推进未成年人案件专门审理。

3. 从相关抗诉工作规定考量

最高人民检察院 2009 年下发的《关于进一步加强对诉讼活动法律监督工作的意见》中规定,要"加强对有罪判无罪、无罪判有罪、量刑畸轻畸重和职务犯罪案件、经济犯罪案件量刑失衡的监督,经审查认为……法律适用方面确有错误、量刑明显不当……应当及时提出抗诉。"同时,《人民检察院公诉工作操作规程》第 341 条第二款第三项、第四项规定:"具有法定从轻或者减轻处罚情节,量刑偏轻的;未成年人犯罪,以及老年人、严重疾病患者、怀孕、哺乳自己婴儿的妇女犯罪量刑偏轻的……不宜提出抗诉。"因此,对于本案提出主刑量刑明显不当、附加刑适用法律错误以致量刑过重的抗诉意见,有利于二审法院的接受和

① 如在《人民法院量刑指导意见》(试行)中,明确规定单纯财产型犯罪和人身损害型犯罪中积极赔偿被害人损失,可以从轻处罚的幅度。

采纳。

四、处理结果

检察机关认为，一审判决对三名未成年被告人判处的罚金刑未依法从轻或减轻处罚，且对情节较轻的未成年被告人胡某判处七年有期徒刑，属适用法律错误，量刑明显不当，遂提起抗诉。二审法院开庭审理后采纳全部抗诉意见，改判未成年被告人胡某有期徒刑五年，并将未成年被告人沈某、胡某、许某的罚金刑改判为人民币 1 500 元至 2 000 元不等。

（顾　文）

犯罪嫌疑人被初次询问时如实交代犯罪事实是否应认定为自首

一、基本案情

被告人熊某某于 2003 年 9 月来沪后，在无医生职业资格和执业许可证的情况下，为牟取非法利益，在上海市嘉定区某村租借私房并开设诊所从事非法行医活动。2006 年 3 月 30 日中午，河南籍孕妇彭某某即将分娩，在其亲属陪同下至被告人熊某某的诊所生产。被告人熊某某检查后认为彭即将生产，即准备为彭接生（熊某某每次接生费用为 400 元左右）。当日 15 时许，被告人熊某某为加快彭某某的分娩速度，在葡萄糖溶液中加入缩宫素为彭某某静脉滴注。当日 17 时许，彭某某产下一男婴后出现大出血。被告人熊某某为止血又两次为彭注射缩宫素，但彭某某仍然出血不止并出现休克。被告人熊某某感到事态严重，遂让彭某某家属将彭某某送医院抢救。当日 19 时许，被害人彭某某被其丈夫周某某等家属送至上海市嘉定区中心医院抢救，熊某某则回其住处，后因周某某报案被公安机关带至派出所询问情况，熊某某如实供述了犯罪事实。当日 21 时 27 分许，彭经医院抢救无效而死亡。经司法部司法鉴定中心鉴定，被害人彭某某系子宫下段裂伤致失血性休克死亡。

二、争议焦点

在本案的处理过程中，对被告人熊某某的行为构成非法行医罪的定性没有意见。争议焦点在于，被告人熊某某是否具有自首情节。

第一种意见认为，本案是被害人彭某某丈夫在其妻子不省人事送医院抢救后向警方报案，且由被害人丈夫带领民警至被告人住处将被告人熊某某抓获而案发。被告人熊某某具有重大犯罪嫌疑，缺乏认定自首的条件。

第二种意见认为，被告人熊某某发现被害人彭某某出血不止后，感到情况危急，遂让被害人家属急送彭某某至上海市嘉定区中心医院抢救。当日 21 时 08 分，彭某某丈夫向“110”报警称其妻在私人诊所生小孩，现在不行了，要求警察赶快去(不要拉警笛)。当日 21 时 13 分，接警的民警在现场初步了解情况后即将被告人熊某某带至派出所。被告人熊某某在接受公安人员初次调查询问时，能如实交代上述犯罪事实，应当视为被告人熊某某自动投案，依法可对其从轻或者减轻处罚。

三、评析意见

我们同意第一种意见。本案系自首情节认定不一而导致抗诉的案件，主要涉及检法两家对自首成立要件的不同认识。在被害人家属报警后，犯罪嫌疑人在被公安机关采取强制措施之前且在初次询问时，能如实交代自己的犯罪事实，是否应当认定为自首。对此，我们认为熊某某不具有自首情节，理由如下：

自首是指犯罪以后自动投案，如实供述自己罪行的行为。自首需要满足两个基本条件，即自动投案和如实供述自己的罪行。正确理解自动投案是认定自首的关键。本案自首认定的争议点也主要在于被告人熊某某到案过程是否属于自动投案。

（一）被告人熊某某不具有投案的主动性

《最高人民法院关于处理自首和立功具体应用法律若干问题的解释》对“自动投案”解释为：犯罪事实或者犯罪嫌疑人未被司法机关发觉，或者虽被发觉，但犯罪嫌疑人尚未受到讯问、未被采取强制措施时，主动、直接向公安机关、人民检察院或者人民法院投案。从该规定来分析，自动投案的关键点是在犯罪之后，行为人主动将自己置于司法机关控制之下的行为，即犯罪嫌疑人或被告人具有投案的主动性。这种主动性反映为犯罪嫌疑人主动向司法机关投案，也包括犯罪嫌疑人在亲友的规劝、陪同下投案，以及犯罪嫌疑人的亲友主动报案并将犯罪嫌疑人送去投案等情形。

结合本案的事实和证据分析，被告人熊某某不具有投案的主动性。被告人熊某某在自己的诊所为被害人彭某某接生，被害人彭某某在产下一男婴后，即出现大出血后致休克状态，被害人家属将被害人彭某某送至医院抢救，被害人丈夫在医生告知被害人彭某某经抢救无效已死亡的结果后，赶赴被告人熊某某住处，并在赶往被告人熊某某住处的路上报警。后被害人丈夫及亲友在被告人住处看住被告人熊某某,在听到警车的声音后,被害人丈夫又至路口将公安人员带至被告人熊某某住处,由公安人员将被告人熊某某带至派出所接受调查。可见,被告人熊某某不符合自动投案的主动性要件。

(二)被告人熊某某不具有投案的时间性

根据司法解释的相关规定,自动投案还要求具有时间性的特征,具体包括:犯罪事实尚未被发现;犯罪事实已被发现,但犯罪嫌疑人尚未被查明;犯罪嫌疑人尚未受到讯问、未被采取强制措施时投案;已被采取强制措施后,犯罪嫌疑人潜逃后又投案。

在本案中,争议点在于如何理解"犯罪事实尚未被发现"和"犯罪嫌疑人尚未受到讯问、未被采取强制措施时投案"两种情形。根据法律关于自首的规定及相关司法解释,"犯罪事实尚未被发现"应该是指司法机关还未掌握行为人实施犯罪的重要证据。"犯罪嫌疑人尚未受到讯问、未被采取强制措施时投案"主要强调行为人主动投案的时间发生在其尚未受到讯问、未被采取强制措施之时。本案被告人熊某某虽然未被采取强制措施,但也没有主动投案的行为。本案还涉及的问题是:行为人是否一经传唤即供认犯罪事实就可以认定为自首。根据法律和司法解释的规定,应该需要区分行为人被传唤的原因:如果行为人仅因形迹可疑而传唤,则应当认定为自首;如果行为人因具有重大犯罪嫌疑而被传唤,则不能认定为自首。

在本案中,公安机关接到被害人亲属报案后,派员赶赴现场,在快到现场的一路口,由被害人彭某某丈夫带至被告人熊某某的住处。公安人员向被害人彭某某丈夫了解案件情况,被害人丈夫告知公安人员被告人熊某某非法接生致产妇彭某某大出血,经医院抢救无效已死亡的事实。现场的公安人员在了解了非法行医的基本案情后,通知刑侦支队、治安支队至案发地点展开现场勘查,同时将犯罪嫌疑人熊某某带至公安机关。而后,询问犯罪嫌疑人熊某某后,熊如实供述了非法行医的犯罪事实。可见,被告人熊某某供述犯罪事实是在被害人死亡结果已经发生,被害人家属报警并将其看住,以及公安人员了解了被告人熊某某非法行医基本犯罪事实的情况下才作出的。也就是说,在被告人熊某某供述之前,公安机关已经掌握了被告人熊某某实施非法行医犯罪的重要证据。因此,应当认定被告人熊某某具有重大犯罪嫌疑,其至派出所后如实供述自己罪行的行为可以认定坦白罪行,但不应认定为自首。

四、处理结果

检察机关以被告人熊某某行为构成非法行医罪向法院提起公诉，法院以被告人熊某某犯非法行医罪且具有自首情节，判处其有期徒刑六年零六个月。检察机关认为一审判决认定熊某某具有自首情节，适用《刑法》第 67 条减轻处罚存在错误，并存在量刑不当为由提出抗诉。二审法院经审理后裁定，撤销原审判决，发回重审。一审法院经过再审，采纳检察机关抗诉意见，撤销了原审判决，不认定被告人熊某某具有自首情节，并以非法行医罪判处被告人熊某某有期徒刑十年。

（王春丽）

如何正确理解追诉时效的延长

一、基本案情

2004年10月13日14时许，犯罪嫌疑人郭某伙同他人经事先预谋，至上海市闵行区兰坪路某房地产经纪有限公司店铺内，借与店内营业员聊天之机，窃得被害人陈某放于椅子上的女式拎包一只，内有现金人民币3 600元。接警后，公安机关当日对该案以盗窃罪进行立案侦查。2010年11月17日，公安机关获得线索，确认在上海市公安局强制戒毒所内强制戒毒的郭某为上述盗窃案件的犯罪嫌疑人。

二、争议焦点

在本案处理过程中，对本案是否已过追诉时效问题发生分歧，存在两种意见：

第一种意见认为，本案已经超过追诉时效。理由是：公安机关在立案侦查之时仅就事立案，并未在确定犯罪嫌疑人的情况下就人立案，犯罪嫌疑人也没有积极的逃避侦查的行为，所以不能认定犯罪嫌疑人是逃避侦查或者审判。

第二种意见认为，本案没有超过诉讼时效。理由是：公安机关立案侦查之后，不管是否已经确定犯罪嫌疑人，在犯罪嫌疑人未到案的这段期间都有理由认定犯罪嫌疑人是在逃避侦查或审判。

三、评析意见

笔者同意第一种意见，郭某的行为已过追诉时效，应不再追究其刑事责任，理由如下：

(一) 追诉时效的延长

追诉时效的延长，是指在追诉时效的进行期间，因为发生法律规定的事由，而使追诉时效的行进期计算中断而不受经过时间的限制而延长。我国《刑法》第88条对追诉时效的延长进行了规定，在本案中要正确适用追诉时效的延长，就必须准确理解《刑法》第88条第一款的规定，把握好以下几个方面的要素：

1. “立案侦查”

在刑事诉讼程序中，“立案”是指司法机关审查材料，初步判明具有犯罪事实和应当追究刑事责任后，做出立为刑事案件的一项活动。广义的“立案”包括发现立案材料或对立案材料的接受、对案件材料的审查、根据审查的结果作出立案或不立案的决定三方面的内容。狭义的“立案”仅指立案或立案决定侦查。“侦查”是指立案后依照法律进行专门调查工作和采取有关强制性措施。对于本款中的“立案侦查”是仅指立案，还是指立案并且侦查，在刑法理论界尚存在争议。笔者认为，司法机关立案后，行为人就可能逃避侦查或审判，并不是要待侦查后，才能逃避侦查或审判。由于立案决定作出后，即进入侦查阶段，立案决定与侦查两者在程序上极为接近，所以本款“立案侦查”可理解为“已立案且决定进行侦查”。

2. “逃避侦查或者审判”

从认识因素上讲，其是指犯罪嫌疑人明知自己的行为将受到国家法律的制裁；从意志因素上讲，其是决意逃避这种打击与制裁。如果犯罪嫌疑人并没有意识到自己的行为要承担刑事责任，就不存在逃避的主观要件。笔者认为，追诉机关是否立案侦查或受理案件并不是犯罪嫌疑人必须明知的内容，只要其主观上明知其行为如果被发现必然受到法律制裁，而客观上逃跑或者藏匿的行为又发生在追诉机关立案侦查或受理之后，即构成该法条意义上的逃避，这符合“逃避侦查或者审判”的本义。

3. “立案侦查”和“逃避侦查或者审判”必须同时具备

实践中，不能简单地理解为只要人民检察院、公安机关、国家安全机关对案件进行立案，或者人民法院对案件予以受理后，就可不受追诉时效的限制。如果犯罪嫌疑人没有逃避侦查或审判的行为，在司法机关立案或受理后超过追诉期限的，不应适用本款规定。值得注意的是，本款规定的“立案侦查”必须是在追诉期限内实施，对于已超过追诉期限才开始的立案侦查或受理案件活动，也不能适用这一追诉时效延长的规定。

(二) 对"追诉"的理解

对"追诉"的理解,有人理解为"开始追诉",即只要在时效内启动了追诉程序,追诉期限就无限顺延,案件就不受时效的限制。这种理解与我国设立追诉时效制度的目的是相悖的。追诉时效制度的意义:一方面在于促使犯罪人在没有受到国家刑事责任追究的情况下,悔罪自新、重新做一个遵纪守法的人;另一方面,对国家司法机关司法资源的合理配置与社会秩序的稳定有重要意义,是现代国家对国家刑事追诉权的自我限制,以防止追诉权的无限扩大与延展。如果一经立案就不受追诉时效的限制,司法机关将要花费大量司法资源去处理陈年旧案,造成司法资源的浪费,也极大地削弱了及时打击现行犯罪的力量。同时,将司法机关的追诉权无限放大,不利于社会的安定团结。对于轻微的刑事犯罪,经过一定的时间和环境的改变,当事人之间已相互谅解,如果超过追诉时效再追究当事人的刑事责任,会对社会的安定团结起到相反作用,客观上不利于社会稳定,也不利于对人权的保障。应当说,法律理论界、司法实务界及最高司法机关对这个问题的认识是逐渐深化的。

追诉不只是"开始追诉",而是指公安、司法机关行使职权追究犯罪者刑事责任的全部诉讼活动。追究刑事责任表现为给予刑罚处罚、非刑罚处罚等,《刑事诉讼法》第 15 条规定"犯罪已过追诉时效期限的,不追究刑事责任,已经追究的,应当撤销案件,或者不起诉,或者终止审理,或者宣告无罪。"这一规定充分说明,犯罪已过追诉时效的,当其诉讼程序进行到那个诉讼阶段,就在那个阶段终止;而不是在立案时尚未过追诉期,仅因侦查机关立案了,就可以无限延长其追诉期。刑法典的这种明确规定,从法理上明析了"开始追诉"仅是个时点概念,而"追诉"既是个时点概念也是个时间概念,它不仅要求"开始追诉"的时点行为在时效内,也要求后续的所有"追诉"行为都在时效内,一旦超过时效,则应终止。

(三) 本案的具体适用

本案发生在 2004 年,至 2010 年案发已有六年,根据《刑法》第 264 条的规定,刑罚应在三年以下有期徒刑,法定追诉期限为五年,能否对其追诉关键看本案能否适用追诉时限延长制度。从上述分析来看,适用追诉时效延长制度的犯罪,须满足两个条件:侦查机关立案侦查,犯罪嫌疑人逃避侦查或者审判,且两个条件必须同时具备。根据本案案情,郭某在案发后并未采取隐姓埋名、逃离案发地等逃避侦查的行为；在本案立案侦查时，侦查机关也并未确定具体的犯罪嫌疑人，郭某也未被确定为侦查机关的追捕对象，显然本案的犯罪嫌疑人郭某并不符合在侦查机关立案侦查后，逃避侦查或审判的情形。根据第 88 条的规定，为了体现刑法惩治犯罪、保障人权和维护社会秩序稳定的功能，本案对犯罪嫌疑人不应适用《刑法》第 88 条规定的追诉期限延长制度，而应该根据《刑法》第 87 条和《刑事诉讼法》第 15 条的规定，不应再追究犯罪嫌疑人郭某的刑事责任。

诚然，刑法设立追诉时效并不是对犯罪的放纵。对犯罪人实施刑罚，其目的在于有效地预防犯罪。打击犯罪，对犯罪人及时处罚可以震慑社会上其他可能犯罪的人，从而起到一般预防的作用。但对已过法定追诉时效的犯罪分子进行追诉，则难以达到及时震慑的一般预防效果。行为人犯罪后在法定的期限内没有再犯罪，在相当层面上说明行为人已认识到犯罪的社会危害性而改恶从善，已没有处以刑罚的必要。如果此时再对其追诉，同样达不到特殊预防的效果。由此可见，追诉时效制度不仅不是故意放纵犯罪，反而是为了更有效地实现刑罚的目的。

四、处理结果

检察机关认为，犯罪嫌疑人郭某的行为已涉嫌盗窃罪，但已过追诉时效的期限，故对犯罪嫌疑人郭某不予批准逮捕。

（姚　琼）

连续犯同一罪名漏罪的追诉时效如何计算

一、基本案情

自 2003 年 8 月 1 日始至同年 11 月 15 日，被告人董某虚构可以为他人代为购买内部商品房的事实，先后以“预付款”的名义多次从被害人张某处骗得人民币共计 30 万元。2008 年 8 月 2 日案发，董某于 2008 年 12 月 14 日被法院以诈骗罪判处有期徒刑 10 年 6 个月，剥夺政治权利 2 年，并处罚金人民币 10 000 元（刑期至 2019 年 1 月 3 日止），董某未上诉。2009 年 1 月 19 日，罪犯董某在狱中主动交代其于 2003 年 4 月 1 日以帮助徐某购买内部商品房为由骗得人民币 2 万元的犯罪事实，但至董某交代前，被害人徐某一直未报案，公安机关也未发现。经查，该交代属实。

二、争议焦点

对于本案中董某坦白的诈骗余罪是否超过追诉时效，存在以下两种分歧意见：

第一种意见认为可以追诉。一般来说，同种数罪的数额是累加处罚的，法定最高刑也是在数额累加后得出的。董某坦白的诈骗余罪的追诉期限应当以 32 万元的诈骗总额的诉讼时效予以认定，即自 2003 年 11 月 15 日始，追诉时效为二十年。因此，对董某坦白的诈骗余罪可以追诉。

第二种意见认为不可以追诉。根据刑法规定，前罪追诉期限从犯后罪之日起计算，这是追诉期限的开始时间，而追诉时效是依据独立犯罪法定最高刑来确定的，因此董某诈骗余罪的追诉期限应当以 2 万元确定，即自 2003 年 11 月 15 日始，追诉时效为五年。因此，已过追诉时效，不应对董某的坦白余罪再行追究。

三、评析意见

笔者同意第二种意见。在论及理由之前，首先需要明确的是，在本案中，董某基于概括的犯罪故意，在2003年8月1日至2003年11月15日之间，采用同一方法多次诈骗张某财物共计人民币30万元，因此即便对董某诈骗徐某的行为未认定，董某依然属于典型的连续犯。笔者认为不可以追诉的具体理由如下：

(一) 董某犯罪行为之间的连续性被隔断，不应按连续犯从重处断的原则处理

从连续犯的认定来看，根据连续犯的一般理论，构成连续犯的一个关键要件即性质相同、独立成罪的数个行为必须有连续性。而按照通说，是否具有连续性的判断标准应当为：行为人基于同一或者概括的犯罪故意实施的性质相同、手段类似的数个行为之间在时间上是否存在被隔断的情况，而隔断的典型方式就是数行为中的部分行为已被刑事处理。本案中，法院于2008年12月14日对董某诈骗张某30万元的犯罪事实依法做出了判决，此时，董某诈骗徐某2万元的犯罪行为与多次诈骗张某30万元的犯罪行为之间的连续性被隔断，即便后来发现董某存在诈骗徐某2万元的犯罪事实，也不能再与诈骗张某30万元的犯罪事实一并计算数额并按连续犯从重处断的原则一并加以处理，当然也不能按累计总额32万元一并计算追诉时效。

(二) 董某坦白的犯罪行为应单独处理，单独计算追诉时效

从连续犯的本质来看，所谓连续犯是指基于同一或概括的犯罪故意，在一段时期内连续实施性质相同的数个独立的犯罪行为，触犯同一罪名的犯罪。连续犯在本质上属于实质上的数罪、处断上的一罪，因此对于连续犯只有在一并发现、一并处断的时候才具有刑法评价的意义。刑法之所以规定对于连续犯不实行数罪并罚，而采用从重或者加重处罚的原则，主要是为了限制法官裁量的次数从而限制其裁量权的运用。但这必须有一个前提，即行为人实施的性质相同的数次独立犯罪行为在处断时均被发现并查实，如在处断时未被全部查实，处断后又发现的，应单独处理，自然也应单独计算追诉时效。在本案中，董某诈骗张某30万元的行为已被定罪处罚，因此应当对董某诈骗徐某2万元的犯罪行为单独计算诉讼时效。

(三)从刑法规定看,连续犯的追诉时效应从犯罪之日起计算

从"追诉时效"的规定看,《刑法》第89条规定"追诉时效从犯罪之日起计算;犯罪行为有连续或者继续状态的,从犯罪行为终了之日起计算。在追诉期限以内又犯罪的,前罪追诉的期限从犯后罪之日起计算。"董某诈骗徐某2万元的犯罪行为的追诉时效应自2003年11月15日起单独计算,由于其法定最高刑为三年,因此其追诉期限应为五年,至2008年11月15日止。本案中董某坦白漏罪是在2009年1月19日,已超过上述追诉时效,故不应对董某坦白的诈骗余罪予以追究。

反对意见认为,由于连续诈骗的行为一般以未经处理的累积数额计算,因此应当先将连续犯实施的未经处理的数个犯罪行为的数额累计计算诉讼时效,从而确定是否追诉。这种观点忽视了连续犯处断中未经处理的累积数额应当是以"追诉期限内"的未经处理的犯罪数额来认定的,这就意味着必须先做出"犯罪行为是否超过追诉时效"的认定,然后认定犯罪数额并处刑,而不是先认定犯罪数额再通过数额的累计认定追诉时效。追诉时效是对危害行为进行刑法评价的前提,而不是刑法评价本身,只有在追诉时效内的危害行为才能谈得上刑法评价的问题。尽管时效制度规定在刑法条文之中,但根据时效制度来确定是否应当对某种行为予以刑法评价的行为本身并不应被定义为刑法评价。

(四)从追诉的实效看,对董某的行为不予追诉符合法律价值

首先,犯罪的本质属性在于严重的社会危害性,董某能够自己主动坦白交代公安机关未掌握的犯罪事实,具有坦白的情节;在执行期间董某认真接受改造,有悔罪的表现,这都说明其社会危害性程度较低,在是否追诉存有较大争议的情况下再追诉犯罪并科以刑罚已无必要。其次,刑罚的本质在于预防犯罪而不在于单纯的处罚或者说报复犯罪人,从董某能主动交代诈骗徐某的犯罪行为以及其认真接受教育改造的表现来看,刑罚已经起到了特殊预防的效果,在法律规定不明确的情况下再科以刑罚并不妥当。再次,从查案的角度来看,董某坦白的诈骗余罪发生在2003年,而主动交代的时间在2009年,时间跨度较长,证据搜集较为困难,而且从被害人徐某未报案这一事实来看,"被害人陈述"这一证据形式的突破也有一定难度。另外,从刑法谦抑性、罪刑法定以及有利被告的刑法理念出发,笔者认为,以认定董某坦白的诈骗余罪已过追诉时效为宜。

四、处理结果

在本案审查起诉期间，公安机关主动请求撤回案件，检察机关批准撤回后，公安机关做出撤销案件的处理决定。

（徐　建　张庆立）

刑法追诉时效延长如何适用

一、基本案情

案例一：2004 年 8 月 12 日，犯罪嫌疑人陈某伙同他人经事先预谋，在杭州火车站候车室盗窃旅客现金人民币 2 500 元。接到报案后，公安机关即立案侦查。2010 年 11 月 17 日，根据获得的线索，在本市一网吧内将陈某抓获归案。

案例二：2005 年 9 月 16 日，犯罪嫌疑人邓某在温州火车西站货场因货物装卸纠纷与他人发生口角，后将被害人打成轻伤。因鉴定问题，公安机关于同年 10 月 11 日立案侦查。但邓某案发后即逃跑，后到广州打工，期间又犯抢劫罪（冒充堂弟的名字）被法院判刑四年。2011 年 6 月 20 日，邓某在家人的陪同下到公安机关投案自首。

二、争议焦点

上述两个案例犯罪事实清楚，但都涉及能否适用追诉时效延长的问题。

案例一中，公安机关仅以事立案而非以人立案，犯罪嫌疑人陈某主观明知其行为已涉嫌犯罪（因数额较大，已构成盗窃罪），但作案后始终未离开过本市，期间没有再犯罪，也没有刻意隐瞒自己的真实身份。在案件处理中存在以下分歧意见：第一种意见认为，犯罪嫌疑人陈某的行为不属于现行《刑法》第 88 条第一款规定的“逃避侦查”；第二种意见认为，犯罪嫌疑人陈某的行为属于现行《刑法》第 88 条第一款规定的“逃避侦查”。

案例二中，犯罪嫌疑人邓某主观上并不知道其行为已涉嫌故意伤害罪（如果鉴定系轻微伤，则不构成犯罪），而在公安机关立案侦查之前就逃跑，且因犯他罪而有意隐瞒自己的真实身份。虽有积极逃避侦查的行为，但主观上缺乏明知是犯罪的故意。在案件处理中存在以下分歧意见：第一种意见认为，犯罪嫌疑人邓某的行为属于现行《刑法》第 88 条第一款规定的“逃避侦查”；第二种意见认为，犯罪嫌疑人邓某的行为不属于现行《刑法》第 88 条第一款规定的“逃避侦查”。

三、评析意见

我们均同意上述案例分歧意见中的第一种意见，具体分析如下：

判断上述案例中陈某、邓某的行为是否属于刑法追诉时效意义上的“逃避侦查”，能否适用追诉时效延长，我们认为关键在于如何准确理解我国刑法总则规定的追诉时效制度，以及有无必要区分以事立案和以人立案作为追诉时效的前提限制。对于“逃避侦查”应当如何予以理解和把握、上述问题的解决与否，不仅直接关系到案件罪与非罪的认定，也关系到司法实践中如何实现公平正义，依法保障犯罪嫌疑人的合法权益，从而实现社会保护与人权保障这两个机能的有机统一。

（一）对追诉时效立法目的之探究

追诉时效，是指刑法规定的追究行为人刑事责任的有效期，在此期限内，司法机关有权追究行为人的刑事责任，超过了该期限，司法机关就不能再追究其刑事责任。所谓“追诉时效延长”，是指在追诉时效的进行期间，因为发生法律规定的事由，而使追诉时效的进行期计算中断，不受经过时间的限制而延长。其初衷在于防止行为人利用追诉时效制度逃避处罚并进而继续犯罪，是为保证追诉时效制度顺利完成并减少其负面效应而设置的一种修正制度。从该意义上讲，追诉时效延长是追诉时效制度的一个例外性规定。

探究追诉时效的立法目的，主要有两方面：一是在惩治犯罪和保障人权两种价值间进行平衡；二是在刑法打击和谦抑性两种价值之间进行考量。也就是说，如果刑事案件一经立案就不受追诉时效的限制，即不论何时抓获犯罪嫌疑人都可以对其追究刑事责任，那么必将使司法机关花费大量的时间、精力和司法资源用于打击过往的陈年旧案上，不仅不能对现行犯罪形成有效的打击力度，而且用刑法作为唯一预防和惩治犯罪之手段的做法也有悖于现代刑法追求谦抑性的精神。从另一方面看，对追诉时效不做限制的做法也是对司法权的误读，它将司法机关的追诉权无限放大，忽视了刑法人权保障的机能，采用无限追诉并不能增加司法机关打击犯罪的力度。[①] 可见,设立追诉时效制度,从本质上讲是对司法权的一种限制,目的是为了让司法机关集中力量打击现行犯罪。但我们认为,这一制度应当充分考虑行为人客观行为的主观支配因素,如果行为人出于对抗司法及免受司法追究之目的而故意逃避侦查或者审判的,显然属于刑法打击的重点。而如果行为人不具有上述主观意图,则不能使其无限期地处于被追诉的境地。[②] 否则,将有违设立追诉时效制度的立法本意和追诉时效的本质要求。

(二)对“立案侦查”的理解

广义说认为,“立案侦查”包括立案和侦查两种情况;狭义说认为,“立案侦查”仅指立案。从文理解释的角度看,“立案侦查”既包括立案,也包括侦查。当然,司法机关进行侦查的前提是案件已经立案。[③] 我们认为,《刑法》第 88 条第一款规定的“立案侦查”宜采用狭义说,应理解为立案。理由是:一是案件从司法机关立案后,行为人就可能逃避侦查或审判,而不是要等侦查之后,才能逃避侦查或审判。二是立案是刑事追诉的前提,由于立案后就开始侦查,故“立案侦查”就是立案决定侦查,或者说立案的意思。

关于立案的条件,《刑事诉讼法》第 83 条规定:“公安机关或者人民检察院发现犯罪事实或者犯罪嫌疑人,应当按照管辖范围,立案侦查。”第 86 条规定:“人民法院、人民检察院或者公安机关对于报案、控告、举报和自首的材料,应当按照管辖范围,迅速进行审查,认为有犯罪事实需要追究刑事责任的时候,应当立案。”《公安机关办理刑事案件程序规定》第 162 条规定:“公安机关受理案件后,认为有犯罪事实需要追究刑事责任,且属于自己管辖的,由接受单位制作《刑事案件立案报告书》,经县级以上公安机关负责人批准,予以立案。”同时,根据全国人民代表大会常务委员会法制工作委员会编写的《中华人民共和国刑法释义》的解释,“立案侦查,是指人民检察院、公安机关、国家安全机关依照刑事诉讼法的规定,按照自己的管辖范围,对发现犯罪事实或者犯罪嫌疑人的案件予以立案,开始进行侦查”。

---

① 王高峰,潘贞:《立案侦查了是否就不受追诉期限限制关键看犯罪嫌疑人有无积极逃避侦查行为》,载《检察日报》2008 年 12 月 28 日。

② 于志刚:《追诉时效制度研究》,中国方正出版社 1999 年版,第 425 页。

③ 张明楷:《刑法学》,法律出版社 2007 年版,第 485 页。

通过对上述法律规定的分析可以看出，公安机关在发现犯罪事实或者犯罪嫌疑人，如果需要追究刑事责任的，就应当立案侦查，而非要求明确犯罪嫌疑人才予以立案。事实上，“以事立案”和“以人立案”只是因为案件性质和种类的不同而作出的分类，但无论是“以事立案”还是“以人立案”，都要符合立案的法定条件。[①] 司法实践中，公安机关往往也是案件经被害人报案后，先对犯罪事实进行立案侦查，最后才抓获犯罪嫌疑人的。况且，即便是在以事立案的情况下，仍有可能出现犯罪嫌疑人故意逃避侦查或者审判的情况。因此，我们认为，没有必要将区分“以事立案”和“以人立案”作为追诉时效的前提限制。

(三) 对“逃避侦查或审判”的理解和把握

我国《刑法》第 88 条第一款对案件不受追诉时效限制设置了两个条件：一是人民检察院、公安机关、国家安全机关已经立案侦查或者人民法院已经受理案件；二是在前述条件满足后，行为人有逃避侦查或者审判的行为。对于第一个条件“已立案侦查或者受理案件”比较容易判断，一般以司法机关正式作出的书面决定为准。关键是，对于第二个条件中的“逃避侦查或审判”如何予以理解和把握，司法实践中往往存在较大的分歧。主要有：一种观点认为只要案件已经立案侦查或受理，不管犯罪嫌疑人主观是否明知案件已立案侦查或受理，只要其不主动归案，就属于“逃避侦查或审判”。另一种观点则认为，只有行为人知道其行为已构成犯罪，而不主动归案的，才是“逃避侦查或审判”。我们认为上述两种观点都有失偏颇。

如何理解“逃避侦查或审判”？我们认为，所谓的“逃避”应是指积极的作为，而非消极的不作为。具体表现形式应当包括逃跑、藏匿、伪造或毁灭犯罪证据，以及刻意隐瞒自己的真实身份等积极行为，而非消极的不作为，如没有主动归案等消极行为。这是因为，如果行为人在犯罪之后没有主动归案，从情理上讲应当是行为人趋利避害的本性。也正因为如此，刑法才有设立自首制度的必要。另外，从心理学角度讲，“逃避”是主体对心理器官中引起痛苦或危险威胁的刺激的反应。就如同“恐惧需要有确定的害怕对象”一样，行为主体逃避某事物应以他对该事物的认知为前提。否则，这种逃避就缺乏必要的心理基础。从法律依据看，根据全国人民代表大会常务委员会法制工作委员会编著的《中华

① 朱孝清：《“核准追诉”若干问题之我见》，载《人民检察》2011 年第 12 期。

人民共和国刑法释义》的解释:“逃避侦查或者审判主要是指以逃避、隐藏的方法逃避刑事追究。”

司法实践中,应如何判定“逃避侦查或者审判”?我们认为,应当坚持主客观相一致原则,必须结合行为人主客观两个方面进行综合分析判断。

首先,从主观方面看,行为人应当明知其行为已触犯法律,将被刑事追究。也即从认识因素上讲,行为人明知自己的行为将会受到国家法律的制裁;从意志因素上讲,是决意逃避这种打击与制裁。对于“明知”的理解,不是指“确知”,而是知道或者应当知道。也就是说,只要行为人主观上对其行为具有违法性,有可能被司法机关予以刑事追究,存在概括认识的故意即可,而不要求其明确知道自己的行为已经构成犯罪,必将受到刑事追究。而且,对于判断行为人的主观明知,不能仅凭行为人的供述和辩解,而应当依据案件性质、犯罪数额、作案手段、危害后果等涉案事实进行全面分析判断。

其次,从客观方面看,行为人要有逃避侦查或审判的行为,即包括逃跑、藏匿、伪造或毁灭犯罪证据,以及刻意隐瞒自己的真实身份等积极行为。一方面,上述行为足以反映出行为人具有较大的主观恶性;另一方面,行为人积极逃避侦查或审判的行为不仅妨碍了刑事诉讼活动顺利进行,同时也加大了司法成本,因而应当“不受追诉时效期限的限制”,依法追究其刑事责任。反之,如果行为人并没有故意逃避侦查或审判的积极行为,而只是消极的不主动归案,则应当受到追诉时效制度的保护。当然,对于“逃避侦查或审判”成立与否的证明责任应当由司法机关承担。

综上分析,对于案例一中陈某的行为,公安机关虽在未确定犯罪嫌疑人的情况下以事立案,但陈某主观明知其行为已涉嫌犯罪,且在立案侦查后并没有积极的逃避侦查的行为,故不能认定为《刑法》第 88 条第一款规定的“逃避侦查”,而应受到追诉时效的限制,直接适用《刑法》第 87 条,即“法定最高刑为不满五年有期徒刑的,经过五年不再追诉”。据此,陈某盗窃他人 2 500 元的犯罪行为因已超过五年的追诉期,故不再追究其涉嫌盗窃罪的刑事责任。对于案例二中邓某的行为,邓某主观上虽不确知,但其对自己的行为有可能涉嫌故意伤害罪具有概括的认识,而在公安机关立案侦查之前就逃跑,且在逃期间又刻意隐瞒自己的真实身份,根据主客观相一致原则,邓某的行为已构成《刑法》第 88 条第一款规定的“逃避侦查”,故应适用追诉时效延长之规定,依法追究其涉嫌故意伤害(轻伤)罪的刑事责任。

四、处理结果

案例一中,因犯罪嫌疑人陈某的行为已超过追诉时效,检察机关根据《刑事诉讼法》第 15 条第二项之规定,依法对陈某作出绝对不捕的决定。

案例二中,因犯罪嫌疑人邓某的行为不受追诉时效的限制,故涉嫌故意伤害(轻伤)罪。在案件审查逮捕阶段,当事人之间达成和解协议,根据《最高人民检察院关于办理当事人达成和解的轻微刑事案件的若干意见》的规定,公安机关撤回报捕。

(陈米华)

分则部分

酒后驾车抗拒检查的行为如何定性

一、基本案情

上诉人田某某于2010年9月6日晚上23时许，酒后驾驶一辆牌号为沪KG68××的别克轿车，途径上海市延安路高架茂名北路下匝道北侧时，遇上交警支队执法检查。田某某不顾交警示意其停车的指示，向斜后方倒车逃避检查，撞上一辆红色本田轿车后突然加速向前，将执法交警李某撞在别克车的引擎盖上。田某某不顾趴伏在车引擎盖上的李某要求停车的呼喊，再次带着李某倒车撞击道路的隔离护栏后，逆向沿延安中路行驶，至陕西南路口驶入顺向车道后，以时速108.63公里的速度呈S形行驶，并在交通繁忙的华山路闯红灯，致使多辆汽车紧急刹车。在行驶1.9公里后，田某某突然紧急刹车，将李某从车辆引擎盖甩至机动车道上，后其加速逃离现场，导致李某轻伤。

二、争议焦点

对于上诉人田某某的行为，存在以下三种分歧意见：

第一种意见认为，田某某的行为构成故意杀人罪（未遂）。田某某为抗拒检查，对被害人李某采取了驾车加速撞击、高速拖曳、高速S形行驶、高速驾驶中急刹车甩出人体等多个行为，对被害人人身安全产生严重威胁，其行为足以造成被害人死亡的严重后果，应以故意杀人罪追究其刑事责任，但系犯罪未遂，应当从轻处罚。

第二种意见认为，田某某的行为构成危害公共安全罪。本案认定田某某主观上具有杀人故意的证据不足，综合田某某的一系列行为，认为其为逃避检查，采用了倒车撞车、撞人、加速行驶、闯红灯等多个行为，分别触犯刑法分则规定的妨害公务罪、故意伤害罪和以危险方法危害公共安全罪数个罪名，按照想象竞合的处理原则,应对田某某以危害公共安全罪定罪处罚。

第三种意见认为,田某某的行为构成妨害公务罪。本案中田某某采用暴力方法,仅是为了阻碍人民警察依法执行公务,造成的后果也没有超出轻伤范围,故应当以妨害公务罪定罪处罚。

三、评析意见

笔者同意第二种意见,理由如下:

(一) 田某某的行为触犯多个刑法分则罪名

一是田某某酒后驾车,遇警察执法检查时,为了逃避检查而违章倒车,之后又撞击执法民警,故涉嫌妨害公务罪;二是以危险方法侵害被害人李某的人身安全。当李某示意停车时,田某某还继续倒车,在撞上后方轿车后突然加速向前,将李某撞击在其轿车的引擎盖上,又不顾李某的生命健康,高速逆向S形行驶1.9公里后,又突然紧急刹车,将李某从引擎盖上甩至机动车道上,这一系列行为造成了李某轻伤的后果,因而田某某涉嫌故意伤害罪;三是田某某当时处于酒后状态,为了逃避检查,两次违章倒车,先后撞坏其他车辆和道路隔离栏,之后违章行驶情况严重,不仅在交通繁忙的主干道上逆向行驶,还呈S形行驶以及乱闯红色信号灯,导致多辆汽车紧急刹车,故田某某酒后驾车逃逸行为已对不特定的人和财产造成侵害和威胁,对公共安全带来潜在的危险,故涉嫌构成以危险方法危害公共安全罪。

田某某的上述行为,均是由逃避执法检查所实施的,虽然触犯不同的罪名,但因各行为之间具有竞合关系,根据刑法理论,应从一重罪处罚。

(二) 田某某的行为性质解析

1. 田某某的行为系妨害公务活动是毋庸置疑的,但是其行为还对执法民警造成伤害结果,伤害结果可能导致刑法的不同评价

在司法实践中,为了逃避检查、处罚,驾驶机动车强行拖、撞民警,致民警轻伤、重伤、死亡的,往往以故意伤害罪或者故意杀人罪追究其刑事责任。本案中,田某某为了逃避检查,驾驶机动车强行拖、撞警察李某,其行为不仅妨碍了民警执法的公务活动,还造成了民警轻伤的伤害后果,从田某某的行为及主观心理状态判断,其应构成故意伤害罪。

2. 田某某构成故意杀人罪的证据尚不充分

从田某某对民警所实施的行为看,笔者认为其构成故意杀人罪(未遂)证据

不足。我们可以通过田某某采用的极为危险手段分析得出，因为当民警被车撞倒在引擎盖上后，田某某并没有停车，而是高速拖曳被害人以S形行驶，由此看出其主观目的就是要把被害人甩离其车，可是被害人却紧紧地趴在引擎盖上，没有被甩下车。尔后田某某即变换紧急刹车方法，最终将被害人甩离其引擎盖。由于田某某的行为是在交通繁忙的主干道上实施的，其已经预料到被害人被甩出后可能会被沿途的车辆撞击或者碾压，造成生命危险，但也可能不造成生命危险，因此田某某主观上属于间接故意。根据刑法理论，对间接故意来讲，特定的危害结果可能发生，也可能不发生，结果发生与否都包含在其本意中，所以根据主客观相一致的原则，仅有行为而无危害结果时，尚不能认定行为人构成某种犯罪(包括未遂)，只有发生了特定的危害结果，才能认定构成了特定犯罪。

3. 以危险方法危害公共安全罪定罪是对田某某行为作了全面的法律评价

通过田某某的行为不难得出其就是因为酒后驾车要逃避民警检查，而在逃避过程中撞上了被害人李某，后将李某从车辆引擎盖上甩至机动车道上并造成其轻伤。从表面上看，田某某的行为直接指向被害人李某，但其行为所侵犯的对象不仅仅针对执法民警，还危害到其他不特定的人和物。根据监控录像显示，当时华山路和陕西南路南北向、延安中路东西向的交通较为繁忙。田某某当时处于醉酒状态，为了逃避酒驾查处而倒车时，撞到后面行驶的车辆，在前行撞到被害人后，还存在高速逆向S形行驶、闯红灯、紧急刹车等行为，所以其行为已足以对公共安全造成威胁，而一审公诉机关对此却未作法律评价。只有对田某某的行为作全面的法律评价，才可能客观正确对其定罪量刑。因此，对田某某因逃避酒驾检查而实施的妨碍公务行为，因由此又造成对人和财物的伤害、损坏，并对交通安全带来危险，根据刑法及司法解释规定，应当以危险方法危害公共安全罪对其定罪量刑。

四、处理结果

检察机关以被告人田某某行为构成故意杀人罪(未遂)向法院提起公诉，一审法院以危害公共安全罪判处田某某有期徒刑五年。田某某提出上诉，二审法院经审理，裁定驳回上诉，维持原判。

(许秀兰)

误将炸弹当毒品运输应如何定罪量刑

一、基本案情

2010年5月中旬，被告人张某某因经济拮据而产生了放置爆炸装置向上海市某区欧某超市索要钱财之念，为此购买收集了定时闹钟等相关物品，依照互联网上介绍的制作爆炸装置的方法说明，在其暂住处制作了简易定时爆炸装置一枚。5月20日，被告人张某某通过互联网搭识了被告人朱某某，谎称以高额报酬让其运送毒品海洛因，朱某某因经济窘迫明知是毒品仍答应运送。5月22日上午，被告人朱某某根据张某某的指示至某区一石头桥下取得该简易爆炸装置，并将该装置放于某区欧某超市顾客物品寄存处一柜号箱内后离开。当日14时30分许，该装置发出爆炸声并冒出大量烟雾。14时50分许，被告人张某某打电话至欧某超市总机，称超市内有炸弹，但因害怕而未提出敲诈金额。公安机关接警后即将欧某超市内所有人员疏散。5月23日下午，公安机关在一网吧内抓获被告人朱某某。5月26日，被告人张某某向公安机关投案自首。

二、争议焦点

在本案的审理过程中，由于被告人张某某为了索要钱财在欧某超市放置简易定时爆炸装置，危害了不特定多数人的生命安全，但该爆炸装置经侦查试验发现仅具有较弱的爆炸功能，且被告人张某某事后因害怕在电话中也未提出敲诈金额，因此其行为构成以危险方法危害公共安全罪无异议，但对被告人朱某某的行为应如何定罪量刑，出现了三个有争议的问题：一是误认炸弹为毒品予以运输应当认定为何罪，以危险方法危害公共安全罪抑或运输毒品罪（未遂）；二是本案应如何确定运输毒品罪中的毒品数量；三是对于因对象不能犯形成的未遂是否可从轻处罚。本案中被告人朱某某本意是运输毒品，但由于受被告人张某某的欺骗，实际实施了帮助运输炸弹的行为，这在刑法理论上属于犯罪对象的认识错误，即对象不能犯。对其能否定罪量刑，在本案的审理过程中没有异议，但选择何种罪名在本案中存在两种不同的意见：

第一种意见认为，被告人朱某某虽然主观上具有运输毒品的故意，但客观上因对象认识错误并未真正实施运输毒品的行为，故与运输毒品罪的客观特征不符。从整个犯罪过程看，被告人张某某是主要策划人和实施人，被告人朱某某受其欺骗而参与其中，在犯罪过程中起到辅助运输作用，因此被告人朱某某应当以危险方法危害公共安全罪的从犯定罪量刑。

第二种意见认为，被告人朱某某在被告知是毒品的情况下，仍然予以运输，在主观上具有运输毒品的犯罪故意，客观上也实施了运输"毒品"的行为，只是因为对象认识错误而未能成功，因此依照主客观相一致的原则，应当认定其构成运输毒品罪的未遂。

三、评析意见

我们同意上述第二种意见，具体分析如下：

(一) 误认炸弹为毒品予以运输应当认定为运输毒品罪(未遂)

我国刑法理论认为，以犯罪行为本身能否既遂为标准可以将犯罪未遂划分为能犯未遂与不能犯未遂，其中不能犯未遂是指犯罪人所实施的行为本身就不可能既遂因而未得逞。[①] 以是否构成犯罪可以将不能犯划分为绝对不能犯和相对不能犯，其中绝对不能犯，是指行为人出于极端迷信、愚昧无知而采取的没有任何客观根据、在任何情况下都不可能产生实际危害结果的手段、方法，企图实现其犯罪意图的情况，如使用"香灰投毒"等方法杀人等。而相对不能犯是指行为人在对自己行为的性质及实现行为目的的方法没有发生错误认识的前提下，由于疏忽大意等心理状态造成了对实施犯罪的工具或手段的误认，以致选择了实际上不可能实现其犯罪意图的工具或手段的情况，如误把白糖当砒霜用来毒人等。绝对不能犯因所使用的手段与目的之间的因果关系是建立在反科学、超自然基础上，故该种手段行为在任何情况下都不可能引起危害结果发生，不具有实质的社会危害性。而相对不能犯所认识到的手段与目的之间的因果联系是真实的、有科学根据的，只是因为行为人一时疏忽才未能造成犯罪结果。因

---

① 张明楷：《刑法学》，法律出版社 2007 年版，第 294 页。

此,刑法通说认为,绝对不能犯不成立犯罪,而相对不能犯则成立犯罪未遂。相对不能犯未遂又可以进一步细分为对象不能犯未遂与手段不能犯未遂,其中对象不能犯未遂,是指"由于行为人的错误认识,使得犯罪行为所指向的犯罪对象在行为时不在犯罪行为的有效作用范围内,或者具有某种属性,而使得犯罪不能既遂,只能未遂。"[①]各国刑法通说认为,不能犯未遂是可罚的未遂犯的一种类型,在对象不能犯未遂的情况下,行为人的行为虽然没有直接作用于犯罪对象,从而给犯罪客体造成现实的损害结果,但在行为人主观犯罪故意支配下的客观犯罪行为却给客观存在的犯罪客体造成了具体的危险或威胁,其应当承担与之相应的刑事责任。

本案中,被告人朱某某的行为不属于手段或工具不能犯的类型,不能归属于绝对不能犯的范畴,属于相对不能犯中的对象不能犯。根据不能犯的一般理论,对象不能犯并不影响对行为人犯罪故意的认定,只对其犯罪形态产生影响。因而,对被告人误将炸弹当毒品予以运输的行为应当以运输毒品罪未遂定性。

(二)本案量刑不能只片面考虑毒品数量,还要考虑犯罪的其他情节

在确定罪名之后接下去的问题就是如何量刑。现行刑法对于运输毒品罪设定了多档法定刑,其主要依据就是毒品数量的多寡。本案中被告人朱某某由于遭受欺骗,实际运输的毒品数量为零,而意图运输的毒品数量依照爆炸装置重量达 2 千克,依照爆炸后现场残留物净重也达到 219.4 克。如果我们简单地按照后两种毒品数量决定刑罚,则势必选择运输毒品罪的最高法定刑幅度予以适用,最低要判处十五年有期徒刑,其判处刑罚比本案中的另一被告人张某某畸高,这种适用刑罚的结果必然会导致量刑的不均衡,也会让人产生仅仅依据行为人的主观恶性程度裁量刑罚的怀疑。而如果认为本案运输毒品数量为零,相应选择刑罚档次就落在法定最低刑幅度内,其判处最高刑罚也不会超过三年有期徒刑,这对于本案中为获得报酬明知是大量毒品仍帮助运输的被告人朱某某所起到惩戒和预防作用将十分有限,与主客观相一致的量刑原则也存在明显的冲突。

司法实践中对于对象不能犯的运输毒品犯罪的量刑,不能机械地将毒品数量作为法定刑的选择依据。毒品数量是毒品犯罪案件量刑的重要情节,但不是

① 高铭暄:《刑法专论(第二卷)》,高等教育出版社 2006 年版,第 296 页。

唯一情节。量刑既不能只片面考虑毒品数量，不考虑犯罪的其他情节；也不能只片面考虑其他情节，而忽视毒品数量。[①] 因此，本案中不管是以零数量，还是行为人假想的毒品数量，抑或事后称量的残留物数量作为运输毒品数量都不尽科学。在这种特殊情况下，笔者认为应当根据刑罚裁量的一般规律，以主客观相一致为原则，以被告人行为的客观危害性作为量刑基础，以行为人的主观恶性程度作为量刑补充，综合其他犯罪情节最后决定应当适用的具体刑罚。就本案而言，可以以危险方法危害公共安全罪的法定刑为参照，即对于该种行为一般应在三年以上十年以下有期徒刑的幅度内裁量刑罚。据此，在运输毒品罪的法定刑中找到三年有期徒刑作为量刑基点，然后根据行为人的主观恶性程度再来决定刑罚究竟是向上还是向下。本案被告人朱某某明知另一被告人张某某托其运输的包裹内藏有毒品，且数量巨大却仍然同意帮助运输，其主观恶性程度十分明显。因此，本案应在三年以上的方向取舍量刑幅度为宜，即依法可以在三年以上七年以下有期徒刑的幅度内判处刑罚。

（三）对于因对象不能犯形成的未遂并非均可从轻处罚

在确定基准刑后，最后要解决的问题就是因对象不能犯形成的未遂是否可以从轻处罚。《刑法》第 23 条规定，“对于未遂犯，可以比照既遂犯从轻或者减轻处罚”，这里的“可以”给予司法人员一定的自由裁量权，“从轻或者减轻处罚”的权力对于案件的量刑影响甚大。笔者认为，毒品犯罪中的不能犯未遂虽然一般并未对社会造成实际危害，但也并非完全没有社会危害性。对于不能犯未遂能否从宽处罚，司法实践中应区分三种情况分别对待：一是实际实行行为的客观危害性明显小于意图实行的犯罪的，如误把头痛粉当作海洛因予以出售，因头痛粉对人体健康的危害不大，对于此种对象不能犯，一般应当依法从轻或者减轻处罚；二是实际实行行为的客观危害性虽比意图实行的犯罪小，但是也具有较为严重的社会危害性，如误把尸块当毒品予以运输的行为，因转移、藏匿尸体的行为必然严重妨害刑事追诉活动，同样具有较为严重的社会危害性，对于这种对象不能犯未遂，则只能酌情从轻，抑或不予从轻处罚；三是实际实行行为的客观危害性大于意图实行的犯罪的，如误把海洛因当作麝香进行走私的行

---

① 参见“关于印发《全国部分法院审理毒品犯罪案件工作座谈会纪要》的通知”，最高人民法院法[2008] 324 号。

为,因实际实施的走私毒品罪的法定刑重于意图实行的走私珍贵动物制品罪,对于这种对象不能犯虽然应当依法认定走私珍贵动物制品罪的未遂犯,以充分体现主客观相一致的定罪原则,但不能予以从轻处罚。

结合本案来说,被告人朱某某的实际实行行为的客观危害性主要表现为帮助运输爆炸装置,对不特定多数人的安全造成危险和威胁,其行为侵害了社会公共安全,客观危害性应该说不小于运输毒品罪,因此不能作从轻处罚。

四、处理结果

检察机关以被告人张某某行为构成以危险方法危害公共安全罪,被告人朱某某行为构成运输毒品罪向法院提起公诉,法院以危险方法危害公共安全罪判处张某某有期徒刑五年,剥夺政治权利一年;以运输毒品罪判处朱某某有期徒刑四年,并处罚金人民币 8 千元。

(梁春程)

非法买卖五种特定剧毒化学品以外的其他剧毒化学品的行为是否构成犯罪

一、基本案情

2009 年 1 月，罗某某在上海市设立上海某化工有限公司并任法定代表人，其经营范围仅限危险化学品、监控民用爆炸物品、易制毒化学品之外的普通化工产品的销售。公司设立后，罗某某在该市汶水路 301 号上海危险化学品交易市场租借铺面作为经营场所，在没有取得剧毒化学品经营许可证和营业执照的情况下，通过互联网从天津等地多家公司购入迭氮化钠、亚晒酸钠、三绿氧麟等多种剧毒化学品，加价出售给上海光来化学科技公司、上海长海医院、上海交通大学、复旦大学以及全国各地多家单位，从中获利。上述采购单位，所购剧毒化学品均用于实验室实验使用。经查，至 2009 年 12 月案发时，罗某某共计违法销售迭氮化钠 800 克、亚晒酸钠 75 克、三氯氧麟 3 500 毫升、甲基磺酰氯 2 000 毫升、氯甲酸乙酯 2 500 毫升、二硝基氯苯 25 克、丙烯腈 500 毫升。根据国家安全生产监督管理局、公安部、国家环境保护总局、卫生部、国家质量监督检验检疫总局、铁道部、交通部（中国民用航空总局）等国家部局联合颁布的《剧毒化学品目录》，上述化学品均系剧毒化学品。

二、争议焦点

本案的争议焦点在于罗某某买卖剧毒化学品的行为，是否构成非法买卖危险物质罪。

第一种意见认为，罗某某买卖剧毒化学品的行为不构成犯罪。根据相关司法解释，买卖毒鼠强、氟乙酰胺、氟乙酸钠、毒鼠硅、甘氟五种特定危险物质或者买卖危险物质造成人员重伤、死亡、严重环境污染、经济损失 10 万元以上等危害后果的，才能构成非法买卖危险物质罪。罗某某虽然非法买卖了剧毒化学品,但该化学品既不属于司法解释所限定的五种构罪的危险物质之列,又没有造成人员伤亡或者环境污染等危害后果,根据罪刑法定原则,罗某某的行为不构成犯罪。

第二种意见认为,罗某某买卖剧毒化学品的行为,构成犯罪。罗某某在没有危险化学品经营资质的情况下,通过网络兜售包括剧毒化学品在内的危险物质,向不特定人员(公众)销售,且对购买者的资质、用途不予审核和过问,对公共安全造成潜在的危险。其所买卖的剧毒化学品虽不属两高司法解释规定所列的五种特定剧毒化学品,但属国家安全生产监督管理局等部门公布的《剧毒化学品目录》所列之剧毒化学品,且在数量上,远远超出五种特定危险物质构罪的立案追诉标准,及司法解释对买卖五种特定危险物质的定罪处罚规定,应当依据最高人民检察院、公安部《关于公安机关管辖的刑事案件立案追诉标准》(以下简称《追诉标准》)第二条第七项规定的"其他危害公共安全的情形"这一条款,追究刑事责任。

三、评析意见

笔者同意第一种意见,罗某某非法买卖剧毒化学品的行为不构成非法买卖危险物质罪。

(一)非法制造、买卖、运输、储存危险物质罪中危险物质的界定

全国人大常委会于2001年12月29日通过的《刑法修正案(三)》,对《刑法》第125条第二款作了修改,将非法制造、买卖、运输、储存毒害性、放射性、传染病病原体等物质的行为,规定为非法制造、买卖、运输、储存危险物质罪。对何谓危险物质,《刑法修正案(三)》仅作了概括性规定,即毒害性、放射性、传染病病原体等物质。但没有就毒害性物质、放射性物质、传染病病原体物质的具体种类,作出相应明确的列举式规定,导致在具体实践中,对危险物质的界定较难把握。因此最高人民法院、最高人民检察院在2003年颁布的《关于办理非法制造、买卖、运输、储存毒鼠强等禁用剧毒化学品刑事案件具体应用法律若干问题的解释》(以下简称《解释》)第一条、第六条的规定,将非法制造、买卖、运输、储存危险物质罪中的危险物质界定为毒鼠强、氟乙酰胺、氟乙酸钠、毒鼠硅、甘氟五种禁用剧毒化学品。同时最高人民检察院、公安部于2008年6月25日颁布的《追诉标准》第二条规定,买卖危险物质造成人员重伤、死亡、严重环境污

染、经济损失10万元以上等危害后果或者买卖的危险物质系毒鼠强、氟乙酰胺、氟乙酸钠、毒鼠硅、甘氟五种特定危险物质，才能达到非法买卖危险物质罪的追诉标准。根据《追诉标准》规定，也仅将毒鼠强、氟乙酰胺、氟乙酸钠、毒鼠硅、甘氟五种禁用剧毒化学品作为非法买卖危险物质罪的犯罪对象，《追诉标准》与《解释》的规定是一致的。司法解释之所以仅限定上述五种禁用剧毒化学品为危险物质，主要是该五种禁用剧毒化学品极易进入人们日常生活领域，造成重大的危害后果。

司法解释对非法买卖毒鼠强等五种剧毒化学品以外的其他禁用剧毒化学品的行为，没有归入《刑法》第125条的非法买卖危险物质罪中，那么罗某某非法买卖的迭氮化钠等剧毒化学品就不属于非法买卖危险物质罪中的危险物质。另外，《追诉标准》还规定买卖危险物质造成人员重伤、死亡、严重环境污染、经济损失10万元以上等危害后果，也可以构成非法买卖危险物质罪。现有证据证明罗某某卖出的剧毒化学品被用于实验室用途，未造成人员伤亡或者严重环境污染等严重后果，因此，根据罪刑法定原则，对罗某某不应当按照非法买卖危险物质罪定罪处罚。

笔者认为，最高人民检察院、公安部《追诉标准》中的第二条和第七项，规定有“其他危害公共安全的情形”也可以构成危害公共安全罪，但在适用该条款时，需要考虑被适用行为所造成的危害公共安全的后果是否与司法解释或司法实践中所认定的“其他危害公共安全的情形”的危害性相当，而不能以兜底条款为由，任意作不利于行为人的扩大解释。

（二）立法应扩大非法制造、买卖、运输、储存危险物质罪中危险物质的范围

《刑法修正案（三）》新增的非法制造、买卖、运输、储存危险物质罪，对危险物质界定为毒害性、放射性、传染病病原体等物质。从立法意义上理解，毒害性物质的范围应以国家相关行政部门发布的剧毒化学品目录为准。根据国家安全生产监督管理局、公安部、国家环境保护总局、卫生部、国家质量监督检验检疫总局等国家部局公布的剧毒化学品目录，剧毒化学品有350余种。这些剧毒化学品的毒性存在差异，其中有的化学品毒性明显强于现有司法解释规定的毒鼠强、氟乙酰胺、氟乙酸钠、毒鼠硅、甘氟这五种禁用剧毒化学品，由此可能造成的危害后果也更为严重。根据其毒害性和禁用范围，剧毒化学品有三类属于禁用剧毒化学品：Ⅰ类表示国家明令禁止使用的剧毒化学品，Ⅱ类表示国家明令禁止使用的农药,Ⅲ类表示在蔬菜、果树、茶叶和中草药材上不得使用的农药。因此,对于以上三类禁用剧毒化学品,应纳入刑事处罚的范畴。建议立法部门、最高人民检察院、最高人民法院,通过立法或者司法解释,对非法买卖Ⅰ类、Ⅱ类和Ⅲ类剧毒化学品的,应以非法买卖危险物质罪追究刑事责任。

四、处理结果

检察机关认为被告人罗某某行为不构成非法买卖危险物质罪,建议退回公安机关处理。

(瞿　勇)

携带气枪铅弹乘坐火车的行为应如何认定

一、基本案情

2010 年 1 月 25 日 8 时许，被告人韩某携带气枪铅弹，持票从广州火车站乘由广州开往南京西的旅客列车，欲将气枪铅弹带回江苏省洪泽县交给他人打猎用。同日 9 时许，该次列车乘警在进行违禁品检查时，从 5 号车厢 10 号上铺韩某的黑色行李箱内旅游鞋中，查获 20 盒共计 1 289 发气枪铅弹。后经南京市公安局物证鉴定所物证鉴定，被告人韩某所携带的气枪铅弹为直径 4.5 mm 的“机制气枪铅弹”，可以由 4.5 mm 口径的制式气枪击发，具有杀伤力。

二、争议焦点

对被告人韩某的行为性质如何认定，有以下三种完全不同的意见：

第一种意见认为，被告人韩某的行为构成非法运输弹药罪。主要理由如下：一是在客体方面，非法运输弹药罪除了保护公共安全外，还侧重于维护国家对特殊危险品的管理秩序，也就是说一个人非法运输弹药的行为即使没有给公共安全带来危害，只要妨害了国家对特殊危险品的管理秩序一样会构成犯罪。从另外一个角度看，非法运输特殊危险品的行为如果缺乏监管，必然会对公共安全构成潜在的威胁。二是在客观行为方面，行为人只要是违反法律规定，实施了运输特殊危险品的行为，就构成本罪，其运输的方式和目的不影响本罪的成立。三是在主观方面，本罪只能由故意构成，即明知是特殊危险物品，违反法律规定而非法运输。综合上述构成条件，本案中韩某明知气枪铅弹是特殊危险物品，但违反法律规定，实施了携带并乘坐火车进行运送的行为，这不仅破坏了国家对弹药的管理秩序，其携带弹药搭乘公共交通工具实施运输的行为也对不特定人的生命财产安全构成威胁，且韩某所携带的弹药数量已达到《刑法》第 125 条所规定的起刑标准，对韩某的行为应定非法运输弹药罪。

第二种意见认为，被告人韩某的行为应定非法持有弹药罪。主要理由是：非法持有弹药罪是指违反国家枪支、弹药的管理规定，非法持有枪支、弹药的行为。非法持有弹药罪与非法运输弹药罪在理论上不难区分，但在实践中往往容易混淆，要分清这两种罪的界限：①要看行为人的主观故意。非法持有弹药罪与非法运输弹药罪，除均要求具备明知是特殊危险物品的主观故意以外，非法运输弹药罪还必须具有是否为了制造、贩卖而进行运输弹药的主观故意。本案被告人韩某是在春节回家过年时，受老乡所托将气枪铅弹带回去交给该老乡亲戚打猎之用，显然其没有为了制造、贩卖弹药而携带并乘坐火车进行运输的故意。②要避免客观归罪之嫌。评判韩某携带弹药并乘坐火车的行为，不能简单地归结为运输行为，而应该结合被告人的主观故意、携带的弹药种类、有无造成潜在危害等方面进行综合分析。本案被告人携带的是气枪铅弹，它不如以火药为动力的发射枪弹那样更具有危害性，且必须要和以压缩气体等为动力的气枪结合使用才能显露其危险性。同时，被告人所携带的气枪铅弹，只是受他人所托带回老家交给他人用于打猎。根据主客观相一致的原则，其行为符合非法持有弹药罪的特征，应当依照《刑法》第 128 条的规定处罚。

第三种意见认为，被告人韩某的行为应定非法携带弹药危及公共安全行为。主要理由是：非法携带弹药危及公共安全罪，是指违反法律、法规，携带弹药进入公共场所或者公共交通工具，危及公共安全，情节严重的行为。被告人韩某受托携带气枪铅弹乘坐火车的行为，符合该罪所要求具备的客观要件。但是，根据最高人民法院《关于审理非法制造、买卖、运输枪支、弹药、爆炸物等刑事案件具体应用法律若干问题的解释》的规定，《刑法》第 130 条所规定的非法携带弹药危及公共安全罪中，气枪铅弹并没有被列入该罪所追究的弹药范围内。因此，对被告人韩某的行为不予追究刑事责任。

三、评析意见

我们同意第二种意见，对被告人韩某的行为应当认定为非法持有弹药罪，主要理由如下：

(一)从侵犯的客体看,被告人韩某的行为直接侵犯的是国家对枪支、弹药的管理规定

国家为了加强对枪支、弹药的统一管理,除法律规定可以配备枪支、弹药的单位和人员以外,其他任何单位和个人不能持有任何种类、制式的枪支、弹药,否则即视为违法,应当追究其法律责任。而非法运输弹药罪与非法携带弹药危及公共安全罪所侵犯的客体除了包含国家对枪支、弹药的管理规定以外,其外延还必须具有侵犯不特定的公民生命、健康和公私财产的安全。由此可见,被告人韩某的行为直接侵犯的是国家对枪支、弹药的管理规定。

(二)从犯罪的客观方面看,被告人韩某实施了携带气枪铅弹乘坐火车的行为

从客观行为的特征上看,被告人韩某实施的是非法携带气枪铅弹乘坐火车的行为,从表象上看似乎更符合非法携带弹药危及公共安全罪的形态。然而从深层次分析来看,如果行为人非法持有了弹药,而后进入公共场所或者交通工具,则属于非法持有弹药罪与非法携带弹药危及公共安全罪的法条竞合。法条竞合又称法规竞合、法律竞合、规范竞合,是指由于法律对犯罪的错综规定,一个犯罪行为同时触犯数个互相存在着整体或者部分包容关系的刑法分则条文,只能适用其中一个条文而排斥其他条文适用的情形。因此,当两者产生法条竞合时,应当遵循刑法“禁止重复评价”的原则,只能选择一个罪名进行认定。鉴于非法携带弹药危及公共安全罪没有将气枪铅弹列为犯罪对象,也没有设定起刑的数额标准,所以认定韩某的行为构成非法持有弹药罪是较为恰当的。

(三)从犯罪的主观方面看,被告人韩某具有明知不能擅自持有弹药的故意

虽然被告人韩某是在春节回家过年时,受老乡所托将气枪铅弹带回去交给老乡亲戚打猎之用的,但他知道所携带的气枪铅弹“被警察查出来是要没收的”,其明知不能擅自持有弹药的故意是十分明显的。由此也可看出韩某只是碍于情面帮助老乡顺带,并无为制造、贩卖弹药而专门乘坐火车进行运输的故意。

(四)从处罚原则看,被告人韩某的行为应适用“举重以明轻”原则

由于刑法对非法运输弹药罪规定了较为严厉的刑罚,该罪所规定的起刑点是气枪铅弹 500 发以上,处刑在三年以上十年以下有期徒刑的幅度内;而非法持有弹药罪所规定的起刑点是持有气枪铅弹 1 000 发以上,处刑在三年以下有期徒刑、拘役或者管制的幅度内。根据刑罚量刑原则,对被告人韩某可以适用“举重以明轻”的处罚原则,认定为非法持有弹药罪。

四、处理结果

检察机关以被告人韩某行为构成非法持有弹药罪向法院提起公诉,法院以非法持有弹药罪判处韩某拘役四个月。

(何国保)

交通肇事后找人顶责的行为如何认定和处理

一、基本案情

2010 年 3 月 12 日 20 时 10 分许，被告人黄某某饮酒后驾驶与其驾驶证准驾车型不符的中型普通客车，因其未在道路中间行驶，而撞及同方向在前正常行走的陈某某，导致陈某某跌地受伤，经医院救治无效死亡。案发后，被告人黄某某指使张某某为其顶责。2010 年 3 月 14 日 3 时许，被告人黄某某向上海市崇明县公安局投案，并交代了其犯罪事实。经崇明县公安局交通警察大队事故认定，黄某某负本起事故的全部责任。

二、争议焦点

本案在处理过程中对被告人黄某某的行为如何认定，存在以下分析意见：

第一种意见认为，其行为构成交通肇事后逃逸。根据最高人民法院《关于审理交通肇事刑事案件具体应用法律若干问题的解释》第三条的规定，“交通运输肇事后逃逸”，指在发生交通事故后，为逃避法律追究而逃跑的行为。黄某某的行为，主观上有逃避法律追究的目的，客观上其在一段时间内也使自己暂时免受侦查机关的调查，故其行为应当认定为“交通肇事后逃逸”。

第二种意见认为，其行为构成交通肇事罪与妨害作证罪。黄某某指使他人帮其顶责的行为，使侦查机关的侦查行为发生偏差，已经对司法秩序造成了一定影响，应构成妨害作证罪。

第三种意见认为，其行为构成交通肇事罪，其余行为只能作为量刑情节考虑。

三、评析意见

我们同意第三种意见，理由如下：

(一)被告人黄某某的行为不宜认定为肇事后逃逸

被告人黄某某在事发后指使张某某为其顶责,客观上对公安机关查明事实真相制造了障碍,并使自己暂时逃避了法律责任的承担,表面达到了《刑法》第133条规定的"逃逸"的效果,但不宜认定为交通肇事后逃逸。第一,从因果关系的角度而言,发生在前的交通肇事行为的构成并不以发生在后的逃逸行为为前提,逃逸行为本身与交通事故并不存在直接的因果关系。第二,从目的解释的角度而言,法律规定对逃逸行为加重处罚,并非单纯处罚肇事司机事发后的逃逸行为,而是为了处罚事发后导致伤者得不到及时救助的逃逸行为,从而促使肇事司机在事发后对伤者进行积极救助。上述立法意图在以下立法中可见一斑,《道路交通安全法》第70条第一款对肇事司机在事发后的救助义务作了明确规定,同时《刑法》第133条规定的三档法定刑均对逃逸行为作出规制,并视事故严重程度而逐档提高法定刑。第三,从文义解释的角度而言,刑法及司法解释明确将判断"逃逸"的标准界定为"为逃避法律追究"的主观特征和"逃跑"的客观特征。本案中,被告人黄某某在事发后会同众人对被害人陈某某进行了积极的救助,履行了法律规定的义务,且客观上并不存在"逃跑"的行为,若将其行为认定为"逃逸",则对现有法律的突破过大。

(二)被告人黄某某的行为具有独立性

第一,其行为并不属于共罚的事后行为。指使他人作伪证并不属于犯罪后的必经过程,并不包括在犯罪故意之中,况且交通肇事罪属于过失犯罪,事前显然不存在妨害作证的故意。第二,其行为不属于牵连犯或者吸收犯。交通肇事行为与指使他人顶责之间并不存在手段行为与结果行为、目的行为与原因行为的牵连关系。第三,其行为先后侵害了两种不同的法益,其肇事行为违反交通运输管理制度并危及公共安全,其指使他人作伪证的行为则损害了司法活动的客观公正性。第四,其指使他人作伪证的行为不缺乏期待可能性。法律虽然不能期待本犯自己不作虚假供述,但应该能够期待本犯不去实施法益侵害性更高的伪证教唆行为。

(三)被告人黄某某的妨害作证行为情节轻微

第一,妨害作证罪的构成主体不属于特殊主体,法律并未免除嫌疑人实施妨害作证行为的法律责任。第二,妨害作证罪的罪过形式不限于法律规定的暴力、威胁、贿买三种,刑法系采取了列举式加概括式的立法方法,只要行为人的行为表现出指使他人作伪证的故意或者达到指使他人作伪证的效果的，均可能构成本罪。本案中，被告人黄某某在驾车肇事后指使张某某顶责，已经对司法秩序造成了一定影响，涉嫌构成妨害作证罪。但是，其在事后能够及时与张某某一同向公安机关反映真实的案件情况，使公安机关及时掌握情况并作出相应处理。从其指使张某某顶责行为本身而言，违法行为情节轻微且未造成严重后果，尚未达到刑法的可罚性要求。

本案中，被告人黄某某饮酒后持C1驾驶证驾驶中型普通客车且未在道路中间行驶，撞及被害人陈某某致其死亡，且在事故发生后指使张某某顶责，使自己不仅逃避了酒精测试，也暂时逃避了法律的追究。根据现有立法，其指使他人顶责的行为既不能评价为“交通肇事后逃逸”，又尚未达到单独评价为妨害作证罪的可罚性。若分别独立地看待被告人黄某某的交通肇事行为和妨害作证行为，并不属于情节特别严重的情况，但两者一旦结合起来，却造成了比较恶劣的社会影响。如果任由这种行为存在而不适用法律进行规制，将可能导致交通事故发生后更多更为严重的顶责行为的出现。立法的滞后必须依靠司法来弥补，司法可以解释立法但却不能超越立法。司法者不能因为立法的框架而束缚了自己的手脚，也不能置立法于不顾而恣意妄为。本案中，被告人黄某某在肇事后指使张某某顶责的行为虽然不能被评价为“交通肇事后逃逸”或者直接认定为妨害作证罪，但鉴于其行为所反映出来的主观恶性较一般交通肇事的被告人为深，并考虑到其行为已经对司法秩序造成了一定的不利影响，可以将其行为作为酌定从重的量刑情节予以考虑。

四、处理结果

检察机关以被告人黄某某行为构成交通肇事罪向法院提起公诉，法院以交通肇事罪判处黄某某有期徒刑一年零六个月，宣告缓刑一年。

（蔡震宇）

机动车辆所有人指使肇事人逃逸且发生被害人死亡后果的行为应如何认定

一、基本案情

2009年6月23日晨6时40分许，在上海市南塘浜路打浦路口，犯罪嫌疑人马某明知犯罪嫌疑人王某饮酒且通宵未眠，仍将其拥有的灰色宝马轿车交予王某驾驶，马某和贾某坐在后排。同日6时43分许，王某驾车至徐家汇路近制造局路处，先后将横过徐家汇路的被害人岑某、杨某撞倒。王、马二人在明知车辆肇事撞人的情况下，未履行救助义务，由王驾车逃离现场，马某则要求王"不要慌，慢点开"，并指挥王驾车开至马某在本市曹杨路的暂住地。王、马二人交通肇事逃逸后，被害人岑某、杨某在路人报警后即被120救护车于同日6时50分送至瑞金医院抢救。其中岑某因重型颅脑损伤于次日凌晨2时抢救无效死亡，杨某因颅脑损伤而构成重伤。经事故责任认定，犯罪嫌疑人王某负本事故的主要责任。2009年6月23日15时许，犯罪嫌疑人王某至公安机关投案自首。此后，在公安机关主持下，犯罪嫌疑人王某与被害人岑某、杨某家属就交通事故损害赔偿已达成协议，并得到被害人及其家属的谅解。

二、争议焦点

本案的争议焦点在于，犯罪嫌疑人马某作为机动车辆所有人，指使肇事人逃逸并发生被害人死亡后果的行为应如何定性，在实践中存在以下分歧意见：

第一种意见认为，犯罪嫌疑人马某不仅明知王某饮酒且通宵未眠，仍将自己的轿车交予其驾驶，而且明知已发生交通肇事，仍指使肇事人逃逸而不及时救治，以致发生被害人死亡的后果，其行为依法应以交通肇事罪的共犯论处。

第二种意见认为，犯罪嫌疑人马某作为机动车辆所有人，虽明知发生交通肇事仍指使肇事人逃逸，以致发生被害人死亡的后果，但由于本案尚不具备肇事人逃逸“致使被害人因得不到救助而死亡的”情形的全部法定条件，因此，对其不应以交通肇事罪的共犯论处。

三、评析意见

我们同意第二种意见，即对马某不应以交通肇事罪的共犯论处，评析意见如下：

（一）认定“因逃逸致人死亡的”，必须符合行为人逃逸“致使被害人因得不到救助而死亡”情形的全部法定条件

我国《刑法》第133条对交通肇事后“因逃逸致人死亡的”，规定适用交通肇事罪的最高法定刑——七年以上有期徒刑。最高人民法院《关于审理交通肇事刑事案件具体应用法律若干问题的解释》（以下简称《解释》）第五条第二款则进一步明确规定：“交通肇事后，单位主管人员、机动车辆所有人、承包人或者乘车人指使肇事人逃逸，致使被害人因得不到救助而死亡的，以交通肇事罪的共犯论处。”刑法及其司法解释的相关规定，不仅体现了法律对人的生命权的尊重，而且也反映出现行刑法对那些为逃避法律追究，指使肇事人逃跑而弃被害人生命于不顾的行为的严惩。

根据《解释》的相关规定，刑法所称“因逃逸致人死亡”，“是指行为人在交通肇事后为逃避法律追究而逃跑，致使被害人因得不到救助而死亡的情形”。即认定“因逃逸致人死亡的”，必须具有行为人逃逸“致使被害人因得不到救助而死亡的”情形。分析该规定，我们认为，一般意义上行为人的逃逸“致使被害人因得不到救助而死亡的”情形，应当同时具备以下三项法定条件：第一，行为人在交通肇事后具有逃逸行为；第二，被害人在交通肇事后遭遇了伤害但尚未发生死亡后果；第三，被害人因行为人的逃逸得不到救助而死亡，即被害人最终死亡后果的发生除了已遭遇交通肇事伤害外，主要由两方面因素造成，一是因行为人主观上为逃避法律的追究而客观上采取了弃被害人生命于不顾的逃逸行为，二是被害人因此得不到救助。但对于“被害人因得不到救助”的问题，一直以来理论界与实务界的争议较大。由于现行法律和相关司法解释中并未明确规定其是仅指被害人没有得到行为人的救助而导致死亡，也没有规定只要行为人逃逸未对被害人实施救助而发生被害人死亡后果的，行为人就必须承担“因逃逸致人死亡”的法律责任。因此，根据刑法的谦抑性原则，从有利于犯罪嫌疑人权益保护的角度出发,就应当将其理解为既包括行为人本身因逃逸而未对被害人实施的及时救助,也包括行为人逃逸后他人没有发现而未对被害人实施的及时救助。而对于那些可以"以交通肇事罪的共犯论处"的单位主管人员、机动车辆所有人、承包人或者乘车人等特殊主体而言,其有关逃逸"致使被害人因得不到救助而死亡的"情形,除需要符合上述三项法定条件外,其本身还必须具有在交通肇事后指使肇事人逃逸的行为。

从《解释》的上述规定看,行为人逃逸"致使被害人因得不到救助而死亡的"情形的上述各项法定条件之间,实质上是一个联系紧密、相辅相成的有机整体,必须同时成立,缺一不可。这是因为,就追究行为人逃逸的法律责任而言,如果行为人在交通肇事后并无逃逸行为,或者单位主管人员、机动车辆所有人、承包人或者乘车人等特殊行为主体不存在交通肇事后指使肇事人逃逸的行为,那么,追究行为人逃逸的相关法律责任以及追究特殊行为主体交通肇事罪共犯的刑事责任,就失去了必要的前提条件;如果行为人虽有逃逸行为,但被害人在交通肇事后却因遭遇伤害而直接死亡,那么,"因逃逸致人死亡"的法律责任实际上随着被害人的已经死亡而不复存在,因此,对行为人只能追究其逃逸的责任,而不能追究其"致人死亡"的法律责任;如果行为人在交通肇事后虽有逃逸行为,但被害人是在得到了及时救助的情况下仍然发生了死亡后果,从严格意义上看,这显然与法律规定的"致使被害人因得不到救助而死亡的"情形又不相吻合,故也难以将其归入"因逃逸致人死亡"的行为范畴。因此,认定"因逃逸致人死亡的",必须符合行为人逃逸或者特殊行为主体指使肇事人逃逸"致使被害人因得不到救助而死亡的"情形的全部法定条件。倘若该情形的法定条件缺失了其中的任何一项,都会导致对"因逃逸致人死亡"的行为法律适用上的错误。

(二)现有证据尚不足以证明本案已具备犯罪嫌疑人逃逸"致使被害人因得不到救助而死亡的"情形的全部法定条件

对照行为人逃逸"致使被害人因得不到救助而死亡的"情形的有关法定条件,结合本案看,首先在逃逸问题上,犯罪嫌疑人王某在交通肇事后,确实存在着试图逃避法律追究的主观意愿,并在客观上实施了驾车逃逸的行为;而作为车辆所有人的犯罪嫌疑人马某在明知王某交通肇事撞人后,不仅没有劝阻其停车并救人,反而指使其逃离现场至本人的暂住地,因此,二人应对逃逸与指使逃逸的行为各负其责。其次,在被害人遭遇伤害方面,被害人岑某、杨某在该交通事故中已遭遇伤害,但当时都处于重伤程度,尚未发生直接死亡的后果。再次,在被害人致死情形上,本案相关证据则无法证明被害人因为犯罪嫌疑人王某的逃逸和马某的指使逃逸而得不到及时救助致死。一是从救助时间看,本案交通肇事路段录像资料显示其时间为早晨6时43分,而被害人岑某被送入瑞金医院的记载时间为6时50分。根据救助情况记录及相关人员的证言,当天因肇事时段路况尚好,因而救护车从接警出救至将被害人送入瑞金医院的这段路程,前后仅用了约7分钟的救助时间。可见本案经路人迅速报警,被害人得到了及时的救助。二是从救助情况看,被害人无论是在救护车上还是在被送入瑞金医院后,都得到了医护人员的全力抢救,其最终是因伤势过重导致抢救无效而于次日凌晨2时许死亡的。这说明本案被害人也是得到了有效的救助,其死亡后果的发生客观上并不是因得不到救助而造成的。鉴于现有证据尚不足以证明因犯罪嫌疑人的逃逸或车辆所有人指使肇事人的逃逸,致使被害人因得不到救助而死亡。因此,本案尚不符合"因逃逸致人死亡"的相关法律规定及该情形的全部法定条件。据此,犯罪嫌疑人王某应当承担交通肇事致一人死亡、一人重伤的刑事责任及其肇事后逃逸的加重处罚的法律责任,但不应当承担交通肇事后"因逃逸致人死亡"的法律后果;犯罪嫌疑人马某则不承担交通肇事后指使肇事人逃逸"致使被害人因得不到救助而死亡"的法律后果,依法不能以交通肇事罪的共犯论处。

四、处理结果

检察机关以被告人王某行为构成交通肇事罪向法院提起公诉,法院以交通肇事罪判处王某有期徒刑二年,宣告缓刑二年;检察机关同时认为,现有证据尚不足以证明本案具有犯罪嫌疑人逃逸"致使被害人因得不到救助而死亡"的情形,故犯罪嫌疑人马某尚不构成交通肇事罪的共犯,后本案由公安机关对马某另行处理,不再将其移送审查起诉。

（顾忠长）

指使他人违章驾驶后又帮助逃逸的行为该如何定性

一、基本案情

2010 年 7 月 23 日 0 时 57 分许，被告人张某持 B2 机动车驾驶证驾驶牌号为“豫 PC71××”重型半挂牵引车，牵引牌号为“豫 PQ19×”的挂重型集装箱半挂车，沿上海市浦东新区绕城高速 G1501（外圈）中间机动车道由南向北行驶至龙东大道收费站（4）入口处时，因打瞌睡，造成上述车辆右前部（含集装箱）与前方因故障而斜停于两客货车道之间的牌号为“沪 AQ82××”重型半挂牵引车所牵引的牌号为“沪 A2653”挂重型集装箱半挂车后侧左部相撞，致使正在上述故障车下修车的唐某被撞致颅脑损伤，经抢救无效死亡。张某在肇事后致电车辆所有人被告人宋某，宋某明知张某交通肇事仍指使张某逃离现场，并在与张某会合后帮助张某实施了将肇事车辆上的车牌号掩盖，将肇事车辆上撞坏的集装箱调换至自己车上，找人修理肇事车辆等逃避公安机关追查的行为。案发后，经公安机关查明，宋某明知张某持有的是 B2 驾驶证，仍指使其违章驾驶上述肇事车辆；在本次交通事故中，张某负事故的主要责任。

二、争议焦点

在案件办理过程中，针对宋某行为的定性有以下三种意见：

第一种意见认为，宋某明知张某发生交通事故，仍指使张某逃逸，并帮助张某掩盖犯罪事实以逃避公安机关追查，应定宋某窝藏、包庇罪。

第二种意见认为，宋某明知张某发生交通肇事，仍帮助张某找人修理肇事车辆，实施了毁灭证据的行为，应定宋某帮助毁灭、伪造证据罪。

第三种意见认为，根据最高人民法院《关于审理交通肇事刑事案件具体应用法律若干问题的解释》（以下简称《解释》）第 7 条的规定，宋某明知张某持有的是B2驾驶证，不符合驾驶肇事车辆的资格，仍以一定的报酬雇佣张某，指派张某驾驶肇事车辆从事货物运输，后张某交通肇事致一人死亡并负事故主要责任，张某的行为已经构成了交通肇事罪，故应认定宋某的行为构成交通肇事罪。

三、评析意见

笔者认同上述第三种意见，宋某的行为符合《解释》第七条的规定，构成交通肇事罪。

（一）宋某行为应当以交通肇事罪定罪处罚

根据《解释》第七条的规定，单位主管人员、机动车辆所有人或者机动车辆承包人指使、强令他人违章驾驶造成重大交通事故，具有本《解释》第二条规定情形之一的，以交通肇事罪定罪处罚。该条规定在我国刑法中确立了过失犯罪的共同犯罪和过失教唆犯的理论，对我国刑事司法和刑法理论的发展有十分重要的推动作用，具有重大的现实意义。在司法实践中，该条规定的适用应符合以下几个条件：

(1) 该条规定适用的教唆主体范围，仅限于单位主管人员、机动车辆所有人和机动车辆承包人。现实生活中，一些单位的主管人员、私营企业主、机动车辆所有人、机动车辆承包人等，为追求更大的经济效益，强令下属疲劳驾驶、超速驾驶、严重超载、强行超车等等，成为引发重大恶性交通事故的重要原因，而按照传统的刑法规定则无法追究这些负有监督管理职责人的刑事责任，仅仅处罚肇事行为人，显然不能充分有效发挥刑罚的惩戒作用，有违社会公正。《解释》第七条的规定将“单位主管人员、机动车辆所有人、机动车辆承包人”纳入交通肇事罪的主体范围，无疑弥补了这一缺憾。本案中，宋某作为肇事机动车辆的所有人，符合该条规定的主体要件。

(2) 单位主管人员、机动车辆所有人、机动车辆承包人实施教唆行为的方法仅限于“指使”和“强令”两种。根据《现代汉语词典》解释，“指使”是“出主意叫别人去做某事”，“强令”即强迫命令。本案中，宋某与张某之间是一种雇佣与被雇佣的关系，这种雇佣关系是否属于“指使”或者“强令”的范畴呢？笔者认为，宋某明知张某持有的是B2驾驶证，没有驾驶肇事机动车辆的资格，仍然以一定报酬为条件，指派张某驾驶肇事机动车辆从事货物运输，让张某为其赚取利润，实质上就是一种指使行为，宋某的行为符合该规定的客观要件。

(3) 行为人在主观上必须具有教唆的过失。这种教唆的过失表现为,教唆人应当预见到自己的教唆行为可能导致他人过失犯罪,但由于疏忽大意而没有预见,或者虽然预见而轻信能够避免。这种教唆的过失在交通肇事罪中的表现形式是,行为人故意教唆他人实施可能导致危害后果的违章驾驶行为,但只希望他人实施这种行为,却不希望发生危害社会的结果。本案中,宋某明知张某没有资格驾驶肇事机动车辆的,却仍然雇佣张某从事货物运输,主观上具有教唆张某实施可能导致危害后果的违章驾驶行为的故意,但对于危害的结果却轻信能够避免,符合该条规定的主观要件。

(4) 单位主管人员、机动车辆所有人、机动车辆承包人实施的指使、强令他人违章驾驶行为与发生重大交通事故的结果之间具有因果关系。笔者认为,这里的"因果关系"应理解为刑法中的"偶然因果关系",而不应是"必然因果关系"。我国刑法通说认为,刑事因果关系分为必然因果关系和偶然因果关系,根据原因与结果之间有无中介条件的影响细分为直接因果关系和间接因果关系。所有的直接因果关系都是必然因果关系。而在间接因果关系中,如果中介条件起到了促成作用,只有一个因果关系时,这样的间接因果关系属于必然因果关系;如果中介条件起到了决定作用,存在两个因果关系链时,这样的间接因果关系属于偶然因果关系。立法的原意是以解释第七条规定的内容追究监督者的过失刑事责任,以防范因单位领导者、机动车辆所有人、机动车辆承包人权力的滥用而导致公共安全事故带来的威胁,类似于国外刑法中的"监督过失理论"。[①] 二者不同之处在于《解释》第七条的规定将监督者的客观行为限定为"指使"和"强令"两种,而国外的较为宽泛(还包括了劝说、建议、激将等)。在将客观行为限定的情况下,再将"因果关系"解释为"直接因果关系"即重大交通事故的发生是因监督者"指使"、"强令"他人违章驾驶行为直接引起,显然有违立法初衷,也不利于对被害人一方的保护与救济。因此,笔者认为,在司法实践中应对此处的"因果关系"理解为刑法理论中的"偶然因果关系"。以本案为例,虽然本次事故的发生原因是因为张某疲劳驾驶,但如果宋某没有雇佣无驾驶肇事车辆资格的张某并指派张某从事货物运输,则不会发生张某驾驶肇事车辆发生重大交通

① 所谓监督过失,是指二人以上有从属关系的行为人,即监督者与被监督者之间,由于被监督者在监督者的懈怠监督下而故意或过失地实施了犯罪,而相应地追究监督者的过失责任。

事故的后果。因此，张某的行为（中介条件）对重大交通事故的发生起到了决定作用，宋某指使张某违章驾驶的行为与重大交通事故的发生具有偶然的因果关系。

综合以上分析，宋某在主体、主观方面、客观方面、客观行为与危害后果之间的关系上均符合解释第七条规定的法律特征，因此，应当以交通肇事罪追究宋某的刑事责任。

（二）宋某的行为不构成窝藏、包庇罪

根据我国《刑法》第310条的规定，窝藏、包庇罪，是指明知是犯罪的人而为其提供隐蔽处所，或者为其提供钱财，帮助其逃匿或者明知是犯罪的人而作假证明予以包庇的行为。构成本罪要符合以下几个要件：①主观上是出于故意，即明知是犯罪分子而予以窝藏、包庇；②客观上实施了为犯罪人提供隐藏处所、财物，帮助其逃匿或者向司法机关提供虚假证明，为犯罪分子掩盖罪行的行为；③主体是一般主体，即年满16周岁、具有刑事责任能力的人；④客体上侵犯了司法机关同犯罪分子作斗争的正常活动。本案中，宋某虽然主观上明知张某可能是犯罪的人，但其客观上并没有实施为张某提供隐藏处所、财物，帮助张某逃匿的行为，也没有向司法机关提供虚假的证明包庇张某。因此，宋某的行为不构成窝藏、包庇罪。

（三）宋某的行为不构成帮助毁灭、伪造证据罪

根据我国《刑法》第307条第二款的规定，帮助毁灭、伪造证据罪，是指帮助当事人毁灭、伪造证据，情节严重的行为。构成本罪需要符合以下几个构成要件：①侵害的客体是国家司法机关正常的诉讼活动，这种诉讼活动既包括刑事诉讼活动，又包括民事诉讼、行政诉讼活动，其犯罪对象是诉讼活动中的证据。②客观上实施了帮助当事人毁灭、伪造证据，达到情节严重的行为。何谓“情节严重”，目前尚无有权解释。③主体为除辩护人、诉讼代理人以外的有刑事责任能力的一般主体。④主观上行为人明知自己的行为是在帮助当事人毁灭、伪造证据，而且所实施的行为危及国家审判机关活动的公正性仍决意要实施，并希望这种结果发生。结合本案，宋某实施了帮助当事人毁灭证据的行为，但是否就认定宋某构成帮助毁灭、伪造证据罪呢？笔者并不认同。理由是：张某发生交通肇事后，公安机关根据监控录像截图已经掌握了张某的体貌特征及肇事车辆的基本情况，宋某所实施的将肇事车辆上的车牌号掩盖，将肇事车辆上撞坏的集装箱调换至自己的车上,找人修理肇事车辆的行为,对公安机关侦查工作并没有造成严重的影响,而本罪构成要件之一就是要求行为人帮助毁灭、伪造证据的行为要达到“情节严重”。因此,笔者认为,宋某的行为不宜认定构成帮助毁灭、伪造证据罪,可在认定宋某构成交通肇事罪的前提下,将其实施指使、帮助张某逃逸的行为作为量刑情节予以考虑,以体现司法公正。

四、处理结果

检察机关以被告人宋某行为构成交通肇事罪向法院提起公诉,法院以交通肇事罪判处宋某有期徒刑十个月。

(席　娜)

对无交通事故认定书及直接证据的乘车人交通肇事相关行为应如何评价

一、基本案情

2010 年 5 月 14 日 23 时，被告人尹某醉酒后（乙醇含量为 1.35 mg/mL）乘坐陈某驾驶的轿车由北向南行驶至上海市浦东新区浦东北路、五洲大道路口时，乘坐在副驾驶座位的尹某认为车辆行驶路线错误而用力拉扯行驶中的车辆方向盘，从而影响陈某的正常驾驶，致车辆向右失控，撞翻在浦东北路右侧慢速机动车道内由北向南行驶的二轮轻便摩托车，致驾驶摩托车的被害人王某死亡。事故发生后，尹某即下车查看，发现被害人王某尚有呼吸时，试图做人工呼吸进行抢救。当救护人员到达现场抢救无效宣布被害人已经死亡时，被告人尹某跪下不断地向死者磕头。交警到现场对事故进行调查，驾驶员陈某陈述是尹某拉方向盘才导致事故发生的，尹某在调查现场，听到该陈述后没有否认，并称其已经从醉酒状态中惊醒。经法医学鉴定，被害人王某系因道路交通事故致颅脑损伤死亡。

二、争议焦点

本案之所以在诉讼过程中有诸多罪名的变化，主要是对以下三个问题存在分歧：一是交通肇事罪的主体；二是交通事故认定书的法律地位和性质；三是运用间接证据定罪的标准。并在处理过程中形成以下三种分歧意见：

第一种意见认为，被告人尹某的行为构成以危险方法危害公共安全罪。

第二种意见认为，被告人尹某的行为构成过失以危险方法危害公共安全罪。

第三种意见认为，被告人尹某的行为构成交通肇事罪。

三、评析意见

通过对上述三个问题进行梳理，综观全案，我们同意上述第三种意见，具体分析如下：

(一) 乘车人是交通肇事罪的适格主体

刑法对交通肇事罪的主体没有作特别规定，即凡是年满 16 周岁具有刑事责任能力的公民，都可以成为交通肇事罪的主体。最高人民法院《关于审理交通肇事刑事案件具体应用法律若干问题的解释》将乘客等非直接从事交通运输业务或保证交通运输安全有直接关系的人员纳入了交通肇事罪的主体范围。《道路交通安全法》第 2 条、第 66 条及《道路交通安全法实施条例》第 77 条，均规定乘车人负有不得影响、干扰驾驶人安全驾驶的责任。在本案中，正是被告人尹某违反了交通规则，在副驾驶座用力拉扯方向盘才导致交通事故的发生，并且其属于完全刑事责任能力人，因此尹某是交通肇事罪的适格主体。刑法规定，醉酒的人犯罪应当负刑事责任，如果尹某行为符合交通肇事罪的其他犯罪构成要件，其应当负刑事责任。

(二) 无交通事故认定书的交通事故应当以客观事实为依据确定交通事故当事人的责任

《道路交通安全法》第 73 条规定："公安机关交通管理部门应当根据交通事故现场勘验、检查、调查情况和有关的检验、鉴定结论，及时制作交通事故认定书，作为处理交通事故的证据。交通事故认定书应当载明交通事故的基本事实、成因和当事人的责任，并送达当事人"。《道路交通安全法实施条例》第 91 条规定："公安机关交通管理部门应当根据交通事故当事人的行为对发生交通事故所起的作用以及过错的严重程度，确定当事人的责任。"第 93 条规定："公安机关交通管理部门对经过勘验、检查现场的交通事故应当在勘查现场之日起 10 日内制作交通事故认定书。对需要进行检验、鉴定的，应当在检验、鉴定结果确定之日起 5 日内制作交通事故认定书"。从上述规定可以看出，交通事故认定书是一种证据，而不再是一种行政复议。虽然对于交通事故认定书是物证、书证还是鉴定结论，理论界有不同的看法，但是，证据种类的划分并不影响交通事故认定书是证据的一种。从上述规定还可以看出，认定交通事故责任不是公安机关交通管理部门处理交通事故的必要职责，其必须履行的职责是处理事故现场，全面、细致地收集、固定事故相关证据，为此后的相关赔偿或处罚认定提供基本的事实依据，交通管理部门制作的交通事故认定书只是交通管理部门依职权制作的记载交通事故基本事实、成因和当事人责任的一种文书。

根据最高人民法院、公安部联合发布的《关于处理道路交通事故案件有关问题的通知》第 4 条、最高人民法院《关于民事诉讼证据的若干规定》第 47 条的规定，在诉讼过程中，法院依据证据规则及法庭质证情况，对相关的证据经过全面司法审查后进行确认，如果交通事故认定书存在错误，法院可不予采纳。也就是说，法院可以自己审理查明的案件事实和相关法律规定为依据确定交通事故当事人的责任，而非仅以交通事故认定书载明的事实和责任为依据。既然对于交通管理部门制作的交通事故认定书法院有否决权，那么在交通管理部门没有制作交通事故认定书的情况下，法院自然也可以根据审理查明的案件事实和相关法律规定为依据，判断交通事故当事人的责任。具体到本案，虽然公安机关交通管理部门未制作相关的交通事故认定书，但是有关机关依然根据审理查明的事实认定尹某负事故全部责任，在此基础上对尹某定罪量刑是妥当的。

（三）本案间接证据可以形成完整封闭的证据锁链，证实尹某的行为符合交通肇事罪的犯罪构成要件

我国《刑事诉讼法》规定，认定被告人有罪，必须做到犯罪事实清楚，证据确实、充分。本案没有直接的证据证实被告人的行为性质，定罪量刑主要依据的是间接证据。对于主要或全部依靠间接证据定罪的，证明的标准应该是每一个单独的间接证据，都必须是确实可靠地指向所需证明的每一具体案件事实，从而形成完整封闭的证据锁链，并最终得出确实无疑的唯一结论。本案正是依靠间接证据的相互吻合、相互印证，形成完整封闭的证据锁链，排除其他可能性，得出被告人尹某的行为构成交通肇事罪的唯一结论，具体分析如下：

①被告人尹某在乘坐陈某驾驶的机动车时，强拉方向盘，属于明显干扰驾驶的行为，违反交通运输管理法规，并且该行为是发生在交通运输的过程中。②本案交通事故造成 1 人死亡的严重后果。③被告人尹某违反交通运输管理法规与 1 人死亡的严重后果存在因果关系。本案虽然无公安机关交通管理部门制作的事故责任认定书，但根据实际情况，尹某乘坐的肇事车辆和被害人驾驶的二轮摩托车按照正常行驶路线在正常车道上行驶，因肇事车辆突然失控向右撞翻了摩托车，故肇事车辆上的人员应当承担主要责任以上的责任。根据查

明的事实,肇事车辆失控的原因是被告人尹某突然拉扯方向盘,而尹某又是交通肇事罪的适格主体,因此尹某应当对此交通事故承担主要责任。另外,被告人尹某在事故发生后立即下车抢救被害人,并在医生宣布被害人死亡时,其不住地向被害人磕头,内心状态通过外在行为表现出来,尹某的行为反映了其内心的不安,从侧面说明被害人的死亡与其存在关系。

除此之外,在有交警等人员在场的情况下,司机陈某陈述正是因为尹某的拉扯才导致汽车跑偏从而导致交通事故时,尹某正在陈某旁边,也没有否认。这说明尹某认可陈某的话,至少不否认正是因为自己的拉扯才导致汽车跑偏从而导致交通事故。最后,再结合事故发生时路口摄像头的视频资料——尹某乘坐的肇事车辆和被害人驾驶的二轮摩托车按照正常行驶路线在正常车道上行驶,因肇事车辆突然失控向右撞翻了摩托车而导致事故发生,驾驶员陈某驾驶时未喝酒,事故发生后指责尹某拉扯其方向盘而导致事故发生——可以得出一个结论:正是因为尹某的拉扯才导致汽车跑偏从而导致交通事故发生,尹某违反交通运输管理法规与1人死亡的严重后果存在因果关系。

上述根据案件证据所作的推理,从逻辑推理关系上看,每一步推理都不能得出必然性结论。但是,把它们组合到一起,内容全面并且相互印证,便形成了一个完整严密的证据体系,排除其他可能性,得出"被告人尹某的行为构成交通肇事罪"的唯一结论。综上所述,被告人尹某的行为构成交通肇事罪。

四、处理结果

检察机关以被告人尹某行为构成交通肇事罪向法院提起公诉,法院以交通肇事罪判处尹某有期徒刑一年零三个月。

(焦小勤)

“多因一果”之下危险物品肇事罪的认定

一、基本案情

被告人季某系个体户，自 2009 年下半年开始，季某向房东吴某、王某夫妇租赁了两间房屋做仓库，后季某在无证经营的情况下，将摔炮、“夜明珠”、安全烟花等 70 箱烟花爆竹存放在该仓库内。2010 年 5 月 31 日存放烟花爆竹的仓库引发火灾，致使被害人王某（二级精神残疾）烧死。经鉴定，无法排除被害人点火以及烟花爆竹因摩擦、撞击引起火灾的可能。

二、争议焦点

本案是否应当以危险物品肇事罪认定，存在以下两种不同意见：

第一种意见认为，被告人季某构成危险物品肇事罪的证据不充分。首先，本案的起火原因未排除被害人王某人为火种以及烟花爆竹因摩擦、撞击引起火灾的可能，由于被害人王某系精神病人，无法排除被害人自行点火或被害人过失行为引发爆竹燃烧并引起火灾的可能性，尚未达到排除合理怀疑的证明标准。其次，虽然季某违反法律规定无证存放烟花爆竹，季某固然存在过失，但被害人夫妇将房屋租赁给季某，明知其用于存储危险爆炸物而不阻止，本案中房屋出租方的管理职责、过失程度，与被告人季某可相提并论，在二者过失程度相当且被告人已对被害人家属进行民事赔偿的情况下，不宜追究季某的刑事责任。

第二种意见认为，对被告人季某应当以危险物品肇事罪提起公诉。首先，危险物品肇事罪的构成要件明确：行为人违反危险物品管理规定，并造成严重后果。被告人季某无证经营烟花爆竹，违反危险爆炸物存储的相关法律规定，对火灾发生具有不可推卸的直接责任，并造成一人死亡的结果，严重危害公共安全，符合该罪构成要件。其次，本罪侵害的客体为公共安全，即便被害人自身存在一定过错,也属刑法上的多因一果关系,不能阻却对被告人季某刑事责任的追究。

三、评析意见

我们同意上述第二种意见。本案能否入罪的主要分歧点即在于,若仓库起火原因是被害人点火或其失手引起爆竹摩擦、撞击,被告人季某的过失行为是否还需要对被害人王某的死亡结果承担责任。《刑法》第136条规定的危险物品肇事罪是结果犯,行为人违反爆炸性、易燃性、腐蚀性等危险物品的管理规定,并不必然导致重大事故,造成严重后果,只有发生了严重后果,且该严重后果与行为人所实施的生产、储存、运输、使用等行为之间具有刑法上的因果关系时,才能定罪科刑。

(一)从传统归责理论的角度分析

1. 多因一果时刑法因果关系的认定

因果关系是刑事责任认定的先决性问题,具体到本案首先要考察被害人的死亡结果由哪些因素造成。毋庸置疑,被告人季某无证经营烟花爆竹,将爆炸物品存储于不具备消防条件的民宅内,致使存放烟花爆竹的民宅着火后火势迅猛致一人死亡,显然是原因之一。同时,由于鉴定结论无法排除被害人点火以及烟花爆竹因摩擦、撞击引起火灾的可能,依据刑法的谦抑性原则,应当作出有利于被告人的事实认定。因此,被害人的死亡结果并非单纯由被告人的违规存储行为导致,而是由被害人行为或其他因素介入等多因共同作用而产生。

根据我国刑法传统理论"必然因果关系说",当危害行为中包含着危害结果发生的根据,并合乎规律地产生了危害结果时,危害行为与危害结果之间就是必然因果关系,即刑法上的因果关系。① "必然因果关系说"着重考量"实在可能性"和"合乎规律性"。尽管该学说的认定标准缩小了因果关系的范围且由于实践中操作性不强而遭人诟病,但在本案当中,被告人违规存储爆炸物导致火灾既具有实在可能性也合乎规律性,能够评价为具有刑法上的因果关系。因果关系的另一种学说"条件说"认为,行为与结果之间存在着没有前者就没有后者的

① 张明楷:《刑法学》,法律出版社2007年版,第166页。

条件关系时,前者就是后者的原因。[①] 根据"条件说",被告人季某的过失行为也显然与被害人的死亡结果之间具有刑法上的因果关系。

2. 介入因素对刑法因果关系的影响

所谓介入因素,是指在因果关系的发展进程中介入了第三者的行为、被害人的行为或者特殊自然事实。在因果关系发展进程中,如果介入了其他因素,应当考察介入情况的异常性大小、对结果发生的作用力大小、行为人行为导致结果发生的可能性大小等情形,进而判断前行为与结果之间是否存在因果关系。

假设之一:若本案起火原因是雷击或自燃。由于雷击是普遍存在的自然现象,自燃是爆炸物存储中容易发生、需要控制和防范的正常现象,上述因素都不是异常发生的,不影响先行为与结果之间的因果关系。

假设之二:本案是外来人员故意点火引发火灾。由于该介入因素是被告人所无法预见和控制的,则外来人员点火的行为要阻却存储行为与死亡结果的因果关系。假设之二虽影响因果关系的认定,但已被鉴定结论排除。

假设之三:若本案的起火原因确是被害人点火或触碰危险爆炸物导致。由于本案的被害人是一个精神病人,她对自己行为的认知能力和控制能力近似于一个孩童,被告人季某将危险爆炸物存放于民宅,却并没有采取任何措施避免孩童、精神病人接近危险物品,而民宅中出现孩童的点火、触碰行为是日常生活中常见的行为,故该介入因素不具有异常性。

本案对介入因素影响结果发生的作用力大小以及行为人行为导致结果发生的可能性大小之评判可结合相关法律规定。根据公安部《易燃易爆化学物品消防安全监督管理办法》,生产、储存、经营和运输易燃易爆化学物品的单位和个人,提出安全审核申报,经公安消防监督机构审核,未取得《易燃易爆化学物品消防安全审核意见书》、《易燃易爆化学物品消防安全许可证》、《易燃易爆化学物品准运证》的单位和个人不得生产、储存、经营、运输易燃易爆化学物品。一方面,易燃易爆化学物品的储存、经营和管理,有着严格的审批程序、资质要求和管理条件,以确保将危险品危害公共安全的风险降到最低;另一方面,倘若采取足够防范措施,也不至于在点火行为或爆竹碰撞行为发生后,导致火势迅猛无可挽回,造成被害人烧死。由此可见,被告人季某缺乏上述资质、条件,又

---

① 张明楷:《刑法学》,法律出版社 2007 年版,第 161 页。

未采取任何避险措施的储存行为对死亡结果发生的作用力更大。

综上,假设之三虽未被鉴定结论排除,但从评价介入因素的三方面考量,并不影响被告人行为与严重后果之间因果关系的认定。

(二) 从自我答责理论的角度考量

本案中,被害人的行为应当进行评价,其是否存在过错、是否影响到行为人犯罪的成立。德日刑法中的自我答责理论认为,只要被害人的“任意”支配着损害结果的发生,损害结果的发生仍然处在被害人的行为所能控制的领域之内,就存在着被害人对不发生损害结果的优先负责性,就要由被害人自己对所发生的损害结果予以答责。本案的实际情况是无法排除被害人自行点火或失手造成爆炸物撞击的可能性,根据上述理论,被害人应当自我答责。以冯军教授的观点,自我答责具体化为四个条件:①被害人具有认识导致结果发生的危险和阻止危险现实化的能力;②被害人自己引起了发生损害结果的危险;③被害人在自己尽管还能够管理危险时强化了危险;④法规范上不存在他人应该优先阻止危险现实化的特别义务。具备该四个条件时,存在被害人对损害结果的优先负责性。[①] 自我答责是以自我决定为根据的,而认识能力和控制能力是自我决定的前提。本案的被害人系精神病人,显然不具有认识危险和阻止结果发生的能力,不可能自我决定与结果发生关联的行为,故不能对死亡结果承担责任。另一方面,作为危险爆炸物的经营者、管理者,被告人季某应当履行法律所规定的消防条件、防范措施等方面的特定义务,故应当认为季某对阻止危险现实化具有优先(特别)义务而未履行。

因此,本案中的被害人过错,并不影响行为人犯罪的成立。但在具体量刑时,应予以充分考虑,从而对行为人酌情从轻处罚。

四、处理结果

检察机关以被告人季某行为构成危险物品肇事罪向法院提起公诉,法院以危险物品肇事罪判处季某有期徒刑一年,缓刑一年。

(谭　尘)

① 冯军:《刑法中的自我答责》,载《中国法学》2006年第3期。

销售标示虚假批号、功能主治、含有处方药成分“性保健”产品的行为应如何认定

一、基本案情

被告人林某、董某等三人从2010年9月起，雇佣三名销售人员在上海市宝山区某居民房内，通过互联网以上海某保健品有限公司名义发布“威哥十鞭王、龙头老二、黑蚂蚁、硬十天”等产品销售信息，称上述产品“以鹿鞭、人参、淫羊藿、枸杞子等中药为原料，运用现代技术精制而成，具有促进性功能等功效，特别适用于性功能障碍患者”。销售业务员接到网络客户订单后，将客户资料、所需药品名称等信息传真至上海市闸北区某保健品市场林某妻子处，由其组织人员向客户配发货物，赃款则直接汇到林某账户内。

2011年1月，本案经举报案发，公安机关在被告人林某等人租赁的上海市新疆路某地下室仓库内查获标示“卫食健批准文号、功效、功能、明确适用于性功能障碍人群、某保健品有限公司生产”等信息的上述产品（胶囊状）数十万粒，涉案人员均供认明知所售的是假的性保健食品，标识的产品批号、原料成分、生产商均是虚构的，但销售记录已经全部被林某妻子销毁。经鉴定，上述胶囊中均含有数量不等的西地那非处方药成分。

二、争议焦点

本案中，对林某等人销售标示虚假批号、功能主治、含有处方药成分“性保健”产品的行为应如何认定，存在以下三种分歧意见：

第一种意见认为，林某等人销售的胶囊未经国家检验认证，标识的产品批

号、原料成分均是虚构,依据我国《产品质量法》的规定,应属不合格产品,林某等人的行为系销售伪劣产品的行为。但本案销售记录已毁,已售产品货值无法认定,待售产品没有标价,无同类合格产品价格可以参照,犯罪数额无从认定,故无法证实林某等人构成销售伪劣产品罪,亦不构成其他犯罪。

第二种意见认为,依据最高人民法院、最高人民检察院《关于办理非法生产、销售、使用禁止在饲料和动物饮用水中使用药品等刑事案件具体应用法律若干问题的解释》,销售明知含有盐酸克伦特罗(俗称"瘦肉精")饲料养殖的供人食用动物的,按照《刑法》第144条规定,以销售有毒、有害食品罪追究刑事责任。案件中,林某等人销售含有西地那非成分的"性保健"产品,而西地那非系用于治疗心血管及性功能障碍疾病的处方药品,非正常食用对人体有害。另外,涉案产品说明书、外包装上标明的系保健食品批准文号,说明涉案产品是作为保健食品销售的,而保健食品亦是食品,故林某等人的行为应构成销售有害食品罪。

第三种意见认为,虽然林某等人销售产品的产品说明书、外包装上标明的是食健批准文号,但亦标示有治疗功能、功效,明确适用性功能障碍人群,依照我国《药品管理法》规定,上述产品应属于药品,且胶囊中所含西地那非成分亦系需要取得批准文号而生产使用的处方药品,故林某等人的行为应构成销售假药罪。

三、评析意见

笔者赞同第三种意见,认为林某等人的行为已构成销售假药罪,具体理由如下:

(一)对于药品的认定

依据《保健食品标识规定》(卫监发(1996)第38号)第3条第1款规定,保健食品系指表明具有特定保健功能的食品,即适宜于特定人群食用,具有调节机体功能,不以治疗疾病为目的的食品。而依据《保健食品检验与评价技术规范》(卫法监发[2003]42号)规定,保健食品可申报的功能范围包含增强免疫力、辅助降血脂、促进消化通便等27项功能,并无性保健类别。因此,所谓的"性保健食品"本身是不存在的,涉案产品上标示的所谓食健字批准文号也必然是虚假的。

涉案产品既然不可能是保健食品,那究竟是什么呢?依据我国《食品安全法》第99条第1款规定,食品是指各种供人食用或者饮用的成品和原料以及按照传统既是食品又是药品的物品,但是不包括以治疗为目的的物品。依据《药品管理法》第 102 条第 1 款规定，药品是指用于预防、治疗、诊断人的疾病，有目的地调节人的生理机能并规定有适应症或者功能主治、用法和用量的物质。从上述法律规定看，食品或者保健食品和药品的根本区别就在于"是否以治疗为目的"，并具体表现为是否具有主治功能或适应症。而本案所销售的"威哥十鞭王、龙头老二、黑蚂蚁、硬十天"等产品，其产品说明书及外包装上都标示具有促进性功能等功效，适用性功能障碍人群等内容，因此，其已经具备了药品的属性特征；且经鉴定，其还含有数量不等的西地那非药品成分，而西地那非系治疗性功能障碍的药物，并不等同于鹿鞭、人参、淫羊藿、枸杞子等中药原材料，故从产品说明书及其所含药物成分来看，涉案产品应是药品。

此外，从本案的购销情况看，林某等人通过互联网所发布的"威哥十鞭王、龙头老二、黑蚂蚁、硬十天"等产品销售信息，亦称其"以鹿鞭、人参、淫羊藿、枸杞子等中药为原料，运用现代技术精制而成，具有促进性功能等功效，适用性功能障碍人群"。显而易见，林某等人是将涉案产品作为具有主治功能或适应症的药品，而非普通食品或者仅仅具有保健功能的保健食品来宣传销售的。消费者亦是基于涉案产品所具有的功能主治和适应症，为治疗疾病，对应自身身体症状而选择购买的。因此，从本案的购销模式上看，涉案产品也是作为药品而非食品进行买卖交易的。

(二) 对于销售假药犯罪的认定

假药的认定依据首先源于《药品管理法》。《药品管理法》第 48 条第 2 款明确规定了按假药论处的"六种情形"，其中第(五)项规定的情形为"使用依照本法必须取得批准文号而未取得批准文号的原料药生产的药品"。国家食品药品监督管理局发布的《关于进一步开展整治非药品冒充药品专项行动的通知》(国食药监稽[2010]204 号文)中则进一步规定："对未标示产品批准文号以及标识虚假、无效批准文号的产品冒充药品的，一律由食品药品监管部门按照假药依法查处。"从本案看，涉案产品中含有数量不等的西地那非成分，而西地那非系治疗性功能障碍的药物，未经有关部门批准不得生产。鉴于涉案产品既未取得相关批准文号，且标识的产品批号、原料成分也均是虚构的，因此，依法应当按假药论处。

但是，一般的生产、销售假药行为尚不构成犯罪，只有达到"足以严重危害人体健康"的程度，才构成生产、销售假药罪。2009 年 5 月 26 日，最高人民法院、最高人民检察院发布的《关于办理生产、销售假药、劣药刑事案件具体应用法律若干问题的解释》第1款规定了"足以严重危害人体健康"的六种具体情形,其中包括没有或者伪造药品生产许可证或者批准文号而生产、销售处方药的情形。由此可见,药品生产许可证或者批准文号是生产药品的必备条件。在不具备药品生产许可证或者批准文号的条件下,药品质量根本无法保证,药品中所含物质成分更无从检验,如果其生产的是必须经医生指导才能使用的处方药,则极有可能会对人体健康造成严重危害。[①] 本案中林某等人所销售的产品不仅伪造了批准文号,且含有西地那非处方药成分,故其行为已符合"足以严重危害人体健康"的构成要件,构成销售假药罪。

综上,首先,我们不能仅凭涉案产品说明书、外包装上标明的系保健食品批准文号,就臆断本案销售的即为保健食品或者食品;且依据"两高"司法解释,销售明知含有盐酸克伦特罗(俗称"瘦肉精")饲料养殖的供人食用动物的,以销售有毒、有害食品罪追究刑事责任,并不等同于销售含有西地那非成分产品的行为就可以不附加任何条件的以销售有害食品罪追究刑事责任,其中被告人对涉案产品中含有西地那非成分的明知程度亦需要予以证明。其次,含有西地那非成分的产品究竟是食品还是药品,应该根据具体情况加以区分,而涉案产品正如上所述,应该是药品而非保健食品或者普通食品。再次,简单地将西地那非界定为"有害的非食品原料"是值得商榷的。因此,林某等人以网络为平台,发布销售标示"虚假的卫食健批准文号、具有促进性功能等功效,适用性功能障碍人群"等信息,并销售此类含有西地那非处分药成分"性保健"产品的行为,应认定为销售假药罪。

四、处理结果

检察机关以被告人林某、董某行为构成生产、销售假药罪向法院提起公诉,法院以生产、销售假药罪判处被告人林某有期徒刑二年零十个月,并处罚金人民币10万元;判处董某有期徒刑一年零六个月,并处罚金人民币4万元。

(董思毓)

---

① 祝二军,刘涛:《〈关于办理生产、销售假药、劣药刑事案件具体应用法律若干问题的解释〉的理解与适用》,载《人民司法》2009年第1期。

在食品中掺入含有有毒、有害的非食品原料的行为如何定性

一、基本案情

2008 年 10 月，三聚氰胺事件发生后，上海某乳品有限公司（下称“乳品公司”）的销售客户将 1 300 余件全脂甜炼乳退回该公司。该公司法定代表人被告人王某某、总经理被告人洪某某及分管生产的副总经理被告人陈某某为减少公司经济损失，在明知退回的炼乳中存在三聚氰胺含量超标的情况下，仍违反国家相关规定，共同商量将上述退回炼乳采用按比例添加的方式重新回炉生产炼奶酱，并于同年 12 月 30 日召开会议部署生产技术部门人员具体实施。自 2009 年 2 月起至 4 月案发，该乳品公司采用上述方式生产出三聚氰胺含量超标的炼奶酱共计 6 520 余罐，价值人民币 36 万余元，其中销售共计 3 280 余罐，价值人民币 22 万余元。经鉴定机构检测，涉案的退回炼乳以及使用该炼乳回炉所生产的炼奶酱产品中三聚氰胺最高检出值为 34.1 mg/kg（国家临时管理限量值为 2.5 mg/kg）。案发后，已销售的涉案炼奶酱召回率约 94%。

二、争议焦点

本案审查过程中，对被告人王某某、洪某某、陈某某的行为构成生产、销售不符合安全标准食品罪，还是生产、销售有毒、有害食品罪，存在以下不同意见：

第一种意见认为，被告人王某某、洪某某、陈某某的行为构成生产、销售不符合安全标准食品罪。该观点认为，生产有毒、有害食品要求掺入的是“非食品原料”。根据相关规定，三聚氰胺界定为有毒、有害的非食品原料现无异议，然而三聚氰胺超标的炼乳是否亦属于“非食品原料”目前尚无定论。按照疑罪从无、疑罪从轻的原则，尚难认定其三人行为已构成生产、销售有毒、有害食品罪，应当以生产、销售不符合安全标准食品罪定罪量刑。

第二种意见认为,被告人王某某、洪某某、陈某某的行为构成生产、销售有毒、有害食品罪。被告人王某某、洪某某、陈某某明知三聚氰胺是有毒、有害的非食品原料,仍为减少公司损失,集体决定将明知含有三聚氰胺且超标的退回炼乳进行回炉生产炼奶酱,并部分予以销售,其行为应当以生产、销售有毒、有害食品罪追究刑事责任。

三、评析意见

我们同意第二种意见。本案法律适用的焦点在于,在生产的食品中掺入含有有毒、有害的非食品原料的食品与在生产、销售的食品中掺入有毒、有害的非食品原料是否有本质上的区别。我们认为两种行为在本质上是同一的。

(一) 区分生产、销售有毒、有害食品罪与生产、销售不符合安全标准的食品罪的必要性

生产、销售有毒、有害食品罪的法定刑最高达到死刑,而生产、销售不符合安全标准的食品罪的法定刑最高是无期徒刑。生产、销售有毒、有害食品罪的起刑点也比生产、销售不符合安全标准的食品罪的高。由于两罪的犯罪成立条件和法定刑的较大差异,使得司法实践中区别两罪很有必要。否则,就会在是否构成犯罪以及处刑上存在很大差别。例如查获行为人生产的食品含有对人体健康有害的物质,如果认定食品是有毒、有害食品,就构成犯罪;如果认定为不符合安全标准的食品,就不构成犯罪。再如,行为人销售的食品导致很多人死亡,那么如果认定行为人销售的是有毒、有害食品,行为人就可能被判处死刑;而如果认定为不符合安全标准的食品,最多被判处无期徒刑。可见,两罪之间的差别还是很大的。但是,实践中如何区别二者呢?有毒、有害食品自然属于不符合卫生标准的食品,可是,不符合卫生标准的食品是不是有毒、有害食品?食品无毒无害,这是食品应具备的基本条件。无毒无害是指不造成食用者的急性、慢性疾病,不构成对人体的危害,或食物中虽含有极少量有毒、有害物质,但在正常食用情况下,不致危害人的健康。可见,所谓食品的有毒、有害是相对的,必须在食品卫生标准规定的限量要求下鉴别食品的毒害性。例如氰化物是有毒的,但是我们吃的粮食均含有一定成分氰化物,所应注意的是,它不得超过一个相对的数值或指标,不然,就会危害人体健康。如粮食卫生标准中有氰化物(以 HCN 计)≤5 mg/kg,就符合卫生要求,不会构成对人体的危害。再

者，刑法对生产、销售不符合安全标准的食品罪和生产、销售有毒、有害食品罪的危害结果规定的没什么差别。这说明不符合安全标准的食品也是有毒、有害食品，含有对人体健康有毒、有害的物质，否则就不会对人体健康造成严重危害。

（二）两罪之间的本质区别

对于两罪之间的区别，一般认为，生产销售有毒有害食品罪掺入的必须是有毒、有害的非食品原料，而生产、销售不符合安全标准食品罪掺入的原料也可能有毒有害，但其本身是食品原料。从理论上的区分两者是容易的，但现实生活中有很多情况会造成两者区分的难度。我们认为，区分两者的根本在于两点：一是毒源不同。生产、销售有毒、有害食品罪中的“毒害”来自于食品中的非食品原料的毒性，而生产、销售不符合安全标准的食品罪中的“毒害”来自于食品原料本身，其毒害性是由于食品原料污染或者腐败变质所引起的。非食品原料是指不具有营养价值的物品，在这种物质内不仅无蛋白质、脂肪、维生素等营养价值的含量，而且人也不能消化吸收这种物品。这种物品添加在食品中主要是为了防腐、上色、保鲜等。这些物品或者受到污染而有毒性，或者本身含有毒性，由于量大而对人体有害。食品原料的毒性主要是受到污染或变质腐败等造成。二是掺入方式不同。生产、销售有毒、有害食品罪的“毒害”是故意掺入，是行为人积极的作为；而生产、销售不符合安全标准的食品罪的“毒害”是在生产、销售中受到污染、变质而引起，是行为人消极的不作为。如果没有行为人的故意掺入，尽管食品遭到有毒、有害非食品原料的污染，也不能让行为人承担生产、销售有毒、有害食品罪的刑事责任。正是由于生产、销售有毒、有害食品罪是行为人故意掺入有毒、有害物质，刑法才让行为人承担比生产、销售不符合安全标准的食品罪更重的处罚。

在本案中，几位被告人生产、销售的三聚氰胺超标的炼奶酱，其毒性来自于掺入的三聚氰胺超标的炼乳，而不是因为食品原料本身污染或腐败引起的。从行为的本质来看，在食品中加入有毒、有害的非原料食品与加入含有有毒、有害的非原料食品的食品是同一的，这就如同向被害人投毒，直接对其喂食毒药和将毒药化在饮料中让其喝下没有本质上的区别。从另一个角度，我们可以说被告人在食品中掺入了含有食品的有毒、有害的非食品原料，这样似乎更符合生产、销售有毒、有害食品罪的犯罪构成要件。

(三)从刑法对生产、销售有毒、有害食品罪与生产销售不符合安全标准的食品罪的量刑设置来理解,本案以生产、销售有毒、有害食品罪定罪量刑更为合理

食品安全问题,已经成为近年来关系民生的重点关注课题。继2008年三鹿奶粉三聚氰胺事件爆发以来,涉及食品安全的案件更是保障民生、打击犯罪的重点。从刑法设置的刑期来看,生产有毒、有害食品罪与销售有毒、有害食品罪的量刑是相同的,明知他人在生产的食品中掺入含有有毒、有害的非食品原料的食品还予以销售,其行为为销售明知掺有有毒、有害的非食品原料的食品的行为,应当以销售有毒、有害食品罪定罪处罚,可判处五年以下有期徒刑或者拘役。对生产者如以生产、销售不符合安全标准的食品罪定罪处罚,判处三年以下有期徒刑或者拘役,两者的判罚明显罪刑不一致,显失公平。如在生产的食品中掺入含有有毒、有害的非食品原料的食品以生产、销售不符合安全标准食品罪定罪处罚,则犯罪分子为逃避处罚在今后的犯罪行为中可先将有毒、有害的非食品原料掺入食品,再将该食品掺入其要生产的食品中,不利于打击犯罪。

四、处理结果

检察机关以被告人王某某等人行为均构成生产、销售有毒、有害食品罪向法院提起公诉,一审法院以生产、销售有毒、有害食品罪对王某某等人分别判处五年至三年有期徒刑,并处罚金人民币40万元至20万元不等。一审判决后,王某某提出上诉,二审法院维持原判。

(王保帅)

借用资金骗取工商注册的行为是否构成虚报注册资本罪

一、基本案情

2004 年 4 月，被告人董某、被告人郭某某为注册成立上海晓音通讯科技有限公司(下称“晓音公司”)，通过他人向上海箭豹机电设备有限公司借款人民币 100 万元用于垫资验资(其中董借款人民币 70 万元，郭借款人民币 30 万元)。2004 年 4 月 30 日上海箭豹机电设备有限公司将上述资金汇入晓音公司验资账户，同日验资完毕。同年 5 月 8 日晓音公司将人民币 100.016 万元以往来款形式归还给上海箭豹机电设备有限公司。后晓音公司在与荣某某发生经济往来中未按约定支付相关费用，2008 年 9 月 17 日经上海市闸北区人民法院判决，2009 年 1 月 19 日经上海市第二中级人民法院维持原判，晓音公司须支付荣某某奖励费、手机补贴款、代理费、话费分成款共计人民币 27.438 0 万元。因晓音公司无可执行的财产，造成债权人荣某某直接经济损失达人民币 27.438 0 万元。

二、争议焦点

本案在处理过程中存在四种分歧意见：

第一种意见认为董某、郭某某的行为不构成犯罪。理由是:像这样的情况普遍存在，投资者只要交上 5 000 元左右，就能享受到“一条龙”服务，从而成立登记各种注册资金不等的有限责任公司。本案中的董某、郭某某虽有虚假出资，骗取公司登记的行为，但这种行为带有普遍性，因此，董某、郭某某的行为不构成犯罪。

第二种意见认为董某、郭某某的行为构成虚报注册资本罪。理由是:董某、郭某某的申请公司登记过程中，使用虚假的验资报告单等证明文件，骗取工商管理部门，取得公司登记，虚报注册资本 100 万元，且造成了 27 万余元损失的严重后果。

第三种意见认为董某、郭某某的行为构成虚假出资罪。理由是:董某、郭某某作为公司的股东,故意违反公司法规定,未交付任何货币或实物,虚假出资,数额巨大。

第四种意见认为董某、郭某某的行为构成抽逃出资罪。理由是:董某、郭某某作为公司的股东,在公司成立后抽逃其出资,数额巨大。

三、评析意见

我们同意上述第二种意见。我国《刑法》第158条规定,申请公司登记使用虚假证明文件或者采取其他欺诈手段虚报注册资本,欺骗公司登记主管部门,取得公司登记,虚报注册资本数额巨大、后果严重或者有其他严重情节的,构成虚报注册资本罪。《刑法》第159条规定,公司发起人、股东违反公司法的规定未交付货币、实物或者未转移财产权,虚假出资,或者在公司成立后又抽逃其出资,数额巨大、后果严重或者有其他严重情节的,构成虚假出资、抽逃出资罪。从司法实践看,由于这三种罪名在行为方式上有很多相似之处,甚至在很多方面交叉重合,故容易混淆。从董某、郭某某的行为来看,其行为既符合采取欺诈手段(将借来资金作为自己的出资)虚报注册资本,骗取公司登记的特征,又符合公司发起人虚假出资的特征,还具备在公司成立后又抽逃其出资的特征。董某、郭某某的行为既侵犯了国家对公司的登记管理制度,又侵犯了国家对公司出资的管理制度。因此,对董某、郭某某的行为构成何罪存在较大争议。我们认为,对于借用他人资金用于注册成立公司,注册后又将该款抽出的行为应认定为虚报注册资本。

(一) 虚假出资罪与虚报注册资本罪的界限

虚报注册资本罪与虚假出资罪在诸多方面有相似之处。在行为手段上,两罪均具有欺诈性。在行为实质上,均是在没有出资或出资不够的情况下,谎称已经出资或已经足够出资,而且还可能因虚报出资而造成虚报注册资本的结果。但是两罪的区别主要在于:①行为关系不同。虚报注册资本罪发生于申请公司登记人与登记管理部门之间。虚假出资罪发生于公司发起人、股东个人与公司之间,但就发起人或股东整体而言,在向公司登记机关申请公司注册登记时,则并不知道公司注册资本系虚假,如果公司发起人或股东既虚假出资又实施虚报注册资本,骗取公司登记,则分别构成虚假出资罪和虚报注册资本罪,应实行数罪并罚。②行为场合不同。虚报注册资本罪发生于公司注册登记过程中,虚假出资发生于公司组建的出资过程中。③行为主体有所不同。虚报注册资本罪是申请公司登记的个人或单位，可以以发起人、股东指定的代表或委托代理人的形式出现于申请过程中。虚假出资罪的主体可以以发起人、股东的委托代理人出现于出资过程中，但不存在股东共同指定或选举的代表这一形式。④行为的目的不同。虚报注册资本罪行为人的目的是通过虚报注册资本骗取公司登记，虚假出资罪则是通过虚假出资骗取公司股份。⑤行为表现不同。虚报注册资本罪表现为使用虚假证明文件或采取其他欺诈手段虚报注册资本，欺骗公司登记主管部门而取得公司登记，虚假出资罪表现为未付货币或实物而取得公司股份。⑥行为侵犯的法益不同。虚报注册资本行为侵害的实质法益是未来债权人的合法利益，虚假出资罪侵犯的是公司和其他股东利益。

但是，从实际情况看，两者之间存在相互交叉的情况。司法适用中的突出问题是既有虚假出资，又有虚报注册资本的罪数问题。刑法理论和司法实践中有观点认为，行为人先虚假出资，后虚报注册资本的行为，属于手段行为与目的行为的牵连关系，应认定为牵连犯，并按择一重罪处断的原则，以虚假出资罪论处。但是，也有观点认为，如果公司发起人或股东既虚假出资又实施虚报注册资本骗取公司登记的，应按两罪数罪并罚。我们认为对此应区分不同情况分别予以认定。

一是如果行为人虚假出资行为并未欺骗公司其他股东，而只是以虚假出资的方法实现虚报注册资本骗取公司登记的，其行为并不单独构成虚假出资罪，不成立牵连犯，而只能以虚报注册资本罪定罪。二是如果行为人虚假出资行为瞒着公司其他股东，并以此再度实施虚报注册资本行为的，分别构成虚假出资罪与虚报注册资本罪，但两者之间成立必要牵连关系，应认定为牵连犯，并按择一重处原则，以虚假出资罪论处。三是如果行为人欺骗公司其他股东虚假出资，并且在虚假出资的基础上再度另行使用其他虚假证明文件骗取公司登记的，应分别认定为虚假出资罪和虚报注册资本罪，并实行两罪并罚。四是如果行为人欺骗公司其他股东虚假出资，其他股东在不明真相情况下申请公司登记并取得公司登记的，尽管公司出资中有虚假成分，但因申请人不明知而不成立虚报注册资本罪，只应认定虚假出资罪一罪。[①]

（二）抽逃出资罪与虚报注册资本罪的区分

抽逃出资罪与虚报注册资本罪的界限比较清晰，前者是在公司成立后又抽

① 龚培华：《虚假出资、抽逃出资罪及其认定》，载《检察日报》2002 年 9 月 26 日。

逃出资的,后者则是在申请公司登记中使用虚假证明文件或者采取其他欺诈手段虚报注册资本,欺骗公司登记主管部门,取得公司登记。

(三)董某、郭某某的行为构成虚报注册资本罪

就本案而言,笔者同意第二种观点,董某、郭某某构成虚报注册资本罪。理由如下:虚报注册资本罪与虚假出资罪的区别在于行为人是否未现实侵害公司和其他股东利益。从公司法关于注册资本法定含义的规定看,注册资本应当为出资人的实有资本和自有资金,申请人可以用自己的自有资金进行出资,也可以用自己取得使用权的借款、贷款进行出资,但都必须保障本身享有对资金的占有、使用、收益、处分的权利,否则就直接违背了法定资本制度和注册资本实缴原则,属于虚报注册资本。对借款融资,虽然在验资的时候这笔资金是真实存在的,工商行政管理机关也是根据真实的验资报告核准公司登记,从形式上看出资人的资本曾经投入过,但这类融资的目的仅仅是用于验资,实际上也仅用于验资,验资后立即归还,工商行政管理机关在核准注册登记的时候并没有真实的注册资本存在。"融资—付费—验资—登记—抽回"是一个行为的整体。这种直接违背资本真实、资本维持、资本不变原则的融资验资行为,完全具备虚报注册资本罪的特征,应当以本罪进行刑事司法评价。至于验资后或者获得公司登记后抽逃出资的,是融资验资的必然结果,属于事后不可罚行为,故应当以虚报注册资本罪追究董某、郭某某的刑事责任。在本案中,董某、郭某某称其主观上对公司登记程序和规定不知情,全权委托他人代办公司注册,其行为是在无意中触犯了法律的规定。我们认为,作为申请登记的单位和个人,必须对公司的设立、登记、经营、注销的有关内容和事项有所了解,同时在实际操作过程中严格依法办事。因此对董某、郭某某行为的主观方面应推定为"应当明知",并追究法律责任。

四、处理结果

检察机关以被告人董某、郭某某行为均构成虚报注册资本罪向法院提起公诉,法院以虚报注册资本罪判处董某罚金人民币 1.4 万元,判处郭某某罚金人民币 6 000 元。

(黄春笑)

为实现控股而使用上市公司资金并操纵购买该上市公司股权的行为应如何认定

一、基本案情

被告人何某系某科技开发股份有限公司(为上市公司)、某科技开发集团有限公司董事长,北京某网络技术服务有限公司、海南某国际经济技术合作有限公司实际控制人。2006 年 12 月至 2007 年 2 月间,某科技开发股份有限公司(上市公司)的股东,某机械公司欲出让价值约人民币 1.2 亿元的该上市公司股权合计 4 970.02 万股,并欲从该上市公司购回价值人民币 1.1 亿元的第二分厂、第五分厂资产。何某遂利用担任该上市公司董事长的职务便利,与机械公司相配合,将上市公司资金转至由他实际控制的海南某国际经济技术合作有限公司(以下简称"海南公司"),并收购机械公司欲转让的股权。具体操作方法为:由何某以订立虚假贸易合同、需支付预付款的名义,将上市公司 3 000 万元资金经上市公司的上海分公司及控股子公司某科技发展有限公司转移至绍兴某机电科技有限公司,并最终划至海南公司,海南公司再利用该笔资金作为收购该上市公司股权的部分对价支付给机械公司,某机械公司将该资金支付给上市公司作为部分第二、五分厂资产的回购款,从而完成一次兜转。如此反复运作四次,最终完成资产和股权的转让。通过以上方法,何某控制的海南公司在未实际支付对价的情况下,获得了该上市公司价值人民币 1.2 亿元的股权,而该上市公司虽向某机械公司出售了第二、五分厂资产,却并未取得对价。

2006 年 12 月,该上市公司的股东某科技开发集团有限公司持有的 2 400 余万股股权将被法院拍卖,何某遂又以订立虚假贸易合同、需支付预付款的名义,将该上市公司人民币 2 900 余万元资金通过上市公司的控股子公司某科技发展有限公司转移至海南公司,用于竞拍上述股权及支付相关保证金。至此,何某控制的海南公司以 19.48%的持股比例,成为了该上市公司的第一大股东。

随后,何某通过出售上市公司该批股权等方法,对该上市公司进行资产重组,并在此过程中将部分资金划回上市公司,以弥补上述股权收购中留下的资金缺口。

经审计,在海南公司上述收购该上市公司股权过程中,何某累计占用上市公司资金 1.5 亿元,案发前已划回上市公司 9 700 余万元,造成该上市公司实际损失人民币 5 650 万元。

二、争议焦点

本案的争议焦点在于,何某为实现控股而动用上市公司资金并操纵购买该上市公司股权的行为应如何定性。

第一种意见认为,何某的行为应认定为挪用资金罪。理由是,何某利用担任该上市公司董事长的职务便利,以订立虚假合同、支付预付款的方式将上市公司资金挪用至其实际控制的海南公司进行营利活动,且其个人因海南公司在出售该上市公司股权过程中而获利,故其挪用公司资金 1.5 亿元并实现个人利益的行为,应认定为挪用资金罪。

第二种意见认为,何某的行为应认定为背信损害上市公司利益罪。理由是,何某违背对公司的忠实义务,违规使用公司资金,并通过操纵上市公司关联企业交易购买上市公司股权,使上市公司遭受严重损失,其行为符合背信损害上市公司利益罪的要件构成,应认定为背信损害上市公司利益罪。

三、评析意见

我们同意第二种意见,即何某的行为应构成背信损害上市公司利益罪,评析意见如下:

(一) 现有证据尚不足以证明何某具有挪用资金归个人使用的主观故意和客观行为

我国刑法规定,公司、企业或者其他单位的工作人员,利用职务上的便利,挪用本单位资金归个人使用或借贷给他人,数额较大、超过三个月未还的,或者虽未超过三个月,但数额较大、进行营利的,或者进行非法活动的,才构成挪用资金罪。从该规定看,行为人的行为要构成挪用资金罪,其挪用资金行为应当与其个人利益之间存在着明显的直接关系。即行为人是以实现个人利益为指向,具有将公司资金挪移后归个人使用的主观目的,并在客观上采取了利用职务便利，擅自挪用公司资金归个人使用，或者以个人名义将所挪用的资金借给其他自然人和单位等行为方式。但就本案而言，何某虽然利用了职务便利，并违规动用了该上市公司的巨额资金，但其所动用的资金既未归个人使用，也没有以个人名义借出，而是通过上市公司关联企业交易的形式，用以分别收购上市公司的股东机械公司出让的该上市公司股权和竞拍某科技开发集团有限公司持有的该上市公司股权，其目的主要是为了实现对上市公司的控股，并完成对上市公司的股改及资产重组，而并非为了挪移后归个人使用。正是在此前提下，本案中该上市公司的关联企业交易各方均能协商一致并相互配合，有效完成了资金、股权、资产等多次流转的复杂运作，故并不存在由何某个人包办或将资金挪作个人使用的情况。基于本案事实和现有证据均难以认定何某具有挪用公款归个人使用的主观故意和客观行为，因此，其行为不符合挪用资金罪的主客观要件。

（二）何某的行为符合背信损害上市公司利益罪的要件构成

1. 何某符合本罪的特殊主体要求

背信损害上市公司利益罪的主体是特殊主体。《刑法修正案（六）》明确规定本罪主体为“上市公司的董事、监事、高级管理人员”。何某系某科技开发股份有限公司即上市公司的董事长、法定代表人，因此，其属于本罪的特殊主体范畴。

2. 何某主观上具有违背对本公司的忠实义务、放任损害公司利益危害结果发生的犯罪故意

背信损害上市公司利益罪，是行为人以违背对公司的忠实义务为前提而实施损害公司利益的故意犯罪。本案中，何某为实现对该上市公司的控股，明知动用上市公司资金，通过关联企业交易收购股权的行为明显违反有关证券法律法规，且会造成损害上市公司利益和致使上市公司承担相应的法律责任等严重后果，但却置自身对公司应当履行的忠实义务而不顾，利用职务便利条件，故意操纵上市公司，大肆动用上市公司巨额资金，屡屡进行违法违规运作；且在涉及该上市公司利益的交易中，违背对公司的忠实义务，既隐瞒了本人是海南公司实际控制人的真实情况，也未如实披露交易各方的真实身份，从而扭曲了交易的公平性，扰乱了正常的股权交易秩序，并使上市公司非但没有实现资产的保值增值，反而未能收回出售第二、五分厂应得的对价，严重损害了上市公司利益。因此，何某具有违背对公司的忠实义务、放任有损公司利益结果发生的主观故意，与本

罪的主观要件构成具有一致性。

3. 何某利用职务便利,客观上实施了操纵上市公司并损害上市公司利益的行为

利用职务便利,操纵上市公司,并采取《刑法》第169条之一条规定中第(一)至第(六)项行为之一,致使上市公司利益遭受“重大损失”或“特别重大损失”的,是构成背信损害上市公司利益罪的客观要件。何某作为该上市公司董事长,具有主管该公司资产、经营及资金等重要职权。其在通过海南公司收购该上市公司股权中,既充分利用了本人职务范围内的权力和地位所形成的便利条件,又实施了操纵上市公司,动用上市公司资金1.5亿元进行关联企业的违规交易运作,致使上市公司遭受损失达5 650万元人民币。其行为特征亦已符合本罪的客观要件构成,应当以背信损害上市公司利益罪对其定罪处罚。

4. 何某的行为已达到本罪的追诉标准

最高人民检察院、公安部于2008年3月5日发布了《关于经济犯罪案件追诉标准的补充规定》(以下简称《补充规定》),其第二条第1至第5目均与《刑法》第169条之一条规定的第(一)至第(五)项行为相对应,并明确规定“致使上市公司直接经济损失在150万元以上的”,应予追诉;而《补充规定》第二条第7目则与《刑法》该条规定的第(六)项行为相对应,其表述为“其他致使上市公司利益遭受重大损失的”,没有对具体的数额标准作出规定。本案被告人何某因违规使用上市公司资金并造成上市公司经济损失达人民币5 650万元,据此,其行为已完全符合本罪的追诉标准。但鉴于目前司法解释尚未对《刑法》第169条之一条中的“重大损失”和“特别重大损失”的具体数额标准作出明确规定,因此,对本案可比照本地区相关判例的犯罪数额标准作出认定,并依法予以相应的刑事处罚。

综上,我们认为,对何某的行为应当以背信损害上市公司利益罪予以定罪处罚。

四、处理结果

检察机关以被告人何某行为构成背信损害上市公司利益罪向法院提起公诉,法院以背信损害上市公司利益罪判处何某有期徒刑三年,宣告缓刑三年,并处罚金人民币50万元。

(顾忠长)

伪造授权委托书以共有产权房抵押贷款的行为如何定性

一、基本案情

2011年1月，王某某因欠高利贷需要资金，在未征得共有房屋产权人（其父母）同意的情况下，擅自将家中的房产证偷出，同时伪造了其父母授权其全权处分房产的委托书，并将该委托书、房产证在湖南省临湘市公证处办理了公证书。王某某于2011年1月21日持该房产证、公证书至虹叶小额贷款公司（下简称“虹叶公司”）以房产抵押的方式申请贷款，并谎称自己为红木家具公司员工，需要使用贷款作为生意资金。虹叶公司经审核后于同日发放贷款人民币100万元，贷款期限至2011年4月20日，每月支付利息人民币1.83万元。王某某收到贷款后，将其中5万余元钱款交给常某，二人约定由常某向虹叶公司支付每月利息。常某后未遵守约定，王某某至贷款期限届满也未能还款，虹叶公司遂报案。王某某被公安机关抓获后其家属主动退赔了100万元涉案款。

二、争议焦点

对于王某某伪造委托书，擅自以家中共有产权房抵押贷款，案发后退赔赃款的行为如何定性，主要有以下三种分歧意见：

第一种意见认为，王某某的行为不构成犯罪。理由是：首先，王某某进行抵押的房产是真实的，其未经父母同意窃取自家房产证并进行抵押的行为系无权代理，属于一般的贷款背信行为，被害方届期可以基于善意取得制度而实现抵押权。其次，无权代理行为在民法、合同法上表现为效力待定，如果有代理权的人事后追认该行为，则有效；反之则无效。因此其父母事后将100万元涉案款归还给被害方，可以认作其父母事后对王某某的抵押贷款行为进行了追认，是一种履行贷款合同的行为，因此王某某的抵押行为有效，其行为不属于骗贷行为。再次,因房产证上有王某某的名字,即便王某某不能主张以其父母的份额抵押,但可以主张以自己拥有的份额进行抵押。最后,无法确定王某某主观上具有骗取贷款的故意。因此王某某构成骗取贷款罪的证据不足,应作存疑不起诉。

第二种意见认为,王某某的行为构成骗取贷款罪,犯罪情节轻微。理由是:骗取贷款罪的实质要件是采取了欺骗的手段获得了被害方的贷款。在本案中,王某某欺骗行为相当明显,不仅在父母无授权的情况下伪造授权委托书,此外还虚构了本人的身份,称其为红木家具公司员工,并虚构了贷款的用途系用于红木生意资金。王某某的行为构成骗取贷款罪,但犯罪情节轻微,可作相对不起诉处理。

第三种意见认为,王某某的行为构成贷款诈骗罪。理由是:王某某在明知自己欠巨额高利贷的情况下,采用伪造委托书、虚构身份、虚构资金用途等欺骗手段,骗得被害方贷款资金100万元,可以认定其具有非法占有的故意,应当认定为贷款诈骗罪。

三、评析意见

我们同意上述第二种意见,即王某某的行为构成骗取贷款罪,但犯罪情节轻微,可作相对不起诉处理。具体分析如下:

(一) 贷款诈骗罪与骗取贷款罪的区别

贷款诈骗罪与骗取贷款罪的主要区别在于行为人主观上是否具有"非法占有为目的"。1997年刑法设置了"贷款诈骗罪",规定"以非法占有为目的,诈骗银行或者其他金融机构的贷款,数额较大的",可以判处刑罚。但是,如果行为人没有"以非法占有为目的",即使是使用了欺骗的手段取得贷款并造成银行或者其他金融机构重大损失的,也不构成犯罪。《全国法院审理金融犯罪案件工作座谈会纪要》中指出,对于确有证据证明行为人不具有非法占有的目的,因为不具备贷款的条件而采取了欺骗手段获取贷款,案发时有能力履行还贷义务,或者案发时不能归还贷款是因为意志以外的原因,如因经营不善、被骗、市场风险等,不应以贷款诈骗罪定罪处罚。因此,为了更有效地打击此类采取欺骗手段骗取银行和其他金融机构贷款的犯罪,更好的保护金融机构资金,《刑法修正案(六)》对危害金融机构资金安全的犯罪进行了修改和补充,其中对骗取银行和其他金融机构贷款造成损失的行为专门新增了骗取贷款罪。本案中，一方面王某某虽然采取了欺骗的手段获取贷款，但无证据证明其在获取贷款之时主观上已经具有了占有贷款资金不还的目的。另一方面，王某某在客观上已经预支5万余元利息给常某，约定由常某按期归还贷款利息，应认定其有归还的行为。因此认定其构成贷款诈骗罪证据不足。

（二）王某某的行为应当构成骗取贷款罪

1. 王某某骗取了金融机构的贷款

王某某明知自己对和父母共有的房产无处分权，仍然伪造委托书骗取公证书，该行为符合“欺骗”的手段。后小额贷款公司也正是基于对公证书的信任误认为其对该房产有处分权，而同意该房产抵押并发放100万元贷款。

2. 本案的涉案金额达到了刑事立案追诉标准

根据《刑法》第175条之一规定，骗取贷款罪是指以欺骗手段取得银行或者其他金融机构贷款，给银行或者其他金融机构造成重大损失或者有其他严重情节的行为。同时，《刑事案件立案追诉标准的规定（二）》（以下简称《追诉标准（二）》）第27条第（一）项规定，以欺骗手段取得银行或者其他金融机构贷款，数额在100万元以上的应予立案追诉。需要说明的是，《刑法修正案（六）》新增的骗取贷款罪的构成要件是必须给银行或者其他金融机构造成重大损失或者有其他严重情节，由此可以看出，骗取贷款罪既属于数额犯又属于情节犯。《追诉标准（二）》第27条的规定也印证了骗取贷款罪的这一特征：“（1）涉案金额达到100万元；（2）给银行或金融机构造成直接经济损失数额在20万元以上；（3）多次骗贷；（4）其他。”根据该规定可以看出，既有《刑法》第175条之一规定的“造成重大损失”的情形，也有“其他严重情节”的情形。

3. 王某某父母归还100万元贷款属于退赃而不是履约行为

基于民法抵押理论，无权处分的行为效力待定，即如果其父母事后追认并授权其处分行为，那么抵押行为有效，如果父母事后不予以追认，那么抵押行为无效。但这种追认必须确定、明示。在本案中，只有父母明确其儿子王某某有权将自家房产进行抵押，才能视为合同有效。但事实上，王某某父母从未有对王某某擅自抵押行为认可、授权的意思表示，也就是其父母并未对此行为进行追认，该抵押行为无效。从本案事实上来看，王某某父母归还100万元是在还款期限以后，也就是在本案案发以后，因此这是一种退赃行为，而并不是还贷行为。

4. 房产证上虽然有王某某的名字,但王某某并不能单独主张以自己拥有的份额进行抵押

本案的房屋系三人共有财产,根据《民法通则》在共有财产未经分割前,财产为一个整体,王某某不能单独主张以自己的份额进行抵押。

5. 虹叶公司到期无法行使抵押权,该100万贷款已经处于风险状态

在实践中王某某骗取的公证书一经发现必须被撤销,因为此类公证书严重违反法律法规,属于无效文书。事实上该公证书已于案发前一个月被公证处发现而被撤销,公证书的无效自然导致该无权抵押行为无效。

综上,王某某明知自己抵押房产的行为系无权抵押,被害方发放的100万元贷款处于风险状态,其仍然以欺骗的手段获取了贷款,涉案金额为100万元,因此其行为构成骗取贷款罪。

(三)根据宽严相济刑事司法政策,王某某犯罪情节轻微,依照刑法规定不需要判处刑罚

首先,王某某以欺骗手段骗取金融机构贷款,数额达100万元人民币,根据上文所述,其犯罪数额刚刚达到构罪的起刑点,属于判处三年以下有期徒刑、拘役,并处或者单处罚金的轻刑范畴。其次,王某某案发以后在家属帮助下退赔了全部涉案款,此时距其与虹叶公司约定的还款期限刚刚超过7天,本案在事实上并未给金融机构造成重大损失和严重后果。再次,王某某系初犯、偶犯,其到案后认罪态度较好,社会危害性较小。综合考虑,王某某犯罪情节轻微,不需要追究其刑事责任。

四、处理结果

检察机关对犯罪嫌疑人王某某作相对不起诉处理。

(赵　璐)

如何界定高利转贷罪中的“高利”

一、基本案情

2008 年 4 月，度丰公司员工被告人曹某某在得知某物业公司急需资金还债的情况后，为了牟取利益，伙同度丰公司法定代表人被告人周某，代表度丰公司与物业公司签订《借款合同》，约定以度丰公司需要流动资金为由，向银行申请贷款人民币 1 000 万元，在先行扣除应归还银行的到期利息、相应服务费及还款保证金后，剩余钱款由度丰公司转贷给物业公司后，用于偿还物业公司向华裕典当行的欠款。同年 5 月 27 日，度丰公司收到银行发放的贷款 1 000 万元，其中 783 万元代物业公司偿还华裕典当行的欠款，66.8 万元作为曹某某及其他人员的好处费，留在度丰公司账上的 150.2 万元中，30 万元系贷款保证金，13.7 万余元系度丰公司支付贷款顾问费、评估费等，45 万余元系归还贷款利息，60 余万元则被周某用于度丰公司的日常经营活动。2010 年 2 月，度丰公司法定代表人周某及员工曹某某在接到公安机关的电话通知后，分别投案自首。

二、争议焦点

本案中，关于是否符合高利转贷罪所要求的“高利”，存在以下三种不同意见：

第一种意见认为，本案不符合高利转贷罪所要求的“高利”，理由是：由于度丰公司与物业公司签订的《借款合同》约定借款利息以到期的银行实际年利率为准并先期扣除，还特别约定了多余部分退还给物业公司，因此度丰公司仅仅是将贷款转借给物业公司，由物业公司来支付相应的利息，双方并未约定物业公司还需要按月或按年支付度丰公司相应的利息，因此本案中不存在“高利”，不符合高利转贷罪的客观要件。

第二种意见认为，本案中度丰公司与物业公司在《借款合同》中明确约定的服务费应当属于利息的一种形式,但是该利息不符合高利转贷罪所要求的“高利”。理由是,高利转贷罪所要求的“高利”,是指以明显高出金融机构贷款利率转贷给他人,这一标准应当参照最高人民法院《关于人民法院审理借贷案件的若干意见》第六条之规定,即高于银行同类贷款利率的四倍,才能称之为“高利”。

第三种意见认为,本案符合高利转贷罪所要求的“高利”,理由是:“高利转贷”是指行为人将银行信贷资金以高于其向银行贷款时的利率转贷他人,并不存在“高于银行同类贷款利率的四倍”的限制。至于具体高出银行贷款利率多少幅度,并不影响高利转贷罪的成立。

三、评析意见

我们同意上述第三种意见,即本案符合高利转贷罪所要求的“高利”。具体理由如下:

(一)认定高于金融机构贷款利率即为高利转贷罪所要求的“高利”,符合刑事立法的精神

高利转贷犯罪不仅严重破坏了国家信贷管理制度,扰乱了正常金融秩序,而且增加了金融机构的资金风险,容易引发其他的社会问题。早在中国人民银行1996年发布的《贷款通则》中即规定,借款人不得套取贷款用于借贷,牟取非法利益;修订后刑法保留了全国人大《关于惩治破坏金融秩序犯罪的决定》的有关规定,将高利转贷行为规定为犯罪。根据《刑法》第175条之规定,高利转贷罪是指个人或单位以转贷牟利为目的,套取金融机构信贷资金后高利转贷给他人,违法数额较大的行为。2010年5月7日最高人民检察院、公安部《关于公安机关管辖的刑事案件立案追诉标准的规定(二)》第26条规定,高利转贷违法所得数额在10万元以上的,应予立案追诉。从立法及相关规定的内容上看,对于高利转贷犯罪并没有明确规定高出金融机构贷款利率多少幅度才算“高利”,因此,以金融机构当时的实际贷款利率为标准,只要高于这一标准进行转贷即视为“高利”的观点,并不违背立法及相关规定的精神。

本案中,尽管在《借款合同》中双方约定借款利息以到期的银行实际年利率为准,还特别约定多余部分退还给物业公司,表面看来度丰公司仅仅是将贷款转借给物业公司,由物业公司来支付相应的利息,但是该《借款合同》中还明确约定 90 万元的服务费，该服务费也应当属于利息的范围之内。根据《辞海》中的解释，所谓“利息”是指借款人因使用借入货币或资本而支付给贷款人的报酬。尽管本案中的服务费不是以利息的名义约定的，也不是按月或按年支付，而是一次性收取的，但是其确实是度丰公司在借出钱款后所获取的利润，完全符合利息的定义及本质。换句话说，物业公司不仅要代度丰公司向银行缴纳相应利息，还要承担向度丰公司支付的额外费用，所以说度丰公司是以高于金融机构同期贷款的实际利率转贷资金的。

（二）高利转贷罪所要求的“高利”不应与民间借贷中“高利贷”的标准等同视之

尽管最高人民法院《关于人民法院审理借贷案件的若干意见》第六条对民间借贷中“高利贷”的标准作了界定，即要求高于银行同类贷款利率的四倍，但是考虑到刑事法律关系与民事法律关系之间的区别，基于各自立法目的不同，不能简单地将高利转贷罪中的“高利”等同于民间借贷中的“高利贷”。

首先，规定民间借贷中“高利贷”的标准，是为了维护国家对民间借贷利率方面的管理制度，保护个人资金的安全，而高利转贷罪保护的客体，则是国家对贷款的管理制度和金融机构的资金安全。我国对金融活动实行严格的特许制，即只有经过人民银行批准的金融机构才能发放贷款，而这种擅自改变资金用途的行为，侵犯了国家对资金的使用管理制度，客观上也影响了金融机构的资金安全。其次，民间借贷中“高利贷”的放贷者通常并不关心其资金的使用目的，但是银行对贷款的发放都需要经过严格的审批程序，从贷款人使用资金的情况和有关生产经营、财务活动等各方面进行审查，在发放贷款后，还要进一步跟踪监督。因为一旦贷款得不到合理的使用，银行就不能清楚地掌握资金的准确流向，会使资金失去必要的监管，进而扰乱国家正常的金融秩序。

本案中，被告单位度丰公司及相关责任人实施的随意转贷行为，盲目相信资金使用者的偿还能力，最终导致银行发放的 1 000 万元贷款无法收回，给国家造成了巨额损失。因此，不能片面地要求高利转贷罪的“高利”适用民间借贷中“高利贷”的标准。

（三）明确高于金融机构贷款利率即为高利转贷罪所要求的“高利”，适应司法实践的需要

以“高出金融机构贷款的利息”来认定高利转贷罪的“高利”标准，符合“宽严相济”的刑事司法政策,可以做到不枉不纵。不论是刑法条文还是关于本罪追诉及量刑的标准,我们都可以看出,对本罪的处罚依据就是违法所得数额的多少,这也是判断本罪社会危害性的重要标准。如果对“高利”的要求规定过严,不利于对部分具有严重社会危害性行为的打击,也会扩大打击面。在司法实践中,有些行为人可能以高于银行贷款利率十几倍甚至几十倍的利率进行转贷,但由于转贷额较小,其违法所得仅数千元,这种情况属于“高利转贷而违法所得较少”;而有些行为人可能以仅高于银行贷款很小的利率转贷他人,但其转贷数额特别巨大,导致违法所得数额巨大,甚至远大于本罪的量刑起点,这种情况属于“低利转贷而违法所得较大”。如果按贷款利率较高即认为是“高利转贷”行为,对前一种情况就存在扩大打击面的风险,而对后一种具有严重社会危害性的行为,则无法定罪处罚,这样的做法明显违背了本罪设定的立法初衷。此外,在司法实践中,如果以民间借贷中“高利贷”的标准作为衡量本罪的“高利”,那么“高利转贷”这一罪名就会形同虚设。因为在现实的金融活动中,与其付出如此高的贷款利息接受转贷,同时还要冒触犯刑律的风险,借款者还不如直接从民间获得借贷,违反民事法律的成本远小于犯罪的成本。

(四)高利转贷罪所要求的“高利”,应当以高于获得金融机构贷款时的实际利率为标准

有观点主张,高利转贷罪中的转贷利率应当高于中国人民银行规定的贷款利率的上限,也就是说,只有当行为人违法将信贷资金以高于金融机构贷款利率上限转贷他人时,才能认定为高利转贷罪。笔者认为,这种观点值得商榷。高利转贷中的“高利”,应当是与行为人获得贷款当时的实际银行利率相比较而言的,而不应当设置必须同时高于金融机构贷款利率上限这一客观条件。

(1)《商业银行法》中对商业银行贷款利率上限的规定,是针对金融机构发放贷款时的利率浮动标准作出的限制性规定,其所针对的对象不是具体的贷款人,而是商业银行等金融机构。我国对金融活动实行严格的特许制,即只有经过人民银行批准的金融机构才能发放贷款,所有法律包括刑法都是禁止贷款人任意将贷款转贷他人的,而不论其设定的利率是否达到并超过利率上限。

(2)如果设置必须高于贷款利率上限这一标准,则很可能会放纵犯罪。部分贷款人基于自身的条件,可能会申请到利率非常低甚至是无息贷款。此时其只需要增加较小的利率,在不超过利率上限的情况下,就可能获得巨额的转贷利润，远远超过高利转贷罪对违法所得数额的起刑点规定。这样的行为，完全符合刑法对高利转贷罪的规定，同样应当追究刑事责任。

四、处理结果

检察机关以被告单位度丰公司、被告人周某、曹某某构成高利转贷罪，向法院提起公诉。法院审理后认为，被告单位度丰公司以转贷牟利为目的，套取金融机构信贷资金高利转贷他人，违法所得数额较大，已构成高利转贷罪；被告人周某、曹某某作为被告单位直接负责的主管人员及其他直接责任人员，其行为也构成高利转贷罪。据此，法院判处被告单位度丰公司罚金人民币150万元；判处被告人周某有期徒刑一年，缓刑二年；判处被告人曹某某有期徒刑一年，缓刑一年。

（陈　加　孙松俊）

以“口口相传”方式进行非法集资的行为如何定性

一、基本案情

被告人谢某系同坤公司直接负责公司业务的主管人员。自2007年底开始，谢以同坤公司的名义，许诺投资新型饲料项目有18%的年利率，通过“口口相传、层层宣传”等方式，先后与曾有过生意往来的李某等四人签订借款合同，吸纳资金共计人民币1 500万元。嗣后，除支付部分利息外，谢将上述吸纳的资金用于同坤公司经营活动。案发后，同坤公司陆续归还部分款项，余款以房产进行了抵押担保。

二、争议焦点

谢某与四名融资对象彼此熟知，其融资未采用公开推介、广告宣传等典型方式。对于此类采取“口口相传”方式非法集资的行为如何定性，司法实践中存在两种分歧意见：

第一种意见认为，谢某行为不构成犯罪，主要理由是：谢某向李某等四人的资金拆借均基于已有的信赖关系，在资金拆借对象上也按照经济实力和认识程度有所选择，因此不符合非法吸收公众存款罪对“不特定公众”的构成要件要求。

第二种意见认为，谢某行为构成非法吸收公众存款罪。主要理由是，谢某通过“口口相传”等宣传方式进行非法集资，是非法吸收公众存款的一种表现形式，侵犯了商业银行吸存业务的专营权，符合该罪的构成要件。

三、评析意见

笔者同意后一种意见。本案的案情并不复杂，之所以会产生认识分歧，关键在于对非法吸收公众存款罪中公众的“不特定性”特征、行为方式这两个相互关联的基本要素存在不同的理解。

(一) 对公众的“不特定性”特征的理解

《刑法》第176条非法吸收公众存款罪，采用了空白罪状的表述方式。要确定其构成特征，离不开对相关金融管理法律法规的研究。根据国务院《非法金融机构和非法金融业务活动取缔办法》中的相关规定，非法吸收公众存款，是指未经中国人民银行批准，向社会不特定对象吸收资金。据此，“公众”即可理解为“社会不特定对象”。从实质法益来说，刑法设定该罪名保护的是人的生活利益，即公众资金的安全和有序流动。[①] 不特定对象的界定应根据立法保护的公共资金安全法益作为依据。若吸收资金主体以对象愿意出资即吸纳其资金，而不论资金用途、收益来源、归还方式等具体内容，即说明吸收资金主体并不限制吸收对象，无意从公众里筛选特定对象，其行为本身就指向“社会不特定对象”。笔者认为，本罪中公众的“不特定性”特征可以理解为对象的可替代性。如果吸收存款的对象具有不可替代性，比如吸纳资金只是针对符合特定标准和一定范围内的单位或个人，则为特定对象。但是，犯罪对象的可替代性并非意味着吸纳资金是完全不附加任何条件的，该特征并不排斥特定范围内的群体。比如说，如果行为人吸纳资金明确要求只吸纳20万元以上的存款，则20万元以上这个条件是特定的，但20万元以上的群体又是不特定的。因此，对不特定性的理解应当从刑法的具体话语体系进行把握和限定。就本案而言，谢某通过许诺支付高额利息，实施了向其周围有可能提供资金的个人传递信息吸纳存款的行为。表面上看，是将特定范围内的群体作为非法吸收资金的对象，但究其实质，面向的仍是特定范围内的不特定多数人，以达到吸收更多资金的目的。

(二)“口口相传”行为方式的判断

所谓“口口相传”，指的是行为人用明示或暗示的方式直接向亲朋好友、生意往来客户等关系密切的联系人传递高额回报吸收资金的信息，意图扩大信息传播范围，以获取更多资金。最高人民法院《关于审理非法集资刑事案件具体应用法律若干问题的解释》，仅列举了“媒体、推介会、传单、手机短信等”四种向社会公开宣传吸纳资金的行为。对于采用熟人介绍、口口相传的宣传方式吸纳资金行为，

---

① 张明楷:《刑法学(第二版)》，法律出版社2003年版，第109页。

司法实践中存有争议。理论上,针对近亲属及单位内部职工特定对象吸纳资金的行为,一般排除在本罪之外。原因在于,此类资金往来是基于双方的信赖关系、信任程度或者便利追偿等综合考虑。但是,对于基于同样原因的朋友、同学、邻居、生意合作伙伴等密切关系人,并不能简单予以排除,需要具体情况具体分析。

向社会不特定对象吸收存款的形式通常有两种情形:一是公开张贴告示、通知等招揽存款;二是发动亲友到处游说,广泛动员他人存款。[①] 其本质都是利用宣传的公开性和辐射性,达到有效传播、吸纳更多资金的目的。前述司法解释,运用列举的方式对有效传播宣传内容进行了再次强调。"口口相传"虽有别于广告、传销等向社会公开宣传的典型方式,但希冀有效传播高额回报揽存的意图并未改变。当受众达到法律规定的单位或个人的数量要求时,就可能涉嫌非法吸收公众存款罪。同时,我们还应当看到,中国是个典型的熟人社会。实践中往往是熟人与不熟悉的人兼而有之,通过"口口相传"的形式,使熟人和不熟悉的人都作为对象吸收了进来。司法实践中,行为人往往从身边的好友同事开始发展,然后通过口口相传、层层宣传等方式逐步扩大吸纳资金的范围,最终使得涉案人数越来越多,涉案范围愈来愈广,社会危害越发严重。因此,不宜简单将这种情况排除在本罪之外,关键还是要看其本身是否实质上达到刑法评价的程度。事实上,最高人民法院公布的案例也说明,法院最终并没有采纳辩护律师有关将朋友排除在外的辩护意见,判决时将熟识的人也评价为吸存的对象。[②] 结合本案,谢某通过熟人介绍并"口口相传",非法吸收资金 1 500 万元,数额巨大,已严重扰乱了正常的金融秩序和社会秩序,应当运用刑法予以评价。当然,对谢某将非法吸收的公众存款主要用于正常生产经营活动,并能够及时清退所吸收资金的情节,在评价时应予考虑。

四、处理结果

检察机关以被告人谢某行为构成非法吸收公众存款罪向法院提起公诉,法院以非法吸收公众存款罪判处谢某免予刑事处罚。

(金　霞)

---

① 惠庆祥等:《非法吸收公众存款案》,载《刑事审判参考》2008 年第 3 期。

② 惠庆祥等:《非法吸收公众存款案》,载《刑事审判参考》2008 年第 3 期。

交易中介在上市公司重大投资信息披露前购买该公司股票并获利的行为如何处理

一、基本案情

2006 年 8 月，被告人李某获悉湖南某科技股份有限公司（以下简称“科技公司”）需要通过对外投资进行资产重组，遂介绍科技公司董事长周某等人与贵州某矿产能源有限责任公司（以下简称“矿产公司”）董事长张某等人洽谈投资开发矿产事宜并陪同考察商谈。同年 10 月 31 日至 11 月 1 日，科技公司向矿产公司投资人民币 3 000 万元用于开发矿产公司下属子公司贵州省某县某矿业有限责任公司（以下简称“矿业公司”）和贵州省某县某冶炼有限责任公司（以下简称“冶炼公司”）所属的铅锌矿、锑矿等，其中 1 000 万元投资开发矿业公司所属矿产；2 000 万元投资开发冶炼公司所属矿产。同年 12 月 5 日，被告人李某得知上述情况后，与矿产公司董事长张某等人签署《股权转让协议》，出资购得矿业公司 19%的股权，并成为该公司董事。2007 年 1 月 19 日，被告人李某以矿业公司自然人股东身份参与签署科技公司与矿产公司的投资协议。2007 年 1 月 23 日，科技公司在深圳证券交易所发布对外投资公告，公示了上述投资事项。

2006 年 12 月 6 日开始，被告人李某作为科技公司投资信息知情人，在内幕信息尚未公开前，通过其控制的金盛公司证券账户大量买卖科技公司股票，截至 2007 年 2 月 15 日进出相抵，扣除科技公司对外发布公告后，其正常投资获利部分及所有股票交易税费，被告人李某非法获利共计人民币 3 893 120.98 元。2010 年 11 月 5 日，公安机关将被告人李某抓获。案发后，中国证券监督管理委员会（以下简称“证监会”）出具了《关于李某涉嫌内幕交易案有关问题的认定函》，认定被告李某属于内幕知情人员，价格敏感期为 2006 年 10 月 31 日至

2007年1月23日。

二、争议焦点

本案在处理过程中对以下问题存在分歧意见：

(一) 涉案3000万元的投资项目是否属于内幕信息

第一种意见认为，科技公司投资总额为3000万元，但实际用于李某担任董事的矿业公司资金仅有1000万元，且1000万元的投资项目对于一家上市公司而言，尚不足以对其经营活动或股价发生重大影响，故相关信息不属于内幕信息。第二种意见认为，本案的信息内容涵盖了整个3000万元的投资，并不局限于矿业公司的1000万投资款，对于内幕信息的认定应结合相关法律规定以及对证券交易价格的影响力来综合评判，而不应单纯地以数字来衡量。

(二) 内幕交易罪中知情人员范围应如何界定

第一种意见认为，李某未在科技公司担任任何职务，既不具备证券发行方的工作人员身份，又不符合《刑法修正案(七)》所规定的证券交易所、证券公司、期货经纪公司等金融机构以及相关监管部门或行业协会工作人员身份，且获取信息的方式和渠道上也不属于非法获取，而是基于正常的居间介绍而得知。因此，李某不具有内幕交易罪主体身份，故不构成内幕交易罪。

第二种意见认为，虽然李某的主体身份不具有典型性，但根据《刑法》第180条第三款之规定，知情人员范围应依照法律、行政法规的规定确定，结合《中华人民共和国证券法》第74条第(七)项及相关行政法规之规定，李某应属“知情人员”范畴。

(三) 对证监会出具的《认定函》，应如何看待

第一种意见认为，《认定函》不属于刑事诉讼法规定的七种证据形式，不应列为案件证据，相关内容仅能作为专家意见书性质的参考性文件，而不能作为定案依据。

第二种意见认为，《认定函》是公文书证，经依法质证后，应当予以采信。

三、评析意见

笔者均同意第二种意见，具体理由如下：

（一）内幕信息的认定

内幕信息通常是指证券、期货交易活动中，涉及公司的经营管理、财务情况，或者对公司证券的市场价格、期货交易价格有重大影响却又尚未公开的信息。根据我国《证券法》第75条之规定，证券交易活动中，涉及公司的经营、财务或者对该公司证券的市场价格有重大影响的尚未公开的信息，都是内幕信息。具体包括：①《证券法》第67条第二款所列重大事件；[①]②公司分配股利或者增资的计划；③公司股权结构的重大变化；④公司债务担保的重大变更；⑤公司营业用主要资产的抵押、出售或者报废一次超过该资产的百分之三十；⑥公司的董事、监事、高级管理人员的行为可能依法承担重大损害赔偿责任；⑦上市公司收购的有关方案；⑧国务院证券监督管理机构认定的对证券交易价格有显著影响的其他重要信息。

综上，我们不难看出对内幕信息的判断，应结合秘密性、重要性、关联性等特点予以综合认定。其中"秘密性"表现为尚未公开，不为公众所知晓。根据证监会出台的《证券市场内幕交易行为认定指引》（以下简称"《指引》"）规定，内幕信息公开是指在中国证监会指定的报刊、网站等媒体披露，或者被一般投资者能够接触到的全国性报刊、网站等媒体揭露，或者被一般投资者广泛知悉和理解。"重要性"表现为可能对上市公司证券交易价格发生显著影响的重要信息，即证券交易价格在一段时期内与市场指数或相关分类指数发生显著偏离，或致使大盘指数发生显著波动。"关联性"表现为与公司经营管理、财务状况、证券市场价格相关的信息，除此之外的任何重要信息均不属于内幕信息范畴。具体到本案，从内容上看，科技公司为顺利实现资产重组，经被告人李某介绍，投资开发矿产公司下属矿产项目。由于该投资项目有巨大市场潜力、回报颇丰，在信息公布前后必然会对科技公司股价带来显著波动，属于公司重大投资行为，

---

① 《证券法》第62条第二款规定，下列情况为前款所称重大事件（一）公司的经营方针和经营范围的重大变化；（二）公司的重大投资行为和重大的购置财产的决定；（三）公司订立重要合同，可能对公司的资产、负债、权益和经营成果产生重要影响；（四）公司发生重大债务和未能清偿到期重大债务的违约情况；（五）公司发生重大亏损或者重大损失；（六）公司生产经营的外部条件发生的重大变化；（七）公司的董事、三分之一以上监事或者经理发生变动；（八）持有公司百分之五以上股份的股东或者实际控制人，其持有股份或者控制公司的情况发生较大变化；（九）公司减资、合并、分立、解散及申请破产的决定；（十）涉及公司的重大诉讼，股东大会、董事会决议被依法撤销或者宣告无效；（十一）公司涉嫌犯罪被司法机关立案调查，公司董事、监事、高级管理人员涉嫌犯罪被司法机关采取强制措施；（十二）国务院证券监督管理机构规定的其他事项。

符合《证券法》对内幕信息的实质性要求。同时,从时间节点上看,从科技公司向"贵州某矿产公司"支付投资款正式启动该投资项目,直至其在证监会指定媒体平台对外发布投资公告前,这一段时期内应当属于"内幕信息"的保密期。因此,涉案的3 000万元投资信息在正式公开前,应当属于内幕信息范畴。

(二) 知情人员范围界定

各个国家或地区根据具体情况,对内幕交易的知情人员范围界定大同小异。如英国法律规定:基于履行职责而获知内幕信息的人,以及基于前一类人的泄漏而获知内幕信息的人,均为知情人员。除了这两种渠道外,欧盟对此还增加规定了因为犯罪行为而获得内幕信息者。① 日本除了要处罚直接接触内幕信息人员外,还将直接收受到内幕信息的人员,规定为"第一次情报受领人"。台湾《证券交易法》第157条之一第(一)项也规定由上述人员处获知重要事实者为内幕交易的主体。美国"IBM收购莲花公司内幕交易案"中,内幕信息传递第六层上的信息受领人都被法院判以内幕交易罪处罚。②

我国法律对内幕交易主体的规定:《刑法》第180条表述为证券、期货交易内幕信息的知情人员或者非法获取证券、期货交易内幕信息的人员,知情人员范围依照法律、行政法规确定;《证券法》第74条采用列举方式明确了七类人员属于证券交易内幕信息的知情人。③ 即我国对于内幕交易罪的主体范围界定与国际通行做法基本一致,从接触信息的主体身份和获取信息的手段上予以规定。但在司法实践中,对于《证券法》规定的第七类人员身份,即"国务院证券监督管理机构规定的其他人"争议颇大。

我们认为,对于此类主体身份的认定应结合有关行政法规、部门规章或证券监管机构的办案规定来理解。国务院证券委1993年颁布实施的《股票发行与交易管理暂行条例》(以下简称"《暂行条例》")第81条第(十四)项之规定:

---

① 井涛:《英国规制内幕交易的新发展》,载《环球法律评论》2007年第1期。

② 陈建旭:《证券犯罪之规范理论与界限》,法律出版社2006年版,第129页。

③ 《证券法》第74条规定,证券交易内幕信息的知情人包括(一)发行人的董事、监事、高级管理人员;(二)持有公司百分之五以上股份的股东及其董事、监事、高级管理人员,公司的实际控制人及其董事、监事、高级管理人员;(三)发行人控股的公司及其董事、监事、高级管理人员;(四)由于所任公司职务可以获取公司有关内幕信息的人员;(五)证券管理机构工作人员以及由于法定职责对证券的发行、交易进行管理的其他人员;(六)保荐人、承销的证券公司、证券交易所、证券登记结算机构、证券服务机构的有关人员;(七)国务院证券监督管理机构规定的其他人。

"内幕人员"是指任何由于持有发行人的股票,或者在发行人或者与发行人有密切联系的企业中担任董事、监事、高级管理人员,或者由于其会员地位、管理地位、监督地位和职业地位,或者作为雇员、专业顾问履行职务,能够接触或者获取内幕信息的人员。《指引》第六条第(二)项亦明确规定:中国证监会根据《证券法》第74条第(七)项授权而规定的其他证券交易内幕信息知情人,包括:①发行人、上市公司;②发行人、上市公司的控股股东、实际控制人控制的其他公司及其董事、监事、高级管理人员;③上市公司并购重组参与方及其有关人员;④因履行工作职责获取内幕信息的人;⑤本条第(一)项及本项所规定的自然人的配偶。本案中,被告人李某作为科技公司与矿产公司项目合作的介绍人,参与了双方的撮合介绍、矿产考察、投资谈判,而且在得知科技公司已向贵州某矿产公司支付3 000万元投资款后,于2006年12月5日购买某科技公司拟投资的矿产公司下属矿业公司股份,成为该公司董事,并最终以自然人董事身份参与某科技公司与矿产公司的投资合同签订。即无论是《暂行条例》规定的"与发行人有密切联系的企业中担任董事",还是《指引》规定的"因履行工作职责获取内幕信息的人",被告人李某均符合内幕知情人身份,应当构成内幕交易罪的犯罪主体。

(三)如何理解《认定函》的法律效力

目前,有观点认为,证监会作为证券交易监管部门,一旦有内幕交易出现,就说明监督制度存在缺陷或失误。而监督部门在内幕交易中作为行政执法一方,不宜再就个案作主体身份认定或相关专业性评判,否则可能误导司法机关,有失公允。

我们认为,《认定函》应属于刑事证据中的书证范畴。根据发文方的主体身份,书证可分为:公文书证和非公文书证,国家机关在法定职权范围内行使职权并制作的书面文件都是公文书证。① 具体包括各种命令、决定、通告、指示、信函、证明文书等。中国证监会作为国务院证券交易的最高行政监管部门,依法享有认定内幕交易信息范畴、知情人员范围的职权,其在法定职权范围内作出的公文书证,符合《证券法》的相关规定,具有较强专业性和证明力。但这绝不意味其具有"免证权利",在司法实践中,《认定函》作为公文书证同样要与其他

① 王翠青,张荷:《依公权力制作的文书不是书证吗》,载《检察日报》2006年6月8日。

证据相互印证,其证明责任的分配与书证本身的性质密切相关。对非法证券、期货活动是否涉嫌犯罪的认定主体,在刑事诉讼的不同阶段分别为公安机关、检察机关和人民法院;对具体案件中是否属于经营证券、期货或者变相经营证券、期货行为的判断,应当由公安机关、人民检察院、人民法院根据事实、证据和有关法律规定全面审查、确定。行政主管部门对刑事个案中非法证券、期货的性质认定不是必经程序,其认定意见也不是刑事诉讼的必要证据。如果非法证券、期货类型新颖,公安机关、人民检察院、人民法院等司法机关难以认定的,可以商请有关行政主管部门进行性质认定,作为办案参考。

四、处理结果

检察机关以被告人李某行为构成内幕交易罪向法院提起公诉,法院以内幕交易罪判处被告人李某有期徒刑二年,并处没收财产人民币45 566.8元。

(余云华)

如何认定司法解释中恶意透支型信用卡诈骗的“以非法占有为目的”

一、基本案情

被告人徐某于2005年12月至2006年8月间，先后向招商银行、兴业银行、上海银行、中国民生银行申领信用卡四张，通过在其工作单位套现等方式，共计透支本金人民币18 444.22元。自2007年9月起，徐某经各发卡银行以电话、信函等方式催收，拒不归还透支钱款。案发后，徐某主动至公安机关如实供述自己的罪行，并退赔部分赃款。

二、争议焦点

本案在认定被告人徐某主观上是否具有非法占有目的时，存在着如下分歧意见：

第一种意见认为，被告人徐某主观上不具有非法占有的目的，因此不构成信用卡诈骗犯罪，理由是：首先，徐某不归还欠款的原因并非主观不愿，立案前归还部分钱款的行为表明其主观上有归还欠款的意愿；其次，徐某不归还欠款属客观不能，存在合理的客观因素导致其不能归还，确属因不可抗力不能归还；再次，徐某透支消费钱款并未用于挥霍、购买奢侈品，均用于日常开销及治病，因此从透支的数额、用途等也不能推定其具有非法占有目的。

第二种意见认为，被告人徐某具有非法占有的主观目的，构成恶意透支型信用卡诈骗罪，理由是：首先，尽管其立案前有归还钱款的行为，但其在长期失业期间，明知无还款能力一直透支消费，用透支的钱款维持生计，有经济来源后时隔半年才开始归还钱款，期间没有任何积极的还款表现，应认定其有非法占有的主观故意；其次，其透支钱款并不是因为治病或者救灾等一时急需短期透支使用，非因不可抗力的客观原因不能归还，而是在明知本人经济状况不佳、失业、需看病等情况下仍持续对信用卡透支,对钱款的占有表现出持续性、永久性而非一时性的故意,反映其主观上具有非法占有的故意。

三、评析意见

笔者同意第二种意见,具体分析如下:

恶意透支型信用卡诈骗案件系司法实践中信用卡领域最常见的犯罪,其难点就在于对行为人主观上是否具有非法占有目的的判断,对此理论界说法不一,实践中把握标准亦有差异。究其原因,主要是因为诈骗类犯罪对主观目的的判断往往只能通过客观表现来推断,而个案的具体情节又各有不同,法律永远无法穷尽。但片面的客观归罪或者彻底的主观主义都是不可取的。因此,不能机械地将客观上超越限额、期限透支,经银行催收仍不归还直接推定行为人主观上具有非法占有的故意,也不能简单的认为,客观上规定的要件只是认定主观意志内容的表征,不具有决定性的意义。

(一)徐某主观上有非法占有的故意

笔者认为,要区分善意透支与恶意透支,分清不还款的原因,应当结合持卡人的客观行为及其他主客观因素综合加以认定,具体来看本案被告人徐某的主观故意。

1. 徐某的实际经济能力与透支消费之间明显不匹配

徐某收入仅千余元,并无其他收入来源,且需要支付医药费、生活费等开销,经济能力明显不佳。徐某在明知本人经济状况欠佳、无偿还能力的情况下,甚至在其长期失业期间,先后申办四张信用卡并透支使用,利用信用卡的透支功能维持生计,对能否偿还透支钱款、透支后果持有放任、听之任之的心态,根本不确定何时能归还以及是否能够归还钱款,反映出其主观上具有非法占有的故意。

2. 从徐某对信用卡透支使用的方式来看

徐某均系通过其工作单位套取现金,透支方式不正常,数额从百元至四千元不等,并且有多次至锦江之星酒店消费的情况,四张信用卡从开始透支起就从未如期如数归还欠款,存在透支后卡归还前卡欠款的行为,随着欠款数额日益增大其并未停止消费,也反映出其利用信用卡的透支功能不计后果恣意套现消费,而非为解决一时的困难短期透支钱款的心理状态。

3. 从徐某透支的原因来分析

徐某供述称其存在疾病、失业等原因造成无法归还信用卡欠款，但徐某在两次失业近一年的期间内反复对四张信用卡大额套现，其失业、看病等不仅不能否定其具有非法占有的目的，反而是其经济能力不佳的反映，在此种情况下仍将透支银行卡钱款作为长期的经济来源，对能否归还不管不顾，系主观不愿，而非客观不能，且无法提供任何医药费证据，这又从一个侧面反映出其具有非法占有的主观目的。

4. 从徐某透支前后的表现来看

徐某预留给银行的是自己常年不居住且已经变卖的房屋地址，在明知银行催收的情况下拒接电话，具有逃避银行追讨的表现，且在找到工作每月有千余元的收入后，长达半年多的时间内未积极履行还款义务，也可以推定其主观上的非法占有目的。

(二) 徐某的行为符合“恶意透支”型信用卡诈骗的主客观要件

我国《刑法》第 196 条规定，恶意透支是指持卡人以非法占有为目的，超过规定限额或者规定期限透支，并且经发卡银行催收后仍不归还的行为。这一带有定义性质的界定明确了主观要件和客观要件均需符合方能定罪。最高人民法院 1996 年 12 月 16 日颁布的《关于审理诈骗案件具体应用法律的若干问题的解释》第六条又再次对恶意透支作出规定：“恶意透支”是指持卡人以非法占有为目的，或者明知无力偿还，透支数额超过信用卡准许透支的数额较大，逃避追查，或者自收到发卡银行催收通知之日起 3 个月内仍不归还的行为。尽管司法解释再次对恶意透支进行界定，但实践中如何通过客观行为反映其主观故意以准确把握主观要件，体现主客观相一致的原则，历来就是案件争议的焦点问题，也是判断透支行为人究竟系恶意还是善意以及出入罪的关键。

最高人民法院、最高人民检察院于 2009 年 12 月 16 日最新颁布《关于办理妨害信用卡管理刑事案件具体应用法律若干问题的解释》，其中第六条对恶意透支型的信用卡诈骗分别从主客观要件、起刑数额、计算标准、退赔情节等方面作了详细规定，尤其是第二款专门对如何认定为“以非法占有为目的”进行了列举性规定，再次重申主客观要件应同时具备，缺一不可。笔者注意到，六种情形中，除包括司法实践中常见的用以判断主观故意的客观行为，诸如肆意挥霍透支资金、透支后逃匿、透支资金用于违法犯罪之外，第一项规定了“明知没有还款能力而大量透支,无法归还的”,且增加了第六项的兜底条款,即“其他非法占有资金,拒不归还的行为”。笔者认为,之所以新的司法解释突出第一种情形和增加第六种情形,正是充分注意到当下信用卡管理中存在的问题,将还款能力和消费能力明显不匹配的情形单列规定,推定其有非法占有的主观故意,并且为保障法律的前瞻性,设计了兜底条款以利于对新的犯罪手法从刑法角度进行评判,以体现刑法对金融秩序的特殊保护,引导公众善用银行给予的信用,推动国家资信体系的日渐完善和良好信用秩序的建立。

而本案中被告人徐某正是滥用了发卡银行给予的信用而取得钱财,且在明知本人长期失业、经济拮据的情况下,将从银行透支的款项作为长期的生活来源,对能否归还持无所谓的放任态度,表现出对透支资金的持续性占有的非法故意,体现为一种典型的背信性质,也符合最新司法解释中“经发卡银行两次催收后超过 3 个月仍不归还”的客观要件,充分体现了其作为持卡人,利用银行为客户提供的短期信贷功能敛取钱财,恣意挥霍的主观心态。因此,对本案进行定罪评判,符合最新司法解释的立法精神。此外,对被告人徐某案发后归还部分透支钱款的情节,量刑时应充分予以考虑,若其在判决宣告前能够偿还全部透支款息,也可酌情对其从轻或者免除处罚。

四、处理结果

检察机关以被告人徐某行为构成信用卡诈骗罪向法院提起公诉,法院以信用卡诈骗罪判处徐某免予刑事处罚,并处罚金人民币 2 万元,责令其归还全部欠款。

(谢佩之)

如何把握恶意透支型信用卡诈骗罪中的催收要件

一、基本案情

犯罪嫌疑人张某从2007年11月起从工商银行申领了1张信用卡，并用于透支消费，但由于无偿还能力，自2009年11月1日最后一笔消费，当月23日最后一笔还款后就不再还款，累计拖欠本金12 800元。工商银行于2009年11月25日、2009年11月30日通过电话、挂号信进行了两次催收。第二次催收之后，张某于2009年12月20日归还了2 000元(达到最低还款额)之后不再还款。银行遂于2010年3月1日向公安机关报案，2010年3月3日案发。

二、争议焦点

本案争议的焦点在于对《关于办理妨害信用卡管理刑事案件具体应用法律若干问题的解释》(以下简称“司法解释”)中恶意透支“经发卡银行两次催收后超过3个月仍不归还”的催收要件如何理解。

第一种意见认为，两次催收仅是次数要求，即只要进行了两次催收即可，不需要时间间隔。在两次催收期间，少量的还款不能使催收行为归于无效。

第二种意见认为，两次催收应当有一个合理的时间间隔，否则无法体现催收的实际效果。部分还款行为应当有一个合理的限额，达到该限额的还款能够使催收行为归于无效。

三、评析意见

笔者同意第二种意见。司法解释规定：“持卡人以非法占有为目的，超过规定限额或者规定期限透支，并且经发卡银行两次催收后超过3个月仍不归还的，应当认定为《刑法》第196条规定的‘恶意透支’。”此处的催收要件是恶意透支型信用卡诈骗罪的法定要件,具有确定一般透支行为与恶意透支犯罪行为界限标准的价值。因此,深入探讨实践中对信用卡透支催收行为的不同认识与理解,对于恶意透支型信用卡诈骗罪的司法认定有着至关重要的影响。

(一) 恶意透支催收的时间

从恶意透支的法律解释上看,对透支的催收时间一般是在透支期限届满之后或者合约约定期满之后。《银行卡业务管理办法》第 46 条规定,准贷记卡的透支期限最长为 60 天,因此,刑法意义上的催收应当从第 61 天才算条件成就。贷记卡的透支期限依合同约定,最长为 56 天,最短为 25 天,[①]到第 57 天或者第 26 天催收条件即成就。当然,发卡银行是否延迟催收,是否采用催收手续,怎样进行催收,是发卡银行的工作手续和业务范围内的事,刑法本项规则不会对此有所规范。金融行业、发卡银行应有自己行业的规则和纪律。但只有在发卡银行催收通知送达受领之时,才能启动催收后经过 3 个月的时间的计算。对此刑法和司法解释的规定是明确的。[②]

那么发卡银行能否在期限届满之前进行催收呢?笔者认为是可以的。信用卡透支催收是发卡银行的业务之一,持卡人透支消费之后,发卡银行予以催收通知,这不但是发卡银行应当履行的职责,而且对于持卡人也是有利的。但是此时的催收与期限届满之后的催收有不同的意义和性质。期限届满之前的催收可以视为一种友情提示,属于民事上的催收;而期限届满之后的催收则具有刑事法的通知要件性质,如果持卡人仍未还款,则可能被追究刑事责任。因此,期限届满之前的催收不能产生司法解释所言之催收的功效,因为根据司法解释的要求,刑法意义上的恶意透支还款催收通知应该是发生在持卡人超过规定限额或规定期限透支之后,目的在于在司法实践中贯彻刑法谦抑性原则和宽严相济的刑事政策,缩小恶意透支型信用卡诈骗罪的打击面(这一点从本次司法解释完善恶意透支型信用卡诈骗罪的定罪量刑标准也可以看出来)。同时,期限届满之后的催收也是为认定非法占有目的做铺垫,在正常的透支期限内持卡人尚未还款属于持卡人的权利,不存在是否有非法占有目的之说,只有在透

① 如工商银行信用卡,每月 1 日为账单日,当月 25 日为还款日。如果持卡人在每月 30 日或者 31 日持卡消费,则透支期限为 25 天;如果持卡人在每月 1 日持卡消费,则可以延续到下个月的 25 日还款,即透支期限为 31+25=56 天。

② 张平:《恶意透支的催收要件分析》,载《黑龙江省政法管理干部学院学报》2005 年第 3 期。

支期限届满之后持卡人尚未还款，才能回过头来结合持卡人先前的行为判断持卡人非法占有的主观目的。司法解释明确了催收要件是从客观上增加恶意透支构成犯罪的要件，再给持卡人一个还款宽限期，如果持卡人在发卡行催收后还款了，则排除其恶意透支的嫌疑。因此，司法实践中对于发卡行的催收行为应当注意区分是在持卡人透支期限届满之前催收还是在期限届满之后催收。因此，本案中刑法意义上的催收时间应当从张某透支的期限届满之次日开始计算，工商银行在此之前的催收行为属于民事意义上的催收，不能成为刑法上恶意透支型信用卡诈骗犯罪的构成要件。

（二）两次催收的时间间隔问题

司法解释规定了持卡银行应当在透支期限届满后进行两次催收，但是并未规定两次催收的时间间隔。有些银行可能从自身利益出发，为尽快达到两次催收的法定次数，在第一次催收后短时间内就紧接着发出第二次催收。虽然司法解释并未对两次催收的时间间隔作明确规定，但是银行的如此做法也不尽合理。司法解释将发卡银行的催收作为恶意透支型信用卡诈骗罪的要件，是为了给持卡人一定的还款宽限期。这也是司法解释在恶意透支构成信用卡诈骗犯罪问题上贯彻宽严相济刑事政策的具体表现。如果发卡银行接连两次发出催收通知，有变相削减持卡人还款宽限期之嫌，可能致使持卡人没有足够的时间筹足还款额，导致持卡人客观上不能归还钱款。因此，发卡银行应该在发出第一次催收后，经过一个合理的间隔期间再发出第二次催收，这样既能够给予持卡人足够的时间以还款，也能够保证有充分的时间来考察持卡人对待透支的主观态度，以判断持卡人是否具有恶意透支的非法占有目的。

两次催收之间多长的时间间隔才是合理的呢？笔者认为可以参照商业银行对账单生成日的周期来计算两次催收之间的时间间隔。一般而言银行对账单生成的周期是1个月。银行在持卡人正常还款期间也是每个月生成账单后将账单邮寄给持卡人，提醒持卡人还款金额等事宜。在发生持卡人超期或者超额透支的情形下，发卡银行的催收也同样具有提示持卡人透支超额超期的功能，银行也可以以1个月为周期对持卡人进行催收。这样既方便银行根据正常的对账日进行对账，也能够给予持卡人足够的时间筹款还款，以减少银行的经济损失。这么做符合司法解释规定经两次催收后超过3个月的解释的本意；既鼓励持卡人在足够的期限内还款，又可以通过这个宽限期考察持卡人的主观故意。本案中,发卡银行于2009年11月25日、2009年11月30日通过电话、挂号信进行了两次催收,中间仅间隔了5天时间,没能给持卡人合理的筹钱还款时间。

(三)部分归还是否导致催收失效

实践中有些持卡人在银行催收以后只能归还部分欠款,这种部分归还的行为能否使银行的该次催收失效呢?有观点认为,持卡人在经过银行催收后应该归还全部欠款,部分归还不能导致银行的催收失效。因为持卡人在申办信用卡的时候就已经了解发卡银行关于透支的规定,如果部分归还可以致使银行的催收失效,会给持卡人造成"规定可以不遵守"的印象,这样既不利于培养持卡人遵纪守法的观念,也不利于有关法律规章的贯彻执行。①

笔者认为,由于司法解释没有明确催收之后不归还究竟是全部不归还还是部分不归还,从有利于犯罪嫌疑人的角度考虑,持卡人不一定非要归还全部透支款,只要归还了部分透支款即可。因为持卡人多数是因为一时无法偿付全部欠款而超期不还,催收之后要求持卡人全额偿付对持卡人而言过于苛刻。但是归还的部分透支款应有个底限,并非随意归还一点就可以了。透支消费本来就是信用卡的基本功能之一,信用卡的透支分为善意透支和恶意透支,善意透支是合法的透支,是在规定限额和规定期限内的合法行为;恶意透支则是一种违法行为或者犯罪行为。虽然超过了透支限额或期限,但持卡人并无非法占有的主观目的,仍然打算归还欠款的,属于一般违法的恶意透支;客观上超过了透支限额或期限,且主观上具有非法占有的目的,无归还欠款意愿的,则可能构成信用卡诈骗犯罪。对恶意透支这种本质上源于金融业固有风险的投机行为,应限制适用刑罚,而"催收要件"无疑具有限制刑罚适用的功能。"催收要件"的符合使一般违法的恶意透支发生了质变,使它由不确定的金融风险变成确定的债权债务关系,对这种已确定的债权债务关系的标的——财产权的侵犯,是刑罚发动之源。② 法律规定了银行必须经过两次催收后超过3个月的要件,就是要将该催收要件作为区分恶意透支的违法行为和恶意透支型信用卡诈骗罪的界限之一,如若持卡人能够在两次催收后的3个月内偿还欠款,则透支款及利息是

① 王明立:《信用卡恶意透支及其法律责任》,载《金融时报》1997年12月10日。

② 李邦友,高艳东:《金融诈骗罪研究》,人民法院出版社2003年版,第350页。

持卡人和发卡银行之间正常的民事纠纷；若在两次催收后的3个月内仍不能偿还，性质则会发生变化，持卡人应被追究刑事责任。故催收要件具有从民事借贷中的恶意透支转化为非法占有的恶意透支(犯罪)之标志特征的功能。因此从某种意义上说，催收要件的成就能够考察持卡人是否具有非法占有的主观目的，这是法律上的一种推定。如果持卡人在发卡银行催收之后归还的部分钱款数额太少，就无法反映出持卡人主观上的还款意愿，影响对持卡人主观目的的推定。因此持卡人在发卡银行催收之后可以部分归还钱款，但不能低于一定的限额。

笔者认为，这个底限可以参照发卡银行要求持卡人的最低还款比例(一般为透支数额的10%)来计算，这样既减轻了全部归还给持卡人带来的沉重还贷压力，也在一定程度上减小了小额还款给发卡银行带来的经济损失。但是由于此时持卡人已经超过了正常的透支期限，催收后的期限是发卡银行给予持卡人特殊的宽限期，因此对持卡人应该有更严格的要求。持卡人经过银行催收之后除了归还最低还款比例之外，还应该有其他积极的表示或者作为，包括说明无法全部偿还的合理理由，并与银行约定推迟还款的计划等。只有这一系列行为才可以使该次催收归于无效。

综上，本案中张某透支款项的最后还款日应当是2009年12月25日，发卡行应当从12月26日起先后两次进行催收，且两次催收之间应有一定的合理间隔。只有在第二次催收后3个月内依然不归还，张某才可能构成恶意透支型信用卡诈骗罪。即使不计算两次催收之间的合理间隔，不考虑张某部分还款对催收要件的效力，银行最早也只能于2010年3月27日向公安机关报案，否则不符合“两次催收后超过3个月”的催收要件。本案中银行早在2010年3月1日就向公安机关报案，2010年3月3日案发，银行的催收行为不符合刑法及相关司法解释的规定。故犯罪嫌疑人张某不构成信用卡诈骗犯罪，不应追究刑事责任。

四、处理结果

检察机关经审查认为犯罪嫌疑人张某行为不构成信用卡诈骗犯罪，后案件退回公安机关另行处理。

(林清红)

如何认定信用卡恶意透支的“以非法占有为目的”

一、基本案情

犯罪嫌疑人王某于2008年向银行申领了一张白金信用卡，由于王某从事建材贸易生意，个人经济能力、资产信用较高，发卡行授予其10万元的信用卡额度。出于生意上的需要，王某经常使用该信用卡在酒店、娱乐场所等消费。后来由于发生意外，王某的公司破产，透支的5万元钱款无力偿还，发卡行在催收无效的情况下向公安机关报案，遂案发。

二、争议焦点

王某的客观行为符合恶意透支型信用卡诈骗的行为要件，但对于王某是否具有非法占有的主观目的存在不同的意见：

第一种意见认为，王某透支的信用卡钱款主要用于各种娱乐消费，属于“肆意挥霍透支的资金”，应当认定王某具有非法占有目的。

第二种意见认为，王某不具有非法占有的目的。虽然王某透支的资金用于各种酒店、娱乐消费，但是王某当时完全具备相应的经济偿还能力，之后发生的生意突变导致无法偿还透支钱款是其所无法预料的，其主观上并不想占有透支的资金。

三、评析意见

笔者同意后一种意见。立法者在《刑法》第196条第二款特别强调恶意透支的非法占有目的，主要是为了区分一般的恶意透支与信用卡诈骗罪，防止司法者将一般的恶意透支行为认定为信用卡诈骗罪。恶意透支仅仅是一种违背诚实信用原则的非法行为，认定信用卡恶意透支行为只要从客观行为上判断即可——信用卡透支是否“超过规定限额”或者“超过规定期限”，无需考虑持卡人是否以非法占有为目的。而恶意透支型的信用卡诈骗罪则不但需要有恶意透支的客观行为，而且还要具备非法占有的目的，这样才能真正做到主客观相结合。

（一）对“无法归还”的理解

对于无法归还，要正确区分是具有主观恶性的拒不归还，还是存在合理的客观因素的不能归还。前者是主观明知没有能力归还而透支，后者是主观愿意归还但因客观原因导致不能。前者正是刑法所要惩罚的恶意透支型信用卡诈骗罪，后者则由于缺乏了主观恶意，不能成为刑法规制的对象。信用卡透支行为本身是一种合法行为，银行在获得信用卡透支收益的同时，应充分认识到其风险性，也得为这种收益承担一定的风险。我们不能为了银行最大限度地降低风险，就简单地将不归还行为推定为恶意透支型信用卡诈骗犯罪，这样有违刑法谦抑性原则。刑法惩罚恶意透支行为的重点在于其是一种“恶意”行为，更多关注的是行为人主观上的罪过。如果持卡人在透支后，确有不可抗力因素等正当理由，如因为生意突发变故、重大疾病等而不能归还，就不应作犯罪处理，但必须要有限制性条件。[①] 因此，对于因生活困难而无法归还者也应该分不同的情况分别处理。如果行为人在实施透支行为的时候就已经生活困难，那就属于“明知没有还款能力而大量透支”，主观上存在着非法占有的恶意，应该以恶意透支型的信用卡诈骗罪论处。就算行为人透支的钱款都是为了生存，我们也不能因为行为人因生活所迫而实施犯罪行为就认为该行为不是犯罪，毕竟生活所迫的解决方式不能是犯罪，而应该是自食其力。

如果在透支的时候有还款能力，但是之后因为发生突变，如生意经营遭遇大亏损、遭遇重大疾病等而无还款能力，以致不能归还透支的本息，这种情况就属于主观愿意还款但因为客观原因造成其无法归还透支款，其行为时主观上是具有还款的意愿的，并不具备非法占有的故意，不属于“明知没有还款能力”，基于刑法的谦抑性，不能以犯罪论处。刑法的谦抑性原则是刑法人道主义的要求，刑法规范应当蕴含人类良知，并且表现出其应有的宽容和仁爱。刑法介入社会生活时应当怀有尊重、保护公民的极大同情心，以增进人类福利为其终极

① 崔进：《对信用卡诈骗罪中“恶意透支”司法认定的几点看法》，载《检察实践》2005 年第 4 期。

目标。“如果刑罚之恶超过罪行之恶，立法者就是制造更大的痛苦而不是防止痛苦，是以较大恶之代价来消除较小之恶。”①当行为人陷于困顿之际，并无意触犯刑律，其本期望能够得到国家的宽宥甚至是帮助，但刑法却对行为人进行惩罚，这无异于恶化行为人与刑法之间的关系，不但无法实现刑法的目的，而且无法体现刑法的人道主义，刑罚效果会适得其反。因此，在透支之后因为生活困难而无法归还透支本息的情况不应当作为犯罪来处理。

司法解释中规定行为人“肆意挥霍透支的资金，无法归还的”，就具有非法占有的目的。对于行为人将透支款项用于个人生活挥霍的，也应当结合是否具有相应的还款能力等认定行为人是否具有非法占有的主观目的。有人认为将透支的钱款用于吃喝娱乐、购买奢侈品等生活必须之外的开支就是肆意挥霍，就具有非法占有目的。笔者认为不可一概而论。有些行为人由于商业应酬需要，经常持信用卡在一些高档消费场所消费，但因为生意经营发生突变而导致无力偿还信用卡的透支钱款，这种情况不属于“明知没有还款能力而大量透支”，也不能否定行为人主观上的还款意愿。因此，此处的肆意挥霍应该结合“明知没有还款能力而大量透支”以及行为人是否具有还款意愿来判定。如果行为人在没有偿还能力的情况下，还肆意挥霍透支的资金，原则上应认定行为人具有非法占有的目的。如果行为人原有的经济能力允许其进行所谓的“肆意挥霍”，但是由于客观原因导致行为人无法偿还透支钱款，行为人确有事实证明其不归还的原因不是主观上不想归还，而是由于其他客观因素导致无法归还，则因其主观上不具有非法占有之目的，而不成立恶意透支型信用卡诈骗罪。②

(二) 非法占有目的的具体认定

虽然我们是通过行为人的客观行为来推定其主观目的，但主观目的的证实不能仅仅以客观行为加以推定。如同其他诈骗犯罪一样，我们对恶意透支型信用卡诈骗罪主观目的的考量也要综合各方面的因素加以判断。除了上述的透支是否与持卡人的经济支付能力、偿还能力相符以外，笔者认为还应该从以下两个方面综合判断持卡人非法占有的主观目的。

---

① [英]吉米·边沁:《立法理论——刑法典原理》，中国人民公安大学出版社 1993 年版，第 67 页。

② 赵秉志，许成磊:《恶意透支型信用卡诈骗犯罪问题研究》，载《法制与社会发展》2001 年第 3 期。

1. 申办信用卡时是否有弄虚作假的行为

此处弄虚作假的行为不是《刑法》第 196 条第一项规定的“使用以虚假的身份证明骗领的信用卡”，而是指行为人原本不符合申办信用卡的条件，为了能够申办到信用卡或者能够申办到信用额度较高的信用卡，在工资收入、财产、房产等证明事项上弄虚作假，但是其用于申办信用卡的身份证明是真实有效的。如若持卡人最终发生了恶意透支的情形，对于这种不如实填报信息的行为，可以结合持卡人的还款能力、真实的经济能力等，作为证明其主观上具有非法占有目的的有力佐证。

2. 行为人是否具有还款意愿

对于司法解释关于透支行为人肆意挥霍、逃匿逃避、隐匿财产等行为，笔者认为不能简单地通过这些行为来认定行为人主观上就一定具有非法占有的目的，还应结合行为人是否具有还款意愿。当然，对于还款意愿我们也不能仅凭嫌疑人口头或书面表示其还款意愿来断定，应当结合其行为以及有无还款的能力进行分析。如证据显示嫌疑人虽然案发时一直没有还款，但多名证人都证实嫌疑人有找人借钱还债的行为，或者有其他筹钱还债的行为，这种情况下，应该认为嫌疑人具有还款的意愿，不具有非法占有的目的。若嫌疑人虽然一直声称自己想还款，但并无证据显示其有任何筹钱还款行为的，可以认定其具有非法占有的目的。

因此，对于非法占有目的的认定不能因为行为人的某一客观表现符合了司法解释所罗列的六种情况之一，就认为行为人具有非法占有的目的，而应该综合该六种情形，根据个案的证据情况，全面考虑行为人主客观方面的实际表现，在此基础上对非法占有目的做出准确的判断。

四、处理结果

检察机关认为，犯罪嫌疑人王某不具有非法占有透支钱款的主观目的，不构成信用卡诈骗罪，建议公安机关撤销案件。

（林清红）

持卡人变更联系方式致银行无法催收到本人时能否认定为有效催收

一、基本案情

2008年6月,郭某向中国民生银行申请办理了一张信用额度为人民币3万元的信用卡。后郭某使用该卡进行透支消费,至2009年6月,使用该卡透支共计人民币3.5万余元尚未偿还。期间,银行对其进行了多次催收,包括电话催收、信函催收、上门催收等多种催收方式,但由于郭某在银行办卡时预留的住址和手机号码均发生了变更,并且他未将其变更后的住址和手机号码告知银行,致使银行对其的多次催收均无法到达他本人。后银行报警,警方将郭某抓获。

二、争议焦点

在本案的处理中,争议焦点在于银行对郭某的催收是否是有效催收,即银行催收是否必须到达持卡人本人,进而郭某是否构成信用卡诈骗罪,对该问题的处理在实践中主要存在以下分歧意见:

第一种意见认为,被告人郭某行为不构成信用卡诈骗罪。发卡银行的催收已满两次,符合最高人民法院、最高人民检察院《关于办理妨害信用卡管理刑事案件具体应用法律若干问题的解释》(以下简称《解释》)中对银行催收次数的要求,但“两次催收”应该界定为两次“有效性催收”而非两次“程序性催收”。所谓“有效性催收”,是指银行的催收都确定地被持卡人收到,才能认定为有效催收。不能仅凭银行在程序上有催收行为就认定催收有效。根据“有效性催收”理论,银行的催收应当到达郭某本人才是有效催收,由于郭某未曾收到银行的任何催收,因此在本案中银行的催收不能认定为有效催收,故其不构成信用卡诈骗罪。

第二种意见认为,被告人郭某行为构成信用卡诈骗罪。虽然银行的多次催收未到达郭某本人,但这并非银行的过错。郭某办卡时在银行预留的申请表上的地址、电话是银行的催收到达其本人的唯一保障。而郭某在地址、电话均发生变更的情况下未将新的联系方式告知银行，客观上造成了银行无法将催收信息送达至其本人，是郭某的过错导致了银行的催收不能，故郭某的行为可以适用《解释》第六条第二款第（四）项，即：透支后逃匿、改变联系方式，逃避银行催收的，可以认定为《刑法》第196条第二款规定的“以非法占有为目的”。所以由于持卡人变更联系方式而使银行无法催收到本人的，只要证明银行曾经按照持卡人预留的联系方式进行过催收，即可认为银行已经进行了有效催收。

三、评析意见

我们同意上述第二种意见。上述两种意见在认定郭某是否构成信用卡诈骗罪的主要分歧在于郭某变更联系方式的行为是否可以适用《解释》第六条第二款第（四）项。我们认为，郭某变更联系方式的行为应适用《解释》第六条第二款第（四）项的规定，银行对郭某的催收是有效催收，具体理由如下：

（一）有效催收应当建立在持卡人预留资料真实的基础上

所谓催收，应当是指信用卡持卡人未在银行规定的还款日还尽欠款，银行以信函、电话、短信、上门等方式催促其还款的一种行为。根据合同的相对性原理，银行与信用卡持卡人之间存在合法的合同关系且合同的主体是确定的。银行与持卡人之间有着相对应的权利与义务。如果一方违约，违约当事人应当对因自己的过错造成的违约后果承担违约责任。故银行有权对未履行合同义务的持卡人进行催收，而持卡人也应当承担不按时还款所带来的不利后果。

（二）银行已尽到催收义务

有观点认为，郭某的确变更了当时在发卡行办理信用卡时预留的地址和电话，但他的身份证复印件上有他的户籍地址，银行没有尝试联系他的户籍地址，没有穷尽可以利用的资料。如果尝试联系其户籍地，即使不能联系到郭某本人，也可以让知道其下落的亲属联系到他，最终实现催收到达本人的目的。因此银行存在一定的过错，不能认定银行的催收为有效催收。但是，根据信用卡诈骗罪办案实务中的经验和社会现状，持卡人的户籍地与其住所地不一致的情况非常普遍。持卡人在银行办卡时填写在申请表上的住址如果与其户籍地不一致，就应当认为通过他的户籍地址已经无法联系到他本人，其户籍资料只是其身份的证明而已，并非其有效联系方式。银行通过持卡人在银行办卡时预留的住址、电话对其进行催收是符合其正常的业务流程的,银行没有义务穷尽所有可能去联系持卡人。

(三)如果将银行对郭某的催收认定为无效催收,不符合罪刑相适应原则

在司法实务中,大多数涉嫌信用卡诈骗的犯罪嫌疑人并没有变更自己的联系方式,或至少银行能够通过住址或电话联系到他。犯罪嫌疑人被移送审查起诉之后,由于证据完整,一般很快就能够诉至法院并得到相应的判决。如果因为犯罪嫌疑人变更自己的联系方式,银行无法联系到他,使得银行对其催收变为无效催收,反而无法认定其信用卡诈骗罪。这就导致"遵守规章不改变地址的人被认定为犯罪,擅自改变地址和联系方式的人反而规避了法律处罚"的不合理局面。这样的处理方式有悖于刑法罪刑相适应原则,还可能会导致信用卡诈骗行为的进一步升级泛滥,不利于司法公信力与社会稳定的维护。因此,无论是从理论研究还是实务运用,银行对郭某的催收都应当被认定为有效催收,郭某的行为构成信用卡诈骗罪。

四、处理结果

检察机关以被告人郭某行为构成信用卡诈骗罪向法院提起公诉,法院亦以信用卡诈骗罪对郭某定罪量刑。

(邵雅琴)

逃税后补缴税款和滞纳金但未受到行政处罚的能否适用逃税罪“初犯免责”条款

一、基本案情

犯罪嫌疑人李某，系上海某投资咨询有限公司法定代表人。2008 年 7 月 15 日公安机关接到该公司涉嫌偷税的举报后，即对该公司以偷税罪立案侦查。后经税务部门核定，该公司 2007、2008 两个年度采用销售产品不开具发票的方式，隐瞒收入不申报纳税，分别偷逃税款 43 万、19 万余元，均占应纳税额 90% 以上。税务部门出具了税务处理决定书但未作出行政处罚决定。2010 年 2 月 9 日李某被刑事拘留，2 月 21 日李某的家属补缴了税款和滞纳金合计 71 万余元，当日李某被取保候审。2010 年 3 月 18 日公安机关以该公司和李某涉嫌逃税罪将本案移送起诉。

二、争议焦点

《刑法修正案(七)》对《刑法》第 201 条作了较大的修改，主要体现在：①将罪名由“偷税罪”改为“逃税罪”；②将犯罪手法由列举式改为概括性描述；③取消了数额较大、巨大的具体规定；④增加了对逃税罪的初犯不予追究刑事责任的条款，即对有逃税行为但具备以下三个条件的可不予追究刑事责任：一是补缴应纳税款，二是缴纳滞纳金，三是接受行政处罚。①

本案涉及的行为发生在《刑法修正案(七)》颁布之前，但由于公安机关未及时侦查结案，移送起诉时距离案发已经时隔两年。按照刑法溯及力“从旧兼从轻”的规定，李某偷逃税款的行为系初犯，应当考察其是否具有新法所列的不追究其刑事责任的三个条件，如果具备的则应依照新法的规定不予追究，对此问

---

① 黄太云：《偷税罪重大修改的背景及解读》，载《中国税务》2009 年第 4 期。

题各方均不存在争议。分歧的焦点在于:①李某补缴税款和滞纳金的行为发生在公安机关立案后,是否还能够适用《刑法修正案(七)》的规定。②税务部门未作出行政处罚,能否据此认定李某未接受行政处罚而予以追究刑事责任。对于本案中李某是否构成逃税罪,司法实务部门存在两种不同意见。

第一种意见认为,李某的行为构成逃税罪,理由是:李某作为公司法定代表人和实际经营者,采取隐瞒收入不申报纳税的手法,逃避缴纳税款数额较大并且占应纳税额10%以上,虽然其有补缴税款和滞纳金的行为,但是按照有关规定,在公安机关立案后再补缴应纳税款、缴纳滞纳金或者接受行政处罚的,不影响刑事责任的追究,且李某未受到行政处罚,不符合《刑法修正案(七)》规定的逃税罪初犯免责的条件。因此,李某的行为构成逃说罪,应予追究刑事责任。

第二种意见认为,李某虽有逃税行为,但不构成犯罪,理由是:《刑法修正案(七)》规定了逃税罪初犯免责的特别条款,依照从旧兼从轻的原则,李某的行为应当适用新法的规定,因此只要李某履行了补缴税款、滞纳金和接受行政处罚的义务,就不应追究刑事责任。根据《刑法修正案(七)》的规定,对于逃税初犯,公安机关应当在税务机关作出处理后才能立案,但在本案中,公安机关在《刑法修正案(七)》出台前已对李某立案,导致税务机关无法作出行政处罚。李某未受到行政处罚的原因是因法律调整和公安处置不当引起,并非其本人原因,故应当将本案交由税务机关作出行政处罚,其接受行政处罚的应当认为其符合初犯免责条件,不追究其刑事责任。

三、评析意见

我们同意上述第二种意见,认为李某未受到行政处罚的原因是因法律调整及公安处置不当引起,并非其本人原因,故只要其接受行政处罚就应当视作符合初犯免责条件,不追究其刑事责任,主要分析如下:

(一) 根据《刑法修正案(七)》的规定,对于偷税初犯的立案应当以行政处罚程序为先置条件

2010年5月7日最高人民检察院、公安部联合印发的《关于公安机关管辖的刑事案件立案追诉标准的规定(二)》(以下简称《规定》)第57条第二款的规定:纳税人在公安机关立案后再补缴应纳税款、缴纳滞纳金或者接受行政处罚的,不影响刑事责任的追究。持第一种意见的人认为:根据这一规定,犯罪嫌疑

人李某在2008年7月15日公安机关立案后的补缴行为不影响定罪，因此李某的行为当然构成犯罪。这其实是对《规定》的一种片面的理解，适用该条文的前提是公安机关的立案具有合法性。《刑法修正案（七）》颁布后，"……将不可避免地给税务机关与公安机关在办理偷逃税案件上的分工合作方式带来变化。显然，现存的由公安机关主动、先行侦查并直接移送检察机关审查起诉和法院审理判决的模式将不再适应。"①《刑法修正案（七）》关于逃税罪初犯免责条文的出台，必然要求公安机关的立案必须以行政处罚程序为前置条件。对于逃税初犯，如未经行政处罚程序而直接立案的，属于无效立案，应当视作未立案。

假设两个实施了相同逃税行为的嫌疑人，一人是税务部门先发现而启动行政处罚程序，另一人是公安机关先发现而启动刑事立案程序，两人事后均履行了补缴税款、滞纳金、接受行政处罚的义务。前者因为其符合《刑法修正案（七）》"初犯"的规定，不再追究刑事责任；而后者因为"不影响刑事责任的追究"的条款而仍旧需要追究刑事责任，产生的结果就是同罪不同罚，执法的统一性和权威性无从谈起。这种不按照行为的危害进行评价而是基于"先行发现机关"这一偶然因素的处断方式，显然是违背刑罚的精神的。如果个别公安机关为追求办案数量，不经税务处罚程序即大量立案，而依照上述理解又不能免除初犯者的刑事责任，势必造成《刑法修正案（七）》的相关规定最终成为一纸空文。

因此，对《规定》的正确解读应当是：公安机关只有对税务部门已经做出了行政处理而逃税人不执行的案件，方能启动立案程序。此时，已经完全符合逃税罪犯罪构成并且丧失了免责时机的嫌疑人，如果再去缴纳税款或者接受处罚的，当然不影响定罪，这才是《规定》的应有之义。由此我们也印证这一结论：逃税罪的立案应当以行政处罚程序为先置条件，这是因为"纳税人实施逃避缴纳税款的行为后，其是否补缴应纳税款，缴纳滞纳金，接受行政处罚是不能确定的。因此，在行政处罚程序完成之前，是无法确定是否应该追究其刑事责任的。"②而本案的特殊性恰恰在于公安机关立案在先，由于案件久拖不决，其间法律调整，罪名和犯罪构成要件发生变化。如果将公安机关在《刑法修正案（七）》

① 毛杰，王雄飞：《论偷逃税行为的行政处罚与刑事责任追究之区分与衔接》，载《中国税务》2009年第12期。

② 赵斌，曹云清：《刑法修正案实施后如何认定逃税罪》，载《检察日报》2009年8月1日。

出台前不需要行政处罚前置条件的立案视作有效的立案,并据此认定李某缴纳税款的行为是在"立案后"显然是不适宜的。

(二)因外在原因造成逃税者未受到行政处罚的,应当视作符合免责条件

有观点认为,即使不考虑李某补缴税款的行为是否符合"立案后"的问题,由于其没有受到行政处罚,不具备初犯免责的第三个条件,仍然可以追究刑事责任。对此,我们认为,应当考察行为人未受到行政处罚的真实原因是什么,不能因表面要件缺失而简单认定犯罪。行政处罚(主要是罚款)与刑事追究能否"并罚",过去存在一定争议,但是《刑法修正案(七)》对初犯免责三个要件的描述实际上已经从另一个角度解决了这一争议。在司法实践中,税务案件绝大部分由税务部门稽查发现,税务部门先行做出追缴税款和滞纳金及行政处罚决定,对其中情节严重、构成犯罪的移送公安机关处理。[①] 在《刑法修正案(七)》颁布前,不乏公安机关未经税务部门处理即直接立案的情形。对于后者,一般公安机关都要求税务部门进行税务核定,责令嫌疑人补缴税款、滞纳金。但是对于公安机关先行立案的案件,税务部门是否可以再行作出行政处罚决定?实践中各地做法不一。假如税务部门以"行政处罚应当先于刑事立案,案件既已进入刑事诉讼程序再作行政处罚不妥"为由拒绝作出行政处罚决定,就会导致罪名认定的尴尬。

就以本案为例,税务部门在案发后仅仅追缴了税款和滞纳金,没有进一步做出行政处罚决定,导致李某丧失免责条件,也使得李某是否会接受假想的行政处罚决定成为未知数。在这种情况下追究李某的刑事责任显然是有失公允的。[②] 而分析行政处罚缺失的原因,则依然要归结于公安机关介入案件的时机不恰当。因为公安机关已经立案,案件已经进入刑事处罚程序,故税务机关从客观上已经缺失了进行行政处罚的条件。李某未受到行政处罚的原因非因本人原因,而是法律调整及公安的处置不当。因这种外在的原因导致的行政处罚缺失的后果不能由李某承担。应当由税务机关进行行政处罚,只要李某接受处

---

① 参见《中华人民共和国税收征收管理法》第63条。

② 类似推理可参见四川在线网站2010年4月19日题为"成都逃税罪第一人,补缴税款免领刑"的报道。被告人小敏因逃税101 579.14元被起诉,辩护人提出,被告人在案发后已如数缴纳增值税和滞纳金,并曾主动找到稽查部门,称愿意配合调查接受处罚,稽查人员令其回去等候。事后,被告人始终没收到稽查结果通知,也没接到行政处罚通知,故至今未实际接受处罚非被告人原因造成,不能将此责任归责于被告人。最终法院依法判决其罪名成立,但免予刑事处罚。

罚，李某就符合逃税初犯免责条件，不予追究其刑事责任。如其拒绝接受行政处罚，则再由公安机关立案进入刑事程序，追究其刑事责任。

综上，我们认为，《刑法修正案（七）》颁布后，已经在法律上排除了公安机关先于税务部门处理直接立案的情形。作为公安机关，对类似案件只能被动接受税务部门移送线索而不能主动出击。除非有“五年内曾因逃避缴纳税款受到过刑事处罚或者被税务机关给予二次处罚”的行为，否则，公安机关不得在税务部门行政处罚前立案。只有当嫌疑人不履行税务部门的处罚决定时，才能启动刑事程序。而由于本案上述立案程序的缺陷导致李某的行为无法认定为逃税罪。

四、处理结果

本案移送起诉后，经检察机关审查，认为犯罪嫌疑人李某的行为不构成犯罪，后公安机关撤回案件。

（潘春伟）

出售非法制造的发票罪中“情节严重”如何认定

一、基本案情

2009年10月至2010年8月，被告人姜某某、单某某为非法牟利，租借上海市青浦区华新镇某室，购买用于打印的DELL电脑、针式打印机及空白的上海、江苏等省市的高速公路通行费发票，根据驾驶员提供的信息在空白发票上打印时间、出入口、金额等信息，后以每份2～3元的价格出售给驾驶员。2010年8月8日，公安机关在上述地点查获尚未出售的高速公路通行费发票共7 750余份，经鉴定均为伪造的发票。

二、争议焦点

本案处理过程中存在两种分歧意见：

第一种意见认为，本案不能适用“情节严重”量刑档次。现有法律、司法解释只对出售非法制造的发票罪的立案追诉标准作出规定，未规定“情节严重”量刑档次的标准，本案并无其他恶劣情节，适用“情节严重”的量刑档次缺乏明确的法律依据，且相关办案规定也未对“情节严重”的未遂形态作明确的规定，故不能适用“情节严重”量刑档次。

第二种意见认为，本案可以适用“情节严重”量刑档次。出售非法制造的发票罪属情节加重犯，行为人的行为已具备法定加重情节却又由于意志以外的原因未能犯罪得逞时，则成立情节加重犯的未遂形态。本案尚未销售的伪造发票达7 750余份，显然属“情节严重”，故成立情节加重犯的未遂。

三、评析意见

我们同意上述第二种意见，具体分析如下：

(一) 出售非法制造的发票罪有情节加重犯的规定,是否适用加重刑档次,关键在于是否具备加重情节,至于适用加重情节后是犯罪既遂还是未遂,则取决于基本犯罪行为的既未遂

1. 对情节加重犯的理解

是指刑法分则规定的某种犯罪行为,由于具备了法定的严重情节,按照法律的特别规定,应当依照本罪定罪,并加重其刑罚的情况,简言之,即因具备严重情节而使法定刑升格的情况。例如抢劫罪的情节加重犯,《刑法》第263条规定:“……有下列情形之一的,处十年以上有期徒刑、无期徒刑或者死刑,并处罚金或者没收财产:(一)入户抢劫的;(二)在公共交通工具上抢劫的;(三)抢劫银行或者其他金融机构的;(四)多次抢劫或者抢劫数额巨大的;……(六)冒充军警人员抢劫的;(七)持枪抢劫的;(八)抢劫军用物资或者抢险、救灾、救济物资的。”从情节加重犯的定义上看,是否具备了法定的严重情节,是是否成立情节加重犯的根本条件,而基本犯是既遂还是未遂,不对情节加重犯的成立造成影响。

2. 情节加重犯是否有未遂形态

有的学者否定情节加重犯存在未遂形态,认为情节加重犯有自己相对独立的犯罪构成,不能以基本犯罪的未遂来说明情节加重犯的未遂。只要行为人的犯罪行为具有加重情节,就足以成立情节加重犯;行为人的行为不具有加重情节,就不构成情节加重犯。有观点则认为应当肯定情节加重犯存在既遂形态与未遂形态之分,情节加重犯相对于普通的犯罪构成而言虽然具有一定的独立性,但是其加重的犯罪构成并未改变原有的基本犯罪的构成性质,它与基本犯仍属于同一犯罪构成性质,罪名也仍是同一的。因此,情节加重犯既遂与否,固然取决于加重情节要件具备与否,更重要的是由基本犯的犯罪形态而决定。当不具备法定的加重情节时,不构成情节加重犯,也就无所谓情节加重犯的既、未遂形态之分;当完全具备基本犯罪构成又具备法定加重情节时,构成情节加重犯的既遂形态;当具备法定加重情节却又由于意志以外的原因未能完全具备基本犯罪构成时,成立情节加重犯的未遂形态。

笔者认为,在探讨情节加重犯是否存在既遂形态与未遂形态之分的问题上,必须注意到它与结果加重犯在构成特征上的不同。结果加重犯的本质在于,行为人故意的实施了具有内在的发生重结果的高度危险性的基本犯罪行为,至少过失的引起了重结果的发生。[①] 结果加重犯犯罪构成的客观方面表现为基本犯罪行为、加重结果及两者之间的刑法上的因果关系;主观方面表现为行为人对加重结果的发生至少具有过失的罪过;客体方面,加重结果的发生或发生的危险性,反映出被侵害的客体已超出了基本犯的客体范围。故结果加重犯的既未遂并不取决于基本犯的既未遂,不依赖于基本犯之犯罪结果是否发生(基本犯为结果犯的情况下)。

情节加重犯则不同。情节加重犯中的加重情节通常表现为特殊的犯罪场所、特殊的犯罪对象或特殊的犯罪手段等,如入户抢劫、在公共交通工具上抢劫属于因特殊的犯罪场所而构成加重情节,抢劫银行或者其他金融机构以及抢劫军用物资或者抢险、救灾、救济物资属于因特殊的犯罪对象而构成加重情节,持枪抢劫则属于因特殊犯罪手段而构成加重情节。立法者之所以设立情节加重犯,是因为基本犯罪在具有某些加重情节时,就会表现出更大的社会危害性。但是,情节加重犯的加重情节无论表现为特殊的犯罪场所,特殊的犯罪对象,还是特殊的犯罪手段等,都没有超出基本犯的构成要件的范围,仍然能够为基本犯的构成要件所包容。从客观上看,情节加重犯的行为、结果及因果关系与基本犯罪无异。故其既未遂形态取决于基本犯罪的既未遂。

3. 对现行司法解释的解读

2005 年 6 月 8 日最高人民法院《关于审理抢劫、抢夺刑事案件适用法律若干问题的意见》规定:"《刑法》第 263 条规定的八种处罚情节中除'抢劫致人重伤、死亡的'这一结果加重情节之外,其余七种处罚情节同样存在既遂、未遂问题,其中属抢劫未遂的,应当根据刑法关于加重情节的法定刑规定,结合未遂犯的处理原则量刑。"这一解释在否定抢劫罪的结果加重犯存在未遂形态的同时,也明确了抢劫罪情节加重犯的既遂形态与未遂形态之分,取决于基本犯之既未遂。

(二) 本案中被告人姜某某等人的行为应属于情节严重

正因为满足加重情节就构成情节加重犯,而情节加重犯之既未遂根据基本犯的既未遂来确定,故刑法及相关司法解释对情节加重犯情形下的犯罪未遂标准不再作规定。但是,出售非法制造的发票罪之情节加重犯存在一定的特殊

---

① 李邦友:《结果加重犯基本理论研究》,武汉大学出版社 2001 年版,第 87 页。

性。即，虽然《刑法》第 209 条规定实施行为即构成犯罪，但是最高人民检察院、公安部《关于刑事案件立案追诉标准的规定(二)》规定，需达普通发票 100 份以上或者票面额累计在 40 万元以上的，才予立案追诉。本市司法实践则进一步明确了该罪未遂的入罪标准及情节严重的标准，而情节严重的唯一标准就是上述立案追诉标准的五倍。这使得出售非法制造的发票罪事实上类似于“数额犯”，即以一定的数额或数量作为犯罪构成要件的犯罪行为，其上升档量刑档次的标准就是基本量刑档次标准的倍数。那么对于出售非法制造的发票罪之“情节严重”量刑档次，是否有必要对犯罪既遂和犯罪未遂区分不同的标准呢?

现有法律对数额犯犯罪未遂上升一档量刑幅度的规定有两种情况：

一种是上升一档的量刑幅度，对既未遂统一标准，如 2003 年最高人民法院、最高人民检察院、公安部、国家烟草专卖局《关于办理假冒伪劣烟草制品等刑事案件适用法律问题座谈会纪要》规定：伪劣烟草制品尚未销售，货值金额分别达到 15 万元以上不满 20 万元、20 万元以上不满 50 万元、50 万元以上不满 200 万元、200 万元以上的，分别依照《刑法》第 140 条规定的各量刑档次定罪处罚。又如 2011 年 1 月 10 日最高人民法院、最高人民检察院、公安部《关于办理侵犯知识产权刑事案件适用法律若干问题的意见》规定了关于销售假冒注册商标的商品犯罪案件中尚未销售或者部分销售情形的定罪量刑问题——假冒注册商标的商品尚未销售，货值金额分别达到 15 万元以上不满 25 万元、25 万元以上的，分别依照《刑法》第 214 条规定的各法定刑幅度定罪处罚。

另一种是上升一档的量刑幅度，未遂的标准在既遂的基础上乘以一定的倍数。如 2011 年最高人民法院、最高人民检察院《关于办理诈骗刑事案件具体应用法律若干问题的解释》第五条规定：“诈骗未遂，以数额巨大的财物为诈骗目标的，或者具有其他严重情节的，应当定罪处罚。”

利用发送短信、拨打电话、互联网等电信技术手段对不特定多数人实施诈骗，诈骗数额难以查证，但具有下列情形之一的，应当认定为《刑法》第 266 条规定的‘其他严重情节’，以诈骗罪(未遂)定罪处罚：(一)发送诈骗信息 5 千条以上的；(二)拨打诈骗电话五百人次以上的；(三)诈骗手段恶劣、危害严重的。

实施前款规定行为，数量达到前款第(一)、(二)项规定标准十倍以上的，或者诈骗手段特别恶劣、危害特别严重的，应当认定为《刑法》第 266 条规定的‘其他特别严重情节’，以诈骗罪(未遂)定罪处罚。”

上述司法解释分别体现了对犯罪未遂上升一档量刑幅度的严和宽两种标准,之所以区别标准,是因为上述两类犯罪之未遂的法益侵害程度有一定区别。前一类犯罪包括销售伪劣产品罪、销售假冒注册商标的商品罪等,在犯罪未遂的情形下,其犯罪对象已经存在,犯罪数额已经明确,只是销售环节尚未完成,可以说其法益侵害的危险性已经现实的存在了,但较之已销售来说,未销售造成的社会危害性相对较小,为缩小打击面,规定了以既遂三倍以上为入罪标准,但在加重情节上,与既遂的各刑档标准相同。而后一类包括诈骗罪在内的犯罪,在上述犯罪未遂的情况下,其犯罪数额尚不明确,犯罪行为是否得以顺利进行取决于多方面复杂因素,犯罪的量化危害性尚不明确。因此从法益侵害程度的不同来看,上述两种规定的区别有其合理性。

就本案而言,因待销售的伪造发票已经客观存在,所以适用第一种司法解释的规定比较合适,本案的待销售发票份数显然符合情节严重(待销售 500 份)的规定。即使是按照第二种立法例,对于犯罪未遂的情节严重,按照犯罪既遂情节严重的 10 倍(待销售 5 000 份)来掌握,本案也达到了情节严重的程度。

四、处理结果

检察机关以被告人姜某某等人行为构成出售非法制造的发票罪向法院提起公诉,法院以姜某某等人构成出售非法制造的发票罪,且属情节严重和犯罪未遂,判处姜某某有期徒刑三年,缓刑三年,并处罚金人民币 8 万元;判处单某某有期徒刑二年,缓刑二年,并处罚金人民币 5 万元。

(杨媛媛　魏志宏)

出售购入伪造的发票而尚未售出的行为如何定性

一、基本案情

2011年5月24日12时30分许，被告人吴某某携带从他人处购得的伪造的上海市工商业限额统一发票、上海市商业统一发票，至上海市松江区松汇西路1578号向该店主兜售，但店主没有购买意愿，发票均未售出。后因店主及时报警，公安机关将其抓获，并当场扣缴其随身携带的上述发票共计31本1 532份，发票面额累计15.7万元。

二、争议焦点

第一种意见认为，吴某某的行为符合《刑法》第209条第二款的规定，应认定为非法出售伪造的发票罪（未遂），理由是：非法出售非法制造的发票罪属于行为犯，是指以一定的价格将非法制造的普通发票卖出的行为，有金钱交易和转移发票所有权是其基本特征，没有此种特征的行为如租用、转让、赠与均不是出售。出售的方法也不限于私下成交，公开叫卖、走街串巷、拦截强卖均可以。本案中吴某某走街串巷叫卖假发票，可以认定为非法出售非法制造的发票罪，又因店主及时告发而出售未果，故应以出售非法制造的发票罪未遂认定。

第二种意见认为，吴某某的行为应认定为出售非法制造的发票罪（预备），理由是：通常犯罪预备是指为了实施犯罪，准备工具、制造条件，但由于行为人意志以外的原因而未能着手实行犯罪的特殊形态。本案中吴某某只是处于叫卖询价状态，甚至还没有从衣袋中掏出发票，还处于未着手实行阶段，故应以出售非法制造的发票罪预备认定。

第三种意见认为，吴某某的行为应认定为持有伪造的发票罪。《刑法修正案（八）》施行后，《刑法》第210条之一规定，明知是伪造的发票而持有，数量较大的,处二年以下有期徒刑、拘役或者管制,并处罚金。吴某某明知伪造的发票而予以购买并持有,数量达 1 532 份,发票面额累计达 15.7 万元,应构成持有伪造的发票罪。

三、评析意见

笔者同意第三种意见,此案应认定为持有伪造的发票罪。

(一) 正确区分出售非法制造的发票罪的犯罪类型

根据《刑法》第 209 条第二款的规定,行为人只要实施了出售伪造、擅自制造的其他发票行为,就构成出售非法制造的发票罪的既遂,而没有规定必须造成某种结果或者具有某种情节才构成犯罪。出售非法制造的发票罪不是行为犯,而是数额犯。出售非法制造的发票行为并不是一经实施就都会产生严重的社会后果,需要追究行为人的刑事责任。根据《刑法》第 13 条但书的规定,情节危害不大的,也不认为是犯罪。如实践中也存在个别案件,行为人以营利为目的购得了伪造的假发票,也试图出售,但因种种原因未能得逞,而改为自己使用。如果也依照出售非法制造的发票罪系行为犯,有出售行为就一概而论,以出售非法制造的发票罪认定,未免有打击面过宽之嫌,也不符合刑法法益保护的目的。根据 2010 年 5 月发布的最高人民检察院,公安部《关于公安机关管辖的刑事案件立案追诉标准的规定(二)》第 66 条明确规定:出售伪造、擅自制造的不具有骗取出口退税、抵扣税款功能的普通发票一百份以上……,应以出售非法制造的发票罪立案追诉。根据司法实践,此规定系针对出售发票既遂且达到 100 份以上的,才构成犯罪。显然立法明确规定了出售非法制造的发票罪不是行为犯,而是数额犯。

(二) 正确认定出售非法制造的发票罪的犯罪形态

传统的刑法理论认为刑法分则所规定的犯罪(包括数额犯)都是以单独实行的既遂犯为模式构建起来的,因此,即使具体案件中行为人的行为并未完全满足法条所规定的数额要件,也可能成立犯罪未遂。相反观点则认为,刑法分则关于数额犯的规定是以犯罪成立为模式构建的。因此,数额犯不存在犯罪未遂的形态,只存在犯罪是否成立的问题。笔者认为,上述传统的刑法理论有其可取之处,关于数额犯之犯罪数额可否在具体案件中分作既遂数额和未遂数额,并根据二者的比例关系,认定具体案件中的数额犯成立犯罪既遂还是未遂的问题，即办案实践中常有的“部分未遂”、“部分既遂”说法。根据我国《刑法》第23条规定：“已经着手实行犯罪，由于犯罪分子意志以外的原因而未得逞的，是犯罪未遂。”笔者以为，从上述规定可以看出，所谓犯罪未遂，是对犯罪行为的整体而不是对犯罪行为的某些局部进行评价的概念。对于一个犯罪行为而言，只能是既遂或者未遂中一种形态，而不可能是既遂和未遂两种形态并存。至于连续犯，行为人连续实施的数个行为均独立构成犯罪，但刑法理论和司法实践均认定其为“处断的一罪”。[①] 因此，我们不能将连续犯认定为数罪，并区分是否得逞认定部分犯罪未遂、部分犯罪既遂。

具体到非法制造发票罪，出售非法制造的发票罪未遂是指已经开始对非法制造的发票掏、拿、递等动作，但因被公安机关逮捕或者出售非法制造的发票被拒绝，或因发生事实上的认识错误与行为意志以外的原因而未能将该发票交付给购买人(未办理好邮寄、托运手续或交给受托人等)。而在出售非法制造发票之前，开始从衣袋里掏发票或者从车上卸下发票的行为，均不是着手，由于意志以外的原因而停止犯罪的，应以预备犯论处。如本案中吴某某在交易现场，还未从口袋中掏出非法制造的发票出售，行为处于犯罪预备状态。

(三) 正确认定持有伪造的发票罪与出售非法制造的发票罪的关系

持有是对特定物品的实际支配、控制，具体表现为直接占有、携有、藏有或者以其他方法支配物品。持有并不直接表现为物理上的握有，不要求行为人时时刻刻将物品握在手中、放在身上和装在口袋里，只要行为人认识到它的存在，能够对之进行管理或者支配，就是持有。持有时并不要求行为人是物品的“所有者”、“占有者”，即使属于他人“所有”、“占有”的物品，不影响持有的成立。持有并不要求直接持有，即介入第三者时，也不影响持有的成立。持有并不要求单独持有，不要求具有排他性，二人以上或者多人共同持有也是持有。持有是一种持续行为，只有当物品在一定时间内由行为人支配时，才构成持有，至于时间的长短，并不影响持有。持有发票达到一定数量即构成犯罪。[②]

出售通常是指有偿转让。出售物品必先持有再予以销售，换言之，持有以后可出售、使用等等。因此持有与出售之间具有吸收关系，前行为是后行为发

---

① 张明楷:《刑法学(第2版)》,法律出版社2003年版,第370页。

② 张明楷:《刑法学(第2版)》,法律出版社2003年版,第827～834页。

展的所经阶段,后行为是前行为发展的当然结果。吸收关系只有重行为吸收轻行为一种形式。重行为吸收轻行为,是指罪质重、违法性重、法定刑高的犯罪行为,吸收罪质轻、违法性轻、法定刑低的犯罪行为,而在通常情况下,以法定刑为标准即可明确犯罪行为的轻重。①

此案吴某某因随身携带 31 本 1 532 份伪造的发票,依照《刑法修正案(八)》施行后,《刑法》第 210 条之一规定又构成持有伪造的发票罪;又因以一定价款购得非法制造的发票而兜售,但因店家无购买意愿而告发,又构成出售非法制造的发票罪预备。因持有伪造的发票罪的犯罪法定刑高于出售非法制造的发票罪预备的法定刑,故应认定为持有伪造的发票罪。

四、处理结果

检察机关以被告人吴某某行为构成持有伪造的发票罪向法院提起公诉,法院以持有伪造的发票罪判处吴某某有期徒刑九个月,并处罚金人民币 1 000 元。

(赖姣红　陆　源)

---

① 张明楷:《刑法学(第 2 版)》,法律出版社 2003 年版,第 377 页。

销售盗版影视光盘的行为应当如何定性

一、基本案情

被告人万某于2010年9月至12月间，经与吴某(代号VOV)电话、手机短信、传真等方式联系，分别以人民币2.8元、3.1元每张的价格从吴某处购入大量侵权音像制品后，再将上述侵权音像制品以人民币3.3元至3.5元不等的价格销售给上海纹碟音像制品商店、上海悦来音像制品商店、大田音像店等商店。经审计，万某于2010年9月12日至2010年12月21日间，已销售侵权复制品145 867张，待销售4 993张。经上海市新闻出版局抽样鉴定，上述音像制品均属非法音像制品。

二、争议焦点

对于万某销售盗版影视光盘的行为究竟应如何定性，存在以下三种分歧意见：

第一种意见认为，万某的行为构成侵犯著作权罪。理由是：本案系万某未经著作权人许可而大量销售盗版光碟的犯罪。对于如何判断该销售行为的性质，2011年1月最高人民法院、最高人民检察院、公安部颁布的《关于办理侵犯知识产权刑事案件适用法律若干问题的意见》(以下简称《意见》)第12条第一款明确规定："发行，包括总发行、批发、零售、通过信息网络传播以及出租、展销等活动。"因此，无论万某系零售盗版光碟还是批发盗版光碟，应当认定为刑法意义上的"发行"行为。而早在2008年，最高人民检察院、公安部《关于公安机关管辖的刑事案件立案追诉标准的规定(一)》(以下简称《规定》)第26条明确指出：《刑法》第217条规定的"复制发行"，包括复制、发行或者既复制又发行。此外，《意见》第12条第二款又规定：非法出版、复制、发行他人作品，侵犯著作权构成犯罪的,按照侵犯著作权罪定罪处罚,不认定为非法经营罪等其他犯罪。因此,万某销售盗版音像制品的行为应当以侵犯著作权罪定罪处罚。

第二种意见认为,万某的行为构成销售侵权复制品罪。理由是:《刑法》第218条对于销售明知是第217条侵犯著作权罪规定的侵权复制品,违法所得数额巨大的,明确规定系构成销售侵权复制品罪。

第三种意见认为,万某的行为构成非法经营罪。理由是:经营音像制品必须要得到行政许可,而万某未取得相关许可证明而进行非法经营活动,经营数额达到40余万元,达到“情节严重”标准,因此本案构成非法经营罪。

三、评析意见

我们同意上述第二种意见。打击侵犯知识产权犯罪一直是我国刑事司法的重点,也是维护社会正常的经济秩序和履行国际条约应承担的义务实际需要。但是,在司法实践中如何依据相关司法解释的规定,准确予以适用,做到罪责相符一直是司法实践的难点。具体到本案而言,准确区分侵权复制品罪、侵犯著作权罪以及非法经营罪,是正确处理本案的前提。

(一)本案不构成侵犯著作权罪

所谓侵犯著作权罪,主要是指以营利为目的,在未经著作权人许可的情况下以复制发行他人作品的方式侵犯他人著作权的行为,当然,这种行为所造成的后果应当是违法所得数额较大或者有其他严重情节。对于本案是否应当以侵犯著作权罪认定,主要应解读什么是“复制发行”。

首先,从销售侵权复制品罪与侵犯著作权罪两者在刑法条文中的描述来看,通常理解认为侵犯著作权罪的行为模式是复制发行,而销售侵权复制品罪的行为模式只是销售,如发行的含义在刑法中与销售近似,那么两者在刑法条文字面上的最大差别就在于是否有“复制”行为。侵犯著作权罪中的复制发行究竟应理解为“复制或发行”还是“复制又发行”,理论中也存在不少争议,但笔者认为,基于刑法法条之间的关系,如认定是“或”的关系,则侵犯著作权罪和销售侵权复制品罪两者会产生一定的重合,而这种重合又不是法条竞合的关系,显然不符合刑法的立法技术。因此,在长期的刑法实践中,通常都将复制发行解读为“复制又发行”的关系,并以是否具有“复制”的行为来区别构成侵犯著作权罪还是销售侵权复制品罪的标准。

其次，虽然最高人民法院于1998年颁布的《关于审理非法出版物刑事案件具体应用法律若干问题的解释》（以下简称《解释1998》）第三条规定：《刑法》第217条第（一）项中规定的“复制发行”是指行为人以营利为目的，未经著作权人许可而实施的复制、发行或者既复制又发行其文字作品、音乐、电影、电视、录像作品、计算机软件及其他作品的行为。第五条又规定：实施《刑法》第217条规定的侵犯著作权行为，又销售该侵权复制品，违法所得数额巨大的，只定侵犯著作权罪，不实行数罪并罚。实施《刑法》第217条规定的侵犯著作权的犯罪行为，又明知是他人的侵权复制品而予以销售，构成犯罪的，应当实行数罪并罚。第五条与第三条的内容存在一定的矛盾，而该第五条的内容又在“两高”于2004年颁布的《关于办理侵犯知识产权刑事案件具体应用法律若干问题的解释》（以下简称《解释2004》）第十四条中得到了确认。显然，对上述两个司法解释而言，后一解释效力优先，且已清晰指出销售不是自己复制的侵权复制品构成犯罪，同时实施的其它行为又构成侵犯著作权罪的，应当数罪并罚，也即销售不是自己复制的侵权复制品的行为不应认定为侵犯著作权罪。虽然该“两高”2004年的司法解释在内容上又与之后的相关解释有所矛盾而“似乎”应当失效，但却清晰地反映了司法者对刑法中侵犯著作权罪和销售侵权复制品罪之间区别的理解。

最后，如一味适用《意见》和《规定》，将但凡实施了销售侵权复制品的行为都认定为构成侵犯著作权罪，看似符合相关司法解释的规定，但却存在极大的法理障碍。实质上《意见》和《规定》中对“复制发行”的相关解释已变相排除了《刑法》第218条销售侵权复制品罪适用的可能，无论行为人是复制、发行、既复制又发行；无论是批发还是零售等侵权行为模式，都一律认定为侵犯著作权罪。上述规定体现了以司法解释废除刑法条文的实质。显然，司法部门并没有修订刑法的立法权，上述《意见》和《规定》中的相关内容显属违背刑法条文本意的司法解释，属于越权解释而应当无效。

（二）本案不应以非法经营罪认定

首先，侵权复制品是指未经著作权人许可而擅自制作、复制他人拥有合法著作权的作品。侵权复制品当然是属于违反《著作权法》等相关法律、法规的非法作品，而销售侵权复制品的行为亦属法律所禁止。然而，并非所有销售侵权复制品的行为都能构成非法经营罪。《刑法》第225条第（一）项规定未经许可经营法律、行政法规规定的专营、专卖物品或者其他限制买卖的物品的行为属于非法经营罪的范畴。该条规定的物品只是法律、行政法规规定专营、专卖、限制买卖的物品,就其实质而言是合法的物品,只是在销售前应取得行政许可而已,并非物品本身属于非法性质而禁止买卖。但是,侵权复制品却因为违反《著作权法》等相关法律、法规而成为非法出版物,禁止买卖,并非属于《刑法》第225条第(一)项所规定的物品范畴。

其次,《解释1998》第11条规定:违反国家规定,出版、印刷、复制、发行本解释第一条至第十条规定以外的其他严重危害社会秩序和扰乱市场秩序的非法出版物,情节严重的,依照刑法第225条第(三)项的规定,以非法经营罪定罪处罚。[①] 应当指出,该条中所称的非法出版物应当包括侵权复制品、反动作品、内容包含暴力、色情的作品。其中,《解释1998》第三条规定:刑法第217条第(一)项中规定的"复制发行"是指行为人以营利为目的,未经著作权人许可而实施的复制、发行或者既复制又发行其文字作品、音乐、电影、电视、录像作品、计算机软件及其他作品的行为。第四条规定:以营利为目的,实施《刑法》第218条规定的行为,个人违法所得数额在10万元以上,单位违法所得数额在50万元以上的,依照《刑法》第218条的规定,以销售侵权复制品罪定罪处罚。结合上述规定可得出非法经营罪中的非法出版物范围应当将仅仅侵权他人著作权,而不包含反动、暴力、色情等内容的侵权作品排除在外的结论。

当然,侵犯著作权的行为往往也属于非法经营行为,同时触犯刑法关于侵犯著作权犯罪的规定和《刑法》第225条规定的非法经营罪。从以非法出版物为犯罪对象的非法经营罪与侵犯著作权罪之间的关系来看,二者属于普通法条与特别法条之间的法条竞合关系。对于普通法条与特别法条发生竞合的情形,适用特别法条对行为人定罪处罚是法律适用的一般原则。因此,对于以非法出版物为犯罪对象的犯罪行为,只有在没有特别法条可以适用的情况下,才能适用《刑法》第225条以非法经营罪定罪处罚。

(三)本案应以销售侵权复制品罪定罪处罚

销售侵权复制品罪是我国1997年《刑法》设立的罪名,而1979年《刑法》并

---

① 《刑法修正案(七)》于2009年2月28日对该条作出修改,在原有第(三)项之前增加一项,则原有第(三)项顺延为第(四)项,内容为:其他严重扰乱市场秩序的非法经营行为。

没有规定此罪。随着改革开放进程的深入，社会的经济、文化、科学、技术以及民智都在不断发展，大量具有现代著作权法意义上的作品不断涌现，但同时著作权的巨大潜在价值也引发了许多肆意侵权行为，对著作权人的利益、国家对著作权的管理秩序以及我国社会文化领域的发展都造成了相当的破坏。鉴于当时我国刑法中缺乏相应的刑事惩治规定，无法通过法律手段对这种破坏行为进行有效遏制，全国人大常委会于1994年7月5日通过了《关于惩治侵犯著作权的犯罪的决定》，在第一条中规定了侵犯著作权罪，并在第二条中规定了销售侵权复制品罪。全国人大常委会在规定了侵犯著作权罪后，又将销售侵权复制品的行为也作为犯罪处理，其理由在于，销售侵犯著作权的复制品对于侵犯著作权的行为来说，是助纣为虐的行为。要制止侵犯著作权的犯罪活动，有效地保护知识产权，必须截断侵犯著作权复制品的发行、销售渠道。[①] 该理念事后被证明极具前瞻性，在现今打击日益猖獗的侵犯著作权犯罪过程中，起到了不可估量的作用。

刑法设立侵犯著作权罪与销售侵权复制品罪的本意是在于根据上述两种行为的主观恶性与造成的客观危害进行区别，其标准即在于是否具有复制的行为。我们认为，既然《意见》和《规定》中的相关内容属于越权解释而应属无效，则《解释2004》第14条的内容就不应认为与之后司法解释矛盾而当然无效。因此，对于没有复制行为而只有销售他人复制的侵权复制品的行为，应当以销售侵权复制品罪定罪处罚。

四、处理结果

检察院以被告人万某行为构成销售侵权复制品罪向法院提起公诉，法院以销售侵权复制品罪判处万某有期徒刑十个月，并处罚金人民币5万元。

（张　巍）

---

① 毛善刚，昭武：《销售侵权复制品罪》，载《人民司法》1995年第7期。

“数量”能否作为销售侵权复制品罪的立案追诉标准

一、基本案情

2011 年 1 月，被告人司某、宋某二人因贩卖盗版光碟被公安机关抓获，并且在现场查获待销售的盗版光碟 8 万余张。被告人不设账册，无法查清违法所得数额。由于待销售的盗版光碟数量巨大，且存在参照价格缺失、鉴定程序繁琐等问题，难以准确认定货值金额。

二、争议焦点

本案争议的焦点在于能否将“数量”作为销售侵权复制品罪的立案追诉标准。对此，实践中存在两种分歧意见：

第一种意见认为，销售数量不能作为入罪的依据。根据《关于办理侵犯知识产权刑事案件具体应用法律若干问题的解释》第六条规定：“以营利为目的，实施《刑法》第 218 条规定的行为，违法所得数额在十万元以上的，属于‘违法所得数额巨大’，应当以销售侵权复制品罪判处三年以下有期徒刑或者拘役，并处或者单处罚金。”最高人民检察院、公安部《关于公安机关管辖的刑事案件立案追诉标准的规定(一)》中规定，违法所得数额虽未达到 10 万元以上，但尚未销售的侵权复制品货值金额达到 30 万元以上的应予立案追诉。因此，按照相关司法解释的规定，应将行为人销售侵权复制品的违法所得数额或者货值金额作为本罪的定罪依据。

第二种意见认为，销售侵权复制品的数量应当作为本罪的入罪要件。因为数量比数额更为直观地体现了行为的危害性，并且将数量作为入罪要件有利于解决司法实践中的诸多难题。无论从法理论证还是实践需求的角度出发，数量可以而且应当成为销售侵权复制品罪的入罪要件。

三、评析意见

笔者同意第二种意见。司法实践中,由于行为人不设账册、不留销售记录,无法查明违法所得数额。对于查获的大量待销售的侵权复制品,虽然法律规定了相应的鉴定程序,但因为侵权复制品数量巨大或者无相应的正版物品出售价格做参照,导致待销售侵权复制品的价格很难确定,进而影响到该罪的法律适用。

(一)将侵权复制品的数量作为销售侵权复制品罪的定罪要件,能够更全面地反映该罪的社会危害性

社会危害性是犯罪的根本特征,但是以行为人违法所得的多少作为销售侵权复制品罪定罪的唯一标准,不能全面体现该行为的社会危害性,同样的违法所得背后的侵权复制品的数量可能差距悬殊。违法所得数额体现的只是销售侵权复制品行为的部分危害性,而违法所得背后的侵权复制品的数量才真正体现了该行为的社会危害性。如行为人甲通过销售盗版光碟5万张获利20万元,而行为人乙销售同种盗版光碟,因为薄利多销,销售了10万张才获利20万元,从社会危害性的角度看,10万张盗版光碟的社会危害性远远大于5万张,但按照现行的刑法规定,二人所获得的刑罚应当是相同的。除此之外,还可能出现销售同样数量的同种侵权复制品,仅因为个体销售价格的不同而导致罪与非罪的根本差异。因此,如果仅仅依照违法所得定罪量刑,就可能使得同样的违法行为受到不同的法律评价,导致罪责不一。而将销售侵权复制品的数量作为该罪的定罪要件,则能够准确体现销售侵权复制品罪的社会危害性,真正做到罚当其罪,严密法网。

(二)将侵权复制品的数量作为销售侵权复制品罪的定罪要件,能够解决该罪与非法经营罪的矛盾

有人认为,非法经营罪与销售侵权复制品罪之间在适用时并不存在矛盾,反而起到了相互弥补的作用,即在行为人销售侵权复制品的违法所得数额达不到数额巨大的标准,或者无法查明违法所得只能查明待销售的侵权复制品数量时,可将该行为认定为非法经营罪,因为非法经营罪的入罪门槛远低于销售侵权复制品罪的入罪标准。但这就出现了一个奇怪的现象,即不能构成轻罪却反而能用重罪处罚。我们认为,正是由于销售侵权复制品罪入罪条件不完备导致

了该矛盾。一方面，非法经营罪的追诉标准为违法所得2万元以上，而销售侵权复制品罪要求必须达到“数额巨大”(10万元以上)。另一方面，非法经营罪的定罪要件不仅包括违法所得，还包括经营数额、侵权复制品的数量，而销售侵权复制品罪只能以违法所得为定罪要件。如果将销售侵权复制品的数量作为该罪的定罪要件，那么就可以很好地解决上述矛盾，做到罚当其罪。

(三) 将侵权复制品的数量作为销售侵权复制品罪的定罪要件符合刑法的体系解释

刑法的体系解释是指将被解释的刑法条文放在整部刑法中乃至刑法体系中，联系此法条与其他法条的相互关系来解释刑法。[①] 我国《刑法》第218条规定：“以营利为目的，销售明知是本法第217条规定的侵权复制品……”因此，第217条(侵犯著作权罪)是源头犯罪，而第218条是下游犯罪，销售侵权复制品罪销售的是侵犯著作权罪中的侵权复制品，而侵犯著作权罪的定罪要件不但包括违法所得数额，而且还包括了其他严重情节，即“未经录音录像制作者许可，复制发行其制作的录音录像制品，复制品数量合计五百张(份)以上的”。同样都是侵权复制品，侵犯著作权罪既可以以违法所得作为定罪要件，又可以以侵权复制品的数量作为定罪要件，而销售侵权复制品罪却只能以违法所得作为定罪要件。这样的规定虽然有利于打击源头犯罪，但是使下游犯罪的认定范围大大缩小，对销售行为有放纵之嫌。从刑法解释方法的角度看，销售侵权复制品罪在定罪时对数量或者数额的解释应当与侵犯著作权罪一致，都应当将侵权复制品的数量作为定罪要件，以保持刑法体系前后的统一性。

四、处理结果

检察机关以被告人司某、宋某行为均构成销售侵权复制品罪向法院提起公诉，法院以销售侵权复制品罪分别判处司某有期徒刑三年，并处罚金人民币3万元；宋某有期徒刑一年零六个月，并处罚金人民币5 000元。

(林清红)

① 周洪波：《刑法解释方法的具体运用》，载《中国检察官》2010年第4期。

技术图纸作为完整设计是否属于商业秘密

一、基本案情

中船第九设计研究院工程有限公司（以下简称"九院"）设备所系长期研究设计船坞、起重机械等设备的专业研究所，该所设计的技术图纸中各要素组合构成的完整设计包含不为公众所知悉的技术信息，为此九院制定了院商业秘密管理规定、计算机信息系统安全保密管理规定等规章制度，并在九院局域网上予以公布，该规章制度对九院商业秘密的范围、保密措施等做出了规定。2006年年底，九院设备所为防止技术信息的泄露，对电脑机箱采取了上锁的措施。被告人邬某某、盛某某原系九院设备所的所长、副所长；被告人徐某原系九院设备所设计室主任；被告人何某某、潘某某原系九院设备所技术人员，上述五名被告人均有机会接触有关起重机械、船坞、下水等设备的商业秘密，并负有保密义务，且被告人邬某某、盛某某对九院设备所的保密工作承担管理职能。

2007年年初，被告人邬某某、盛某某欲辞职自行成立公司开展业务。被告人潘某某及被告人何某某、徐某在被告人邬某某、盛某某的默许下，违反九院规定，利用工作便利，采用拷贝自己或其他设计人员设计的技术图纸的方法，窃得九院的技术信息。2007年3月至10月，邬某某等人成立的某设备工程有限公司主要与九院客户开展业务，并使用九院设计的技术图纸中不为公众所知悉的技术信息，在对九院的技术图纸简单修改后交付客户单位使用。该公司先后为大连某船厂等8家单位完成设计委托合同，共获取人民币428.60万元，经鉴定机构评估，造成九院直接经济损失达人民币282.19万元。

二、争议焦点

本案的争议焦点是九院关于船坞、起重机械等设备的技术图纸作为完整设

计是否属于商业秘密,进而某设备工程有限公司和邬某某等五人的行为是否构成侵犯商业秘密罪,并形成以下分歧意见:

第一种意见认为,某设备工程有限公司和邬某某等五人的行为不构成侵犯商业秘密罪。九院关于船坞、起重机械等设备的某些技术资料及图纸已在报刊、杂志等媒体公开发表,属于公知信息;且九院虽有相关保密规定,但未对涉案的技术资料及图纸进行保密标识,故本案涉及的船坞、起重机械等设备的技术图纸作为完整设计不属于商业秘密。因此某设备工程有限公司和邬某某等五人的行为不构成侵犯商业秘密罪。

第二种意见认为,某设备工程有限公司和邬某某等五人的行为构成侵犯商业秘密罪。九院设备所系长期研究设计船坞、起重机械等设备的专业研究所,该所设计的技术图纸中各要素组合构成的完整设计包含不为公众所知悉的技术信息,且相关技术图纸为九院带来了经济利益,具有实用性。九院制定了院商业秘密管理规定、计算机信息系统安全保密管理规定等规章制度,并在九院局域网上予以公布,该规章制度对九院商业秘密的范围、保密措施等做出了规定,且九院设备所于2006年底为防止技术信息的泄露,对电脑机箱采取了上锁的保密措施。故涉案的有关资料和图纸应当认定为商业秘密,某设备工程有限公司和邬某某等五人的行为构成侵犯商业秘密罪。

三、评析意见

我们同意第二种意见,具体分析如下:根据《刑法》第219条的规定,侵犯商业秘密罪中的商业秘密,是指不为公众所知悉,能为权利人带来经济利益,具有实用性并经权利人采取保密措施的技术信息和经营信息。涉案的相关龙门起重机、门座起重机、浮箱式坞门的技术图纸中记载的各要素组合构成的完整设计均不为公众所知悉,能为九院带来经济利益,具有实用性,且九院已采取相应保密措施,应属九院的商业秘密。

(一)涉案技术信息属于不公知信息

虽然船坞、起重机械等某些技术信息可能在一定的场合被公布而成为公知信息,但公知技术信息由于各零部件的结构、装配关系、形状、关键尺寸、公差、材质以及技术要求等不同,其组合构成的完整设计,也可以成为非公知技术信息。如众所周知的可口可乐饮料,通过化验可以知道可口可乐的基本成分,但不同的人依据这些成分可以制造出不同味道的可口可乐，而有知识产权的可口可乐只有一种。本案所涉船坞、起重机械等设备的技术图纸作为完整设计，是包含了众多技术要素的复杂信息组合，而非相关公众通过观察产品实体即可直接完成组合，九院为此投入了大量人力、物力、财力，经长期研究和实践积累而成，不为所属领域的相关人员普遍知悉和容易获得，应属于不公知技术信息。

（二）涉案技术信息能为权利人带来经济利益，并具有实用性

九院设备所系长期研究设计船坞、起重机械等设备的专业研究所，经国家投资及半个多世纪几代人的努力，积累了大量的技术储备并取得了丰富的经验，为我国造船事业、重型机械制造事业和国防建设作出了很大的贡献。该所设计的技术图纸中各要素组合构成的完整设计包含了不为公众所知悉的技术信息，能为九院带来经济利益并具有实用性。

（三）涉案技术信息已经权利人采取保密措施

九院为国家一级保密单位，与每个员工签订了劳动保密合同，各被告人均有机会接触有关起重机械、船坞、下水等设备的技术信息，并负有遵守九院“依法制定的规章制度和劳动纪律”、不得泄露九院的“技术资料、市场客户资料及财务情况等商业秘密”的义务，且邬某某、盛某某作为九院设备所正、副所长对九院设备所的保密工作承担管理职能。

而从实际情况来看，九院为防止技术信息的外泄，在2005年12月制定了《第九设计院知识产权保护与管理规定》、《院商业秘密管理规定》、《计算机信息系统安全保密管理规定》等各项保密规则，并在九院局域网上予以公布，该规章制度对九院商业秘密的范围、保密措施等做出了规定。不仅如此，九院设备所为防止技术信息的泄露，于2006年底对电脑机箱采取了加装带锁钢制机箱的措施，只有邬某某、盛某某有开锁的钥匙，工作人员要使用usb插口输出电脑内的有关设计资料和图纸，必须经邬某某、盛某某同意才能打开电脑主机钢制机箱。根据最高人民法院《关于审理不正当竞争民事案件应用法律若干问题的解释》第十一条规定：“具有下列情形之一，在正常情况下足以防止涉密信息泄漏的，应当认定权利人采取了保密措施：……（二）对于涉密信息载体采取加锁等防范措施。”九院设备所已对设计人员的电脑加装带锁钢制机箱，因此，对于九院的商业秘密来说，注以标识是一种识别和保护的措施，加锁防范也是一种具体的识别和保护的措施。

综上,本案涉及的船坞、起重机械等设备的技术图纸作为完整设计属于商业秘密,被告单位某设备工程公司采用拷贝技术图纸的方法,侵犯权利人的商业秘密,并给权利人造成特别严重的后果,其行为已触犯《刑法》第219条第一款第(一)项、第(二)项、第三款、第四款,构成侵犯商业秘密罪,邬某某等五人分别作为被告单位侵犯商业秘密犯罪的主管人员和直接责任人员,也应当被追究侵犯商业秘密的刑事责任。

四、处理结果

检察机关以被告单位某设备工程有限公司、被告人邬某某等五人行为均构成侵犯商业秘密罪向法院提起公诉,一审法院以侵犯商业秘密罪判处被告单位某设备工程有限公司罚金人民币80万元;被告人邬某某有期徒刑二年,缓刑二年,并处罚金人民币2万元;被告人盛某某有期徒刑二年,缓刑二年,并处罚金人民币2万元;被告人何某某有期徒刑一年零六个月,缓刑一年零六个月,并处罚金人民币1.5万元;被告人徐某有期徒刑一年,缓刑一年,并处罚金人民币1万元;被告人潘某某拘役六个月,缓刑六个月,并处罚金人民币5 000元。一审判决后,被告单位及各被告人分别提出上诉,二审法院经开庭审理,裁定驳回上诉,维持原判。

(杜民霞)

如何确定刑法修正案新规定犯罪的溯及力和罪名

一、基本案情

被告人徐某某、孙某于 2007 年初，在分别任福州恒丰量子生物科技有限公司上海分公司负责人、副总经理兼财务期间，经协商采用传销形式推销保健品，制定了参与人员推销二套产品后取得业务员资格，及每销售一套保健品（每套保健品价值人民币 1 850 元）设定推销奖人民币 500 元及分红奖人民币 300 元的十层宝塔型（每层每套分红人民币 30 元）销售计酬规则，后分红形式更置为每套分红奖人民币 350 元的七层宝塔型，并重新计算分红（每层每套分红人民币 50 元）。

福州恒丰量子生物科技有限公司上海分公司于 2007 年 2 月 10 日至 5 月 14 日间，通过上述销售模式，共在本市招揽 1 873 人次参与传销，销售保健品 1 873套，销售额为人民币 3 465 050 元，发放推销奖人民币 936 500 元，发放分红奖金人民币 489 520 元。此外，被告人徐某某、孙某还聘请被告人陈某某作为福州恒丰量子生物科技有限公司上海分公司南汇办事处负责人，在本市南汇地区，提出"免费体验产品，三个月还本，投资一万可得六万"的宣传口号，采用前述销售模式招揽 463 人次参与传销，销售保健品 463 套，销售额为人民币 856 550元。

二、争议焦点

本案由公安机关于 2009 年 2 月 26 日以徐某某、孙某、陈某某触犯刑法第 225 条，涉嫌非法经营罪向检察机关移送审查起诉，同年 2 月 28 日《刑法修正案（七）》公布并施行，该修正案第四条规定：在《刑法》第 224 条后增加一条，作为第 224 条之一："组织、领导以推销商品、提供服务等经营活动为名，要求参加者以缴纳费用或者购买商品、服务等方式获得加入资格,并按照一定顺序组成层级,直接或者间接以发展人员的数量作为计酬或者返利依据,引诱、胁迫参加者继续发展他人参加,骗取财物,扰乱经济社会秩序的传销活动的,处五年以下有期徒刑或者拘役,并处罚金;情节严重的,处五年以上有期徒刑,并处罚金。"增加这条规定主要是针对我国目前一些地方非法组织传销的犯罪活动十分猖獗的情况。以往司法机关在处理这类案件时,往往会按照不同情况,分别以非法经营罪、诈骗罪、集资诈骗罪等罪名追究相关人员的刑事责任,这在一定程度上造成了执法的不统一。《刑法修正案(七)》增加组织、领导传销活动罪是为了统一罪名,加强对传销活动的有效打击。本案事实与该新增罪状描述的情况基本一致,检察机关受理该案后的第三天,《刑法修正案(七)》即公布施行。在没有相关司法解释对该新增罪状的罪名予以确定,也没有对如何适用该罪予以细化的情况下,对以下问题的处理出现了分歧意见:①《刑法修正案(七)》施行前,实施的犯罪行为与修正案第四条规定的罪状相同,同时又可以适用《刑法》第225条第四项关于非法经营罪的"兜底"条款规定时,如何适用法律;②在司法解释没有确定罪名之前,司法实践如何确定罪名。对上述问题有以下分歧意见:

第一种意见认为,本案应适用《刑法》第225条第四项之规定,以"非法经营罪"定罪。理由是,在刑法溯及力的问题上,我国刑法采用的是"从旧兼从轻"原则。因此,《刑法修正案(七)》对它生效前已经发生但未经审判或者判决尚未确定的行为原则上没有溯及力,但《刑法修正案(七)》不认为是犯罪或者处罚较轻的,则按照《刑法修正案(七)》处理。根据法律和司法解释,从事传销或者变相传销活动,扰乱市场秩序,情节严重的,应当以非法经营罪追究其刑事责任,根据上海市的有关追诉标准,非法经营罪"情节严重"的标准为经营额个人10万元、单位30万元,"情节特别严重"的标准为经营额个人30万元的,单位100万元,现初步审查,徐某等人非法经营数额为346万余元,应该是属于非法经营情节特别严重,按照《刑法》第225条,依法应当判处五年以上有期徒刑,并处违法所得一倍以上五倍以下罚金或者没收财产。《刑法修正案(七)》新增的组织、领导传销活动罪规定:情节严重的,处五年以上有期徒刑,并处罚金。本案发生在《刑法修正案(七)》生效前,且刑罚相当,因此,依据"从旧兼从轻"原则,应以"非法经营罪"定罪。

第二种意见认为,本案应按照《刑法》第224条之一认定,并以"组织、领导传销活动罪"确定罪名。理由是，就目前情况来看，旧法和新法实际上都要追究犯罪嫌疑人的刑事责任，因为两法条的主刑相同，只能比较附加刑。按照《刑法》第 225 条，经营数额为 300 余万元，情节特别严重，依法应当判处五年以上有期徒刑，并处罚金或者没收财产；相应的此量刑档次上《刑法》第 224 条之一，主刑为五年以上有期徒刑，附加刑为并处罚金，故《刑法》第 224 条之一处罚较轻。虽然《刑法》第 224 条之一的所谓"情节严重"未有司法解释予以明确，但无论是否有"情节特别严重"，按照《刑法》第 224 条之一处罚，都比适用《刑法》第 225 条（情节特别严重）处罚要轻。综上，应当按照第 224 条之一追究其刑事责任。此外，从目前的情况来看，法律已经存在法条竞合的现象，根据"特殊法优于一般法"的原则，应按照直接表述传销（特殊法）的《刑法》第 224 条之一的规定追究犯罪嫌疑人的刑事责任，即以"组织、领导传销活动罪"定罪。至于定为"组织、领导传销活动罪"，一是因为该罪名与罪状基本相符；二是在我国司法实践中，也存在自设罪名的相关判例，因此并无不可。

三、评析意见

我们同意上述第二种意见，具体分析如下：

（一）刑法的溯及力

刑法的溯及力，是指刑法生效后，对于其生效以前未经审判或者判决尚未确定的行为是否适用的问题。如果适用，就是有溯及力；如果不适用，就是没有溯及力。针对刑法的溯及力问题，理论上存在两种不同主张。一种主张刑法应具有溯及既往的效力。理由是刑事法律应随社会政治情况加以修改，新的刑法更适合变化之后的情况，因而适用刑事法律通常应以新的刑法为准；一种主张刑法不应具有溯及既往的效力，理由是行为人以行为实施当时刑事法律为准则，适用新的刑法是不教而诛，有悖情理。[①] 现实中各国采用不同的原则，概括起来大致包括以下几种：①从旧原则，即新法对其生效前的行为一律没有溯及力，完全适用旧法。②从新原则，即新法对于其生效前未经审判或判决尚未确定的行为一律适用，新法具有溯及力。③从新兼从轻原则，即新法原则上具有溯及力，但旧法不认为是犯罪或者处刑较轻时，则按照旧法处理。④从旧兼从

---

① 高铭暄：《刑法学原理（第 1 卷）》，中国人民大学出版社 1993 年版，第 327～328 页。

轻原则,即新法原则上不具有溯及力,但新法不认为是犯罪或者处刑较轻时,则按新法处理。在这四种原则中,从旧兼从轻原则既符合罪刑法定原则的要求,又适应实际需要,因而为绝大多数国家所采用。我国刑法第 12 条在关于溯及力的问题上亦采用了从旧兼从轻原则。该原则是罪刑法定原则的派生原则,作为刑法基本原则的当然内容,它也适用于其它有刑罚规定的法律。不仅刑法典施行后制定的特别刑罚不得设置有悖此一原则的内容,而且司法机关在适用这些特别刑法时也要遵循这一原则。

理解和适用从旧兼从轻原则,应当注意以下几个方面:①刑法效力仅溯及在它生效前实施而未经审判或审判尚未确定的行为;②从轻是指适用有利于行为人之法律,从轻的含义可以从法定刑轻重、刑罚制度诸方面予以理解;③法定刑轻重应依具体适用的法定刑幅度按照主刑种类、法定最高刑、法定最低刑、附加刑次序加以比较。"处刑较轻",是指刑法对某种犯罪规定的刑罚即法定刑比修订前刑法轻。

本案中三名被告人的犯罪行为发生在《刑法修正案(七)》施行前,且未经审判,按照以往司法经验,一般是适用《刑法》第 225 条第四项,以非法经营罪定罪处刑。但现在三人的行为特征与修正案(七)第四条规定的罪状相同,而且该修正案从公布之日起即予以施行,因此具有当然的法律效力,这样就产生如何适用法律的问题。根据前述关于我国刑法溯及力的论述可知,在此种情况下应根据从旧兼从轻的原则处理,通过比较《刑法》第 225 条和修正案(七)第四条关于刑罚的规定,前者在情节特别严重时的主刑种类、法定最高刑与后者在情节严重时的情形是相同的,不存在轻重之分,因此只有比较两者的附加刑,前者的附加刑为可以并处罚金或者没收财产,后者只规定并处罚金,后者可选择的附加刑存在轻于前者的可能。因此适用后者更符合从旧兼从轻原则,也遵循了罪刑法定的原则。此外,考虑到本案犯罪行为的特征符合《刑法修正案(七)》第四条的罪状描述,而《刑法》第 225 条第四项关于非法经营罪的"兜底"条款明显已经不能适应法律现实。从出台《刑法修正案(七)》的立法本意考究,可以得知,其第四条关于组织、领导传销行为的规定就是直指当前日益蔓延猖獗的传销犯罪,因此适用该条规定是恰当的。

(二) 刑法罪名的确定

最高人民法院于 1997 年 12 月 16 日公布了关于执行《中华人民共和国刑

法》的确定罪名的规定，结束了我国刑事诉讼确定罪名不统一的历史，对推动中国刑事法制的统一、贯彻好罪刑法定原则，准确惩罚犯罪、保护人民，具有十分重要的意义。然而，在司法实践中经常出现特别刑事法律颁布后，最高人民法院罪名确定滞后，导致司法实践无所适从的局面。在这种情况下，司法办案部门只能根据一些确定罪名的原则和方法，结合具体个案予以确定。

确定罪名的原则，也就是确定罪名时必须遵守的基本准则。一般有如下原则：一是本质（独特）原则。即所确定的罪名必须能反映出该犯罪所固有的、决定其性质的根本属性，也就是该种犯罪区别于他种同类犯罪的关键环节。这些环节既可以是犯罪客体也可以是犯罪主体、客观方面和犯罪行为、手段或对象等。二是周延原则。即要求罪名中所包含的内容必须正好是犯罪中所包含的内容，既不能扩大，也不能缩小。三是简练原则。即要求确定罪名必须简明扼要，不能繁琐、累赘。四是法定原则。即要求罪名必须根据法律的规定来确定。也就是说，必须要从罪中选定罪名；五是准确原则。即要求罪名中所包含的犯罪主体、客体、罪过、行为、手段等，都必须与实际相符合。如果有哪一项不相符合，就是不准确的。

确定罪名，就是给犯罪起名，通常采用以下几种方法：①根据犯罪行为确定罪名。这是确定罪名最常用的方法。刑法中许多犯罪的罪名都是用此种方法确定的，比如盗窃罪、诈骗罪等。②以手段加行为方法确定罪名。当不便采用犯罪行为确定罪名，或者用犯罪行为确定的罪名不能与其他罪或非罪相区别时，可以考虑在犯罪行为的前面加上犯罪手段来确定罪名，如暴力干涉婚姻自由罪。③根据犯罪目的确定罪名。如果根据犯罪目的确定罪名，能够反映犯罪的本质特征且简练时，也可以考虑用犯罪目的确定罪名，如转贷牟利罪。④用犯罪行为加犯罪对象的方法确定罪名。当根据犯罪行为、手段都不便确定罪名时，可以考虑用犯罪行为加犯罪对象的方法确定罪名。如奸淫幼女罪、拐卖妇女儿童罪、破坏交通工具罪、盗伐林木罪等等，都是此种方法确定的罪名。⑤采用概括犯罪性质的方法确定罪名。当采取以上方法都不能准确确定罪名或确定的罪名不够简练时，通常用此种方法确定罪名。即通过对罪犯性质加以高度的概括和抽象确定具体罪名，如刑讯逼供罪、非法经营罪等等。

全国人大于 2009 年 2 月 28 日公布《中华人民共和国刑法修正案（七）》，至本案进入诉讼程序时，最高人民法院、最高人民检察院还没有出台司法解释确定该修正案的有关罪名。本案系修正案(七)施行后不久适用其第Ⅳ条规定处理的案件,为保证罪名认定的统一性、科学性,根据以上确定罪名的原则和方法,检察机关将该条确定为“组织、领导传销活动罪”是妥当的,因为该罪名概括了该条罪状的基本特征,既反映了该类行为的本质特征,也有一定的周延性,同时还简明、准确。

因此,对于实施《刑法修正案(七)》第四条规定的犯罪行为,在司法解释没有明确具体的罪名前,将其确定为“组织、领导传销活动罪”是符合立法和司法实践的。2009 年 10 月 14 日,“两高”颁布《关于执行〈中华人民共和国刑法〉确定罪名的补充规定(四)》,将《刑法》第 224 条之一的罪名确定为“组织、领导传销活动罪”。

四、处理结果

检察机关以被告人徐某某、孙某、陈某某行为均构成组织、领导传销活动罪向法院提起公诉,法院以组织、领导传销活动罪对徐某某判处有期徒刑二年,并处罚金人民币 2 万元,对孙某判处有期徒刑一年零九个月,并处罚金人民币 1.5 万元,对陈某某判处有期徒刑一年零四个月,并处罚金人民币 1 万元。

(邹积超　黄一力)

“骗展”的行为性质应当如何认定

一、基本案情

2009年6月，犯罪嫌疑人竹某某以上海朗瑞会展服务有限公司（以下简称“朗瑞公司”）的名义与中国林牧渔业经济学会达成协议，以中国林牧渔业经济学会主办，朗瑞公司承办的方案，于2010年4月9日至11日在上海国际农展中心举办“2010现代畜禽养殖产品展览会暨农业物资展览会”。而后竹某某通过在网上发布在上述地点及时间举办“2010中国国际现代畜牧业暨饲料工业博览会”、“2010中国国际奶业技术及设备展览会”等展会信息，并夸大展会规模，诱骗被害人祝某、柴某某、付某某等20余人交纳参展费共计人民币25万余元。而后郎瑞公司向参展商发出通知，称因原定展览场地无法满足本次展会需求，故将展览场地调整至上海市闵行区体育公园内。参展商于约定时间到达体育公园后发现展会情况与宣传不符，遂报案。

二、争议焦点

犯罪嫌疑人竹某某的行为俗称“骗展”。其虽然在宣传中虚构了事实，但实际筹办了会展，现有证据也证实其收取的费用均用于筹办会展。在这种情况下如何评价“骗展”行为，存在较大争议。

第一种意见认为，竹某某构成合同诈骗罪。其在招展中夸大宣传，但其并不具备履行合同的能力，通过签订、履行合同的方式诱骗对方支付参展费，符合合同诈骗的主客观要件，应认定为合同诈骗罪。

第二种意见认为，竹某某不构成合同诈骗罪，其行为属于民事欺诈。竹某某合法开办朗瑞公司后，实际筹办了会展，且收取的参展费均用于筹办会展，故其骗展行为应认定为民事欺诈。

三、评析意见

我们同意第二种意见。当前“骗展”案件在部分地区较为多发,由于此类案件往往涉及众多被害人,涉案金额很大,且有大量书证,故一般都有较恶劣的社会影响,实务部门在办案中确定案件性质必须慎之又慎。但我们认为对这类案件罪与非罪的认定,一定要严格秉持刑法的谦抑原则。

(一)骗展行为的属性要视具体行为而定

“骗展”现象在会展业较发达的城市极为普遍,其典型方法是开办一家展览公司,针对企业“需求”,或运用隐瞒、歪曲等手法以各种“主题展”去招展,或打着“国际”的招牌,把展览吹得天花乱坠,最后以一个名不副实的、严重缩水的会展来应付参展商。在参展商要求退款后,再想办法拖延时间,外地参展商大部分经不起耗,考虑到参展费不高,一般会放弃追偿。少数情况下,骗展者还会组织人对坚持要求退款的参展商进行暴力威胁,甚至卷款而逃。由于该行为介于诈骗和欺诈之间,在处理上一直存在争议。承办人认为对于骗展行为不能一概认定为合同诈骗或民事欺诈,而要视具体情形予以判断。

现有与在展览宣传中发布“虚假招展信息”(发布与展览内容不一致的招展信息;未征得其他单位同意在招展信息中将该单位作为举办单位或者其他参与主体)有关的行政法规主要有国家工商总局制定的《商品展销会管理办法》和上海市政府制定的《上海市展览业管理办法》,其均认为该虚假招展行为仅由工商部门给予行政处罚即可,未提及构成犯罪的移送问题。由此可见,单纯以虚假信息招展不宜直接认定诈骗行为,更不能套用1996年最高院《关于审理诈骗案件具体应用法律的若干问题的解释》中“根本没有履行合同的能力或者故意夸大自己履行合同能力,骗取对方当事人的信任与自己签订合同,合同签订后又不积极努力设法创造履约条件履行合同以避免对方经济损失的”来推定行为人具有非法占有的目的,认定其构成诈骗罪。

但也并非所有的骗展均不属于诈骗。部分案件中行为人的行为表现出了明显的非法占有目的,那就不再是民事欺诈的范畴,而可能构成诈骗罪等罪名。例如收取参展费用后直接携款逃匿,不开办会展,又或者收款后予以挥霍,事后拒绝向参展商退款并使用暴力手段威胁,这些以非法占有为目的的“骗展”行为即应认定为诈骗罪等刑事犯罪。从目前的法律规定来看,“骗展”行为常常游走于合同诈骗与合同欺诈之间，故应根据行为人的具体行为来判断是否构成犯罪，抑或仅属于民事欺诈。

（二）合同诈骗的主观方面应为直接故意

对于合同诈骗是否存在间接故意，刑法学界存在争议，但主流观点持否定说，即合同诈骗只能由直接故意构成，因为法律规定了合同诈骗是以非法占有为目的，属目的型犯罪。目的是指犯罪人主观上通过犯罪行为所希望达到的结果，即是以观念形态预先存在于犯罪人大脑中的犯罪行为所预期达到的结果，这种希望应仅存在于直接故意中。因此，合同诈骗罪不能存在间接故意形式。

"骗展"中行为人最常见的是一种抱有侥幸心理的间接故意。大部分情况下，行为人希望能多招展，办一个大规模的会展并赚钱，之后也会有组织会展的行为，但结果往往是招展未达到预期，办出的会展与宣传不符。行为人先通过欺骗与对方签订合同，然后再想办法履行，有办法如约履行就如约履行，没办法如约履行就瑕疵履行，这种行为极可能导致扰乱市场秩序的结果发生，但行为人主观上对这种危害结果的发生最多只是放任，而不可能是希望，故仅可以认定是间接故意，不构成合同诈骗罪。

（三）本案中犯罪嫌疑人竹某某主观上不具有非法占有的目的

合同诈骗和合同欺诈的区别有三点，分别是主观目的、客观表现、侵犯权利属性，后两者是结论性的，不能作为区分罪与非罪的主要依据，因此本案中区分竹某某行为性质的关键在于是否能够认定其主观上具有非法占有的目的。承办人综合现有证据认为本案中竹某某主观上不具有非法占有的目的，具体理由如下：

1. 竹某某系用本人身份证到工商部门登记开办了朗瑞公司

并以朗瑞公司的名义向有关部门申领了主办会展的批文。之后其又以朗瑞公司的名义与他人签订合同，并无化名或冒名签订合同的行为。

2. 竹某某实际筹办了会展

无论会展的规模如何，竹某某在收取并实际控制了全部参展费用后，并没有携款逃匿，而是主动支出费用，努力维持会展顺利召开。

3. 竹某某没有挥霍参展费用的行为

据竹某某的辩解、公司员工的证言以及公司的主要财务支出情况来看，竹某某收取的参展费均用于公司经营和筹办会展，收取的25万元会展费与支付上海农展会的押金、进行宣传、租赁办公场地、支付工资等费用支出大致吻合。

事实上,本案仅是因为竹某某在招展时针对的是不特定的客户,而最终仅招到20余名客户,故导致其收取费用仅够支持比较粗陋的会展的开销。竹某某并没有挥霍钱款,不宜认定其构成合同诈骗罪。

本案中,犯罪嫌疑人竹某某从中国林牧渔业经济学会获得批文后,租赁了上海国际农展中心的场地,后虽更换了场地,但其在收取钱款后没有逃匿,还是按约举办了会展。可见,犯罪嫌疑人竹某某虽有虚构事实的行为,但还是有一定的履约意图和行为,其主观上是为了履行合同从中牟取高于合同义务的利益,规避自身的经营风险。综上,我们认为类似竹某某的"骗展"行为应属于民事欺诈而不构成合同诈骗犯罪。

(四)应从客观行为来综合分析非法占有目的以区分诈骗和欺诈

合同诈骗犯罪与合同欺诈行为在行为特征上具有共性,一是行为人主观上有欺骗合同相对人的故意;二是客观上都采用了"诈术";三是使合同相对人产生了错觉,而"自愿"与其签订、履行合同,这种自愿均与诈骗或欺诈行为具有因果关系;四是都存在合同没有履行或没有完全履行致使合同相对人遭受了财产损失的结果。因此,我们认为界定合同诈骗和合同欺诈的关键在于审查行为人是否具有非法占有目的。合同欺诈的行为人采取欺骗方法,旨在使合同相对人产生错误认识,做出有利于自己的法律行为,然后通过双方履行约定的民事行为不公平地获得对方的财产或财产性利益,其实质是违背了民事法律规定的诚实信用原则,但并不具有非法占有的目的。合同诈骗罪的行为人签订合同的着眼点不在于合同本身的履行,而在于不法占有对方财产。由于"目的"属于行为人的意识领域,一般情况下只能通过犯罪嫌疑人供述获得直接证实"目的"的证据,但考虑到诈骗犯罪行为人一般不会主动供述,故只能通过客观的行为来综合评价行为的主观目的。司法实践中,应全面综合考虑行为人虚构事实的内容、履行合同的准备程度、有无履约能力和未履约原因等客观事实,来判断行为人是否具有非法占有的目的,要防止因合同未履行的危害较大而客观归罪的倾向。

四、处理结果

检察机关认为,犯罪嫌疑人竹某某的行为不构成诈骗罪,故对犯罪嫌疑人竹某某不予批准逮捕。

(吴　真)

冒充产权人盗卖房屋行为应如何定性

一、基本案情

被告人龚某因赌博对外欠债，遂与被告人丁某共谋私下出售龚父名下的房产以还赌债。经预谋，龚某先取其家中户口本向公安机关申领龚父的身份证。第二步，龚某持其父身份证向房产登记部门办理产权证挂失登记，获得新的产权证。第三步，龚某持其父身份证和挂失获得的房屋产权证，并经化妆后冒充其父亲，与丁某共同至公证机关委托丁某出售房屋，骗得委托公证文书。经房产中介介绍，丁某持龚某交付的房屋产权证、龚父的身份证，与王某签订购房合同。同时丁某还持龚父的身份证至建行开户，并以此账户收取占有了买方的购房款 43 万余元。后丁某将相关房产过户至王某名下。

龚父发现房屋被卖后向公安机关报案。经刑事诉讼，最后龚某与丁某二人被法院以合同诈骗罪判处刑罚。刑事判决生效后，龚父向法院起诉房屋买受人王某，以判决书为主要证据，主张房屋买卖合同无效，王某应退还房屋。王某一边打民事官司，一边向检察机关提出刑事申诉。王某主张，其为善意第三人，依法应取得该房屋产权，其并未被骗，原刑事判决将其认定为被害人是错误的。

二、争议焦点

本案涉及刑民交叉，即刑事领域是否存在判决错误，是否应支持王某的申诉请求提请抗诉？民事部分，房屋产权应花落谁家？做出定论之前，以下问题亟待解决：其一，本案程序上应先刑后民还是先民后刑？抑或二者同时进行？其二，本案在刑法上是否构成犯罪？构成何罪？本案的被害人是房屋买受人王某抑或房屋原产权人龚父？其三，民法上丁某的代理出售房屋行为是否符合表见代理构成？房屋买受人王某能否依善意取得制度获得房屋产权？其四，刑法上认定合同诈骗罪成立，将对民法上合同效力产生何种影响？民法上认定构成表见代理、善意取得,是否当然影响刑法上罪与非罪、此罪与彼罪的认定?在案件处理过程中,存在以下分歧意见。

第一种意见认为,刑法上构成合同诈骗罪,被害人是房屋买受人王某。认定合同诈骗罪成立,导致民法上该房屋买卖合同归于无效,房屋产权应回归龚父,再由买受人王某向龚某、丁某两被告追偿,索讨赔偿。

第二种意见认为,本案民事交易合法有效,刑法上不构成犯罪。本案构成表见代理,根据《物权法》第106条善意取得的规定,该房屋产权应属王某所有。龚父的损失应向无权代理人龚某和丁某二人追偿。刑法上,本案不构成犯罪。龚某二人所持的证件真实并有真实的委托公证文书,且确实履行了房屋交付和过户手续,并无诈骗的主观故意和客观行为,房屋买受人王某也未受骗。

第三种意见认为,本案在刑法上构成的是盗窃罪。两被告侵犯的是被代理人龚父的财产所有权,并且是在被代理人浑然不觉的情况下进行的,两被告从被代理人手中取得财物性质上属于秘密窃取,应认定为盗窃,只不过这种盗窃是假借对第三方实施"诈骗"的买卖来完成的。民法上本案符合表见代理和善意取得,房屋产权归买受人王某。刑法上的合同诈骗罪与民法上的表见代理不可能共存于一个案件。[①]

第四种意见认为,本案的刑法处理和民法认定应并行不悖。刑法上本案构成合同诈骗罪,房屋原产权人龚父和买受人王某均为被害人。刑法上认定构成合同诈骗罪不必然导致该合同无效。本案房屋买卖行为仍然有效,产权应归买受人王某所有。

三、评析意见

笔者同意上述第四种意见。本文主要探讨刑事部分的定性,至于民事部分的产权归属暂不赘述。

(一)程序上本案应遵循"先刑后民"的原则

本案实体上既涉及刑法上罪与非罪、此罪与彼罪的认定,也涉及民法上买卖合同效力及房屋产权归属问题,程序上应从何入手,这是处理本案的起点。

① 郭立峰:《表见代理与合同诈骗罪》,载《中国刑事法杂志》2004年第5期。类似观点亦参见程宏:《刑民交叉案件中合同效力的认定》,载《学术探索》2010年第2期。

在刑民认定结论可能相互影响的情况下，从何入手，也是研究本案例的逻辑起点。笔者认为应“先刑后民”。案件实际发生的时间顺序为先刑后民。本案源起于刑事立案，原产权人龚父向公安机关报案，公安机关以合同诈骗罪立案侦查并移送检察机关审查起诉。民事部分的争议发生于刑事案件判决之后。客观上刑事诉讼程序先于民事诉讼，研究思路也不应违背客观事实顺序。

从理论上分析，先刑后民的处理符合客观实际。与民事诉讼不同，刑事诉讼过程中往往需要抓捕嫌疑人，其执行者为公检法等公权力机关，各个环节时间限制更严格，对证据的收集程序和案件事实证明的要求更高。因此，同一案件涉及刑事犯罪与民事权益纠纷之时，先进行刑事诉讼便于及时抓捕嫌疑人，以最严格的查证手段和证明标准查清案件事实，为后续的民事诉讼或行政处罚提供依据。从法律依据上看，最高院 1998 年 4 月发布的《关于在审理经济纠纷案件中涉及经济犯罪嫌疑若干问题的规定》第十条规定，人民法院在审理经济纠纷案件中，发现与本案有牵连，但与本案不是同一法律关系的经济犯罪嫌疑线索、材料，应将犯罪嫌疑线索、材料移送有关公安机关或检察机关查处，经济纠纷案件继续审理。该规定明确了刑事程序先于民事诉讼的原则。因此，“先刑后民”作为刑民交叉案中处理原则，已被大多数法律工作者所承认并践行。当然，笔者认为这种原则并非绝对，如果出现嫌疑人迟迟未能抓捕归案等情形导致刑事部分长时间未能终结，民事诉讼活动也可以先行进行，否则将导致民事权利长期处于搁置状态，无法受法律保护。

（二）刑法上认定犯罪考察的是行为是否侵犯法益、是否具有严重社会危害性

合同诈骗罪独立于一般诈骗罪规定于“破坏社会主义市场经济秩序罪”一章中，其危害性不仅在于侵害公民财产权，更在于扰乱正常市场交易秩序。考察行为是否构成犯罪，应当依据其是否侵害法益、是否达到严重程度的社会危害性。本案中龚某与丁某为达到将他人房屋转卖占有房屋款的目的，实施一系列伪造、欺诈行为，从冒名到公安局申领身份证，到房管局冒名挂失房屋产权证，再到冒充产权人至公证机关骗取委托公证，直至最后冒充龚父与房屋买受人王某签订合同、收受购房款，其行为已严重扰乱了正常的房屋交易秩序，损害了国家公权力机关的威信，使原产权人龚父及买受人王某陷入房屋产权纠纷，并将因此遭受财产损失——作为房屋产权人的龚父，居然在毫不知情的情况下房屋被卖予他人,对其造成了巨大财产损失还有难以弥合的法律质疑,这样的闹剧一旦扩展,每一个公民将惶惶不可终日,法律制度的权威也将丧失殆尽;作为买受人的王某,辛辛苦苦积攒血汗钱为买房,并已经极尽常人所能尽的审慎义务,善意且无过失,却因他人不法行为陷入无休止的官司纠纷和房屋可能被收回的忐忑境地,遭受了莫大的精神压力;作为代表国家权威的公安、房管局、公证机关,均因行为人的不法行为陷入错误而被质疑,威信尽失。对这样严重危害社会的行为,仅以承担民事责任、退回房屋款或赔偿损失的方式,抑或以行政处罚了结,显然不足以威慑和惩戒,而应动用刑罚予以处罚。

认为"合同成立有效,有关交易问题在民法上得到处理,刑法就不应予以介入"的观点存在逻辑和法理缺陷。从逻辑上讲,刑民交叉案件一般应遵循"先刑后民"处理原则,刑事部分未认定而先行对民事部分做出判断违背上述原则。从法理上讲,即便本案民事部分得到妥善处理,如被代理人、代理人及买受人三方握手言和、皆大欢喜,也不可因此而认为刑法不需介入。因为行为人先行的诈骗行为对市场交易秩序、国家机关威信造成的损害已经无从恢复,民事部分妥善处理仅可作为酌定情节于量刑环节予以考虑。正如故意伤害案中,被害人得到妥善赔偿而同意谅解加害方,充其量只影响量刑而不涉及定罪与否的问题。

(三)刑法上本案构成合同诈骗罪,龚父和王某同为被害人

根据上述分歧意见介绍,本案刑事部分存在的争议是,龚某与丁某二被告人的行为是否构成犯罪、构成何罪。

1. 房屋买卖中的合同诈骗行为方式宜做扩大解释

本案刑事部分应构成合同诈骗罪。大前提:根据《刑法》第 224 条之规定,合同诈骗罪是指以非法占有为目的,在签订、履行合同过程中,骗取对方当事人财物数额较大的行为,其表现形式包括冒用他人名义签订合同等。小前提:龚某与丁某为偿还赌债,通过骗取房屋产权证、骗取委托公证等,虚构房屋产权人委托丁某出售房屋的事实,并将房屋转卖予王某,获得购房款,其行为符合上述规定。结论:本案构成合同诈骗罪。

上述逻辑过程可能略存疑问的是,合同诈骗一般表现为骗取钱款而不履行合同,而本案两被告人收取了钱款,且实实在在履行了交付房屋并办理过户的义务,何来合同诈骗。

笔者认为，基于房屋这种特殊交易对象及交易规则，需扩张对合同诈骗的解释。一般货物交易表现为一手交钱、一手交货，货物交付、占有实际转移即为合同履行完毕，没有转移登记手续，不可能出现动产交付后被第三人以权利瑕疵而予以追回。至于一般货物（不需登记）交易的合同诈骗，合同诈骗的表现形式为单一收取钱款不交付货物。而房屋交易则不然。众所周知，占有房屋不等于合法拥有房屋所有权，即使表面合法地将房屋登记过户至自己名下，仍可能因权利瑕疵而被真正权利人索讨回转。卖方履行房屋买卖合同义务，除了形式上交付并转移登记，还需实际上具有合法的处分权。实际上不具备房屋处分权的人，通过伪造证件或骗取真实证件等方式表面合法地将房屋过户于他人，也是合同诈骗的表现之一。换言之，房屋买卖中的合同诈骗，既包括收了钱款而不予交付房屋或不办理手续的常见情形，也包括无权处分人以各种手段表面合法地将房屋盗卖予他人，两者诈骗之本质并无区别，本文所指案例即属于后者。

可能还存在的疑问：本案被告人与买受人的房屋交易是有效的表见代理，而不是狭义无权代理，王某接受的产权并无瑕疵。笔者认为，表见代理抑或狭义无权代理及其法律后果，是民法领域要认定的，在刑法上这种不同可以评价为只是被告人骗术程度的差别，但二者“冒充他人签订合同”的诈骗本质并无区别，均应作为合同诈骗罪认定。

2. 被骗人与损失承担人可能不一致的诈骗犯罪中，被骗人与损失实际承担人均应作为刑事被害人

论证本案构成合同诈骗罪后需要解决的问题是，两被告人诈骗了谁，即谁是被害人。通常认为，刑事被害人初始含义是指“遭受犯罪行为直接侵害的人”。[①] 笔者认为，该初始含义适用于“一对一”简单的诈骗案没有疑问，但在被骗人和最后损失承担人可能不一致的情况下，被害人并不限于最后承担损失者，只要可能因犯罪行为造成损失的，都应作为被害人。典型的如“三角诈骗”中，骗子到家中向保姆行骗，声称其系主人派来取财物的，保姆信以为真便把主人的财物交予骗子。此案中直接被骗者是保姆，然而财物损失的最后承担者可能是主人（如果主人自认倒霉不向保姆追偿），也可能是保姆（如果主人坚持向

---

① 郭建安：《犯罪被害人学》，北京大学出版社 1997 年版，第 14～27 页。转引自刘万奇：《刑事被害人论纲》，载《法制与社会发展》2001 年第 2 期。

保姆追偿)。财物损失的最后承担者往往需要在刑事案件处理完毕后,根据双方意愿决定或依据民法相关规定判断,而认定刑事被害人身份是刑事案件处理部分的任务。如果坚持认为只有财物损失实际承担者才能成为被害人,那么刑事案件处理过程中的被害人身份将无从认定。因此,在"三角诈骗"、"诉讼欺诈"、"代理诈骗"等涉及三方甚至多方的诈骗案中,被欺骗人与财物损失最后承担人均应作为刑事诉讼中的被害人。最后损失承担人可称为"实体上的被害人",被欺骗但最后未承担损失的可称之为"程序上的被害人"。

根据上述论断,本合同诈骗案的被害人是房屋买受人王某和原产权人龚父。房屋买受人王某系直接被害人,两被告人通过骗取产权证及公证文书等方式,将本无处分权的房屋盗卖予王某,王某陷入认识错误而与对方签订买房合同并交付相应款项,却获得产权存有瑕疵、可能被追回的房屋。而房屋原产权人龚父为间接受害人,因为虽然龚父可以向法院主张合同无效或撤销房屋买卖合同要回房屋,但民法上存在表见代理、善意取得等制度,也可能致其无法要回房屋。换言之,在两被告人无法退赃的情况下,房屋买受人王某和原产权人龚父必有其一为该合同诈骗"买单",因此均为受害人。至于何者"买单",则是民法领域讨论的问题。

(四)合同诈骗罪成立并不必然导致合同无效

刑法规范一般不直接调整私法行为,其中的强制性规定只是对某类犯罪行为进行规制,本身并不规定私法行为的效力,故刑法规范中的强制性规定不能直接援引作为确定合同效力的依据。刑法上认定合同诈骗罪成立并不必然导致该合同无效,合同效力的认定应当依据《民法通则》及《合同法》相关规定。

合同诈骗罪予以否定评价的对象并非合同本身,该罪成立并不能说明合同内容违法。该罪中,刑法否定评价的是该签订、履行合同过程中虚构事实、隐瞒真相的手段行为,这里的合同只不过是骗取财物的平台、道具,手段行为违法并不等于合同本身涉及内容违法。刑事案件中如果合同内容违法则涉及其他罪名,例如买卖毒品、买卖涉枪涉爆品、买卖淫秽物品等犯罪。[①] 本案中,刑罚规制的是龚某与丁某二人冒充龚父与他人签订合同交易的行为,而并未否定评价其所签订合同的内容。

① 郭宗才,曹志兰:《合同诈骗罪中的合同效力探究》,载《中国检察官》2010 年第 9 期。

退一步讲，即使涉及欺诈的合同也并非绝对无效。众所周知，合同是市场经济的主要载体，在大力发展市场经济的今天，出于维护交易安全、保护信赖利益的需求，公权力介入私权领域，认定合同无效应秉持限制精神。正因为如此，《合同法》修改了《民法通则》的规定，如果不涉及损害国家利益、恶意串通等情形，[①]欺诈合同的效力就不是绝对无效而是可撤销，并且《合同法》将撤销与否的选择权授予了被欺诈方。[②] 也即，在签订合同过程中受欺诈的一方发现真相后，可以选择撤销合同，也可以选择继续履行合同。综上所述，合同效力的认定与房屋产权的归属应回到民法范畴。

四、处理结果

经审查，检察机关认定原刑事判决认定事实清楚、法律适用正确，故驳回王某的申诉，不予抗诉。

（吴加明　柳　林）

① 合同无效的情形参见《合同法》第 52 条(一)一方以欺诈、胁迫的手段订立合同，损害国家利益；(二)恶意串通，损害国家、集体或者第三人利益；(三)以合法形式掩盖非法目的；(四)损害社会公共利益；(五)违反法律、行政法规的强制性规定。

② 参见《合同法》第 54 条第 2 款。

假冒身份在购销公司间连环骗取财物的行为应如何定性

一、基本案情

2008年8月，被告人熊某某化名熊晓川，冒充上海东纺日化销售有限公司(以下简称东纺公司)业务员，前往新成立的昆山苏杭时代超市连锁有限公司(以下简称苏杭超市)，通过伪造东纺公司印章与苏杭超市签订了书面购销合同。合同中约定由苏杭超市先支付货款，东纺公司后发送货物。熊某某以"开户费"的名义向苏杭超市索取人民币2万元。2008年9月2日，熊某某又化名熊晓川，冒充苏杭超市业务员，前往东纺公司，与东纺公司达成口头购销协议，要求在货款汇入东纺公司后自提货物。在苏杭超市将50万元人民币货款汇入东纺公司的账户后，熊某某伙同他人前往东纺公司将价值人民币34万余元的货物提走，并取走剩余的16万元货款。熊某某在实施上述犯罪行为后逃逸，于2009年10月26日在四川省通江县被公安机关抓获。

二、争议焦点

对于熊某某的行为定性，存在以下争议：

第一，熊某某的行为是否构成犯罪？第一种意见认为其行为应定性为民事欺诈行为，由民事法律来调整。第二种意见认为熊某某具有非法占有他人财物的故意，其行为涉嫌犯罪，应由刑事法律来调整。

第二，如果熊某某的行为构成犯罪，应选择何种罪名？第一种意见认为是诈骗罪，第二种意见认为是合同诈骗罪。

第三，本案的受害人是谁？苏杭超市所支付的货款同东纺公司的货物都被熊某某骗走，受害人是苏杭超市还是东纺公司，或者两家企业都是受害人。

三、评析意见

笔者综合分析全案后，认为本案被告人熊某某的行为构成合同诈骗罪，具体分析如下：

（一）本案应由刑事法律来调整

在经济生活中，为了获得更大的经济利益，行为人在签订、履行合同时往往会采用欺诈的手段，这种民事欺诈行为与合同诈骗犯罪在行为方式、主观目的等方面存在共同的特征，特别是在“民刑交织”的特殊情况下极易混淆。司法机关要想正确定性，首先需厘清合同诈骗犯罪与民事欺诈行为的区别。笔者认为辨析合同诈骗罪与民事欺诈行为应从以下两点着手：①民事欺诈行为人与合同诈骗犯罪行为人的主观目的不同。民事诈欺行为，是指在民事活动中，故意以不真实的情况为真实的意思表示，使他人陷于错误，从而达到发生、变更和消灭一定民事法律关系的不法行为；[①]最高人民法院《关于贯彻执行〈中华人民共和国民法通则〉若干问题的意见（试行）》第68条规定：“一方当事人故意告知对方虚假情况，或者故意隐瞒真实情况，诱使对方当事人做出错误意思表示的，可以认定为欺诈行为。”而合同诈骗罪则是在签订和履行合同的过程中，意图骗取对方当事人的公私财物。可见，民事欺诈行为人的主观目的是使被欺诈人为一定的行为，从而使相关的法律关系发生有利于自己的变化，继而因这种法律关系的变化获得实质的物质利益或者非物质的权利利益。而合同诈骗犯罪行为人意在非法占有财物，合同只是其手段，只要达到非法占有财物的目的，合同的存在与否行为人并不介意。②合同诈骗犯罪行为与民事欺诈行为的法律后果是不同的。欺诈的外延应当大于诈骗，诈骗是一般民事欺诈行为从量变到质变的转化，转化的内因来自主观恶性和客观危害性后果的进一步增强，以至于大到法律所规定的触犯刑律的程度。[②] 民事欺诈行为一般会引发民事责任的产生，而合同诈骗犯罪行为人则要承担刑事责任。另外，在民事欺诈的过程中发生的民事法律关系是合法有效的，而合同诈骗犯罪过程中所产生的合同一般是无效的。

基于以上的分析，笔者认为要对本案行为人的行为准确定性，首先要对案

---

① 熊选国：《论利用合同诈骗犯罪与民事诈欺行为的界限》，载《法学评论》1990年第1期。

② 陶阳，徐继超：《论合同诈骗罪与合同纠纷及民事欺诈行为的界限》，载《河南省政法干部管理学院学报》2004年第4期。

件中出现的合同关系进行分析。本案中出现了两份合同即熊某某冒充东纺公司业务员,代表东纺公司与苏杭超市所签订的书面购销合同,以及熊某某冒充苏杭超市业务员代表苏杭超市与东纺公司所订立的口头购销合同。众所周知,在商业活动中业务员的任务是推销产品、联系客户,公司可以授权业务员与其合作对象签订合同,但合同的主体应当是公司而不是公司授权的业务员。因此,熊某某假冒的业务员不是合同的权利义务承担者,这两份合同的当事人应当是东纺公司和苏杭超市。那么这两份合同的效力如何?笔者认为这两份合同属无效合同,理由如下:①这两份合同不属于表见代理情况下的效力待定的合同。表见代理属于无权代理的一种,《合同法》第49条对表见代理的规定为:行为人没有代理权、超越代理权或代理权终止后以被代理人名义订立合同,相对人有理由相信行为人有代理权的,该代理行为有效。无权代理是指代理人本无代理权而以被代理人的名义实施的"代理"行为。无权代理具备一般代理的表面特征,而不具有代理行为的实质特征。[①] 无论表见代理还是无权代理都必须具有代理的表面特征,即必须具有为他人代理的意思。而在本案中熊某某假冒业务员,没有公司的委托,最重要的是他没有为东纺公司和苏杭超市代理的意思,其根本的目的是骗取财物。因此,熊某某不是无权代理,这两份合同也不是表见代理情况下的效力待定的合同。②这两份合同是无效合同。根据合同法的理论,合法有效的合同必须具有真实的意思表示,即要约和承诺中的意思表示必须真实,缺一不可。本案中,熊某某假冒东纺公司业务员代表东纺公司与苏杭超市签订书面购销合同时,合同的一方当事人苏杭超市的意思表示是真实的,但另一方当事人东纺公司并没有进行意思表示,因为东纺公司此时并不知道熊某某假冒自己单位的业务员对外签订合同。同时,熊某某假冒的行为并不构成无权代理,东纺公司也就无权来追认这个合同的效力,因而合同是无效的。同理,熊某某假冒苏杭超市的业务员代表苏杭超市与东纺公司签订的口头购销合同也是无效的。

综上分析,熊某某的行为不能认定为民事欺诈,其已构成合同诈骗犯罪,应由刑事法律来调整。

(二) 熊某某的行为构成合同诈骗罪

诈骗罪与合同诈骗罪是刑法中的重要罪名,二者从犯罪构成上看均为诈骗

---

① 屈茂辉:《中国民法》,法律出版社2005年版,第188页。

犯罪，但在犯罪手段上后者较前者具有特殊性，构成普通法条和特殊法条的竞合。就本案而言，熊某某的行为更符合《刑法》第224条第一项合同诈骗罪的犯罪特征，应认定为合同诈骗罪。本案中被告人熊某某主观上具有非法占有他人财物的故意。被告人熊某某冒充东纺公司业务员时就明知自己实施的危害行为会给他人的财产造成损害，却仍希望这种危害结果的发生，属直接故意。但若要对熊某某的犯罪行为进行正确的定性，仅从主观方面判断是远远不够的，区分诈骗罪与合同诈骗罪需要从以下几方面进行辨析：

1. 二者侵害的客体不同

诈骗罪在刑法分则中规定在第五章侵犯财产罪，其犯罪客体是单一的公私财物的所有权；而合同诈骗罪却被列入第三章破坏社会主义市场经济秩序罪，其犯罪客体既有社会主义市场经济秩序又有公私财产的所有权。立法者将合同诈骗罪放在第三章中就是为了突出合同诈骗罪侵害社会经济秩序的严重危害性。市场经济秩序是整个社会的整体利益，而公私财产所有权则只事关社会个体的利益。1997年刑法新增合同诈骗罪体现了我国改革开放以来市场经济的发展，是立法顺应时势的表现。

2. 区分诈骗罪和合同诈骗罪的关键点在于犯罪嫌疑人是否以经济合同作为诈骗手段

合同诈骗罪中犯罪行为人所签订的合同应当是市场经济中的合同，其本意是通过经济合同来获取经济利益。“至少对方当事人应是从事经营活动的市场主体，否则也难以认定为合同诈骗罪。”①如果案件中所签订的合同是普通的民事合同，或者签订合同仅仅作为一种表象，则不能认定为合同诈骗罪。

3. 界定合同诈骗罪与诈骗罪还要避免一个误区

合同诈骗犯罪行为必须要与刑法合同诈骗罪条文中所列举的犯罪行为一致，否则就不能定合同诈骗罪。② 笔者认为现实生活是丰富多彩和变化无常的，立法相对现实生活而言具有一定的滞后性，同时列举性的立法手段并不能穷尽

① 张明楷：《刑法学教程》，北京大学出版社2007年版，第256页。

② 刑法中所规定的合同诈骗罪的具体犯罪行为表现有五种：(1)以虚构的单位或者冒用他人名义签订合同的；(2)以伪造、变造、作废的票据或者其他虚假的产权证明作担保；(3)没有实际履行能力，以先履行小额合同或者部分履行合同的方法，诱骗对方当事人继续签订和履行合同；(4)收受对方当事人给付货物、贷款、预付款或者担保财产后逃匿的；(5)以其他方法骗取对方当事人财物的。

现实中所有可能出现的情况,所以才会有“以其他方法骗取对方当事人财物的”这样的弹性条款。因此,在区分诈骗罪和合同诈骗罪时,我们不能把没有在合同诈骗罪条文中出现的犯罪行为都划归诈骗罪的范围里面去。

因此,本案中被告人的主观方面并不是定罪的关键,而熊某某假冒业务员,代表苏杭超市和东纺公司签订的两份经济合同是认定犯罪嫌疑人构成合同诈骗罪的重要依据。

(三)本案被害人的认定问题

我国的《刑事诉讼法》明确规定了被害人的诉讼当事人地位,被害人是刑事诉讼程序中重要的组成部分。《刑事诉讼法》第 40 条及《人民检察院刑事诉讼规则》第 318 条规定:人民检察院自收到移送审查起诉的案件材料之日起 3 日以内,应当告知被害人及其法定代理人或者其近亲属、附带民事诉讼的当事人及其法定代理人有权委托诉讼代理人。可见,如果被害人不能够正确认定,将使整个诉讼程序不能正常进行。近几年来,上海市检察机关正在试行起诉书诉前向被害人公开制度,意在使诉讼程序更加民主,使司法更加公平和正义,这也体现出被害人地位重要性的增强。本案中涉案的犯罪数额巨大,其中涉及刑事附带民事诉讼,因而被害人身份的确定有利于司法文书的及时送达和刑事诉讼程序的有序进行。

笔者认为本案的被害人应包括东纺公司和苏杭超市。依据如下:

1. 熊某某的犯罪行为属于我国刑法理论上处断的一罪中的连续犯

所谓的连续犯是指基于同一的或者概括的犯罪故意,连续实施性质相同的数个行为,触犯同一罪名的犯罪。连续犯的基本特征有:①必须是行为人基于同一的或者概括的犯罪故意;②必须实施性质相同的数个行为;③数次行为具有连续性;④数次行为必须触犯同一罪名。[①] 本案中被告人熊某某冒充东纺公司的业务员到苏杭超市去推销产品,骗取苏杭超市与其签订了购销合同,这一行为本身已经构成合同诈骗罪。其后,熊某某又假冒苏杭超市的业务员骗取东纺公司与其签订了购销合同,这一行为本身也构成了合同诈骗罪。熊某某以数次实施合同诈骗罪的故意,连续实施了两次合同诈骗行为,这两次行为都构成了合同诈骗罪。因而熊某某的犯罪行为属于连续犯,应以一罪处断,即以合同

---

① 刘宪权主编:《刑法学(第二版)》,上海人民出版社 2008 年版,第 247 页。

诈骗罪论处。

2. 被害人与危害对象之间的关系

根据刑法理论的表述，被害人是危害行为的直接对象，是危害结果的直接承受者，而危害结果可能直接影响到犯罪嫌疑人罪与非罪、轻罪还是重罪的认定。危害行为、危害结果、被害人都是环环相扣、紧密联系的。熊某某连续实施了两个合同诈骗犯罪行为，这两个犯罪行为的直接对象即危害结果的承担者就是东纺公司和苏杭超市。[①] 虽然连续犯应以一罪处断，但连续犯是由数个相同性质的犯罪行为组成的，每个犯罪行为都有自己的行为对象。因此，从法益侵害的角度出发，连续犯中每个单独犯罪行为的受害者都应当是这个连续犯罪的被害人。另外，被害人的认定应当放在具体的刑事法律关系中去考察，而且被害人的认定并不以真实的损失发生为标准。比如在诈骗罪案件中，犯罪嫌疑人并没有诈骗成功，属于诈骗罪的未遂，被诈骗者未遭受到任何的损失，但我们仍认定被诈骗者是此类诈骗案件的被害人。本案为合同诈骗法律关系，因熊某某的诈骗行为而产生。在这个法律关系中，熊某某合同诈骗的对象是东纺公司和苏杭超市，无论两家企业的损失是多少，他们在整个法律关系中的地位是不会发生变化的。东纺公司和苏杭超市均是本案的被害人。

3. 从司法实践来看，被害人的认定对于整个案件的定罪量刑是至关重要

在刑事案件侦破和审理中，被害人往往是关键证据的重要来源之一，其提供的证据一般都是直接证据，可以直接还原案件当时发生的情景。同时，被害人的认定对于追回犯罪嫌疑人通过犯罪所得的赃款和赃物具有重要的意义，有利于司法机关通过刑事司法程序及时地将追回的赃款和赃物返还给被害人，有利于维护社会的稳定和社会主义市场经济的正常运行。本案因熊某某虚构事实、隐瞒真相的犯罪行为致使两家被害公司都遭受巨大损失，已严重影响了其正常经营活动，认定两公司构成被害人有利于司法机关及时将犯罪分子绳之以法，及时追回赃款和赃物，挽回被害人的损失，维护社会主义市场经济秩序。

4. 本案中犯罪数额的认定

熊某某基于一个合同诈骗罪的犯罪故意，连续实施了两次合同诈骗行为，构成了连续犯。根据我国刑法的相关规定来看，连续犯的犯罪数额累计计算，

---

① 根据法院的民事判决，东纺公司和苏杭超市均各自承担了 25 万元的经济损失。

如《刑法》第383条第二款规定:对多次贪污未经处理的,按照累计贪污数额处罚。笔者认为,在合同诈骗罪的未完成形态中,犯罪数额应依合同标的额来确定;在合同诈骗罪的完成形态中,应以犯罪分子所实际骗得的数额作为认定犯罪数额的标准。[①] 结合本案,熊某某的合同诈骗行为已完成,属于合同诈骗罪的既遂形态;且本案的犯罪数额应当累计计算,即熊某某实际骗得的18万元的现金和34万元的货物,共计价值人民币52万元。这里需要强调的是关于熊某某以"开户费"的名义向苏杭超市索取的2万元人民币的认定问题。笔者认为刑法规定的合同诈骗罪中的"诈骗行为"是指在合同的签订和履行过程中骗取财物的行为,那么熊某某在诱骗苏杭超市签订合同的过程中索取的2万元"开户费"理应被涵盖在合同诈骗罪的犯罪数额之中。

四、处理结果

检察机关以被告人熊某某行为构成诈骗罪向法院提起公诉,法院经审理认定被告人熊某某犯合同诈骗罪,因其到案后有协助公安机关抓获其他犯罪嫌疑人的立功表现,依法减轻处罚,判处其有期徒刑八年,并处罚金人民币4万元。

(马　伟)

---

① 梁华仁,张先中:《略论合同诈骗罪的几个问题》,载《政法论坛》1999年第1期。

民间高利放贷行为能否成立非法经营罪

一、基本案情

2003 年 9 月，被告人徐某在本市注册成立 A 公司，经营范围为商务咨询、投资管理咨询、房地产咨询。自 2004 年 2 月起，A 公司法定代表人徐某以个人名义从事高利放贷活动，王某、夏某、杜某、胡某等人通过熟人介绍等方式先后与徐某签订借款协议。协议约定月利率为借款本金的 10%至 15%，借款期限二个月到三个月不等。截至案发，涉案资金达 400 余万元，王某等人已实际归还 220 余万元，徐某尚有 180 余万元未收回。

二、争议焦点

对徐某高利放贷行为的性质如何认定，主要有两种不同的意见：

第一种意见认为，本案中徐某的行为应认定为非法经营罪。徐某将个人合法所有的资金，以明显多倍高于银行同类贷款的利率借贷给他人，严重扰乱了市场经济秩序，属于《刑法》第 225 条非法经营罪中的“其他严重扰乱市场秩序的非法经营行为”。并且，徐某发放高利贷的金额特别巨大，属于情节特别严重的情形，应适用“处五年以上有期徒刑，并处违法所得一倍以上五倍以下罚金或者没收财产”的法定刑。

第二种意见认为，徐某的行为不构成犯罪。徐某高利发放贷款行为不是非法从事银行业金融机构业务活动，未触犯我国刑法第三章中破坏金融管理秩序罪和金融诈骗罪的相关罪名，其用自身闲散资金、以个人名义出借给他人的行为是民间借贷行为，应由民法、行政法律法规加以调整，不构成犯罪。

三、评析意见

根据本案实际情况以及相关的法律法规，笔者同意第二种意见，即徐某的行为不构成犯罪。理由如下：

(一) 徐某的行为不构成非法经营罪

非法经营罪，是指违反国家规定，从事非法经营活动，扰乱市场秩序，情节严重的行为。[①] 非法经营罪属于典型的法定犯，而法定犯首先必须违反了相关行政法规的规定，之后又违反了刑法的规定，具有两次违法性的特征。简言之，是否“违反国家规定”是构成非法经营罪的必要要件和前提。本案构成非法经营罪的意见认为：徐某发放高利贷的行为系“非法发放贷款”，该行为违反了国务院于1998年7月13日颁布实施的《非法金融机构和非法金融业务活动取缔办法》(以下简称《取缔办法》)，符合非法经营罪“违反国家规定”这一行政违法性的构成要件，可适用《刑法》第225条以追究徐某的刑事责任。笔者不支持这样的观点，因为：

1. 徐某的行为没有“违反国家规定”

根据我国《刑法》第96条的规定，“本法所称违反国家规定，是指违反全国人民代表大会及其常务委员会制定的法律和决定，国务院制定的行政法规、规定的行政措施、发布的决定和命令”。故国务院颁布的《取缔办法》属于刑法意义上的“国家规定”。但徐某的行为并非《取缔办法》所打击的从事非法金融业务活动。《取缔办法》第四条规定：“本办法所称非法金融业务活动，是指未经中国人民银行批准，擅自从事的下列活动：(一)非法吸收公众存款或者变相吸收公众存款；(二)未经依法批准，以任何名义向社会不特定对象进行的非法集资；(三)非法发放贷款、办理结算、票据贴现、资金拆借、信托投资、金融租赁、融资担保、外汇买卖；(四)中国人民银行认定的其他非法金融业务活动。”即法律明确禁止公民和其他组织未经批准，擅自设立金融机构或者从事金融业务活动。从其列举的行为特征来看，法律禁止的非法金融业务活动是指公民和其他组织未经批准从事金融业务，用所吸收的资金去发放贷款，强调的是资金的融资和流通功能。能够用所吸收的资金进行资本和货币经营，正是金融业区别于其他行业的本质所在。而本案中，徐某未像金融机构那样为了经营货币向公众吸收存款，其运用自有资金的行为并不妨碍资金的流通性。所以，徐某高利放贷的行为不应属于《取缔办法》中所称的“非法发放贷款”，其行为也就不具有行政违

---

① 高铭暄，马克昌：《刑法学(第三版)》，北京大学出版社、高等教育出版社2007年版，第508页。

法性。

2. 徐某行为不属于刑法规定的“非法经营行为”

2007年《刑法修正案(七)》出台前,我国《刑法》第225条第一项、第二项、第三项主要涉及三种非法经营行为方式:非法经营专营、专卖物品或其他限制买卖的物品;买卖进出口许可证、进出口原产地证明及其他经营许可证或批准文件;非法经营证券、期货或者保险业务。本案中徐某发放高利贷的行为显然不在此列。认为徐某行为系“非法发放贷款”,具有行政违法性的意见中,有部分人认为徐某的行为符合“非法从事资金支付结算业务”的特征,也有部分人认定徐某的行为属于“其他严重扰乱市场秩序的非法经营行为”,因此符合非法经营罪的构成要件。笔者认为,这些意见是对《刑法》第225条及相关立法规定和司法解释的错误理解,具体分析如下:

首先,徐某行为不属于“非法从事资金支付结算业务”。有观点认为,徐某发放贷款的行为符合《刑法修正案(七)》第五条规定,即“未经国家有关主管部门批准非法从事经营证券、期货、保险业务的,或者非法从事资金支付结算业务的”中的“非法从事资金支付结算业务”。然而,何为“资金支付结算”?1997年《支付结算办法》第三条规定,支付结算是指单位、个人在社会经济活动中使用票据、信用卡和汇兑、托收承付、委托收款等结算方式进行货币给付及其资金清算的行为。支付结算属于银行的中间业务。根据2001年《商业银行中间业务暂行规定》第三条规定,中间业务是指不构成商业银行表内资产、表内负债,形成银行非利息收入的业务。因此,非法经营罪中的“资金支付结算业务”必须具有下述特征:①支付结算主体处于中介地位,以中介人身份进行各项业务活动;②支付结算的方式为通过票据、信用卡和汇兑、托收承付、委托收款等结算方式进行货币给付及其资金清算;③支付结算主体依靠自身的资金获取的是非利息收入,而不是依靠资本金获取利息收益。本案中,徐某作为自然人与他人签订借款合同,通过收取高息以实现借款合同的经济利益,属于依靠资本金取得利息收益,不符合“资金支付结算”的基本特征,其行为不属于“非法从事资金支付结算业务”。

其次,徐某行为不属于“其他严重扰乱市场秩序的非法经营行为”。有观点认为,徐某以明显多倍、严重高于银行同类贷款的利率借贷给他人,已严重扰乱了正常的信贷市场,属于《刑法》第225条非法经营罪中的“其他严重扰乱市场秩序的非法经营行为”。但《刑法》第225条第四项作为非法经营罪的“兜底条款”,应有严格的限制。在司法实践中对它的理解和适用至少应把握几个方面:一是必须“违反国家规定”;二是必须有明文的定罪依据;三是必须“严重扰乱市场秩序”。而到目前为止,国家立法和司法机关对《刑法》第225条第四项解释所明确的9种行为,即非法买卖外汇、从事非法出版物、非法经营电信、非法传销、非法生产储运销售食盐、生产销售添加“瘦肉精”等禁止药物的饲料、灾害期间哄抬物价谋取暴利、擅自发行销售彩票、非法经营烟草行为。[①] 根据“法无明文规定不为罪”的基本刑事原则,结合徐某行为未严重扰乱市场秩序这一客观结果,徐某发放高利贷的行为不能适用《刑法》第225条第四项“其他严重扰乱市场秩序的非法经营行为”。

而且,若将徐某行为作为“其他严重扰乱市场秩序的非法经营行为”进行定罪处罚,会导致罪刑不均衡。刑法典中规定的与发放高利贷有关的犯罪只有《刑法》第175条高利转贷罪。与放高利贷将自己的钱借给他人不同,高利转贷罪是套取银行等金融机构资金高利转贷给他人,对金融秩序与安全具有更为严重的危害性。高利转贷罪的法定最高刑是七年有期徒刑及五倍以下罚金,如果将徐某放高利贷的行为按非法经营罪处理,由于涉案金额特别巨大,最高将面临十五年有期徒刑及没收财产的重刑,这必将造成严重的罪刑不均。因此,基于体系解释的要求,《刑法》第225条非法经营罪规定的“其他严重扰乱市场秩序的非法经营行为”,不应当包含民间发放高利贷的行为。

(二)徐某的行为属于民间个人借贷行为,不构成犯罪

正如前文所言,徐某高利放贷行为不构成非法经营罪,也不是非法从事金

---

① 具体是(1)1998年12月29日通过的《全国人民代表大会常务委员会关于惩治骗购外汇、逃汇和非法买卖外汇犯罪的决定》;(2)1998年12月11日通过的《最高人民法院关于审理非法出版物刑事案件具体应用法律若干问题的解释》;(3)2000年4月28日通过的《最高人民法院关于审理扰乱电信市场管理秩序案件具体应用法律若干问题的解释》;(4)2001年3月29日通过的《最高人民法院关于情节严重的传销或者变相传销行为如何定性问题的批复》;(5)2002年7月8日通过的《最高人民检察院关于办理非法经营食盐刑事案件具体应用法律若干问题的解释》;(6)2002年8月16日颁布的《最高人民法院、最高人民检察院关于办理非法生产、销售、使用禁止在饲料和动物饮用水中使用的药品等刑事案件具体应用法律若干问题的解释》;(7)2003年5月14日颁布的《最高人民法院、最高人民检察院关于办理妨害预防、控制突发传染病疫情等灾害的刑事案件具体应用法律若干问题的解释》;(8)2004年7月16日颁布的《最高人民法院、最高人民检察院、公安部关于依法开展打击淫秽色情网站专项行动有关工作的通知》;(9)2005年5月11日颁布的《最高人民法院、最高人民检察院关于办理赌博刑事案件具体应用法律若干问题的解释》。

融机构业务活动，而系民间个人借贷行为。而民间高利放贷行为，与被法律明令禁止的法人资金拆借行为有本质区别，不应当被认为是刑事上的犯罪行为。

1. 徐某行为属于民间借贷

所谓民间借贷，是指公民之间、公民与法人之间、公民与其它组织之间借贷。笔者认为，可以从三个方面区分民间借贷和非法融资：一是两者的行为目的不同。民间借贷行为的指向性比较明确，往往是用于生产经营等特定的急需资金的目的，而非法融资的行为人目的是通过货币运营等金融手段获取利润。二是两者的行为对象不同。民间借贷的对象有特定的范围，如亲戚朋友、同事同学等，一般依托借贷双方一定的人际和社会关系形成借贷法律关系，而非法融资行为针对的是社会不特定的对象。三是社会危害性不同。民间借贷可缓和资金矛盾，对社会生产有增益效果，而作为贪利型犯罪的非法融资则扰乱国家金融管理制度、侵害公众财产权。

本案中，借款方王某、夏某、杜某、胡某等七人因资金紧张无法从银行顺利贷款以改善经营，转而向 A 公司徐某求助，徐某与其签订借款合同，提供资金给王某等人用于生产经营。由此可见，徐某出借资金的对象并非社会不特定的公众，所用于放贷的资金并非是通过非法融资手段获取，其运用自有资金的行为未扰乱国家金融管理制度，更未侵害公众合法享有的财产权。因此，应将徐某的行为认定为民间借贷。

2. 徐某出借资金的行为受法律保护

徐某出借资金的行为属于民间借贷，而民间借贷行为享有法律上的合法性地位。虽然民间借贷尚未有专门法对其进行规制，但散见于法律法规中的相关规定实际上已经明确了此类行为的合法性地位：《宪法》第 13 条规定，国家依照法律规定保护公民的私有财产权和继承权。财产的使用权属于财产权的范畴。《合同法》第 12 章借款合同承认了民间借贷合同的法律地位，明确规定了民间借款合同受法律保护，强调了民法上的意思自治原则。最高人民法院《关于人民法院审理借贷案件的若干意见》规定，人民法院审理借贷案件，应按照自愿、互利、公平、合法的原则，保护债权人和债务人的合法权益，限制高利率。民间借贷包括两种，一种是合法民间借贷，一种是不合法民间借贷。根据最高人民法院《关于人民法院审理借贷案件的若干意见》第 11 条的规定：出借人明知借款人是为了进行非法活动而借款的，其借贷关系不予保护。对双方的违法借贷行为,可按照有关法律规定予以制裁。本案中徐某所出借的资金均由借款人用于合法经营活动,显然是合法的民间借贷,应受法律的保护。

3. 徐某收取高息的行为不应由刑法调整

徐某出借资金的高息部分不受法律保护并不意味其收取高息的行为就构成犯罪。事实上,应当以民事法律加以评价和规范徐某的行为:在贷款过程中,违反有关规定,约定高额利息,根据最高人民法院《关于人民法院审理借贷案件的若干意见》第六条规定:“民间借贷的利率可以适当高于银行的利率,各地人民法院可根据当地的实际情况具体掌握,但最高不得超过银行同类贷款利率的4倍(包含利率本数),超出此限度的,超出部分的利息不予保护。”从该意见的内容来看,此类行为的高息部分法律不予保护,但不涉及法律制裁和犯罪,这与上述不合法的民间借贷有本质的区别。故对于此类高利贷的案件,往往由法院调解,让借贷双方自己协商,重新变更借贷利率,直到符合规定为止。如调解不成,可直接按照法律规定判决,高于法定利率的利息部分宣布无效,而借贷关系依然成立,借贷合同和没有超出法定标准的利息仍都是合法有效的,也是受法律保护的。

4. 徐某高利放贷中未实施其他犯罪行为

当然,纯粹的民间发放高利贷行为不成立犯罪,并不代表与高利贷相关的所有行为都不受刑法制裁。例如,为了筹集发放资金而擅自设立金融机构,非法吸收公众存款或套取金融机构信贷资金,可能成立擅自设立金融机构罪、非法吸收公众存款罪、集资诈骗罪或高利转贷罪。又如,暴力收债并造成借款人死伤等严重后果的,可能涉及故意杀人、故意伤害罪及相关财产犯罪。还如,金融机构工作人员将金融机构资金(包括信贷资金及不入账的客户资金)高利放贷的,可能构成吸收资金不入账罪。再如,公司企业工作人员挪用、侵占公司资金用于高利放贷谋取利益可能构成挪用资金罪、挪用公款罪、职务侵占罪等以及开设赌场等行为也是当前刑事司法中认定组织、领导、参加黑社会组织罪的有力证据。但经查明,本案中徐某并不具有特殊身份,他以个人合法资金发放贷款,以和平方式催讨借款,发放高利贷的同时并未实施上述行为,因而我们认为对徐某只能按无罪处理。

综上所述,本案中徐某发放高利贷的行为并不构成犯罪。正如经济生活中日益扩张的民间借贷,徐某利用资金宽裕的优势,通过收取高于银行同期利息的方式发放贷款，一定程度上解决了他人对资金的需求矛盾，是对正规金融的有益和必要补充，对社会效益的增加有推动作用。中国人民银行对民间借贷也给予了积极的评价："民间借贷在一定程度上缓解了中小企业和'三农'的资金困难，增加了经济运行的自我调整和适应能力，有利于打破我国长期以来由商业银行等正规金融机构垄断市场的格局，促进多层次信贷市场的形成和发展。"因此，类似徐某发放高利贷的民间借贷行为应当慎用刑法，体现刑法的谦抑性原则，不可盲目扩大刑法的打击面，遏制民间借贷的成长空间。

当然，民间借贷的有序发展离不开对高利贷行为的有效打击，但这应由有关行政机关及相关法律、法规加以管理和规范。笔者比较赞同参照《香港放债人条例》，制定《放贷人条例》，对资金来源、放贷主体、放贷对象、利率、索债方式、贷款宣传等做出全面规定，规范放贷人行为，遏制高利贷的产生，使民间借贷成为经济健康有序发展的又一"助推器"。

四、处理结果

公安机关以非法经营罪将本案移送检察机关审查起诉，检察机关审查后认为徐某的行为不构成犯罪，并将案件退回公安机关处理。

（袁雪娣）

非法买卖新台币是否构成非法经营罪

一、基本案情

2006年1月至2009年7月，被告人郝某为获取非法利益，长期在上海市经他人中介或直接从事非法买卖外汇活动，扰乱市场秩序，先后向黄某、张某、龚某、王某、吕某、石某、钟某、刘某、许某等人提供非法买卖外汇服务，交易金额累计折合214.181 2万美元。具体涉案币种为美元、港币、台币。其中，非法买卖新台币累计1 929.114万元。2010年7月14日，被告人郝某被公安机关抓获，并扣押部分作案所用银行卡、对账簿及违法所得。

二、争议焦点

关于被告人郝某非法买卖台币的行为是否构成非法经营罪，存在两种不同意见：

第一种意见认为，被告人郝某行为不构成犯罪。外汇属于外国货币，台湾属于中国，依据《携带外币现钞出入境管理暂行办法》等规定，台币也不属于中国境内银行挂牌收兑货币明确的币种，因此不属于外汇。所以上述行为并非刑法禁止，因而不构成犯罪。

第二种意见认为，被告人郝某行为构成非法经营罪。外汇是境外货币，即大陆地区以外的国家或者地区的货币，香港港币，澳门澳门元、台湾新台币等都属于此类型，非法买卖台币属于刑法中的非法买卖外汇行为，且符合非法经营罪的犯罪构成，构成犯罪。

三、评析意见

我们同意第二种意见，具体分析如下：

（一）台币属于我国法律法规规定的外汇

与外汇相关的词语是“外币”，在我国法律等文件中这两个词都有应用。例如,《全国人大常委会关于惩治骗购外汇、逃汇和非法买卖外汇犯罪的决定》、《最高人民法院关于审理骗购外汇、非法买卖外汇刑事案件具体应用法律若干问题的解释》等用“外汇”一词。在《最高人民法院关于审理盗窃案件具体应用法律若干问题的解释》、《最高人民法院关于审理诈骗案件具体应用法律的若干问题的解释》等应用到“外币”一词。依据《中华字典》的解释,“汇”的意思之一为“外币”,则“外汇”与“外币”的涵义基本一致。

根据《中华人民共和国外汇管理条例》第 3 条和第 45 条的规定,外汇是指以外币表示的可以用于国际清偿的支付手段和资产,私自买卖外汇构成犯罪的,依法追究刑事责任。1996 年颁布实施的《中华人民共和国外汇管理条例》第 3 条第一项规定为外国货币,而 2008 年颁布实施的《中华人民共和国外汇管理条例》第 3 条第一项规定为外币现钞,有人据此认为,按照 1996 年的规定,台币不属于外汇。我们认为,台币属于 1996 年的《中华人民共和国外汇管理条例》中的外汇。理由是:第一,尽管台币不符合 1996 年的《中华人民共和国外汇管理条例》第 3 条第一项规定,但符合第 3 条第四项“其他外汇资产”的规定。第二,2008 年修订颁布的《中华人民共和国外汇管理条例》对第 3 条第一项规定变更为“外币现钞”,是对外汇的进一步明确。第三,新旧规定都将外汇定义为“以外币表示的可以用于国际清偿的支付手段和资产”,港币、澳门元、台币都符合这一内涵。如张明楷教授所言,判断者不想将某抢劫行为认定为抢劫罪时,他便可以进行如下推理:该行为是一种强制行为,我国刑法没有规定强制罪,所以对该行为不得定罪处罚,当人们自觉或者不自觉地将大前提与小前提倒置时,所造成的混乱是相当严重的。依据 1996 年的《中华人民共和国外汇管理条例》规定而持台币非外汇观点者正存在这种逻辑错误。

除了上述《中华人民共和国外汇管理条例》的规定外,我们认为台币属于外汇的理由还有以下几点:

第一,我国的外汇管理实践表明我国将台币视为外汇。台币属于中华人民共和国境外货币之一,我国的外汇管理实践中,有关部门历来也是参照或者按照外汇管理的有关规定对台币实施管理。《人民日报》还报道过非法收购台币的外汇非法交易活动案例。被告人郝某非法买卖台币的行为应当与其非法买卖美元和港币等外汇的行为一并追究刑事责任。

第二,与台币类似的港币、澳门元已被我国纳入外币管理范畴。《携带外币现钞出入境管理暂行办法》附件 1 虽未明确将“台币”一词纳入该法条,并仅仅列明 24 种货币,但已将港元及澳门元列出。其注还言明:“本表所列货币为目前境内银行实际挂牌收兑货币。如有银行挂牌收兑其它货币,也应纳入携带外币现钞出入境管理范围”。此注含有外币并非仅仅为列明的 24 种货币之意。实际上,经中国人民银行批准,台币也可在一些金融机构兑换。例如,《厦门象屿保税区条例》第 36 条规定:“经中国人民银行批准,新台币可在保税区金融机构兑换。”《厦门海沧台商投资区条例》也有类似规定。中国银行厦门市分行早在二十世纪九十年代就获准开办新台币兑换业务。因此,以台币不属于我国境内银行实际收兑货币,而排除其为外汇是不正确的。港元、澳门元、台币的存在是由于历史和政治原因造成的。非法买卖台币不利于我国的外汇管理,也会对我国的货币管理造成混乱。

第三,我国的相关法规及管理文件等也将台币视为外汇。例如,交通部《航行国际航线船舶长江航道养护费征收办法》中的《航行国际航线船舶长江航道养护费收费收据》要求将港、澳、台币填入外币栏;《中国银行关于对外汇体制改革过渡期中有关操作问题的通知》第 14 条也对台币的管理加以规定。

(二) 非法买卖台币情节严重构成非法经营罪

成立非法经营罪的前提,是违反国家规定,即违反全国人民代表大会及其常务委员会制定的法律和决定,国务院制定的行政法规、规定的行政措施、发布的决定和命令。而《全国人大常委会关于惩治骗购外汇、逃汇和非法买卖外汇犯罪的决定》第 4 条规定,在国家规定的交易场所以外非法买卖外汇,扰乱市场秩序,情节严重的,依照《刑法》第 225 条的规定定罪处罚。被告人郝某在国家规定的交易场所以外非法买卖台币,扰乱市场秩序,情节严重,违反上述规定,应按照《刑法》第 225 条非法经营罪定罪处罚。

从刑法基本理论来看,犯罪的基本特征是刑事违法性、社会危害性及应受刑事制裁性。就本案而言,被告人郝某的行为符合犯罪的基本特征。①非法买卖台币,违反法律规定,具有刑事违法性。②非法经营罪是情节犯,构成本罪不仅要求具有非法经营的行为,同时要求该行为必须达到情节严重,由于此罪是贪利性的经济犯罪,非法经营的数额是认定情节严重的重要考量标准。被告人郝某的交易金额折合 214.181 2 万美元,行为扰乱了市场秩序,干扰了我国的外汇管理,其情节特别严重,具有社会危害性。③非法买卖台币行为触犯刑法规定，符合非法经营罪的犯罪构成，应受到刑罚的制裁。

从刑事立法角度而言，刑法规定非法经营罪的意义在于以强制力保障国家对于经营主体资格、经营方式、经营对象、市场准入等的调控，对国家专卖、专营品及需要国家掌控的经营活动等进行规制，以建立有序的市场体制并保障市场秩序。外汇管理是国家对外汇的收支、买卖、借贷、转移及国际间结算、外汇汇率、外汇市场等实行的控制和管制行为。我国对于外汇的管理历来实行集中管理、统一经营的方针，并将非法买卖外汇的行为规定为非法经营罪，目的就是通过刑罚惩罚此类行为，以保障国家对于外汇的管控。

（三）非法买卖台币行为应纳入刑事处罚范围

据报载，在我国东南沿海地区，绝大部分收入的新台币通过黑市兑换，地下钱庄成为境内新台币汇兑清算的主要途径。目前对从事新台币汇兑的地下钱庄数量和经营规模尚难以测算，但 2002 年 4 月，台湾警方破获一个两岸地下汇兑钱庄案，两年间涉嫌非法营业额达 50 亿新台币；2001 年厦门市公安分局查获一起地下钱庄案，该钱庄 3 个月内买卖新台币近 4 000 万元人民币，可见这种地下钱庄的规模非同一般。本案中，被告人郝某非法买卖台币也累计达 1 929.114 万元台币。非法买卖台币的案件在近些年频发，并有相关的判例。比较有影响的是李某地下钱庄案及东莞吴某等人非法经营案，前案涉及人数、金额、规模惊人，当时是海南建省以来最大的地下钱庄案。后案中被告人在短短四个月买卖台币 7.8 亿元，两案都被媒体跟踪报道，社会影响巨大，后法院依法判决涉案被告人非法经营罪成立。从现有政治现状来看，我国打击非法买卖台币的行为也具有现实意义。在台湾，买卖人民币也是违法犯罪行为，当局也予以打击。现今，我们处罚非法买卖港币和澳门元的行为，如果将台币与港币、澳门元区别对待，不利于司法的统一性，也不符合政治现状。

四、处理结果

检察机关以被告人郝某行为构成非法经营罪向法院提起公诉，法院以非法经营罪判处郝某有期徒刑五年，并处罚金人民币 5 万元。

（曹晓烨　陈　祺　马方飞）

侵犯公民人身权利、民主权利罪

故意打伤他人后骗取医药费是否应当数罪并罚

一、基本案情

2008 年 8 月 25 日，被告人宗某、徐某、汤某、杨某经预谋，由宗某、徐某用钢管将杨某招聘的被害人孙某(出生于 1993 年 5 月 1 日)左臂打至尺骨骨折。同月 27 日，汤某陪同孙某混入某建筑工地打工，当日上午，孙某在汤某的授意下假装摔倒并造成手臂摔伤，汤某即出面与工程承包方协商工伤医药费，从而骗得人民币 11 000 元。同年 9 月 1 日，被告人汤某陪同孙某混入另一工地打工，以同样方式骗得工地承包方人民币 3 500 元。同年 9 月上旬，被告人宗某、徐某为找他人代替孙某的角色，用钢管将被害人刘某(出生于 1993 年 10 月 15 日)右臂打断，造成被害人刘某右尺骨骨折。刘某逃离宾馆后向警方报案，警方在申榕宾馆内将被告人宗某、徐某、汤某、杨某抓获。

区检察院以被告人宗某、徐某、杨某涉嫌诈骗罪、故意伤害罪；被告人汤某涉嫌诈骗罪提起公诉，并指控被告人宗某、徐某系故意伤害犯罪的主犯，被告人杨某系从犯。法院一审判决认定，被告人宗某、徐某、杨某打断孙某手臂并诈骗医药费的行为是想象竞合犯，构成诈骗罪，打断刘某手臂又构成故意伤害罪。于是，判处被告人宗某等四人有期徒刑一年至二年不等，并处罚金。

区检察院认为，被告人宗某、徐某、杨某伤害孙某并实施诈骗的行为应当以故意伤害罪和诈骗罪数罪并罚，一审判决认定为想象竞合犯，以诈骗罪一罪定罪，属于适用法律错误，于是提出抗诉。二审检察院经审查支持区检察院的抗诉意见，认为被告人宗某、徐某、汤某、杨某均系故意伤害孙某的共犯，均应以故意伤害罪、诈骗罪数罪并罚，在故意伤害犯罪中，宗某、徐某系主犯，汤某系从犯。二审法院审理后认为，一审判决认定事实不清，裁定发回重审。区检察院追加起诉，指控被告人汤某在故意伤害犯罪中均系从犯。

二、争议焦点

对于本案中宗某、徐某、汤某、杨某故意打伤他人后骗取医药费的行为及其诉讼过程，有两处争议焦点。

（一）宗某等四人打断孙某手臂后实施诈骗的行为，应以诈骗一罪定罪，还是以诈骗罪、故意伤害罪数罪并罚

第一种意见认为，宗某等四人的行为构成诈骗罪。被告人宗某、徐某、汤某、杨某经事先预谋，并按照具体分工实施诈骗，成功骗取建筑工地承包方钱财共计人民币 14 500 元。期间，被告人宗某、徐某、杨某分别实施了一个行为，即由宗某、徐某将杨某招募的孙某打成轻伤。该一行为同时具备两种不同的性质，一方面是故意损害他人的身体健康，另一方面又为实施诈骗积极制造条件，从而触犯了两个罪名即故意伤害罪和诈骗罪，系想象竞合犯，根据择一重罪处罚的原则，以诈骗罪一罪对其定罪处罚即可，无须以诈骗罪和故意伤害罪对其数罪并罚。

第二种意见认为，宗某等四人的行为既构成故意伤害罪，又构成诈骗罪，应数罪并罚。被告人宗某、徐某、汤某、杨某伤害孙某并诈骗应当以诈骗罪、故意伤害罪数罪并罚。本案中四名被告人实际实施了故意伤害和诈骗两个行为，显然不符合想象竞合犯只实施一个犯罪行为的基本特征。且有四名被告人事先经预谋，在犯罪过程中进行分工，均应对故意伤害和诈骗的所有犯罪行为负责，因此均应当以诈骗罪、故意伤害罪数罪并罚。

（二）二审支抗能否增加一审未起诉的罪名

第一种意见认为，二审支抗不能增加一审未起诉的罪名。由于支持抗诉意见超越了起诉范围，如果二审直接予以改判，作出终审判决，相当于对被告人汤某所犯故意伤害罪剥夺了上诉权，而且对于一审法院而言，其在起诉指控范围内作出判决，符合“不诉不理”的原则。

第二种意见认为，二审支抗能够增加一审未起诉的罪名。基于全面审查的二审原则，上级检察院认为一审诉、判认定罪名均有错误时，当然应当予以纠正。支抗时提出追加新的罪名,仍然是基于起诉所指控的犯罪事实,并未追加新的犯罪事实,属于纠正原审判决法律适用错误。

三、评析意见

我们均同意第二种意见,具体分析如下:

(一)四名被告人打断孙某手臂后实施诈骗的行为应当以诈骗罪、故意伤害罪数罪并罚

1. 四名被告人故意伤害孙某并实施诈骗的行为不属于想象竞合犯

想象竞合犯具有两个基本特征:第一,行为人只实施了一个行为;第二,一个行为触犯数个罪名。本案四名被告人实际实施了两个行为:故意伤害和诈骗。首先从自然层面,打断他人手臂,数日后去工地打工佯装跌倒骗取工地钱财,这是两个不同的自然行为。其次,从规范层面,两个行为的主要部分也并不重合,本案构成故意伤害罪依赖的是打断他人手臂行为;完成诈骗虽然要借助伤势后果,但构成诈骗罪并不依赖打断他人手臂的行为,而是依赖隐瞒伤势虚构工伤,骗取他人钱财的行为。因此,本案显然不符合想象竞合犯只有一个犯罪行为的基本特征。

2. 四名被告人的行为不能认定为牵连犯

牵连犯是指以实施某一犯罪为目的,而其犯罪的方法行为或者结果行为又触犯了其他罪名的情形。根据通说观点,牵连犯是裁判上的一罪,因而实行从一从重处断的原则。也就是说,对牵连犯应当采取吸收原则,按照数行为所触犯的罪名中最重的罪从重论处,即在该罪所规定的法定刑范围内酌情从重处罚。宗某等四名被告人确实存在故意伤害和诈骗两个犯罪行为,并且两行为之间有目的和手段关系,其中故意伤害他人是手段行为,诈骗医药费是目的行为,但两者并非刑法理论中的牵连关系。

对数个行为之间是否具有牵连关系的判断有多种学说,包括"形成一部说"、"包容为一说"、"直接关系说"、"通常性质说"等。综合上述观点,在牵连犯中,他罪行为之所以能够成为本罪行为的方法或结果行为,归根到底是因为他罪行为与本罪行为具有内在的因果关系,具有内在的一致性和规律性。而这种因果关系不是单纯客观的,从主客观相一致原则出发进行认识,它具有一定的相当性。相当因果关系包括两个层次,第一个层次是事实上存在因果关系,第二个层次是这种数行为或犯罪之间的因果关系能够被一般理性的人所认识或者被社会一般观念所认同，这里体现出了英美法系合理预见的原则，运用了“公众的一般认知”标准。对于牵连关系的判断必须坚持主客观一致的原则，不能单独从行为人的主观认识来判断手段行为与目的行为之间的关系，还要从公众的“通常标准”或者“一般认识”来判断两行为之间的关系。①

就本案而言，四名被告人以故意伤害未成年人的手段实施诈骗，并非诈骗犯罪的常见手段。两行为虽然具备事实上的因果关系，但是从一般认识标准来看，并不具备相当性，两行为的罪责不足以互相吸收。此外，这种诈骗手段虽然骗取的财物数额不多，但是对未成年人造成极大身体伤害和道德感扭曲，社会危害性极大，单独从诈骗罪的法定刑范围内从重处罚明显不足，应当予以数罪并罚，才能实现罪责刑相适应。

3. 四名被告人均系故意伤害罪的共犯

被告人宗某、徐某、汤某、杨某有事先预谋，在犯罪过程中四人进行分工。杨某招募愿意被打断手臂的人，宗某、徐某负责将招募到的人手臂打断，汤某负责将被打伤的人带到工地实施诈骗。被告人汤某、杨某虽然没有直接参与对被害人孙某的故意伤害行为，但二人均参与事先预谋，对砸断被害人手臂实施诈骗都是明知的，因此具有共同的故意。根据“部分行为，全部责任”的共犯归罪原则，四名被告人均应对所有的犯罪行为（故意伤害、诈骗）负责。在故意伤害犯罪中，宗某、徐某直接负责砸断被害人手臂，起主要作用，系主犯；汤某、杨某起次要作用，系从犯。

（二）二审支抗时可以对起诉指控事实追加新罪名

1. 二审支抗时对起诉事实追加新罪名不违反程序

刑事审判必须以控方提起诉讼为条件，审判的事实内容应当在起诉指控的范围内，因此支抗意见不能超出起诉的范围而增加指控事实。但二审检察院支抗时是否能够提出追加新的罪名呢？根据《刑事诉讼法》和相关刑事诉讼规则，二审检察人员应当客观全面地审查原审案卷材料，不受上诉或者抗诉范围的限制，重点审查原审判决认定案件事实、适用法律是否正确，证据是否确实、充分，量刑是否适当，审判活动是否合法，并应当审查下级人民检察院的抗诉书或者

① 刘宪权：《我国刑法理论上的牵连犯问题研究》，载《政法论坛》2000年1期。

上诉人的上诉书,了解抗诉或者上诉的理由是否正确、充分。对抗诉案件适用法律的审查,应当包括罪与非罪,此罪与彼罪、一罪与数罪的认定是否正确。因此,二审检察院认为一审诉、判认定罪名均有错误时,当然应当予以纠正,支抗时提出追加新的罪名,仍然是基于起诉所指控的犯罪事实,并未追加新的犯罪事实,属于纠正原审判决法律适用错误。

2. 当一审诉、判均有遗漏罪名时可以在二审抗诉意见中一并处理

根据《刑事抗诉案件出庭规则》,支持抗诉的意见应当包括论证原审判决、裁定定罪量刑、适用法律的错误之处,阐述正确观点,明确表明支持抗诉的意见。因此,当二审检察院支持抗诉,但认为罪名确有遗漏时,应当在支抗意见中予以说明。我国实行两审终审制度,被告人可以就被指控的事实和罪名提出上诉,从而获得两级法院的两次审理,也就有两次辩护的机会。若二审法院径行对罪名进行变更,就侵犯了被告人的审级利益,从而剥夺了被告人就追加新罪名的上诉权,违反程序公正。因此,二审检察院在支抗意见书中对应当追加的罪名予以说明的同时,应当建议二审法院发回重审。当案件发回重审之后,重新回到一审程序。重审期间,一审检察院就可以对遗漏罪名补充起诉,这样被告人在庭前对指控的事实和罪名都有了充分了解,重审判决过后仍然可以提出上诉,这样既使一审诉、判错误均得到了纠正,又切实保障了被告人的辩护权和上诉权。

3. 本案支抗成功的借鉴意义

法律仅规定上级人民检察院认为下级人民检察院的抗诉意见和理由不成立,可撤回抗诉;如果认为成立,则应出具支持抗诉意见书并派员出庭支持抗诉,但对上一级检察院同意下级检察院的抗诉决定又对抗诉意见持不完全相同意见时应当如何处理无明确规定。我们认为,基于全面审查的二审原则,上级检察院在指控的事实范围内有变更适用法律主张的权利。本案发回重申后,经一审检察院追加起诉,重审判决全面采纳了支抗意见。本案的支抗成功显然对此种情况下如何兼顾实体正义和程序正义提供了良好的借鉴意义。

四、处理结果

一审法院重审认定,被告人宗某、徐某系故意伤害犯罪的主犯,被告人汤某、杨某系故意伤害犯罪从犯,据此判决:被告人宗某犯诈骗罪判处有期徒刑一

年零六个月，并处罚金人民币 2 000 元，犯故意伤害罪判处有期徒刑一年零六个月，决定执行有期徒刑二年零七个月，并处罚金人民币 2 000 元；被告人徐某犯诈骗罪判处有期徒刑一年零六个月，并处罚金人民币 2 000 元，犯故意伤害罪判处有期徒刑一年零六个月，决定执行有期徒刑二年零七个月，并处罚金人民币 2 000元；被告人汤某犯诈骗罪判处有期徒刑一年零六个月，并处罚金人民币 2 000元，犯故意伤害罪判处有期徒刑六个月，决定执行有期徒刑一年零十个月，并处罚金人民币 2 000 元；被告人杨某犯诈骗罪判处有期徒刑一年，并处罚金人民币 1 000 元，犯故意伤害罪判处有期徒刑六个月，决定执行有期徒刑一年零四个月，并处罚金人民币 1 000 元。

（万大庆　王亚洁）

打斗中误伤第三人的行为应如何定性

一、基本案情

2010 年 11 月 26 日 17 时许，被告人周某某因琐事与张某某在青浦区盈浦街道支家路 217 号门前发生争吵。在双方拉扯扭打的过程中，周某某顺手从水泥台阶上拿了一根白炽灯管击打张某某头部，灯管破裂后碎片飞溅至途经此地的路人于某某右眼。经鉴定于某某右眼因碎片划伤致盲，构成重伤。

二、争议焦点

关于本案的定性有三种不同意见：

第一种意见认为周某某的行为构成故意伤害罪。理由是：被告人周某某主观上有伤害他人的故意，客观上实施了用灯管击打他人的行为，造成了他人重伤的危害后果，完全符合故意伤害罪的构成要件，属于打击错误。被害人于某某因灯管破碎的碎片飞溅眼睛造成重伤，应当是被告人周某某明知可能会造成的危害后果，周某某放任危害结果的发生，属于间接故意。

第二种意见认为周某某的行为构成过失致人重伤罪。理由是：在客观方面，被告人周某某用灯管直接击打的对象是张某某的头部，后果也是击中了张某某的头部，只因灯管碎裂后碎片飞溅到站在旁边的于某某的眼睛里，并非周某某直接击打于某某造成其受伤的后果。在主观方面，周某某只有伤害张某某的故意，对灯管碎片飞溅至于某某的眼睛导致其重伤的后果是疏忽大意的过失。

第三种意见认为周某某的行为不构成犯罪。理由是：被告人周某某与张某某扭打的过程中，用灯管击打张某某的头部并未造成轻伤以上后果，达不到故意伤害罪的入罪标准。而周某某在当时激愤的情况下，没有料想到会伤害他人，也根本没预料到灯管破碎的碎片飞溅至于某某的眼睛，对造成于某某重伤的后果属于意外事件。

三、评析意见

我们同意第二种意见。判断一个人的行为是否构成犯罪，以及构成何罪，要综合考量其客观行为和主观方面。本案中，如何认定周某某行为的性质应当从客观行为入手，结合案发当时的具体情况，深入分析行为人的主观罪过。具体分析如下：

（一）周某某的行为不属于打击错误

被害人于某某眼睛受重伤，并非周某某直接用灯管击打所致，而是由于灯管碎裂的碎片飞溅造成，应当区别于打击错误。

打击错误也称方法错误，是指由于行为本身的差误，导致行为人所欲攻击的对象与实际受害的对象不一致。[①] 打击错误一般有以下特征：只实施了一个行为；主观上必须同时具有数个异质的不同罪过，如故意和过失；实际侵害的对象与意图侵害的对象不一致；对实际侵害的对象不存在故意，但可以是过失；一行为可能同时触犯数个不同的罪名，如故意伤害未遂和过失致人重伤等。曾经有这样一个案例[②]：2007 年 8 月 27 日凌晨 1 时许，夏某与其同事肖某、胡某寻找唐某（女），至某网吧附近，遇见唐某与男青年赖某、徐某在一起，随即夏某、肖某与赖某发生争执并扭打，当夏某持刀刺向赖某时，因赖某及时躲闪，刀正好刺中肖某的胸部。经法医鉴定，肖某的伤势属重伤。该案属于典型的打击错误，夏某所要伤害的对象明确无误为赖某，但是因为夏某持刀刺向赖某，赖某及时躲闪，刀正好刺中肖某的胸部，致肖某重伤，由于行为本身的误差，造成实际侵害的对象与意图侵害的对象不一致。

本案中，周某某击打张某某但却造成于某某受伤的后果不属于打击错误，因为周某某的击打的行为没有发生误差，其本来想要攻击的对象就是张某某，被灯管打到的人也是张某某，张某某因被击打亦造成头皮擦伤、头晕，故行为人所欲击打的对象与实际受害的对象是一致的。而于某某受伤的后果并非周某某直接用灯管击打造成，而是因灯管击打时碎裂的碎片飞进眼睛所致，是灯管

---

① 张明楷：《刑法学（第三版）》，法律出版社 2007 年版，第 225 页。

② 顾列平，李建军：《打斗中误伤他人是对象错误还是打击错误》，载《人民检察》2008 年第 11 期。

碎裂造成的过剩后果。

(二)周某某对其灯管击打行为会造成于某某的重伤后果具有疏忽大意的过失

行为人的主观罪过不像客观行为那样容易证明,由于种种原因,行为人可能不会如实供述其实际想法,仅仅依靠口供进行判断,难保不偏离事实。不过,罪过毕竟不是单纯的思想,其必然支配一定的危害社会行为,并且反映在这一危害行为上。这就为我们认识行为人的主观思想提供了一条途径,即通过对客观事实和外在行为的综合分析推断行为人的主观罪过。具体到本案中,被告人周某某辩解自己根本就没有预料到灯管破碎会飞溅至于某某的眼睛,我们在分析其主观罪过时应从分析行为入手,根据行为本身的危险程度、行为的客观环境以及行为人的智能水平,判断行为人在当时的情况下能否预见结果的发生。

1. 从行为本身的危险程度来说,行为人应当预见用灯管击打会对人体造成伤害

灯管是易碎品,用灯管击打他人头部容易造成灯管破碎,弄伤他人,这并非是出乎行为人意料之外的后果。但是灯管是周某某用来作为反击张某某的工具,用作敲击对方身体造成张某某身体疼痛,之前双方打架都是用拖把和畚箕之类的东西击打,灯管也是周某某是情急之下随手从旁边水泥台阶上拿的,当她用灯管击打对方的时候并不存在明知灯管碎裂进而伤害他人的后果。

2. 从行为的客观环境来看,行为人应当预见碎片飞溅会伤害到旁人

案发地点是两家小餐馆的门口,属于公共场所。整条街上都是一些类似饭馆、茶庄的小店,平时生意不错,来往的人流比较多。当时的时间是傍晚 17 时许,正值饭点。被害人于某某正是和朋友去小宋家常菜馆吃晚饭,当时两家饭店门口的路人也不少。双方扭打时,周某某的哥哥和张某某的父亲也上来帮忙,旁边有邻居在旁拉架,还有路人围观。根据当时的情况,周围的人这么多,灯管破碎后很容易飞溅到别人的身上。

3. 从行为人的智能水平来看,对造成被害人受伤的后果是因疏忽大意没有预见

周某某是与张某某发生扭打,她直接的攻击对象是张某某,并没有想要造成其他人受伤,由于当时的一时冲动忽略了灯管的这一特性,对于某某因碎片划伤眼睛的后果也是没有及时反应到的。但周某某并不属于放任危害后果的

发生，主观上对于某某的受伤是持反对的态度，造成他人重伤后果违背了周某某内心的意愿。

综上所述，周某某应当知道自己用灯管击打他人会导致灯管碎片飞溅至旁人，因为疏忽大意没有预见到，主观上属于过失。

（三）周某某在本案中的行为不能认定为故意犯罪的既遂

周某某用灯管击打张某某的一个行为，未对张某某造成轻伤以上后果，而对于某某却造成重伤的后果。从主观上看，对张某某是出于故意，对于某某受伤的后果是出于过失。如何处理这种情形在理论上存在具体符合说和法定符合说之争。

按具体符合说，行为人认识的事实与实际发生的事实必须具体地相一致，故意才能成立。[①] 若实际发生的事实与行为人预见的事实不在同一构成要件范围内，当然也就谈不上二者具体地相一致，故意也就不成立。行为人对实际发生的事实只成立过失犯，对预见的事实则构成未遂犯，二者属于想象的竞合。持法定符合说的论者一般认为，行为人预见的事实与实际发生的事实只要在构成要件范围内是一致的，就成立故意的既遂犯。如何适用这两种学说，我们必须根据具体的案情来分析，结合案件的客观情况以及行为人的主观态度来综合考量。

本案中，周某某在实施行为的当初，对所要侵害的对象有着明确无误的认识，对其他对象后来的意外侵害，行为人从内心深处一定是持否定态度的。周某某对灯管破碎后碎片飞溅导致对其他对象的侵害，行为人认为这是一种“不幸”，违背了自己的初衷。此时如果仍然认定为故意犯罪的既遂，显然属于一种纯粹的客观归罪，与刑法主客观相一致原则不相符合，与民众通常的感情也是相悖的。

四、处理结果

2011 年 10 月 27 日，上海市青浦区人民检察院以被告人周某某行为构成过失致人重伤罪向法院提起公诉，2011 年 11 月 11 日，青浦区人民法院以过失致人重伤罪判处周某某有期徒刑 1 年，缓刑一年。

（顾丽琛）

---

① 张明楷：《刑法学(第三版)》，法律出版社 2007 年版，第 224 页。

如何准确采信强奸案件中违背妇女意志的证据

一、基本案情

2009年10月31日晚23点许，被告人陈某甲酒后擅自进入上海市宝山区某综合性市场二楼宿舍被害人陈某乙住处将其摁住，在被告知陈某乙正处于月经期并拒绝的情况下，仍强行脱去被害人裤子，并将其裤子上的二个搭扣扯坏，然后将其按倒在床上实施了性行为。事后，孙某(系陈某甲前妻)前去质问陈某乙，陈某乙予以否认。次日上午，被害人陈某乙向公安机关报案。

二、争议焦点

本案办理过程中，形成了针锋相对的两种意见：

第一种意见认为，虽有证据指证犯罪嫌疑人涉嫌强奸，但尚未达到确实充分的程度，认定强奸罪的证据不足。根据现有证据，不能排除案件存在"半推半就"的情形。主要理由是：①违背妇女意志不明显，虽被害人表示有月经在身不愿意，但之后其没有反抗，也没有叫喊；②强行发生性关系的程度不明显，本案中仅能证实犯罪嫌疑人将被害人"按倒"在床上，无法证实被害人处于不能、不敢或不知反抗的状态；③案发后犯罪嫌疑人前妻立即找至被害人家中，但被害人否认与犯罪嫌疑人发生关系，这与被害人第二天报案之间，具有难以合理解释的态度转变；④本案除言词证据外，只有被害人裤子皮带扣断裂这一物证，但该证据不具有排他性，缺乏其他客观证据。

第二种意见认为，犯罪嫌疑人陈某甲的行为符合强奸罪的构成要件。主要理由是：①违背妇女意志是强奸罪的本质特征，本案中被害人处于月经期，明确表示不愿与犯罪嫌疑人发生性关系，符合经期妇女不愿发生性关系的常理；②主观上犯罪嫌疑人承认被害人明确表示不愿意，其仍不顾被害人意志而与之发生性关系；③客观上犯罪嫌疑人实施了将被害人按倒在床上强行脱裤并奸淫的行为；④虽犯罪嫌疑人辩称与被害人之前有通奸关系，但经外围取证，无其他证据印证，并且之前的关系不影响本案的认定；⑤结合被害人案发后的态度判断，没有证据证实有外因强力压迫致使被害人不得不报案，相反报案对被害人的名誉影响更大，但被害人依然选择报案；而报案时间在第二天上午，也属正常。

三、评析意见

我们同意上述第二种意见，具体分析如下：

（一）从被害人的意思表示看，被告人的行为违背了妇女意志

我国《刑法》第 236 条规定，强奸罪是指以暴力、胁迫或者其他手段强奸妇女的行为。我国刑法理论通说认为：所谓强奸罪，是指以暴力、胁迫或者其他手段，违背妇女意志，强行与妇女发生性交的行为。其中，“违背妇女意志”和“暴力、胁迫或者其他手段”是强奸罪本质特征的两个不可分割的组成部分。违背妇女意志是强奸罪的实质，手段行为对被害妇女人身、精神的强制性，是实质的外部表现。认定强奸罪必须将两者有机地结合起来。[①] 违背妇女意志，是没有得到妇女的同意而强行与之发生性交。判定是否违背妇女的意志，关键要看妇女在行为人实施侵害行为的当时对发生性行为是否同意，[②]至于妇女表示同意是在发生性交之前还是性交过程中，均不影响同意的成立。被告人之前是否与被害人有过性关系，更不影响本案强奸罪的成立。

强奸案件的认定中有一个难点，就是半推半就的问题。所谓半推半就是指行为人与妇女发生性行为时，该妇女既有“就”的一面即同意的表现，又有“推”的一面即不同意的表现。最高人民法院、最高人民检察院、公安部 1984 年 4 月 26 日《关于当前办理强奸案件中具体应用法律的若干问题的解答》（以下简称《解答》）中明确中指出：“在办案中，对于所谓半推半就的问题，要对双方平时的关系如何，性行为是在什么环境和情况下发生的，事情发生后妇方的态度怎样，又在什么情况下告发等等事实和情节，认真审查清楚，作全面的分析，不是确系

---

① 高铭暄，马克昌：《刑法学》，北京大学出版社、高等教育出版社 2000 年版，第 476 页。

② 刘宪权，杨兴培：《刑法学专论》，北京大学出版社 2009 年版，第 488 页。

违背妇女意志的,一般不宜按强奸罪论处。如果确系违背妇女意志的,以强奸罪惩处。"因此,如果综合查明和判断"就"是主要的,则属假推真就,则不能视为违背妇女意志而以强奸罪治罪科刑。反之"推"是主要的,则应认定为违背妇女意志,应当以强奸罪论处。

本案中,陈某乙明确表示自己处于经期中,不可以发生性关系;被告人也承认原告有过这样的意思表示;妇女经期发生性关系有可能会对身体造成严重损害,因而不宜发生性关系,这是成年人都具备的常识。所以,被害人的意思表示是直接的、明确的,不存在半推半就的犹豫和矛盾。如前所述,强奸犯罪中违背妇女意志是指案发时妇女的意思表示。即使案发前双方真如被告供述的存在情人关系,《解答》中指出行为人先是通奸,后来女方不愿意继续通奸,行为人纠缠不休,并以暴力、胁迫手段强行与妇女发生性交的,也应以强奸罪论处。《解答》中还指出第一次性交违背妇女意志,但女方并未告发,而后又多次自愿与该男子发生性交的,对该男子一般不宜以强奸罪论处。本案案发后,面对被告人前妻气势汹汹的质问,身心刚刚遭受蹂躏的被害人采取否认与回避的态度,第二天又到公安机关报案告发,既是可以理解的,又不能改变被告人的行为定性。

(二)从被告人的客观行为看,其本身也违背了妇女意志

由于强奸行为违背妇女意志,所以,行为人必然会采取某种足以使妇女不能反抗或不敢反抗的手段,即外化为暴力、胁迫或者其他手段,这些手段是强奸行为的有机组成部分,是分析判断违背妇女意志的重要依据。如果行为人没有采取这些强制手段,很难使人确信其行为客观上违背了妇女意志,因而成立强奸罪的依据不足。① 刑法理论对暴力、胁迫的含义存在争论。第一种观点认为,这里的暴力、胁迫一样,必须达到压制被害人反抗的程度;第二种观点认为,只要是暴力、胁迫,而不问其程度,都成立强奸罪的暴力、胁迫;第三种观点认为,强奸罪中的暴力、胁迫,不要求达到压制被害人反抗的程度,只要达到使被害人明显难以反抗的程度即可。至于是否达到这种程度,则应根据被害人的年龄、精神状况、健康状况、行为的时间、场所以及其他情况,依据社会的一般观念进行客观判断。② 第三种观点是通说。持这一观点的人认为,强奸罪在性质上是

① 江任天:《对强奸罪中"违背妇女意志"问题的再认识》,载《法学研究》1984年第5期。

② 张明楷:《外国刑法史纲要》,清华大学出版社2007年版,第491页。

与通奸相区别的，所以其手段必须是某种程度的暴力、胁迫，如果不问暴力、胁迫的程度，则容易混淆强奸与通奸的区别。但另一方面，也不能要求暴力、胁迫达到压制被害人反抗的程度，因为这种要求不利于保护妇女的性的不可侵犯性。

本案被告人，作为一名成年已婚男性，应当明知妇女在经期发生性关系可能会对身体造成严重伤害，在被害人明确告知后，仍然强行与其发生了性关系。案发时，被告 32 岁，正当壮年，在大量饮酒后气力更加强蛮，被害人已经 48 岁，平时严重贫血，在经期身体更为虚弱，双方之间体力相差悬殊，侵害人酒后的蛮力足以压制被害人的反抗。他首先将被害人一把抱住，使其无力挣脱，然后在被害人告诉其处于经期中不能发生关系后，强行脱去被害人的裤子，过程中竟然将被害人裤子的搭扣扯断，可见其当时力气之大，之后把被害人面朝床里按倒在床上从后与之强行发生了性关系。从整个过程来判断，其行为是可以认定侵害人使用暴力的手段并违背了妇女意志。

（三）从客观环境条件看，被告人的行为对妇女产生了精神强制

妇女是否同意，不能以有无反抗为标准。被害妇女是否抗拒是因人因势因时因地而宜的，有的出于自愿而不反抗，有的是在半推半就的情况不反抗或反抗不明显，有的是妇女处于孤立无援、难以摆脱的险境，产生恐惧、胆怯心理而不敢反抗，有的妇女性格刚强，面对凶恶的暴徒，敢于以死相拼，誓死不从而反抗，有的妇女生性懦弱，遇到暴徒根本不敢反抗，有的妇女反应能力弱，遇到突发情况不知所措，不知如何反抗……因此不能简单地从表面上看被害妇女当时有无拒绝、反抗的表示作为认定是否违背妇女意志的唯一条件，还应考虑妇女是否能够反抗、是否知道反抗、是否敢于反抗等情况。对妇女未作反抗或者反抗表示不明显的，要通观全案客观环境，具体分析，综合认定。本案被害人的住处属于砖土结构隔音比较好的楼房，并且时值深夜，在一个封闭的空间里面对身强体壮又浑身酒气的侵害人，孤立虚弱的被害人因恐惧、精神受到强制从而不知所措是非常自然的；并且事起仓促，被告人进来后就将其抱住，使其无力挣脱，之后强奸的过程也不过十分钟，被害人不及呼喊和反抗，也合乎常理。如果把这种因恐惧和体力悬殊而导致的无力反抗视为一种“半推半就”无疑是荒谬的。相反，被害人的无力反抗恰恰说明了被告人暴力行为的强度之大。

综上，本案中违背妇女意志的客观证据已经确实、妇女表达不愿实施性行为的意思已经非常充分。

四、处理结果

检察机关以被告人陈某甲行为构成强奸罪向法院提起公诉,法院以强奸罪判处被告人陈某甲有期徒刑三年。

(赵增田)

收取购房款后不偿还自己剩余房贷逃匿的行为是否构罪

一、基本案情

犯罪嫌疑人柏某某于 2003 年 9 月以人民币 48 万元投资购买了位于上海市宝山区某处的期房，其中个人首付 13 万元后，又将该房屋向上海浦东发展银行抵押贷款 35 万元。2004 年 1 月，柏某某又经中介以 60 万元的售价与被害人谢某某签订了该套房产的买卖合同。合同签订之后，被害人根据约定先支付了首笔购房款 18 万元，2004 年 6 月房屋建成后，柏某某将房屋钥匙交给谢某某，谢又支付了 406 600 元，约定由柏某某先将银行贷款还清，再办理过户手续。犯罪嫌疑人柏某某拿到 58 万房款后，未缴清贷款余款 336 071.08 元以撤销抵押权，便携带钱款前往山东用于投资房地产、归还个人债务及生活开销，并更改了联系方式。被害人按照约定于 2004 年 8 月准备与柏某某一同办理产权过户手续时，发现无法联系到柏某某，遂报案。公安机关经调查后立案侦查，并上网追逃。后经被害人多方寻觅与催讨，柏某某仅于 2005 年归还被害人 1 万元后即拒不归还余款，也未至银行还贷。被害人谢某某遂通过民事诉讼并偿还银行贷款余额后，办理了该套房屋的产权登记手续，取得房屋的所有权。2010 年 2 月 27 日，山东省乳山市公安局将柏某某抓获后移交上海市宝山区公安分局。

二、争议焦点

本案中，对柏某某的行为如何定性存在以下分歧：

第一种意见认为，柏某某构成合同诈骗罪。柏某某与被害人签订房屋买卖合同时，虽不具非法占有故意，但在被害人交付其 58 万元房款后，其不履行合同义务，反而变更联系方式，逃匿达 5 年之久，其行为完全符合《刑法》第 224 条第四项之规定，应以合同诈骗罪定罪处罚。

第二种意见认为,柏某某没有隐瞒事实真相,所得卖房款是合法取得,没有为购房者转移房屋产权,且拒不归还,属于一般侵占行为,构成侵占罪。

第三种意见认为,柏某某是在履行合同中,收受对方给付财物后才产生非法占有目的而逃匿的,并未实施诈骗的行为,属于违约行为,不构成犯罪。

三、评析意见

我们赞同第三种意见,理由如下:

(一)本案中,嫌疑人获取全额房款过程中,不存在隐瞒真相、虚构事实的欺骗行为,不构成合同诈骗罪

第一种意见认为,合同诈骗犯罪行为既可以发生于合同签订之前,也可以产生于合同履行过程中。本案的房屋买卖合同的履行完毕应以房屋产权转移完成为基准。犯罪嫌疑人在取得房屋买卖的钱款后,应当履行房屋产权转移的合同履行义务,但其明知被害人在寻找其履行合同,却更改联系方式,只履行归还一万元钱款和部分还贷钱款,却将大部分钱款用于归还个人债务、个人投资、日常消费等,非法占有故意明显,符合《刑法》第224条第四项规定:收受对方当事人给付的货物、货款、预付款或者担保财产后逃匿的。因而构成合同诈骗罪。

合同诈骗罪是指以非法占有为目的,在签订、履行合同过程中,使用诈骗手段,骗取对方当事人财物,数额较大的行为。其客观构成要件为在签订、履行合同过程中,使用欺诈手段,骗取对方当事人数额较大的财物。欺诈手段包括:一是以虚构的单位或者冒用他人名义签订合同的;二是以伪造、变造、作废的票据或者其他虚假的产权证明作担保的;三是没有实际履行能力,以先履行小额合同或者部分履行合同的方法,诱骗对方当事人继续签订和履行合同的;四是收受对方当事人给付的货物、货款、预付款或者担保财产后逃匿的;五是以其他方法骗取对方当事人财物的。

合同诈骗罪的主观构成要件为故意,还必须具有非法占有的目的。非法占有的目的既可以存在于签订合同时,也可以存在于履行合同的过程中,但产生非法占有的目的后未实施诈骗行为的,不构成合同诈骗罪。在“收受对方当事人给付的货物、货款、预付款或者担保财产后逃匿”时,应限于行为人在收受给付的财产之前便存在非法占有目的,而且对方之所以给付货物、货款、预付款或者担保财产,是由于行为人的欺骗行为所致。行为人收受对方当事人给付的货物、货款、预付款或者担保财产之后，才产生非法占有目的，但仅仅是逃匿，而没有采取虚构事实、隐瞒真相的手段使对方免除债务的，我们认为难以认定为合同诈骗罪。因为既然是骗取对方当事人财物，就意味着在对方当事人给付财物前，行为人便以非法占有为目的实施了欺骗行为，否则不可能成立合同诈骗罪。当然，如果行为人收受了对方并未转移所有权的财产如担保财产后逃匿的，则可以认定为侵占罪。如果行为人收受了对方已经移转所有权的财产后，才产生非法占有目的，此后，除据为己有外并没有实施其他犯罪的，不能以犯罪论处。

总之，合同诈骗罪本质的逻辑特征应该符合一般诈骗犯罪的犯罪构成，即有非法占有的目的，采用欺诈或隐瞒真相的方法，被害人基于错误认识而“自愿”交付财物。具体到本案，关键的争议焦点就是犯罪嫌疑人柏某某是否有隐瞒事实真相或欺诈的手段，并以此手段取得了钱款。从本案看，犯罪嫌疑人柏某某在签订、履行合同中并未以虚构事实，隐瞒真相的方法骗取被害人钱款。第一，房屋买卖合同标的是真实存在的，也确实属于柏某某所有；第二，该房屋上存在抵押贷款的事实，被害人谢某某在签订合同时是明知的。本案嫌疑人在整个行为中没有虚构和隐瞒事实或部分事实，虽在其无力还贷时，逃匿避债，但其实质仍然是民事合同纠纷。

（二）本案中不存在民事委托关系，嫌疑人收取全额房款不构成侵占罪

第二种意见认为，被害人在签订合同后，未与嫌疑人一起前往银行归还贷款，而将全部房款共 58 万元（余 2 万元）一并交给了嫌疑人，由嫌疑人代其将银行贷款一次还清，以便交房之时可以办理产权登记手续。此行为的法律含义就是被害人将本该偿还银行的 33 万余元贷款委托嫌疑人代为归还，嫌疑人取得这笔钱款是基于事实委托，合法取得，而非欺诈得来。之后，嫌疑人在合法占有该笔钱款后未用于偿还贷款，而是产生了非法占有的故意，用于自己归还个人债务，投资生意等处，经被害人多次催讨而拒不归还。因此，其行为符合侵占罪“合法持有、非法占有”的本质行为特征，应当认定为侵占罪。

侵占罪，是指将代为保管的他人财物非法占为己有的，数额较大，拒不退还的，或者将他人的遗忘物或者埋藏物非法占为己有，数额较大，拒不交出的行为。“代为保管”是指受委托而占有，即基于委托关系对他人财物具有事实上或者法律上的支配力的状态。委托关系发生的原因多种多样，如租赁、担保、借用、委任、寄存等。而在本案中，涉及两组民事债权债务关系：嫌疑人和被害人签订的房屋买卖合同,以及嫌疑人和银行签订的按揭贷款合同,分别属于合同之债和担保之债。在房屋买卖合同中,买方履行支付房款的义务,卖方负有交付房屋于买受人并使其取得该物所有权的义务。出卖人另外负有权利瑕疵担保责任,出卖人应移转的权利具有瑕疵时,买受人得请求出卖人排除其瑕疵,为权利无瑕疵的给付。并且该合同中也明确约定,嫌疑人在收到房款后,应该将他的按揭贷款还清,然后和买方履行房产过户。根据债的相对性原理,房屋贷款也应该由嫌疑人来偿还。所以,向银行偿还剩余贷款是嫌疑人应尽的直接的合同义务。所谓委托,是当事人约定,一方委任他方处理事务。处理的事务以属于委任人自己为原则,属于第三人的事务义务不可,但属于受任人自己利益,原则上不得为委托。本案中,不存在委托关系,嫌疑人的行为也不构成侵占罪。

(三)嫌疑人不履行还贷义务,不消灭抵押权的行为属于违约行为,本案不应认定为刑事案件

违约责任,是指合同当事人因违反合同约定的义务而应承担的法律后果。《合同法》第60条规定,当事人应当按照约定全面履行自己的义务。第107条规定:“当事人一方不履行合同义务或者履行合同义务不符合约定者的,应当承担继续履行、采取补救措施、或者赔偿损失等违约责任。”本案的房屋买卖合同的履行完毕应以房屋产权转移完成为基准。嫌疑人柏某某在取得房屋买卖的钱款后,应当履行房屋产权转移的合同义务,但其明知被害人在寻找其履行合同时,却更改联系方式,只履行归还一万元钱款和部分还贷钱款,将大部分钱款用于归还个人投资、偿还债务等,以致无力继续履行合同义务,属于明显的违约行为。本案被害人曾于2004年以买卖合同纠纷为由诉至法院,法院经缺席审判作出生效判决,判定由柏某某办理房屋抵押注销手续,协助谢某某办理房屋转让过户手续,支付违约金10万元。所以本案中的法律关系和法律行为业已经过民事判决予以明确,嫌疑人应承担继续履行和支付违约金的民事违约责任。

由于嫌疑人无力偿还贷款并且逃匿,虽然本案被害人与贷款银行之间不存在权利义务关系,但是由于被害人与贷款偿还存在利害关系,所以被害人以代位清偿的方式向银行偿还剩余贷款,办理了该套房屋的产权登记手续,取得房屋的所有权。至此,嫌疑人承担的民事责任已转化为向被害人偿还应由其支付的剩余房贷以及违约金。嫌疑人现在是因为客观原因无力承担民事责任，其亲属已代为偿还了部分钱款，剩余钱款可由民事强制执行等其他途径追讨。运用刑罚手段不符合刑法的谦抑性原则。刑法具有补充性，即当一种行为用其他社会规范和调整手段进行调整不足以有效制止该行为再次、甚至普遍性地发生时，才应当考虑动用刑罚的手段予以制止。换言之，当某一行为通过其他社会规范和调整手段可以有效调整时，刑法就没有必要主动干预。本案在履行合同过程中，嫌疑人未尽帮助被害人办理该房屋产权过户的义务，导致被害人为得到房屋产权，多支出30余万元，但该房屋已被被害人加价出售，被害人的损失仅为少获利润；从罪罚相适应原则考虑，犯罪嫌疑人因未积极履行产权过户的合同义务，如以合同诈骗罪论处数额巨大将面临有期徒刑10年以上的处罚，处置过重，且案件矛盾依然存在。综合案件的法律效果和社会效果，本案嫌疑人不应定罪。

四、处理结果

公安机关以犯罪嫌疑人柏某某涉嫌合同诈骗罪将本案移送至检察机关，经检察机关调解，犯罪嫌疑人与被害人达成刑事和解，后公安机关将案件撤回。

（赵增田）

以虚构交易的方式通过网络结算公司骗取财物的行为如何认定

一、基本案情

四名被告人(上海市人)与境外人员吴某经事先共谋,以吴某非法获取的境外持卡人信用卡信息(卡号、姓名、有效期),通过虚构网上购物的方式套取境外持卡人卡内资金。随后四名被告人在互联网上分别设立了网站,刊载了虚构的出售网络电话机、瓷器的内容。为了结算以信用卡为支付手段的交易费用,四名被告人以其中一名被告人的上海某通信设备有限公司名义和虚构的某公司名义,与上海、北京两家具有国际信用卡结算功能的网络结算公司签订《网上接入服务协议》,使得被告人的网站与上述两家网络结算公司相连接,出售款由两家网络结算公司按照网上购买订单先期垫付给被告人,再由网络结算公司通过其银行向境外持卡人扣款。嗣后,境外的吴某登录网站,使用非法获取的772张国外持卡人VISA、MASTER信用卡信息,虚构美元交易订单806张,购买实际并不存在的网络电话机、瓷器,共计价值人民币(下均同)236万余元。上海、北京两家网络结算公司扣除交易手续费后,垫付给被告人174万余元(余款50万余元尚未支付即案发),均被四名被告人及其吴某私分花用。当上海、北京两家网络结算公司欲向其信用卡结算银行取得垫付的资金时,由于境外持卡人拒付而未成。上述虚构的网络电话机、瓷器交易中,境外持卡人拒付交易订单678笔,价值200万余元(尚有交易订单128笔,价值36万余元,境外持卡人没有拒付,已经由国内信用卡结算银行完成扣款)。

二、争议焦点

本案在处理过程中对以下问题存在分歧意见:

(一) 本案的被害人和犯罪数额如何确定

关于本案的被害人主要有两种意见:第一种意见认为,本案的实际被害人有两类,第一类是上海和北京两家网络结算公司,第二类是境外持卡人。因为网络结算公司也好,境外持卡人也好,都实际遭受到了损失。第二种意见认为,被害人应当认定为两家网络结算公司。因为虚拟电子交易套取持卡人信用卡现金的犯罪行为的成功率较低,往往面临着境外持卡人拒付的可能;而被告人虚构某公司与网络结算公司签订合同,这种合同的成立就意味着无论境外持卡人是否支付虚构交易货款,被告人都可以从网络结算公司获取相关的货款,这也说明被告人的欺诈行为是直接指向网络公司的。

被害人的不同,就可能导致犯罪数额的认定有所区别。对于犯罪数额的认定,也有不同意见:第一种意见认为,受害人为网络结算公司的,犯罪数额为138万元;受害人为境外持卡人的,犯罪数额为36万元,还有50万元是未遂数额。第二种意见认为,受害人为网络结算公司和境外持卡人的,行为人犯罪数额应认定为236万余元(应扣除交易手续费),其中174万元属于犯罪既遂。还有意见认为,受害人仅为网络结算公司的,犯罪数额应为174万元和50万元的未遂数额。

(二) 对被告人的行为应如何定性

主要有下面四种意见:第一种意见认为,由于本案被害人仅为两家网络结算公司,而且从犯罪构成上看,行为人是通过签订、履行经济合同的方式实施诈骗的,符合合同诈骗罪的主客观要件,故应认定为合同诈骗罪。第二种意见认为,行为人的行为完全符合信用卡诈骗罪中“冒用他人信用卡”的行为特征,本质上是利用信用卡支付功能,在窃取他人信用卡信息后,利用网上交易本身存在的漏洞,在持卡人不知情的情况下,用支付的手段,侵占他人的财产,符合“冒用”的特征,故应认定为信用卡诈骗罪。第三种意见认为,行为人的目的行为是信用卡诈骗,而方法行为同时又触犯了合同诈骗罪的罪名,属于牵连犯,应构成信用卡诈骗罪与合同诈骗罪的牵连犯,结合本案实际,应数罪并罚。第四种意见认为,行为人骗取网络结算公司垫付款的行为符合合同诈骗罪的构成要件,冒用他人信用卡实施诈骗的行为亦构成信用卡诈骗罪,两罪是一种想象竞合犯的关系,应按照从一重罪处罚,定性为合同诈骗罪。

三、评析意见

我们认为本案的被害人应为网络结算公司和境外持卡人，被告人的行为应定性为合同诈骗罪。

(一) 本案的被害人应为网络结算公司和境外持卡人

被害人的问题，应是金融诈骗罪乃至普通型诈骗罪中值得研究的一个问题。因为诈骗罪中会涉及被害人与被骗人的区分问题，也就是财产处分问题。从本案来看，被害人与被骗人的区分问题没有意义。也就是在本案中，不存在被骗人与被害人区别存在的问题。纵观本案的经过，四名被告人伙同吴某在冒用境外持卡人信用卡进行诈骗，并套取持卡人卡内资金的同时，亦通过与上海、北京两家具有国际信用卡结算功能的网络结算公司签订《网上接入服务协议》，使得被告人的网站与上述两家网络结算公司相连接，出售款由两家网络结算公司按照网上购买订单先期垫付给被告人，再由网络结算公司通过其银行向境外持卡人扣款。表面上看，行为人是为了套取持卡人卡内资金，而不是为了骗取网络结算公司的财产，从此意义上说，当境外持卡人卡内资金被套取后，被害人应仅是境外持卡人。而实质上，通过分析我们可以得出，行为人对网络结算公司就自己先期垫付的资金是否能通过国内银行扣除境外持卡人的款项，主观上是持一种放任态度的。也就是说，是不关心的。网络结算公司能扣款也好，不能扣款也好，都是行为人所希望至少是放任看到的结果。因为现实生活中，通过虚拟电子交易套取持卡人卡内资金的成功率是比较低的，而实际上，不能扣款的可能性却是更大的。由此，当网络结算公司不能通过信用卡结算银行取得垫付资金时，此时丧失的财产应为网络结算公司自己的财产，当然属被害人无疑。事实上，网络结算公司也好，境外持卡人也好，只要是基于受骗处分了自己的财产，并实际遭受到了损失，都应认定为受害人。

就犯罪数额而言，刑法理论的通说是以损失数额作为既遂标准。这样一则可以有效保护受害人的法益，二则可以通过保护受害人的法益并进而保护信用卡诈骗罪的主要客体——金融秩序。本案中网络结算公司的实际损失为 138 万元，境外持卡人的实际损失为 36 万元。至于 50 万元只能作为未遂标准，这个没有疑问。

(二)被告人的行为应认定为合同诈骗罪与信用卡诈骗罪的想象竞合犯,择一重罪处罚,应定性为合同诈骗罪

1. 行为人的行为构成合同诈骗罪

认定合同诈骗罪的关键要件在于:一是经济合同的双方当事人应是从事经营活动的市场主体,否则难以认定为合同诈骗罪。二是行为人须出于非法占有的目的,在签订、履行合同的过程中使用欺诈手段,骗取对方当事人的财物。本案中,四名被告人是以其中一名被告人的上海某通信设备有限公司名义和虚构的某公司名义,与上海、北京两家具有国际信用卡结算功能的网络结算公司签订的《网上接入服务协议》这种经济合同,符合合同诈骗罪的主体要求。因此,在主观方面被告人的非法占有目的是显而易见的,就是为了套取境外持卡人卡内资金和网络结算公司的垫付款。客观方面,几名被告人实施了虚构公司、隐瞒事实与被害单位签订合同并骗取垫付款的客观行为,这也符合合同诈骗罪的主客观要件。

2. 行为人的行为同时构成信用卡诈骗罪

行为人的行为完全符合信用卡诈骗罪中"冒用他人信用卡"的行为特征,本质上是利用信用卡支付功能,在窃取他人信用卡信息后,利用网上交易本身存在的漏洞,在持卡人不知情的情况下,用欺骗的手段,骗取他人的财产,符合"冒用"的特征,故行为人的行为也符合信用卡诈骗罪构成要件。

3. 行为人的行为构成合同诈骗罪与信用卡诈骗罪的想象竞合犯,择一重罪处罚,应定性为合同诈骗罪

这里涉及合同诈骗罪和信用卡诈骗罪是构成牵连关系还是想象竞合犯的问题。我们认为,所谓牵连犯,是指类型性的牵连犯,即只有当某种手段通常用于实施某种犯罪或者某种原因行为通常导致某种结果行为时,才宜认定为牵连犯。实施信用卡诈骗,并非一定要通过利用经济合同才能得逞,比如进行盗划就可获取财物。由此,通过网络结算公司垫付资金与冒用他人信用卡套取卡内资金,并不具有类型性的牵连关系,不宜认定为牵连犯。

想象竞合犯是指一个行为触犯了数个罪名。所谓一个行为,不是从构成要件的评价上看是一个行为,而是基于自然的观察,在社会的一般观念上被认为是一个行为。当某个行为还能被分成两个行为时,一般采主要部分重合说来认定是否是一个行为。本案中,行为人实际上有"冒用"和"利用经济合同诈骗"两

个分行为,那么,是否是刑法评价上的一个行为呢?如果行为人以前一直通过经济合同处理业务,后来产生冒用他人信用卡故意,则主要部分不重合,不是一个行为,不成立想象竞合犯,而是数罪;如果行为人仅仅是为了套取卡内资金而不法利用经济合同,则主要部分重合,属于一个行为,应成立想象竞合犯。

在认定想象竞合犯时,需注意区分法条竞合和想象竞合犯。按照刑法理论,触犯一个法条便必然触犯另一法条时,属于法条竞合;触犯一个法条并不必然触犯另一法条时,属于想象竞合犯。行为人冒用他人信用卡触犯信用卡诈骗罪时,并不必然触犯合同诈骗罪,因为骗取卡内资金并非均通过经济合同诈骗而获得。由此,信用卡诈骗与合同诈骗是一种想象竞合犯关系而非法条竞合关系。综上,根据想象竞合犯的处断原则,应当根据重罪合同诈骗罪定性。

四、处理结果

检察机关以四名被告人行为均构成合同诈骗罪向法院提起公诉,法院以合同诈骗罪分别判处四名被告人有期徒刑五年至十年,并处罚金。

(周海姣)

婚姻关系存续期间丈夫与妻子强行发生性关系的行为是否构成强奸罪

一、基本案情

2008 年 9 月 24 日，顾某某在其父的逼迫下与孙某某登记结婚。婚后不久顾某某即向孙某某提出离婚要求但遭到孙拒绝，后于 2009 年 11 月双方两次去民政局离婚，因孙没带办证所需证件故未离成。2010 年 3 月顾向法院提出离婚诉讼，同年 5 月法院以夫妻双方感情尚未达到破裂程度为由判决不予离婚。孙、顾二人自登记结婚至案发前并未共同生活，也未发生性关系。2010 年 6 月 14 日 13 时许，孙在上海市浦东新区新金桥路 2077 号上海京瓷电子有限公司门口将顾强行拉上出租车，带至盐仓镇老街 412 弄 2 室暂住处，威胁并殴打被害人，强行脱下顾衣裤并发生性关系。

二、争议焦点

本案在处理过程中存在三种分歧意见：

第一种意见认为婚内无奸，本案不构成强奸罪。顾某某提出离婚诉讼但法院并未判决离婚，孙某某与顾某某是合法夫妻。在合法夫妻关系存续期间夫妻双方具有同居权，夫妻双方互有性的权利和义务，丈夫强迫妻子性交的行为不构成强奸罪。

第二种意见认为本案构成强奸罪。强奸罪是危害人身权利的犯罪，其侵犯客体是妇女性的自由权。刑法并未规定特殊主体——“丈夫”不能成为强奸罪的主体。本案孙某某违背顾某某意志，采用暴力手段强行与顾某某发生性关系，其行为构成强奸罪。

第三种意见认为原则上是婚内无奸，一般情况下丈夫奸淫妻子不构成强奸罪，但特殊情形可构成强奸罪。具体包括：①男女双方虽已登记结婚，但并无感情,并且尚未同居,也未曾发生性关系,而女方坚持要求离婚,男方进行强奸的。②夫妻感情确已破裂,并且长期分居,丈夫进行强奸的。本案中孙某某与顾某某系由顾某某之父强行撮合,两人并无感情,并且婚后顾某某与孙某某并未实际生活在一起,长期分居,也未曾发生性关系,两人的婚姻关系十分不正常,在这种情况下,孙某某采用暴力手段强行与顾某某发生性关系,构成强奸罪。

三、评析意见

我们同意第二种意见,理由如下:

(一)强奸罪保护的客体是性自由,不是性伦理道德

第一种观点全盘否认婚内强奸行为构成强奸罪,认为婚内无奸。持此观点者认为婚内强奸行为是否构成强奸罪是一个法解释学的问题,而不是法价值论的问题。从法解释学的观点而言,“奸”字并非指一般的性行为,而是特指婚外性行为。论者对“奸”字进行了词源学的追溯,由此确认奸的原始含义是指婚外性行为。进而认为“奸”的本质特征为夫妻以外的男女关系,婚内强奸也构成强奸罪的观点,超出了“奸”的文字含义,违背了罪刑法定原则。既然强奸之“奸”字是指婚外性行为,因而势必推导出应对“妇女”进行限制解释的结论,使之与强奸的含义相符。

我们认为“奸”指婚外性行为的观点是建立在强奸罪保护的是性伦理道德,而不是性自由的基础之上的,而随着社会发展,强奸罪保护的客体已经由性伦理道德变为性自由。《大清律例·刑律》中有“犯奸”卷,共十条。该卷以“奸”为名,卷中各罪皆为“奸”罪,故名“犯奸”,包括强奸罪、通奸罪等。因为通奸罪的存在所以婚外性行为都为奸,都构成犯罪,强奸罪也仅仅以手段上具有暴力性而区别与其他奸罪,这就使“奸”具有了婚外性行为的特点。在这里奸罪所保护的是性的伦理性、道德性,而不是性的自由。这在当时的婚姻关系中也得到了印证,夫妻之间在性关系上不具有平等的地位。与其他传统中国法典一样,《大清律例》明确允许一夫多妻制,一个男人可以合法地迎娶多个女人。这本身就意味着男女在性权利上的不平等,妇女在性权利方面是不自由的,当时提倡妇女为男性守节,当然也不存在婚内强奸。所以,从强奸罪的编排体例及其保护的客体来看,《大清律例》保护的是性的伦理道德,“奸”行为具有婚外性。1911年中华民国成立以后,制定六法全书,其中的刑法典颁布于1928年,这部法典在第十六章妨害风化罪第221条规定了强奸罪,强奸罪不再被放在作为单纯性犯罪的“奸”罪的类别之下，而是与其他非性犯罪一起归入了违反道德良俗的类别之中。这时候，仅仅依据“奸”字通常的婚外含义认定“强奸”必然具有婚外性，即使从语言学上也有些牵强了。我国现行刑法没有规定通奸罪，强奸罪被归入第四章侵犯公民人身权利、民主权利罪，通说认为强奸罪的客体是妇女的性自由权，因此将现行刑法强奸罪中的“奸”解释为婚外性行为是不妥当的。“奸”现在只是指“不正当的性关系”，甚至都不能说是“不正当的男女性关系”，只是对性行为的一种贬义描述，并不限于婚外性行为，因此在现行法律范围内婚内强奸构成强奸罪，并不存在解释上的障碍，也不违背罪刑法定原则。

（二）同居权限制性自由是存在条件的

同居权论者认为夫妻之间相互存有配偶权，配偶权是夫妻关系中最重要的内容，夫妻关系确定时是绝对自由的，但此关系一经确定后，夫妻双方绝对自由的意志都将会受到限制。与配偶权相对应的就是双方的同居义务，因此即便丈夫强行与妻子发生性关系，也应该基于配偶权的存在而得到豁免。这种观点值得商榷。性生活的确是婚姻契约的重要内容，这意味着男女双方承诺各自在道德、法律（尤其是婚姻法）规定的限度内，服从于对方的性要求，这无可厚非。然而，婚姻契约并不意味着妻子放弃了自己的性自主权，若按承诺论观点，婚姻关系中妻子地位在事实上不如娼妓，因为娼妓在每一次性行为之前亦有权按自己的意愿与他人讨价还价，商谈条件。而妻子与丈夫订立婚姻契约，则一次性永远将自己出卖，沦落为性奴隶，这无异于使妻子的地位又回复到了如奴隶社会、封建社会的夫权时代。显然，这与经历了几千年进步与文明发展的当今时代极不相宜，以形式上的夫妻平等（订立契约的双方当事人地位平等）来掩盖事实上夫妻地位的不平等，为婚内强奸合法化制造借口，有悖于自然法之人道精神。

“耦合权利义务说”从手段的不合法性得出婚内强奸行为构成强奸罪的结论。“耦合权利义务说”认为，性权利作为一种绝对权，是自然人享有的一项人身权利，具有对应性、专属性和排他性的特点。“这种自然的性关系——作为两性间互相利用对方的性官能——是一种享受。为此，他们每一方都要委身于对方”。性权利一旦与婚姻相联系，则立即与性义务相对应。婚姻是性主体缔结的一项契约，是依据人性法则产生其必要性的一种契约，夫妻双方是平等的缔约主体。在婚姻关系合法存续期间，一方面，夫妻双方均享有对抗婚姻外任何第三人的性权利，负有不与第三人发生性关系的性义务，要求婚姻外所有社会个体成员均承担不作为之性义务,不得与夫或妻任何一方发生性行为。另一方面,夫妻双方各自既享有性权利,又负有性义务,且一方之权利即为另一方之义务。性生活是夫妻生活的重要内容,是婚姻的本质义务和自然属性,也是夫妻关系区别于其他两性关系的重要标志。从"耦合权利义务说"理论分析性行为,既要求性权利之主张不得随意滥用,又要求性义务之履行不得无故拒绝。例如香港婚姻家庭法律制度规定,夫妻性生活应以合理、正常为限度,不能违背对方的意愿和损害对方的健康;性要求不能过分、过度,不能要求不正常的性行为;一方无正当理由,也不得拒绝对方的性要求。基于此,"耦合权利义务说"认为,夫妻性关系是一种耦合、平等、对应的权利义务关系,在法律地位上,没有谁高谁低,谁上谁下。

"耦合权利义务说"认为,如一方性违约,另一方不能强制其履行性义务。因为,性权利义务关系寓于婚姻关系之中,婚姻关系寓于民事法律关系之中,民事法律关系主体之间的平等性决定了相对主体之间不因一方不履行义务从而取得强制履行之权利。法治社会之法律原理也不容许权利人以暴力方式"私力救济"。因此如果用暴力手段强制履行性义务,可以构成强奸罪。

我们同意"耦合权利义务说"关于性权利是人身权利的论述,性权利是与生俱来的人身权,同居权基于婚姻关系而产生是身份权。但我们认为"耦合权利义务说"因手段暴力的不合法性而认定强奸的论述没有抓住重点。因权利的行使不能用暴力手段强制履行,如债权不能用暴力手段强制履行,如果强制履行可能构成非法拘禁犯罪。但强奸犯罪保护的是性权利,因此仅仅强奸手段的不合法显然是避重就轻。如反对者所述,如果仅仅是手段不合法,则可能是家庭暴力,或者是遗弃,而不可能是强奸罪。

权利的属性是自由,但自由是"带着枷锁跳舞",也就是说权利是有边界的,权利不得滥用。性自由也有边界,也不得滥用,如性自由不能违背公序良俗,聚众淫乱为刑法所禁止。现在的问题是同居权是否是性自由的边界,或者说限制,如果同居权能限制性自由,那么可能成为阻却强奸的理由。鉴于性自由是一种人身权,同居权是一种身份权,身份权能否限制人身权?观察监护权与行动自由权,可以发现监护权有权限制被监护人的行动自由,但其前提是保护或者增进被监护人的利益。同时,监护权不能损害被监护人的利益。遵循上述路径,作为身份权的同居权可以限制性权利,但前提是保护或者增进性权利人的利益,而不能损害性权利人的利益。在性权利人不同意性行为的情况下,强制性行为很难说保护或者增进了性权利人的利益(受虐狂除外)。因此,同居权不是强制进行性行为的正当化理由。

(三) 婚内强奸中的马太效应

第三种观点可以总结为在正常婚姻关系期间,强制性行为不构成强奸罪,在婚姻关系不正常期间则构成强奸罪。但如前所述,强奸罪侵害的是妇女的性权利,作为一种人身权,并不以婚姻关系的正常与否作为存在的基础。所以解读第三种观点不是从权利的角度,而是将婚姻关系作为了一种重要的考量,其潜在的意识应该是为了保护婚姻的正常关系,即使是牺牲妇女的性权利也是值得的;而在婚姻关系不正常期间,既然婚姻已经不正常,不值得保护,那么保护妇女性权利就变得重要起来,婚姻关系已经不是重点了——一旦认定强奸则婚姻关系至少在事实上已经破裂了。可见,第三种观点是让正常的婚姻关系更正常,而让已经不正常的婚姻关系更不正常。

第三种观点的另一个潜在的考量应该是婚姻关系是否是婚内强奸罪的一个量刑情节。青浦区王某某因婚内强奸被处三年有期徒刑缓刑三年,应该是将婚姻关系作为了量刑的情节。我们认为从轻或者减轻处罚情节的本质是嫌疑人的人身危险性的减小,不论是认罪悔罪的态度、作出赔偿、获得被害人的谅解均体现了嫌疑人人身危险性的减小,而婚姻关系能否作为嫌疑人人身危险性减小的依据是有疑问的。婚姻关系在某些情况下,恰恰是被嫌疑人利用,如本案中孙某某即手持结婚证排除其他人的干预,强行将被害人带离后实施了强奸行为,婚姻关系在某种程度上是有助于强奸行为的实施的,所以将婚姻关系作为减轻处罚的情节是不科学的。

综上,强奸罪保护的客体是性自由而不是性道德,作为身份权的同居权也仅在有利于妇女的条件下限制性自由,而婚内强奸行为侵犯了妇女的性自由,并不能给权利人带来利益,当然构成强奸罪。

四、处理结果

检察机关以被告人孙某某行为构成强奸罪向法院提起公诉,法院以强奸罪判处被告人孙某某有期徒刑三年,缓刑三年。

(严　蓝　崔现伟)

为索取合法债务非法拘禁他人的行为应如何认定

一、基本案情

2006 年至 2008 年间，被害人刘某先后向沈某、钟某、张某借款，合计人民币 909 000 余元，至今未还。2009 年 11 月 19 日，沈某获悉刘某可能会在本市江西北路附近出现，遂通过电话联系钟某、张某、高某以及胡某，相约至江西北路找寻刘某，共同向其催讨债款。当晚 20 时许，钟某在江西北路上发现刘某，遂将其拦下，并电话告知沈某，沈某赶到后与钟某一起将刘某带上胡某驾驶的轿车内，开车至新港路派出所门口，张某与高某随后也赶至上述地点。后沈某、钟某、张某与刘某商谈，追讨债务，否则即将其送进派出所。刘某表示愿意还钱，并主动提出与沈某等人一起到其租借的房屋。当日晚上 22 时许，沈某、钟某、张某、高某随刘某至其广中路的租住处，因沈某等债权人担心刘某逃债决定由张某、高某二人先留下看管刘某，沈某与钟某二人离开。从 2009 年 11 月 19 日 22 时到 2009 年 11 月 26 日 18 时 30 分，张某、高某、钟某和沈某轮流看管刘某。11 月 20 日，刘某通过手机发短信给其朋友王某，询问因索债而限制他人人身自由的行为是否为非法拘禁。当日下午，应刘某的提议，沈某、张某、钟某带刘某外出借钱，但未成功。11 月 26 日，刘某又发短消息给朋友王某，讲明他被人看管、失去自由如能解救可暂逃债务等情况。获知此消息后，王某以做生意为名打电话约见刘某。当日下午 14 时，刘某在沈某、张某、钟某的陪同下与王某见面。会面后王某向警方报警，公安人员于当日 18 时 30 分许至刘某被拘禁地点将其解救，并抓获了张某、高某。沈某、钟某、胡某先后至公安机关投案自首。

二、争议焦点

对于沈某、钟某、胡某、张某、高某行为的定性，存在以下两种不同意见：

第一种意见认为，沈某等人的行为构成非法拘禁罪。沈某等人主观上具有非法剥夺他人人身自由的故意，客观上实施了非法拘禁他人的行为，持续时间长达7天之久，符合非法拘禁罪的犯罪构成，应以非法拘禁罪追究其刑事责任。

第二种意见认为，沈某等人的行为不构成犯罪。沈某等人的行为目的是为索取合法债务，主观恶性较小，且行为手段的程度没有完全达到非法拘禁罪的入罪标准，结合宽严相济刑事政策的有关要求，应作非罪化处理。

三、评析意见

非法拘禁罪是指非法拘禁他人或者以其他方法非法剥夺他人人身自由的行为，从非法拘禁罪的构成犯罪标准来看，“非法剥夺他人人身自由”是该罪构成的最重要前提条件。因此，强制性的剥夺他人人身自由是非法拘禁罪入罪的核心点。就本案而言，我们同意第二种意见，沈某等人的行为没有到达刑法调整的程度，可不作犯罪处理。

（一）沈某等人的行为不符合“非法剥夺”的要求

首先，关于对“非法剥夺”的理解。所谓“非法”，是指拘禁行为没有合法实体根据或者不依照法定程序，其具体表现为没有拘禁等权力的人非法对他人实行剥夺自由的行为以及有剥夺他人自由权力的人滥用职权、违反法定条件和程序，非法实行剥夺自由的行为。① 在司法实践中，应严格依照有关法律对拘禁行为的非法性作准确评价。对于“剥夺”，我们应注意其与“限制”的区别。1979年刑法中有“非法拘禁罪”和“非法管制罪”两个罪名，拘禁是完全剥夺他人人身自由，管制是限制他人人身自由。1997年刑法取消了后者，此时是否把这种行为归为非法拘禁呢？事实上剥夺他人人身自由和限制他人人身自由是不同的，“剥夺”比“限制”在非法性的程度上要高很多，它们得到的法律评价也是不同的。对于非法剥夺他人人身自由的行为，《刑法》第238条规定了非法拘禁罪，而对于限制他人人身自由的行为，应依照《治安管理处罚法》的规定即从行政违法的角度去加以评价。因此，非法拘禁行为，只有达到相当严重的程度，才能构成犯罪。② 本案中，虽然行为人对被害人进行了一定的人身控制，但是并没有完

① 闫永安，王志祥：《非法拘禁罪若干问题研究》，载《河北法学》2006年第11期。

② 陈金鑫，薛林：《对非法拘禁罪几个问题的探讨》，载《犯罪研究》2003年第1期。

全剥夺被害人的人身自由,而是允许其比较自由地生活,使用手机等通讯工具,并保证其饮食,且没有对被害人实施暴力,由此我们认为沈某等人的行为尚没有达到非法拘禁罪的入罪标准。

其次,关于非法拘禁罪的时间要求。刑法对此没有作出明确的规定,有的学者指出,时间持续的长短原则上不影响本罪的成立,只影响量刑。但时间过短、瞬间性的剥夺人身自由的行为,则难以认定为本罪。[①] 也有观点认为,作为典型继续犯的非法拘禁罪而言,剥夺自由的行为持续一定的时间是当然的要求,没有一定的时间作基础,犯罪行为和不法状态的持续就无从谈起。[②] 我们认为,可以从基本构成时间和从重或加重构成时间两个层面来进行考虑。在成立本罪所需要的时间已经得到保障的前提下,剥夺自由行为的持续时间长短才属于影响量刑的重要因素。在入罪标准上,可以参照最高检《关于渎职侵权犯罪案件立案标准的规定》,即非法拘禁持续时间超过 24 小时。当然,由于渎职侵权犯罪具有很多与一般刑事犯罪不同的特殊之处,在一般刑事案件中,我们也要结合行为手段、危害程度等具体情况予以综合考量。本案中,尽管时间持续 7 天之久,但没有持续剥夺被害人自由,不能机械计算时间。

(二) 索债型非法拘禁案件应当慎重处理

近年来,随着社会主义市场经济的不断发展,民事债务纠纷逐渐增多,索债型非法拘禁案件在数量上也呈上升趋势。对此,《刑法》第 238 条第三款作了专门规定,即为索取债务非法扣押、拘禁他人的,以非法拘禁罪定罪处罚。实践中我们应如何对索债型非法拘禁行为进行具体的认定?尤其是对与本案相类似的为索取合法债务而拘禁他人的行为应如何进行评价?对此,有观点认为,只要行为人以索取债务为目的,且该债务是现实存在的,无论债务合法与否,其绑架后非法扣押、拘禁他人的行为仍以非法拘禁罪定罪。[③] 我们认为,司法实践中因行为人与他人有债务关系而剥夺他人人身自由的行为比较复杂,不能一概而论。要综合考虑行为人的真实目的、行为本身对被害人人身自由的剥夺程度,对人身安全的威胁程度等各方面的要素。

对于为索取合法债务而非法拘禁他人的行为,我们应以更加谨慎的态度综

① 张明楷:《刑法学(第二版)》,法律出版社 2003 年版,第 702 页。
② 闫永安,王志祥:《非法拘禁罪若干问题研究》,载《河北法学》2006 年第 11 期。
③ 刘宪权:《刑法学》,上海人民出版社 2005 年版,第 585 页。

合相关因素进行全面的考虑，以确定为索取合法债务而非法拘禁他人行为的性质，准确区分罪与非罪的界限。因为此类案件行为的主观恶性相对较小，若一律定罪可能会进一步激化其中的社会矛盾，不利于和谐社会的构建。若定罪处罚不能被社会大众所接受，那么这种处罚的必要性、适当性、有效性就存在很大的问题了。同时，这也是公平公正原则在司法实践中的体现。在刑事司法实践中不能仅仅关注某一方当事人的权利保护，而应当兼顾各方的利益。如果我们一味的、机械的强调惩治就会出现司法公正性的失衡情况。刑事案件的被害人原先是民事案件中的违法者，而被告人原先却为民事法律关系中的合法者。原先的合法者由于缺乏法制观念或者在维护自己正当权益的时候采取了轻微的违法行为就成了刑事违法者，而原本应当履行债务的义务人因为遭受一点不当的行为却可以成为暂脱债务的胜利者，这就使债务人可能借此逃避债务，违反司法的公平性原则。本案中，被害人刘某在被拘禁期间向朋友询问因索债而限制他人人身自由的行为是否为非法拘禁，显然其具有使沈某等人受刑罚处罚而逃避正当债务的主观目的，若此时刑法草率介入，对于原债权人而言未免有失公平。

（三）沈某等人的行为属于情节显著轻微

如上述分析，我们在对合法债务纠纷引发非法拘禁犯罪案件的认定中，应根据情节轻重、危害大小、行为人的目的和动机以及主观恶性等因素综合考虑。就本案而言，存在以下几个方面的特点：一是债权债务本身具有合法性，数额较大。二是沈某等人采取拘禁手段确系“事出有因”，债务人在较长时间里刻意躲避债务，债权人好不容易遇见债务人而将债务人抓住并进行一定的控制从而防止其再次逃走，具有一定的合理性。且债权人是在欲通过法律途径解决，但由于某些原因所碍而被迫采取对债务人拘禁的措施；三是手段行为的程度不够，沈某等人并没有完全剥夺被害人的人身自由，没有实施暴力，更没有造成任何严重后果，对债务人人身自由的侵害不是很严重。由此，我们认为，综合本案的具体情况所进行的全面分析，可以认定行为人只是为了索取自己的合法债务，采取了一定程度上的限制被害人人身自由的行为，其行为并没有达到非法拘禁罪的入罪要求，不构成犯罪。这一结论也符合宽严相济刑事政策的有关精神和要求。根据最高人民法院颁布的《关于贯彻宽严相济刑事政策的若干意见》，对于因民间纠纷激化而引发的犯罪应从宽处罚，对于较轻犯罪的初犯、偶犯等应综合考虑情况并从宽处理。因此对于一些严重的刑事案件和一些轻微的邻里纠纷引发的刑事案件务必做到区别对待，从而达到政治效果、法律效果和社会效果的有机统一。本案起因系民间债权债务纠纷，加上行为人为初犯和偶犯，又尚未造成严重的危害后果，无论从违法性还是社会危害性来讲均未达到刑法调整之程度和要求，以非刑事手段的方法来进行法律调整正是宽严相济刑事政策要求的实质所在。

四、处理结果

检察机关对该案撤回起诉。

（崔希俭）

如何准确区分绑架罪与抢劫罪的客观行为

一、基本案情

2009 年 4 月 15 日 21 时许，被告人卢某、杨某、王某等多人在上海市广顺北路近临新路的河堤附近，看见被害人徐某及其女友沈某经过后，由卢某提出抢钱并首先上前拦截、殴打徐某。徐某反抗后，杨某、王某即与卢某一起参与殴打徐某，从徐某身上只搜得 10 元人民币，即把 10 元人民币还给被害人。之后，卢某等人威胁、逼迫徐某以在外打架须赔偿医药费人民币 5 000 元为名打电话给其家属，并威胁徐某的家属不许报警，否则将殴打徐某，将其推入河中等对其不利。在等待赎金过程中，三名被告人将两名被害人分开看管。期间被告人杨某、王某等人听说现场附近来了许多便衣警察，便先后离开现场。被告人卢某继续单独看管两名被害人，在赎金送到后又让徐某一人前往现场附近约定的地点取款，继续将徐某的女友沈某作为人质扣押，并于次日凌晨在拿到徐交付的 3 000元赎金后，将徐与其女友释放。案发后，被告人卢某在家属帮助下退出赃款人民币 3 000 元。

二、争议焦点

本案争议焦点主要涉及两个问题：首先，在卢某、杨某、王某对被害人沈某、徐某抢劫的过程中，三名被告人让徐某某打电话通知家人送钱过来，并直接告知其家人如不送钱过来将殴打被害人，后家人将钱款送给卢某，由该被害人将钱款交被告人后，沈某、徐某才被放走，对上述行为认定为绑架还是抢劫行为；其次，对三名被告人是否需要区分主从犯。对这两个问题有如下分歧意见：

第一种意见认为，被告人卢某、杨某、王某应定性为抢劫罪，且不需要区分主从犯。理由为，抢劫罪是以非法占有为目的，伙同他人采用暴力、胁迫等方法截取被害人钱款。而勒索财物型的绑架罪，是指行为人绑架他人作为人质，以人质的安危来要挟被绑架以外的第三人，向该第三人勒索财物的行为。本案被告人虽然控制了被害人的人身自由，但其目的不是以被害人为人质来要挟被害人以外的第三人并向第三人勒索财物，而是对被害人实施暴力、胁迫等方法直接劫取钱款。被告人当场殴打并劫取徐某某人民币10元的行为已经构成抢劫既遂，为取得更多违法所得，被告人胁迫被害人以“在外打架需要赔偿”为由让家中送钱，被告人在等候送钱期间看管被害人的行为是抢劫行为的延续，被告人最后也是从被害人处获得赃物，其行为符合“使用暴力、胁迫等方法当场强行劫取财物”的抢劫罪特征。

在共同犯罪中，虽然被告人卢某提议并拦截、殴打被害人，最后由其单独看管被害人并获得全部赃款；但是，被告人杨某、王某积极实施殴打、胁迫、看管被害人并劫取少量钱款的行为，中途各自离去不影响抢劫既遂的认定；故本案不宜区分主从犯，量刑可以根据各个被告人的犯罪作用有所区别。

第二种意见认为，被告人卢某、杨某、王某应定性为绑架罪，且应区分主从犯。区分绑架罪和抢劫罪的关键是犯罪客观方面不同，前者是指行为人绑架他人作为人质，以人质的安危来要挟被绑架以外的第三人，向该第三人勒索财物的行为；后者是以非法占有为目的，伙同他人采用暴力、胁迫等方法当场截取被害人钱款。后者主要强调实施行为的当场性和针对被害人本人，如果是以第三人为犯罪对象，应认定为绑架罪，不宜认定为抢劫罪。本案中，被告人卢某、杨某、王某通过采取绑架他人作为人质的方法，以人质的安危来要挟被绑架以外的第三人，向该第三人勒索财物，其行为已经分别构成绑架罪，而不应认定为抢劫罪。且三名被告人成立共同犯罪，其中卢某系主犯；杨某、王某系从犯。

三、评析意见

我们同意第二种意见，具体分析如下：

所谓绑架罪，是指以勒索他人财物为目的，使用暴力、胁迫或者其他方法劫持他人或者绑架他人作为人质的行为。而抢劫罪，是指以非法占有为目的，当场使用暴力、胁迫或者其他方法劫取公私财物的行为。从构罪要件看，上述两罪既有相同之处,又有明显区别。相同之处是两罪的主观方面和侵犯的客体基本相同,主观上均可包括以侵犯财产为目的,侵犯客体都会涉及人身权利和财产权利。在《最高人民法院关于审理抢劫、抢夺刑事案件适用法律若干问题的意见》(法发[2005]8号)中认为行为手段不同是绑架罪与抢劫罪的区别之一。同时规定绑架过程中又当场劫取被害人随身携带财物的,同时触犯绑架罪和抢劫罪两罪名,应择一重罪定罪处罚。可见在绑架过程中,也可能存在抢劫行为。

而两罪不同之处是,两罪犯罪手段和获取财物的时间、地点、对象不同。虽两罪的客观行为有交叉,均存在行为人当场使用暴力或以暴力相威胁的情况,但绑架罪是以绑架被害人并向被害人以外的第三人勒索财物为犯罪手段,行为人往往将被害人劫持后再发出勒索令,让第三人按指定的时间和地点交付财物。而抢劫罪则是当场使用暴力或以暴力相威胁劫取被害人财物,具有当场性和针对被害人本人人身和财物的特点。结合本案,三名被告人的行为应认定为绑架罪而不是抢劫罪。

(一) 三名被告人在整个犯罪过程中的行为应评价为绑架行为

1. 本案三名被告人威逼被害人以在外打架需要赔钱为由让家属送钱,其非法拘禁被害人的行为不是抢劫犯罪的延续,而是犯意转变后新的绑架犯罪行为

虽然三名被告人最初的犯意是要抢劫过路的被害人钱款,并具体实施了殴打被害人徐某及强制从其身上劫取钱款的行为。但当发现被害人身边只有10元人民币后,即把所劫取的10元人民币还给被害人。此时作为抢劫犯罪,三名被告人的行为已既遂结束。三名被告人为了索取更多钱款,改变作案手段,采用威逼方法让被害人以在外打架需赔偿医药费人民币5 000元为名打电话给其家属,并威胁其家属不许报警,否则将殴打徐某、将其推入河中等对其不利。并在等待赎金过程将两名被害人非法拘禁。此时,三名被告人实施的绑架他人为人质,并以伤害人质为要挟向被绑架人以外的第三人索要钱款的行为,已符合绑架罪的构成要件。

2. 本案3 000元赃款是被害人家属为救人质被迫交付的赎金,而不是被害人本人被当场劫取的钱款

第一种意见认为本案应认定为抢劫犯罪的另一理由是涉案的3 000元赃款,被告人是从被害人处获得的,而绑架罪获取财物的行为特征是向被害人以外的第三人索要钱款,抢劫罪才是当场从被害人处直接获得钱款。我们认为第

一种意见有失偏颇。首先从涉案3 000元钱款属性看，表面上是由被害人徐某交给被告人卢某的，但该钱款是徐某家属在接到卢某的威胁电话后，按卢某的要求在指定时间送到约定地点，通过徐某交给卢某的。故徐某本人直接向卢某交付被勒索钱款的行为，不能改变该钱款的属性系徐某家属给予，以及卢某是从被害人以外的第三人处获取该钱款的事实。其次，从被害人徐某交付钱款的过程看，虽然徐某被允许离开扣押地点，但其女友沈某仍作为人质被卢某扣押。卢某之所以能让徐某去与家属见面，其目的是要徐某取回赎金，并利用徐某女友这名人质来保证赎金的交付。

(二)本案应该区分主从犯

第一种意见认为，在共同犯罪中，虽然被告人卢某提议拦截、殴打被害人，最后由其单独看管被害人并获取财物，但被告人杨某、王某也积极实施了殴打、胁迫、看管被害人并劫取少量钱款的行为，故不区分主从犯。

我们认为这种以被告人行为作为区分主从犯的依据是不正确的。在整个犯罪过程中，被告人卢某居主导地位，其提议抢劫和向被害人家属勒索赎金，并在杨某、王某逃离现场后继续看管两名被害人并获取全部赃款。因此，卢某在共同犯罪中应属于主犯。被告人杨某、王某虽然在卢某的提议下参与殴打、看管被害人，但因发现案发现场有便衣警察而中途逃离现场，也未分得赃款。虽然两人的中途逃离行为不影响对其绑架犯罪既遂的认定，但两人在共同犯罪中所起的是次要、辅助作用，故应认定为从犯。

四、处理结果

检察机关以三名被告人行为均构成绑架罪向法院提起公诉，并指控被告人卢某系主犯，被告人杨某、王某系从犯；后一审法院以抢劫罪判决，并对被告人卢某、杨某、王某没有区分主从犯。经检察机关提起抗诉，二审法院判决认定三名被告人行为均已构成绑架罪，其中卢某系主犯，杨某、王某系从犯，并判处被告人卢某有期徒刑八年，剥夺政治权利一年，并处罚金人民币8 000元；被告人杨某有期徒刑五年零六个月，剥夺政治权利一年，并处罚金人民币6 000元；被告人王某有期徒刑五年，剥夺政治权利一年，并处罚金人民币5 000元。

(赵　宁　杨　诚)

趁人不备拿起柜台上的手机就跑的行为应如何定性

一、基本案情

2011年1月23日20时许，杜某至上海市青浦区朱家角镇沈巷路75号金新移动特约直销店内，声称要购买手机。在与店老板葛某商谈好一部Jugeta知己牌Z701手机（经鉴定价值人民币530元）及一部Jugeta知己牌Z2020手机（经鉴定价值人民币400元）的价格后，杜某趁老板娘周某在柜台上低头开发票，葛某转头看周某开发票之机，拿起放在柜台上的两部手机就往店外跑。出店门后不远，杜某就被翻出柜台追赶的葛某扭获。

二、争议焦点

关于本案中杜某乘葛某不注意拿起放在柜台上的手机就跑这一行为的定性，有以下四种不同意见：

第一种意见认为，杜某的行为应定性为抢夺罪。理由是杜某趁葛某不备，当着葛某的面拿走放在柜台上的手机，其行为是“公然”的，应属于抢夺。

第二种意见认为，杜某的行为应定性为盗窃罪。理由是杜某趁葛某不注意时偷偷把放在柜台上手机拿走，其行为是“秘密”的，应属于盗窃。

第三种意见认为，杜某的行为应定性为抢夺罪。理由是杜某开始拿手机的时候葛某没发现，这时候杜某的行为是“秘密”的，但在葛某发现并翻出柜台追赶之后，杜某的行为转化为“公然”，属于抢夺。

第四种意见认为，杜某的行为应定性为盗窃罪。理由是杜某是以一种平和的手段占有了葛某放在柜台上的手机。

三、评析意见

笔者同意上述第四种意见。上述四种意见对杜某涉嫌违法犯罪均没有争议,分歧集中在杜某的行为属于什么性质。杜某乘葛某不注意,属于"乘人不备",当着被害人葛某的面拿走,属于"公然"。按照刑法学界的传统观点"盗窃是指秘密窃取公私财物的行为;抢夺是指乘人不备公然夺取公私财物的行为",[①]杜某的行为似乎应属于抢夺。然而,笔者认为,根据"秘密"或"公然"无法区分盗窃罪和抢夺罪,本案中杜某的行为应属于盗窃。理由如下:

(一)以行为在客观方面的"秘密"或是"公然"难以区分盗窃罪和抢夺罪

生活中存在着很多行为人自以为没有被所有人发现,事实上所有人早已发现行为人的举动,但出于害怕心理未惊动行为人的情形。例如:某男子深夜潜入某妇女的房间行窃,自认为主人已经熟睡。实际上该妇女从该男子翻窗进入房间时已经察觉,只是由于害怕遭到更大的伤害而不敢吱声,任由该男子窃走房内的财物。在司法实践中,以上情形一般都认定为盗窃罪,但此时行为人的客观行为是"公然"的,并不具有秘密性。这说明盗窃行为并不要求在客观上具有秘密性。

(二)以行为人是否认识到被害人有无发现其行为来区分盗窃罪还是抢夺罪也不合理

其一,这种观点颠倒了认定犯罪的顺序,即认定犯罪应当先考察客观行为的性质,再考察行为人的主观要素,而不是相反。其二,这种观点将导致盗窃罪与抢夺罪的客观构成要件没有任何区别,仅因主观上认识内容的不同而定不同的罪。在司法实践中,行为人的主观故意取决于其口供,具有很大的随意性。如果仅凭行为人的自认为秘密或公开,将导致盗窃罪与抢夺罪的区分不具有客观标准。

如果按照传统观点,在行为人不考虑自己的行为是否会被他人发觉,以一种平和的方式取得他人财物时,则很难确定行为的性质。那么,究竟应以什么标准来区分盗窃罪和抢夺罪呢?张明楷教授主张,盗窃罪和抢夺罪的核心区别不在于"秘密窃取"或"公然夺取",而在于抢夺在通常情况下很可能致人伤亡,其核心构成要件是"对物暴力";而盗窃不仅仅局限于"秘密窃取","公然取走"也可以成立盗窃,只不过行为人的盗窃行为不可能致被害人伤亡,即盗窃是采取一种平和的手段将他人占有的财物转移为自己占有。[②]

---

① 高铭暄:《刑法学》,法律出版社1984年版,第487页。

② 张明楷:《盗窃与抢夺的界限》,载《法学家》2006年第2期。

张明楷教授不拘泥于传统学术观点和现有的司法解释，从盗窃和抢劫所侵犯法益不同的角度来区分二罪，其观点在我国刑罚体系的设置上得到了呼应，即盗窃、抢夺以及抢劫等侵犯财产类的罪名依照行为人对被害人人身的侵犯程度在量刑上体现差别。

上述观点在司法实践中也得到了佐证。例如，在公交车上扒窃的案件中，尽管财物是由被害人紧密占有的，但是行为人通常是以平和的手段窃取财物。这时，无论行为人主观上是否怕被他人发觉或被害人是否明知被窃，在司法实践中均毫无例外地被认定是盗窃罪。又如，被害人在二楼阳台拿着金戒指把玩，因手滑金戒指掉落至一楼地面，行为人刚好经过，俯身拾起金戒指打算占为己有，被害人在阳台高声呼喊让其将戒指放回原处，但行为人仍然执意取走该金戒指。该行为人的行为若评价为抢夺，显然不可思议。行为人以平和的手段取走远离被害人的财物，即使其明知被害人在不远处注视着他，其行为毫无疑义应评价为盗窃，因为其行为根本不可能对被害人造成人身上的伤害。

按照张明楷教授的观点，只有符合以下两个条件，才可以认定为抢夺罪：其一，行为人所夺取的财物必须是被害人所紧密占有的，如提在手中、挎在肩上等；其二，行为人必须以非平和的手段夺取财物，即可以评价为“对物暴力”的强夺行为。只具备上述两个条件之一或者都不具备的，由于该行为不可能给被害人带来伤亡的危害结果，不论是“秘密”还是“公然”，都不符合抢夺罪的构成要件，只能认定为盗窃罪。

综上，笔者同意上述意见中的第四种，杜某的行为应定性为盗窃。杜某拿走的手机是放在柜台上的，并非由被害人葛某紧密占有。杜某拿走手机的行为不会导致被害人葛某有任何伤亡的可能性。因此，不论被害人葛某是否发现、什么时候发现其手机被拿走，杜某的行为均不构成抢夺罪。

四、处理结果

公安机关以杜某涉嫌抢夺罪提请检察机关批准逮捕，检察机关经审查认为本案中杜某的行为应属于盗窃，且由于盗窃财物数额未达到定罪数额标准，因此以杜某的行为不构成犯罪作出不批准逮捕的决定。

（刘　迪）

利用工作便利盗取会员卡卡号后以卡内积分网上兑换财物的行为如何定性

一、基本案情

刘某系上海苏宁电器有限公司(以下简称:苏宁公司)员工,谭某某系夏普手机常驻该公司促销员。2010 年 7 月中旬,刘某、谭某某经预谋,由谭某某利用工作之便从该公司内部电脑网络上获取浦东新区张杨北路店店长、徐家汇肇嘉浜路店店长、松江区人民北路店店长、松江区新松江路店店长、青浦区公园路店店长名下的会员卡号码,再由刘某在该网络上将上述会员卡相关人员的手机号码调换成谭某某手机号码的方法,而后由刘某、谭某某分别在各自住处使用电脑登陆苏宁易购网,修改会员卡密码并盗用以上述会员卡内积分,换购苏宁公司价值人民币 1 699 元的诺基亚 E71 手机、价值人民币 556 元的诺基亚 2700C 手机、价值人民币 2 990 元的诺基亚 N86 手机各一部。上述三部手机苏宁公司案发前已送货。两被告人换购的价值人民币 2 463 元的诺基亚 E72i 手机、价值人民币 285 元的诺基亚 1680C 手机、价值人民币 1 539 元的诺基亚 E66 手机、价值人民币 2 990 元的诺基亚 N86 手机各一部、合计价值人民币 6 134 元的诺基亚 N97mini 手机二部,因在案发前被苏宁公司发现而未送货。两被告人通过上述方法,已获取三部手机合计价值人民币 5 245 元;换购成功但苏宁公司尚未送货的六部手机合计价值人民币 13 411 元。

二、争议焦点

本案的犯罪手法较特殊,即两被告人盗取苏宁公司各门店的专门会员卡,再用卡内的积分通过苏宁易购网换取本公司的财物。所谓专门会员卡是指,苏宁公司在商品销售过程中,为促销会给购物的客户办理会员卡,并根据购物的数量给予会员卡内一定的积分,客户可以会员卡内的积分在苏宁易购网上或者苏宁公司各门店换取相应的商品，如遇单位团购，苏宁公司已作让利销售，就不再给予团购客户相应的积分，但因苏宁公司的销售模式是会员卡积分制，这样苏宁公司就会为各门店店长办理专门会员卡，用于团购时存放所产生的积分，专门会员卡内的积分属苏宁公司所有，且定期清理归零。基于上述情况，本案在定性和犯罪形态上有多种观点。

第一种意见认为，被告人刘某、谭某某盗取本公司专有会员卡是利用了职务的便利，应认定为职务侵占罪。两被告人经商量后，先由谭某某在其工作的门店内获取苏宁公司各门店店长的专门会员卡卡号，由刘某在苏宁公司内部网络上，将获取的各专门会员卡上留有的手机号码调换成谭某某的手机号码，再通过苏宁易购网输入卡号及调换的手机号码并点击遗忘密码后修改了各专门会员卡的密码（这是苏宁公司网购的一个漏洞，两被告人正是利用了这一漏洞才起意获取财物），然后用卡内积分换购物品，两被告人的上述行为可以看作是利用了职务的便利。

第二种意见认为，两被告人盗取专门会员卡再换取本公司商品的行为是诈骗犯罪。两被告人获取专门会员卡卡号并修改手机号码，以此登陆苏宁易购网修改密码进入卡内后，换取本公司商品的行为，属于冒充持卡人身份，隐瞒真相，使苏宁公司“自愿”交付商品的诈骗行为。

第三种意见认为，两被告人的行为构成盗窃罪，但在苏宁易购网上换购成功但未送货的价值人民币 13 411 元的六部手机属犯罪既遂而不是未遂。有观点认为，会员卡内积分属苏宁公司在销售商品过程对购物客户的奖励，可兑换相应的电子券，而电子券具有人民币的支付功能，可换购同等价格的商品。两被告人通过苏宁易购网使用盗取的专门会员卡，用卡内积分已换取了价值人民币 18 656 元的九部手机，这一行为符合秘密窃取财物的特征，故应认定为盗窃罪。但在此九部手机中，除苏宁公司已送货的三部手机外，其余换取的六部手机，苏宁公司虽发现而没有送货，但相应卡内代表价值的积分因被支取而遭实际损失，故此部分应认定为犯罪既遂。

三、评析意见

我们同意第三种意见关于刘某等人行为的盗窃定性，但同时认为根据本案的犯罪手段、侵害的客体，造成的后果以及被害单位对财物的控制程序来看，应认定为盗窃罪且部分犯罪属未遂。具体分析如下：

(一)两被告人实施犯罪时并没有利用职务的便利

职务侵占罪中的"利用职务上的便利"是指公司、企业或者其他单位的人员利用自己在单位担任的职务所形成的主管、保管或者经手本单位财物的便利。被告人刘某系苏宁公司四川北路店的手机营业员;被告人谭某某系夏普手机驻苏宁电器浦东大道店的促销员,两被告人在各自工作的门店均有操作苏宁公司内部网及浏览并获取内部网信息的机会,但获取会员卡卡号与调换会员卡的手机号码并不具有职务性,一般员工如想做都能做到,这仅是一种利用了工作上的便利,而此后在苏宁易购网上修改密码进入卡内换取商品的行为更是与两被告人的职务行为无关。关键是根据本案的事实,两被告人对换取的本公司商品均没有管理、保管或者经手的职权。故本案不属于职务侵占。

(二)两被告人的犯罪行为不符合诈骗罪的构成要件

诈骗罪是指以非法占有为目的,用虚构事实或者隐瞒真相的方法,骗取数额较大的公私财物的行为。盗窃罪是指以非法占有为目的,多次秘密窃取或者秘密窃取数额较大公私财物的行为。两罪同属侵犯财产犯罪,且主观目的相同,但两罪在客观方面有自己的特征。诈骗罪的行为人通过虚构事实、隐瞒真相的手段使财物所有者或者保管者在认识上产生错误而将财物自愿地交出;而盗窃罪的行为人在财物所有人或者保管人不知晓的情节下,采用秘密手段将财物占为己有,这是违背财物所有人或者保管人的意愿而占有的行为。本案中,两被告人利用苏宁易购网认卡号不认持有人的特点,并通过工作中了解到如何修改持卡人密码的方法,登录该网以卡内积分换取苏宁公司的商品。从换取商品的手段来看,似乎有隐瞒真相冒充持卡人而骗取本公司商品的行为特征,但我们看到,两被告人只是利用了苏宁公司设置的网络这个媒介实施了犯罪行为,就被害单位苏宁公司而言,其支付商品的行为仅是对网络信息的认可,而非自身受骗后的认识错误对财物的一种自愿交付行为。换言之,首先两被告人使用专用会员卡内积分,对各门店的持卡人而言是被盗用,并不知情,也不会知道被谁盗用,这与诈骗行为中针对财物所有人或者保管人虚构事实、隐瞒真相是不同的;其次作为收件人的两被告人没有与交付苏宁公司手机的保管人接触,手机保管人只是根据本公司网络上的兑换信息交付手机,没有认识上的错误而交付手机。这与诈骗行为人需与被骗人之间通过语言或者文字方式沟通后自愿交付财物明显不同。实际上,两被告人获取专门会员卡卡号的行为属盗取行为，并又在持卡人不知情的情况下通过苏宁易购网的漏洞冒充持卡人用卡内积分换取财物，使财物保管人也在不知情的情况下，将保管物交付给非持卡人本人或者受其委托的人，此种情形类似于窃取他人信用卡并使用的行为，我国刑法明确规定此种行为以盗窃罪认定。故本案应定性为盗窃罪。

（三）两被告人的犯罪行为构成盗窃罪且部分数额系未遂

根据《刑法修正案（八）》的规定，“盗窃公私财物，数额较大的，或者多次盗窃、入户盗窃、携带凶器盗窃、扒窃的”系盗窃罪。本案中两被告人采用先盗取卡号，再秘密修改与卡号对应的手机号码，后在网上修改密码的方式，窃取了苏宁电器公司所有的、可以网上直接兑换财物的积分，并且实施了兑换手机的行为，案发前也已实际占有了部分兑换成功的手机，因此，应当认定两被告人的行为构成盗窃罪。犯罪形态方面，两被告人盗用的会员卡系苏宁公司用于存放团购产生积分的专用会员卡，与为非团购客户办理的会员卡功能不同。非团购会员卡属客户私人所有，客户持卡内积分可换购所需商品；团购会员卡记在各门店店长名下，但卡内积分属苏宁公司所有，持卡人不得使用卡内积分换购商品，并且定期由公司清理卡内积分归零。两被告人盗用专门会员卡内积分换取苏宁公司手机，积分和手机损失的主体均为苏宁公司；而如果盗用非团购会员卡内积分换购苏宁公司商品，客户会员卡内的积分遭损失，无法再换购商品，实际上客户个人损失了相应的人民币，而苏宁公司并不损失财物。上述第一种情况下，卡内积分损失并不必然造成相应人民币价值的损失，因为此积分本来就不是用来换购商品的，但用此积分换购商品后苏宁公司为此交付了商品，则其实际损失造成；第二种情况下，卡内积分被盗取，就意味着持卡人的实际损失已造成。本案中，两被告人虽然已在苏宁易购网上用积分换购成功，但六部苏宁公司未送货的手机，因苏宁公司对手机未失控而不应认定为犯罪既遂。

四、处理结果

检察机关以被告人刘某、谭某某行为均构成盗窃罪且部分犯罪系未遂向法院提起公诉，法院以盗窃罪且部分犯罪系未遂分别判处两被告人有期徒刑一年零五个月，并处罚金人民币 3 000 元。

（杨立新）

未成年人单次入户盗窃行为应如何定罪

一、基本案情

被告人徐某某，男，1995 年 2 月 28 日生，作案时系未成年人。曾于 2011 年 5 月 17 日和 5 月 21 日因砸车窗盗窃行为，两次被公安机关作出行政拘留决定（均未执行）。2011 年 5 月 25 日凌晨，被告人徐某某至上海市松江区佘山镇高家村将军 279 号，采用撬窗的方式进入被害人丁某的暂住处，窃得品牌各异、价值不等的移动电话机 2 部以及电子手表 1 块，共计价值人民币 288 元。2011 年 5 月 25 日 9 时许，被告人徐某某在松江区佘山镇高家村高家公路因形迹可疑经巡逻警察询问，被抓获归案。

二、争议焦点

被告人徐某某盗窃案涉及《刑法修正案（八）》正式施行后，未成年人单次入户盗窃行为定罪的评判问题，实践中有不同的处理意见。

第一种意见认为，只要有入户盗窃的行为，就可以定罪处罚。主要理由是《刑法修正案（八）》将《刑法》第 264 条修改为："盗窃公私财物，数额较大的，或者多次盗窃、入户盗窃、携带凶器盗窃、扒窃的，处三年以下有期徒刑、拘役或者管制。《刑法修正案（八）》将入户盗窃行为直接规定为犯罪，即认为入户盗窃是一种行为犯，体现了严厉打击此类盗窃行为的立法目的。所谓行为犯，是指刑法分则规定的基本的犯罪构成不要求有危害结果的发生，只要实行行为一俟完毕，基本构成要件即为齐备的犯罪类型。行为犯构成之基本特征在于行为犯的犯罪构成不要求有危害结果，而是取决于实行行为本身。[①] 只要有入户盗窃的行为，不论次数、数额均构罪。

① 李希慧，童伟华：《论行为犯的构造》，载《法律科学》2002 年第 6 期。

第二种意见认为,《刑法修正案(八)》取消对入户盗窃行为的数额、次数要求,但还是要甄别其情节。对于情节显著轻微、危害不大的入户盗窃行为,应由公安机关根据《治安管理处罚法》或者《劳动教养实施条例》予以行政处罚;对于已满十六周岁不满十八周岁的人实施入户盗窃行为,应根据《最高人民法院关于审理未成年人刑事案件具体应用法律若干问题的解释》第9条的相关规定作情节甄别。

三、评析意见

笔者同意第二种意见,具体分析如下:

(一)被告人徐某某的行为已构成盗窃罪

《刑法修正案(八)》正式施行后,其中对"入户盗窃"仅有行为方式的要求,而无数额、次数方面的要求,司法实践中应根据案件具体情况,结合刑法总则规定作不同的评价。对于成年行为人短时间内连续实施盗窃的、因盗窃违法行为被行政处罚后又入户盗窃的或者采用撬窗破门等破坏性手段入户盗窃的,应依法认定构成盗窃罪;而对于未成年人、受胁迫参与盗窃的犯罪嫌疑人以及确因生活所迫而盗窃的初犯、偶犯,可以参照《最高人民法院关于审理未成年人刑事案件具体应用法律若干问题的解释》第9条的相关规定加以把握。对于已满十六周岁不满十八周岁的人实施入户盗窃行为未超过三次,案发后能如实供述全部盗窃事实并积极退赃,且属又聋又哑的人、从犯、胁从犯或者具有与前述情形相当的其他轻微情节的,可以认定为"情节显著轻微危害不大",不认为是犯罪。对于已满十六周岁不满十八周岁的人实施入户盗窃行为未遂或者中止的,也可不认为是犯罪。

本案中,被告人徐某某虽系未成年人,但其在2011年5月17日、21日因砸车窗偷盗先后两次被公安机关行政处罚后,仍不思悔改,又于2011年5月25日凌晨,采用撬窗的破坏性手段进入被害人丁某的暂住处行窃,情节较为严重,人身危险性较大,不符合上述司法解释中"可不认为是犯罪"的认定标准。因此,我们认为,被告人徐某某主观恶性较强,且在行窃时采用破坏性手段,其行为并不符合《刑法》第13条规定的"情节显著轻微的"不作为犯罪处理情形,应当认定徐某某的入户盗窃行为已构成盗窃罪,追究其刑事责任。此外,由于徐某某前两次的盗窃行为已作为其入户盗窃行为入罪的情节加以评价,根据"禁止重复评价”原则,不应再认定其属于“多次盗窃”。

(二)本案可不撤销行政处罚决定,也不需将相关盗窃事实并入,作“一体化”评价

未成年人最后一次盗窃构成犯罪,前次盗窃违法行为在一年之内,但已受到行政处罚,应否累计盗窃数额?《最高人民法院关于审理盗窃案件具体应用法律若干问题的解释》第5条第十二款规定,最后一次盗窃构成犯罪,前次盗窃行为在一年以内的,应当累计其盗窃数额。该司法解释并未对“前次盗窃行为”作出“未曾受过行政处罚”的附加条件,根据罪刑法定原则,司法者不应自行添加限制条件。据此,我们认为对该问题的答案应是肯定的。至于先前的行政处罚应如何与刑事处罚衔接的问题,可分为两种情形。若二者所适用的处罚措施属同一种类,则可遵循我国《行政处罚法》第28条所规定的吸收原则,即行政拘留折抵相应刑期,罚款折抵罚金;若二者所适用的处罚措施分属不同种类,如前者系吊销营业执照,后者系有期徒刑,则应根据单行法中的“双重适用条款”,分别由行政机关与人民法院同时适用。

结合本案案情,被告人徐某某因砸车窗行窃先后两次被处以行政处罚,时隔不久,又实施入户盗窃,表面上符合上述司法解释所规定的情形,应累计其此前一年内所有的盗窃金额。但该司法解释立足于“最后一次盗窃已构成犯罪”,只有首先符合这一基本条件,方能考虑后续的累计金额问题。本案中,在认定被告人徐某某的入户盗窃行为构罪时,已将其具有前科劣迹作为入罪的重要情节加以考量,若再累计其盗窃金额,有违禁止重复评价的原则;另外,鉴于被告人徐某某系未成年人,具有坦白情节以及案发后赃物业已退还被害人等因素,累计盗窃金额与否对被告人徐某某的宣告刑影响甚微,若纠缠于该问题,势必会造成案件审理进程拖沓、迟缓,有违诉讼经济原则。综上,笔者认为应当以单节入户盗窃事实对被告人徐某某定罪处罚。

四、处理结果

检察机关以被告人徐某某行为构成盗窃罪向法院提起公诉,法院以盗窃罪判处徐某某拘役三个月,并处罚金人民币1 000元。

(吴海生)

如何从劳务工的实际职责和犯罪对象的占有归属来区分职务侵占罪与盗窃罪

一、基本案情

被告人茹某系上海三合劳动服务公司劳务派遣至上海钢联物流有限公司(以下简称“钢联物流”)的员工,2010 年 10 月 8 日 18 时许,其按照钢联物流安排,驾驶大货车运送热轧带肋钢筋至上海市虹桥地区上海城建隧道股份有限公司(以下简称“城建隧道公司”)迎宾三路隧道新建工程工地。工地人员验收货物后,在卸货过程中,其与该工地钢筋工班长张某、吊机工史某等人合谋,少卸一捆型号为 HRB－335 型热轧带肋钢筋(螺纹钢)(重 3.812 吨,价值人民币 16 000元),后由茹某驾车,伙同张某、史某将该捆钢筋偷运至上海市宝山区江杨北路、泰和路路口,以人民币 7 500 元的价格予以销赃。案发后,被告人茹某投案自首,并退赔全部货款,经公安人员调查,张某系祥龙虞吉有限公司的员工,史某系齐诚物流有限公司的员工,二人均系劳务派遣员工。

二、争议焦点

本案的争议焦点是茹某的行为构成职务侵占罪还是盗窃罪,对这一问题有以下几种分歧意见:

第一种意见认为,被告人茹某的行为构成职务侵占罪。理由为:被告人茹某虽系劳务派遣至钢联物流的员工,但其是按照钢联物流的安排工作,对外代表钢联物流,在卸货过程中,其代表钢联物流控制货物,其利用这一职务便利,将部分货物据为己有,其行为应当定性为职务侵占罪。

第二种意见认为,被告人茹某的行为应定性为职务侵占罪。理由为:货物由工程工地的工作人员签收后,该工地钢筋工班长张某、吊机工史某等人作为该工地上帮助卸货的人员,具有工作上的便利,被告人茹某与他们合谋,将工地上部分货物据为己有,应以职务侵占罪的共犯予以认定。

第三种意见认为,被告人茹某的行为构成盗窃罪。理由为:在被告人茹某卸货前,货物已经由城建隧道公司工程工地的工作人员签收,货物的占有权已经发生转移,茹某行为的指向对象已经不是本单位的财物,虽然其利用了帮助卸货这一便利,但因指向对象不同,不能构成职务侵占罪,相反其行为符合的是以非法占有为目的,秘密窃取公私财物的盗窃罪构成要件,故应定性为盗窃罪。

三、评析意见

我们同意第三种意见,具体分析如下:

所谓职务侵占罪,是指公司、企业或者其他单位的人员,利用职务上的便利,将本单位财物非法占为已有,数额较大的行为。而盗窃罪,是指以非法占有为目的,秘密窃取他人占有的数额较大财物的行为。从犯罪的构成要件看,两罪最主要的区别体现在:首先在主体上,职务侵占罪要求的是特殊主体,是指公司、企业或者其他单位的人员。而盗窃罪所要求的是一般主体。其次在客观方面上,职务侵占罪客观方面表现为公司、企业或者其他单位的人员利用"职务上的便利",侵占本单位财物,数额较大的行为。利用职务便利,将自己本来"合法持有"但无权所有的公司、企业或者其他单位的财物非法据为已有或者为第三人所有的是职务侵占罪的主要特征。而盗窃罪的客观方面,表现为用秘密窃取的方法占有公私财物,所侵占的财物范围比较大,可以是自己单位的,也可以是其他人的。因此所侵占财物是否本单位的财物,以及是否具有"职务上的便利"是两罪区别的关键。

(一)劳务工如果对单位财物负有实际职责,可以构成职务侵占罪的主体

《刑法》第271条对职务侵占罪规定的主体是"公司、企业或者其他单位的人员"。司法实践中,对于这类人员的范围如何确定,经常发生争议。最为突出的就是作为"单位"的人员,是否应以劳动合同为依据;如果行为人并非某公司、企业或者其他单位的在编正式人员,而是因一时一事受单位委托或聘请,其利用职务上的便利将该单位财物非法占为已有,可否构成职务侵占罪?有观点认

为职务侵占罪主体必须是本单位员工，也就是财产遭受损失的单位的员工。该案中，被告人茹某系上海三合劳动服务有限公司劳务派遣至钢联物流的员工，其劳动合同及领取报酬的单位为上海三合劳动服务有限公司，其与占有货物的隧道股份公司不具有劳务关系。

我们认为，行为人在实施占有行为之前，对单位财物是否负有经手、保管的职务便利，不能单纯地以行为人的职务作为判断依据。行为人实际合法地持有、管理财物，并不限于在公司、企业或者其他单位中担任一定的领导或管理职务，也并不以单位正式人员、合同工或者临时工来区分，而应当视行为人对财物的事实支配状态，以及与其职务的关联，即从“身份”判断转变为“实际职责”的判断。[①] 事实上，这种实际职责的赋予可能存在三种途径：一是在本单位担任一定职务，利用主管、管理、经营、经手财物的权力及方便条件；二是在单位中从事劳务活动而合法保管、持有本单位的财产；三是受单位临时性委派或授权而合法持有、保管、使用本单位财产。

假设茹某在运输途中盗卖货物，便构成了“利用职务便利”，应以职务侵占定罪。虽然从身份来看，司机只负责实施运输，对运输公司的财物没有管理和经手职责，但运输途中，承运货物已处于司机的实际占有和支配范围内，而且从一般社会观念也可推知，司机对货物负有保管、看护的义务。因此，运输过程中司机由于从事业务工作，实际地承担了合法持有、保管公司承运货物的职责。茹某是三合公司聘用的司机，代表三合公司经手承运外单位货物，合法持有货物并负有妥善保管的责任。而本案中，茹某已完成公司指派的工作任务，将钢筋送至目的地，并由对方签收，此时茹某对该批钢筋已经不负有任何职责，也就不能构成职务侵占罪的主体。

（二）本案犯罪对象的占有归属是区分盗窃罪和职务侵占罪的关键

职务侵占罪与盗窃罪的一个关键区别是两者犯罪对象的占有归属不同。盗窃罪是指以非法占有为目的，窃取他人占有的财物。它以夺取占有为基本特征，行为对象必须是他人占有的财物，实质表现为侵害他人对财物的占有。而侵占犯罪是以事前占有他人财物为前提，将占有转变为非法所有。将自己占有的财物变为自己不法所有，是侵占的本质特征；而将他人占有的财物变为自己

① 黄晓平：《盗窃罪与职务侵占罪辨析》，载《中国检察官》，2010 年第 1 期。

占有,则是盗窃的本质特征。刑法上的占有是人对财物事实上支配、管理的状态,它必须是事实的、现实的占有,但并不以实际上掌握财物为必要。占有是指事实上的支配,不仅包括物理支配范围内的支配,而且包括社会观念上可以推知财物的支配人的状态。[①] 所以,判断某人对财物是否事实上占有,应当根据社会上一般人的观念并结合案件的具体情况而定。

而本案中,茹某将货物运送至工地并被工地工作人员验收签单后,城建隧道公司已占有该货物,第一种意见认为因茹某帮助卸货,仍然接触到货物,就认为茹某仍然对货物有占有权有失偏颇。因为刑法意义上的占有,既要求占有人有占有的意思,同时又需要占有人实际控制该占有物。城建隧道股份有限公司的工作人员签收后,已对该货物具有占有的意思表示,而该工地系城建隧道公司的施工地,工作人员签收后即组织人员卸货,应当认为,该公司已占有该货物。而被告人茹某作为运输者,在货物被签收后,对该货物已没有占有的意思表示,其不再占有该货物。此时货物已由城建隧道公司占有,茹某仅是帮助卸货,其已经不再对货物具有管理、保管等职务便利,故被告人茹某在客观方面不符合职务侵占罪的构成要件。

(三)史某、张某的行为不构成职务侵占罪,不能认定被告人茹某为职务侵占罪的共犯

最高人民法院《关于审理贪污、职务侵占案件如何认定共同犯罪几个问题的解释》中第2条规定:"行为人与公司、企业或者其他单位的人员勾结,利用公司、企业或者其他单位人员的职务便利,共同将该单位财物非法占为己有,数额较大的,以职务侵占罪共犯论处。"如上文所述,对职务侵占罪主体"公司、企业或者其他单位的人员"的认定,应以行为人的行为性质为依据,即只要行为人是合法代表某一单位从事经营、管理等活动,其利用职务上的便利非法占有该单位财物的,就应以职务侵占罪定罪处罚。劳务工也可能构成职务侵占罪的主体。

在钢筋运至现场并由工地工作人员签收后,财物此时处于城建隧道公司施工的工地上,在其事实上支配的领域内,钢筋此时毫无疑问归城建隧道公司占有。在本案中,史某、张某系外来公司派遣在案发工地担任吊车司机和钢筋工

① 张明楷:《刑法学》,法律出版社2007年版,第724页。

班长，钢筋虽然由张某、史某卸货，但史某和张某对于所窃财物不具有任何占有、管理、处分的合法权限。二人的行为不能构成职务侵占罪，同样被告人茹某也不能成为职务侵占罪的共犯。

四、处理结果

检察机关以被告人茹某行为构成盗窃罪向法院提起公诉，法院以盗窃罪判处茹某有期徒刑一年，缓刑一年，并处罚金人民币 2 000 元。

（戴正婷）

如何准确认定转化型抢劫罪中的“当场使用暴力”

一、基本案情

2011 年 6 月 27 日清晨 5 时 30 分许，被告人秦某驾驶出租车载被害人郭某至上海市仙霞路 750 弄处，郭某下车发现其诺基亚 C5 型手机(价值人民币 500 元)掉在副驾驶位置上，便呼喊并上前欲取回手机，秦某顿起贪念突然驾车逃离，车门随车辆开出的惯性关上。郭某追赶至威宁路仙霞路口，发现秦某的出租车停靠在路边，其呼喊并上前抓住副驾驶车窗欲取回手机时，秦某又发动车辆逃离，致使郭某挂在车外被拖行百米，直至郭某钻入车内拔掉车钥匙方才停驶。其后秦某将藏在方向盘下保险丝盒里的手机拿出来交还，郭某报警后秦某被当场抓获。

二、争议焦点

本案争议的焦点就是如何看待转化型抢劫罪中的“当场使用暴力”，针对该问题在案件办理过程中形成了的两种不同意见：

第一种意见认为，被告人秦某的行为构成抢夺罪。根据《刑法》第 269 条规定：“犯盗窃、诈骗、抢夺罪，为窝藏赃物、抗拒抓捕或者毁灭罪证而当场使用暴力或者以暴力相威胁的，依照本法第二百六十三条的规定定罪处罚。”其中，施暴的“当场性”是转化型抢劫的重要判定标志。秦某抢夺被害人手机成功后已逃离了现场，并有停靠路边的行为；被害人郭某被询问时陈述，被告人消失无踪后，在开往中环高架的路途中又突然发现了被告人秦某，遂上前去抓捕，秦某随即又继续逃逸。因此，严格按照法律规定，本案缺少转化型抢劫罪中的“当场使用暴力”要件，应以抢夺罪定罪。

第二种意见认为，秦某的行为构成抢劫罪。本案符合“当场使用暴力”，具体理由是，①在空间上是连续的；②在时间上是连续的；③秦某实施暴力的行为与其抢夺郭某手机的行为，无论从秦某的客观行为还是从主观故意方面，是具有紧密关联的；④秦某第二次驾车逃离致使郭某挂在车外被拖行百米的行为应认定为使用暴力的行为，秦某实施的暴力行为从社会观念上应当评价为夺取财物而采用的手段。因此，秦某的行为符合“当场使用暴力”的情况，应当以抢劫罪定罪。

三、评析意见

我们同意第二种意见，即本案中被告人秦某第二次逃离行为符合“当场使用暴力”的范围，具体分析如下：

（一）认定转化型抢劫罪需要具备的条件

根据《刑法》第 269 条规定：“犯盗窃、诈骗、抢夺罪，为窝藏赃物、抗拒抓捕或者毁灭罪证而当场使用暴力或者以暴力相威胁的，依照本法第二百六十三条的规定定罪处罚。”一般需要具备以下三个条件：

一是前提条件，行为人首先实施了盗窃、诈骗或者抢夺罪。而盗窃、诈骗和抢夺罪都必须达到数额较大才能构成。此外，2005 年最高人民法院《关于审理抢劫、抢夺刑事案件适用法律若干问题的意见》中还规定，行为人实施盗窃、诈骗、抢夺行为，未达到“数额较大”，为窝藏赃物、抗拒抓捕或者毁灭罪证当场使用暴力或者以暴力相威胁，情节较轻、危害不大的，一般不以犯罪论处；但具有下列情节之一的，可依照《刑法》第 269 条的规定，以抢劫罪定罪处罚；①盗窃、诈骗、抢夺接近“数额较大”标准的；②入户或在公共交通工具上盗窃、诈骗、抢夺后在户外或交通工具外实施上述行为的；③使用暴力致人轻微伤以上后果的；④使用凶器或以凶器相威胁的；⑤具有其他严重情节的。

二是目的条件，即是为了窝藏赃物、抗拒抓捕或者毁灭罪证。目的条件是区分《刑法》第 263 条一般抢劫罪和第 269 条转化型抢劫罪的关键，如果行为人在盗窃、诈骗、抢夺过程中，遭遇被害人反抗，行为人临时改变作案方法，当场使用暴力或者以暴力相威胁，以便当场劫取财物的，则构成第 263 条的抢劫罪，而不是转化型抢劫罪。

三是手段条件，即当场使用暴力或者以暴力相威胁。这里的当场不仅指实行盗窃、诈骗、抢夺行为的现场，也包括犯罪分子逃离现场后随即受到追捕过程中进行的窝藏赃物、抗拒抓捕、毁灭罪证的场所。如果是在实施盗窃、诈骗、抢夺行为以后,犯罪分子在其它场所行凶拒捕,与先前实施的盗窃、诈骗、抢夺行为在时间和空间上不具有连续性的,则不算当场。如果后续行为构成其他犯罪的,则数罪并罚。

(二)被告人秦某抗拒抓捕行为具有暴力性

刑法理论认为,抢劫罪的暴力必须针对人实施,并且暴力手段必须达到足以抑制对方反抗的程度,但不要求事实上抑制了对方的反抗;抢劫罪中的胁迫与其他方法,都必须达到足以抑制对方反抗的程度。但作为转化型抢劫罪手段的暴力、胁迫是否也必须达到这种程度呢?这在理论上是有争论的。多数观点认为,转化型抢劫罪同典型抢劫罪有相同程度的危险性和反社会性,尽管暴力、胁迫与夺取财物的时间先后顺序有所不同,但罪质相同,因此,暴力、胁迫的程度也应相同。但是,也有少数观点认为,本罪大多是在已经取得财物时实施暴力、胁迫行为,往往采用比典型抢劫罪较轻的暴力、胁迫手段,就能达到目的。因而,本类抢劫罪的暴力、胁迫程度可以轻于典型抢劫罪。

我们认为,转化型抢劫与一般抢劫相比,虽然暴力和取财的先后顺序不同,但是两者的主观恶性和社会危害性并没有本质上的差异,因此转化型抢劫的暴力程度的认定也应和一般抢劫罪相当。在司法实践中,行为人在驾车抢夺被害人提包的过程中,因为被害人不放手而驾车拖曳被害人,并夺走提包的行为被认定为抢劫的案件并没有太大争议。本案中秦某最初占有被害人手机并驾车逃跑的行为应认定为抢夺行为,根据抢夺罪定罪数额的相关规定,其行为已经构成抢夺犯罪。后被害人追赶到秦某的出租车并抓住副驾驶车窗欲取回手机时,秦某驾车逃离致使郭某挂在车外被拖行百米的行为已经不再属于一般的逃逸行为,其目的是抑制被害人郭某的反抗,以达到使被害人不能或不敢反抗的目的,因此应属于抢劫罪暴力行为的范围。

(三)被告人秦某抗拒抓捕行为具有当场性

如何理解转化型抢劫罪中的"当场"是正确把握转化型抢劫罪的关键。在刑法理论和司法实践中,对"当场"的理解也存在争议,一种观点认为,"当场"是指实施盗窃、诈骗、抢夺行为的现场;第二种观点认为,"当场"是指窝藏赃物、抗拒抓捕、毁灭罪证有关的地方;第三种观点认为,"当场"一是指实施盗窃、诈骗、抢夺的现场,二是指以犯罪现场为中心与犯罪分子活动有关的一定空间范围;

第四种观点认为,“当场”是指实施盗窃、诈骗、抢夺行为的现场,以及行为人刚一离开现场就被人及时发觉而立即被追捕中的场所,该种学说被视为通说。

因此,一般认为“当场”是指实施盗窃、抢夺等前罪行为的现场或是刚一离开时就被发觉而立即抓捕过程中的场所。在由盗窃、抢夺等前罪向抢劫的转化中,其暴力或以暴力相威胁的行为必须要与前行为紧密相连,完全脱离前罪行为的时空不是本罪所要求的“当场”。同时也应允许由先行侵犯财产的行为向后侵犯人身的行为作时空延续;完全不允许时空的延展,就不可能有后行为的暴力或暴力相威胁行为施行的余地。即本罪后行为的暴力或暴力相威胁行为与先行的前罪行为在时空上必须具有连续性、关联性,时间上具有不间断性。也就是说犯罪人始终处于抓捕人努力所及的注意之下的场景,基于这种注意,抓捕人一直未放弃抓捕。在这个场景中,无论追逐的距离有多长,只要抓捕人没有放弃抓捕行为,对于犯罪人为抗拒抓捕实施暴力或暴力相威胁的,都应依抢劫罪论处。[①] 具体在本案中,虽然被告人秦某在实施抢夺后即驾车逃逸,但被害人郭某却一直在继续追赶,直至发现秦某车辆并当场实施抓捕行为,因此秦某在此时实施的暴力行为理应属于“当场使用暴力”的范畴。

四、处理结果

检察机关以被告人秦某行为构成抢劫罪向法院提起公诉,法院以抢劫罪判处秦某有期徒刑三年,缓刑三年,并处罚金人民币 3 000 元。

(赵　宁)

① 邓左:《从李某案看转化型抢劫罪中“当场”的理解》,载《中国检察官》,2009 年第 8 期。

强拉被害人肩膀并抢走挎包的行为应如何定性

一、基本案情

2010 年 9 月 20 日 21 时许，被告人王某行至一乡村偏僻水泥路时，见被害人匡某单独步行至此，便尾随追赶后强行拉住匡某肩膀，企图抢走匡某斜挎在肩膀上的皮包。匡某发觉后即咬了王某抓其包带的左手手指并大声呼救，王某遂吼叫了一声并用力拉扯包，将挎包抢走。包内有现金人民币 50 元及价值人民币 357 元的信得乐牌 L538 型手机一部。

二、争议焦点

关于本案的定性，存在罪与非罪两种不同意见：

第一种意见认为，王某的行为属于抢夺，但因数额不到抢夺罪的起刑点，故不构成犯罪。理由是：王某抢包的行为是趁被害人匡某不备迅速夺走的，匡某对抢包没有预见也毫无反抗；王某虽然有强行拉住匡某肩膀的行为，但目的是为了能顺利抢包，而无伤害被害人的目的；且该行为尚未达到抢劫罪所要求的暴力程度，不具有暴力手段的特征，故王某的行为不应定抢劫罪。

第二种意见认为，王某的行为构成抢劫罪。理由是：王某以非法占有为目的，深夜在乡村偏僻小路上尾随追赶单独步行的被害人匡某，强行拉住匡某肩膀后，抢走匡某斜挎在肩上的女式背包，其行为的着力点不仅在于被害人的财物，而且涉及被害人的人身，即使被害人在不能、不敢、无力反抗的情况下丧失对财物的控制，应当认为王系采用暴力手段当场劫取他人财物，故应认定为构成抢劫罪。

三、评析意见

笔者认同第二种意见。具体分析如下：

(一）王某的行为不符合“趁人不备，抢走他人财物”的抢夺行为特征，而是具有抢劫罪客观方面的特征

抢夺罪与抢劫罪最主要的区别在于行为方式不同：抢夺罪系乘人不备，公然夺取他人财物，突出的是被抢人在思想意识上的毫无防备；抢劫罪则当场采取使他人不敢反抗、不知反抗或不能反抗的强制手段劫取财物。前者的着力点主要在于财物，旨在使他人来不及反抗便失去对财物的控制；后者的着力点在于人身，旨在使他人为避免身体受到伤害而不得不放弃反抗或无力反抗，进而获取财物。

本案中，王某的抢包行为可细化为两个阶段。第一阶段是王某强拉匡某肩膀并开始抓住匡某挎包包带，开始实施抢包行为。在这一阶段，匡某对王某抢包行为确实无防备。然而在下一阶段，匡某被强拉肩膀，发觉王某实施抢包，当即咬破王某拉包带的手指并呼救。至此，匡某对王某的抢包行为完全知晓且产生了害怕心理，并因内心较大的恐慌而采取了本能的自卫、叫喊、咬对方手指等防备措施。这时，匡某对王某抢包行为主观上经历了从没有防备到有防备，客观上又实施一定反抗行为的转变。被害人匡某这一主客观上的转变，足以影响了王某抢包行为的性质，即王某的抢包行为完全是一种强硬劫取行为，不再符合“趁人不备，抢走他人财物”的抢夺行为特征。况且，按照一般的生活常识，想要在趁人不备的瞬间一下子公然夺取他人斜挎在肩膀上的包也并不现实，很难做到使人来不及作出反应。另外，在之后的抢包过程中，匡某之所以没有采取进一步反抗措施并非是来不及反抗，更不是不知反抗，而是由于身体的受制、内心的恐慌和顾虑不敢反抗、不能反抗、不得不放弃反抗。王某先前的行为被故意地用来作为强行占有财物的手段，并在整个犯罪过程中起到了关键作用。也就是说，王某随后着力于被害人财物并最终取得包的目的行为，正是建立在此前控制被害人身体、使被害人产生内心恐慌和被精神强制的基础之上，彼此存在不可分割的关联。因此，王某的行为完全符合抢劫罪客观方面的特征。

(二）王某的行为属于抢劫罪中的暴力、威胁范畴

本案争议焦点的另一关键在于王某强力夺取财物是否属于使用暴力。我国《刑法》第 263 条规定的抢劫罪是指通过暴力、胁迫等方式使他人不能反抗，强行劫取财物的行为。对于暴力的轻重程度，刑法没有限制，只要能对他人起到强制、打击作用，排除或压制被害人的反抗，达到致使被害人不敢或不能反抗,以便当场占有财物即可,并不要求其危及他人的身体健康甚至生命。所以只要是犯罪人采取的暴力行为是故意用来排除被害人反抗从而劫取财物的手段,则不论这一行为是重到殴打、伤害被害人还是轻到只是扇耳光、捂嘴、抓按等强制行为,均属于抢劫罪中的暴力行为。本案中,王某在深夜无人无灯的小路上对被害人匡某实施尾随追赶、强行拉住硬拽、吼叫的行为虽不足以危害被害人生命与健康,但客观上起到了使被害人不能反抗、不敢反抗的作用,成为最终抢走包的重要条件,故属于抢劫罪中的暴力范畴。当然,其暴力程度相对较轻,可作为从轻情节在量刑上考虑,但这只是抢劫罪内部的危害程度之别,不能说这种暴力程度不属于抢劫罪的暴力范畴。

(三)王某行为所侵犯的法益符合抢劫罪的客体要件

犯罪客体不同也是区别抢劫罪与抢夺罪的重要标准之一。犯罪客体是犯罪行为所侵犯的,而为刑法所保护的某种利益。抢劫罪是一种典型的具有复杂客体的犯罪,其所侵犯的法益不仅涉及人身权利,而且包括财产所有权,具有身体犯与财产犯的二重性,其中又以侵犯财产利益为主,所以刑法将其归属为侵犯财产罪一章。抢夺罪虽然归属于同类客体的侵犯财产犯罪,但其所侵犯的法益是单一的,即财产所有权。本案中,就王某的行为而言,其强行拉住被害人肩膀,致使被害人丧失保护自身财产利益的反抗能力,显然侵犯了被害人的人身权利;其从匡某身上劫取挎包的,使之脱离所有人的实际控制,则侵犯了被害人的财产权利。其一个行为同时侵犯了两种法益,这与抢夺罪的区别是泾渭分明的。

综上,本案中王某以非法占有为目的,深夜在无人无灯的小路上尾随追赶单独步行的被害人,采用硬拉肩膀、强行硬拽、吼叫等暴力、胁迫手段抢走被害人的挎包,其行为的着力点不仅在于被害人的财物,而且涉及被害人的人身,即使被害人在不能、不敢、无力反抗的情况下丧失对财物的控制,系当场采用暴力、胁迫手段当场劫取他人财物,应当认定为抢劫罪。

四、处理结果

检察机关以被告人王某行为构成抢劫罪向法院提起公诉,法院以抢劫罪判处王某有期徒刑三年零两个月,并处罚金人民币 3 000 元。

(华　锋　余　莉)

如何区分事出有因的抢劫与敲诈勒索行为

一、基本案情

2009 年 11 月底，被告人李某从其朋友“强强”处得知被害人胡某与一名叫“幽乐”的女子有暧昧关系，遂心生歹念。2009 年 12 月 7 日凌晨，被告人李某、郭某、谢某伙同童某、王某等人经事先商量，编造理由将被害人胡某骗至上海市杨浦区嫩江路、包头路处，随后将胡某强行带至上海市松江区涞亭南路、姚北路附近一偏僻场所，虚构胡某与被告人李某的妻子有不正当关系，捆绑胡某手脚并对其拳打脚踢，同时言语威胁要将胡某“埋掉”，迫使胡某交出建设银行卡及密码。被告人郭某伙同王某至农业银行 ATM 机提取人民币 6 000 元，李某等人在逼迫胡某写下欠条后，方将其释放。另查明，案发时胡某随身携带现金人民币 1 000 多元，且系驾驶车辆到达现场，但李某等人没有劫取该现金及车辆。

二、争议焦点

被告人李某等人的行为是构成抢劫罪还是敲诈勒索罪，本案办理中曾存在两种意见：

第一种意见认为，被告人李某等人行为构成敲诈勒索罪。李某等人主要系利用了被害人因与其他女性存在不当关系而心虚的状况取得财物，且对被害人的随身财物并未劫取，而是从另一地点的 ATM 机上取款，属于“事后取财”而非“当场取财”，故应构成敲诈勒索罪。

第二种意见认为，被告人李某等人行为构成抢劫罪。李某等人通过暴力、胁迫手段获取被害人的银行卡及密码，虽然暴力行为发生地并非取得财物地，但是在前往银行取钱的过程中，被害人仍然处在李某等人的控制之下，其人身所受到的威胁处于持续状态，在此情况下取得财物应认定为具备“当场性”，故李某等人的行为构成抢劫罪。

三、评析意见

我们认为上述第二种意见是正确的。正确区分抢劫罪与敲诈勒索罪,应着重从暴力、胁迫的行为指向、严重程度以及侵害实现的即时性、财产取得的当场性等方面综合考量。对于通过直接以被害人人身为指向,足以抑制被害人反抗,且具有即时实现侵害可能性的暴力、胁迫而当场取得被害人财物的行为,应当认定为抢劫罪。

(一) 从暴力、胁迫的行为指向看

抢劫罪中行为人使用暴力、胁迫手段的目的,是排除被害人反抗,劫取财物,故其指向必然是直接作用于被害人人身。而敲诈勒索罪的暴力、胁迫指向,则不限于被害人的人身,还可以是被害人亲属等第三人的人身,或者被害人的财产、隐私等。在行为人存在以被害人以外第三人的人身或者被害人的隐私、财产等为指向的情况下,一般可以排除构成抢劫罪。本案中,李某等人系直接针对被害人实施暴力和威胁,尽管其声称胡某与李某妻子有不正当关系,但该事由系虚构,且只是作为对胡某施暴的借口,并未以揭发该"隐私"相胁迫,故本案暴力、胁迫的指向,是直接针对被害人的人身。

(二) 从暴力、胁迫的严重程度看

抢劫罪属于夺取型侵财犯罪,故其暴力、胁迫必须达到抑制被害人反抗的程度。而敲诈勒索罪属于交付型侵财犯罪,其暴力、胁迫的目的是为了对被害人施加精神压力,以使之权衡后交付财物,故敲诈勒索罪中的暴力、胁迫必须是尚未达到抑制被害人反抗的程度,否则,应构成抢劫罪。实践中判断被害人所受强制程度时,应结合时间、场所、行为人与被害人的人数、年龄、性别、体力和当时的环境等情况,以被害人的具体感受能力为基础,以一般人的合理感受能力为参照进行综合性分析判断。

本案发生在凌晨的僻静之处,被告人多人对被害人捆绑且拳脚相加,并以"将你埋掉"这种更严重的伤害为威胁,在该种情境下,被告人所实施的暴力威胁已经达到足以抑制被害人反抗的程度,应构成抢劫罪而非敲诈勒索罪。

(三) 从侵害实现的即时性看

抢劫罪系以当场实施暴力侵害相威胁,故其行为手段与目的结果在时空上

具有同一性，被害人往往直接面临人、财难两全的现实紧迫状态。而敲诈勒索罪中，行为人一般会设定某种不利后果转为现实的时空间隔，被害人遭受伤害存在缓冲余地。本案中，被告人在对被害人捆绑并拳打脚踢后，还实施了“把你埋掉”的威胁行为，迫使被害人讲出银行卡密码。从案发的具体情境来看，该威胁并没有给被害人权衡的机会，行为人的目的一旦不能实现，则威胁就可以立即转化为现实，因此该威胁应当评价为抢劫罪中具有紧迫性与即时性的威胁方式。

（四）从财物取得的当场性看

取财的当场性是抢劫罪的一个重要特征。对于“当场”的理解不能仅囿于一个纯粹的时空概念。只要暴力、胁迫造成了强制，且该强制一直持续，即使时间延续较长，空间也发生了一定的转换，也同样符合抢劫罪中“当场”的本质要求。换言之，“当场”不能简单等同于“现场”，还包括时间和空间不间断延续的其他场合。

本案中，李某等人通过殴打胡某而取得其银行卡及密码，而后继续将胡某扣押、转移至银行 ATM 机处，直到将银行卡中的钱款取出后方让胡某离开。从表面来看，被告人暴力、胁迫与取财行为之间存在一定程度的时间与空间变换，但从整个过程来看，被害人胡某的人身始终处于被告人的控制之下，并没有因为离开第一犯罪现场而终结，而是延续到了取款地点，整个暴力、胁迫过程持续且自然连贯。取钱的场所虽然与实施暴力的场所不同，但可以认定为原场所的延续。因此符合抢劫罪“当场取财”的构成要求。

四、处理结果

检察机关以被告人李某等三人行为构成抢劫罪向法院提起公诉，法院以抢劫罪分别对李某等三人判处五年零六个月至六年零六个月不等有期徒刑，并处罚金。

（姚　熙　赵　罡）

如何认定入户抢劫中的“户”

一、基本案情

2005年1月26日凌晨，被告人江某预谋抢劫被害人伍某（被告人同事）钱财，以找人为名至被害人伍某的暂住地（与其同事王某合租），趁伍某不备对其采取枕头蒙面、掐喉咙、用电线套拉被害人颈部等暴力手段，劫得夏新F90型手机、波导S570型手机各一部，现金400元及建设银行储蓄卡一张，并强迫被害人伍某讲出其银行卡密码。尔后，江某因担心身份暴露而欲将伍某杀死灭口，遂采用打碎镜子用玻璃碎片刺、割喉咙等手段，致伍某受伤昏迷（经法医学鉴定构成轻伤）。

二、争议焦点

本案中，关于被告人江某抢劫、杀人的行为性质及罪名认定并无争议，然而，对于是否属于“入户抢劫”的法定加重情形存在分歧意见：

第一种意见认为，被告人江某的行为构成抢劫罪，且属于“入户抢劫”的法定加重情节。理由如下，被害人伍某暂住房屋系居民住宅，虽然客观上存在与王某共同租住的情况，但是从其本质属性上来看，则具有明显的私密性特征，仍属于为家居生活而使用。同时，认定“入户抢劫”中的“户”，并不受到居住人数的多少以及居住者之间有无家庭关系的影响。因此，本案中伍某的住处符合“户”的含义，江某的行为属于“入户抢劫”。

第二种意见认为，被告人江某的行为构成抢劫罪，但并非“入户抢劫”。理由如下，江某虽在被害人伍某暂住地实施抢劫，但该住处系伍某与王某共同租住，类似于临时性集体宿舍的性质，而“入户抢劫”中“户”的范围仅限于家庭生活的场所。被害人伍某与王某系同事关系，而非家庭成员关系，故本案中伍某的住处不符合刑法中“户”的含义，江某的行为不属于“入户抢劫”。

三、评析意见

本案中，上述两种意见的分歧焦点在于被告人江某所犯抢劫罪是否构成法定的加重处罚情节，即江某的行为是否属于“入户抢劫”。我们同意第一种意见，具体分析如下：

（一）刑法及司法解释关于“入户抢劫”的相关规定

所谓抢劫罪，是指以非法占有为目的，以暴力、胁迫或者其他方法，抢取公私财物的行为；本罪不仅侵犯了他人的财产利益，而且侵犯了他人的人身权利。[①] 根据《刑法》第263条之规定，抢劫罪具有八种法定的情节加重或者结果加重情形，而“入户抢劫”则属于情节加重情形之一。2000年11月22日最高人民法院《关于审理抢劫案件具体应用法律若干问题的解释》第1条规定，《刑法》第263条第一项规定的“入户抢劫”，是指为实施抢劫行为而进入他人生活的与外界相对隔离的住所，包括封闭的院落、牧民的帐篷、渔民作为家庭生活场所的渔船、为生活租用的房屋等进行抢劫的行为。2005年6月8日最高人民法院《关于审理抢劫、抢夺刑事案件适用法律若干问题的意见》则进一步明确了认定“入户抢劫”的三个方面问题：①“户”的范围是指住所，其特征表现为供他人家庭生活（功能特征）和与外界相对隔离（场所特征）两个方面。集体宿舍、旅店宾馆、临时搭建工棚等一般不应认定为“户”，但在确实具有上述两个特征的情况下，也可以认定为“户”；②“入户”目的之非法性，即进入他人住所必须以实施抢劫等犯罪为目的。虽然犯罪行为发生在户内，但不以实施抢劫等犯罪为目的进入他人住所，而是在户内临时起意实施抢劫的，不属于“入户抢劫”；③暴力、胁迫等强制行为必须发生在户内，因入户实施盗窃被发现，为窝藏赃物、抗拒抓捕或者毁灭罪证而当场使用暴力或者以暴力相威胁的，如果暴力或者暴力胁迫行为发生在户内，可以认定为“入户抢劫”；如果发生在户外，不能认定为“入户抢劫”。

（二）“入户抢劫”中“户”的基本含义及法律属性

关于“入户抢劫”中“户”的含义，首先，从字义上看，按照《现代汉语词典》以及《辞海》的解释，所谓“户”，是指门、门第或者人家，由共同生活在同一住所的

---

① 张明楷：《刑法学》，法律出版社2007年版，第710页。

成员所组成,其功能在于私人居住的生活区域。其所指向的是私人生活的领域,且该领域与外界相对隔离,具有非公共场所的性质。其次,从刑事立法的宗旨来看,我国刑法之所以规定"入户抢劫"属于抢劫罪的法定加重情节,并将其法定刑规定为十年以上有期徒刑、无期徒刑或者死刑,其目的即在于保护公私财产利益的同时,更好地保护公民的居住安全和人身安全。一方面,"入户抢劫"与基本的抢劫犯罪相比,在侵犯公民人身权利和财产权利的同时,还侵犯了公民的住宅居住安全。从某种意义上说,"入户抢劫"结合了非法侵入住宅罪与抢劫罪的双重罪质,具有加重的社会危害性。① 另一方面,由于"入户抢劫"的空间范围有限,被害人在受到不法侵害时获得外界援助的可能性相对较小,而行为人在劫取财物时,则更加容易因排除被害人的反抗而造成重伤、死亡等更为严重的暴力侵害后果,因而有必要针对特定的人身安全予以刑事立法的特殊保护。可见,正是因为行为人犯罪目的、犯罪对象、犯罪地点的特殊性,且人身危险性与社会危害性均较基本的抢劫犯罪更为严重,刑法才将"入户抢劫"作为抢劫罪的一种情节加重情形予以特别规定。

基于上述认识,在认定某一特定场所是否属于"入户抢劫"中的"户"时,应当结合具体案情予以具体分析,根据刑法及相关司法解释的规定,从"户"的本质特征(功能特征和场所特征)出发进行分析判断,而不能仅仅立足于该房屋的产权性质及其内部成员的相互关系。也就是说,只要某一特定场所具有作为私人生活用途的性质,且与外界处于相对隔离的状态,则无论是供他人长期生活使用还是短期、临时生活使用,无论是当事人自有房屋还是租用他人房屋,无论该房屋原来的用途及性质如何,就应当认定为"户"。

(三) 司法实践中"入户抢劫"的认定标准

笔者认为,在司法实践中,对于"入户抢劫"的认定,应当综合考虑以下三个方面的标准:一是"户"的判定是基本标准。功能标准和场所标准兼备,是某一特定场所构成"户"的根本要素。从功能标准来看,"户"是居民日常生活起居、休息的地方,居民对其行使完全的占有、使用、支配和自由出入的权利;从场所标准来看,"户"是相对封闭,具有安全感、依赖感的住所。二是"入户"目的判定是牵连标准。认定"入户抢劫"不可忽略行为人"入户"目的之非法性,即行为人

① 张军:《刑法分则及配套规定新释新解(上)》,人民法院出版社 2009 年版,第 1014 页。

在"入户"时就以实施抢劫等犯罪为目的。司法解释采用主客观相一致的评判标准,要求行为人客观上实施了入户的行为,主观上具有抢劫的意图,行为与目的之间具有牵连关系。三是抢劫行为发生地的判定是实质标准。认定"入户抢劫",不仅要求进入的场所为"户","入户"之目的具有非法性,而且要求暴力、威胁或者其他强制行为必须发生在"户内"。因此,"入户抢劫"并不只限于一般的抢劫犯罪,还包括"转化型"的抢劫犯罪,即《刑法》第 269 条规定的情形。① 行为人因入户盗窃、诈骗、抢夺被发现,为窝藏赃物、抗拒抓捕或者毁灭罪证而当场使用暴力或者暴力威胁,如果暴力或者暴力威胁行为发生在户内的,以"入户抢劫"论处;发生在户外的,则认定为一般抢劫。②

本案中,被告人江某事先预谋抢劫钱财,并基于此意图进入被害人伍某的暂住地实施犯罪,同时在室内采取了枕头蒙面、掐喉咙、用电线套拉被害人颈部等暴力手段,其行为符合"入户"目的非法性的牵连标准以及抢劫行为发生在"户内"的实质标准,于是问题的关键,便在于被害人伍某与其同事王某共同租住的房屋能否认定为"入户抢劫"中的"户"。综合本案案情,笔者对此持肯定态度。首先,从功能特征来看,本案涉及的房屋系被害人伍某与同事王某为生活起居而自行合租,室内居住成员相对固定,显著区别于集体宿舍,同时房内生活用品一应俱全,且房门钥匙仅为被害人伍某与王某拥有,二人也一直稳定地将该房屋作为日常生活之用,故完全具备家居生活空间的性质。其次,从场所特征来看,被害人租住的房屋原本便属于农村住宅,不仅有户的编号,而且其坐落的位置、周围的环境、防范的措施等,均体现了与外界相对隔离的特征。该房屋未经租住在此的伍某、王某同意,包括被告人江某在内的其他人员不得随意出入,而江某趁同住人王某不在场,骗取被害人开门后实施抢劫,正是说明了该房屋所具有的封闭性和不可侵犯性。由此可见,被害人伍某租住的房屋属于"入户抢劫"中的"户",被告人江某的行为构成《刑法》第 263 条抢劫罪中"入户抢劫"的法定加重情节。

---

① 《刑法》第 269 条规定:"犯盗窃、诈骗、抢夺罪,为窝藏赃物、抗拒抓捕或者毁灭罪证而当场使用暴力或者以暴力相威胁的,依照本法第二百六十三条的规定定罪处罚。"

② 需要注意的是,"入户抢劫"并不等同于"户内抢劫"。根据最高人民法院《关于审理抢劫、抢夺刑事案件适用法律若干问题的意见》之规定,抢劫行为虽然发生在户内,但行为人不以实施抢劫等犯罪为目的进入他人住所,而是临时起意实施抢劫的,不属于入户抢劫。

四、处理结果

检察机关以被告人江某构成抢劫罪(认定为“入户抢劫”)、故意杀人罪,向法院提起公诉;一审法院认为,检察机关指控的罪名成立,但否定江某的行为成立“入户抢劫”。据此,一审判决被告人江某犯抢劫罪,判处有期徒刑四年零六个月,并处罚金人民币 4 000 元;犯故意杀人罪,判处有期徒刑五年;决定执行有期徒刑九年,并处罚金人民币 4 000 元。检察机关审查后认为,一审判决未予认定被告人江某的行为构成“入户抢劫”,属于适用法律不当,并导致量刑畸轻,遂依法提出抗诉。二审法院经审理,依法撤销了一审法院判决,认定被告人江某所犯抢劫罪属于“入户抢劫”,改判其有期徒刑十二年,并处罚金人民币2 000元。

(王　琳　龙　潭)

对以窃取和骗取的手段非法占有他人财物的行为如何定性

一、基本案情

被告人吴某、伍某某经预谋,于2010年12月7日16时30分许,至上海市宝山区牡丹江路1258号易买得超市二楼,在被害人施某某面前佯装拾得钱包(包内事先预备一张面额为一万元的假秘鲁币及少量外币零钱),以拾得财物与施某某平分骗取被害人信任后,先将拾得钱包放入事先准备的黑色包袋中让被害人保管,假意回家取钱来换,又以被害人保管财物不放心为借口,骗得被害人拿出现金人民币700元、一部诺基亚手机及二张信用卡作为担保与拾得物放在一起,在骗取被害人告知信用卡密码后,借机从黑包的夹层中将财物拿走。随后,二人通过自动取款机从被害人的中国银行信用卡及中国工商银行信用卡上取出现金人民币4 600元,又在牡丹江路亚一金店内持被害人中国银行信用卡刷卡消费了人民币17 000元。嗣后,将购买的金饰品以人民币13 000元的价格销赃,赃款二人共同花用。

二、争议焦点

在本案审理过程中,对于两名被告人的行为性质存有以下两种不同意见:

第一种意见认为,两名被告人的行为应构成信用卡诈骗罪。理由是,被告人吴某、伍某某采用虚构事实的方法,从被害人处骗得现金人民币700元、手机及信用卡,并将骗得的信用卡进行使用(人民币21 600元)。根据《"两高"关于办理妨害信用卡管理刑事案件具体应用法律若干问题的解释》第5条关于"冒用他人信用卡"包括的情形之一,即"骗取他人信用卡并使用的"以《刑法》第196条定罪处罚,且本案中绝大部分财物,是二名被告人通过冒用他人信用卡方式获得的,其行为符合信用卡诈骗罪的构成要件和行为特征。

第二种意见认为,两名被告人的行为构成盗窃罪。理由是,被告人吴某、伍某某虽然采用了虚构事实的方法,取得了被害人的信任,让被害人将随身携带的现金、手机以及信用卡放入被告人事先准备的包中,但是被告人真正取得财物的手段是乘被害人不注意,从包的夹层中将财物取走,符合盗窃罪"秘密窃取"的行为特征,《刑法》第196条第三款规定,盗窃信用卡并使用的,应当依照盗窃罪定罪处罚。

三、评析意见

我们同意第二种意见。诈骗罪与盗窃罪都属于以非法占有为目的的侵犯财产犯罪,从犯罪构成来说,两罪的主要区别在行为特征上:诈骗罪是行为人使用虚构事实或者隐瞒真相的诈欺方法,使财物的所有者、保管者或者经手者产生认识错误,从而"自愿"将财物交与行为人;盗窃罪在客观上表现为行为人采取自认为不为财物的所有者、保管者或经手者发觉的方法,秘密将财物取走。据此,区分盗窃罪与诈骗罪一般不难。但是,当犯罪人为达到非法占有他人财物的目的,交互采用欺骗与秘密窃取的多种手段和方法的,则容易产生定性上的分歧。我们认为,判断交互采用欺骗与秘密窃取的手段非法占有他人财物的行为性质,一般主要是看行为人非法取得他人财物的决定性手段是秘密窃取还是欺骗而得。若采用"虚构和蒙骗"的直接手段取得他人财物的,应认定为诈骗罪;若采用"秘密窃取"为直接手段取得他人财物的,则应认定为盗窃罪。具体结合本案,我们认为:

(一)本案被告人非法取得财物主要是以秘密窃取手段来实现的

两名被告人采取虚构事实的方法,诱使被害人将自己的财物及信用卡放入被告人事先准备好的黑包内,确实属于欺诈的性质。但是被告人并非依靠该欺诈行为直接取得财物,而这只是为其之后通过从包的夹层中将财物取出,实施秘密窃取行为创造条件。被告人取得财物的秘密性体现在:一是被告人在主观上不想让被害人知道;二是该种手法不为被害人所知;三是被害人并不知财物实际已经被被告人所控制。可见,正是被告人实施的这一秘密手法,使得本案财物从被害人手上转移到被告人手上,因而被告人最终通过该种手法取得财物控制的行为符合盗窃罪秘密窃取的行为特征。

亦有观点认为,本案中绝大部分财物是二名被告人通过冒用他人信用卡方式获得的，且信用卡密码是被告人骗取的，而没有信用卡密码，信用卡本身则无任何价值。因此，骗取信用卡密码的行为才是被告人非法取得财物的主要行为。对此，我们认为，信用卡密码对于“使用”该张信用卡来说固然重要，但是没有信用卡这个“载体”，行为人也无法“使用”，更无法实际获取财物。行为人盗窃信用卡后若想实际获得财产，必然要冒合法持有人名义使用信用卡骗取财物，这完全符合“冒用他人的信用卡”的行为要件。但在现行立法规定下，既然把这种行为定性为盗窃罪而非信用卡诈骗罪，我们就应严格按照法律的规定定罪量刑，将盗窃信用卡并使用的行为从冒用他人信用卡的行为中区分出来。

(二) 本案被害人没有处分财产的意思和行为

诈骗罪是一种交互型犯罪，被害人是否具有处分财物的意思和行为，是区分诈骗还是盗窃的客观标准。本案中，在被告人提出让被害人将随身携带的财物拿出以作为其会独占“外币”的担保时，虽然被害人在形式上将财物“自愿”交付给了被告人，但是仍在被害人法律意义上的控制范围内。因为在当时的情况下，其所“交付”财物都将置于被告人提供的“黑包”内，并且上锁后交由被害人保管，以被害人的理解且根据社会的一般观念，被害人仍然支配和控制着该财物，即被害人暂时交付财物并没有转移财物控制权。因此，这种“交付”不能认定为具有处分财物的意思和行为。对被害人来说，被告人趁被害人不备取走财物，被害人当时不知情、事后才知道，在这种情况下，虽然财物看似是被害人“自愿”交付给被告人的，但被害人既在主观上没有让被告人取得财物控制权的意思，客观上被告人也没有据此取得财物的实际控制，被害人仅是将财物暂时作为“担保”抵押，并不是让被告人实际控制其财物。因而被害人虽然被骗了，但他并没有因此而具有将财物转移给被告人支配与控制的处分意思和行为。被告人取得财物的支配与控制完全是后来的秘密窃取行为所致。

至于被害人“自愿”说出信用卡密码，也是基于其以为两张信用卡锁在“黑包”内作为抵押，并始终在其事实控制之下这样的情况之下。虽然密码不同于信用卡卡片，是未载于书面形式的一串数字，但是对于设置密码消费的信用卡来说，信用卡“使用”时，卡和密码应当作为一个整体，只有卡或只有密码，都不能达到“使用”目的。因此，被害人将信用卡密码告知被告人，也不能认定被害人有处分其财物的意思和行为。

(三)本案被告人犯罪对象针对的是被害人的所有财物,而非特定的信用卡

盗窃罪和信用卡诈骗罪,被告人都具有非法占有的故意,但是故意的内容是不同的,或者说犯罪对象是不同的,盗窃罪针对的是被害人的所有财物,而信用卡诈骗罪针对的仅是被害人的信用卡。具体分析本案,两名被告人采用虚构事实的手段,想要获取的就是被害人随身携带的财物,而不管被害人财物的种类,是一个概括性的故意内容。假设本案被害人没有携带信用卡或没有将随身携带的信用卡作抵押,而换以5 000元现金作担保,那么被告人通过上述手段取得被害人财物,又应当如何认定呢?可见,不能因为被害人随身携带财物种类的不同,而就被告人同样的行为,认定为不同的罪名。因此,仅因本案中被害人将随身携带的信用卡作为“抵押”,以及本案中绝大部分财物,是被告人通过冒用他人信用卡方式获得,就认定被告人构成信用卡诈骗罪,显然法理依据不足。

四、处理结果

检察机关以被告人吴某、伍某某行为均构成信用卡诈骗罪向法院提起公诉,法院以盗窃罪分别判处被告人吴某有期徒刑四年,被告人伍某某有期徒刑三年。

(梅礼匀)

利用通信公司结算系统漏洞透支话费的行为如何定性

一、基本案情

2008年10月31日至11月2日，被告人左某某根据台湾人朱某某(另处)提供的“00886940”、“00886947”、“00886949”开头的三组台湾声讯电话号码，雇用林某某等人使用拨号器、中国移动通信集团上海有限公司的移动电话卡等作案工具至广西壮族自治区的莆寨、东兴以及靠近越南河口边境地区，使用中国移动通信集团上海有限公司的15000670553等17张移动电话卡，利用越南国家电信的信号通过国际漫游拨打台湾声讯电话长达5万余分钟，在中国移动通信集团上海有限公司不知情的情况下，通过透支的方式盗打国际长途电话，费用达人民币四十七万余元。嗣后，被告人左某某从朱某某处获得所拨打的台湾声讯电话的回扣款人民币13 300元。

二、争议焦点

对于该案定性主要存在以下两种分歧意见：

第一种意见认为，左某某的行为构成诈骗罪。左某某合法购买了移动电话卡，按正当程序通过短信方式申请开通了国际漫游功能，拨打声讯电话。由于通信公司结算国际漫游话费延滞，当电话卡内余额不足时，电话卡仍能使用，被告人在透支使用话费过程中，通信公司是知道其结算系统存在技术问题的，说明是通信公司自愿让被告人透支话费的，左某某的行为类似信用卡犯罪中的恶意透支，故左某某的行为应属诈骗罪。

第二种意见认为，左某某的行为构成盗窃罪。被告人高额透支话费的行为是违背了通信公司意愿的，其行为不符合诈骗罪中的被害人自愿交付的特征。被告人是通过秘密方式，在通信公司不知情的情况下窃取了话费，因此左某某的行为构成盗窃罪。

三、评析意见

笔者同意第二种意见,认为左某某的行为构成盗窃罪。盗窃罪与诈骗罪都是以非法占有为目的,区别在于取得财物的方式不同。通常诈骗罪是基于被害人有瑕疵的意思表示取得财物,而盗窃罪是违背被害人的意思取得财物。诈骗罪中有交付行为,而盗窃罪则没有。利用移动通信公司在结算国际长途费用上滞后的漏洞,透支话费的行为如何定性,实践中以盗窃罪或诈骗罪定性的均存在,如何准确定性应根据具体案情进行确定。

(一)本案被告人的行为不构成诈骗罪

诈骗罪是犯罪嫌疑人以非法占有为目的,采用虚构事实或者隐瞒真相的方法实施欺诈行为,使对方产生认识错误并交付财物,进而非法占有该财物。①左某某并未以虚假冒用方式办理入网手续。在本案中,左某某购买的神州行易通卡是不记名的,并通过短信方式开通国际漫游业务,其行为不符合《关于审理扰乱电信市场管理秩序案件具体应用法律若干问题的解释》中规定的“以虚假、冒用的身份证件办理入网手续并使用移动电话,造成电信资费损失数额较大的,依照《刑法》第266条的规定,以诈骗罪定罪处罚”。若左某某通过虚假冒用方式申领移动电话卡,然后利用结算时间延迟的漏洞透支话费,则可以认定为诈骗犯罪。但本案明显不符合该规定。②左某某透支话费是违背通信公司意愿的。《关于调整短期国际漫游开通业务规则的通知》等证据证实,神州行易通卡用户发送短信申请国际漫游时,通信公司会提醒用户“因国际漫游是由您所漫游的国家或地区营运商计费,我方在收到对方计费信息后再扣款,因此扣款会延迟,若有欠费发生,客户有义务及时结清相应话费”,《国际漫游高额监控处理情况的说明》及《国际漫游高额监控处理流程情况的说明》证实中国移动通信集团上海有限公司对国际漫游高额情况是进行监控的,当检测到用户话费高额异常,发现扣除高额费用后的预存费用小于30元时,立即对该用户进行停机处理。由此可见,通信公司对用户话费进行监控,也是不愿意发生透支话费的情况发生。若通信公司及时知道用户话费不足,肯定不会同意用户继续使用国际漫游业务。左某某高额透支话费违背了移动通信公司的意愿,通信公司也非自愿让左某某透支话费,只是因存在资费计算上的迟滞而产生漏洞。在管理者同意与否上，透支话费与信用卡诈骗中恶意透支的情形是相反的，因此本案中左某某透支话费的行为不符合诈骗犯罪特征。

(二) 本案被告人的行为构成盗窃罪

左某某利用不记名的移动电话卡之所以能透支拨打国际漫游声讯电话，关键是其利用了移动通信公司在结算国际漫游费用上的迟滞。在本案中，左某某透支话费的行为，是通信公司所不知情的。通信公司是对用户话费余额情况进行监控，但不能因为监控发现透支行为的延迟，就认为通信公司同意其高额透支行为。本案中，通信公司仅同意用户使用其预存的话费，而并不愿意用户话费超出预存款的情况出现，而且通信公司规定“发现扣除高额费用后的预存费用小于 30 元时，立即对该用户进行停机处理。”左某某的行为非但未得到通信公司的同意，反而违反了通信公司的意志。左某某的行为并未使通信公司产生处分财产的认识错误，故不可能成立诈骗罪。左某某以非法占有为目的，采用秘密窃取手段，在被害人不知道的情况下窃取话费，完全符合盗窃罪的特征。

四、处理结果

检察机关以被告人左某某行为构成盗窃罪向法院提起公诉，法院以盗窃罪判处左某某有期徒刑十一年零六个月，剥夺政治权利一年，并处罚金人民币10 000元。一审判决后，左某某提出上诉；二审法院审查后，裁定驳回上诉、维持原判。

（周晓华）

入户窃取知晓密码的信用卡后取现的行为应否认定为入户盗窃

一、基本案情

2005 年 2 月 19 日晚，被告人李某至上海市临潼路 120 弄 4 号 401 室(其前女友郭某的住处)，拉开房门潜入室内，趁无人之际，窃得郭某放置于床头柜抽屉内的钱包 1 个，内有人民币 400 元、美元 200 元(折合人民币 1 655.30 元)、港币 100 元(折合人民币 106.10 元)及工商银行信用卡 1 张(李某与郭某交往时已获悉密码)。嗣后，被告人李某持卡从银行自动取款机上提取了人民币 9 000 元，所得赃款全部被挥霍。

二、争议焦点

本案在处理过程中，对被告人李某盗窃行为的认定有以下几种分歧意见：

第一种意见认为，李某的行为构成盗窃罪，属数额较大。理由在于，入户盗窃包含两个行为，一个是入户行为，一个是盗窃行为，获取财物的行为在户内完成，这是入户盗窃的应有之义。被告人入户盗窃信用卡后在户外使用的行为不能认定为入户盗窃，因为虽然获取信用卡的行为是在户内，但最终取得卡内财物的行为是在户外完成的，所以不符合入户盗窃的含义。因此，李某盗窃信用卡后在户外的取款数额不应计入入户盗窃数额。

第二种意见认为，李某的行为构成盗窃罪，属数额巨大。理由在于，被告人李某入户盗窃信用卡并使用，虽然其最终获取信用卡内钱款的行为不是在户内完成的，但是其在侵犯财产权的同时还侵犯了公民的住宅权。因李某事先明知该信用卡的密码，在入户盗窃信用卡后实际已经控制卡内所有金额，故应当将户外提取的数额一并计入入户盗窃数额。

三、评析意见

我们同意第二种意见，入户盗窃信用卡后在户外使用的数额应一并计入入户盗窃数额，具体分析如下：

《刑法》第 264 条规定："盗窃公私财物，数额较大或者多次盗窃的，处三年以下有期徒刑、拘役或者管制，并处或者单处罚金……"根据《最高人民法院关于审理盗窃案件具体应用法律若干问题的解释》(以下简称《解释》)第 4 条的规定，一年内入户盗窃或者在公共场所扒窃三次以上的，应当认定为"多次盗窃"，以盗窃罪定罪处罚。可见，司法解释对"入户盗窃"、"公共场所扒窃"设置了与普通盗窃不同的定罪标准。普通盗窃一般需要达到"数额较大"才能构成盗窃罪(除了上述《解释》第 6 条规定的接近"数额较大"的起点但具有三种情形之一的之外)；而一年之内入户盗窃、公共场所扒窃三次的，就可认定为"多次盗窃"，即使未达到"数额较大"的标准，也构成盗窃罪。可见，《解释》对入户盗窃、公共场所扒窃体现了从严惩处的精神。正因为入户盗窃与普通盗窃的入罪标准不同，所以在司法实践中，行为人入户盗窃信用卡后使用的数额能否一并计入入户盗窃数额，关系到盗窃罪的认定与否问题。

(一) 将入户盗窃信用卡后取款的行为认定为入户盗窃与相关立法精神一致

在入户盗窃中存在非法侵入住宅和盗窃两种行为，二者之间属于牵连关系。牵连犯是指以实施某一犯罪为目的，但其方法行为或结果行为又触犯了其他罪名。对于入户盗窃行为而言，非法侵入住宅是从行为，表现为手段行为，盗窃是主行为，表现为目的行为，但两者都是犯罪行为，均存在严重的社会危害性。特别是在现代社会，公民的住宅是私人生活的载体，是最隐秘、最独立的私生活空间。以非法侵入他人住宅的手段实施其他犯罪行为的，在侵犯公民人身、财产等权利的同时还侵扰了居住者在住宅内的生活安宁，使公民的正常生活受到干扰，社会安全感降低。因此刑法除了单独规定"非法侵入住宅罪"外，对以"入户"手段实施的犯罪也体现出从严惩处的精神。如《刑法》第 263 条将"入户抢劫"作为抢劫罪加重处罚的情节之一，要判处十年以上有期徒刑的重刑。如前所述，上述最高法《解释》第 4 条对"入户盗窃"设置了比普通盗窃相对较低的定罪标准，也体现了这种从严惩处的精神。

因此，在盗窃的过程中只要存在"入户"这一情节，就应当将"入户"情节纳入刑法评价。行为人入户盗窃信用卡后取款的,与典型的入户盗窃财物的行为相比,在社会危害性方面并没有明显的不同,同样是既侵犯了公民财产权利又侵犯了公民的正常生活和居住安宁,将这种行为认定为“入户盗窃”才能体现法律和司法解释中“一以贯之”的从严处罚原则。如果不将这种行为认定为“入户盗窃”,就可能导致司法实践中将本来构成盗窃罪的按偷窃行为进行治安处罚,或者将“数额巨大”的盗窃罪按“数额较大”来量刑,导致行为的社会危害性与应受到的刑罚处罚不相适应。

(二)认定为入户盗窃符合刑法理论对一个犯罪行为进行整体评价的原则

《刑法》第196条第三款规定:盗窃信用卡并使用的,依照盗窃罪定罪处罚。根据这一规定,我们应当将盗窃并使用信用卡的行为作为一个整体来评价。行为人的盗窃行为从窃取信用卡时就已经开始,到使用信用卡获取卡内财物时结束。尤其是行为人盗窃之前或者同时获取了信用卡的密码,此时被害人信用卡内的财产实际已经被行为人所控制,而行为人之后到金融机构取现的行为可以看作是盗窃的一个持续行为,目的是最终实现不正当利益。因此,入户盗窃信用卡和使用信用卡应当作为统一不可分割的整体在刑法上进行评价。如果仅仅因为行为人获取财物的行为是在户外完成的,而不去评价其先前为了窃取信用卡非法侵入住宅的行为,显然是不合理的。

根据上述分析,本案中李某的盗窃行为从其进入被害人的房屋内实施盗窃时就已经开始,至其利用信用卡获取卡内财物时结束,这是盗窃的整个过程。事先知道信用卡的密码,入户窃得信用卡就已实际控制卡内财物,在户外取现的行为则是盗窃行为的持续。入户盗窃信用卡后在自动提款机上提取钱款,虽然最终获取信用卡内钱款的行为不是在户内完成的,但是入户盗窃不仅侵犯了公民的财产权,还侵犯了公民的住宅权,因此该行为应当认定为入户盗窃。虽然盗窃行为和使用行为具有空间上的距离,但因两者之间具有延续性,应将其作为一个整体来评价。盗窃信用卡并使用的行为应看作一个整体来综合评价。

本案中,分析入户盗窃信用卡后在户外的使用数额能否一并计入入户盗窃数额问题的意义还在于刑罚适用。根据上海市高级人民法院的相关指导性意见,普通盗窃公民财物价值二千元以上不满二万元的,属于刑法规定的盗窃罪的“数额较大”;普通盗窃公民财物价值二万元以上不满十万元的,属于刑法规定的盗窃罪的“数额巨大”。入户盗窃公民财物价值一千元以上不满一万元的,属于刑法规定的盗窃罪的“数额较大”;入户盗窃公民财物价值一万元以上不满五万元的,属于刑法规定的盗窃罪的“数额巨大”。本案中,如果将被告人提取的信用卡内 9 000 元现金计入入户盗窃数额。则被告人李某入户盗窃数额为 11 161.4 元,属于盗窃罪“数额巨大”,应在三年以上十年以下有期徒刑幅度内量刑。如果信用卡内提取的 9 000 元不计入入户盗窃数额,则李某入户盗窃数额为 2 161.4 元,普通盗窃数额为 9 000 元,根据上海市的相关规定,均未达到盗窃罪“数额巨大”的标准,应在三年以下有期徒刑、拘役或者管制这一法定刑幅度内量刑。

综上,本案被告人李某入户盗窃信用卡后使用的行为完全符合入户盗窃的特征,应当将户外从信用卡内提取的数额计入入户盗窃数额。

四、处理结果

检察机关以被告人李某行为构成盗窃罪向法院提起公诉,法院以李某犯盗窃罪,数额巨大,判处有期徒刑一年零六个月,并处罚金人民币 3 000 元。

(顾静薇)

将本人银行卡出租他人后补办新卡获取卡内资金的行为如何定性

一、基本案情

被告人崔某于2009年5月通过被告人罗某某带被告人仇某某到本市中国工商银行，用仇某某的身份证办理了和银行POS机绑定的银行卡，并于6月上旬通过罗某某将该卡和POS机出租给被害人牟某某使用。6月下旬，牟某某在银行ATM机上因操作不慎致该卡被吞，即将此情况通知了罗某某。罗某某又告知崔某联系仇某某到银行领取该卡。后三被告人经商议，利用牟某某让其帮助领出被吞的银行卡之机，由被告人仇某某出面到银行挂失，同时补办了新卡重置了密码。后三被告人通过转账及从POS机提取，将卡内人民币共计298 742.09元予以侵吞，分赃后逃逸。

二、争议焦点

关于本案的定性，存在以下三种分歧意见：

第一种意见认为，崔某等人的行为构成侵占罪。理由是，被害人牟某某在银行卡被吞后，即将此情况通知了罗某某，罗又告知崔某，要求联系仇某某到银行领取该卡。这一行为应视为对仇某某的授权，形成委托关系。而崔某等人将代为保管的被害人财物占为己有，拒不退还，数额巨大，符合侵占罪的构成要件。

第二种意见认为，崔某等人的行为不构成犯罪。理由是，第一，被害人牟某某并未授权崔某等人取款和转账，无委托关系，所以不构成侵占罪；第二，盗窃罪以“秘密窃取”为构成要件，但仇某某公开通过银行正常柜台交易更改密码、取现和转账，不具有秘密性，所以也不构成盗窃罪。因此，崔某等人的行为仅为一般的不当得利行为。

第三种意见认为，崔某等人的行为构成盗窃罪。理由是，卡内资金实际是牟某某的，崔某等人利用牟某某让其帮助领出被吞的银行卡之机，瞒着牟某某挂失、领取新卡和更改密码，提取和转走卡内资金，是“秘密窃取”行为，应认定为盗窃罪。

三、评析意见

笔者同意第三种意见，理由如下：

（一）持卡人出租银行卡后对卡内资金无所有权和占有权

本案中，虽然银行卡的账户名及合法持卡人为仇某某本人，但并不能证明该卡内的资金为仇某某合法所有。理由是：①当初办理该卡之目的，即为出租给被害人牟某某使用，卡内的资金也全部是牟存入的。虽然仇某某是持卡人，但是从刑法意义上进行实质性评价，该卡已经被出租，因此该银行卡的实际持有人牟某某才是卡内资金的合法所有人和占有人。②该银行卡与卡内资金无必然关系。该银行卡一直为被害人牟某某所占有，卡密码也是牟设定的。根据《中国工商银行牡丹灵通卡章程》第 4 条之规定，凡使用密码进行的交易，发卡银行均视为持卡人本人所为。因此，应认定被害人牟某某为该银行卡内资金的所有人。

（二）被告人非法占有卡内钱款的行为与被害人的委托无关

被害人牟某某在银行卡被吞后，即将此情况通知了罗某某，罗又告知崔某，要求联系仇某某到银行领取该卡。笔者认为，在本案中应分清被害人对被告人的委托的内容。①被害人委托的是领取被吞的原卡，并不要求仇更改密码以保持其对卡内资金的所有权，更非挂失后，重新申请新卡。②被告人申领新卡后，通过取现、转账等方式获得卡内的全部钱款，更与被害人的委托毫无关联。③在被害人牟某某得知仇某某等人企图窃取卡内钱款时，立即通过联系被告人仇某某的女友陈某某试图制止，告知其不能提取卡内钱款，此举已经表明了被害人的态度；而三被告人对此也均为明知，但仍决意实施犯罪。

（三）“秘密窃取”是相对于被害人而实施的行为

笔者认为，盗窃罪的秘密性仅是相对于被害人而言的，即被告人瞒着被害人实施窃取行为，即使周围其他人亲眼目睹也无法改变“秘密窃取”的性质。在这个意义上，仇某某公开通过银行正常柜台交易更改密码、取现和转账等行为，均不影响“秘密窃取”的成立。

(四)本案中被告人的行为不符合侵占罪的构成要件

侵占罪与盗窃罪的主要区别在于:盗窃罪的行为人在实施盗窃他人财物前,并不具备实际持有或控制他人财物的前提条件;而侵占罪的行为人在侵占他人财物之前,必须已实际持有或控制他人财物,或“代为保管”他人财物。而本案中,被害人牟某某并无要求代为保管的意思表示,也没有要求崔某等人代为保管的行为。因此,本案被告人的行为并不符合侵占罪的构成要件。

综上,笔者认为,崔某等三被告人的行为构成盗窃罪。

四、处理结果

检察机关以盗窃罪对被告人崔某等三人向法院提起公诉,法院判决被告人崔某等三人均构成盗窃罪。

(张　璐)

约定分别盗窃并共同分赃的行为能否认定为盗窃罪共犯

一、基本案情

2011年1月2日至9日期间，被告人柳某某、何某、姚某某、刘某经事先预谋，结伙或分别结伙至上海市闵行区联明路、顾戴路、宜山路、吴中路等地居民小区，以共同预谋、分工合作、分组实施、共同分赃等方式实施入户盗窃四次，涉案数额共计人民币370余万元。其中最主要的一节犯罪事实如下：2011年1月9日17时许，被告人柳某某、何某、姚某某、刘某结伙，至闵行区吴中路511弄居民小区伺机盗窃，并采用二人组合方式分头实施。其后，被告人柳某某、何某至该小区54号102室被害人吴某某的住处，窃得人民币329万元等物后，与在小区内接应的被告人姚某某、刘某电话联系，但姚、刘二人对该小区环境不熟悉而未能在该小区碰头，故约定在闵行区七宝镇漕宝路地铁九号线车站附近碰面。随后，上述四人共同将窃得的赃款运至刘某的暂住处分赃。

二、争议焦点

本案中，对被告人柳某某、何某入户盗窃329万元构成盗窃罪没有争议，但是被告人姚某某、刘某的行为如何认定存在两种不同意见。

第一种意见认为，对被告人柳某某、何某以盗窃罪定罪，对被告人姚某某、刘某则以掩饰、隐瞒犯罪所得罪定罪。理由主要是：首先，本案中被告人柳某某、何某共同翻窗入室窃得钱财直至逃离现场，整个盗窃过程仅由柳、何两人完成，被告人姚某某和刘某虽明知四人一起外出盗窃，但在被告人柳、何实施盗窃行为时两人未在现场，亦未提供任何帮助。其次，被告人姚某某、刘某虽与柳某某、何某有事先预谋，但该预谋不具有特定性，并未直接针对本次盗窃。再次，在被告人柳某某和何某窃得钱财准备离开作案现场时，虽与被告人姚某某、刘某有联络,但被告人姚、刘客观上没有成功帮助被告人柳、何逃离该小区,只是约定到别的地方碰头,后帮助将窃得的赃款搬到暂住处后分赃。因此,被告人姚某某、刘某明知是犯罪所得,而予以转移、分赃的行为,侵犯的客体是社会管理秩序和国家司法机关追查犯罪的正常活动,符合掩饰、隐瞒犯罪所得罪的构成要件。

第二种意见认为,对被告人姚某某、刘某应认定为盗窃罪的共犯。理由主要是:首先,本案四名被告人事先有犯罪共谋。四名被告人商议并明确了采取分组方式实施盗窃,约定未直接实施盗窃的被告人在一方得手后负责接应,共同逃离、共同分赃。其次,四名被告人有共同的盗窃实行行为。实行行为既包括直接入户盗窃的行为,也包括望风、接应等行为。四名被告人客观上表现为一同到达犯罪现场,又在得手后共同逃离。综上,本案是一起有组织的团伙犯罪案件,各参与人的行为应视作在共同犯罪中不同分工而已,均应对整个盗窃行为负责。因此,对被告人柳某某、何某、姚某某、刘某的行为应以共同盗窃罪认定。

三、评析意见

笔者同意第二种意见,具体理由如下:

(一) 从共同犯罪的理论角度看,四名被告人系盗窃罪的共犯

所谓共同犯罪,要求行为人有共同的故意和共同的行为。“共同故意”是指行为人之间通过意思传递、反馈而形成,明知自己是和他人配合共同实施犯罪,并且明知共同的犯罪行为会发生某种危害社会的结果,而希望或者放任这种危害结果发生的心理态度。具体而言,包括行为人的认识因素和意志因素。认识因素要求各行为人都应当认识到自己不是一个人在实施犯罪,而是与他人互相配合共同实施犯罪。意志因素要求各行为人决意参与共同犯罪,并且各行为人都希望或放任自己的行为会导致危害结果的发生。“共同行为”不仅指各共犯人都实施了属于同一犯罪构成的行为,而且指各共犯人的行为具有相互配合、互相补充的性质,各共犯人的行为与结果之间具有物理的或者心理的因果性。

本案中,被告人姚某某、刘某与被告人柳某某、何某事先有言语上的意思联络,各行为人之间对该共同盗窃的方式和结果均有着充分的认知。在被告人柳某某、何某实施盗窃时,被告人姚某某、刘某在同一小区内名为闲逛,实则伺机给予同案犯接应、帮助，在同案犯实施盗窃一经得逞后，即互相通过手机进行联络，意图帮助同案犯逃离犯罪现场。虽然因为意志以外的原因未能成功，但纵观被告人姚某某、刘某的行为，其应当是属十分积极主动地参与共同犯罪。若对被告人姚某某、刘某仅以掩饰、隐瞒犯罪所得罪定罪，将使得刑法无法对其盗窃的故意进行评价，违反了主客观相一致的原则。此外，对于犯罪行为地的空间认定不能过于狭隘或封闭。本案中不能因为只有被告人柳某某、何某入户盗窃而就认定本案的犯罪行为地仅为该住户，另两名被告人不在犯罪现场就没有实施犯罪行为，从而推出其不构成共同盗窃的结论。在共同犯罪中，对于犯罪现场的空间认定应当综观各个行为人的具体行为予以开放性地认定，结合犯罪现场的特殊地貌、环境等客观因素以及行为人各自实施的行为综合评判，不能通过人为地空间划分将共同犯罪切割开来。本案中，犯罪行为地不仅为该住户，同时也是该小区。该犯罪团伙分为两组，其中一组进入该小区中的一处住户实施入户盗窃，而另一组则在该小区内实施望风、得逞后协助逃离等帮助行为。综上，四名被告人均在盗窃犯罪现场，有着共同的概括的盗窃故意，共同实施了盗窃行为。

（二）从掩饰、隐瞒犯罪所得罪与盗窃罪的两罪区别看，应认定被告人姚某某、刘某构成盗窃罪

我国《刑法》第312条规定的掩饰、隐瞒犯罪所得罪，被称为赃物犯罪，为加以区分，下文将把盗窃罪行为人称为“本犯”，把掩饰、隐瞒犯罪所得罪行为人称为“加入犯”。两者区别主要有：①赃物犯罪的主体是盗窃罪本犯以外的人，若实施盗窃行为者掩饰、隐瞒赃物，属事后不可罚行为；②加入犯事先对盗窃行为并不明知；③加入犯必然未参与过盗窃本犯的实行行为，仅单纯加入掩饰、隐瞒犯罪所得的实行行为。如果在盗窃未完成之前已经加入，则不构成赃物犯罪，而成立盗窃共犯。因此，区分加入犯还是本犯的共犯，一要考量加入犯与本犯在本罪完成之前是否有过意思联络，二要考量加入犯在本罪完成之前有无实行行为。

本案中，被告人姚某某、刘某与被告人柳某某、何某事先有犯罪共谋，商议并明确了采取分组方式实施盗窃，被告人姚某某、刘某还实施了望风、接应等实行行为，应属于盗窃罪的本犯。除了本节事实以外，公诉机关还认定被告人一伙实施的其他三次盗窃事实，也均是经事先预谋，被告人共同到达犯罪地点，选定作案小区后分组入户盗窃，未实施具体盗窃的人员在一方得逞后予以接应，并共同逃离居民小区，事后共同分赃的情况。从犯罪行为的一贯性和连续性来看，本案的四名被告人已经形成了一个犯意统一、手法固定、沟通充分、配合默契的犯罪团伙。这四名被告人之间，显然已不存在“本犯”与“加入犯”的角色区别，若对被告人姚某某、刘某仅认定为掩饰、隐瞒犯罪所得罪，显然难以全面、客观地评价其行为，与罪刑相适应原则相违背。

(三) 从现行司法解释的相关规定看，亦应认定姚某某、刘某构成盗窃罪

最高人民法院、最高人民检察院法释[2007]11 号《关于办理与盗窃、抢劫、诈骗、抢夺机动车相关刑事案件具体应用法律若干问题的解释》第 4 条:实施本解释第一条、第二条、第三条第一款或者第三款规定的行为，事前与盗窃、抢劫、诈骗、抢夺机动车的犯罪分子通谋的，以盗窃罪、抢劫罪、诈骗罪、抢夺罪的共犯论处。最高人民法院、最高人民检察院《关于办理盗窃油气、破坏油气设备等刑事案件具体应用法律若干问题的解释》第 5 条:实施前款规定的犯罪行为，事前通谋的，以盗窃犯罪的共犯论处。上述两个司法解释均明确，是否认定为盗窃共犯主要以“事先共谋”为区分标准。尽管上述两个司法解释针对机动车以及油气等特定对象，但盗窃罪的客体是一样的，且上述解释的规定与精神，与共同犯罪的理论也是相一致的，故上述解释没有理由不适用于其他盗窃对象。

四、处理结果

检察机关以被告人柳某某、何某、姚某某、刘某行为构成共同盗窃犯罪向法院提起公诉，法院一审判决认定被告人柳某某、何某、姚某某、刘某的行为属共同盗窃犯罪，判处未成年被告人柳某某有期徒刑十年零六个月，并处罚金人民币 30 万元;判处未成年被告人何某有期徒刑十三年零六个月，并处罚金人民币 40 万元;判处被告人姚某某有期徒刑十二年零六个月，剥夺政治权利二年，并处罚金人民币 25 万元;判处未成年被告人刘某有期徒刑十年，并处罚金人民币 20 万元。

(王　萍　谭　尘)

为掩盖盗窃事实而伪造银行存单的行为如何定性

一、基本案情

被告人蔡某系被害人盛某女婿，蔡某平时居住于盛某家中，盛某的财物存放于家中保险箱内，保险箱钥匙、密码由蔡某夫妻保管。2008 年 10 月至 11 月间，被告人蔡某为非法占有盛某的银行存款，先后多次偷拿盛某存放于家中保险箱内的三张储蓄存单及身份证，并根据猜测的密码至银行取出三张存单内本息共计 52 万余元人民币。期间，被告人又委托他人分别伪造了与所窃面额相同的三张储蓄存单放置于保险箱内，以掩盖其盗窃事实。

二、争议焦点

本案争议焦点主要涉及两个问题：

(一) 伪造金融票证罪是否必须以使用为构成要件

关于这一问题有两种意见：第一种意见认为，伪造金融票证罪应以使用作为客观上的构成要件。票据之伪造是指未经授权假冒他人的名义，伪造发票或者发票以外票证的行为，而发票即出票。根据票据理论，出票由票据的作成和交付两部分组成。另外，票据具有流通性，实践中大多数伪造票据案均以伪造并使用票据为其实际内容。本案中，被告人只是伪造了票据放置于保险箱中，并未用于流通而使用，故不构成伪造金融票证罪。第二种意见认为，伪造金融票证罪不以使用为构成要件，本罪的既遂并不以对伪造的金融票证使用为标志。

(二) 蔡某的行为构成一罪还是两罪

关于这一问题有三种意见：第一种意见认为，伪造银行存单行为的目的虽然是为了掩盖盗窃的事实，但最终目的还是在于实施盗窃行为，是服务于盗窃行为的,属于手段行为和目的行为的关系,因而构成牵连犯,从一重罪处罚,定盗窃罪。第二种意见认为,虽然伪造银行存单行为的目的是为了掩盖盗窃的事实,但此行为与盗窃行为并不构成手段和目的的关系,因为如果没有伪造银行存单的行为,盗窃行为也可以完成,伪造银行存单的行为对完成盗窃行为所起的作用可以忽略不计,因而对两个行为独立定罪,数罪并罚,构成盗窃罪和伪造金融票证罪。第三种意见认为这类犯罪属于亲情犯罪,应定盗窃罪,伪造银行存单的行为作为量刑情节从重处罚。

三、评析意见

我们认为被告人蔡某的行为构成盗窃罪和伪造金融票证罪。具体分析如下:

(一)为掩盖盗窃事实而伪造银行存单的行为构成伪造金融票证罪

伪造、变造金融票证罪,是指伪造、变造汇票、本票、支票、委托收款凭证、汇款凭证、银行存单及其银行结算凭证、信用证或者附随的单据、文件以及伪造信用卡的行为。伪造、变造金融票证行为的特点是行为人明知不存在实际的权利、义务关系而伪造、变造全部内容或者部分内容系虚假的金融票证。

1. 认定伪造金融票证罪应注意是否具有使用的目的

有观点认为,"虽然刑法并没有将本罪规定为目的犯,但将使用和行使的目的作为本罪的主观构成要件要素,是比较合适的"。① 根据《刑法》第177条伪造、变造金融票证罪的条文表述来看,虽然没有明文将某种目的规定为主观构成要件要素,但根据犯罪的特点、条文对客观要件的表述以及条文之间的关系,该犯罪的成立必须以实施第二个行为为目的。有学者认为此罪属于短缩的二行为犯。短缩的二行为犯是以实施第二行为为目的的犯罪,但只是第一行为是构成要件的行为,第二行为不是构成要件行为。短缩的二行为犯的目的实现与否,既不影响犯罪的成立,也不影响犯罪既遂的认定。② 笔者认为伪造、变造金融票证罪是以使用为目的的行为,其中伪造票证的行为为第一行为,为了掩盖盗窃事实的目的而使用的行为是第二行为,此目的只要存在于行为人的内心即

---

① 张明楷:《刑法学(第三版)》,法律出版社2007年版,第587页。

② 张明楷:《论短缩的二行为犯》,载《中国法学》,2004年第3期。

可，不要求有与之相对应的客观事实。根据刑法理论，伪造、变造金融票证罪属于行为犯，只要行为人主观上具有非法使用伪造或变造金融票证的目的、客观上实施了伪造或变造金融票证的行为，就构成伪造、变造金融票证罪，其是否实施了非法使用金融票证的后续行为在所不论。例如行为人为了在生意场上证明自己的财力而伪造支票或银行存单的，只要伪造行为已完成，不论是否在生意场上使用，即可构成伪造金融票证罪。如果在使用伪造或变造的金融票证时又触犯了其他罪名的，则构成手段与目的的牵连，按照牵连犯的规定从一重罪处罚，法律规定的除外。在本案中，被告人为了掩盖盗窃事实的目的，伪造了与真实银行存单一模一样的票据，使被害人误以为真实的银行存单依然存在，据以延缓其盗窃事实被发现的时间，其主观上具有非法使用票证的目的，客观上又实施了伪造金融票证的行为，完全符合伪造金融票证罪的主客观构成要件。

2. 区分伪造金融票证罪既遂还是未遂应考虑两方面因素

一种观点认为，伪造、变造金融票证罪犯罪既遂的成立，不要求具体的犯罪结果产生，仅以行为人是否实施了对金融票证的伪造或者变造为标准。另一种观点认为，本罪的既遂标准不仅包括伪造、变造行为已经完成，并且所伪造、变造的金融票证还应该足以以假乱真。如果行为人伪造、变造的行为已经实施完毕，但由于伪造、变造的技术粗糙等原因，使得制作出来的金融票证无法使社会上的一般人信以为真，就属于本罪的未遂形态。笔者认为认定本罪的既遂标准应考虑两方面因素：一是伪造、变造的金融票证在外观上应与真正的票证相似；二是伪造或变造的金融票证在内容上符合或基本符合真正票证的要求。即伪造、变造的实质是以假乱真、以假充真，所以只要行为人伪造、变造的金融票证与真票证的规格、形式以及绝对必需记载事项十分接近，足以使一般人误以为真，就可以犯罪既遂论处。至于伪造、变造的金融票证是空白票证，还是具有实在内容的票证，是取得了非法利益还是没有取得非法利益，都不影响犯罪既遂的成立。本案中，被告人所伪造的银行存单是根据被害人所有的真实储蓄存单而伪造的，在内容和形式上几乎与真的存单是一模一样的，足以达到以假乱真的程度，因此应认定为既遂。

（二）为掩盖盗窃事实而伪造银行存单的行为与盗窃行为不构成牵连关系，应数罪并罚

根据前述的分析，本案中行为人为了掩盖盗窃事实而伪造银行存单的行为亦构成了伪造金融票证罪,那么伪造金融票证行为是与盗窃行为构成手段行为与目的行为的牵连关系,从一重罪处罚,还是不构成牵连关系,是两个完全独立的行为,应数罪并罚?如上述“争议焦点”部分所述,对该问题有三种不同的观点。但笔者认为应根据刑法理论和本案的具体情形进行分析。本案中,有三个关键的要素要厘清,即伪造、盗窃和掩盖,这三个行为对于本案到底是认定为一罪还是数罪至关重要。这三个要素之间的关系是这样的:伪造行为的目的是为了掩盖盗窃行为,盗窃行为的目的是为了非法占有他人的财物,掩盖行为是在盗窃行为发生时或发生后通过放置伪造的银行存单而完成的。在这里,盗窃是个独立的行为,伪造的目的并不是为了盗窃,而是为了掩盖盗窃事实(行为),盗窃行为不能简单地等同于掩盖盗窃事实的行为,或者说前者包含了后者,实际上这是两个不同的行为。

一般而言,盗窃后处分所窃财物的行为属于事后不可罚的行为,但盗窃后掩盖盗窃行为而触犯其他罪名的,是否数罪并罚?根据最高人民法院法释[1998]4号《关于审理盗窃案件具体应用法律若干问题的解释》(以下简称《解释》)规定,盗窃后为掩盖盗窃行为或报复等,故意破坏公私财物构成犯罪的,应当以盗窃罪和构成的其他犯罪实行数罪并罚。通过这一规定可以推出结论,盗窃后为掩盖盗窃事实,实施其他行为而构成犯罪的应实行数罪并罚。本案中,掩盖盗窃行为是通过放置先前伪造的银行存单而完成的,而放置伪造的银行存单的行为正是伪造银行存单的目的之所在。本案中的伪造银行存单的行为是在盗窃行为完成后,被告人根据窃得的储蓄存单的规格、形式与内容等伪造完成的,很显然,伪造银行存单的目的是为了掩盖盗窃行为而不是为了盗窃。如果伪造行为与使用行为都分别完全符合特定的犯罪构成,则这两个行为构成牵连犯,而不是伪造行为与盗窃行为构成牵连犯。那么使用伪造的银行票证的行为是否符合其他的犯罪构成?有观点认为构成诈骗罪或金融票证诈骗罪。笔者认为被告人虽然将伪造的银行票证放置在保险箱内,主观上具有虚构事实的意图,有欺骗之意,客观上造成储蓄存单依然存在的假象,被害人也的确陷入到了这种错误的认识中,直至案发。但问题的关键在于被害人并没有因这种错误的认识而处分自己的财物,其财物丧失的根本原因是被告人采用盗窃的方法而完成,因此,不符合诈骗罪的本质特征,并不构成诈骗罪或金融票证诈骗罪。

也有观点认为被告人具有概括故意,伪造银行存单和使用银行存单掩盖盗窃事实都是基于盗窃的目的而实施的，因此从一重罪处罚，应定盗窃罪。笔者认为这种理解也是不合理的。概括故意是指行为人对于认识的具体内容并不明确，但明知自己的行为会发生危害社会的结果，而希望或者放任结果发生的心理态度。本案中，被告人对于认识的具体内容是十分明确的，先是伪造银行存单，而后使用银行存单达到掩盖盗窃事实的目的，因此不是基于概括故意实施了犯罪行为。

综上，被告人虽然实施了伪造银行存单的第一个行为，也实施了将伪造的银行存单放置于保险箱中而达到掩盖盗窃事实的目的的第二个行为，但第二个行为并不符合特定犯罪的构成要件，因而只能按照第一个行为所触犯的罪而定罪处罚，即认定为伪造金融票证罪，并且与独立的盗窃罪并罚。

（三）对于实践中发生在近亲属间的同类行为也不应按照牵连犯的原理进行处理

行文至此，但笔者的论证并不仅止于此。从现实来看，此类案件多发于近亲属之间，属于亲情犯罪。因为，对于一般的盗窃而言，行为人通常没有必要通过伪造证据等行为掩盖盗窃事实，完全可以一盗而走之。就此来看，此类案件具有一定的特殊性。正是基于近亲属的关系，在盗窃前预谋采用一定的方法掩盖盗窃事实，或延缓盗窃行为的曝光。实践中，利用近亲属的便利，行为人事先通过拍照或复印的方式获取了近亲属银行存单的真实信息，根据此信息伪造了一模一样的虚假银行存单，而后采用“调包”的方式窃取近亲属的银行存单。针对此类行为，看似像是手段行为与目的行为的牵连关系，应在盗窃罪和伪造金融票证罪中从一重罪处罚，但笔者认为此类行为依然不构成牵连犯。其原因如前所述，伪造票证行为的目的是为了掩盖盗窃事实，而不是为了盗窃行为。按照通说，盗窃罪的既遂是财物自被害人失去控制时而达到，伪造票证的行为对于被告人窃取财物的行为并未产生手段的作用，只是对掩盖盗窃事实的行为起到了至关重要的作用，从被害人的认知上也证实了这一点。

此外，从司法的操作性来看，如果按照牵连犯的理解，此类案件则可能导致司法的窘境而无法处理。因为根据《解释》第 1 条第（四）项的规定，偷拿自己家的财物或者近亲属的财物，一般可不按犯罪处理。如果是子女事先伪造了票证采用“调包”的方式窃取了父母的银行存单，伪造票证的行为与盗窃行为如构成牵连犯，盗窃行为的处罚重于伪造票证的行为而定盗窃罪，可是按照《解释》规定不按盗窃罪处理了,伪造金融票证罪虽做了评价,但与盗窃罪一并不作处理,原本两个有罪的行为则最终结果作无罪处理,很显然这是违背刑法基本原则的。

四、处理结果

检察机关以被告人蔡某行为构成盗窃罪、伪造金融票证罪向法院提起公诉,法院以盗窃罪判处蔡某有期徒刑十一年,剥夺政治权利二年,并处罚金人民币30万元;以伪造金融票证罪判处蔡某有期徒刑一年,并处罚金人民币2万元。

(张昌明)

假装"钱包"丢失要求查验乘机窃取钱财的行为应如何定性

一、基本案情

2008年3月27日，被告人陈某、陈某某、钱某某、唐某某、汪某某等五人，按照事先的预谋和分工，由钱某某在常州火车站出站口处，以有车载客及票价便宜为名搭讪拉住下车旅客，诱骗旅客到偏僻地方，然后以丢下装有冥币钱包诱惑旅客，伺机窃取旅客钱财。当钱某某搭讪到欲往江苏省金坛县的旅客吴某后，谎称有票价便宜的汽车载其到金坛。这时充当"媒子"的陈某某则装扮成也要去金坛的旅客欲与吴某同行。之后，钱某某、陈某某与吴某一同乘出租车到常州市外环路路口处，并电话通知陈某已经诱骗到客人。唐某某、汪某某则紧随其后赶至现场帮助望风。接到电话后的陈某赶到现场，假装过路行人，在经过钱某某、陈某某与吴某身边时，故意丢弃一只装有一沓冥币的"钱包"。陈某某则上前捡起"钱包"装在身上，并将钱某某和吴某拉到一旁，示意与他们平分让其不要声张。之后，陈某又重新返回现场，以寻找丢失的"钱包"为由，要求查看钱某某、陈某某和吴某身上的钱财。陈某先是查验了钱某某、陈某某随身携带的钱款，查后称不是自己丢失现金。接着陈某又要求查验吴某随身携带的钱款。吴某为示清白，则拿出自己随身携带的11 800元人民币让陈某查验，陈某看后便说这些钱正是自己丢失的。陈某某按事前商定的方法与陈某论理，口称这钱是吴某的，不是他丢失的，然后从吴某手中拿过的11 800元人民币，假装放入吴某的行李包中，并趁吴某不备，悄悄装入自己的衣服口袋。嗣后，陈某某以帮助陈某共同寻找"钱包"为由离开现场。所得赃款由五名被告人平分。经查，五名被告人还于2007年12月31日，以同样的欺骗方法，密取了另一被害人翟某人民币4 800元平分。

二、争议焦点

对本案陈某、陈某某、钱某某、唐某某、汪某某等五名被告人构成犯罪无异议,但对他们采取“先欺骗后密取”方式,获取他人钱财的行为应如何定性,有两种不同的分歧意见。

第一种意见认为,应认定为共同诈骗罪。具体理由是:五名被告人经过密谋分工,以虚构事实、隐瞒真相的方法骗取被害人的信任,使被害人误以为他们真的有价格便宜的客车载其达到目的地。当被害人被骗至所谓的候车地后,再采取假装过路行人掉下钱包后再回头寻找的手段,“迫使”被害人“自愿”拿出钱财以供检查,后基于对“同路人”的信任,将钱财交由被告人暂时保管,应视为被害人自愿主动将财物所有权处分转移给被告人占有。而且各被告人的主观故意也都是基于骗财,就连被害人自己也认为是上当受骗,骗的特征比较明显,应认定为共同诈骗。

第二种意见认为,应认定为共同盗窃罪。具体理由是:五名被告人以欺骗手段将被害人诱骗至偏僻地方,用先丢钱包再返回检查被害人身上财物,再由同伙假装将被害人财物放回其行李包内之时,乘机非法占有被害人财物的行为,从表象上看貌似诈骗,但究其实质,被告人获取被害人财物的手段,实际是秘密窃取的手段,并非是被害人“主动自愿”交给被告人的,不符合诈骗罪的特征,应认定为共同盗窃罪。

三、评析意见

本案被告人实施的犯罪行为特征,主要体现在易于混淆视听的“骗盗结合”上,定性的关键则在于被告人究竟是实施了秘密窃取的行为方式,非法占有被害人 18 000 余元现金;还是实施了足以使被害人产生处分财产的认识错误的欺骗行为,让被害人“自愿、主动”将 18 000 余元现金所有权处分转移给被告人。

我们同意第二种意见,主要理由如下:

(一) 盗窃罪与诈骗罪的犯罪目的相同,但非法取得财物的方式不同

盗窃罪是“以非法占有为目的,秘密窃取公私财物,数额较大,或者多次盗窃公私财物的行为”;诈骗罪是“以非法占有为目的,使用虚构事实和欺骗方法,骗取数额较大的公私财物的行为"。盗窃罪与诈骗罪的犯罪目的是相同的,都是以非法占有公私财物为目的。两罪区分的关键点则在于被告人取得财物的方式上。盗窃罪中被告人取财方式是秘密窃取,而诈骗罪中被告人取财方式是被害人基于受骗后,自愿主动将财物所有权处分转移给被告人占有。

本案五名被告人实施的犯罪行为特征,主要体现在易于混淆视听的"先欺骗后密取"方面,在整个作案过程中,被告人"欺骗"的行为占据主导,而"密取"的行为只是那么一瞬间,容易让人忽视。因而,本案定性的关键在于对被告人取得钱财方式的认识。

(二)本案被告人非法取得财物主要是以秘密窃取手段来实现的

从本案的作案过程和事实来看,五被告人之间相互分工,采用虚构事实"骗拉旅客"、约定地点"丢、捡钱包"、返回现场"查包、验钱"、查验完毕后再"佯装放钱"等欺骗手段,均是为实施将被害人的钱悄悄放进自己口袋这一秘密窃取的行为创造机会和便利条件。本案被告人取得财物的秘密性体现在:一是被告人在主观上不想让被害人知道;二是该种手法不为被害人所知;三是被害人并不知财物实际已经被被告人所控制。可见,正是被告人实施的这一秘密手法,使得本案财物从被害人手上转移到被告人手上,因而被告人最终通过该种手法取得财物控制的行为符合盗窃罪秘密窃取的行为特征。

(三)本案被害人没有处分财产的意思和行为

本案被害人吴某从身上取出钱财让被告人查验,目的是为了表示自己的清白,并非是因受骗而自愿、主动将现金所有权处分转移给被告人。查验完毕的现金仍然归属于被害人所有。被告人陈某某采用佯装将钱放回被害人包内,并乘被害人不备之机,悄悄放入自己口袋的行为,实质就是秘密窃取行为,完全符合盗窃罪客观方面的特征。

四、处理结果

检察机关以被告人陈某等五人行为构成盗窃罪向法院提起公诉,法院以盗窃罪对五名被告人分别作出判决,其中陈某被判处有期徒刑三年,并处罚金人民币 5 000 元;陈某某被判处有期徒刑一年零九个月,并处罚金人民币 4 000

元;钱某某被判处有期徒刑一年零三个月,并处罚金人民币 3 000 元;唐某某被判处有期徒刑一年,并处罚金人民币 3 000 元;汪某某被判处有期徒刑一年,并处罚金人民币 3 000 元。

(范学东)

赃物未查获无法估价时盗窃数额如何认定

一、基本案情

2004 年 6 月，被害人高某经三名缅甸籍玉石商人介绍以人民币 100 万元(以下币种均为人民币)的价格从另一缅甸籍玉石商人阿康(案发时已因意外身亡)处购得一件红宝石原料，并支付给介绍人 5 万元的费用。2006 年 1 月，高某将上述原料委托张某某等人设计、雕刻成一件山水样式的“红宝石摆件”，支付加工费 18 万元；完工后于同年下半年将上述摆件委托范某等人抛光，支付加工费 2 万元。被告人孙某因经营玉石生意与高某结识，得知高某有意出售“红宝石摆件”。2008 年 7 月 20 日，被害人高某携带“红宝石摆件”等玉制品从云南至上海市，并在被告人孙某安排下入住上海南站附近的某宾馆。同月 22 日下午，高某在孙某陪同下携带“红宝石摆件”等玉制品至买家李某处商谈。因高某拒绝李某提出的代卖方案，双方未能就“红宝石摆件”的出售事宜达成共识。嗣后，高某将“红宝石摆件”等玉制品放在孙某驾驶轿车的后备箱内，随车返回宾馆。后二人在宾馆附近用餐时，孙某借故离开，秘密开走装有“红宝石摆件”等玉制品的轿车并关闭手机逃逸。因被告人孙某的隐瞒，上述“红宝石摆件”始终未能查获。

二、争议焦点

本案中，涉案赃物未能查获，又无任何有效价格凭证，赃物本身还具备特殊属性，造成无法进行估价，导致在如何采信案件证据并认定盗窃数额的问题上产生不同看法，主要存在三种分歧意见：

第一种意见认为，本案未能查获“红宝石摆件”，且鉴于该物品在市场流通中的唯一性，无法进行估价，难以确定盗窃数额，而这也符合有利于被告人原则。

第二种意见认为,虽然“红宝石摆件”未能查获,又无任何有效凭证,无法估价,但仍可以根据被害人的陈述及证人证言等证据确定盗窃数额,据此,红宝石原料买卖的中介费、“红宝石摆件”的设计费、加工费共计25万元可以确认,但因阿康已死亡,具体买卖过程和价格无法核实,购买红宝石原料的100万元不能确认。即该种意见确认盗窃数额为25万元。

第三种意见认为,在确认盗窃数额的方法上可采用上述第二种意见,但除认定上述25万元的盗窃数额外,还认为尽管阿康已死亡,但该笔买卖的三名介绍人的证言相互吻合,能够确认被害人以100万元购买红宝石原料的事实。即该种意见确认盗窃数额为125万元。

三、评析意见

我们同意第三种意见,认定盗窃数额为125万元。具体理由将从证据采信规则和犯罪数额认定方法两个方面进行阐述。

(一)刑事案件证据采信规则

刑事案件证据采信是法院在审理过程中,对涉案证据的审查和认定,进而采信有证明力和可信度的证据时应遵循的规则。我国《刑事诉讼法》未对证据采信作明确的规定和限制,这就赋予了司法人员特别是法官较大的自由裁量权,法官对证据采信的过程就是对证据证明效力的判断,这也是大陆法系自由心证的表现。客观性、排他性、统一性是证据采信过程中应当把握的重要原则。客观性要求证据来源的必须是客观存在的,且需要经过法庭举证、质证;排他性要求针对同一证明事实的证据经过排列、组合之后,必须达到前后一致并能排除一切矛盾,形成一个完整的证明体系和唯一结论;虽然我国没有成文的证据采信标准,但是统一性要求对于证据采信应做到相对稳定和一致。从广义而言,要求类案的采信标准统一,从狭义而言,要求个案中各个事实和证明点的采信标准统一。

综合本案的证据,目前能够证明红宝石原料购价及“红宝石摆件”的中介费、加工费等涉及赃物价值的只有被害人陈述和证人证言,应当根据上述规则决定采信与否。首先,上述所有的言词证据都是公安人员依法制作,经法庭举证、质证,确认了证据来源合法,内容客观真实,具备了“客观性”。其次,被害人出资 100 万元购买红宝石原料和先后支付 25 万元中介和加工费的事实，均有被害人陈述和多名红宝石原料买卖介绍人、“红宝石摆件”设计人、加工人等多名证人证言证明。特别是在被害人出资 100 万元购买红宝石原料事实的认定上，尽管红宝石原料卖主阿康已死亡，但多名红宝石原料买卖介绍人的证言相互吻合，足以证明上述事实。上述证据形成一个密合的证据锁链，具备了“排他性”。最后对争议最大的 100 万元红宝石原材料购价的事实，如前所示的第二种意见中，其一方面认定了 5 万元中介费的事实，实质上就确认了被害人出资购买红宝石原材料的事实，但另一方面又对被害人以 100 万元购买红宝石原料的事实不予确认，从而导致在同一案件中证据采信标准不一。换言之，必须以统一的证据采信标准来认定中介费及红宝石原料购价的事实，即全部认定 125 万元的数额才符合“统一性”。

（二）犯罪数额认定

盗窃罪属侵财类犯罪的一种，是指以非法占有为目的，秘密窃取数额较大公私财物的行为。作为典型的数额犯，犯罪数额是影响盗窃罪定性和量刑的重要依据，因此确定行为人的犯罪数额是准确处理该类案件的前提。本案中，涉案赃物为被害人自行加工制作的“红宝石摆件”等玉制品，且均未在市场上进行流通，故无法确定市场价格，在赃物未予查获的情况下，鉴定部门无法出具鉴定结论，而正是鉴于上述情况，导致了在具体盗窃数额的认定上出现了如前分歧意见所示的不同看法。一般认为，在对盗窃案中犯罪数额予以认定时存在以下几个原则：一是客观原则。在具体盗窃案件中，大部分涉案赃物的价格都可客观量化和计算，无论行为人或被害人对盗窃数额是否存在畸高、畸低的认识，最终均以普遍的市场价格予以认定。二是中间价格原则。盗窃中财物的价值，应当以被侵害物品价格的有效证明确定，对于不能确定的，一般根据作案当时、当地的同类物品的价格确定，同类物品的价格一般以市场零售价确定，但物品的市场零售价有高有低，因此采用中间价格原则，既体现法律公平，同时也是对受害人、行为人的双重公平。三是专业鉴定原则。如果涉案的“有价之物”，既无法确定其经济价值，也无法确定交换价值，那么应当按照国家计划委员会、最高人民法院、最高人民检察院、公安部《扣押、追缴、没收物品估价管理办法》的规定，委托指定的估价机构估价。

上述三个原则涵盖了大多数盗窃案件对于数额认定的方法，即以实际价值或以赃物的估价鉴定价格认定。司法实践中,有绝大多数的盗窃案件是以鉴定结论作为定案的根据,无鉴定的情况一般根据有利于被告人原则在数额中不予认定。但随着社会发展和经济领域的拓宽,在新情况面前仍循规蹈矩,强调第三方组织出具鉴定结论对案件的认定必要性,或对此种情况采取有利于被告人原则必然会影响公正,既不能令人信服,更有违刑法打击犯罪的目的。结合到本案,本案是发生在较为少见的艺术品交易领域中的盗窃案件,由于案件本身的缺憾,无法从估价鉴定或被害人陈述确定赃物价值。我们认为,有利于被告人原则仅适用于证据不足或相关情节无法查明的情况,如果不予认定的数额明显低于确定的犯罪金额并导致量刑畸轻、降档,或使得被害人合法权益受损,进而可能造成恶劣社会影响,那么就需要慎重适用该原则。综合考虑本案的特殊性,在采信并认定犯罪事实的基础上,可以对犯罪数额进行推定。

推定是根据已经查明的事实和经验法则,经过逻辑推理和判断得出结论的证明过程。刑事审判中运用推定,得出的关于被告人有罪或无罪、此罪或彼罪、量刑结论等,必须具有必然的性质,即不仅推定的前提必须真实、准确,而且前提与结论之间必须具有必然的推导关系,也就是推定的结论必须具有排他性。审慎运用推定,可以缓解因特殊原因造成事实查明的困境,增强指控力度。本案中的公诉部门正是通过可以相互印证的证据,恰当、合理地运用了数额推定,认定盗窃数额为 125 万元,对案件的定性和量刑进行补缺。首先,推定前提真实、完整。通过被害人陈述及犯罪嫌疑人的供述,可以确定"红宝石摆件"系由货真价实的原材料制作而成,多名证人证言也可对红宝石基价、中介费、加工费等价值予以确定。其次,推定结果客观、排他。本案系在工艺品加工领域,基于工艺品原材料价值对成品的价值的判断。工艺品的价值包括了由原材料成本组成的固有价值和通过附加值的累加形成的交换价值,经验法则告诉我们交换价值往往高于固有价值。公诉部门的数额推定,客观地反映了红宝石摆件的成本价格。最后推定结果客观、公正。认定盗窃数额为 125 万元既充分保护被害人的实际经济损失,又未虚高认定工艺品价值,在一定程度上有利于对被告人量刑,使其罚当其罪,真正达到了公平公正。

四、处理结果

检察机关以盗窃罪对被告人孙某提起公诉,认定盗窃数额为购买红宝石原料的费用、“红宝石摆件”设计、加工费用共计 100 万余元；一审法院审理后未认定购买红宝石原料的 100 万元，只将红宝石原料买卖的中介费、“红宝石摆件”的设计费、加工费认定为盗窃数额，并以盗窃罪判处被告人孙某有期徒刑十三年，剥夺政治权利二年，并处罚金人民币 10 万元。检察机关遂提起抗诉，认为一审判决对盗窃数额认定不当，应当同时认定购买红宝石原料的 100 万元，二审法院判决全部采纳检察机关抗诉意见，并以盗窃罪改判被告人孙某有期徒刑十五年，剥夺政治权利四年，并处罚金人民币 20 万元。

（许　磊）

出借银行卡后挂失并取走卡内钱款的行为应当如何定性

一、基本案情

2010年10月底，被告人丁某经应聘至某公司销售部工作。同年11月初，公司销售主管林某向丁某借用一张交通银行借记卡，用于存放林某与丁某前往外地出差的差旅费，丁某遂将卡内的余额全部取出，将该卡交给林某使用，并告知其密码。后该公司以转账方式，在银行卡内存入人民币8万元，丁某则通过手机银行得知有8万元入账。2010年11月17日，该公司通知丁某被解职。次日早上8时许，丁某至公司办理离职手续时借故离开，即至开户银行卡办理了挂失补卡手续。同月19日，林某欲通过ATM机取款时，发现银行卡无法使用，遂联系丁某要求其退出全部钱款，遭丁某拒绝。同月28日和29日，丁某持补办的银行卡，通过银行柜面和ATM机，将卡内的8万元全部取出后占为己有。

二、争议焦点

本案在办理过程中，对于丁某的行为应当如何定性，存在以下四种不同意见：

第一种意见认为，丁某的行为构成职务侵占罪。丁某在某公司任职期间获取了涉案的8万元钱款，且该钱款系丁某与林某共同出差的费用，后丁某将钱款占为己有，可以认为丁某利用其职务便利，采用挂失补卡的手段非法侵吞公司钱款，应当认定为职务侵占罪。

第二种意见认为，丁某的行为构成侵占罪。林某明知丁某基于银行的实名制享有挂失补卡、修改密码等权利，仍向丁某借用银行卡用于存放两人共同出差的费用，可以视为林某让丁某保管卡内的8万元差旅费，故对丁某采用挂失补卡的方式取得代为保管钱款的行为，应当认定为侵占罪。

第三种意见认为，丁某的行为构成盗窃罪。丁某明知银行卡在林某处，却利用银行实名制的规定，在公司及林某不知情的情况下，采取挂失补卡的方式，取出银行卡内的全部钱款，其行为对于公司及林某而言，具有秘密窃取的特征，因而成立盗窃罪。

第四种意见认为，丁某的行为不构成犯罪。首先，丁某并未利用职务上的便利，也不存在受公司委托保管差旅费的前提，故不成立职务侵占罪与侵占罪。其次，从法律属性上讲，公司存入的差旅费仍属于丁某个人账户内的财产，同时丁某取走卡内钱款的行为并不具有秘密性，不符合“秘密窃取”的特征。因此，对于丁某的行为，应当遵循“罪刑法定”的原则，以无罪论处。

三、评析意见

笔者同意上述第三种意见，即丁某的行为构成盗窃罪。主要理由是：

（一）盗窃罪的客体并不局限于公私财产的所有权

长期以来，我国传统刑法理论曾经毫无争议地将盗窃罪的客体限定为公私财产的所有权。但近年来，“所有权说”由于存在理论上的缺陷和实践中的困惑而越来越受到质疑。首先，所有权是由占有、使用、收益、处分等各项权能共同构成的有机整体，对于其中部分权能的损害，同样是对所有权整体的侵犯，在所有权的部分权能与作为整体的所有权在相分离的情况下，对分离出的部分权能，刑法理应予以同等保护，否则就可能不当限制刑法的保护范围。其次，“所有权说”可能导致部分案件的处理结果缺乏合理性，如对于盗窃自己所有而由他人合法占有的财物、盗窃他人占有的违禁品等行为，由于行为人只是取回了自己的所有物，而并未侵犯他人的财产所有权，故无法认定为盗窃罪。这种结论显然不尽合理。目前刑法理论一般认为，包括盗窃罪在内的绝大多数财产犯的客体，既可能是财产所有权，也可能是其他本权，即合法占有财物的权利（他物权）以及债权，还可能是需要通过法定程序改变现状（恢复应有状态）的占有；但在非法占有的情况下，相对于本权者的行为而言，该占有不是财产犯的客体。[①] 据此可以认为，盗窃罪的对象必须是他人占有、控制的财物，而对于自己占有、控制的他人财物则不可能成立盗窃罪；窃取本人所有但已由他人合法占

① 张明楷：《刑法学》，法律出版社 2007 年版，第 702 页。

有、控制的财物,同样可能构成盗窃罪。

(二) 盗窃罪、侵占罪、职务侵占罪的界定标准

盗窃罪是以非法占有为目的,窃取他人占有的数额较大的财物,或者多次窃取的行为。侵占罪是将代为保管的他人财物非法占为已有,数额较大且拒不退还的,或者将他人的遗忘物、埋藏物非法占为已有,数额较大且拒不交出的行为。职务侵占罪是公司、企业或者其他单位人员利用职务上的便利,将本单位财物非法占为已有,数额较大的行为。刑法理论上,盗窃罪、侵占罪、职务侵占罪均属于取得财物的犯罪(或者"占有型"财产犯罪)。其中,盗窃罪属于"转移占有型"财产犯罪,侵占罪属于"非转移占有型"财产犯罪,职务侵占罪则既可能"转移占有"财产,也可能"非转移占有"财产。司法实践中,构成职务侵占罪要求具备特殊的主体身份条件,且必须利用了主管、管理、经手财物的职务便利,故认定的难度不大。相对来说,盗窃罪与侵占罪则较易混淆。区别两者的关键,在于行为发生时财物所处的占有、控制状态,即财物究竟处于他人(财产所有人或者财产保管人)的占有、控制之下,还是处于行为人本人的占有、控制之下。一般认为,如果行为人非法占有处于他人实际控制之下的财物,符合盗窃罪的行为特征;如果行为人非法占有此前已由自己实际控制的财物,则符合侵占罪的行为特征。[①]

(三) 关于本案中丁某行为的定性分析

1. 丁某的行为构成盗窃罪

其一,本案中存入银行卡的钱款系公司预借给林某用于其与丁某出差的差旅费,该笔费用实质上属于公司所有,并由林某负责申请、保管和使用。虽然丁某基于银行实名存款制度而仍然享有挂失、补卡等权利,但其事先知晓借卡事由,且在清空个人账户后,已将银行卡交给林某并告知密码,故应当明知对公司存入卡内的钱款无权支配。其二,本案中的银行卡在形式上固然仍归丁某所有,但由于丁某的实际交付,使得林某已合法占有、控制该银行卡。因为刑法上的占有是指事实上的支配,不仅包括物理范围内的支配,而且包括社会观念上可以推知财物的支配人的状态。[②] 而从林某的意思表示看,其也始终认为自己占有、控制着银行卡及卡内钱款,并没有委托丁某保管的意思。其三,丁某通过

① 苏惠渔:《刑法学》,中国政法大学出版社2007年版,第474页。

② 张明楷:《侵犯财产罪的疑难问题》,载《华东刑事司法评论(第六卷)》,法律出版社2003年版,第109页。

向银行办理挂失、补卡手续而将卡内钱款取出，对于银行来说，似乎是实名存款人的合法行为，但由于林某先前已实际占有、控制银行卡及卡内钱款，因而丁某只是利用了不知情的银行，采取"自认为"不被公司及林某察觉的方法获取钱款，相对于公司及林某而言，其行为具有秘密性，即客观上实施了秘密窃取的行为。其四，丁某明知其信用卡已由他人合法占有、控制，且卡内钱款系公司所有并交林某保管，仍决意实施秘密窃取的行为，因而主观上具有盗窃的犯罪故意。其五，根据盗窃罪"失控加控制说"的既遂标准，①丁某在办理挂失、补卡手续后，其盗窃行为已经完成并构成既遂，因为基于银行的实名存款制度，此时林某失去了对丁某信用卡及其账户的占有和控制，而丁某则取得了实际控制权。

2. 丁某的行为不构成侵占罪或者职务侵占罪

首先，侵占罪所要求的代为保管，"不管是事实上的支配还是法律上的支配，都应以财物所有人与行为人之间存在委托关系为前提。"②本案中，公司或者林某并没有委托丁某保管信用卡及钱款，即不存在代为委托的前提，故排除侵占罪的成立。其次，职务侵占罪要求行为人必须利用职务便利，采用窃取的方式非法侵占本单位的财物。而本案中丁某虽然在公司销售部工作，但只是陪同销售主管林某出差，并将银行卡出借供存放差旅费之用，至于差旅费的经手、管理，则完全由林某负责，与丁某的职责范围无关，因而可以排除职务侵占罪的成立。

四、处理结果

检察机关以被告人丁某行为构成盗窃罪向法院提起公诉，一审法院以盗窃罪判处丁某有期徒刑五年，并处罚金人民币 1 万元。被告人丁某不服一审判决提出上诉，二审法院经审理后认为，林某暂借丁某银行卡并由公司存入 8 万元，林某向丁某说明该款项系差旅费的性质，丁某则将银行卡及密码交给林某使用，后丁某采用挂失重新补卡的方式将卡内 8 万元全部取出，符合盗窃犯罪的构成要件，裁定驳回上诉，维持原判。

（张忠平　王伟伟）

---

① "失控加控制说"主张，盗窃行为已经使被害人丧失了对财物的控制时，或者行为人已经控制了所盗财物时，都是既遂（刘宪权，杨兴培：《刑法学专论》，北京大学出版社 2007 年版，第 554 页。）。

② 张明楷：《侵犯财产罪的疑难问题》，载《华东刑事司法评论（第六卷）》，法律出版社 2003 年版，第 104 页。

进入商住混用场所实施盗窃行为能否认定为“入户盗窃”

一、基本案情

2009年10月期间，被告人冯某某伙同他人驾车至上海，在本市闸北区多个居民小区内，采取撬门入室的方法，盗窃财物共计价值人民币10万余元。其中第一节事实如下，2009年10月7日15时许，冯某某等人在某居民住宅小区的住宅楼内，撬门进入被害人张某某租借的经商、自住混用的房屋内实施盗窃。冯某某等人在窃取5万元现金和一台照相机后逃逸。经现场勘察，被窃房屋外部无任何经营标识，内部则因家具摆设不同而显见经商、自住两大功能区域，其中客厅为办公区域，厨房及卧室为生活区域；两大区域无特殊分隔设施，且均存在被翻动的痕迹。

二、争议焦点

本案对冯某某等人撬门进入商住混用的房屋内实施盗窃行为是否应当认定为“入户盗窃”，存在两种分歧意见：

第一种意见认为构成“入户盗窃”。理由如下，其一，案发地为居民小区的住宅楼，现场无经营标识，且未处于营业状态，具有普通住宅的外观特征；其二，案发地系被害人自主作为日常办公与个人自住混用的场所，非依法登记注册的经营场所，场所内办公区域与生活区域混用，无明显的功能性区分；其三，冯某某等人在客厅、卧室等各处均留下行窃痕迹；其四，冯某某等人撬门进入居民住宅内行窃，主观上具有“入户盗窃”的故意。

第二种意见认为不构成“入户盗窃”。理由如下，案发地系被害人租借的房屋，并非单纯用于自住，部分房间存在个人用于经营活动的情况，刑法上“入户盗窃”中“户”应是指自然人家庭居住的场所，故本案中被告人实施盗窃场所不属于刑法意义上的"户"。

三、评析意见

我们同意上述第一种意见。本案争议主要集中在对刑法意义上"户"的认识不同,本案中具体体现为冯某某等人因盗窃而进入的商住混用场所能否认定为"户"。对此,笔者认为,应当从以下三个方面分析和理解:

(一)刑法意义上"户"的概念与范围

"入户盗窃"中的"户",是指家庭及其成员与外界相对隔离的生活场所,包括封闭的院落、为家庭生活租用的房屋、牧民的帐篷以及渔民作为家庭生活场所的渔船等。[①] 对照司法解释关于"入户抢劫"中"户"的界定,两者具有刑法意义上的同质性。根据2005年6月8日最高人民法院《关于审理抢劫、抢夺刑事案件适用法律若干问题的意见》第1条之规定,这里("入户抢劫")的"户"是指住所,其特征表现为供他人家庭生活和与外界相对隔离两个方面,前者为功能特征,后者为场所特征。为了避免对"户"的范围作扩大理解,不适当地加重被告人的刑罚,将"户"界定为"供他人家庭生活和与外界相对隔离",从而将经营场所或者对公众开放的其他场所排除在"户"的范围之外。[②] 集体宿舍、临时搭建工棚等之所以一般不认定为"户",是因为这些场所在一定的公共范围内使用,不具备"与外界相对隔离"的封闭性特征;而旅店、宾馆等场所之所以一般不认定为"户",则是因为其属于经营场所,家庭生活并非其主要功能,封闭条件也不严格,对其特殊保护的意义不如普通的"户"来得重大。但是,在特定情况下,如果上述经营场所或者对公众开放的其他场所确实具有供他人家庭生活和与外界相对隔离两个特征的,也可以认定为"户"。据此,参照"入户抢劫"的规定,[③]定义为:为了实施盗窃而进入他人生活的与外界相对隔离的住所窃取财物的行为。

---

① 参见1999年10月27日最高人民法院《全国法院维护农村稳定刑事审判工作座谈会纪要》。

② 顾保华:《〈关于审理抢劫、抢夺刑事案件适用法律若干问题的意见〉的理解与适用》,载《人民司法》2005年第10期。

③ 根据2000年11月22日最高人民法院《关于审理抢劫案件具体应用法律若干问题的解释》第1条之规定,"入户抢劫"是指为实施抢劫行为而进入他人生活的与外界相对隔离的住所,包括封闭的院落、牧民的帐篷、渔民作为家庭生活场所、为生活租用的房屋等。

(二) 商住混用情形下"户"的认定标准

随着经济社会的快速发展,商业经营模式的不断丰富,越来越多的市场主体利用单一场所来满足多元化的需求,致使个人住所与经营场所的界限逐渐淡化,生活起居与谋生经营混于一处的情形亦屡见不鲜。如果将"户"的范围仍然局限于狭义的公民个人住宅,显然难以适应形势发展的需要,也不利于法益的保护。因此,在刑法适用范畴内,分析研究商住混用情形下"户"的认定问题,具有重要的实践价值和现实意义。

对于集生活、经营于一体的商住混用处所,在经营时间内一般不应视为"户"。① 这种限制具有合理性,突出了"户"的生活功能与封闭特征,但从另一个角度理解,实际也可以认为商住混用场所在特殊情况下,即非经营时间内具有被认定为"户"的可能性。具体而言,商住混用场所认定为"户"的条件在于以下两个方面:①是否具有较为稳定的家庭生活的功能性特征。既然是商住混用场所,则当然承载着一部分家庭生活的功能,但这种生活特征必须相对常态化和固定化,倘若某场所只是偶尔作为住处使用或者供不特定人临时住用,则不具备"户"的功能性特征;②是否具有相对封闭的场所性特征。对家庭生活安全性、私密性的侵犯应当承担更大的道义责任,这是社会公众普遍认同的基本价值观念,也是世界各国的通例,体现在刑法保护的特殊利益中,则是家庭住宅的不可侵犯性。② 如果某场所经常或者长期处于一种公开经营的状态,任何人均可不请自入,与公共场所无异或者基本相当,则失去了刑法特殊保护的意义,行为人利用这种环境实施犯罪,显然无法认定为"入户"。据此,笔者认为,对于生活、经营状态比较稳定的商住混用场所,应当根据行为人实施犯罪时该场所所处的具体状态确定其是否属于"户"。原则上,当处于经营状态时,不应认定为"户";当处于非经营状态时,如节假日休息、关门歇业等,则应当认定为"户",此时行为人秘密潜入实施盗窃行为的,属于"入户盗窃"。

(三) 本案符合"入户盗窃"的要件

综合本案的相关事实,我们认为,将冯某某等人的行为认定为"入户盗窃",符合"主客观相一致"的刑法归责原理。

---

① 参见 1999 年 10 月 27 日最高人民法院《全国法院维护农村稳定刑事审判工作座谈会纪要》。

② 张军:《刑法分则及配套规定新释新解(上)》,人民法院出版社 2009 年版,第 1014 页。

第一，在客观上，冯某某等人侵入的商住混用场所具备刑法意义上"户"的特征。本案中涉及的商住混用场所系被害人在居民小区的住宅楼内租用，自主作为日常经营与个人自住兼用，且外部无任何经营标识，有别于通常意义上的经营场所；房屋内客厅为办公区域，厨房及卧室为生活区域，两大区域并无特殊的分隔设施，与常见的"前店后院"式结构明显不同。可见，该商住混用场所的生活功能与经营功能难以从物理上完全区分，在非经营状态时，被害人的日常起居均在该处，因而整体上完全承载着生活功能。与此同时，在冯某某等人实施盗窃时，恰逢被害人赴香港旅游而未营业，故该场所并未处于经营状态，且房门紧锁，室内空间封闭，具备与外界相对隔离的私密性特征，否则冯某某等人无须采取撬门入室的方法实施盗窃。因此，本案涉及的商住混用场所在客观上同时具备了"户"的功能特征和场所特征，被害人既是经营业主，又是普通住户，而作为后者，其财产安全、生活安宁理应受到刑法的特殊保护，即作为"入户盗窃"的受侵害对象予以考虑。

第二，在主观上，冯某某等人具有"入户盗窃"的故意。本案中，从行为人选择的作案地点来看，案发地位于居民小区住宅楼内，房屋外观与普通住宅无异，故冯某某等人在撬门入室之前显然并不明知该房屋的商住混用性质，其选择该处作案更多的是因为确信该处系无人在家的民宅而非无人上班的营业场所；从行为人选择的作案时机来看，案发时正逢平时上班期间，与经营场所人员往来频繁相较，居民小区住宅楼内的人员活动明显较少，更加有利于冯某某等人实施"入户盗窃"行为；从行为人作案的具体过程来看，冯某某等人在房屋内的客厅、卧室等处均留下了行窃痕迹，完全不以办公区域或者生活区域作为界限。上述行为特征足以反映冯某某等人主观上针对的就是普通住宅，"入户盗窃"的故意较为明显。

综上所述，我们认为，冯某某等人进入被害人商住混用场所实施盗窃，应当认定为"入户盗窃"。

四、处理结果

检察机关对包括第一节事实在内的全部三节犯罪事实均认定为"入户盗窃"，并以盗窃数额特别巨大，将被告人冯某某起诉至一审法院。一审法院经审理认为，被告人冯某某犯盗窃罪的罪名成立，但属于数额巨大，判处其有期徒刑九年。其中,就第一节事实认定案发地为被害人的"租借地",区别于其他犯罪事实中"住所"、"住地"等表述。结合一审判决认定的三节盗窃事实的累计数额已逾5万元却仍认定为数额巨大,上述表述的区别实质是对第一节事实"入户盗窃"性质的否定。检察机关审查后认为,一审判决对第一节事实未认定"入户盗窃"有误,导致量刑畸轻,据此依法提起抗诉。二审法院审理后认为,被告人冯某某的行为构成盗窃罪,且数额特别巨大;公诉机关的抗诉意见正确,原判认定事实正确,但适用法律错误,量刑不当,据此依法改判冯某某有期徒刑十年。

(龙　潭　姜冷君)

窃取他人身边财物的行为能否认定为“扒窃”

一、基本案情

2010年8月23日11时许，被告人吴某（未成年人）伙同他人至本市普陀区梅川路附近“中环百联”地下一楼的饭店，趁被害人杨某与他人就餐之际，窃得其放在身边凳子上的腰包一只，包内有现金人民币300元、银行卡等物品。同日19时许，吴某又伙同他人至本市闸北区共和新路大宁国际商业区的星巴克咖啡馆内，趁被害人沈某与他人喝咖啡聊天之际，窃得其放在身边沙发上的黑色手提包一只，包内有黑色苹果牌mp3一部（经鉴定价值人民币750元）。次日11时许，吴某伙同他人至本市云南南路小绍兴酒店一楼，趁被害人严某就餐之际，窃得其放在所坐餐凳上的黑色电脑包一只，包内有联想ThinkPadX200型笔记本电脑一台（经鉴定价值人民币4 345元）。

二、争议焦点

本案在办理过程中，对于吴某的行为构成盗窃罪并无异议，但是否属于刑法意义上的扒窃行为，则存在以下分歧意见：

第一种意见认为，吴某的行为构成盗窃罪，但仅属于普通盗窃而并非扒窃。理由如下，虽然吴某以非法占有为目的，采取了秘密窃取的方法，窃得了他人数额较大的财物，但这些财物在被窃时并未处在被害人随身携带的状态，故符合普通盗窃而非扒窃的行为特征。

第二种意见认为，吴某的行为构成盗窃罪，且属于扒窃。理由如下，虽然吴某并未直接从他人身上窃取财物，但对于被害人而言，被窃财物尚处在其伸手可及的范围之内，故吴某所窃取的对象仍然属于他人随身携带的财物，因而符合盗窃罪中扒窃的行为特征。

三、评析意见

笔者同意上述第二种意见,即吴某的行为构成盗窃罪,且属于扒窃。具体理由如下:

(一)从立法目的来看,区分扒窃与普通盗窃行为侧重了对人身安全的保护

应该说,在《刑法修正案(八)》出台之前,"扒窃"的核心含义并不明确,也不是严格意义上的刑法概念,而只是作为盗窃的一种特殊方式,由司法解释所规定。[①]《刑法修正案(八)》正式将"扒窃"纳入刑法条文,在《刑法》第264条增加了"多次盗窃、入户盗窃、携带凶器盗窃、扒窃"成立盗窃罪的规定。笔者认为,立法之所以作如此修订,主要是基于扒窃行为在侵犯财产利益的同时,可能延伸出对他人人身安全的侵害,故相对于普通盗窃行为而言,扒窃的社会危害性更为严重,并且这种行为方式往往表现出技术性强、惯犯居多的特征,[②]所以有必要在刑事立法中予以明确规定。

扒窃行为作为盗窃方式的一种,本质上属于侵犯财产类犯罪,但这种行为却同时存在着对人身安全的潜在威胁。正因如此,在《刑法修正案(八)》出台之前,扒窃行为的入罪数额就明显低于普通的盗窃行为。换言之,扒窃对于被害人人身安全的侵犯不是现实的,仅仅是使被害人的人身安全处于一种危险的状态。在笔者看来,这种危险的状态即表现为:被害人一旦察觉到行为人正在实施扒窃犯罪,即可能出于保护自身财产利益之目的而予以当场阻止和反抗,故行为人为排除这种阻止和反抗而采取暴力、胁迫等手段侵犯他人人身安全的盖然性就较高。从这个角度考虑,被害人能否即时察觉并阻止犯罪,可以作为认定扒窃行为的重要依据。本案中,吴某盗窃多名被害人的财物,都是放置于被害人身边的,一旦被害人察觉其盗窃行为,均可能即时阻止和进行反抗,由此便极可能产生吴某对被害人造成伤害的结果。因此,吴某在实施盗窃行为时,被害人的人身安全也处于一种危险的状态,这种既侵犯他人财产利益,又对他人人身安全存在潜在威胁的特征,显然是普通盗窃行为所不具备的。

---

① 1997年11月4日最高人民法院《关于审理盗窃案件具体应用法律若干问题的解释》第4条规定:"对于1年内入户盗窃或者在公共场所扒窃3次以上的,应当认定为'多次盗窃',以盗窃罪定罪处罚。"

② 当然,技术性和惯常性并非扒窃行为的构成要件。

（二）从刑法解释的角度来看，“随身携带财物”的范围并不应局限于“他人身上的财物”

关于“扒窃”一词的定义，《现代汉语词典》解释为“从他人身上偷窃（财物）”。司法实践中有相关规定将扒窃理解为：“行为人采用秘密窃取的手段，盗窃被害人随身携带的财物（如穿着的衣裤袋中存放的财物、佩带在腰间的手机等物）或者盗窃被害人背带在身上的包袋中的财物”。[①] 但是，对于如何进一步界定“随身携带财物”的范围，则没有具体的标准。《刑法修正案（八）》施行后，《刑法》第264条已经正式使用了“扒窃”的概念，而且扒窃行为的入罪尚无具体数额要求，可以认为只要实施了扒窃行为即构成盗窃罪，所以能否准确区分扒窃行为与普通盗窃行为，很可能直接关系到罪与非罪的界限，那么“扒窃”的含义以及“随身携带财物”的范围问题就必须引起重视并加以明确。

刑法意义上“扒窃”，是指在公共场所窃取他人随身携带的财物的行为。[②] 根据这一定义，扒窃行为构成犯罪，客观上必须同时具备两个要件：一是行为必须发生在公共场所；二是窃取的对象必须是他人随身携带的财物。对于后者，一方面不能仅仅将“随身携带的财物”局限于“他人身上的财物”，而应当在范围上作合理的延伸。另一方面，也不能将这种合理的延伸仅仅以“包的背带是不是与被害人连接”为依据，而是应当从立法目的出发确定一种实质的标准。笔者认为，司法实践的理解应当符合立法目的，扒窃行为之所以被界定必须针对“随身携带的财物”，即是为了突出其对他人人身安全侵犯的可能性。从这个角度理解、界定“随身携带财物”的范围，应当以被害人能否触手可及并即时作出反应为实质的标准。详言之，扒窃构成犯罪所要求的“随身携带财物”，既可能是被害人带在身上的财物，如放在衣袋里的钱包，也可能是置于身边附近的财物，如乘坐火车放在自己旁边的旅行包。本案中，吴某所盗窃的财物，虽然并不是被害人身上的财物，但却均置于被害人身边附近触手可及的范围内，被害人也能够即时发现犯罪并作出反应，故符合“随身携带财物”的实质标准，应当认定为扒窃而非普通盗窃行为。

---

① 上海市人民检察院、上海市公安局《扒窃案件逮捕证据参考标准》第1条。

② 张明楷：《刑法学》，法律出版社2011年版，第881页。

四、处理结果

检察机关以被告人吴某的行为系扒窃，构成盗窃罪向法院提起公诉。法院经审理，认定检察机关起诉指控的事实清楚，罪名成立，以盗窃罪判处被告人吴某有期徒刑一年。

（陈　宇　孙松俊）

使用部分空白的空头支票实施诈骗的行为如何认定

一、基本案情

2009 年初，被告人刘某某与陈某某打算做废钢生意，由陈某某签发空头支票一张，支票除“出票日期”与“收款人”为空白以外，其余栏目均已填妥，金额为 196 300 元。由于两人生意并未成交，该支票账户一直没有足够的资金。2009 年 1 月某日，刘某某持该空头支票，以急需资金为员工发放工资为由，向李某某调头寸，从李某某处骗得人民币 50 000 元。刘某某得款后用于个人消费。李某某得到支票后，在支票上补记“出票日期”与“收款人”，并至银行要求承兑，但因该账户已被冻结而遭银行退票。李某某遂向刘某某追偿，刘某某于次日逃匿。

二、争议焦点

对于刘某某的行为如何认定，主要有以下五种意见：

第一种意见认为，刘某某的行为属于“明知是伪造、变造的支票而使用的”，构成票据诈骗罪。

第二种意见认为，刘某某的行为属于“明知是作废的支票而使用的”，构成票据诈骗罪。

第三种意见认为，刘某某的行为属于“冒用他人的支票”，构成票据诈骗罪。

第四种意见认为，刘某某的行为属于“签发空头支票，骗取财物的”，构成票据诈骗罪。

第五种意见认为，刘某某的行为不属于票据诈骗罪，但构成诈骗罪。

三、评析意见

我们同意第五种意见，具体分析如下：

从主观方面分析,犯罪嫌疑人刘某某具有非法占有目的。刘某某明知涉案支票为空头支票,仍使用该张支票向被害人李某某借钱。其借钱的理由是要给员工发工资,实际上其手下并无员工,借得钱款后均用于个人消费,并非其所谓的为员工发放工资。在被害人得知真相后至其家中讨要所借钱款,其次日便离家逃避被害人追讨。其主观故意符合"以非法占有为目的,骗取他人财物"的情形。从客观方面分析,犯罪嫌疑人刘某某持无资金保证的支票向被害人调取资金的行为,不仅侵害了被害人财产权,也扰乱了正常金融管理秩序,其行为涉嫌构成票据诈骗罪或者诈骗罪。

根据《刑法》第194条与《最高人民法院关于审理诈骗案件具体应用法律的若干问题的解释》,个人进行票据诈骗数额在五万元以上的,属于"数额巨大",处五年以上十年以下有期徒刑,并处五万元以上五十万元以下罚金。若认定犯罪嫌疑人刘某某构成票据诈骗罪,则其量刑起点应在五年以上。根据《刑法》第266条与《关于本市办理部分刑事犯罪案件标准的意见(试行)》,犯诈骗罪数额巨大的,处三年以上十年以下有期徒刑,并处罚金。诈骗公私财物3万元至10万元以上的应当认定为数额巨大,根据《〈人民法院量刑指导意见(试行)〉实施细则(试行)》第7节,诈骗5万元的量刑起点为有期徒刑三年。若认定犯罪嫌疑人刘某某构成诈骗罪,则其量刑起点应为三年。因本案定性对犯罪嫌疑人刘某某的量刑影响较大,故对其是否构成票据诈骗罪依法条进行逐一分析。

(一)被告人刘某某的行为不符合"明知是伪造、变造的支票而使用的"的情形

第一,目前并没有证据证明该支票系伪造、变造。第二,涉案支票的补记系由被害人完成,没有证据证明刘某某曾在支票上做任何标记。第三,需要区分支票补记与伪造、变造支票的关系。空白票据可以视为出票人对第一持票人的一种权利让渡,持票人可对空白票据进行补记,使票据具备完整性,这也符合出票人的意志;但伪造、变造行为则违反了出票人的意志,使持票人获得了额外的不当利益。本案中,刘某某从陈某某处获得的支票属于出票日期、收款人未填写的空白支票,之后持票人填写出票日期、收款人的行为属于支票补记行为。从陈某某在出票时未填写出票日期、收款人的行为可以推断出其对持票人补记权的授权意志。

（二）被告人刘某某的行为不符合“明知是作废的支票而使用的”的情形

经向银行方面咨询获知，在支票业务中并不存在有关支票作废的规范性文件，实践中通常将填写错误、支票破损、印鉴不清、出票日过期、版式过期等支票认定为作废的支票。结合本案，①该支票账户的确在1月19日之前已被冻结，但本案现有证据难以证明刘某某对这一事实存在主观明知，况且账户冻结并不必然导致支票作废。②需要区分支票无效和支票作废的关系，并区分因出票日期过期而作废的支票和出票日期为空而效力待定的支票，支票并不因未记载出票日期而作废。一方面，支票作废则是不可逆转的、意味着支票效力的终止，作废的支票将不再承载票据权利。如《票据法》第92条规定，支票的持票人应当自出票日起10日内提示付款支票。此处的“出票日”，实践中是按照支票载明的出票日期来计算的，这也符合票据文义性的特点。超过法定期限的，支票便宣告作废。另一方面，支票无效是可补救的。无效的情况包括自始无效与效力待定。支票因必要记载事项欠缺而效力待定的，可以经补记后生效，支票生效意味着支票效力的开始。虽然《票据法》第85条规定未记载出票日期的支票无效，但实际上出票人陈某某在填写支票时故意将出票日期一栏空着，在没有其他相反证据证明的情况下，可以推定陈某某故意将支票的有效期延长（《票据法》第92条规定支票的持票人应当自出票日起10日内提示付款）。这样的支票可以被理解为效力待定的支票。实际上，在商事实践中，出票时出票日期为空的情形较为普遍，出票人出于商事活动灵活性和便利性的考虑，往往在出票时将出票日期一栏暂时留空，留待需要时才予填写。金融制度、法律制度的建成并不意味着制度体系的完备，对于现实社会中的不规范现象不能采取“一刀切”的做法，更不能违反罪刑法定原则加重嫌疑人的刑事责任。③需要区分效力待定的支票与空头支票在本案中所起到的作用。刘某某诈骗成功的关键在于其使用了一张无法兑现的支票，对于被害人李某某而言，刘某某向其交付支票时出票日期和收款人仍然是空白的，故支票无效是其知道或者应当知道的。其在明知或应知该支票效力待定的情况下，仍然接受支票、借钱给刘某某、对支票进行补记、持票向银行要求承兑，从其这一系列的行为可见其并没有产生认识错误。其受骗的关键在于没有意识到该张支票系空头支票而不能兑现，因此产生认识错误并基于这种错误认识而对财产进行了处分。换句话说，导致李某某被骗的原因不是支票的效力待定，而是支票不能兑现。有同志提出，根据《票据法》第 85 条的规定,出票日期为绝对记载事项,仅出票人有权填写或补记,且支票账户仅限出票人个人使用,刘某某虽持有涉案支票,但在缺乏出票人陈某某授权的情况下,其无权改变支票效力待定与无资金保证的性质。从实质上分析,该张支票是无法得到兑现的,无论出票日期是被害人李某某还是刘某某进行补记,支票无效的事实是无法改变的。从这层意义上讲,这张效力待定的空头支票就是一张作废的支票。这样的意见具有相当的合理性,但却面临这两个难题:一是需要在事实上将效力待定的空头支票等同于无效的支票,二是需要在规范上将无效的支票解释为作废的支票,从而使刑法规范得以适用于本案事实。这种做法的优点在于,可以依据《刑法》第 194 条第二项将使用空头支票实施诈骗的行为认定为票据诈骗罪,从而适用特殊条款对特殊诈骗行为进行规制,弥补了法律规范在这一事项上的空白。这种做法的缺陷在于,在缺乏直接的、明确的法律依据,而刘某某的诈骗行为又已经可以通过诈骗罪进行规制的前提下,仍然通过扩大解释将上述行为纳入票据诈骗罪的调整范围,违反了罪刑法定原则与谦抑性原则。故不宜依据《票据法》第 85 条的规定而直接将无效的支票等同于作废的支票,也不能认定刘某某"明知是作废的支票而使用"。

(三)被告人刘某某的行为不符合"冒用他人的支票"的情形

《票据法》第 20 条规定,出票是指出票人签发票据并将其交付给收款人的票据行为。可见,只有支票载明的收款人才是支票权利的受让人。同时,根据《票据法》第 87 条的规定,支票上未记载收款人名称的,经出票人授权,可以补记。本案中,出票人陈某某在将支票交付给犯罪嫌疑人刘某某时,并未填写收款人一栏,如前所述,可以借此推定陈某某授权持票人,即刘某某对收款人一栏进行补记,刘某某是该票据权利的实际持有人。结合支票无因性和物权性的特点,既然刘某某系该支票的实际持有人,那么其使用支票的行为,便不属于冒用他人支票的行为。

(四)被告人刘某某的行为不符合"签发空头支票或者与其预留印鉴不符的支票,骗取财物的"的情形

第一,从文义解释的角度分析,支票的签发行为只能是出票人的行为。当然,单纯的签发空头支票的行为并不构成票据诈骗罪,还要求行为人有骗取财物行为。相对应的,出票人以外的人实施的支票补记行为属于出票人授权的代理行为。对于在授权范围内的补记行为系合法行为;超越授权的补记行为则属于非法补记，如在支票金额空白时，补记金额超过授权金额的情形；对已经记载的事项进行非法修改的，则属于伪造、变造行为。第二，从罪刑相适应原则的角度分析，签发空头支票的行为，既违反了票据法的规定，又违反了刑法的规定；使用空头支票的行为，违反了刑法的规定。前者行为重于后者，故对前者的处理较后者重具有一定合理性的，符合罪刑相适应原则。第三，从罪刑法定原则的角度分析，刘某某使用空头支票的行为的确对金融管理秩序造成了一定损害，但不能就此认定其使用票据实施诈骗的行为构成票据诈骗罪，毕竟“票据诈骗”在法律上的概念与人们的日常观念必然存在差异，这也是法律与常识容易发生冲突的场合。要认定行为人构成犯罪，必须遵循罪刑法定原则，严格依照犯罪构成适用法律。综上所述，目前没有证据证明刘某某实施了涉案空头支票的签发行为，故认定刘某某的行为不符合“签发空头支票或者与其预留印鉴不符的支票，骗取财物”情形。

综上所述，被告人刘某某的行为不构成票据诈骗罪。但其谎称为员工发工资，利用空头支票向被害人借钱，得款后用于个人消费并逃避被害人追讨的行为，符合《刑法》第 266 条的规定，依法应认定为诈骗罪。

四、处理结果

检察机关以被告人刘某某行为构成诈骗罪向法院提起公诉，法院以诈骗罪判处刘某某有期徒刑三年，缓刑五年。

（蔡震宇）

“吊模斩客”的行为如何定性[①]

一、基本案情

2010 年 4 月，被告人宁某某、李某承包上海市松江区松汇中路 328 号“哈尼尼咖啡酒廊”后，伙同被告人王某、李某、匡某某等 27 人，以该酒廊为中心进行“酒托”诈骗。具体由上述人员分工组成“键盘手”、“传号手”、“酒托女”等，由“键盘手”以女性身份，通过网络搭识男性网友，并以“交朋友”、“谈恋爱”、“一夜情”等为由，获取对方的身份、联系方式等信息，通过“传号手”提供给“酒托女”，后由“酒托女”根据该信息，假冒“键盘手”在网络上虚构的身份诱骗男性网友至“哈尼尼咖啡酒廊”进行消费，在此过程中采用以劣质酒或廉价酒冒充高档酒等方法，骗取男性网友钱款。至 2010 年 4 月 21 日案发，共计骗得朱某等 72 名被害人钱款人民币 216 000 余元。

二、争议焦点

本案中，对被告人虚构“谈恋爱”、“发生一夜情”以及以劣质酒或廉价酒冒充高档名酒让被害人消费、付款的事实，没有分歧。争议的焦点在于，被告人是提供了真实的交易还是以交易为名行犯罪之实，以及被告人虚构事实的行为与被害人交付财物间是否具有刑法上的因果关系。对此，存在两种分歧意见：

第一种意见认为，本案被告人获取财物的关键，是以劣质酒或廉价酒冒充高档名酒让被害人消费、付款，此行为属违规经营、商业欺诈，不宜以犯罪论处。理由是：①被告人确实为被害人提供了酒水，双方存在真实的交易，被告人只是为了获取不合理的高额利润，并非非法占有被害人财物；②被害人消费酒水，是

① “吊模斩客”系上海俗语，意指行为人以某种事由引诱被害人至某消费场所，后通过让被害人高价购买低质商品或接受低质服务等方式，获取被害人财物的行为。

为了追求"谈恋爱"、"发生一夜情"等目的，通常并不在意酒水真假，故其交付钱款并非基于对酒水的错误认识，被告人以次充好的虚构事实行为与被害人自愿付款之间没有刑法上的因果关系。

第二种意见认为，被告人以骗取被害人财物为目的，通过虚构"谈恋爱"、"发生一夜情"，以及以劣质酒或廉价酒冒充高档名酒等手段，使被害人产生错误的认识和判断，并"自愿"处分财产，应以诈骗罪定罪处罚。

三、评析意见

笔者同意第二种意见，具体分析如下：

(一) 从主观目的看，本案被告人系以提供商品消费为名，行非法占有之实

在涉及市场交易行为的刑事案件中，交易行为本身是否真实，往往能够直接反映行为人主观上是否具有非法占有的犯罪目的，并进而影响案件的定性。如根据最高人民法院《关于审理抢劫、抢夺刑事案件适用法律若干问题的意见》(以下简称"《两抢意见》")第 9 条第二项规定，行为人在从事买卖、交易、服务中，采用暴力、胁迫手段迫使他人交出钱物的，如果所交钱物与合理价钱、费用相差不大，应以强迫交易罪论处；如果相差悬殊的，足以认定"买卖、交易、服务为幌子"，应以抢劫罪论处。

在认定"吊模斩客"行为是否构成犯罪时，也存在行为人是否以"以买卖、交易、服务为幌子"的问题。对此，可以参考《两抢意见》上述规定的精神，通过对比被害人所交钱物与合理价格、费用的相差程度，综合相差的绝对数额以及比例等因素予以判断。如果商品、服务的价值与被害人所交钱物对等，或虽然不对等，但相差不大，则可认定为存在真实的买卖、交易、服务；如果不对等的程度已远远超过正常交易的合理范围，则属于"以买卖、交易、服务为幌子"。

本案的证据表明，酒廊内的酒水要么系劣质酒，要么系不到 20 元一瓶的廉价酒，但酒单上却冒充拉菲等所谓名酒，标价奇高，低的每瓶 198 元，高的甚至每瓶 1 980 元。同时，根据酒廊服务人员的供述，当被害人点一瓶酒时，服务员先用雪碧将酒勾兑，后只将勾兑好的半瓶酒倒入扎壶中冒充一瓶酒，提供给被害人。这样，被害人消费一扎壶价格约 10 元左右的酒，少则支付数百元，多则支付上千元。很明显，无论是超出合理价格的绝对数额，还是超出的比例，本案对价的不对等程度已远远超出正常交易范围，当然不能认定为真实的交易行为。因此，被告人所谓提供酒水的交易行为，实质就是为了非法占有被害人的财物，而非为了获取不合理的差额利润。

(二) 从因果关系看，被告人虚构事实与被害人交付钱款之间存在刑法上的因果关系

对诈骗罪而言，被告人虚构事实与被害人交付财物间的因果关系，是指被害人对被告人虚构的事实信以为真，并据此“自愿”作出财产处分。本案中，被告人虚构的事实包括两部分，一是由“键盘手”与“酒托女”联手虚构的“酒托女”与被害人“谈恋爱”、“发生一夜情”等；二是由酒廊经营者虚构、“酒托女”协助完成的以劣质酒或廉价酒冒充高档名酒让被害人消费、付款。这两部分事实系各被告人共谋后由不同的被告人分工实施，虽表面上相互独立，但实质上相辅相成，指向一个共同的目的：即骗取被害人钱款。很明显，如果没有前面的“吊模”行为，被害人不会到酒廊消费。即使消费了，在发现消费金额异常时，如果不是为了“谈恋爱”、“发生一夜情”等，也不会轻易付款。同样，如果没有酒廊将劣质酒或廉价酒冒充高档名酒，被告人也不可能取得被害人钱款，从而获利。因此，对本案刑法因果关系的认定，必须将“吊模”与“斩客”结合起来整体分析，而不能因为第一部分事实不直接涉及财物，就将第二部分事实与之割裂开来独立评价，以被害人系基于“其他”原因作出财产处分为由，否定本案被告人虚构事实与被害人自愿付款之间客观存在的刑法因果关系。

综上，被告人以骗取被害人财物为目的，通过虚构“谈恋爱”、“发生一夜情”以及以劣质酒或廉价酒冒充高档名酒等手段，使被害人产生错误认识，并基于此错误认识“自愿”处分财产，应以诈骗罪定罪处罚。还要说明的是，“吊模斩客”在生活中较为常见，除了“酒托”，还有“茶托”、“婚托”等。司法机关应根据“吊模斩客”的具体情况，对构成犯罪的坚决予以打击。这不仅可以将犯罪分子绳之以法，还可以减少、遏制“吊模斩客”违法犯罪行为的发生，在体现刑法打击犯罪功能的同时，充分发挥其犯罪预防和行为指引的社会功能。

四、处理意见

检察机关以宁某某等 27 名被告人的行为均构成诈骗罪向法院提起公诉，

一审法院以诈骗罪对宁某某等 27 名被告人判处十年零六个月至十年零十一个月不等有期徒刑,并处罚金。后被告人宁某某等提起上诉,二审法院维持原审判决对事实及罪名的认定,但对部分被告人量刑作了改判。

(陆　源　雷海峰　金玉明)

“调包收钱”和“收钱调包”并存时的行为如何认定

一、基本案情

2011 年 4 月下旬至 5 月上旬期间，犯罪嫌疑人罗某某伙同邱某某等人经预谋后通过互联网发布出售二手苹果四代（iphone4）手机的信息并留下联系方式，先后将有意购买手机的被害人王某某等 9 人约至地铁沿线站台，再通过手机调包方式骗取钱财，他们主要视情况采用以下两种手段骗取钱财。手段一：先给被害人验看真机，在被害人决意购买后，便以价格过低不予出售为由，将真机拿回并借机调换成模型机，再找借口表示愿意出售，随即将模型机交与被害人，使被害人误认为此模型机就是先前验看的真机，于是将钱款交与罗某某等人；手段二：被害人在验看完真机并付款后，罗某某等人以借打电话、拿回手机电话卡等为由将真机拿回并趁机调包成模型机，然后将模型机交给被害人，使被害人误以为模型机即是其先前所买的真机。

二、争议焦点

对于罗某某等人的行为如何定性，主要有以下几种分歧意见：

第一种意见认为罗某某等人的行为构成盗窃罪。理由为：本案中被害人之所以会损失钱财，关键在于罗某某等人采用了秘密的、趁被害人不注意的方式，将真手机调包成假手机。之前的虚构交易行为均是在为秘密调包打基础、做准备，本案取得财物的关键手段在于秘密窃取，因此，应定性为盗窃。

第二种意见认为先调包后收钱的手法一行为可定性为诈骗罪，先收钱再调包的手法二行为可定性为盗窃罪。理由为：手段一中被害人是基于对所购买的手机的错误认识而交付钱款，符合诈骗罪的犯罪构成，而手段二中被害人交付钱款并拿到真机，交易已经完成，该手机已属被害人，罗某某等人再通过秘密调包的方式拿回真机,实质上是盗窃了被害人的手机,故应定性为盗窃罪。

第三种意见认为罗某某等人的行为构成诈骗罪。理由为:罗某某等人从在网上发布信息伊始便是为后面调包骗钱的行为在做准备,是整个诈骗行为的一环,主观上具有非法占有他人钱财的目的,却没有丝毫出售手机的意图,所谓的交易行为也是不可能完成的。其等人不会让被害人真正地占有真机,而其等人获取钱财的主要方式也是先给对方验看真机,再乘机将真机调包,从而使被害人基于错误认识而交付钱款。罗某某等人的行为符合诈骗罪的犯罪构成,故应定性为诈骗罪。

三、评析意见

笔者同意第三种观点,认为罗某某等人的"调包收钱"和"收钱调包"行为构成诈骗罪。理由如下:

(一)犯罪行为是在犯罪故意指导下的犯罪行为

行为是刑法的基础。犯罪是行为,没有行为就没有犯罪。刑法中的行为是指基于人的意志实施的客观上侵犯法益的身体活动,行为具备有体性、有意性和有害性三个特征,即行为是人的身体活动,是基于人的意志而实施的,是在客观上侵犯法益的行为。[①] 犯罪行为是在犯罪故意指导下的犯罪行为,犯罪行为体现犯罪故意,是犯罪故意外在化的表现形式,犯罪行为和犯罪故意是统一的关系。

(二)嫌疑人取钱前后的调包行为都是基于一个犯罪故意

对于先调包后付钱的情形,是嫌疑人在调包后,让被害人误认为最后拿到的手机即为此前验看过的真机,因而交付钱款,被害人产生处分钱款的意识及处分行为结果的产生均是基于了嫌疑人的欺骗故意指导下的欺骗行为。对于先付钱后调包的情形,表面上看似乎是交易已经完成,钱物两讫,嫌疑人将真机交付给了被害人之后再将被害人的手机拿回,采用秘密的方式调包,窃取了这部手机,表面上看似乎是符合了盗窃罪的犯罪构成。但犯罪嫌疑人与被害人之间的"交易"无非是嫌疑人以出售手机为名,行诈骗钱财之实的一个幌子,被害人交付钱财的行为是基于其产生错误认识所产生的处分结果,被害人无论是先

① 张明楷:《刑法学》(第四版),法律出版社2011年版,第7页。

交付货款还是后交付货款都是在犯罪嫌疑人欺诈的意思表示之下的行为。

(三)民法中合同的成立是基于当事人之间的真实意思表示一致

合同的成立要件,也称合同的构成要素或构成要件,是指依照法律规定或当事人约定合同多必不可少的事实因素。合同只要具备成立要件,才能在法律上被视为一种客观存在。民法中合同的成立,简而言之即一个愿买一个愿卖,双方当事人之间达成的真实意思表示的合意。而本案中被害人是意欲购买手机,但犯罪嫌疑人的真实目的不是出售手机,而是借出售手机之名行诈骗之实,即犯罪嫌疑人无论是采用"调包收钱"或"收钱调包"方式,其真实目的都是骗取受害人钱财,该买卖手机的合同不是基于当事人的真实意思表示意志,合同不成立。而且,买卖手机的整个交易是嫌疑人虚构的,是不可能完成的交易,在每次所谓的"交易"过程中均是由罗某某等人分工合作完成的,真机完全在犯罪嫌疑人的控制之下。被害人看似取得了手机,而实际上也是短暂的占有,并且因为这短暂的占有使犯罪嫌疑人的错误认识更加深刻,从而交付钱款。

(四)本案犯罪嫌疑人的行为符合诈骗罪的犯罪构成

1. 诈骗罪的构成要件

诈骗罪是指以非法占有为目的,以虚构事实或者隐瞒事实真相的方法,骗取数额较大的公私财物的行为。诈骗罪的构造为:行为人实施欺骗行为——受害人产生错误认识——受害人基于错误认识处分财产——行为人或者是第三人取得财产——被害人造成财产损害。① 诈骗罪的犯罪主体为一般主体,即达到刑事责任年龄、需要承担刑事责任的自然人都可以成为诈骗罪的犯罪主体;犯罪的主观方面是故意,并具有非法占有公私财物的目的;犯罪客体为公私财产所有权;②犯罪的客观方面表现为利用虚构事实、隐瞒真相等欺骗手段,骗取公私财物的行为;诈骗罪的犯罪对象是公私财物,包括生活资料和生产资料、自然物和劳动产物、动产以及不动产。诈骗罪中的欺骗行为,表现为向受骗者表示虚假的事项,或者向受骗人传递不真实的资讯。③ 欺骗行为与受骗者的财产处分之间具有因果关系,如果没有行为人的欺骗行为,受骗者便不会基于认识

---

① 张明楷:《诈骗罪与金融诈骗罪研究》,清华大学出版社 2006 年版,第 7 页。

② 高明暄:《中国刑法学》,中国人民大学出版社 1989 年版,第 518 页。

③ 张明楷:《论诈骗罪的欺骗行为》,载《甘肃政法学院学报》2005 年第 5 期。

错误处分财产。欺骗行为的实质在于受骗者陷入或继续维持处分财产的认识错误,并进而处分财产。①

2. 本案犯罪嫌疑人的行为符合诈骗罪的犯罪构成

第一,罗某某等人都是自然人,符合诈骗罪的主体构成要件。第二,犯罪嫌疑人罗某某等人具有非法占有他人财物的目的,罗某某等人经预谋后决定以手机调包的方式诈骗他人钱财,并在互联网上发布低价出售二手手机的信息诱骗被害人与其进行所谓的交易,在交易过程中将真机调包,以达到骗取钱财的目的。而且,罗某某等人的"调包收钱"或"收钱调包"行为都是在此诈骗的一个犯罪故意指导下进行的,符合诈骗罪主观方面的构成要件。第三,犯罪嫌疑人罗某某"调包取钱"或"取钱调包"的行为都侵犯了被害人的财产所有权,符合诈骗罪犯罪客体的构成要件。第四,罗某某等人在犯罪过程中采用了先给对方验看真机,再乘机将真机调包,欺骗被害人拿出钱财,其非法取得钱款的主要方式是蒙蔽他人的行为,并且直接获得所要非法占有的被害人的钱款,而调包行为只是为实施骗钱的目的创造条件,是整个诈骗行为中的一个环节,作案用的真机或是模型机不过是道具而已,即采用虚构事实或者隐瞒事实真相的方法,骗取数额较大的被害人的钱款行为,符合诈骗罪客观方面的构成要件。第五,欺诈行为与处分财产行为之间具有因果关系。受害人基于犯罪嫌疑人的欺诈行为实施了处分财产的行为,该处分行为具有处分对象明确性(即被害人基于此错误认识产生处分特定财物的意思)、处分外在形式自愿性(即被害人在错识认识的指导下"自觉自愿"地处分特定财物)和处分结果明晰性(即被害人明确知道处分特定财物就是转移财物控制权)三个特征。该案中,受害人就是基于错误认识实施了处分财产的行为,而且完全符合处分的三个特征。

综上所述,犯罪嫌疑人在一个欺诈的犯罪故意指导下,实施了不同的欺诈行为,该种不同的欺诈行为使得被害人产生了错误认识,从而产生了处分财产的意思和行为,将钱款"自愿"交给嫌疑人,完全符合诈骗罪的犯罪构成,应以诈骗罪论处。

① 张明楷:《论诈骗罪的欺骗行为》,载《甘肃政法学院学报》2005 年第 5 期。

四、判决结果

松江区院以诈骗罪对罗某某等人提起公诉，区法院以诈骗罪判处罗某某等人有期徒刑一年，并处罚金 1 000 元。

（姜丽媛　贺　英）

驾驶机动车强抢物品行为的性质如何认定

一、基本案情

2010年10月某日早晨，被告人宗某某、喻某、罗某某、宗某商议后决定，以购物为名，使得卖主将物品送至车上后即开车离开的方式强抢物品，并确定由宗某某、喻某物色卖主，罗某某坐在副驾驶位置假装付款人，宗某开车。当天8时许，四人开车至上海市崇明县堡某农贸市场，宗某、罗某某留在停在该市场附近处的车上，宗某某、喻某下车至市场内，以购买被害人杨某价值人民币141元的鸡3只、鸭1只、曹某价值51元的鸭1只、沈某的鸭3只为名，要求杨某、曹某、沈某将鸡、鸭送至车上。当被害人杨某等三人把鸡、鸭放上车，宗某某、喻某即上车，并让杨某等三人向罗某某收取鸡、鸭款。当杨某等三人欲至罗某某处收款时，宗某便发动车辆开车逃离。逃离时因被害人沈某抓住副驾驶旁摇下的车窗玻璃不放而停车，并支付相应鸭款。被害人杨某见状，亦上前抓住副驾驶旁摇下的车窗玻璃不放，此时宗某又发动车辆，四人开车逃离，在此过程中致杨某面部、右眼部等处挫伤(构成轻微伤)。当天早晨，四人还开车至另外两个菜场，以上述相同方法抢得他人螃蟹等物(未造成人员受伤)，合计价值人民币990元。

二、争议焦点

对本案的处理，主要存在三种分歧意见：

第一种意见认为，本案应认定为抢夺罪。认为案例中四名被告人的行为符合抢夺罪的客观方面表现，当被害人认为是在交易而主动将物品放置车上后，四名被告人忽然发动并驾驶车辆离开，是为了趁被害人不注意时夺取物品，且使得被害人来不及夺回物品，是“乘人不备、公然夺取”。虽然造成了其中一个被害人杨某轻微伤,也应认定为抢夺,因为抢夺亦允许轻微暴力的存在。

第二种意见认为,本案应认定为抢劫罪。认为四名被告人在被害人杨某抓住车窗玻璃不放时仍驾驶车辆离开,是直接对杨某实施暴力,且这种暴力是为了排除杨某的反抗,所以其行为应直接认定为抢劫罪。

第三种意见认为,本案应认定为转化型抢劫。认为四名被告人实施抢夺时,不顾被害人杨某等人抓住车窗玻璃不放而驾车离开的行为系抢夺后抗拒抓捕而当场使用暴力,故其行为应人认定为转化型抢劫。

三、评析意见

我们同意第一种意见,具体分析如下:

从法条上看,抢夺罪与抢劫罪的界限是相对清楚的。但是在实践中,往往因为事实认定上的差异导致法律适用的不同。对于承办人而言,如何依据证据对事实进行认定,从中提炼出法律构成所要求的要件事实,进而适用相应的法律条文,显得非常重要。对抢夺罪与抢劫罪的认定,须从"使用暴力"的目的、对象、手段、后果等四个方面进行全盘考虑。从上面三个争议观点来看,争议的焦点在于:第一,四名被告人驾驶车辆离开造成被害人杨某轻微伤的行为到底是抢夺罪中的"为夺取物品而允许存在的轻微暴力"还是抢劫罪中"当场使用暴力使被害人不能反抗";第二,当时四名被告人的主观意志是什么,是"为了抗拒抓捕"还是"为了夺取物品而迅速离开"。我们认为,四名被告人是为了夺取物品迅速离开,才不顾被害人杨某抓住车窗玻璃不放仍驾车逃离,所以其行为应认定为抢夺罪。

(一) 从犯罪构成看,四名被告人的行为符合抢夺罪的特征

从抢夺罪和抢劫罪的区别来看,抢夺罪,是指以非法占有为目的,乘人不备,公然夺取数额较大的公私财物的行为;抢劫罪,是指以非法占有为目的,以暴力、胁迫或其他方法,强行劫取公私财物的行为。两罪区别主要在于:①客观方面表现不同。抢劫罪表现为当场使用暴力、胁迫或其他强制方法,强行劫取公私财物;而抢夺罪表现为乘人不备,公然夺取数额较大的财物,使他人来不及反抗。②主观故意内容不同。抢劫罪是希望或准备以武力或类似性质的力量迫使被害人失去财物;是希望在被害人不能反抗或无法反抗的情况下取得财物;而抢夺罪是以突然取得财物的故意实施的,是希望通过趁被害人不备而取

得财物，而不是希望通过武力威吓迫使被害人失去财物。③暴力指向不同。抢夺罪是对物使用强力，并不直接对人实施暴力，之所以允许对人轻微暴力的存在，是因为在对物实施暴力或强力时，有可能会造成对人的暴力及伤害。比如，要夺取他人手中的一个拎包，在强拉拎包时，强力会牵扯至人，可能致人伤害。而抢劫罪是对人暴力，通过对人的直接暴力（如殴打、持刀胁迫等）而劫取物品。

本案中，当被害人杨某等将鸡鸭送上车之前，四名被告人无论是对人还是对物都没有使用过任何暴力、还未实施过任何"抢"的行为；而当杨某等以为是在交易而将鸡鸭放上车后，四名被告人忽然发动车辆离开，这个时候才是"抢"的真正开始，这时的杨某等被害人才意识到自己的物品被抢，而四名被告人发动车辆离开的行为正是为了制造一个他人来不及夺回财物的机会忽然夺取财物，是乘人不备公然夺取。被害人杨某等人抓住车窗玻璃不放，是因为意识到自己物品被抢而欲夺回，该行为与一个夜间独自行走的单身女子手中拎包被抢时与犯罪分子拉扯拎包欲夺回的行为相似，四名被告人不顾抓住车窗不放的杨某仍开车向前，是为了抢走物品且迅速离开。在此过程中，虽然造成了杨某轻微伤，但这种伤害仍在抢夺罪中允许存在的暴力范围之内。

也许有人会质疑，四名被告人开车离开的行为是否属于直接对人暴力，我们认为不是。本案例中的抢夺是一种非典型性的抢夺（一般抢夺中开始抢夺时被抢财物归被害人占有），开始抢夺时所抢物品已归抢夺者占有，但并没有在其控制之下，所以抢夺者载着被抢财物迅速离开，类似于一般抢夺中的对物强力，是为了让物品真正脱离被害人的控制而夺至自己手中。后被害人抓住车窗、四名被告人不顾仍驾车离开，与一般抢夺过程中被害人欲夺回物品而最终被被告人抢走物品的情况相似。所以，从犯罪构成的主客观方面来讲，四名被告人的行为应认定为抢夺罪。

（二）四名被告人的行为不是为了抗拒抓捕而当场使用暴力，不属于转化型抢劫

根据《刑法》第 269 条，转化型抢劫是指在盗窃、诈骗、抢夺过程中，为窝藏赃物、抗拒抓捕或者毁灭罪证而当场使用暴力或者以暴力相威胁的行为。其行为结构，实际上是一个先行的抢夺行为（或盗窃、诈骗行为）和后续的暴力性行为（暴力以及暴力胁迫行为）的结合。其后续暴力行为的原因或者目的是为了"窝藏赃物、抗拒抓捕或者毁灭罪证"三者之一。所以说转化型抢劫与抢劫、抢夺都有联系,有交叉,但又不相同。它可能由抢夺引起,出于上述三个目的(之一)而暴力相向,就转变为抢劫。

所谓"抗拒抓捕",是指犯罪分子抗拒司法机关追捕及依法对其采取的拘留、逮捕等强制措施,以及在犯罪时或者犯罪后被及时发现,抗拒一般公民将其扭送到司法机关的行为。我们认为,抗拒抓捕也是一个主客观相统一的行为,即行为人主观上意识到警方或者被害人等欲抓捕其,要使其受到法律的制裁,客观上实施了暴力行为,反抗、抵制抓捕。本案例中,如前文所述,四名被告人不顾被害人杨某抓住车窗玻璃不放仍驾车离开是为了"夺取物品迅速离开",而不是因为觉得有人要抓捕其,而以加速离开的方式实施暴力,抵制他人的抓捕行为。而且,前文也已述,四名被告人的行为不是直接对人暴力,所以其行为不是为了抗拒抓捕而当场使用暴力,不能转化为抢劫。

(三) 从相关的司法解释看,四名被告人的行为也应认定为抢夺罪

由于司法实践中案件的形色各异,抢夺罪与抢劫罪在区分、认定过程中还是存在很多疑难问题。最高人民法院 2005 年颁布的《关于审理抢劫、抢夺刑事案件适用法律若干问题》中,结合犯罪的主观方面、客观方面及犯罪后果等相关要素,对某些情况下抢夺罪、抢劫罪的认定作出了具体的规定。该解释规定,驾驶车辆强抢物品有三种情况应以抢劫罪定罪处罚,其他的以抢夺罪从重处罚。三种情况分别是:①驾驶车辆,逼挤、撞击或强行逼倒他人以排除他人反抗,乘机夺取财物的;②驾驶车辆强抢财物时,因被害人不放手而采取强拉硬拽方法劫取财物的;③行为人明知其驾驶车辆强行夺取他人财物的手段会造成他人伤亡的后果,仍然强行夺取并放任造成财物持有人轻伤以上后果的。本案例中,四名被告人确系驾驶车辆强抢财物,但有否为上述三种行为呢?四名被告人显然没有采用①中规定的"逼挤、撞击或强行逼倒他人"的手段,也没有造成③中规定的"轻伤以上的后果"。虽看似与②中规定的行为相似,但我们认为,②中规定的"被害人不放手"应指被害人对被抢财物的不放手;行为人"强拉硬拽"的对象也应该是被抢财物。而本案例中,所抢物品已在车内,几个被害人抓住车窗玻璃不放,是对犯罪工具不放手,而不是对被抢财物不放手;四名被告人也没有采取"强拉硬拽"的方式抢走物品,而是采用驾车离开的方式夺取了物品。如果有人认为这样对"被害人不放手"的对象有缩小解释之嫌,那么即使如此,四名被告人显然未采用"强拉硬拽"的方式,所以,四名被告人的行为与上述三种行为均不符，其行为应认定为抢夺罪，驾驶车辆的行为作为从重情节考虑。

四、处理结果

检察机关以被告人宗某某等人行为均构成抢夺罪向法院提起公诉，法院以抢夺罪分别判处宗某某有期徒刑一年，并处罚金人民币 1 000 元；判处宗某有期徒刑九个月，宣告缓刑一年，并处罚金人民币 1 000 元；判处喻某有期徒刑一年零一个月，并处罚金人民币 1 000 元；判处罗某某有期徒刑九个月，宣告缓刑一年，并处罚金人民币 1 000 元。

（陆蓉蓉）

伪造动拆迁协议骗取房产契税的行为如何定性

一、基本案情

被告人方某、高某等人系房产中介人员，其利用上海市房屋买卖税收优惠政策，伪造动拆迁安置协议，由购房者以假冒动拆迁户的身份向区财政局申请契税退税，并从中分得退税款的55%作为报酬。方某、高某等人采用上述相同手法，在上海市虹口区、黄浦区伙同多名非动拆迁的购房者，共办理契税退税12起，骗取国家契税款人民币44万余元。案发后，购房人均已补缴契税款。

二、争议焦点

本案存在以下三种分歧意见：

第一种意见认为，方某等人与购房人的行为均不构成犯罪。理由在于：首先，本案侵犯的主要客体是国家税收征管秩序，而非公私财产所有权，因此不构成诈骗罪。其次，房产中介人员与购房人经事先合谋，伪造动拆迁协议，骗取契税退税款，侵害了国家的税收征管制度，符合逃税罪的构成要件。因购房人在事发后已补缴税款，并接受行政处罚，根据《刑法修正案（七）》第3条四款的规定，应不予追究刑事责任。房产中介人员与购房者属于共同犯罪，且逃税罪的主体需为纳税人，在购房人不构成犯罪的情况下，房产中介人员也不应定罪。

第二种意见认为，方某等人与购房人均构成诈骗罪。理由在于：首先，房产契税关系中，购房人在缴纳税款后就丧失了纳税人的主体资格，其所实施的骗取契税退税款行为侵犯的就不应是国家的税收征管秩序；其次，不管是房产中介人员还是购房人都是在非法占有目的支配下，合谋通过虚构动拆迁户身份的事实骗取国家的房产契税退税，侵害了国家的财产所有权，具有严重的社会危害性，应以诈骗罪定罪量刑。

第三种意见认为，方某等人的行为应构成诈骗罪，购房人的行为不构成犯罪。理由在于：首先，房产中介人员不具有纳税义务人的主体资格，无法成为逃税罪的犯罪主体；其次，房产中介人员采用虚构事实、隐瞒真相的方法，伙同购房人以虚假的动拆迁户身份骗取契税退税款，导致国家财产的损失，其行为具有严重的社会危害性，应构成诈骗罪。而本案中购房者的行为虽已符合逃税罪的构成要件，但根据《刑法修正案（七）》第3条第四款的规定，在其已补缴应纳税款，并受过相应的行政处罚情况下，应不追究刑事责任。

三、评析意见

我们同意上述第三种意见。根据上海市财政局、地方税务局《关于动拆迁后重新承受土地、房屋权属征免契税问题的通知》（沪税地[2001]33号）第4条的相关规定，在市政动迁中接受货币补偿安置后，重新购买商品房的动迁户，在动拆迁款额度内给予相应契税免交优惠，已经缴纳契税的可以办理退税。由于目前房价持续走高，房产交易需要交纳的契税价格较高，一些犯罪分子为此铤而走险，以伪造动拆迁材料手段骗取国家契税作案也愈演愈烈，严重损害了国家利益。司法实践中，对于该新类型案件该如何定性还存有较大争议。我们认为，对本案中涉及的两类人员应区别处理，即对房产中介人员应以诈骗罪定罪处罚，而对购房人则不追究其刑事责任。

（一）房产中介人员的行为应认定为诈骗罪

1. 房产中介人员不是纳税人，无法满足逃税罪的特殊主体要求

按照刑法理论的通说，逃税罪的主体是特殊主体，即纳税人和扣缴义务人。如果没有缴纳税款的义务，或者虽有缴纳税款的义务但已被依法免除的，均不存在逃税的问题。然而，也有人对逃税罪的特殊主体说提出了质疑，认为不管单位还是个人，也不论他们是否从事生产经营都可能是纳税义务人，在逃避缴纳税款的情况下都可能成为逃税罪主体。我们认为这种看法是对特殊主体的一种误解。我国刑法要求特定的身份，是指与一定犯罪行为有关的，行为人在社会关系上的特殊地位或状态，如特定的职务，特定的法律地位，负有某种特定的法律义务，特定的职业等。[①] 就纳税人而言，其是否产生纳税义务是区分纳税人与否的必要条

---

① 高铭宣：《刑法学原理》，中国人民大学出版社1993年版，第345页。

件。尽管所有单位和个人都有可能成为纳税人,进而成为逃税罪的主体,但是应该看到,就不同的个体而言,要成为纳税人还需具备一定的必要条件。在本案中,成为契税纳税人的条件就是购买房屋,从而需要缴纳契税。显然,若仅仅因为房产中介人员存在购买房屋从而缴纳契税的可能性,就认为其能成为纳税人的理论是荒谬的。房产中介人员因为没有房屋买卖的行为,也就无需缴纳契税。而诈骗罪的主体则是一般主体,只要是达到刑事责任年龄和具有刑事责任能力的自然人,均可以成为诈骗罪的主体。因此房产中介人员符合诈骗罪的主体资格要求。

2. 房产中介人员通过欺骗、隐瞒等犯罪行为骗取契税退税,符合诈骗罪的客观构成要件

所谓诈骗罪,是指以非法占有为目的,用虚构事实或者隐瞒真相的方法,骗取公私财物数额较大的行为。通常认为,诈骗罪应当具有一定的客观逻辑顺序:先是行为人使用欺骗的手段,接着是诈骗行为导致被害人陷于错误,尔后是被害人基于错误认识仿佛“自愿”交付财物,最后是诈骗犯罪分子非法占有财物。① 可以说,欺诈行为就是在具体状况下,使对方产生错误认识,并做出行为人所希望的财产处分。本案中,房产中介人员与购房人共谋采用伪造动拆迁协议的方法,虚构购房人动拆迁户的身份,使财政局工作人员陷入认识错误,从而给付国家财产,造成国家利益的重大损失,完全符合诈骗罪的客观构成要件。

3. 房产中介人员的行为侵犯的是国有财产所有权

如前所述,房产中介人员不是纳税人,与房产契税的缴纳并无关系。虽然他们与购房人合谋采用伪造的动拆迁协议骗取房产契税退税,但是两者索要的对象性质是有区别的。对购房人来说,其已经缴纳过契税,其通过虚构动拆迁人的身份行骗的目的,是要获取已经交纳的契税中的一部分;而对于房产中介人员而言,其并没有缴纳过任何与此相关的契税,其所要骗取的就是国家的公共财产,因此该行为侵犯的客体是国有财产所有权,而非国家的税收征管秩序,符合诈骗罪的客体要件。

(二) 购房人的行为属于逃税行为

1. 购房人的行为符合逃税罪的客观构成要件

根据《刑法修正案(七)》的规定:“纳税人采取欺骗、隐瞒手段进行虚假申报

① 赵秉志:《侵犯财产罪》,中国人民公安大学出版社 2003 年版,第 200 页。

或者不申报，逃避缴纳……”，构成逃税罪。所谓“欺骗、隐瞒”，就是指用制造假象或者隐瞒事实真相等方法，使税务机关误认为行为人具有减免缴纳税款的情形。因此，笔者认为，逃税行为既可以表现在行为人缴纳税款时，采取欺骗、隐瞒方式逃避缴纳，也可以表现在行为人采用虚构、隐瞒事实的手法，为骗取退税而逃避缴纳税款。契税作为国家税收的一种，根据《上海市财政局关于上海市契税征收管理若干问题的通知》第1条规定，是由各级财政机关负责征收的。因此，本案中购房人采用虚构动拆迁户身份的欺骗手段从财政局骗取已缴纳税款的行为，符合逃税罪客观方面的构成要件。

2. 购房人符合逃税罪特殊主体的资格要求

购房人在房屋买卖关系中，向国家缴纳了相关房产契税，而在本案中，其伪造动拆迁户的身份也是为了侵占已缴纳的部分税款，因此具有纳税人的身份。有观点认为，购房人在缴纳完房产契税以后就丧失了纳税人的资格。我们认为此种看法有失偏颇，对于纳税人资格的认定不能就事论事，而应该从整体角度进行把握。在本案中，购房人之所以能成功地骗取退税款，一方面固然是因其伪造了动拆迁户的身份，享受了其本不应享受的优惠条件；另一个重要方面则是因为其已经缴纳了房产契税，骗取的也是其缴纳给国家的房产契税的一部分。因此，在购房人申请房产契税退税时，整个税收征管活动尚未完全结束，购房人还是以纳税人的身份实施骗取房产契税退税行为的，因而符合逃税罪的主体要件。

3. 购房人的行为侵犯了国家税收征管制度

国家税收征管制度是国家各种税收和税款征收办法的总称，包括征税对象、税率、纳税期限、征收管理体制等内容。任何应税产品、应税项目不纳税，不按规定的税率、纳税期限纳税以及其他违反税收征管体制的行为，都是对我国税收征管制度的侵犯。[①] 对本案的购房人而言，其在缴纳房产契税后，又冒充动拆迁户意图骗取已缴纳的部分契税款，以达到逃避缴纳全额契税的目的。因此购房人行为侵犯的是国家正常的税收征管秩序，而非国有财产的所有权。

（三）对购房人应不予追究刑事责任

《刑法修正案（七）》第3条第四款规定，“有第一款行为，经税务机关下达追

① 陈正云：《经济欺诈犯罪的界限与认定处理》，中国方正出版社1997年版，第490页。

缴通知后,补缴应缴纳税款,缴纳滞纳金,已受行政处罚的,不予追究刑事责任……”。该条款的规定,使得行政机关的相关行政行为成为判断是否追究刑事责任的基础。行政处罚和刑事处罚两者都是公法上的重要制裁方法,当行为人实施的行为既违反行政管理秩序,又触犯刑律构成犯罪时,会因行为竞合引起处罚竞合。而在我国法律体系中,行政处罚和刑事处罚之间并不存在必然的“择一”关系。关于逃税罪,我国刑法修正案明确规定行政处罚优先于刑事处罚,如税务机关对逃税行为人行政处罚后,可不予追究其逃避缴纳税款的刑事责任。换言之,这时不作行政处罚,对有关纳税人是极其不利的,不能体现刑法的平等原则。[①] 因此笔者认为,行政处罚前置程序是对纳税人有利的保护程序,是逃避缴纳税款处理的一般程序原则,应适用于所有的纳税人。本案的购房人都是初次逃税,且在案发后已经补缴了全额税款,接受了行政处罚,根据《刑法修正案(七)》的相关规定,当事人已接受税务行政处罚,就无须移送司法机关,而应作不予追究刑事责任处理。

综上所述,房产中介人员和购房人虽然都有非法占有的主观故意,共同通过伪造动拆迁户的事实来骗取房产退税,但是由于二者的主体身份不同,侵犯的法益亦有区别,因此不能以诈骗罪或逃税罪的共犯对其进行处罚。此外,本案是由房产中介人员主动向多名购房者提出诈骗犯意,其主观恶性程度相比较购房者而言更为严重,且购房人已经接受了行政处罚,所以对本案中的房产中介人员应以诈骗罪定罪处罚,而对购房人则不追究其刑事责任。这种处理方式一方面打击了具有严重社会危害性的骗取国家房产契税行为,保护了国家的税收收益;另一方面通过非犯罪化的处理方式适当缩小了打击范围,也可以给予逃税行为人悔过的机会,维护社会的稳定,巩固稳定税源,符合宽严相济的刑事政策要求。

四、处理结果

检察机关以被告人方某、高某行为均构成诈骗罪向法院提起公诉,法院以诈骗罪判处方某有期徒刑七年,并处罚金人民币 1.5 万元;以诈骗罪判处高某有期徒刑十年,并处罚金人民币 2 万元。

(张小蓓)

---

① 张平,王庆余:《偷税罪修正后的司法适用》,载《中国检察官》2009 年第 6 期。

以验货为由取得财物后扔下假币就逃离的行为该如何定性

一、基本案情

2011年3月上旬，被告人彭某、叶某、刘某经事先预谋在上海市青浦区某公园内购得假币近一万元，企图专找老年人看守的店铺以假币骗取老年人的财物。2011年3月8日上午，彭某、叶某乘坐由刘某驾驶的车牌号为“豫NP9865”黑色奇瑞小轿车寻找作案目标，在车上时，彭某、叶某二人商量了具体作案方法：由一人头戴安全帽冒充建筑工人到小卖部买中华牌香烟，并亮出假币取得老年人信任，以检验香烟真假为由拿起香烟，扔下假币后便快步走上轿车后逃离现场。刘某当时在车内亦获悉具体作案方法。

当日，三人至上海市松江区佘山镇高家村339号联农超市，由彭某入店，采用上述商定的方法，让被害人金某某拿出硬壳中华牌香烟五条，并议价2 200元，后以检验真假为由拿起香烟扔下假币2 200元后逃逸（经估价香烟价值人民币2 250元）。次日上午，三人仍乘坐刘某驾驶的奇瑞小轿车，至上海市金山区枫泾镇兴坞路953号朱某某经营的杂货店，由叶某入店，采用同样手法，让被害人朱某某拿出软壳中华牌香烟一条、硬壳中华牌香烟三条后，后以检验真假为由拿起香烟扔下1 800元假币后逃逸（经估价香烟价值人民币2 000元），后三人将香烟出售分赃。

二、争议焦点

本案在审查过程中，在定性上存在三种分歧意见：

第一种意见认为，本案中几名被告人的行为构成诈骗罪。本案中，三名被告人在主观上欲使用假币骗取财物，在客观上携带假币至小店佯装购买香烟，在被害人将香烟拿出时，将财物占为已有，是诈骗行为，构成诈骗罪。

第二种意见认为,本案中几名被告人的行为是一种使用假币的行为,鉴于其数额尚未达到使用假币罪的起刑点,故不构成犯罪。本案中三名被告人使用假币 3,600 元骗取 4,250 元财物。其行为符合诈骗罪的特征,亦同时符合使用假币罪的特征。由于使用假币罪和诈骗罪存在法条竞合的关系,根据法条竞合的适用原则:特别法优于一般法,除非法律明文规定如果适用普通法处刑重而适用特别法处刑轻则优先适用重法。而在《刑法》第 266 条规定的诈骗罪中仅规定"本法另有规定的,依照规定",而并没有明文规定在特别法处刑较轻或者不构成犯罪的情况下适用普通法处罚。由于司法实践中对于使用 3,600 元面额的假币不认定为犯罪,故三被告人的行为是一种使用假币的行为,尚不够罪。

第三种意见认为,应当定抢夺罪,且认定为抢夺老年人,属于有其他严重情节。案件中,三名被告人以使用假币为掩饰,专门寻找老年人为目标,进店后虚构其要购买香烟的事实,并以验明香烟的真伪为借口欺骗被害人将香烟拿出,后乘被害人以为其在检验香烟而未防备,公然拿起香烟扔下假币后快步进入等候在旁的轿车内逃逸,该行为是抢夺行为。

其次在证据上,被告人刘某始终辩解称自己仅有使用假币骗取老年人财物的故意。虽然知道彭、叶二人在车内商量作案方法,但是没有仔细听,并不知晓具体作案方法,而彭、叶二人则称当时在车内商量时声音正常,刘某应当知晓。针对上述辩解,一种意见应当采纳刘某的辩解,对刘某按照诈骗罪处罚,而对于彭、叶二人行为则另行评价,而一种意见则认为刘某辩解不具有合理性,三人行为应当共同评价。

三、评析意见

我们同意第三种意见。本案中彭、叶二人的作案手法里有欺骗行为以及抢夺行为,但是真正使其取得财物的行为是抢夺,而非诈骗,对其行为应当以抢夺罪予以评价,且具有严重情节。

(一)本案中,被告人欺骗被害人将香烟拿出的行为并不符合诈骗罪中的犯罪构成,被害人将香烟拿出亦不是刑法意义上的交付

诈骗罪是指以非法占有为目的,使用欺骗方法、骗取数额较大的公私财物的行为,基本构造为,行为人实施诈骗行为——对方产生错误认识——对方基于错误认识处分财产——行为人或者第三人取得财产——被害人遭受财产

损害。[①] 虽然同为处分财产，但是诈骗罪的“处分”和民法上的处分财产不能等同：民法上的处分权是所有权的权能之一，但诈骗罪中的处分行为没有如此严格的要求。处分行为在诈骗罪中意味着将财产或者财产性利益转移给行为人或者第三人占有，至于财产或者财产性利益是否已经转移给行为人或者第三者，一是要根据社会一般观念判断，即在当时的情况下，社会的一般观念是否认为受骗者已经将财产转移给行为人或第三者进行事实上的支配或控制；二是受骗者是否具有将财产转移给行为人或第三者支配或控制的意思。[②]

对本案中三名被告人的行为进行分析可见，被告人彭某、叶某进店后均声称要购买香烟，欺骗被害人称要验明香烟真伪将香烟拿到柜台上，此时虽然两被害人将香烟拿出，但主观上仅为了让被告人验明真假，没有将香烟转移给被告人占有让其控制的意思，在客观上也没有交出转移香烟的控制权，此时交易尚在进行中，被害人并没有处分财物。而且本案案发在路边的小商店内，根据一般的交易习惯，对于价值两千余元的财物，需要收取货款并验明货币真假后才会交付财物，以完成交易，被害人将香烟拿出不能认定其已经基于错误认识而自愿处分财物，故上述行为不符合诈骗罪的行为特征。

（二）本案中，被告人将被害人拿出的香烟公然拿走扔下假币的行为是一种抢夺行为

抢夺罪在理论上以及司法实践中主要特征表现为乘人不备、公然夺取。抢夺罪并不要求行为人必须从被害人的手中、包中、或车中夺得财物，只要是在被害人“不及抗拒”或者行为人致使被害人处于“不及抗拒”的状态后，行为人利用这一状态实施“强力”或者“平和”的手段公然取得被害人的财物，均可构成抢夺罪。[③] 本案中，被告人欺骗被害人拿出香烟并不是整个非法占有被害人香烟行为的终结，被告人实施上述欺骗行为的目的也就是为其后面的抢夺行为创造条件。当被害人将香烟拿出时，两名被告人趁被害人不备，拿起香烟快速逃逸，利用被害人不及抗拒的条件占有财物，实施了公然的抢夺行为，而这一行为才是其二人得以将香烟占为已有，使其脱离被害人掌握和控制之下的关键之举。被

---

① 张明楷：《刑法学》，法律出版社 2008 年版，第 735 页。

② 张明楷：《侵犯财产罪的疑难问题》，载《华东刑事司法评论（第 6 卷）》，法律出版社 2004 年版，第 101 页。

③ 胡胜：《盗窃被发现后公然夺物的行为定性》，载《中国检察官》2010 年第 1 期。

告人后将假币扔向被害人也完全是为了拖延时间,为其逃跑创造条件。而且根据证据显示,叶某在 3 月 9 日的作案中,扔出 18 张假币,而这和四条中华烟的价值显然不相符,这也可以显示出被告人扔假币并不是支付对价,而只是为了拖延时间。

其次在证据上,根据目前证据显示,刘某是在明知彭、叶二人欲进店以使用假币为由实施抢夺行为的情况下,仍为其开车并协助二人逃跑,其行为已经构成抢夺罪的共犯。根据现有证据,彭某、叶某均供认其二人在第一次作案前,就已经在车内商量好了具体的作案方法,且均供认刘某当时在车内,其二人说话声音正常,刘某肯定可以听见。虽然刘某辩解称没有仔细听,但后来其也答应彭、叶二人把车尽可能的停得离商店门口近一点便于逃走。另一方面,刘某的辩解不具有合理性,彭某、叶某二人均供述三人在作案之前已经说好使用假币骗点香烟,刘某虽然否认三人商量过,但亦承认是知晓彭某等人使用假币,仍出车以赚取车费,可以确定其三人当时寻找作案目标时均已知晓所从事系违法、犯罪行为,刘某在车内应当是精神较为集中的,其所辩解的已经听见但是具体没有仔细听这一说话不符合常理,不能予以认定。除此之外,刘某的笔录中有明显的避重就轻之嫌,对在其三人事先商量使用假币这一点的上,刘某始终予以否认,称根本不认识叶某,是彭某叫上其使用假币的,但彭某、叶某的供述均证实三人早就认识,且事先已经商量过使用假币,也可以反映刘某对本案陈述上避重就轻,以逃避法律追究,可以看出刘某所做的辩解说服力不高。

综上所述,本案中三名被告人分工合作,共同抢夺了年满六十周岁老年人价值 4 250 元的财物,属于情节严重。在抢夺罪的立法以及司法实践中,当数额达到一定标准时,抢夺年满六十周岁的老年人财物即是属于情节严重,符合法定刑升格的条件。立法对于抢夺老年人予以从重打击,究其原因系抢夺老年人社会危害性大且犯罪成本低。本案中,两名被害人均为六十周岁以上老年人,对其实施抢夺给两位被害人无论是财产还是心理均造成了损害,而被告人在预谋实施犯罪时已经明确要寻找老年人看管的小店为目标,这反映出三人已认识到寻找老年人看管的店铺更加容易实施犯罪行为,正是立法要严厉打击的对象,故此对本案中三名被告人以抢夺老年人财物予以定性,符合立法精神。

四、处理结果

检察机关以被告人彭某等三人行为均构成抢夺罪向法院提起公诉，法院以抢夺罪对三名被告人分别判处三年到三年零三个月不等有期徒刑，并处罚金。

（刘玉林　韩　梅）

超市收银员利用职务便利多收顾客信用卡内钱款并予侵吞的行为如何认定

一、基本案情

2010年1月22日晚18时许，上海联家超市古北店收银员犯罪嫌疑人程某利用当班收银之机，将被害人赵某(法国籍)使用信用卡消费的实际金额人民币886.1元输入为8 861元，经被害人在金额为人民币8 861元的签购单上签字确认后此笔交易成功，程某为将被害人多支付的7 974.9元人民币占为已有，通过以其他顾客的现金结账消费转成信用卡结账消费的方式做平账目，并取出该款后将现金存入自己的银行卡账户内。犯罪嫌疑人程某到案后愿意退出全部赃款，其存入赃款的银行卡也已被公安机关扣押。

二、争议焦点

本案办理过程中形成了的两种不同意见，两种意见分歧的焦点在于犯罪嫌疑人程某的行为是涉嫌盗窃还是职务侵占，其取得的7 900余元是属于被害人所有还是公司所有。具体内容如下：

第一种意见认为，犯罪嫌疑人程某的行为应认定为盗窃。盗窃罪在客观方面表现为秘密窃取数额较大的公私财物或者多次盗窃公私财物的行为，而所谓秘密窃取是指行为人采用自认为不会被财物所有者、保管者、经手者觉察的方法、暗中窃取财物。而盗窃的手段表现形式多种多样，可以是撬窃、可以是扒窃、也可以采用欺骗手段转移被害人的注意力，趁他人不注意之机秘密窃取财物。本案中犯罪嫌疑人程某采取的手段是秘密移动小数点，利用被害人的疏忽多结算货款，应属于秘密窃取的手段，符合盗窃罪客观构成。同时，犯罪嫌疑人程某超额结算划账行为侵占的信用卡资金是被害人的合法财产，而不是超市的财产，因此也不符合职务侵占要求的“本单位财物”。

第二种意见认为,犯罪嫌疑人程某的行为不是盗窃,而是职务侵占。盗窃罪是以非法占有为目的,秘密窃取数额较大的公私财物的行为。程某利用职务便利,在收银的过程中,故意多收顾客信用卡的钱款,是进其单位家乐福古北店账内的,程某没有占有顾客的钱款,也无法占有顾客的钱款,钱款是单位控制的。而且顾客赵某又是在签购单上签字的,程某的行为不符合盗窃行为。职务侵占罪是公司人员,利用职务上的便利,将本单位财物非法占为已有,数额较大的行为。程某多收顾客的信用卡的钱款,进了单位账内后,为将赃款取出,用现金结账的客人消费转成信用卡结账消费以做平账目,侵吞人民币 7 974.9 元,都是利用了职务便利实施的。单位有义务将多收的钱款退还给顾客,而且单位也是这么做的,因此犯罪嫌疑人程某的行为符合职务侵占罪的构成要件。

同时鉴于犯罪嫌疑人程某职务侵占 7 974.9 元人民币,其愿意退出全部赃款,而且其存入赃款的银行卡已被公安机关扣押,根据相关办案规定,对于职务侵占超过 5 千元但不足 1.5 万元的,可结合宽严相济的刑事政策,不予追究刑事责任。故对犯罪嫌疑人程某的行为可不追究刑事责任。

三、评析意见

我们同意第二种意见。职务侵占罪和盗窃罪有时存在相似之处,但两者存在本质区别。首先,二者的主体不同。前者的主体为特殊主体,只有在公司、企业或者其他单位中主管、经手、管理本单位财物的人才能构成职务侵占罪的主体;而后者为一般主体。其次,客观手段不同。前者必须利用职务上的便利,而后者不存在利用职务便利问题。最后,犯罪对象不同。前者的对象是本单位财物,而后者是一般的公私财物。具体在本案中,犯罪嫌疑人程某实施的侵占行为是利用职务上的便利,而其占有的财物也应认定为本单位财物。具体分析如下:

(一)犯罪嫌疑人程某的行为不构成盗窃罪

第一,盗窃罪的核心要件是窃取财物手段的秘密性。本案中,犯罪嫌疑人程某在被害人使用信用卡消费时,将被害人的实际消费金额 886.1 元输入为 8 861元,并经被害人在金额为 8 861 元的付款凭证上签字确认后,才使得该笔款项转账成功,若以此作为认定犯罪嫌疑人程某的该行为具有秘密性的理由比较牵强。尽管犯罪嫌疑人程某利用被害人的疏忽大意,从其信用卡内转出

8 861 元,但毕竟其将该笔款项的签购单交予了被害人确认并签字,这一行为在客观上应视作一种明示,并不具有秘密性。

第二,盗窃罪的主观要件是直接故意,且具有非法占有的目的。本案中,虽然犯罪嫌疑人程某在公安机关侦查阶段的讯问中和亲笔供词中供认了其故意多刷顾客信用卡内钱款的事实,但无其他证据能够印证其主观上的直接故意,且其在审查批捕阶段对此予以了翻供,并辩称是"事后发现多刷了顾客的钱款再起贪心的",因此,认定其主观上具有非法占有被害人财物的直接故意的证据不足。

(二)犯罪嫌疑人程某的行为构成职务侵占罪

第一,从犯罪的对象看。职务侵占罪的对象是"本单位财物",它不仅包括本单位"所有"的财物,还应当包括本单位"持有"的财物,如由本单位依照法律规定和契约约定临时管理、使用的他人财物等。而本案犯罪嫌疑人程某作为上海联家超市古北店的收银员,其系代表该超市与顾客进行商品交易,顾客取得商品、收到消费凭证并在信用卡付款凭证上签字确认付款,实际上是该顾客与超市之间履行商品买卖合同而产生的权利义务关系,顾客使用信用卡多支付的消费金额款项,通过银行结算转账进入超市的账户,对此,该超市须依法承担相应的民事法律责任,负有对该笔款项的保管和返还义务。因此本案中,尽管表象上犯罪嫌疑人程某的行为似乎是侵犯了顾客的财物,但实质上是侵犯了其本单位上海联家超市古北店的财物。

第二,从犯罪的主体看。一般认为,职务犯罪行为人必须具有相应的"职务",这里的职务应当是指单位分配给个人从事的一种持续的、反复进行的工作。如果行为人仅仅是利用单位或者其中的某个人临时一次性的委托其从事某项事务的便利条件侵吞单位财物的,应当认定为侵占罪。本案中,犯罪嫌疑人程某与上海联家超市古北店之间存在劳动合同关系,系该超市的收银员,负责为顾客消费结账、经手消费款项等工作,因此具有职务侵占罪构成要件中的"职务"条件。

第三,从犯罪的故意看。本案犯罪嫌疑人程某的供述及其客观上所实施的行为等相关证据,能够证实其具有非法占有顾客在使用信用卡时多支付给超市的钱款的主观故意。

第四,从犯罪的行为看。一般认为,"利用职务上的便利"是指利用职务上所具有的主管、管理、经营或者经手本单位财物的便利条件。犯罪嫌疑人程某在从事收银员的工作过程中，多收的款项是顾客使用信用卡并在签购单上签字确认后由银行结算转账进入上海联家超市古北店的账户，其通过以其他顾客的现金结账消费转成信用卡结账消费的方式做平账目，并取出该笔多收款项的现金后予以侵吞的行为，是利用其担任收银员的职务便利来实现的。

综上，本案犯罪嫌疑人程某以非法占有为目的，利用其担任超市收银员的职务便利，将顾客在使用信用卡时多支付给超市的人民币 7 974.9 元予以侵吞，其行为已涉嫌职务侵占罪。鉴于犯罪嫌疑人程某到案后愿意退出全部赃款，根据相关部门就有关职务侵占罪追诉标准达成的一致意见，对于职务侵占超过 5 千元但不足 1.5 万元的，可结合宽严相济的刑事政策，不予追究刑事责任。

四、处理结果

公安机关以犯罪嫌疑人程某涉嫌盗窃罪向检察机关提请批捕，检察机关经审查认为，程某的行为涉嫌职务侵占，但可不追究刑事责任，遂对其不批准逮捕。公安机关向原审检察机关提请复议，原审检察机关经审查维持原不批准逮捕决定。公安机关向原审检察机关的上级院提请复核，上级院经审查认为，原审检察机关作出的不批准逮捕决定并无不当，决定维持原不批准逮捕决定。后公安机关对该节事实不作刑事案件处理。

（任运芳　贾旭东）

将委托管理的公有住房低价卖给个人及亲属的行为应如何定性

一、基本案情

汪某某、孙某某、张某、李某分别系上海某物业有限公司总经理、工会主席、财务部经理、公司下属某小区物业经理。1999 年 1 月，上海某房地集团公司通过下属公司与上海某物业有限公司签订《物业委托代理经租赁合同》，委托该公司对上海某房地集团公司所有的 20.7 万平方米公有房屋进行经租管理和出售。2006 年 7 月，汪某某在明知上海某房地集团公司要求其公司对托管的房产予以清理的情况下，决定将该公司委托代管的某小区内暂无人承租的空置公房以每平方米 4 000 元的价格出售，所获利益归该物业有限公司，并先后将此决定告知了孙某某、张某、李某。自 2006 年 7 月至 2007 年 1 月，汪某某、孙某某、张某、李某利用各自在出售公房环节的职务便利，采用虚设售后公房手续将委托代管的公有房屋转为由其本人或者亲属承租，而后使用虚构的购房合同、价格计算表等资料在房产交易中心办理产权变更手续，将公有房屋的产权变更为其本人及亲属所有。汪某某、孙某某、张某、李某使用上述方式，将上海某房地集团公司委托该公司经营管理的 13 处空置公房以每平方米 4 000 元的低价转售给其本人或亲属后，共计收入 293.3 万元，其中的 127.63 万元入公司财务账，余款 165.67 万元由汪某某保管。

二、争议焦点

对于汪某某、孙某某、张某、李某利用职务便利，将上海某房地集团公司托管的公房，通过虚构公房承租关系等资料，将公房低价出售给本人和亲属的行为，是否构成职务侵占罪，有两种不同意见。

第一种意见认为，汪某某、孙某某、张某、李某的行为不构成犯罪。理由在于：一是职务侵占罪系利用职务上的便利，将本单位的财物非法占为己有。本案中汪某某等人采用虚构购房合同转移产权的方法获得的公房系上海某房地集团公司委托该物业公司管理的房产，被低价售给被告人及其亲属的公房所有权并不属于汪某某所在的物业有限公司，汪某某等四被告人行为侵害的对象显然不是本单位的财物，该行为侵犯的客体不符合《刑法》第 271 条规定的职务侵占罪的客体要件。二是本案中汪某某等人的行为属于单位行为，汪某某、孙某某、张某、李某将上海某房地集团公司空置公房出售的行为是作为公司总经理的汪某某与公司财务部经理和工会主席商量后实施的，可以视为单位意志，而销售公房的收入均入公司账目作为公司运营的资金，非法利益亦归单位所有。而现行刑法没有规定单位可以构成职务侵占罪，故本案汪某某等人的行为不构成职务侵占罪。

第二种意见认为，汪某某、孙某某、张某、李某的行为构成职务侵占罪。本案汪某某等人利用职务便利侵占的是上海某房地集团公司委托该物业公司管理的房产，可以视为本单位的财物，其行为具有社会危害性，因此本案可以定职务侵占罪。

三、评析意见

笔者同意第二种意见，主要理由如下：

（一）本案所涉公有房屋应作为某物业有限公司单位财物认定

根据《刑法》第 271 条的规定，公司、企业或者其他单位的人员，利用职务上的便利，将本单位财物非法占为己有，数额较大的，构成职务侵占罪。上述法律条款明确了职务侵占罪的对象系本单位财物。对于“本单位财物”的理解不能狭隘地局限于本单位所有的财物，还应包括代为经营管理的财物等。《刑法》第 91 条第二款规定：“在国家机关、国有公司、企业、人民团体管理、使用或者运输中的私人财产，以公共财产论。”依据上述条款的规定由国家机关等国有性质的机关、企业和团体管理、使用的私人财产，明确规定为公共财产，即视为管理单位的财产。这一规定是刑法中关于财产归属的特别规定，这一规定有别于民事法律对于财产所有权的归属确认，对于认定贪污、挪用公款、私分国有资产等犯罪具有重要意义。《刑法》第 271 条职务侵占罪规定中的“本单位财物”的范围也不应仅局限于本单位所有的财物，也应当包括受委托经营管理的财物或者持有的他人财物。本案中汪某某所在物业公司受委托管理公房的租赁和出售业务,那么这些公房应视为该物业公司财物,汪某某等人侵吞公房的行为就符合职务侵占罪的构成要件。

(二) 本案不构成单位犯罪

对于本案是否存在单位犯罪,根据单位犯罪特征,认定构成单位犯罪要把握两个方面,一是犯意是经单位集体讨论或者单位负责人决定,二是取得的非法利益归属于单位。从本案来看,汪某某系上海某物业有限公司的总经理,属于单位负责人,汪某某决定将公司代为经营管理的公房低价转售,且将所获非法利益 290 余万元归公司所有,就该部分事实而言,较符合单位犯罪特征。但本案不能仅看汪某某等人将委托上海某物业有限公司经营管理的上海某房地集团公司所有的空置房,非法转售给亲属或自己个人所收取的 290 余万元归属上海某物业有限公司所有这一事实。由四人所骗购的公房,按当时的市场价格每平方米高达 8 000 元左右,汪某等四人以每平方米 4 000 元的价格售出,其中每平方米近 4 000 元的差价就归属于四被告人及其近亲属所有。而且现有证据证明四被告人及其近亲属在取得骗购公房房屋产权证后的 2、3 个月内即出售套利,在主观上可认定四被告人具有非法侵占公有房屋价格差额的故意。从本案整个事实行为看,应是以个人为主,"单位"提供帮助的共犯结构的共同犯罪,由于刑法没有对职务侵占罪规定有单位犯罪,因此也无从对单位负责人或者直接责任人员追究刑事责任,而应追究主要实行犯的刑事责任,即以《刑法》第 271 条规定的职务侵占罪追究汪某某、孙某某、张某、李某的刑事责任。在犯罪数额上的认定,应以被骗购公房被骗购时的市场评估总价与物业公司非法所得的差额为职务侵占罪的犯罪数额。

四、处理结果

检察机关以被告人汪某某、孙某某、张某、李某行为均构成职务侵占罪向法院提起公诉,法院以职务侵占罪对汪某某等人分别判处有期徒刑并宣告缓刑。

(瞿　勇)

承包经营条件下如何认定职务侵占主体和对象

一、基本案情

2007年2月，被告人王某在承包经营上海某房地产咨询有限公司九分公司（下称“九分公司”）期间，与盛某某、江某某签订一份三方协议书，约定盛某某将其名下房产以人民币30万元的价格转让给江某某，九分公司作为中介方为盛某某、江某某办理房产过户变更手续。协议签订后，江某某共支付人民币15万元，其中盛某某收取10万元，王某将另5万元扣押并称待房产过户后再归还盛某某。后上述房产因故被法院冻结。江某某于2008年4月8日将购房余款人民币15万元交予王某并向法院提起诉讼，主张其房产权利。被告人王某在取得上述购房款共计20万元后，用于高利借贷他人导致无法收回后逃逸。被告人王某以“九分公司”的名义分别向盛某某、江某某出具了2份收条，后九分公司亦向盛某某、江某某二人赔偿了损失。

二、争议焦点

对于该案的定罪存在着三种分歧意见：

第一种意见认为，王某的行为构成诈骗罪。王某与“九分公司”只是承包和被承包的关系，王某本人并不是“九分公司”的工作人员，其冒用“九分公司”的名义与客户签订房屋买卖合同，并将客户的财产非法占为己有，具有诈骗的故意。且其收取客户购房款也未得到“九分公司”的许可或授权。

第二种意见认为，王某的行为构成职务侵占罪。王某作为公司的承包经营者，利用职务上的便利，将单位财物非法占为己有，数额较大，符合职务侵占罪的构成要件，应以职务侵占罪定罪。

第三种意见认为，王某的行为不构成犯罪。王某虽然将钱款非法占为己有,但其所侵占的财产系客户的个人所有,而非公司所有,且王某并非“九分公司”的工作人员,亦不符合职务侵占罪的主体要件。

三、评析意见

笔者同意第二种意见,具体分析如下:

本案中,被告人王某没有通过虚构事实、隐瞒真相的方式占有财物,故不符合诈骗罪的犯罪构成。本案认识的分歧关键在于对职务侵占罪构成要件中主体、对象的把握。职务侵占罪系1997年刑法新增的罪名,由于经济往来的复杂性,许多非典型的行为是否构成职务侵占罪,司法实践中屡有分歧。

(一)如何判定职务侵占罪的主体——“本单位人员”

《刑法》第271条对职务侵占罪的主体作了界定,即“公司、企业或者其他单位的人员”。其中,对单位在编的一般员工利用职务之便,侵占本单位财物,数额较大的构成职务侵占罪一般没有争议。但对企业承包经营者是否能构成本罪的主体,则存在认识分歧。较具代表性的反对观点认为,承包人与发包人之间的关系是平等主体之间的民事法律关系,在承包合同签订后,承包人对承包标的享有完全独立的经营权,发包方只能根据承包合同享有部分收益权。只要承包人依据承包合同履行了相关义务,其余财产就归其所有,不存在职务侵占的问题。

笔者认为,正确认识“本单位人员”概念的内涵和外延,应当立足于刑事语境的特殊性。较之于民法,刑法更注重对实质法律关系的判断。具体到职务侵占罪的主体“本单位人员”而言,不应局限于形式上的、传统的判断标准,而应抓住“本单位人员”的实质——以本单位之名,履本单位之职,亦即作为单位的外化个体,从事与本单位相关的业务活动。本案中,王某作为对企业享有独立经营管理权的人,当然是该企业的工作人员,符合职务侵占罪的主体要件。承包经营只是对企业经营管理方式的一种转变,企业的性质、组织形式、所有权关系等都未改变,承包人只是企业中的经营管理者,其与一般企业经营管理者的区别仅在于承包人依法享有完全的经营管理权,在经济活动中享有一定的管理自主权而已,其本质上仍属于本单位的人员。

本案中,王某与“九分公司”签订了承包合同,从事的实际业务也是以“九分公司”为名进行房产中介(在《代办房屋转让协议书》上敲盖的公章是“九分公司”授权使用的公章)。据此,王某应当被认定为“九分公司”的人员,符合刑法上职务侵占罪的主体要件。

(二)如何界定职务侵占罪的对象——“本单位财物”

目前,我国刑法和司法解释都未对职务侵占罪中的“本单位财物”作出明确的界定。本公司、企业或者其他单位享有所有权的财物,属于“本单位财物”毋庸置疑,然而对于虽然没有所有权,但代为经营管理的其他单位或者个人的财物是否属于“本单位财物”,实践中有不同认识。本案中,王某侵占的钱款从性质上讲,所有权仍为客户所有。对于这笔钱款能否视为本单位财物,关系到本案的定性。笔者认为,职务侵占罪的“本单位财物”应当作扩张性解释,不仅指本单位“所有”的财物,而且理应涵盖本单位“持有”的财物。

刑法并未限定“本单位财物”必须为本单位所有,《刑法》第 91 条在对公共财产作出界定的同时,规定“在国家机关、国有公司、企业、人民团体管理、使用或者运输中的私人财产,以公共财产论。”立法之所以作如此补充界定,是考虑到这部分财产虽然属于私人所有,但当交由国家机关、国有公司、企业、集体企业和人民团体管理、使用、运输时,上述单位就有义务保护该财产,如果丢失、损毁,就应承担赔偿责任。[①] 同理,对于客户基于信任交付给房产公司财物后,房产公司就合法占有该财物,风险也随之转移至经营管理方。如果单位人员利用职务便利侵占了这些财物,其所在单位就应当对财产所有人依法承担责任。行为人的侵占行为并不会给财物所有人造成财产上的损失,而只给本单位造成损失,其实质仍是侵犯了本单位的财产所有权。案发后,盛某某就房屋买卖合同纠纷以江某某、“九分公司”为被告诉至法院,法院判决九分公司应赔付盛某某房款 20 万元。

在本案中,王某以“九分公司”的名义向客户出具了收条,收取客户购房款后用于高利借贷他人。从表面上看,王某侵占的只是客户的钱款,该钱款的所有权并不是公司所有;但从实质意义上来看,王某以“九分公司”的名义与客户签订的收条对于该公司产生了还款义务的约束力,此时,客户的钱款已处于公司的保管之下,双方产生了债权债务的关系,即债权人是客户,债务人是公司。当公司将代为保管的钱款丢失时,作为债权人的客户当然有权要求债务人返

① 胡康生,朗胜:《中华人民共和国刑法释义》,法律出版社 2006 年版,第 87 页。

还。因此,王某侵占的应当是“本单位财物”,这也符合职务侵占罪立法原意,适应惩治犯罪的现实需要。

四、处理结果

检察机关以被告人王某行为构成职务侵占罪向法院提起公诉,法院以职务侵占罪判处王某有期徒刑五年零六个月,并处没收财产人民币 2 万元。一审判决后被告人王某提出上诉,二审法院审查后,裁定驳回上诉、维持原判。

(李小文　赵靓婧)

通过本人设立的代理公司从任职公司收取佣金的行为如何定性

一、基本案情

犯罪嫌疑人梁某某原系欧文斯科宁（中国）投资有限公司（以下简称“欧文斯科宁公司”）复合材料部门市场发展经理，后负责欧文斯科宁公司全资子公司欧文斯科宁复合材料（上海）有限公司（以下简称“复合材料公司”）的产品销售和市场推广工作。2003 年至 2007 年之间，梁某某作为公司实际经营人，负责复合材料公司进行销售代理公司的选任、聘用和支付佣金工作。2005 年 3 月至 2007 年，梁某某代表复合材料公司与上海鹏振商务咨询有限公司（以下简称“鹏振公司”）签订了指定客户为上海华克等 4 家公司的代理经销协议，鹏振公司先后收取佣金 107 万余元。鹏振公司系梁某某于 2005 年 2 月 5 日成立，其妻子王某为法人代表、梁某某本人为股东。2008 年 11 月 18 日，欧文斯科宁公司以梁某某利用职务之便与其本人设立的上海鹏振公司进行交易，严重违纪为由解除劳动合同。2009 年 3 月 2 日，复合材料公司向上海市公安局嘉定分局报案称梁某某涉嫌职务侵占罪。

二、争议焦点

本案的法律争议焦点问题在于，犯罪嫌疑人梁某某通过代表自己任职的公司与其本人设立的代理公司签订代理经销协议的方式，获得巨额佣金的行为，是否属于职务侵占罪。

第一种意见认为，犯罪嫌疑人梁某某的涉案行为有违公司管理法律规定，产生利益冲突，但并不构成职务侵占罪，宜通过民事法律途径调整，该案应当作存疑不起诉处理或建议公安机关撤回处理。

第二种意见认为，犯罪嫌疑人梁某某的行为符合职务侵占犯罪构成要件，应当以职务侵占罪定罪处理。

三、评析意见

我们同意上述第一种意见,具体分析如下:

(一)复合材料公司实行代理制度是正常的商业销售制度

外资企业在中国开展产品销售的模式是多样的,从复合材料公司的报案材料看,受本土商业环境的影响,欧文斯科宁公司为了广泛利用社会各种资源促进公司的销售工作,在自行销售公司产品的同时,也聘用销售代理公司进行市场开发。2002 年至今欧文斯科宁公司与苏州事达等多家代理公司就签订有代理经销协议。2005 年至 2007 年期间,梁某某代表欧文斯科宁公司共签订代理经销协议 12 份,涉及 7 家代理商。其中复合材料上海公司与鹏振公司签订了 5 份代理经销协议,涉及客户上海华克排气系统有限公司、阿文美驰轻型车系统零件(上海)有限公司、成都陵川机械厂、无锡曙光模具有限公司、合肥汇凌汽车零部件有限公司。据此,可以认定欧文斯科宁公司是认可代理制度的,复合材料公司与鹏振公司签订代理经销协议本身并不违反法律或者公司章程的规定。至于后来该制度被取消,是因为欧文斯科宁公司于 2007 年 10 月与法国的圣哥本公司合并,中国公司的管理由法国公司接管,法国公司不认可代理制度,于 2007 年 12 月相继停止了代理公司的业务。

(二)鹏振公司作为代理公司履行了相应的代理职责,不是虚设环节

企业在正常的销售、采购业务过程中双方可以直接发生关系或者间接发生关系。间接发生关系就意味着有中间环节的介入。与正常经营活动相区别的是,犯罪分子在企业经营活动中增设的中间环节是虚假的,本不存在于经营之中,而是行为人事先设定或事后增加进去的,具有明显的主观故意性和客观多余性的特点。从本案看,复合材料公司经营活动中存在中间环节,鹏振公司作为代理公司履行了其相应的代理职责,领取的佣金也是合理的。

首先,复合材料公司业务经营过程中事实上存在中间环节。复合材料公司在自行销售公司产品的同时,也聘用销售代理公司进行市场开发。鹏振公司经工商登记成立,其业务不仅代理欧文斯科宁公司的客户,还为平板玻璃厂做技术开发和引进。公司法人代表为王某,另有黄甲、黄乙等多名员工,是进行正常经营活动的法人公司。因此,梁某某代表复合材料公司签订与鹏振公司的代理销售协议并不能认定为虚设环节。

其次，鹏振公司作为代理公司履行了代理职责。从调查看，虽然鹏振公司负责代理的几家公司之前与欧文斯已经有业务关系，但是从双方协议内容看，这些协议并不能保证双方的业务关系以及价格协议的稳定不变，仍然需要代理公司提供售后服务。有关材料反映，鹏振公司在代理欧文斯公司后较好地履行了代理义务。经鹏振公司代理，复合材料公司对上述公司的销售数额成倍增长，在市场竞争中赢得了胜机，并理顺了公司和客户的关系，发展了新的客户。尽管调查中也有客户公司表示不知道鹏振公司的存在，但根据梁某某辩解，主要原因一是代理公司的存在会增加客户费用，如果客户知道将不利于经营。二是代理公司与客户的经营活动是以复合材料公司名义进行的，代理经销协议明确规定，客户直接向复合材料公司下订单，复合材料公司直接向客户开具发票，因而客户不知道鹏振公司的存在是正常的。现实中其他代理公司的经营模式与鹏振公司相同的，客户均不知道代理公司的存在。因此，可以认定鹏振公司并不是一个虚设无为的中间公司。

最后，鹏振公司领取佣金是合理且符合复合材料公司财务程序规定。据复合材料公司行政人员陈述，代理费用的支付流程一般是，首先按照协议约定计算出客户货款的3%～7%的应付佣金价额，然后通知代理商开具发票，再由公司向领导提交付款申请，得到领导批准后再将全部材料交给欧文斯科宁公司的法务和财务人员再次审核，梁某某对此并不具有最终决定权。鹏振公司的佣金系数为5%，并没有超过其他代理公司，其因履行了代理义务获得佣金是合理的。

（三）梁某某双方代理的行为并没有侵害复合材料公司利益

本案中梁某某既代表复合材料公司从事市场开发，自身又作为鹏振公司的设立人和股东，具有双重身份。但是从欧文斯科宁公司提供的梁某某工资表可以看出，梁某某的工资只包含劳动合同上约定的固定工资和固定的职务津贴，只有年终时附加有其他员工同样可以得到的第十三月工资和奖金，没有特殊待遇的情况。梁某某的职责是负责开发市场，其工资不与销售业绩挂钩，但梁某某自己花费许多的时间、精力和金钱去维护客户，欧文斯科宁公司在中国的销售业绩在其直接努力下逐年上涨，其也因此获得全球最佳销售奖。梁某某的目的就是通过鹏振公司代理从中赚取佣金，在自己增加收入的同时可以将公关过程中维护客户的费用从鹏振支出。这从 2006 年、2007 年梁某某在公司报销的费用比 2008 年取消代理制度之后在公司报销的数额少的证据可以得到印证。花钱维护客户是为了销售增长,销售增长佣金也就增加,这是相辅相成的关系,所以梁某某所作的维护客户、售后服务等行为,既代表欧文斯又代表鹏振,是为了双赢利益,即双重身份实现共赢,不仅没有损害欧文斯的利益,反而使欧文斯获得更大的利益。

(四)本案犯罪嫌疑人梁某某的行为违反公司法相关规定,属于民法调整范围,应通过民事诉讼解决

司法实践中通过设立代理公司,与自己任职的本公司进行交易,获得利益的行为大量存在,对此我国《公司法》第 149 条明确规定了公司高管的忠诚义务:“公司董事、高级管理人员不得违反公司章程的规定或者未经股东会、股东大会同意,与本公司订立合同或者进行交易。”本案中,犯罪嫌疑人梁某某利用其担任欧文斯科宁复合材料(上海)有限公司市场部经理,负责公司的市场发展和销售的身份,由其代表复合材料公司与以其妻子为法人代表,其本人为股东的鹏振公司,签订了四家客户公司的代理经销协议,并收取佣金 107 万,违反了公司法的忠诚义务规定,其行为与本公司之间产生了利益冲突,违反了《公司法》相关规定,公司可以行使归入权,将其违法所得的收入归公司所有,如果造成公司损失还可以同时向其要求经济赔偿。2008 年 11 月 18 日,欧文斯科宁公司在解除梁某某劳动合同的通知中也说明:鉴于你的违纪行为严重违反了本公司《职业行为守则政策》之“利益冲突政策”和《公司法》第 149 条第四项的规定,经管理层批准,本公司决定与你解除劳动合同。

但是,从上文分析可知,复合材料公司实行代理制度是正常的商业销售制度,鹏振公司作为代理公司履行了相应的代理职责,不是虚设环节,梁某某的行为也没有给复合材料公司造成财产损害,因此不构成职务侵占罪。此外,《刑法》第 165 条、第 166 条规定的非法经营同类营业罪和为亲友非法牟利罪,其行为特征与梁某某的行为有些相似,但其规定的主体是国有公司、企事业单位工作人员,梁某某在非国有企业单位中任职,主体不适格。因此,本案梁某某违反公司法利益冲突原则,通过本人设立的代理公司从任职公司收取佣金的行为无法作为刑事犯罪进行处罚,即使追究也应用民事诉讼方式处理。

四、处理结果

公安机关以犯罪嫌疑人梁某某涉嫌职务侵占罪将本案移交检察机关审查起诉，检察经审查认为梁某某行为不构成刑事犯罪，建议公安机关作撤案处理，后公安机关将本案撤回。

（梁春程）

利用职务之便欺骗顾客并以其他实物形式非法占有商品差价的行为应如何认定

一、基本案情

2010年2月至12月期间，被告人苏某利用担任数码电器有限公司某店店长的职务便利，伙同店内同班次店员张某、黄某，由苏某具体操作，趁公司销售电子产品降价但顾客尚未知晓之机，共同利用该时间差和价格差，在顾客购买电脑等大金额商品时，将商品调价前的原价格（指较高的价格）报给客户，但在实际开具发票或购货凭证过程中，将MP3、MP4、手机套等小金额电子产品和客户购买的电脑等大金额商品开在同一张发票或购货凭证上，使发票或购货凭证的总金额与客户购买该商品调价前的金额相接近，并谎称其可以给予顾客优惠的价格处理、为客户安装程序等服务或附送其他项目，以打消客户对发票或购货凭证中多出货物的疑惑，从而达到私自占有这些小金额电子产品的目的。苏某等人用此手法反复占有公司财物，共计价值人民币20 000元。根据该数码公司规定，员工必须按照公司规定的价格出售商品，不得提高或降低价格，否则由公司对客户进行赔偿，并对员工进行处罚。

二、争议焦点

本案在办理过程中，对被告人苏某的行为定性产生了两种不同意见：

第一种意见认为，被告人苏某利用职务便利，使用欺骗手段，利用商品价格调整的时间差和价格差，将小金额电子商品和客户所购买的大金额商品开在同一张发票和购货凭证上，从而使自己能够占有这些小金额电子产品。其行为是利用职务之便侵吞公司财物，应定性为职务侵占罪。

第二种意见认为，本案中被告人苏某非法占有的小金额电子产品的实际"买单"人为购买大金额商品的购买人，因此，尽管苏某利用了职务上的便利，但其犯罪对象并不是所在公司的财物，而是商品购买人的钱款。苏某实际上是以虚构事实、隐瞒真相的方法，使商品购买人“心甘情愿”地交付了不应支付的钱款，达到了骗取财物的目的，其行为应定性为诈骗罪。

三、评析意见

笔者同意第一种意见，即本案中苏某的行为应认定为职务侵占罪。

依据刑法规定及学界通说，诈骗罪是指行为人虚构事实、隐瞒真相、骗取公私财物，数额较大的行为。而职务侵占罪是指以非法占有为目的，利用职务之便，采用侵吞、盗窃、骗取手段，将本单位财物非法占为己有，数额较大的行为。两罪从本质上看，都属于侵财型犯罪，其侵犯客体主要是他人或本单位的财物所有权，在主观方面也都表现为具有非法占有他人或本单位财物的故意。

但是，区分诈骗罪与职务侵占罪的关键，笔者认为需重点考察两个方面：一是犯罪手段问题，即被告人之所以最后能够非法占有财物，主要是利用了其职务上的便利条件而占有了该财物，还是利用了通常意义上的诈骗手段使得被害人主动交付了该财物；二是犯罪对象或犯罪客体问题，即被告人实际占有的是本单位的财物，还是诈骗相对人的财物。

（一）从犯罪手段上看，本案被告人苏某利用了职务之便

刑法理论认为，利用职务上的便利是指利用自己职务范围内的职权和地位所形成的有利条件，即经手、管理财物的便利条件。职务是一项工作，不能与职权划等号。即不能把利用职务上的便利单纯理解为利用职权的便利。这里的职务便利，应该包括利用从事具体的业务活动的便利。即在其业务活动的过程中，通过其所拥有的职务上的权力等，使得其所从事的行为能够达到，而该行为对于没有该职务便利的其他人来说，则是很难达到或者根本无法达到。本案中，被告人苏某之所以能通过对商品购买人虚报售价，并将小金额物品加在大金额物品上开具公司的发票或购货凭证，从而达到非法占有小金额货物的目的，主要是利用了其职务上的便利条件。虽然苏某亦采取了给客户优惠、提供优质或其他增值服务等欺骗手段，使客户对其报价以及购货凭证上多出的几项小金额产品等都没有产生疑问，但其能够使顾客信服，并能够使整个犯罪过程得以全部完成，都是利用了其特殊身份及自身职务所带来的权力和便利，而商品购买人是基于对苏某等人特殊身份和职务的信任，才做出“自愿”交付钱款的

行为的。综观全案可见,被告人苏某非法占有犯意的形成和发展俱是以其所具有的职务为基础的,其非法占有财物目的的实现也是以其所具有的职务为保障的。如果脱离了该职务,苏某等人则无法达到其犯罪目的的。

(二)从犯罪对象上看,本案被告人苏某实际占有的是本单位财物

职务侵占罪的犯罪对象是本单位即犯罪行为人所在的公司、企业或者其他单位的财物。这些财物主要包括:①已经在本单位的占有、管理、控制下且本单位享有所有权的财物;②虽然本单位尚未占有、管理、控制但属于本单位所有的债权;③本单位按照相关法律法规的规定或契约合同的约定占有、管理、使用或代为保管的他人财物。这部分财物之所以可成为职务侵占罪的犯罪对象,是因为本单位人员如果侵占了这些财产,会导致本单位依法承担相应的民事赔偿责任,如单位负有返还原物的义务,对于原物毁损、灭失的,单位须承担赔偿责任等,因此,侵占这些财物的实质仍是侵犯了本单位的财产所有权。而诈骗罪所侵犯的对象是被害人对财物的所有权。行为人在客观方面表现为采用虚构事实或者隐瞒真相的方法,使财物所有人、管理人信以为真,"自愿地"交出财物的行为。行为人无论是虚构事实还是隐瞒真相,这两种行为的目的都是使被害人基于错误认识而"自愿"作出行为人所希望的财产处分。而这种"自愿"实际上是受行为人的欺骗而上当所致,并非出自被害人的真正意愿。

本案从表面上看,似乎受害人应当为商品的购买人,即由于被告人苏某以欺骗手段将本应降价的商品按调价前的原价格出售,并以其它实物形式非法占有了商品的部分差价,从而使商品购买人遭受了一定的损失;但是,基于苏某所在数码公司的规定以及该公司对商品购买人所购商品所作的承诺,即双方之间存在着买卖契约关系,以致该数码公司对商品购买人具有赔偿商品差价等损失的责任和义务。因此,本案中真正遭受损失的被害人实际上依然是该数码公司,而非商品购买人;由此也说明苏某等人所非法占有的商品差价应为"本单位财物",即属于职务侵占的犯罪对象,而不是诈骗犯罪所指向的商品购买人的钱款。

(三)行为人使用欺诈方法并不一定构成诈骗罪

本案中,被告人苏某虽然对客户采用了虚构事实、隐瞒真相等欺诈方法,但并不等于构成了诈骗罪。因为从职务侵占罪看,其犯罪方式除侵吞外,同时也包括秘密窃取的盗窃手段、虚构事实或隐瞒真相的欺诈手段等其他非法手段。

因此，不管行为人采用上述何种犯罪方式，只要其是利用职务之便，将本单位财物非法占为己有，都是职务侵占行为。本案中苏某主要是利用了职务上的便利条件而虚构商品价格，又依职权将其他实物抵充差额以瞒骗顾客，再将应属单位财物的商品差价部分非法占有，故其行为完全符合职务侵占罪的要件构成，应以该罪追究刑事责任。

四、处理结果

检察机关以被告人苏某行为构成职务侵占罪向法院提起公诉，法院以职务侵占罪判处苏某拘役六个月，缓刑八个月。

（蔡旖旎）

被辞退后冒用他人名义收取原单位订奶款并潜逃的行为如何定性和处理

一、基本案情

2007 年 12 月 12 日，犯罪嫌疑人杨某某(1990 年 9 月 23 日生)被上海光明邀请电子商务有限公司(以下简称光明公司，系国有控股公司)录用为送奶员，负责本公司大渡河路居民小区送奶兼收取订奶款的工作。2008 年 2 月至 10 月期间，杨某某采取每月少上交部分订奶款、利用次月收取的订奶款归还上月拖欠款并逐渐增大欠交订奶款数额的手段，占用公司应收订奶款归个人使用。直至 10 月底，因拖欠订奶款人民币 16 371.20 元无力归还而事发。2008 年 11 月 1 日，杨某某因此被光明公司辞退，其所属块长王某为使本人免受公司处分，自愿将杨某某拖欠的奶款先行垫付给光明公司。事后为使杨某某能够用工资偿还其所垫付的款项，王某又违反公司规定擅自继续留用杨某某为送奶员，并帮助其冒用秦妹兰的身份与光明公司订立了非全日制劳动合同书，同时还口头要求杨只负责送奶，不得收取订奶款。此后，王某得知杨某某仍然在收取订奶款，但未表示反对，而是要求杨要将订奶款交给自己。2008 年 11 月 1 日至 11 月 25 日期间杨某某采用冒领订奶收据等手段，向客户预收订奶款共计人民币 14 968.90元后潜逃。2009 年 6 月 11 日，杨某某到公安机关投案，并如实供述自己的犯罪事实，其亲属向光明公司退赔了全部赃款。

二、争议焦点

犯罪嫌疑人杨某某的行为分为两段，第一段是被辞退之前其以少交每月应收订奶款，以次月收取的订奶款填补亏空的方式挪用公司资金，因挪用的资金尚未达到数额较大的标准，该节行为不构成犯罪。第二段是杨某某被光明公司辞退后，冒用他人身份重新成为光明公司送奶员，进而侵吞客户订奶费的行为。

该节事实如何定性，存在两种分歧意见。

第一种意见认为，犯罪嫌疑人杨某某被公司辞退后已不具有公司员工的身份，不存在利用职务便利的问题，不成立职务侵占罪。其向客户隐瞒自己已被辞退的真相，骗取客户信任，继续收取订奶款后非法占为己有，应以诈骗罪追究刑事责任。

第二种意见认为，犯罪嫌疑人杨某某被单位辞退后又冒名与原单位订立用工合同，具有单位员工身份。虽然块长王某要求其不得收取订奶款，但在其实际收取时也没有制止，应视为默认。杨收取的订奶款属于光明公司的货款，系单位财物。杨某某收到客户货款后隐匿不交，数额较大，其行为构成职务侵占罪。

三、评析意见

笔者同意第二种意见，具体分析如下：

首先应注意的是，由于犯罪嫌疑人杨某某实施被辞退前的行为时仍系未成年人，故案件被移送检察机关未检部门审查，但对该行为我们认定不构成犯罪。而后，杨实施涉嫌犯罪的辞退后的行为时已经成年。对此类案件，一般应当基于诉讼经济原则，由未检部门继续审查起诉，不宜再行移送公诉部门。对于犯罪嫌疑人杨某某被辞退后行为则应当认定为构成职务侵占罪，理由如下：

(一) 犯罪嫌疑人杨某某具有职务上的便利

根据《刑法》第 271 条第一款的规定，职务侵占罪的主体是公司、企业或者其他单位的人员。刑法注重的是实质合理性，评判一个人是否为单位工作人员，实质性的依据是其是否在单位中具有一定工作职责或者承担一定业务活动。本案中，虽然杨某某已于 2008 年 11 月 1 日被公司宣布辞退，但是块长王某基于个人利益不受损的考量，又通过行使几乎不受任何制约的用人推荐权利，使杨某某以秦妹兰的身份再次为公司聘用。从其所在的岗位、担负的工作职责、获取的薪酬等方面来看，杨某某只是在王某的安排下换了一个名字，继续担任光明公司的送奶员。

块长王某帮助杨某某重新获得送奶员职务的行为，显然是一种违规行为，但并不影响杨某某实际职务便利的认定。刑法评价意义上的职务便利，是一种对客观状态的实体认定，并不关心这种职务便利的获取程序是否合法、合规。

最高人民法院研究室法研[2004]38号《关于对行为人通过伪造国家机关公文、证件担任国家工作人员职务并利用职务上的便利侵占本单位财物、收受贿赂、挪用本单位资金等行为如何适用法律问题的答复》中明确:“行为人通过伪造国家机关公文、证件担任国家工作人员职务以后,又利用职务上的便利实施侵占本单位财物、收受贿赂、挪用本单位资金等行为,构成犯罪的,应当分别以伪造国家机关公文、证件罪和相应的贪污罪、受贿罪、挪用公款罪追究刑事责任,实行数罪并罚。”虽然这一答复并非司法解释,其针对的事项与本案也非完全一一对应关系,但其精神主旨在于强调了职务便利的认定并不受其获取程序的影响,即使是通过不正当手段获取的职务便利,也可以认定为具备刑法意义上的职务便利要件。

虽然块长王某一开始对杨某某作出了职权范围的限制,即只管送奶,不许收取订奶款,但这一限制并不能阻却杨的职务便利。首先,杨获取职务便利的依据在于其冒名与光明公司订立的用工合同,而不是块长的任命和授权。而送奶工的用工合同中是授权其收取订奶款的,块长无权以个人命令剥夺其此项职权。其次,杨收取订奶款的职务便利,某种意义上说,更多的是针对公司外部的第三人而言,即订奶户是否知晓和认可其具有这一职务便利。块长限制其权限的命令,只是一种内部的、对个别人的要求,并未对外宣示,不构成对其职务便利的有效剥夺。最后,块长知道杨违背其要求,仍然收取订奶款的事实后,只是要求杨将已收到的订奶款上交,事实上已经追认了杨某某收取订奶款行为的对内有效性。综上所述,犯罪嫌疑人杨某某具备光明公司员工的身份,且具有收取订奶款的职务便利。

(二)犯罪嫌疑人杨某某非法占有的是单位财物

涉及犯罪嫌疑人杨某某行为性质判断的另一个问题在于,其非法占有的订奶款,性质上是属于单位财物,还是订奶户的财物。如果订奶款被认定为是光明公司已收取的货款,那么就属于单位财物,杨构成职务侵占罪;如果订奶款被认定为是订奶户的损失,则杨构成诈骗犯罪。因为,诈骗罪构成要件中,有一点很重要,就是欺骗行为导致被害人遭受财产损失。本案中确实存在订奶户被欺骗的事实,但如果订奶户并无实际财产损失,就不能认定为诈骗罪。检察机关经审查认为,本案中杨某某的行为符合表见代理的构成要件,订奶款属于光明公司已收取的货款。表见代理,是指行为人虽无代理权或者超越代理权,但善意相对人客观上有充分理由相信行为人具有代理权，而与其为民事法律行为，该民事法律行为的后果应当由被代理人承担。表见代理的构成要件有以下几方面：第一，代理人须以被代理人的名义与第三人缔结民事关系；第二，代理人与相对人所实施的民事行为本身不存在依法应当属于无效或应当撤销的内容；第三，代理人具有被授权的表象，能够使第三人在主观上形成该代理人不容怀疑的具有代理权的认识；最后，第三人主观上须为善意且无重大过失，即第三人不是明知，也不是由于自己疏忽大意，而是有正当理由相信行为人具有代理权。

根据本案案情，犯罪嫌疑人杨某某在作案前负责光明公司大渡河路居民小区送奶兼收取订奶款工作持续已近一年，客观上使该小区的订奶户有正当且充分的理由相信杨某某具有代理权。向杨某某支付订奶款不仅是基于杨某某具有送奶员的身份，而且是基于双方长期的交易习惯。主观上，向杨某某支付奶款的客户也不存在谋取不正当利益或者损害国家利益的恶意或重大过失。杨在收取订奶款时，还出具了其冒领的真实有效的公司订奶收据，以公司的名义与订奶户订立了合同。订奶户是善意第三人，完全可以凭收据要求光明公司履行送奶义务。综上，杨某某收取订奶户的奶款，并出具公司收据的行为，符合表见代理的基本条件，由此订立的订奶合同合法有效，效力及于被代理人光明公司，其应予履行。本案案发后，光明公司确实也认可了杨某某上述行为的效力，按照杨出具的订单向订奶户送奶，订奶户并没有遭受任何经济损失。因此，本案中犯罪嫌疑人杨某某非法占有的款项，性质上应当属于光明公司收取的货款，是单位财物。

（三）职务侵占犯罪案件司法处理的政策把握

在认定犯罪嫌疑人杨某某已构成职务侵占罪的基础上，还需要综合考虑全案具体情节，结合职务侵占犯罪案件的政策，确定对其的司法处理方式。上海市《关于本市办理部分刑事犯罪案件标准的意见》（以下简称《意见》）第33条将职务侵占罪“数额较大”的标准，由原来的15 000元修改为5 000元；与之相应，“数额巨大”的标准也由原来的100 000元调整为50 000元。之所以予以修改，主要是为了使该罪的追诉标准与2001年最高人民检察院、公安部《关于经济犯罪案件追诉标准的规定》第75条的规定相一致。考虑到司法实践实际情况，有关意见认为，对于职务侵占数额超过5 000元但不满15 000元的，可结合宽严相济的刑事政策，不予追究刑事责任；但被告人拒不退赃，案件社会影响比较大或有其他严重情节的，应该追究刑事责任。

从本案的具体情节来看，杨某某职务侵占的数额不到 15 000 元，且具有自首的法定从宽情节和全部退赃并取得被害单位谅解等酌定从宽情节，并无其他严重情节。在审查起诉期间，检察机关还委托社工对其进行帮教考察，结果显示，杨在帮教期间表现良好，有明显悔罪表现，能够顺利回归并不致再危害社会。职务侵占罪属于典型的侵犯财产法益的犯罪，可适用刑事和解退出机制，参照前述关于职务侵占犯罪案件的政策要求，可以认定杨某某符合“不予追究刑事责任”的适用条件。同时，考虑到杨某某犯罪时已成年，犯罪数额已经非常接近 15 000 元，且被害单位希望本案能够对其下属众多的送奶员起到警示作用，故不宜作绝对不起诉或退回公安机关处理。因此，应当以犯罪嫌疑人杨某某犯罪较轻，且有自首情节，可以免除处罚为由，作相对不起诉处理为宜。

四、处理结果

检察机关经审查认为，犯罪嫌疑人杨某某所犯职务侵占罪情节较轻，且具有自首情节，并全部退赃，取得被害单位谅解，可以免除处罚，决定对其做相对不起诉处理。

（董　利　王　萍）

公司中层将外发业务私自承接后获利的行为是否构成职务侵占罪

一、基本案情

犯罪嫌疑人张某于2009年11月至2010年11月间担任上海汇源食品饮料有限公司(以下简称“汇源公司”)市场推广部副经理，期间汇源北京总公司指示举办“上海汇源果汁品牌岛4～7月店销活动”及“上海汇源水果生汽了果汁果乐异型陈列活动”，但招投标过程中因费用原因没有外单位公司中标，故张某找人私刻上海鼎燊公共关系服务有限公司(以下简称“鼎燊公司”)公章，冒用该公司名义与汇源公司签订了上述两项活动的委托合同。与此同时张某与鼎燊公司股东张某某商议，由鼎燊公司开具发票(扣除12%手续费)以便汇源北京总公司能顺利支付相关促销费用。尔后张某差遣手下员工找促销员、收集相关资料等，使上述两项活动得以顺利开展。活动结束后汇源公司将55万余元的促销费用打入鼎燊公司账户内，鼎燊公司再按约将扣除手续费后的48万余元促销费用交给张某，其在支付促销员工资、相关物流费用及手下员工劳务费后，获利人民币3万元左右。

二、争议焦点

在该案的处理过程中，对张某的行为定性存在以下分歧意见：

第一种意见认为，张某行为构成职务侵占罪。犯罪嫌疑人张某利用担任汇源公司市场推广部副经理的职务便利，冒用其他公司名义，私自承接本应外发的促销业务，骗取公司的促销费用人民币55万余元，其行为符合职务侵占罪的构成要件，涉嫌职务侵占罪。

第二种意见认为，张某行为不构成犯罪。犯罪嫌疑人张某虽然利用其业务外发权的职务便利，冒用鼎燊公司名义，让汇源公司实际上与其本人签订两项促销活动的委托合同,但业务外发后的后续工作开展已不再属于张某的职责犯罪,且对该两项促销活动,张也进行了具体的投入与运作,其中的收益亦属于其劳务所得,而非汇源公司财产,故其行为不构成犯罪。

三、评析意见

笔者同意第二种意见。我国刑法上的职务侵占罪是指公司、企业或者其他单位的人员,利用职务上的便利,将本单位的财物非法占为己有,数额较大的行为。本案在犯罪主体、主观方面以及犯罪数额方面均符合职务侵占罪的要求,并无争议。值得研究的是以下三方面的问题:

(一)张某是否利用了其职务便利

马克昌教授认为,职务便利是指行为人利用其在本单位具有一定的职务即主管、管理或经手本单位财物的便利条件。[①] 陈兴良教授认为,职务便利是指利用自己职务范围内的职权和地位所形成的有利条件,即经手、管理财物的便利条件。[②] 笔者认为,对职务便利的理解首先应从理解“职务”入手。职务的范围系由行为人在本单位的职位决定,职位有高低之分,职务亦有所区分,如董事、经理及其他管理人员具有一定的主管、管理或经手公司财产的权利,而一般的劳务人员仅有经手某些财产的权利范围。由此可得出以下结论:职务便利不仅有包括从事脑力劳动(即公务)的便利,亦包括从事体力劳动(即劳务)的便利。因为无论是利用公务上的便利条件还是劳务上的便利条件,对公司、企业等单位造成损害的结果是相同的。[③] 但职务便利不能等同于工作上的便利条件,前者的外延范围比后者小。刑法系公法,具有紧缩性,除非法律另有规定,否则不能对其作任意扩大解释。工作上的便利条件,包括因工作关系而熟悉周围环境、容易混入现场、易接近目标等。它与职务便利最大的区别在于权限,职务便利要求行为人有一定的权限,而工作上的便利条件无需这一要素,这也就决定了行为人若在工作中利用不同的便利条件将会得到不同的惩罚后果。[④] 犯罪嫌疑人张某系汇源公司推广部副经理,根据该公司出具的职务证明显示,张的职

---

① 马克昌:《刑法学》,高等教育出版社 2003 年版,第 542 页。

② 陈兴良:《刑法疏议》,中国人民公安大学出版社 1997 年版,第 444 页。

③ 唐战力:《浅析职务侵占罪及其立法完善》,载《东莞理工学院学报》2004 年第 1 期。

④ 笔者个人观点是利用工作上的便利亦定性为盗窃或侵占等罪名,而绝不能定为职务侵占罪。

责范围系推广长期或短期促销活动、举办招投标会并最终确定中标公司、代表本单位与中标公司签订委托合同等。简单讲，张某手握促销活动的外发权，而汇源公司规定促销活动必须外发，不得由市场部门负责举办，张某就是依靠其职务范围内的外发权将两项促销活动"内销"给自己承接。其利用的是担任市场部副经理职权范围内的业务外发权即其职务便利，故符合职务侵占罪中的其一要素。

(二) 张某占有财物的手法是否符合职务侵占罪的犯罪特征

职务侵占罪在刑法章节中也被归入侵财类犯罪的行列，虽刑法未曾在条文中对该罪的作案手法予以明确规定，司法实践中对此亦未达成共识，但普遍认为该罪要求行为人占有财物的手法应包括窃取、侵吞、骗取或其他比较常用的侵财手法。我们可以参照贪污罪对上述三种具体的侵财手法进行理解。窃取是指行为人利用职务上的便利，采用秘密的方法监守自盗，将公共财物非法占有。侵吞是指行为人利用职务上的便利，将暂由自己合法管理、经营、使用的公共财物直接非法占有。骗取是指行为人利用职务上的便利，采用虚构事实或者隐瞒真相的方法，非法占有公共财物。[①] 那么张某占有财物的方式是否符合上述条件呢？如果是正常操作的话，两项促销活动一旦外发给中标公司，那么一切有关的投入与运作等均由中标公司负责，张某作为汇源公司代表也仅能有监督的职责而不能实际参与。换句话说，促销活动的具体运作与汇源公司已无多大的实际联系，更不在张某的职责范围内。但有一点值得注意，张某使用伪造的公司印章冒用了鼎燊公司名义与汇源公司签订委托合同，但实际上鼎燊公司仅以收取手续费形式使促销费用从该公司账目流动，并无实质的运作。该行为是否属于"骗取"手法呢？毋庸置疑，张某采用欺骗手段让汇源公司误以为与鼎燊公司签订委托合同，但是合同签订后其也的确投入相当多的人力、财力尽心尽力使两项促销活动得以顺利开展，并使活动取得了相当好的社会效应，与外单位承接相比并不逊色，公司在这两项促销活动开展过程中并未因此遭受损失。在促销活动举办前，促销费用当然属于汇源公司的财产，但在活动举办完，费用被打入鼎燊公司账户后，已不再属于汇源公司了。不可否认，张某取得促销活动的举办权的确虚构了事实、隐瞒了真相，但她也对促销活动进行了投入

① 高铭暄，马克昌：《刑法学(下编)》，中国法制出版社 1999 年版，第 1123 页。

与运作。如果说签订委托合同时有隐瞒真相,尔后又虚构了顺利举办活动的事实,那才是真真正正的欺骗手段,才符合职务侵占罪的犯罪特征。因此虽然之前张某在签订合同时存在瑕疵,但该手法并不是职务侵占罪中的“骗取”手段,不符合职务侵占罪的构成要件之一。

(三)张某取得的收益是否为汇源公司财产

职务侵占犯罪要求行为人非法占有财物的所有权或占有权必须系本单位拥有。因为针对本单位占有的财物,其实际控制权在本单位手中,一旦发生损毁、失窃等现象,本单位必定会对其所有单位作出一定的赔偿,所以该财物在被本单位占有期间,理当属于单位财物予以保护。有观点认为张某利用了手中的业务外发权,采取欺诈手段即冒用了鼎燊公司名义承接了两项促销活动,汇源公司因此支付的55万元促销费用系公司财产,但笔者认为并非如此。正如笔者论述前两点时讲到的,一旦张某将促销活动外发后,活动的运作已是中标公司的业务范围,而本案关键问题在于张某自己承接促销活动,但即使如此,针对此两项促销活动张某仅有外发权,那么其对活动的具体投入与运作也就不在其职责范围内,其中的收益虽系由汇源公司支出,但一旦支出便不属于汇源公司的财产,张某得到该收益是其劳务所得。从另一角度来看,张某到案后供认因汇源北京总公司报价较低使外单位无法接受或不愿承接,而其报价及之后运作的实际价格比公司报价更低,该细节也得到了鼎燊公司与汇源公司相关人员的证实,说明在这两项促销活动中由于张某的违规承接使汇源公司实际上少支出了一部分促销费用,那么我们又怎能评价张的行为导致公司财产损失呢?

综上,张某虽然利用其担任汇源公司市场推广部副经理手握促销活动外发权的职务便利,私自承接本单位的两项促销活动,但其进行了具体的投入与运作,实际付出了非职务范围内的劳务,从中取得的收益亦系劳务所得,故其行为不构成犯罪。

四、处理结果

检察机关认为,犯罪嫌疑人张某的行为不构成犯罪,故对犯罪嫌疑人张某不予批准逮捕。

(叶　萍)

受国有企业劳务派遣进行财物保管的人员窃取财物的行为如何定性

一、基本案情

2010年12月16日、18日，被告人商某等三人被国有企业上海浦东新区平沪劳务开发部劳务派遣至上海世博会二号仓库装卸工岗位工作期间，经事先预谋，单独或共同利用保管、盘点、验收验放仓库货物的职务便利，先后两次秘密窃取该仓库内由国有企业中国外运华东有限公司参与并负责保管的“2010上海世博会太平洋联合馆”银章共761枚，经鉴定总计价值人民币37 600元。

二、争议焦点

对于本案的定性存在四种不同意见：

第一种意见认为本案构成贪污罪。理由是：上海世博会二号仓库虽系由国有企业中国外运华东有限公司和其他两家非国有企业共同出资建造，并按投资比例分摊利润和风险，但根据相关协议，该仓库由中国外运华东有限公司担任主要经营管理方，承担管理责任，其他两家公司仅指派项目经理和财务人员参与协助经营管理，故该仓库内的货物仍应认定为在国有企业保管下的财物，以国有财物论。被告人在受企业委托管理国有财物期间，利用职务便利非法占有国有财物，根据《刑法》第382条第二款之规定，应认定构成贪污罪。

第二种意见也认为本案构成贪污罪。但理由与第一种观点截然不同。其认为，被告人系国有企业委派至其他单位从事公务的人员，其在履行公务期间，利用职务上的便利将单位财产非法占为己有，数额较大，根据《刑法》第271条第二款、第382条之相关规定，应认定构成贪污罪。

第三种意见认为本案构成职务侵占罪。理由是：被告人虽系国有企业委派人员，但受委派担任的是装卸工岗位的工作，不具备公务性特征；后被受委派单位任命管理仓库货物,但受委派单位非全资国有企业,故不宜认定被告人构成贪污罪,而应认定构成职务侵占罪。

第四种意见认为本案构成盗窃罪。理由是:被告人系国有企业的劳务输出人员,不具备国家主体身份;且其受委派担任的是装卸工岗位工作,不能认定其对上海世博会二号仓库内的货物有管理权限,故其利用的只是工作便利而非职务便利,应认定其构成盗窃罪。

三、评析意见

我们同意第三种意见,即被告人构成职务侵占罪。

(一) 国有公司参与或主要负责保管的财产是否可以国有财产论

《刑法》第 91 条明确规定,"在国家机关、国有公司、企业、集体企业和人民团体管理、使用或者运输中的私人财产以公共财产论。"本案现有证据显示:一是上海世博会二号仓库系由中国外运华东有限公司、泛联国际货运代理(上海)有限公司和海程邦达国际货运代理有限公司共同出资建立,并按投资比例分摊收益和风险。期间,中国外运华东有限公司担任主要经营管理方,承担管理责任;其他两家公司指派项目经理对经营进行监督并参与管理,指派财务人员参与财务运作及财务结算清算工作。二是中国外运华东有限公司系全资国有公司,泛联国际货运代理(上海)有限公司系台港澳法人独资有限责任公司,海程邦达国际货运代理有限公司系中外合资有限责任公司分公司,均非国有公司。由此,问题归结到如何认定上海世博会二号仓库的性质,在其保管下的财产是否可以认定为国有财产。我们认为上海世博会二号仓库系由一家国有公司和两家私有公司共同出资建立,虽然国有公司承担比较多的监管职责,但其他两家公司也参与监督管理,更重要的是三家公司按投资比例分摊收益和风险,据此应客观认定上海世博会二号仓库的货物系由国有公司和非国有公司共同保管的财产。

问题是,国有公司参与或者说主要负责保管的财产是否可以国有财产论?对此,相关法律及司法解释没有明确规定。我们认为从立法原意和现代司法保护犯罪嫌疑人的理念出发,均不宜如此认定。立法将国有公司保管财产纳入刑法意义上公共财产的目的是为了最大可能保护其背后体现的公共利益,这个过程中一旦牵涉到国有公司与非国有公司的合作,尤其摄入一些市场风险因素以后,再一味强调公权的特殊保护,可能会与立法原意及市场经济体制大环境不合。此外,现代司法理念强调最大限度保护犯罪嫌疑人的正当权益,如果将国有公司与非国有公司共同保管的财产一律以国有财产论,对犯罪嫌疑人科以较重的刑罚,无疑在一定程度上侵犯了其合法权益,而将财产按国有公司与非国有公司比例分别认定罪名的操作可能性又微乎其微,我们只能从宽对国有公司参与或者主要负责保管的财产不以国有财产论。故上述第一种意见就无法成立了。

(二) 受国有公司劳务派遣人员是否可以国家工作人员身份论

《刑法》第 271 条、383 条明确规定"国有公司、企业或者其他国有单位委派到非国有公司、企业以及其他单位从事公务的人员利用职务便利将本单位财物非法占为己有的",应以贪污罪定罪处罚,可见受国有单位委派人员可以以国家工作人员论,成为贪污罪的犯罪主体。但本案的"委派"与以往我们理解的"委派"不同——随着经济体制改革的不断深入,国有企业通过劳动合同、用工协议等形式建立一般劳务关系的情况越来越多,国有企业以"劳务派遣"形式"委派"聘用人员到其他单位工作的情况也时有发生。本案即为这种情况:被告人与国有企业签订劳动合同后,被劳务派遣至上海世博会二号仓库工作,应认定为受国有企业委派到其他单位的人员。此类人员是否也能成为贪污罪的主体,理论界尚有争议。但我们认为其可以成为贪污罪主体,这不但不悖现有法律条文,而且更利于客观、均衡评价职务犯罪行为。当然,除主体身份外,国有企业"劳务派遣"人员构成贪污罪的关键在于其是否是"从事公务"的人员,对此,下文将着重解析。

(三) 受国有公司劳务派遣人员从事公务中的"公务"如何理解

对于国有企业委派人员必须在"从事公务"过程中利用职务便利侵吞单位财产才可能构成贪污罪,学术界予以公认,但对于"公务"的内涵如何理解却存在不同观点。主要观点有:一是依法履行职责的职务行为及其他办理国家事务的行为;二是依法进行的管理国家、社会或集体事务的职能活动;三是在国家机关、国有公司、企业、事业单位、人民团体等单位中履行组织、领导、监督、管理等职责。[①] 对此,我们比较倾向第一种与第三种观点的结合,即代表国家依法履行的与委派职务相关的组织、领导、监管等事务性工作。[②] 由此可见,"公务"最基

① 王娟,李美佳:《劳务用工人员成为贪污犯罪主体的法律思考——从一起劳务用工人员成为贪污罪主体的案例说起》,载《新余高专学报》2009 年第 4 期。

② 2003 年最高人民法院《全国法院审理经济犯罪案件工作座谈会纪要》(法[2003]167 号)明确从事公务指代表国家机关、国有公司、企业、事业单位、人民团体等履行组织、领导、监督、管理等职责。

本的三个特征是国家代表性、与委派职务的关联性以及对事务工作具有组织、领导、监管等权限。

结合本案案情，上海浦东新区平沪劳务开发部与被告人签订劳动合同，委派三人至上海世博二号仓库担任装卸岗位工作。后中国外运华东有限公司世博项目组安排被告人的实际岗位是仓库保管员和收发理货员，具体负责货物进出库位的安排、入库货物品质数量的验收和出库货物品质数量的验放，及在库货物的保管、盘点及养护等。从中我们可以看出：①国有企业上海浦东新区平沪劳务开发部委派被告人至上海世博会二号仓库从事的是装卸工岗位工作，属纯劳务性质的工作岗位，明显不具备国家代表性及组织、领导、监管权限，不能认定系“从事公务”的行为；②至上海世博会二号仓库后，仓库安排被告人实际从事的是仓库保管员和收发理货员岗位工作，对仓库货物有一定的监管权限，但由于这一“监管权限”系由上海世博会二号仓库赋予，从而认定被告人主体身份系国有企业委派从事公务人员依据不足，即“公务”的“国家代表性”和“与委派职务关联性”特征无从体现，故仍不能认定系“从事公务”的行为。当然，这里让我们看到事实上被告人对仓库货物确实有管理权限，有切实职务便利。由此，上述第二、第四种意见也就无法成立了。

综上，我们认为被告人在被委派至上海世博会二号仓库工作期间，利用保管、盘点、验收验放仓库货物的职务便利，秘密窃取仓库内存放的货物，数额达到法定较大标准，应按第三种意见认定其构成职务侵占罪。

四、处理结果

检察机关以被告人商某等人行为构成职务侵占罪向法院提起公诉，法院以职务侵占罪分别判处被告人商某等人有期徒刑十一个月。

（朱奇佳）

冒充消防工作人员兜售非法出版物的行为应如何定性

一、基本案情

2010年5月27日，被告人唐某某伙同他人，以上海市消防总队消防工作人员的身份，将三套《消防安全监督管理制度与安全防火国家标准及法律法规汇编》，分别销售给上海毅发集装箱服务有限公司、南京军区空军第三招待所、上海机场集团股份公司航站区管理部，合计骗取人民币6 000余元。经上海市消防总队查证，被告人唐某某非该总队消防干部，其销售的《消防安全监督管理制度与安全防火国家标准及法律法规汇编》经鉴定，属非法出版物。

二、争议焦点

本案在审查过程中，关于被告人唐某某的行为应定性为何罪，形成以下三种分歧意见：

第一种意见认为，被告人唐某某冒充军人骗取他人财物，其行为涉嫌冒充军人招摇撞骗罪；

第二种意见认为，被告人唐某某采用虚构事实，骗取他人信任的方法，骗得人民币6 000余元，数额较大，其行为构成诈骗罪；

第三种意见认为，被告人唐某某冒充国家机关工作人员招摇撞骗，应定性为招摇撞骗罪。

三、评析意见

笔者同意上述第三种意见，认为被告人唐某某的行为构成招摇撞骗罪。具体分析如下：

(一) 被告人的行为不构成冒充军人招摇撞骗罪

冒充军人招摇撞骗罪是指以谋取非法利益为目的，冒充军人招摇撞骗的行为。本罪具有如下构成特征：①犯罪客体是军队良好威信和正常活动。②犯罪客观方面表现为实施了冒充军人招摇撞骗的行为。③犯罪主体为一般主体，即任何年满16周岁、具备刑事责任能力的自然人。④主观方面为故意，且具有谋取非法利益的目的。该非法利益既包括金钱、财物等物质利益，也包括荣誉待遇、异性的性爱等非物质利益。

本案中，被告人唐某某冒充的是消防队员的身份。在我国，武警消防部队是中国人民武装警察部队的序列警种，是公安机关的重要职能部门，也是国家武装力量的重要组成部分。消防部队人员名额为国家行政编制，人员行政经费由国家财政支出，所需消防车辆及装备器材等消防业务经费由所在地方财政开支。故被告人唐某某冒充的并非是军人身份，其侵犯的客体也并非是军队良好威信和正常活动，因此，其行为不构成冒充军人招摇撞骗罪。

(二) 诈骗罪与招摇撞骗罪的辨析

1. 诈骗罪与招摇撞骗罪的法理辨析

诈骗罪，是指以非法占有为目的，使用虚构事实或者隐瞒真相的方法，骗取数额较大的公私财物的行为。该罪要求被害人基于行为人的欺诈行为对事实真相产生错误认识，进而出于真实的内心意思而自愿处分财产，且数额较大。而招摇撞骗罪是指为了谋取非法利益，假冒国家机关工作人员或者人民警察进行招摇撞骗的行为。本罪的客体是国家机关的威信以及其正常活动；本罪的客观方面表现为行为人实施了冒充国家机关工作人员和人民警察进行招摇撞骗的行为；本罪的主体是一般主体，即年满16周岁并具有刑事责任能力的自然人；本罪的主观方面为故意。

刑法理论上对招摇撞骗罪与诈骗罪的区分已形成共识，主要表现在以下几个方面：①侵害的客体不同。招摇撞骗罪侵犯的客体主要是国家机关的威信及其正常活动，而诈骗罪侵犯的客体仅限于公私财产权利。②行为手段不同。招摇撞骗罪的犯罪手段只限于冒充国家机关工作人员的身份或职称进行诈骗，诈骗罪的手段并无此限制，可以利用任何虚构事实、隐瞒真相的手段和方式进行。③犯罪的主观目的不同。诈骗罪的犯罪目的，是希望非法占有公私财物；而招摇撞骗罪以追求非法利益为犯罪目的，其内容较诈骗罪广泛一些，可以包括非法占有公私财物，也可以包括其他非法利益。④构成犯罪的犯罪数额要求不同。诈骗公私财物数额较大的，才可构成诈骗罪；而冒充国家机关工作人员招摇撞骗罪的，刑法对其并无数额较大的要求。

2. 诈骗罪与招摇撞骗罪属法条竞合关系

我国刑法有关招摇撞骗罪与诈骗罪的规定，存在立法上的交叉重合关系，行为人冒充国家机关工作人员诈骗他人财物，数额较大的行为，既符合招摇撞骗罪的构成要件，也满足诈骗罪的构成要求。这种交叉关系由刑法典的直接规定所引起，不以上述诈骗行为是否具体发生而转移，属于刑法法条竞合。另外，上述骗取财物的行为，是行为人基于一个罪过实施的一个犯罪行为，产生了一个危害结果，不具备想象竞合犯所要求的一犯罪行为多罪过、多结果的特征，因此，不构成想象竞合犯。

（三）被告人唐某某的行为应定性为招摇撞骗罪

法条竞合的法律适用原则，总的来说是适用其中一个法条定罪量刑，而排斥其他法条的重复适用。具体而言，在包容竞合的情况下，适用原则是特别法优先于普通法，因为立法者于普通法条之外又另行制定特别法条，就是考虑到某些行为有其特殊的犯罪构成和特别的社会危害性，需要特别加以规定，其法定刑通常也比普通法条重，符合罪刑相适应的原则。当出现交叉竞合的情况下，其适用原则是重法优于轻法，即选择法定刑较重的法条。

在本案中，被告人唐某某冒充消防队员将非法出版物《消防安全监督管理制度与安全防火国家标准及法律法规汇编》，分别销售给了三家被害单位，合计骗取人民币 6 000 余元。犯罪客体上侵犯的是国家机关的威信及其正常活动；客观方面，实施了冒充国家机关工作人员和人民警察进行招摇撞骗的行为，并骗得被害人财物 6 000 余元；主观方面为故意。因此，被告人的行为从犯罪构成要件上来说既符合招摇撞骗罪的犯罪构成，又符合诈骗罪的犯罪构成，属于法条竞合关系中的交叉竞合，应采用重法优于轻法的适用原则。具体来看，被告人唐某某骗取被害单位 6 000 元人民币，属数额较大，依照诈骗罪的法定刑为三年以下有期徒刑、拘役和管制，并处或单处罚金。依照招摇撞骗罪有两档法定刑：情节一般的，法定刑为三年以下有期徒刑、拘役、管制或者剥夺政治权利；情节严重的，法定刑为三年以上十年以下有期徒刑。因招摇撞骗罪同时又是一种破坏国家机关威信的行为,故在一般司法实践中,当行为人骗取同等数额的财物时,采用冒充国家机关工作人员的方式骗取财物的应重于一般诈骗罪,故本案被告人唐某某的行为应定性为招摇撞骗罪。

四、处理结果

检察机关以被告人唐某某行为构成招摇撞骗罪向法院提起公诉,法院以招摇撞骗罪判处唐某某有期徒刑八个月。

(杨　洁)

“网络盗号”行为性质如何认定

一、基本案情

2009年7月中旬，被告人王某登录由上海天游软件有限公司运营的网络游戏“LUNA露娜”的官方网站时，发现该网站存在系统漏洞。后王某使用“reduh”和“webshell”等软件以在服务器上建立隧道的方式非法侵入露娜游戏的服务器，并下载了部分游戏玩家数据库资料，包括用户名和密码。期间，被告人陈某明知王某上述行为仍为其提供技术帮助。2009年7月下旬，陈某与王某商议决定出售非法获取的露娜游戏玩家数据库资料。后陈某通过朋友介绍认识了网名为“纵横网络”的人，双方经商议后以5 000元的价格成交了一个区的露娜游戏玩家数据库。此后，因“纵横网络”没有继续向陈某询问购买事宜，陈某、王某遂决定另行寻找买家。

2009年8月初，陈某与被告人孟某通过QQ联系，谈妥以20万元的价格出售全部露娜游戏玩家数据库资料。8月12日，孟某根据陈某提供的账号，在上海分别向陈某的农业银行卡和王某的工商银行卡各汇了10万元，共计20万元，陈某将其中8万元存入王某所有的户名为王金龙的工商银行账户内。当晚，陈某通过QQ将露娜游戏玩家数据库资料发给了孟某。孟某经上网测试，发现数据库信息不完整，并将情况告知陈某。次日，王某再次通过已经建立的隧道，非法侵入露娜游戏的服务器，下载了剩余的数据库资料，并通过QQ发给陈某，陈某将接收的数据库转发给孟某。经核查，陈某、王某非法下载并出售露娜游戏玩家的用户名和密码共计4 117 221条。2009年8月中旬，孟某伙同苏某等人将上述购得的数据库资料解码后，获得玩家用户名和密码并登陆露娜游戏，盗取游戏玩家的游戏装备和游戏币，后通过网络出售牟利3万余元。

二、争议焦点

在案件处理过程中对以下问题存在争议，一是陈某、王某非法侵入露娜游戏服务器下载数据库资料的行为如何定性;二是孟某等人购买玩家数据库资料,解码后登录游戏窃取游戏装备、游戏币的行为如何定性。对上述问题在处理中存在以下分歧意见:

第一种意见认为,陈某、王某非法侵入国家事务、国防建设、尖端科学技术领域之外的服务器,下载数据资料的行为应认定为非法获取计算机信息系统数据罪;孟某等人利用玩家信息登录网络游戏,窃取游戏装备、游戏币等“虚拟财产”①的行为应认定为盗窃罪。

第二种意见认为,孟某等人登录网络游戏,窃取“虚拟财产”的行为应认定为盗窃罪。而陈某、王某侵入服务器下载数据的行为系为孟某等人的盗窃行为提供犯罪工具,应当认定为盗窃共犯。

第三种意见认为,陈某、王某非法侵入服务器下载数据,以及孟某等人登录游戏窃取“虚拟财产”的行为均符合非法获取计算机信息系统数据罪的构成要件,应以该罪入罪量刑。

三、评析意见

我们同意第一种意见,具体分析如下:

(一)针对网络盗号行为的立法现状和司法实践

近年来,信息技术和网络应用快速发展,我国现有的互联网用户日益增加,随之产生的利用网络从事各类非法活动的现象大幅上升,这类行为对国家信息网络的安全造成了巨大威胁,严重扰乱了社会管理秩序,对公民、法人和其他组织的合法权益造成危害。在此背景下,2009 年 2 月 28 日十一届全国人大常委会第七次会议表决通过的《中华人民共和国刑法修正案(七)》在《刑法》第 285 条中增加两款,作为第二、三款,其中第二款为非法获取计算机信息系统数据罪,该罪的确立旨在打击各类网络犯罪,但比照以往网络盗窃行为大多以盗窃罪定罪处罚的司法实践,在具体罪名适用上的竞合和分歧逐渐凸显,而分歧的主要焦点就是网络游戏中的“虚拟财产”能否成为盗窃对象。

---

① 虚拟财产是指狭义的数字化、非物化的财产形式,它包括网络游戏、电子邮件、网络寻呼等一系列信息类产品,包括长时间虚拟生活中形成的人物形象。但由于目前网络游戏的盛行,虚拟财产在很大程度上就是指网络游戏空间存在的财物,包括游戏账号的等级、游戏货币、游戏人物拥有的各类装备等等,这些虚拟财产在一定条件下可以转换成现实中的财产。

而近年来,网络盗号行为日益猖獗,为保护网络安全,各地亦重拳出击打击网络盗号行为。一是2005年12月9日,国内首例涉及"虚拟财产"的盗窃案件在深圳市南山区人民法院开庭。犯罪嫌疑人曾某和杨某盗窃了上百个QQ号码,售得7万多元,检察机关以其涉嫌盗窃罪提起公诉;二是2007年《梦幻西游》浙江丽水盗号集团案3名主犯被丽水市云和县法院以"破坏计算机信息系统罪"分别判处刑罚;三是2009年山东淄博《梦幻西游》虚拟财产被盗案中,法院以盗窃罪判处被告人拘役六个月;四是2009年厦门市湖里区法院以非法获取计算机信息系统数据罪,对被告人楼某利用自编的密码扫描探测程序和网上下载的任务自动加载程序,获取信息后自制银行卡的行为,判处有期徒刑七个月,并处罚金2 000元;五是2009年2月,陶某向网民"铁血"购得一套针对"通吃"游戏的木马程序,后在网络上传播,先后窃取了数百个"通吃"游戏玩家的账号和密码等信息,此后窃得张某账号内60亿"扎啤"并低价卖给玩家方某,从中牟利18.98万元。经鉴定,60亿"扎啤"价值人民币33万元。10月19日,云和县检察院以涉嫌非法获取计算机信息系统数据罪对陶锋提起公诉。

(二)"虚拟财产"能否成为盗窃对象的争辩

1. 持上述第三种观点者大都认为"虚拟财产"不能作为盗窃对象

理由如下:首先,网络游戏中的"虚拟财产"具有数据性和极强的依赖性,其实质就是计算机系统中存储的电子数据,是以0和1两种代码标识的电磁记录,而这些记录完全依附于网络游戏中特定的虚拟环境,脱离则无价值、脱离则不存在,因而缺乏物的一般性质要求。同时,虽然这些电磁记录具有一定的财产性,但这所谓的价值和财产性仅存在于游戏范围,且主要体现为玩家的感知,更是处于游戏运营商的直接控制和支配之下,其价值是可以随意变动的。其次,几乎所有的网络游戏用户协议中都有被玩家称为"霸王条款"的内容,即游戏账号和账号中的人物,道具装备等都属于运营商所有。这一条款不仅反映出虚拟财产的归属不明,在认定被害方时存在两可情况,更直接表明玩家在游戏过程中实际是享受运营商提供的服务,得到的是更好、更愉悦的享受,而不仅仅是将金钱、时间转化为虚拟财产。因此,这种合同关系可以认定为是一种服务合同。

2. 持上述第二种观点者大都认为"虚拟财产"可以作为盗窃对象

理由如下:首先,基于以往的司法实践,已达成较为一致的认识,即认为虚拟财产是游戏玩家通过一定的时间、付出一定的劳动、投入一定的资金后产生的价值承载体,它也是劳动价值的一种表现形式。而随着网络的发展,虚拟财产的交易已经超越了时间、地域的局限性。作为新型的劳动产物,完全符合普通财物的基本特征。其次,从犯罪的主观方面和客观行为看,对于虚拟财产的窃取往往有明确的故意和指向性,即希望通过秘密手段获得他人的劳动成果,非法占有受法律保护的合法财产。完全符合盗窃罪的本质要求。这一行为已经超出了对网络安全的侵害,与非法获取计算机信息系统数据罪的保护客体存在本质区别。

(三)准确认定网络盗号行为的几点看法

要准确判断本案的性质,做出准确定性,首要的是在辨析盗窃罪和非法获取计算机信息系统数据罪的基础上分析陈某、王某和孟某等人行为的实质。

1. 盗窃罪和非法获取计算机信息系统数据罪之比对

第一,两罪的特性上存在一定的相似性,即秘密状态下取得他人财物。但盗窃罪一般具有当场性和即时性,对象是普遍的公私财物,涵盖范围较广。而非法获取计算机信息系统数据罪则通过远程、定时地侵入计算机系统并获取相应数据,更具针对性。

第二,两罪的主体均为一般主体,但存在一定差异。普通公民均可成为盗窃罪主体,不需要任何特殊技能。但非法获取计算机信息系统数据罪要求行为人具有一定的黑客技术,普通人群一般无法轻易获取储存的数据。第三,客体的价值不同。盗窃罪是典型的数额犯,根据犯罪数额的大小确定刑罚,由于客体的普遍性,其价值通过鉴定即可确定。而非法获取计算机信息系统数据罪是情节犯,需要情节严重才入罪量刑。基于虚拟财产的特殊属性,司法实践中估价难问题普遍存在。即使进行了估价鉴定,最终结果往往双方都无法接受,这也是将该罪认定为情节犯的原因之一。

2. 本案中,陈某、王某的行为构成非法获取计算机信息系统数据罪,孟某等人的行为构成盗窃罪

首先,陈某、王某与孟某等人在具体行为和侵害的客体上存在本质区别。陈某、王某侵入露娜游戏服务器,非法下载玩家账号的行为更准确的说是属于"网络盗号"①行为。两人实质上侵害的是网络安全和运营商的经营安全,玩家

① 网络盗号主要指利用木马程序、密码扫描探测程序等非法侵入他人计算机信息系统,窃取他人银行、游戏等账号和密码的行为。

账号作为身份信息,其财产属性有别于上述虚拟财产的认定。而此时,具体虚拟财产仅处于可能的危险境地。孟某等人通过对购得数据的解码,获得账号并登录游戏窃取虚拟财产,侵害网络安全性的同时,侵害的更是具体玩家的切身利益。其次,陈某、王某非法获取的露娜游戏玩家数据库资料可以有多种用途。若被运营商的竞争对手获取后,可能用于攻击或破坏露娜游戏的稳定性和安全性,造成恶意竞争;可能被他人获取后用于敲诈勒索运营商财物的威胁手段;也可能像本案中被孟某等专门的"洗号"团伙利用,通过盗窃虚拟装备进而牟利。可见,该部分数据库资料在明确用途前存在多种使用的可能性。陈某、王某出售仅为牟利,未于孟某等人达成盗窃虚拟财产的犯意联络,不应认定为共同犯罪。最后,从现有的判例来看,在非法获取计算机信息系统数据罪确定之前,网络盗号、盗窃虚拟财产的行为大都以盗窃罪或者破坏计算机信息系统罪定罪处罚,各地处罚和定性标准上存在较大差异。自《刑法修正案(七)》出台后,越来越多的网络盗号、盗窃虚拟财产的行为被归入《刑法》第 285 条,司法实践也日趋统一。

四、处理结果

检察机关以被告人陈某、王某行为构成非法获取计算机信息系统数据罪向法院提起公诉,以孟某等四人行为构成盗窃罪向法院提起公诉,均获法院判决认可。

(顾　伟)

攻击计算机服务器干扰私车额度网上竞拍的行为如何定性

一、基本案情

2009 年 7 月初，被告人周某某将木马恶意软件“darkshell”客户端交由被告人王某某进行传播。王某某将该木马恶意软件客户端伪装成 BT 下载种子文件后进行传播，从而使被告人周某某获得 5 000 余台上网用户计算机的控制权。2009 年 7 月 18 日上午，周某某在其暂住处使用其笔记本电脑参与某市私车额度拍卖竞拍的过程中，为确保其竞拍成功，决定采用发起拒绝服务攻击的方法限制竞拍参与人数。当日 10 时 55 分，被告人周某某远程登录其使用的服务器，操纵木马恶意软件“darkshell”控制端对被其非法控制的 5 000 余台计算机发出攻击私车额度网上竞拍服务器的指令，导致私车额度网上竞拍服务器无法正常运行，该次拍卖被迫取消，造成恶劣社会影响。

二、争议焦点

关于被告人周某某和王某某行为性质的认定，实践中存在以下不同意见：

第一种意见认为，被告人行为构成破坏计算机信息系统罪。理由是，周某某违反国家规定，采用发动分布式拒绝服务攻击的方法对私车额度网上竞拍服务器进行干扰，致使该服务器无法正常运行，后果严重；王某某明知是恶意软件仍帮助周某某传播，致使 5 000 余台计算机被控制并用于非法攻击，后果严重。两人的行为均已触犯《刑法》第 286 条第一款，应当以破坏计算机信息系统罪追究刑事责任。

第二种意见认为，被告人行为构成非法控制计算机系统罪。理由是，周某某主动下载恶意木马病毒，交与王某某伪装成热门电影 BT 种子后在网上传播，使得下载该种子的用户计算机信息系统被植入该恶意木马程序并被周某某非法控制，且非法控制的计算机数量高达 5 000 余台，情节严重，依法应构成非法控制计算机系统罪。

三、评析意见

我们同意第一种意见。由于破坏计算机信息系统的行为在司法实践中作为犯罪追究的情形不多见，理论上对这一罪名的研究不多，因此对本案的探讨具有较大的实践价值。关于本案的定性，我们认为周某某、王某某的行为构成破坏计算机信息系统罪，理由如下：

（一）周某某、王某某的行为符合破坏计算机信息系统罪的构成要件

破坏计算机信息系统罪，是指违反国家规定，对计算机信息系统功能或计算机信息系统中存储、处理或者传输的数据和应用程序进行破坏，后果严重的行为。《刑法》第 286 条规定的破坏计算机信息系统罪的罪状是采用并列选择的行为方式，即破坏计算机信息系统功能；破坏计算机数据和应用程序；制作、传播计算机病毒等破坏性程序且造成严重后果的行为。这些行为方式只要具备其中之一，就可以成立破坏计算机信息系统罪。第 286 条第三款规定："故意制作、传播计算机病毒等破坏性程序，影响计算机系统正常运行，后果严重的，依照第一款的规定处罚。"根据第三款的规定，该款客观方面表现为故意制作、传播计算机病毒等破坏性程序，影响计算机系统正常运行，后果严重的行为。但破坏性程序通常指的是，隐藏于计算机信息系统的数据文件、执行程序里，且能在计算机内部运行，并对计算机信息系统进行干扰的程序，即本罪犯罪对象不限于计算机病毒。

在本案中，周某某从网上下载的木马程序，不是严格意义上的计算机病毒，其属于具有木马控制功能和拒绝服务攻击功能的恶意软件，一旦该软件被植入计算机，只要该计算机开机上网，木马程序就会自动运行，占用计算机的内存，影响计算机功能的运行，因此可以成为本罪的犯罪对象。周某某从网上下载该木马程序后交给王某某传播，两人共同实施了故意制作、传播破坏性程序的行为。而且，这一破坏性程序的传播，导致 5 000 余台电脑被控制，网速减慢、断网或网页无法打开等情况，已经影响了计算机系统的正常运行。周某某、王某某的行为属于《刑法》第 286 条第三款的规定，符合破坏计算机信息系统罪的构成要件。

(二)周某某、王某某的行为符合非法控制计算机信息系统罪的构成要件

2009年2月28日《刑法修正案(七)》增加了非法控制计算机信息系统罪,即违反国家规定,侵入前款规定(国家事务、国防建设、尖端科学技术领域)以外的计算机信息系统或者采用其他技术手段,对该计算机信息系统实施非法控制的行为。在本案中,周某某主动下载恶意木马病毒后,交与王某某伪装成热门电影BT种子后在网上传播,使得下载该种子的用户计算机信息系统被植入该恶意木马程序并被周某某非法控制,从而组建起一个有5 000余台计算机构成的"僵尸网络",且非法控制的计算机数量高达5 000余台,对计算机信息系统安全构成了很大威胁,属于情节严重。因此,被告人周某某、王某某违反国家规定,侵入普通计算机信息系统,非法控制计算机信息系统的行为,依法符合非法控制计算机系统罪的构成要件。

(三)对周某某、王某某的行为应择一重罪处罚

综上,尽管周某某、王某某同时构成了破坏计算机信息系统罪和非法控制计算机信息系统罪,但周某某、王某某只实施了一个行为,同时触犯两个罪名,属于想象竞合犯,应该从一重罪处罚。根据《刑法修正案(七)》的规定,非法控制计算机信息系统,情节严重的,处"三年以下有期徒刑或者拘役,并处或者单处罚金"。如果是情节特别严重的情形,也只是处"三年以上七年以下有期徒刑"。而破坏计算机信息系统罪的法定刑系"五年以下有期徒刑"和"五年以上有期徒刑"两档。可见,破坏计算机信息系统罪的法定刑要高于非法控制计算机信息系统罪。按照想象竞合犯从一重罪而处的原则,应当按照破坏计算机信息系统罪追究刑事责任。

四、处理结果

检察机关以被告人周某某、王某某行为均构成破坏计算机信息系统罪向法院提起公诉,法院以破坏计算机信息系统罪分别判处周某某有期徒刑二年;王某某有期徒刑一年零二个月。

(王春丽)

如何认定聚众斗殴罪及其转化犯

一、基本案情

2009年11月30日下午，被告人陈某甲在本市某建筑工地工作时，受班组长侯某某的指示多次前去查看工地塔吊是否空闲，均发现塔吊被安徽籍木工正在使用或不能使用。当日17时许，陈某甲第四次前去查看时，发现塔吊仍为安徽籍木工使用，便上前抢吊绳意欲将塔吊归己方使用，而与正在使用该塔吊的秦某某(另案处理)发生争执。因见另两名安徽籍木工至现场，便放弃争抢吊绳后将塔吊电闸关闭，致使塔吊无法使用，并挥手向所在的贵州籍木工班组工人喊话，示意他人上前帮忙。侯某某等人(均另案处理)持械上前与秦某甲发生扭打，被告人陈某乙(贵州籍木工)在得知双方打架后也上前，并持械参与打架。后陆某某(另案处理)等安徽籍木工班组工人闻讯亦持械上前与贵州籍一方工人发生冲突，陆某某持木板条将侯某某殴打致伤。在双方殴斗过程中，秦某甲、秦某乙被人殴打致伤。经法医鉴定，侯某某因外伤致右颞顶硬膜外血肿，右颞骨骨折，头皮血肿，头皮裂伤，左枕部脑挫伤，左侧顶骨骨折，其损伤已构成重伤；秦某乙因外伤致右侧颞顶骨凹陷性粉碎性骨折，右顶硬膜外血肿，其损伤已构成重伤；秦某甲因外伤致右顶骨凹陷性骨折，头面部皮肤挫裂伤，其损伤已构成轻伤。被告人陈某乙接公安机关电话通知后，主动至公安机关投案，并如实供述了上述事实。

二、争议焦点

本案中，对被告人陈某甲、陈某乙的行为定性存在以下几种分歧意见：

第一种意见认为，本案应认定为聚众斗殴性质犯罪。被告人陈某甲构成故意伤害罪(致人重伤，聚众斗殴转化)，被告人陈某乙不构成聚众斗殴罪。

第二种意见认为，本案应认定为聚众斗殴性质犯罪。被告人陈某甲构成故意伤害罪(致人重伤，聚众斗殴转化)，被告人陈某乙构成聚众斗殴罪。

第三种意见认为,本案应认定为聚众斗殴性质犯罪。被告人陈某甲、陈某乙均构成故意伤害罪(致人重伤,聚众斗殴转化)。

第四种意见认为,本案属于故意伤害性质犯罪,应当以故意伤害罪追究被告人陈某甲的刑事责任,但认定被告人陈某乙故意伤害罪的证据不足。

第五种意见认为,本案属于故意伤害性质犯罪,应当以故意伤害罪追究被告人陈某甲、陈某乙的刑事责任,其中陈某甲系主犯,陈某乙认定为从犯。

三、评析意见

笔者同意上述第二种意见,理由如下:

(一) 要准确把握聚众斗殴罪的构成要件和相关规定

根据《刑法》第 292 条之规定:"聚众斗殴的,对首要分子和其他积极参加的,处三年以下有期徒刑、拘役或者管制;有下列情形之一的,对首要分子和其他积极参加的,处三年以上十年以下有期徒刑:一是多次聚众斗殴的;二是聚众斗殴人数多,规模大,社会影响恶劣的;三是在公共场所或者交通要道聚众斗殴,造成社会秩序严重混乱的;四是持械聚众斗殴的。聚众斗殴,致人重伤、死亡的,依照本法第二百三十四条、第二百三十二条的规定定罪处罚。"

上海市高级人民法院、上海市人民检察院、上海市公安局、上海市司法局于 2006 年联合印发的《关于办理聚众斗殴犯罪若干问题的意见》(以下简称《意见》)中就聚众斗殴犯罪进行了进一步的详细说明。《意见》第一条规定,聚众斗殴犯罪是指基于报复他人、争霸一方、寻求刺激或者其他公然藐视国家法纪和社会公德的不法动机,纠集多人成帮结伙地互相进行打斗,破坏社会公共秩序的行为。该条同时对聚众斗殴犯罪中的犯罪主体、聚众以及斗殴作了明确解释。《意见》还用较大篇幅对聚众斗殴犯罪的转化犯进行了详细的规定,即聚众斗殴的转化犯是指行为人在聚众斗殴的过程中,致人重伤或死亡的,对行为人不以聚众斗殴罪而是以故意伤害罪或故意杀人罪定罪处罚的情况。该规定明确了在聚众斗殴犯罪中适用《刑法》第 292 条第二款的条件,同时也对聚众斗殴犯罪中不宜认定转化犯的情况予以了说明,有助于司法实践中正确认定聚众斗殴罪及其转化犯。

(二) 本案陈某甲纠集他人参与斗殴存在不法动机

本案中,双方系因为争夺塔吊的使用权而产生矛盾进行殴斗。表面上看,貌似是为了争夺生产工具而发生的斗殴，但详细考究，事实并非如此。塔吊属于整个工地所有，若存在使用规则，则应当按照规则使用；若无规则，则应由双方在协商的基础上和平友好利用，而不能诉诸暴力。被告人陈某甲在多次发现塔吊为他人使用，与他人发生纠纷，并挥手招来己方人员，双方发生殴斗，其本人也持械积极参与斗殴，因此，其主观上存在争霸一方、藐视法纪的故意，显然具有“不法动机”。

（三）行为是否构成犯罪要从总体上予以把握

认定一个行为是否构成犯罪，应依据犯罪的构成要件理论予以分析。被告人陈某乙参与聚众斗殴，其主观上明知他人在斗殴而积极参与，客观上实施了持械殴打他人的行为，应当认定其已经构成聚众斗殴犯罪。也就是说，判断聚众斗殴犯罪并不能以纠集者和被纠集者为标准来判断参与人，对于那些事先并没有受到纠集，但在得知双方发生斗殴后，仍积极参与，并明知可能造成他人人身伤害后果的行为人，情节严重的，也应当以聚众斗殴罪予以定罪处罚。

（四）聚众斗殴罪中其他参加者的行为应酌情考量

对于被告人陈某甲应当以聚众斗殴犯罪转化犯认定为构成故意伤害罪（致人重伤），而对于被告人陈某乙的行为不能认定为转化。根据《意见》第四条关于聚众斗殴犯罪中转化犯以及转化犯的限制的相关规定，只要造成了重伤的后果，对于首要分子和伤害后果的直接加害者，均应当转化认定为故意伤害罪。而对于上述首要分子和直接加害者之外的其他积极参与者，能否转化为故意伤害罪，则需要酌情考虑，而不能简单地以共同犯罪理论认定系共同加害者，均予以转化。若能够证实积极参与者对重伤被害人实施了加害行为，且该加害行为虽非直接致被害人重伤后果，而是与其他直接加害人共同造成被害人重伤后果，可以认定该积极参与者为重伤后果的共同致害原因，应认定为转化犯。若无证据证实重伤后果与该积极参与者有直接关系或在时间上存在先后关系，则不应以转化犯认定。因此，本案被告人陈某甲作为首要分子应认定为转化犯，但对被告人陈某乙因无证据证实其实施了致人重伤的加害行为，也无证据证实其实施了致人重伤后果的共同加害行为，故不能以转化犯认定其行为构成故意伤害犯罪。

综上所述，本案整体应当认定为聚众斗殴性质犯罪。对被告人陈某甲应当认定为故意伤害罪，而对被告人陈某乙应当认定为聚众斗殴罪。

四、处理结果

检察机关以被告人陈某甲行为构成故意伤害罪,陈某乙行为构成聚众斗殴罪向法院提起公诉,法院经审理后认为,被告人陈某甲纠集多人持械殴打他人,致一人重伤、一人轻伤,其行为已构成故意伤害罪,判处有期徒刑四年;被告人陈某乙明知他人持械斗殴仍积极参与,其行为已构成聚众斗殴罪,判处有期徒刑二年零六个月。

(杨朝龙)

如何准确把握故意伤害罪和“随意殴打”型寻衅滋事罪界限

一、基本案情

案例一：2008 年 10 月 21 日中午，被告人董某得知日常和其存在摩擦的同事吴某将要辞职离开公司，遂于当日下午 1 时许指使许某纠集了周某及被告人刁某等人，至上海市某商贸有限公司员工宿舍内，对被害人吴某、吴某某进行殴打，致使被害人吴某右手环指近节指骨粉碎性骨折及左侧第 7、8 肋骨骨折等，致被害人吴某某右前臂软组织损伤、头部外伤。经司法鉴定被害人吴某的损伤已构成轻伤。

案例二：2011 年 3 月 1 日 22 时许，被告人胡某自认为李某与其女友有不正当关系，遂纠集被告人向某和王某等 3 人携带伸缩棍，至上海市宣化路 59 号附近，由被告人胡某持棍击打素不相识的被害人李某。嗣后，被告人胡某指使被告人向某等人追赶被害人李某至附近小区内，围住李某拳打脚踢后离去。经检验，被害人李某头部、胸部及左上肢软组织损伤等。

二、争议焦点

司法实践中，随意殴打型寻衅滋事罪与故意伤害罪极易混淆，目前对于如何明确区分二者的界限，理论与司法实践中均无通说。上述两个案件的性质和情节存在相似之处，在司法实践中也均存在一定争议，主要有以下两种分歧意见：

第一种意见认为，上述两个案件中被告人的行为均应认定为故意伤害行为，而不是寻衅滋事。具体理由是，寻衅滋事罪是从 1979 年《刑法》的流氓罪中分解而来，故其主观故意具有流氓动机，主要是出于耍威风、逞强好胜、寻求刺激等不健康动机。而故意伤害罪的主观动机一般是以侵害对方身体健康为主。

从犯罪起因看,寻衅滋事罪往往是无事生非殴打他人,而故意伤害罪则是事出有因。从侵害对象看,寻衅滋事罪往往随意选择对象,针对不特定对象。故意伤害往往刻意选择对象,针对特定人员。从犯罪场所上看,寻衅滋事罪发生在公共场所,故意伤害罪则场所不论。结合上述案例,两个案件的被告人殴打他人均系事出有因,且都是针对特定的对象,因此应认定为故意伤害犯罪。

第二种意见认为,上述两个案件中被告人的行为均应已构成寻衅滋事犯罪。具体理由是,目前实践中,为取乐而随意殴打他人的情况已比较少,更多的是行为人为了一点微不足道的小事而大打出手。为此,"随意殴打他人"可以分为两种情况:一种是出于无事生非、无故寻衅的流氓动机而随意殴打他人,该种行为是比较典型的寻衅滋事犯罪;另一种是虽然事出有因,但根据社会公民的一般认知水平,明显属于"小题大做"的情形,该种情形属于非典型性的随意殴打他人,除了犯罪对象是特定的外,行为人主要是为了出口气,在公共场所殴打与自己发生纠纷的对象。上述两个案例中的被告人为了个人出气,纠集他人在公共场所随意殴打他人的行为显然属于小题大做,应属于寻衅滋事罪中"随意殴打"的范畴,故构成寻衅滋事罪。

三、评析意见

我们同意上述第二种意见,具体分析如下:

上述两个案件均是比较典型的,对适用寻衅滋事罪还是故意伤害罪存在争议的案件。司法实践中,随意殴打型寻衅滋事罪与故意伤害罪极易混淆。一般认为,两罪主要在主观故意、犯罪起因、侵害对象、犯罪场所上有所区别,并通常从犯罪对象的不特定性、时间的即时性、事由的有悖常理性、动机的蔑视法纪性、地点的不分场合性和公开性等五个特征来考察是否属于寻衅滋事的随意殴打他人。从主观方面看,由于寻衅滋事罪是从旧刑法的流氓罪中分解而来,一般来说其主观方面要求具有流氓动机,主要指出于逞强斗狠、耍威争霸、发泄不满,或开心取乐、寻求刺激等不健康动机。

但目前实践中,因耍威风、取乐、找刺激而随意殴打他人的情况已比较少见,大部分寻衅滋事行为有时可能因为日常生活中的摩擦或琐事,借题发挥,肆意殴打他人。这就说明这类行为通常也是具有一定事由的,只不过这些事由被行为人无限夸大并加以利用而已。况且"无故"、"无理"本身就是不明确的语词，严格来讲，任何事情都是或多或少有理由的，关键在于如何理解。据统计，2009 年上海市某区法院审结的 88 件寻衅滋事案，因事出有因（争执、肢体接触、碰撞等）而认定为寻衅滋事罪的达 52 件，占总数的 59.09％。因此，不论“事出无因”还是“事出有因”殴打他人的行为均可构成寻衅滋事罪，关键是要把“事出有因”解读为出于一般人所不能理解和接受的原因殴打他人才能证明其随意性。同样，因为“小题大做”型寻衅滋事行为的存在，“对象特定”也不能成为不构成“随意殴打他人“的理由。为此，“随意殴打他人”可以分为两种情况：一种是出于无事生非、无故寻衅的流氓动机而随意殴打他人；另一种是虽然事出有因，但根据社会公民的一般认知水平，明显属于“小题大做”的情形，该种情形属于非典型性的随意殴打他人，除了犯罪对象是特定的外，行为人主要是为了出口气，满足自己争强好胜的心理而置法纪于不顾，在公共场所殴打与自己发生纠纷的对象。

实践中，对殴打他人的行为是否具有“随意”性质，应结合寻衅滋事罪的犯罪客体从主观和客观方面进行综合判断。如随意殴打他人造成轻伤以上危害结果，与故意伤害犯罪出现竞合时，应择一从重处理；如随意殴打他人致人重伤、死亡的，不能认定为寻衅滋事罪，而应认定为故意伤害罪或者故意杀人罪。

第一，对寻衅滋事罪保护的客体，具体而言应是社会一般交往中个人的身体安全，或者说是与公共秩序相关联的个人的身体安全。否则，难以说明寻衅滋事罪在刑法分则中的顺序与地位。当行为人在公共场所随意对某一个体进行殴打时，公众就会降低对公共场所安全的信任度，因而这种寻衅滋事行为并非简单的个体之间的私人恩怨或彼此伤害，而是对社会管理秩序的扰乱或破坏。

第二，在主观方面对“随意”不能理解为无缘无故、没有任何起因的殴打他人。不排除有时可能是没有任何起因的随意殴打他人，但在当前的现实生活中毫无缘由地见人就打、见东西就拿的事情少之又少，大部分寻衅滋事行为可能就是因为日常生活中的摩擦或琐事，借题发挥，肆意殴打他人。因此应从一般人或社会大多数人的立场出发进行判断，如果身处犯罪人同样的情境，是否有可能实施和犯罪人相同或类似的行为？也就是说，能否对犯罪人实施殴打行为的动机或原因给予理解和接受。如果不能给予肯定回答，则说明犯罪人的殴打行为具有随意性。

第三,随意殴打他人并不是一种纯主观的判断,更重要的是基于动机、原因、对象、场所等客观事实作出的综合评价,客观上殴打的次数越多、殴打的人数越多、殴打的事由越无理、殴打的对象越陌生,被判断为"随意殴打他人"的可能性就越大。因此,对主观随意另一个重要的判断依据就是客观随意。客观随意体现在行为人行为的方方面面,正是由于行为人主观上是出于"随意"而实施了一定行为,使得这些行为与行为人有意识地实施的行为相比,在许多方面呈现出显著的不同,主要体现在以下几个方面:①行为的时间与地点。由于本罪行为是随意实施的,所以客观表现为不分时间和地点,一般没有一种事先对时间、地点的选择性,在什么时候、在哪里都可以实施;而且,由于本罪主观上是出于耍威风、取乐的不正当动机与目的,时间一般是在白天,地点一般是在公共场所;②行为的工具和方式。与随意性相对应,本罪很少使用特定的犯罪工具,徒手作案多,即使使用工具也多是现场找取;在行为方式上,打击的强度不是很大,打击的部位大多不是要害部位,而是能打到哪就打哪,并且一般还伴有叫嚣、辱骂、示威等言词或行为;③行为对象。在对象的选择上,本罪多是随机地选取,更多地具有偶然性;④行为结果与事后态度。本罪行为人对自己行为的后果并不关心,被害的人或物受到何等程度的损害他们很少在意,他们所关注的是其不正当目的或动机是否得到满足,因此一般也不会伪造、销毁现场,或通过手段掩饰自己的罪行。

四、处理结果

对上述两案检察机关均以被告人行为构成寻衅滋事罪向法院提起公诉,法院以寻衅滋事罪分别判处被告人董某有期徒刑一年;被告人胡某有期徒刑六个月,对其余同案犯也均以寻衅滋事罪认定。

(赵　宁)

在公共场所持空枪威胁他人应如何定性

一、基本案情

2010年2月7日晚，被告人沈某在上海市奉贤区某镇一餐馆就餐时遇到刘某，刘某用手拍打沈某头部打招呼，沈某认为刘某向其挑衅，遂与刘某发生争执继而互相推搡，后被旁人劝开。沈某不服，为泄愤返回家中携带仿真钢珠手枪（无弹珠）至该镇某路口，持枪拦截正欲回家的刘某，用枪顶住刘某头部进行威胁，要求刘某下跪赔罪认错，造成群众围观，后被闻讯赶来的民警抓获并当场起获该把仿真钢珠手枪。经鉴定，涉案手枪系以压缩空气为动力，可以击发并足以致人伤害。

二、争议焦点

本案在处理过程中存在以下分歧意见：

第一种意见认为，沈某的行为构成非法携带枪支危及公共安全罪。理由如下：《刑法》第130条规定非法携带枪支、弹药、管制刀具或者爆炸性、易燃性、放射性、毒害性、腐蚀性物品，进入公共场所或者公共交通工具，危及公共安全，情节严重的，处三年以下有期徒刑、拘役或者管制。最高人民法院法释[2009]18号《关于审理非法制造、买卖、运输、枪支、弹药、爆炸物等刑事案件具体应用法律若干问题的解释》中，对“情节严重”规定了五种具体情况，第一种情况即“携带枪支或者手榴弹的”。法条规定的“危及公共安全”并非本罪规定的犯罪情节，“情节严重”才是构成本罪情节的规定，因此，只要行为人携带枪支进入公共场所，即可认定为危及公共安全。沈某主观上明知携带枪支进入公共场所会危及公共安全，客观上实施了携带枪支进入公共场所的行为，符合本罪的主客观要件。

第二种意见认为，沈某的行为不符合非法携带枪支危及公共安全罪的构成要件,构成寻衅滋事罪。理由如下:《刑法》第130条规定的非法携带枪支危及公共安全罪中明确要求"危及公共安全",沈某携带的枪支中并无用于击发的子弹、钢珠等物,其行为也未对围观的群众造成心理恐慌继而发生挤压、踩踏等情况,刑法所要保护的法益并未遭受现实侵害。本案中沈某主观上具有流氓动机,客观上存在持械拦截他人的行为,造成群众围观,破坏公共秩序,应以寻衅滋事罪处理。

三、评析意见

我们同意第二种意见,沈某的行为构成寻衅滋事罪。本案案情较为简单,主要的争议焦点在于沈某的行为侵犯的客体是公共安全还是扰乱了社会秩序,即在本案中如何把握罪与非罪,以及非法携带枪支危及公共安全罪与寻衅滋事罪之间的区别。

(一)持空枪进入公共场所是否会危及公共安全,应当区分情况来加以分析

按传统理论,危险犯可以分为具体危险犯与抽象危险犯(推定危险犯),前者是指法律明确将某种危险直接规定为犯罪构成要件的情况,具体危险犯在刑法分则中均有"危害公共安全"、"足以发生……危险"等字样予以表述,例如《刑法》第141条规定"生产销售假药,足以严重危害人体健康的……"的生产、销售假药罪;抽象危险犯指立法者之所以规定某种行为为犯罪,是因为该行为在一般情况下必然具有损害某法益的危险的情况,因此被推定为具有危险而应受刑罚处罚,例如《刑法》第127条规定"盗窃、抢夺枪支、弹药、爆炸物的,处三年以上十年以下有期徒刑……"的盗窃、抢夺枪支、弹药、爆炸物罪。具体危险犯规定的具体危险使法益侵害的可能具体地达到现实化的程度,属于构成要件的内容,因此此种具体危险必须由司法官员以及其他有专门知识或者专业认识能力的人加以证明与确认,不能进行某种程度的假定或推断,所以具体危险是司法认定的危险,司法者必须以行为当时的各种具体情况以及已经判明的因果关系为根据,认定行为是否具有发生侵害法益的可能性,继而判断是否构成法律规定的犯罪。

《刑法》第130条规定的非法携带枪支危及公共安全罪属于具体危险犯。因此,本案中沈某的行为是否存在侵害公共安全危险的犯罪构成要件,需要进行司法认定。第一,按照常理,空枪当然不具有现实杀伤力,结合相关司法解释来看，非法携带枪支危及公共安全罪中的“枪支”应具有现实杀伤力。最高法《关于审理非法制造、买卖、运输枪支、弹药、爆炸物等刑事案件具体运用法律若干问题的解释》第 6 条列举了本罪“情节严重”的几种情形，第一种即为“携带枪支的”，但未明确说明有无装子弹。因此仅凭这一条还无法认定，应结合其他情形来认定。该司法解释还规定了“携带的弹药、爆炸物在公共场所或者公共交通工具上发生爆炸或者燃烧，尚未造成严重后果的”，构成犯罪。因为弹药本身不具有杀伤力，一般情况下不会对公共安全造成威胁，从司法解释这一规定，可以得出携带的枪支应为具有现实杀伤力的枪支这一结论。但我们也不能当然的认为枪支必须是装有子弹，如果行为人将子弹随身携带，其随时可以将子弹装入枪支使之具有现实杀伤力，即使其暂时未装子弹携带空枪进入公共场所，也可以认定其危害公共安全。第二，持空枪也可能会危及到公共安全。本案中沈某持空枪在路口顶住刘某太阳穴，并造成了群众的围观，包括刘某及群众可能都不知道沈某的枪内有无子弹，如果此时沈某突然将空枪指向群众，则可能会造成群众的恐慌及争相逃跑，导致踩踏等事故的发生，危及到不特定多数人的身体甚至生命安全，在这种情形下持空枪也可以认定为构成犯罪，且并不与枪支应具有现实杀伤力的结论相冲突，可以认定为司法解释中“具有其他严重情节的”情形。本案中沈某只是将枪指向特定个人刘某，群众在看到此种情形后上前围观，且沈某并没有将枪指向围观群众，造成群众的心理恐慌等情形，没有危及到公共安全。综上，持空枪在一定情形下可以危及到公共安全，具体到本案中，沈某的行为没有危害公共安全。

(二) 沈某的行为构成寻衅滋事罪

1. 从刑法的体例设置及罪状描述来看，非法携带枪支危及公共安全须是对公共安全造成了现实的威胁，否则不能认定构成该罪

立法者将非法携带枪支危及公共安全罪放在了涉枪类犯罪的最后一条，且在法定刑的设置上，最高刑为三年有期徒刑，而非法持有枪支罪的法定刑最高可达七年。同样是危害公共安全的涉枪类犯罪，非法携带枪支危及公共安全罪相对来说是轻罪，认定的标准相对也应更高。另在罪状表述方面，非法携带枪支危及公共安全罪明确表述为“危及公共安全，情节严重的，”也能印证这一点，即非法携带枪支危及公共安全罪是具体的危险犯，只有在行为对公共安全造成现实的威胁时才能认定构成犯罪。如前所述，空枪不具有现实杀伤力，沈某并

无随身携带弹药,且其未将枪支指向不特定多人造成群众慌乱、逃跑等情形,没有危及到公共安全,不构成非法携带枪支危及公共安全罪。

2. 沈某的行为已构成了寻衅滋事罪

现实生活中寻衅滋事大都是有一定的事由,无事生非的情况毕竟很少,行为人一般因为一些琐事而大动干戈,逞强斗狠,以寻求精神刺激或发泄不满。且一般情况下有特定的针对对象,借题发挥,将不满发泄到对方身上。本案中沈某也是如此,在因为琐事与刘某发生争吵后,即回家持手枪拦截、威胁刘某,主观上应为小题大做,逞强好胜,打压对方以显示自己的威风,寻衅滋事故意明显,客观上其持械拦截、威胁他人的行为也属于寻衅滋事罪"情节恶劣"的表现形式,构成了寻衅滋事犯罪。

四、处理结果

检察机关以被告人沈某行为构成寻衅滋事罪向法院提起公诉,法院以寻衅滋事罪判处沈某拘役五个月。

(高晓峰　王保帅)

黑社会性质组织的认定标准应如何把握

一、基本案情

被告人甘某某2003年来沪，从事开设赌场、放高利贷、开赌博游戏机房等非法经营而聚敛钱财，以提供工资、食宿等手段网罗其同乡及劳改释放人员，并直接指挥被告人范某某、吕某某等人，再纠集被告人叶某某、江某某、郑某等人实施违法犯罪活动，形成以甘某某为组织者，范某某、吕某某等人为骨干成员，叶某某、江某某、郑某等十余人参加的犯罪团伙。自2005年至2008年6月间，上述被告人在上海市嘉定区有组织地进行绑架、故意伤害、寻衅滋事、故意毁坏财物、非法持有枪支等犯罪活动。本案被告人到案后，对自己参与上述具体犯罪供认不讳，但对检察机关关于他们犯黑社会性质组织犯罪的指控则均予以否认。

二、争议焦点

关于被告人甘某某等人的行为，是否构成组织、领导、参加黑社会性质组织罪，实践中存在以下不同意见：

第一种意见认为，被告人甘某某等人的行为不构成组织、领导、参加黑社会性质组织罪，应以被告人实施的具体犯罪行为，即绑架、故意伤害、寻衅滋事、故意毁坏财物、非法持有枪支罪等追究刑事责任。理由是，被告人甘某某等人没有形成严密的组织结构、没有稳定的经济来源、没有在一定区域内形成非法控制，也没有保护伞特征，因而不符合黑社会性质组织的特征。

第二种意见认为，被告人甘某某等人的行为除了触犯绑架、故意伤害、寻衅滋事、故意毁坏财物、非法持有枪支等具体罪名外，还构成组织、领导、参加黑社会性质组织罪。理由是，以甘某某为首的组织符合黑社会性质组织的特征，其行为已构成组织、领导、参加黑社会性质组织罪。同时，根据我国刑法规定，犯黑社会性质组织罪又有其他犯罪行为的,依照数罪并罚的规定处罚,故对本案的处罚应以组织、领导、参加黑社会性质组织罪和其他犯罪行为予以数罪并罚。

三、评析意见

对本案的定性,我们同意第二种意见,认为甘某某等人的行为构成组织、领导、参加黑社会性质组织罪,且对于组织、领导、参加黑社会性质组织罪又有其他犯罪行为的,无论轻重与否,只要构成犯罪,均应予以数罪并罚。理由如下:

(一)黑社会性质组织、"恶势力"团伙与黑社会组织的区别

黑社会性质组织是我国刑法的独创性名词,由于《刑法》第294条对黑社会性质组织的表述较为原则,刑法理论界和司法实践对黑社会性质组织的内涵界定一直存在颇多争议。司法实践在具体认定某一犯罪团伙是否具有黑社会性质时也往往难于把握,有时将一些"恶势力"团伙作为黑社会性质组织来处理,导致打击扩大化;反之则导致放纵犯罪,这在一定程度上影响了刑法功能的发挥。2010年1月22日,最高人民法院、最高人民检察院、公安部联合颁布了《办理黑社会性质组织犯罪案件座谈会纪要》(以下简称《座谈会纪要》),该《座谈会纪要》特别强调了黑社会性质组织与"恶势力"团伙之间的界限,认为"恶势力"是黑社会性质组织的雏形,将"恶势力"界定为经常纠集在一起,以暴力、威胁或其他手段,在一定区域或者行业内多次实施违法犯罪活动,为非作恶,扰乱经济、社会生活秩序,造成较为恶劣的社会影响,但尚未形成黑社会性质组织的犯罪团伙。

我们认为,黑社会性质组织与"恶势力"团伙的主要区别在于:首先,在组织结构上,黑社会性质组织更加严密、有序及系统;而"恶势力"团伙的成员往往系临时纠集,时分时合、时聚时散,尚未形成较严密、稳定的组织结构;其次,从违法犯罪的目的上看,黑社会性质组织主要目的在于通过违法犯罪等获取经济利益,然后增强组织的经济实力,逐步形成自己的势力范围,并在一定区域或者行业内形成非法控制或重大影响;但"恶势力"团伙违法犯罪的目的往往具有多样性特征,虽然可能反映为谋取经济利益,但往往局限于从违法犯罪中所获取的经济利益范畴,尚未达到一定的经济实力,也没有形成一定规模的经济实体;最后,从犯罪方式上看。黑社会性质组织分工明确,组织者、领导者一般均在幕后操纵、指挥,由组织内的其他成员具体实施犯罪行为;而"恶势力"团伙虽然也可

能存在一定的组织及分工行为，但该团伙内的组织者一般也直接参与实施具体犯罪。

那么，黑社会性质组织和黑社会组织又如何区分？黑社会组织，在国际上泛称为有组织犯罪集团。有观点主张，我国刑法中的黑社会性质组织就是黑社会组织；也有观点坚持黑社会性质组织不同于黑社会组织。笔者赞同黑社会性质组织是黑社会组织的初级阶段，是“已经具有黑社会的某些痕迹和性质，但还不具备黑社会犯罪的完整特征，属于界于犯罪集团和黑社会犯罪之间的，向黑社会犯罪过渡的一个中间形态”[①]。理由有二，一是我国《刑法》第 294 条的相关规定，该条第一款提到了“黑社会性质的组织”，但在该条第二款中则提到了“黑社会组织”，可见，在我国《刑法》第 294 条的立法原意中，黑社会性质组织和黑社会组织具有不同的内涵；二是我国立法机关在修订 1997 年刑法时曾明确指出：在我国，明显的、典型的黑社会犯罪还没有出现，但带有黑社会性质的犯罪集团已经出现，横行乡里，称霸一方，为非作歹，欺压、残害群众的有组织犯罪时有出现。可见，我国刑法中的黑社会性质组织有其特殊的内涵，不能完全等同于黑社会组织。

（二）黑社会性质组织的司法认定

某一犯罪团伙是否属于黑社会性质组织，也从根本上决定了该犯罪团伙的成员是否能够构成组织、领导或参加黑社会性质组织犯罪。如在甘某某等人涉黑案中，最主要的争议焦点也在于甘某某等人形成的犯罪团伙是否就是黑社会性质组织？被告人甘某某、吕某某等人均否认自己组织、领导及参加黑社会性质组织，他们的辩护人也提出甘某某团伙没有严密的组织结构、没有稳定的经济来源、没有在一定区域内形成非法控制，也没有保护伞，因而不符合黑社会性质组织的特征，从而从根本上来否定本案构成组织、领导、参加黑社会性质组织犯罪。

下面结合全国人大常委会颁布的《关于〈刑法〉第 294 条第一款的解释》（以下简称《立法解释》）所规定的黑社会性质组织应当具备的四个特征，[②]及《座谈

---

① 康树华：《当代有组织犯罪与预防对策》，中国方正出版社 1998 年版，第 28 页。

② 2011 年 5 月 1 日施行的《中华人民共和国刑法修正案（八）》将全国人大常委会颁布的《关于〈刑法〉第 294 条第一款的解释》所解释的黑社会性质组织应当具备的四个特征在第 294 条中加以规定，作为该条第 5 款。由于本案发生在该修正案之前，主要还是针对立法解释进行论述。

会纪要》的有关补充规定，将本案认定为组织、领导、参加黑社会性质组织罪的理由阐述如下：

1. 组织特征

形成较稳定的犯罪组织，有明确的组织者、领导者，骨干成员基本固定。《座谈会纪要》还增加了黑社会性质组织应有比较明确的层级和职责分工。在本案中，甘某某组织有成员十余人，有分有合地实施犯罪，而且参与人员较为固定，分工明确，如该组织在实施犯罪时，先由甘某某和范某某、吕某某、蔡某某等骨干成员们进行密谋、组织、策划，再由范某某、吕某某、蔡某某等人带领手下具体实施犯罪。作案后，由该组织提供资金，或奖赏，或安排集体出逃，呈现出组织化的特征。该组织为了巩固、扩大势力范围，积极发展成员，还购买了砍刀、棍棒、手铐等大量作案工具，以及购买车辆作为实施犯罪的交通工具等。最后逐步形成了以甘某某为领导者，范某某、吕某某、蔡某某等为骨干，叶某某、江某某、郑某等十数人为成员的黑社会性质组织。尽管该组织还没有明确的组织名称、纲领、章程、文字规约等，但我们认为：一方面，正如《座谈会纪要》所提到的"具有一定的组织纪律、活动规约，也是认定黑社会性质组织特征时的重要参考依据"，但不是必备要件；另一方面，该组织具有成员基本稳定，有明确的组织者、领导者，且内部结构严密，并有较明确的层级和职责分工，完全符合《立法解释》及《座谈会纪要》关于黑社会性质组织的结构特征的描述。

2. 经济特征

有组织地通过违法犯罪活动或者其他手段获取经济利益，具有一定的经济实力，以支持该组织的活动。正如《座谈会纪要》所言，司法机关在办案时不能一般性地要求黑社会性质组织所具有的经济实力必须达到特定规模或特定数额，理由是因为不同地区的经济发展水平、不同行业的利润空间均存在很大差异，加之黑社会性质组织存在、发展的时间也各有不同。同时，由于黑社会性质组织的敛财方式的多样性，可以非法获取，也可以合法取得，只要将其中部分或全部财产用于违法犯罪活动或者维系犯罪组织的生存、发展即可。在本案中，甘某某通过开设赌场、放高利贷、开设赌博性质的游戏机房等非法经营活动以及通过绑架他人、勒索钱财的方式获取的大量钱财，用于给其手下开工资、租房以及为实施犯罪雇用打手、购买作案凶器、车辆等。同时，甘某某为笼络人心，还经常带领手下到娱乐场所活动，并支付相关费用。甘某某召集嘉定地区有实力的生意人开会，宣布要做“嘉定老大”，并不惜以实施犯罪的方式聚敛钱财，目的既是显示该组织的实力，使当地的生意人等臣服于他，更是为了在该地区获取更多的经济利益，以支持其日益发展的犯罪组织所需。因此，以甘某某为首的黑社会性质组织符合关于经济实力方面的特征。

3. 行为特征

以暴力、威胁或者其他手段，有组织地多次进行违法犯罪活动，为非作歹，欺压、残害群众。《座谈会纪要》进一步强调暴力性、胁迫性和有组织性是黑社会性质组织行为方式的主要特征。如在本案中，不可否认，甘某某组织实施的具体犯罪具有较强的暴力性及胁迫性，但从表面来看，甘某某等人实施的绑架、故意伤害、非法持有枪支等犯罪都是独立的，似乎都是事出有因，或基于个人恩怨，或追求个人利益，然后临时起意而实施，那么是否属于“有组织地多次进行违法犯罪活动”呢？

我们认为，有组织地进行违法犯罪活动，是指有计划、有安排、有分工，并通过一定的组织形式策划而进行违法犯罪活动。从本案的故意伤害、绑架、故意毁坏他人宝马车等犯罪中，都是甘某某提议，指使手下去做，而手下则事先经过踩点、纠集、分工等准备工作后方实施犯罪的。又如在菊园砸店案中，虽然起因是吕某某与他人产生纠纷，但其与范某某等人预谋并瞬间纠集十余人，将车牌遮住、蒙面打砸灯具店，说明了该组织一呼即应的严密性。另外，甘某某组织实施的每一起犯罪，都给当事人造成了伤害，给围观人群造成了恐慌，给当地社会秩序造成混乱，也反映了该组织为非做恶，欺压、残害群众的特征。

4. 危害性特征

通过实施违法犯罪活动，或通过国家工作人员的包庇纵容，称霸一方，在一定区域内形成非法控制或者重大影响，严重破坏经济、社会生活秩序。所谓“称霸一方，在一定区域内形成非法控制或者重大影响”，是指在一定区域或者行业范围内，以暴力、威胁或者其他手段形成一定的权威，具有一定的支配力或者威慑力，而这种权威和支配力严重破坏了该区域或者行业范围内的经济、社会生活秩序。在本案中，甘某某组织为争夺势力范围、确立强势地位，采用绑架、故意伤害、寻衅滋事、故意毁坏财物等暴力手段，不断地实施违法犯罪。在实施犯罪过程中，大多采取的是公然行为，犯罪地点均选择的是公共场所，要么在KTV，要么在马路上，要么在商店里，甚至在殡仪馆这样的地方都要实施暴力犯罪,足见其实施犯罪的公然性和猖獗性。甘某某等人肆无忌惮的实施犯罪,已对嘉定地区造成了重大影响,严重破坏了该地区安定有序的社会生活秩序。

综上,在不同的黑社会性质组织中,其组织规模、经济基础、势力范围,以及有无明显的保护伞特征等,均可能有不同体现,如本案与重庆前一时期开庭审理的杨天庆、谢才萍、张波、张涛等黑社会性质组织犯罪,无论在其组织的程度、规模以及其经济基础上,还是在有无黑社会保护伞等方面均有一定的差别。但我们认为:一方面,司法机关要严格依照刑法及有关法律解释的规定对案件加以正确界定,做到定性准确。另一方面,我们应充分认识到,黑社会性质组织犯罪在我国目前仍处于活跃期,犯罪的破坏性不断加大,依法严惩黑社会性质组织犯罪,不仅是保障民生、维护稳定的迫切需要,而且事关政权安危。而且,黑社会性质组织达到更大犯罪如黑社会组织犯罪等,只是一个发展过程而已,必须及时、有效地加以打击,才不至于使其逐步做大成势,贻害社会和人民。

(三)组织、领导、参加黑社会性质组织罪一罪与数罪的界定

根据我国《刑法》第294条第三款的规定,犯组织、领导、参加黑社会性质组织罪又有其他犯罪行为的,依照数罪并罚的规定处罚。虽然法律条文已有明确规定,但司法实践在具体适用该条款时还是存在重大争议,甚至不同法院对同一案件事实出现了“同案异罚”的现象。在司法适用中争议的焦点主要在于对寻衅滋事、故意伤害、敲诈勒索等行为是否归属于组织、领导、参加黑社会性质组织罪的客观表现,从而纳入一罪处理;还是行为人构成组织、领导、参加黑社会性质组织罪,又实施其他违法犯罪行为,只要这些行为构成犯罪的,不管轻重,均数罪并罪。我们支持对其他犯罪行为均数罪并罚的观点,理由如下:

有观点认为《刑法》第294条第三款规定的情形属于牵连犯,只是刑法对此种情形例外性地规定了数罪并罚的处罚原则。另一种观点认为,该条款构成想象竞合犯,由于《刑法》第294条的法定最高刑无法包容黑社会性质组织所实施的其他犯罪行为,所以例外地规定实行数罪并罚。

我们不赞同上述两种观点,因为无论是牵连犯,还是想象竞合犯,都属于罪数形态问题。罪数形态和数罪并罚是两个既有联系又有区别的刑法概念。罪数是指犯罪行为所构成的罪名的单复数,犯罪行为如果构成数个罪名,刑法理论称为“数罪”。罪数形态主要是指牵连犯、结合犯、想象竞合犯、连续犯、继续犯等,但数罪并罚是指一人犯有数罪,依照刑法的有关规定或原则对该行为人所犯数罪合并处罚的制度。《刑法》第294条第三款关于犯有黑社会性质组织罪又有其他犯罪行为的，依照数罪并罚的规定处罚，则归属于刑法中的数罪并罚制度。罪数形态是相对于数罪并罚而言的，如果刑法对某些情形明确规定数罪并罚，那么，这种情形就不再是牵连犯或想象竞合犯等罪数形态了。同理，牵连犯或想象竞合犯也与数罪并罚相对应，它们是刑法条文没有作特别性规定且不能实行数罪并罚的罪数形态，如果是牵连犯或想象竞合犯，就必须按照“从一重处断”的原则进行处罚，因为“从一重处断”是牵连犯或想象竞合犯成立的必要条件之一，如果对他们实行数罪并罚，也可以说是从根本上否定了刑法理论中的牵连犯或想象竞合犯的存在。

但值得注意的是，数罪并罚的数罪之间完全有可能存在牵连关系或法条竞合等关系，正如行为人组织、领导、参加黑社会性质组织的行为可能与该组织实施的寻衅滋事、故意伤害、敲诈勒索等行为之间具有原因和结果或手段和目的的牵连关系，但具有牵连关系的数罪并不等于是牵连犯。再以结合犯为例说明同样的道理，结合犯是原本各自独立的数罪，但由于刑法条文明确将数个罪结合为一个罪并规定了相应的法定刑，所以，对这数个罪不再适用数罪并罚。如《刑法》第171条规定，伪造货币并出售或者运输伪造的货币的，依法《刑法》第170条伪造货币罪定罪处罚。可见，由于刑法条文将伪造货币罪与出售、运输假币罪结合为一个罪，即伪造货币罪。因此，对于原本独立的数罪将不再适用数罪并罚。

四、处理结果

检察机关以被告人甘某某等人行为分别构成组织、领导、参加黑社会性质组织罪、绑架罪、寻衅滋事罪、故意伤害罪、故意毁坏财物罪、非法持有枪支罪向法院提起公诉，法院以组织、领导黑社会性质组织罪、绑架罪、故意伤害罪、寻衅滋事罪、故意毁坏财物罪判处甘某某有期徒刑二十年；以参加黑社会性质组织罪、绑架罪、故意伤害罪、故意毁坏财物罪、非法持有枪支罪判处范某某有期徒刑二十年；以参加黑社会性质组织罪等分别判处其他九名被告人有期徒刑二年至十二年零六个月不等。

（王春丽）

传授他人盗窃方法的行为如何定性

一、基本案情

2007年8月间，被告人汪某某和杜某某(另处)认识后，因杜某某经济状况不太好，汪某某遂传授杜某某“赚钱”的方法，即向杜某某传授拔钉、卸窗玻璃、用木工钻钻断窗直楞后钻窗入室实施盗窃的犯罪方法，并向其赠送手电筒、木工钻等作案工具。2007年8月至11月间，杜某某采用上述方法先后实施入户盗窃10余次，合计价值人民币3万余元。

二、争议焦点

关于被告人汪某某行为的性质，实践中存在以下不同意见：

第一种意见认为，被告人的行为构成共同盗窃罪。理由是，被告人汪某某教唆杜某某拔钉、卸窗玻璃、用木工钻钻断窗直楞后钻窗入室实施盗窃的犯罪方法，属于汪某某既教唆杜某某盗窃又传授犯罪方法，构成牵连犯，目的行为是教唆盗窃行为，手段行为是传授犯罪方法行为，根据我国刑法理论和刑法规定应择一重罪而处罚，应该以共同盗窃犯罪认定。

第二种意见认为，被告人的行为构成传授犯罪方法罪。理由是，被告人汪某某故意传授给杜某某入户盗窃的犯罪方法，后杜某某利用该方法钻窗入室实施入户盗窃，汪某某的行为应该认定为传授犯罪方法罪。

第三种意见认为，被告人的行为不应以犯罪论处。理由是：一方面，法律只规定“传授犯罪方法的，处五年以下有期徒刑、拘役或者管制”，但没有明确何谓传授犯罪方法，理论上对此认识不一，实务上不能随意认定；另一方面，被告人汪某某确实教给了杜某某拔钉、卸窗玻璃、用木工钻钻断窗直楞后钻窗入室的方法，但是，这些方法并非只能用于违法犯罪，亦能用于正当目的。所以，认定为传授犯罪方法罪的依据不充分。

三、评析意见

我们赞同第二种意见。传授犯罪方法罪，是指行为人故意用语言、文字、动作或者其他手段，将犯罪的方法、技能传授给他人的行为。我国《刑法》第295条规定了传授犯罪方法罪，但条文界定比较简单："传授犯罪方法的，处五年以下有期徒刑、拘役或者管制；情节严重的，处五年以上有期徒刑；情节特别严重的，处无期徒刑或者死刑。"相关的司法解释也没有界定或列举传授犯罪方法的具体方式；更没有对"情节严重"及"情节特别严重"作相关的规定。目前只有2001年3月9日司法部在《狱内刑事案件立案标准》(司法部令第64号)作了一个行政规范："以语言、文字、动作或者其他手段，向他人传授实施犯罪的具体经验、技能的，应当立案侦查。"可见，我国刑法虽然规定了传授犯罪方法罪，但对该罪名却缺乏具体、可操作性的解释。尽管在实践中，传授犯罪方法这种行为属于多发性质，但由于理论上和司法实践对本罪的认定一直存在较多争议，实践中大量的传授犯罪方法行为受到刑事追究的极其少见。因此，本案的处理和研究对于正确界定该罪有较大的实践价值。对本案的定性，我们赞同第二种意见，认为汪某某的行为构成传授犯罪方法罪。理由如下：

(一) 本罪符合传授犯罪方法罪的主观要件

关于传授犯罪方法罪的主观方面，刑法理论上存在不同观点：一种观点认为，传授犯罪方法罪的主观方面是故意，即行为人明知其传授犯罪方法的行为会发生危害社会的结果，希望或放任这一结果的发生。其犯罪动机可以是多种多样，有的是为了贪财；有的是为了报复他人；有的为了扩张自己的势力范围等等，犯罪动机，不影响本罪的成立。[①] 另一种观点认为，构成传授犯罪方法罪在主观方面只能是直接故意，这种直接故意应当是行为人希望被传授人学会和掌握其传授的犯罪方法的故意，而不是希望被传授人学会该犯罪方法后去实施相关具体犯罪行为的故意。行为人对于被传授人是否利用自己所传授的犯罪方法去实施和完成犯罪的心态是希望或放任，不属于传授犯罪方法罪主观要件的意志因素的内容，不能决定该罪的故意形式。[②]

① 熊国选:《公检法刑事办案重点难点问题释解》，中国方正出版社2006年版，第2387～2388页。

② 王作富:《刑法分则实务研究(下)》，中国方正出版社2003年版，第1465～1467页。

笔者支持第一种观点,因为如果将传授犯罪方法罪的主观方面仅仅界定在行为人希望被传授人学会和掌握其传授的犯罪方法,而不考察传授犯罪方法的行为会不会发生危害社会的结果,可能导致打击面过宽。在现实生活中,行为人为授徒目的将自己知晓的开锁或毒品配置等方法传授他人,后学会的人利用这些方法去实施犯罪,该行为人对此并不知晓,对行为人就不应以传授犯罪方法罪定罪。还有一些人对书本或影视作品知悉的犯罪方法,作为闲谈趣事向他人讲述,后听者以此方法实施犯罪,等等。以上情形,行为人并不希望其传授行为发生危害社会的结果,行为人因此也没有传授犯罪方法的主观故意。

从本案的证据分析,被告人汪某某具有传授犯罪方法的主观故意。如被告人汪某某供述:"我盗窃就是把窗子的钉子拔下来,然后把窗子打开,用木钻把窗直楞钻断,把窗直楞拔下来,然后钻窗进去盗窃。这个方法还教给了杜某某,因杜来找我让我带他去弄点钱,我说我自己都没有钱,后来他就一直来求我,让我教他,我就教他把窗子钉子拔下来,然后用木钻把窗直楞钻断后,钻进去偷就可以了,后来我还送给他一个木钻。"被告人杜某某也承认:"我认识汪某某后,因当时身上没钱,在外面混得不好,我和汪是老乡,他就对我说有个方法可以赚到钱的,他很欣赏我这个人,看得起我,愿意带我一起。隔了一段时间,我去找他,他就带我去了。然后就是我第一次盗窃的那次,他就把用木钻钻断窗直楞后钻进室内偷东西的办法教给我了,他让我以后自己去做,还送了我一个木钻和一个小电筒。"可见,被告人汪某某充分认识到其所传授的是犯罪方法,也知道被传授人学会这种犯罪方法后应该或至少可能用于实施入户盗窃行为。在这种情况下,汪某某依然实施此传授行为,并使被传授人杜某某学会和掌握了其所传授的盗窃方法。被告人汪某某在主观方面是故意,其希望杜某某学会其所教的犯罪方法,同时明知其传授犯罪方法的行为会发生危害社会的结果,依旧放任这一结果的发生。

(二)传授犯罪方法罪客观方面的认定

本罪在客观方面表现为实施向他人传授犯罪方法的行为。在本案处理中,对客观方面的争议点主要集中在对"传授"以及"犯罪方法"的理解与把握方面。

1. 何谓传授

所谓传授,就是把学问、方法教给他人,使他人掌握和学会。[①] 对传授行为

---

① 熊国选:《公检法刑事办案重点难点问题释解》,中国方正出版社2006年版,第2387～2388页。

的不同理解，可能直接影响到传授犯罪方法罪罪与非罪的认定。在实践中，传授的方式多种多样，可以是公开传授，也可以是秘密传授；可以口头传授，也可以书面传授；可以是直接动作示范传授，也可以通过广播、电视、网络及录像等方式传授。随着科技的日益发达，传授方式更具有复杂性。在本案中，被告人汪某某带杜某某到作案地点，然后向杜某某传授拔钉、卸窗玻璃、用木工钻钻断窗直楞后钻窗入室实施盗窃的方法，在教给杜某某入户盗窃的方法后，还向杜某某赠送手电筒、木工钻等作案工具。可见，本案的传授行为具有典型性，既反映为口头传授，又表现为直接动作示范的言传身教，对此，汪某某的传授行为是明确的，应认定被告人汪某某具有传授行为。

2. 何谓犯罪方法

何谓犯罪方法，判断行为人向他人传授是否属于犯罪方法，对于本罪的认定具有重要意义。至于如何判定行为人就某种具体方法向他人进行传授的行为的性质，主要应当从以下两方面进行考察：第一，如果一种方法的应用范围只能是违法和犯罪，如扒窃技术，那么通常应当认定行为人的传授行为具备本罪的客观要件；第二，如果一种方法既可以用于违法犯罪，也可以用于正当合法的行为，则只能结合对其的整体传授过程，根据社会通常观念做出判断。具体来讲，主要应当考察以下几个方面的情况：行为人的个人情况；向他人传授该种方法的原因；被传授人基于何种原因向行为人学习该种方法；行为人和被传授人言行的倾向性（如有无指明该种方法是实行某种犯罪的方法）等等。① 笔者以为，在本案中，被告人汪某某向杜某某传授拔钉、卸窗玻璃、用木工钻钻断窗直楞后钻窗入室的方法。此方法确实在建筑、木工加工方面也是经常使用的，即该方法可用于犯罪也可用于正当合法行为，所以我们必须具体情况具体分析。首先，行为人的个人情况。行为人汪某某既非木工，也非建筑工人；其次，汪某某向杜某某传授该种方法的原因是明确的。是让杜某某学会入户方法然后实施盗窃，并向杜某某赠送手电筒、木工钻等作案工具，以解决杜某某经济方面的困窘；再次，被传授人杜某某学习该种入户方法的原因也是明确的。根据其供述，因为身上没钱，想和老乡汪某某学挣钱的本事；最后，传授方法之后，杜某某

① 刘志伟，左坚卫：《传授犯罪方法罪中若干问题探究》，载《河南省政法管理干部学院学报》2003年第2期。

确实利用该方法入户盗窃十余次。综合本案的事实和证据,足以断定汪某某传授给杜某某的是犯罪方法。

(三) 传授犯罪方法罪既遂与未遂之界定

被告人汪某某向杜某某传授了入户盗窃的方法,杜某某在学会了该犯罪方法后,利用该犯罪方法实施了多次入户盗窃的行为。对汪某某的行为,除定性方面的争议外,在既未遂的认定上也存在不同意见。比如,本案的既遂是汪某某传授犯罪方法行为完毕之时,还是杜某某利用该犯罪方法去实施盗窃行为之时。

一方面,传授犯罪方法罪有既遂和未遂之分。本罪系行为犯,而非结果犯与举动犯。"行为犯是指以实行法定的犯罪行为作为犯罪构成必要条件的犯罪。行为犯不同于举动犯,两者的区别在于,举动犯的既遂以着手实行犯罪为标志,而行为犯只有当实行行为达到一定程度时,才过渡到既遂状态"。[①] 通说认为,犯罪构成要件是否齐备才是划分既遂与未遂的标准,即"构成要件齐备说"的理论。根据该理论,认定传授犯罪方法罪的既遂,同样必须以传授犯罪方法行为的完成作为犯罪既遂标准,如果该罪行为人在实施犯罪过程中没有将传授犯罪方法行为实施完毕,如在网络传授犯罪方法的过程中,因网络中断而没有传授完毕,就不能认为犯罪已经既遂。因此,传授犯罪方法罪仍然具有既遂和未遂之分。另一方面,汪某某将犯罪方法传授与杜某某的行为完成之后,本案已经属于犯罪既遂,杜某某是否利用该犯罪方法实施盗窃行为,不影响本案既遂的成立。传授行为应当是一个过程,一般应以传授行为实行完毕作为本罪既遂的标准。尽管在实践中,行为人向他人传授犯罪方法,其主观意图可能不仅希望被传授人学会其所教的方法,还希望被传授人利用其所教的方法去实施犯罪。但如果以传授人的犯罪意图的实现作为认定传授犯罪方法罪是否构成既遂的标准,也混淆了行为犯与结果犯的区别。

(四) 传授犯罪方法罪与教唆犯罪的区分

有观点提出,本案被告人汪某某既教唆杜某某盗窃又传授犯罪方法,构成牵连犯,应择一重罪处罚,故应以共同盗窃犯罪定罪处罚。对此,我们不予认同。

---

① 马克昌:《犯罪通论》,武汉大学出版社 1991 年版,第 473 页。

1. 从客观表现形式上看

尽管传授犯罪方法罪与教唆犯罪有相似的一面，但二罪属于不同的犯罪，具有不同的犯罪构成要件。首先在主观方面，传授犯罪方法罪是将犯罪方法传授给他人的主观故意；教唆犯罪的故意内容则是激起本无犯意的人产生并实行犯罪意图。在本案中，被告人汪某某的主观故意是将犯罪方法传授给杜某某，而非激起他人实施犯罪的意图。其次，传授犯罪方法罪在客观方面主要表现为把犯罪方法传授给他人的过程；而教唆犯罪在客观方面则主要表现为故意地引起他人产生实施犯罪意图的行为。本案客观上也是汪某某将实施入户盗窃的方法传授给杜某某，而非教唆杜某某去实施犯罪。最后，从犯罪客体看。传授犯罪方法罪作为独立的犯罪，其直接客体为社会管理秩序；而教唆犯罪属于刑法总则规定的一种犯罪形态，不是独立的罪名，犯罪客体也取决于被教唆者所犯之罪侵犯的客体。在本案中，被告人汪某某故意传授犯罪方法的行为侵害的主要客体是社会管理秩序，而非盗窃罪中的他人财产权益。

2. 从刑法理论上分析

实务中存在教唆犯罪与传授犯罪方法相竞合的情形，即就同种犯罪对一人或数人兼施教唆行为与传授犯罪方法的行为，或者通过传授犯罪方法的方式引诱他人产生犯意。大多学者主张对此应用法条竞合或想象竞合的法理予以解决。[①] 在本案中，被告人汪某某至作案现场，当场传授入户盗窃的方法，既符合传授犯罪方法罪的客观要件，又符合盗窃罪的客观要件，属于刑法上的想象竞合犯，应择一重罪而处罚，即应以传授犯罪方法罪加以认定。对于杜某某后来利用该方法实施入户盗窃的行为，被告人汪某某只需承担传授犯罪方法罪的法律责任。

四、处理结果

检察机关以被告人汪某某行为构成传授犯罪方法罪向法院提起公诉，法院以传授犯罪方法罪判处汪某某有期徒刑一年零六个月。

（王春丽）

① 陈兴良：《共同犯罪论》，中国社会科学出版社 1992 年版，第 274 页。

阻止盗窃行为后销售遗留赃物获利的行为如何定性

一、基本案情

2007年10月28日晚上11时许，犯罪嫌疑人汪某某伙同王某某、刘某某等人窜至松江区洞泾镇砖桥村特扶利五金制品有限公司，采用攀爬围墙等方式进入厂区，窃得仓库内铜管二十二箱，后将赃物从该公司厂区的二楼食堂处隔着围墙扔出厂区，在要将一袋袋的赃物装上接应的小货车时，被居住在厂区外的犯罪嫌疑人邵某某发现，邵某某拿了一根棍子上前拦阻，拉着小货车的方向盘不让走，并称汪某某等人偷东西要报警，汪某某等人趁隙慌忙逃走，只带走其中十四箱。邵某某将遗留的赃物藏好后，于第二天联系收垃圾的，以22元每斤的价格卖给他们，共得8 500多元现金。

二、争议焦点

对于邵某某的行为如何定性，主要有以下几种分歧意见：

第一种意见认为邵某某的行为构成盗窃罪，邵某某将汪某某等人遗留的部分赃物掩藏并销售获利，符合盗窃罪以非法占有为目的秘密窃取的特征，因此构成盗窃罪。

第二种意见认为邵某某构成掩饰、隐瞒犯罪所得罪。邵某某明知汪某某等人遗留在现场的袋装物品为其盗窃所得赃物，而予以收藏后销售获利，符合掩饰、隐瞒犯罪所得罪中的“明知是犯罪所得及其产生的收益而予以窝藏、转移”，构成掩饰、隐瞒犯罪所得罪。

第三种意见认为邵某某构成抢劫罪。邵某某拿着棍子去拦车、抢方向盘，属于暴力、胁迫方式，符合“以暴力、胁迫或者其他方法抢劫公私财物”，构成抢劫罪。

第四种意见认为邵某某构成敲诈勒索罪。邵某某拿着棍子威胁汪某某等人，使之产生恐惧心理，并基于该心理放弃未装上车的十四箱赃物，后邵某某非法占为己有，符合敲诈勒索罪的犯罪构成。

第五种意见认为邵某某构成侵占罪。邵某某在见到有人盗取财物的时候，出于见义勇为而拿棍子去拦车，使得汪某某和刘某某慌忙而逃，邵某某取得了对于财物的合法的控制权。但是之后出于贪财的目的，又把财物出售，非法获取钱款，符合侵占罪的犯罪构成。

三、评析意见

笔者同意第二种意见，认为邵某某的行为构成掩饰、隐瞒犯罪所得罪，具体理由如下：

（一）准确认定盗窃罪中的“秘密窃取”行为及其所指向的对象

定义是任何学科研究的基础，科学地界定犯罪对象的定义是研究犯罪对象及相关问题乃至犯罪构成理论的前提和基础。按照传统刑法理论的观点，犯罪对象是指刑法分则条文规定的犯罪行为所直接作用的客观存在的具体人或者具体物。

我国《刑法》第 264 条对盗窃罪予以了规定。[①] 准确把握盗窃罪就需要准确把握“秘密窃取”行为和盗窃罪的“犯罪对象”。盗窃罪的犯罪对象是他人财物，包括公私财物，而且多为行为前不为自己所控制的他人财物；盗窃罪只能是盗窃他人占有的财物。盗窃罪中秘密窃取行为有其特定含义，秘密并不是对任何人的秘密，而只是针对窃取的当时财物的控制人而言的，且秘密只不过是行为人主观上的自我认识，也就是说行为人自认为财产控制人不知道或者没有发觉其窃取财物的行为，对秘密窃取的成立并无影响。总之，秘密窃取就是以秘密的非法的手段破坏他人对财物的控制关系而建立起自己或第三人对财物的一个新的非法支配关系。

本案中，邵某某直接作用的物是该厂房的财产，即被汪某某和刘某某盗走

① 该条规定：“盗窃公私财物数额较大的，或者多次盗窃、入户盗窃、携带凶器盗窃、扒窃的，处三年以下有期徒刑、拘役或者管制，并处或者单处罚金，数额巨大或者有其他严重情节的，处三年以上十年以下有期徒刑，并处罚金，数额特别巨大或者有其他特别严重情节的，处十年以上有期徒刑或者无期徒刑，并处罚金或者没收财产。”

而中途被见义勇为行为拦下的财产。本案中行为人直接作用的人应该是该物的非法占有人而不应该是原物的合法所有人。刑法中在强调犯罪对象或者是犯罪行为的时候,强调的是犯罪行为所直接作用的对象或者是人。对于汪某某和刘某某而言,邵某某的行为就不是“秘密”的行为,反而是“明目张胆”的行为。所以,行为人的行为不符合盗窃罪的犯罪构成要件,不能以盗窃罪论处。

(二)邵某某的行为不符合抢劫罪的犯罪构成

抢劫罪,是指以非法占有为目的,用对公私财物的所有人、保管人或其他在场人当场实施暴力、以当场实施暴力相胁迫或者采用其他当场侵犯人身的方法,迫使被害人当场交出财物或者当场夺走其财物的行为。抢劫罪的主观要件只能是直接故意,而且是以非法强行占有他人财物为目的。抢劫罪强调“当场”,即行为时既要当场实施暴力或胁迫行为,又要有非法占有他人财物为目的,行为和主观故意在构成抢劫罪的时候二者缺一不可。而本案中,犯罪嫌疑人在实施半路拦截窃贼的时候并不是为了非法占有他人财物,而是出于保护他人财产,也就是出于保护公共利益的角度实施见义勇为行为,只是行为后出于贪财的故意改变行为时的保护财产目的而把赃物出售,不符合刑法中的主客观相统一原则,因此,该种行为不能认为为构成抢劫罪。

(三)邵某某的行为不符合敲诈勒索罪的犯罪构成

我国《刑法》第 274 条规定了敲诈勒索罪,敲诈勒索公私财物,数额较大或者多次敲诈勒索的,处三年以下有期徒刑、拘役或者管制,并处或者单处罚金;数额巨大或者有其他严重情节的,处三年以上十年以下有期徒刑,并处罚金;数额特别巨大或者有其他特别严重情节的,处十年以上有期徒刑,并处罚金。本罪在主观方面表现为直接故意,必须具有非法强索他人财物的目的。根据主客观相统一的原则,如果行为人在实施不法行为的时候不具有这种目的,则不能构成敲诈勒索罪。本案中,邵某某在实施半路救财行为的时候只是出于公共利益的考虑,并没有证据证明邵某某在实施该行为的时候就具有非法占有财物的目的。同样,根据主客观相统一的原则。因此,该案中邵某某不构成敲诈勒索罪。

(四)邵某某的行为不符合侵占罪的犯罪构成

我国《刑法》第 344 条明确规定,侵占罪是指将代为保管的他人财物、他人的遗忘物或埋藏物非法占为已有,数额较大,拒不退还或拒不交出的行为,侵占罪告诉的才处理，而且，司法实践中的一般做法是侵占数额在2万元以上的才认为是“数额较大”。侵占罪中的代为保管更多地强调的是行为人的保管义务，产生这种义务的形式主要有下列几种。依照法律规定而产生的代为保管义务[①]、租赁合同产生的代管义务[②]、借用关系产生的代管义务[③]、委托关系产生的代管义务[④]、担保关系产生的代为保管义务[⑤]、承揽合同产生的代为保管义务[⑥]和无因管理产生的代为保管义务[⑦]等。邵某某的行为不属于“代为保管”的范畴，而且，侵占罪的构罪标准是2万元，本案中邵某某的犯罪所得不足1万元，不符合侵占罪的犯罪构成。

（五）邵某某的行为符合掩饰、隐瞒犯罪所得罪的犯罪构成

1. 邵某某对其行为对象为赃物是“明知”的

对“明知”含义的认定可以从立法和实践两个方面来展开。从立法上来看，我国《刑法》总则第14条第一款规定：明知自己的行为会发生危害社会的结果，

---

① 如我国《民法通则》第18条第1款规定，监护人应当履行监护职责，保护被监护人的人身、财产及其他合法权益，除为被监护人利益外，不得处理被监护人的财产。

② 在租赁合同中，出租人将财物交付承租人使用、收益，承租人取得使用权、收益权，同时负有支付租金和合同期满或终止时将承租物返还出租人的义务。

③ 所谓借用是指权利人将财物无偿借予行为人使用，行为人在使用完毕后返还原物。在借用关系存续期间，借用人（即行为人）负有保管该财物的义务。此处的财物包括了动产与不动产，但借用金钱并不在此类，因为金钱属于种类物，行为人借得金钱后，该金钱的所有权已转移至行为人处，所以行为人只承担到期偿还同等数额金钱的义务，其他可替代的种类物如借用关系双方商定，到期偿还同等数量即可，也不产生代为保管义务。

④ 行为人在委托关系下持有他人财物一般指原财物所有人出于对行为人的信任，为某种目的而将财物交给行为人，如委托代为保管物，委托代购，代卖某种财物，委托代收、代转某种财物等。

⑤ 担保是指依照法律规定或按照当事人的约定，为促使债务人履行债务，保证债权人债权的实现而设定的保证措施。质押和留置，都是与向债权人转移一定的财物有关的担保措施。质押是债权人（质权人）占有债务人或第三人移交的动产并就该动产优先受偿的权利，留置是债权人（留置权人）按照合同约定占有债务人的动产，债务人不按合同约定的期限履行债务，债权人有权依照法律规定留置该财物，以该财产折价或者以拍卖、变卖该财产的价款优先受偿的权利。担保关系存续期间，对质押物或留置物都会产生代为保管义务。

⑥ 所谓承揽合同是指承揽人为定做人完成一定工作，定做人在验收工作后支付约定报酬的协议。承揽人对定做人提供的原材料应妥善保管，因为自身责任造成灭失或毁损时应负赔偿责任，从其定义来看，定做人先行给付承揽人的报酬，其所有权已转移至承揽人处，即使以后承揽工作并未完成，也只是民事纠纷，但对于定做人交予承揽人，用于完成定做任务的各种原材料，其所有权并未移转，仍是属于定做人，承揽人对这些材料只是代为保管。

⑦ 按《民法通则》的规定，无因管理是指，没有法定的或者约定的义务，为避免他人利益受损失而对他人的事务进行管理。此时虽无权利人的委托，但民事法律赋予了行为人可以对他人财物进行管理，因而也就产生了代为保管的义务。

并且希望或放任这种结果发生,因而构成犯罪的,是故意犯罪。该条款即体现出“明知”包含了对危害结果的必然性认识以及可能性认识。《刑法》第 101 条规定了其总则的效力,即除非有特别规定,该总则适用于其他有刑罚规定的法律,那么,《刑法》分则第 312 条掩饰、隐瞒犯罪所得、犯罪所得收益罪中的“明知”即包含行为人对行为对象为犯罪所得及其产生的收益的必然性认识以及可能性认识。在实践中,探究犯罪嫌疑人的“明知”心理需要借助其外部表现,比如收购赃物时的交易时间、交易价格、对方的言语等反常举动,但在证据法上这种以外部表现推测内在心理活动的方式并不能绝对认定犯罪嫌疑人“确知”行为对象为赃物,犯罪嫌疑人对此也会有多种辩解。现实中,为打击犯罪,对于那些怀疑交易对象为赃物,因贪图便宜等私利而听之任之的行为人也应该适用本罪予以惩罚。故,“明知”即“故意”,是指知道或可能知道。本案中,从常理上来分许,邵某某住在案发地砖桥村特扶利五金制品有限公司围墙外,以开小店为业,其对自己隔壁邻居(即受害方)应该有一定的了解;当时其看到有一辆货车停在那里,有人在搬运一袋袋的较大宗物品;后搬运的人跑掉后,其看到袋子里的铜等物件,上述情节反映出当时邵某某至少可能意识到有人在偷东西,且偷的不是他自家的东西,现场遗留下的铜等物件可能属于赃物。之后其收好、盖好并卖掉遗留物的行为也正好印证了其对自己处理的物品属性(至少可能是赃物)是“明知”的。

2. 邵某某的销售行为属于以其他方法掩饰、隐瞒犯罪所得

我国《刑法》第 312 条对于掩饰、隐瞒犯罪所得、犯罪所得收益罪的条文表述中,窝藏、转移、收购、代为销售皆为法条所列举的掩饰、隐瞒的方式。该四种行为方式的应受刑罚惩罚性体现在其客观上增加了受害人寻回失窃财物、恢复自身财产权益的困难,进而妨害了国家司法。现实中,只要行为人的行为方式与窝藏、转移、收购、代为销售四种方式一样,满足掩饰、隐瞒赃物,从而客观上增加了受害人寻回失窃财物、恢复自身财产权益的困难,妨害了国家司法,就应当属于掩饰、隐瞒的其他方式,符合刑法设立掩饰、隐瞒犯罪所得罪的目的。而且,我国《刑法》条文中并没有明确强调构成该罪要求行为人有私利取得,如果行为人实施了窝藏、转移、收购、代为销售他人犯罪所得,即使实际上行为人本身没有获利,行为人也已经构成该罪。那么本案中,邵某某将他人盗取所得赃物秘密销售获利,使赃物进入市场流转环节,无疑增加了受害方恢复权益的难

度，其更应受到刑罚惩罚。

3. 邵某某的行为侵犯的客体与掩饰、隐瞒犯罪所得罪的客体一致

从微观层面上看，掩饰、隐瞒犯罪所得罪与其上游犯罪一样，直接侵害的是其上游犯罪受害人的财产权利，而且是对受害人的财产权利的延续侵犯。从宏观层面上看，该掩饰、隐瞒行为妨害了国家司法。本案中，邵某某将受害方的财物销售处理，自身获利，无疑直接侵犯了其上游盗窃犯罪受害方的财产权利，并进而妨害了国家司法。

4. 赃物属于他人犯罪所得

本案中，邵某某事先与汪某某等人没有任何接触，不存在共同的盗窃预谋；汪某某等人将盗窃所得赃物扔出受害方厂区围墙，其已可以掌握、控制赃物，而受害方则丧失了对自有财物的控制，此时其盗窃行为已构成既遂，之后其用货车搬运赃物属于盗窃后处理赃物的行为，邵某某发现、拦截等一系列动作以及汪某某等人逃逸后邵某某处理遗留在现场的赃物皆发生在汪某某等人盗窃既遂之后。故，邵某某与汪某某等人的盗窃行为无关联，其掩藏、销售的赃物为汪某某等人的盗窃所得。

四、处理结果

经审查，检察机关以掩饰隐瞒犯罪所得罪向区法院提起公诉。区法院审理后认定邵某某的行为构成掩饰隐瞒犯罪所得罪，并判处邵某某有期徒刑七个月，并处罚金人民币 1 000 元。

（贺　英　贾丽娟）

提供伪造护照帮助他人偷越国(边)境的行为应如何定性

一、基本案情

韩国人明某因签证和护照过期非法居留在我国境内,为逃避法律处罚,明某在网上找到自称能办理假护照和签证的韩国人被告人全某,全某向明某介绍了继续居留我国并逃避处罚的方法,即先以假护照和零次旅游签证出境,再前往香港办理合法入境签证。明某遂按照全某提供的信息将个人照片和过期护照寄往指定地点,后明某收到了全某寄来的印有其照片的伪造护照及有效签发的零次旅游签证。明某又购买两张前往香港的机票,与全某一同前往香港使用伪造护照办理了入境签证,并在机场向全某支付3.5万元人民币。二人在上海浦东机场入境时被我国警方查获。另查明,全某自己还使用伪造的护照及签证四次出入我国边境。

二、争议焦点

对于全某向明某提供伪造护照并帮助其偷越国(边)境的行为应如何定性,司法实践中存在两种不同的意见:

第一种意见认为,全某的行为构成组织他人偷越国(边)境罪。被告人全某积极向明某介绍使用假护照偷越国境的犯罪手法,以假护照和签证诱使、拉拢明某偷越边境,并与明某一同偷越边境至我国香港办理签证。全某的主观故意和客观行为均符合组织他人偷越国(边)境罪的构成要件,应以组织他人偷越国(边)境罪定罪。

第二种意见认为,全某的行为构成提供伪造的出入境证件罪和偷越国(边)境罪。全某的介绍、拉拢行为以及陪同明某前往香港办理签证的行为都是为了能以高价卖出伪造的护照,另外,全某多次偷越我国国境,其行为构成提供伪造的出入境证件罪和偷越国(边)境罪。

三、评析意见

笔者同意第二种意见，被告人全某的行为并不构成组织偷越国(边)境罪，而应以提供伪造的出入境证件罪和偷越国(边)境罪并罚，理由如下：

(一)组织他人偷越国(边)境罪中的组织行为

在危害国(边)境管理的罪名中，组织他人偷越国(边)境是危害最大，也是处罚最重的一个罪名。对于该罪名的认定应当慎重，做到罪当其罚。共同犯罪中的组织行为与一般的犯罪行为相比，使犯罪向规模化、专业化方向发展成为可能，犯罪的危害性特别严重，行为的客观方面也比较复杂，不但有组织、策划、指挥、煽动、拉拢、诱使、串联等组织行为，还会牵连骗取出境证件、提供伪造、变造的出入境证件、运送他人偷越国(边)境等。该罪定性的关键是看行为人是否有组织目的和组织行为。如“骗取出境证件为组织他人偷越国(边)境的预备行为，但由于两者间手段与目的的关系，使之更符合牵连犯的特征，因此，应根据牵连犯从一重罪处罚的原则，以组织他人偷越国(边)境罪论”。[①] 反之，如“纯粹是为营利而帮助他人骗取出境证件，其骗取行为并非组织偷越行为的组成部分，是一种一手交证件、一手交钱的简单的买卖关系”，即使实施多次，向多人出售，也只能认定为出售出入境证件罪。

2002年最高人民法院《关于审理组织、运送他人偷越国(边)境等刑事案件适用法律若干问题的解释》(以下简称《解释》)第一条对“组织”行为，分为两个层次进行界定。第一层是领导、策划、指挥他人偷越国(边)境的行为，属于“组织”行为，这是司法实践中最为典型的“组织”行为；第二个层次是拉拢、引诱、介绍他人偷越国(边)境等行为。准确把握上述《解释》第二层的规定，应注意两点：一是对领导、策划、指挥者之外的其他人员，如果不是在首要分子指挥之下实施拉拢、引诱、介绍他人偷越国(边)境等行为的，不能认定为“组织”行为；二是注意把握“组织”行为的特征，严格掌握“组织”行为的范围。“在首要分子指挥下”，“拉拢”、“引诱”、“介绍”是“组织”行为的三种主要行为方式。对于在组

① 许利飞等：《顾国均、王建忠组织他人偷越国境案——以旅游名义骗取出境证件，非法组织他人出境劳务的应如何定性》，《中国刑事审判指导案例·妨害社会管理秩序罪》，法律出版社2009年版。

织他人偷越国(边)境犯罪活动中实施的其他一般协助行为,不宜认定为“组织”行为。①

(二)被告人全某无组织目的亦无组织行为

本案中偷越国(边)境的犯罪动机和目的均不是因全某而生,不是由全某煽动、串联、诱使明某决定偷越国(边)境,而是明某找到全某,要求帮助解决非法居留问题,全某没有组织偷越国(边)境的动机和目的。

全某在本案中没有实施组织行为。就第一层次“组织行为”的要求来看,该“组织行为”一般为偷渡犯罪集团实施,本案中已经查明的偷越国(边)境犯罪活动仅有全某和明某两人参与,两人之中难以存在组织行为,领导、策划、指挥无从谈起。就第二层次“组织行为”的要求来看,全某的行为也不符合。如果全某是在明知偷渡犯罪集团首要分子组织他人偷越国(边)境的情况下,仍在首要分子的指挥下拉拢、引诱和介绍明某偷越我国(边)境,则全某有可能构成组织偷越国(边)境罪。尽管全某自称从所谓“文社长”处得到伪造的护照和签证,但是其人无法查证,即使全某的供述属实,“文社长”充其量只是提供伪造出入境证件的犯罪分子,难以断定是偷渡集团的首要分子。

(三)全某构成提供伪造的出入境证件罪和偷越边境罪

从主观目的来看,全某的动机是为了牟利,目的是提供伪造证件。从全某的客观行为看,陪同明某前往香港办理入境签证等行为尚不具有“组织”的性质。虽然全某介绍犯罪方法的行为和陪同明某偷越的行为,在提供伪造出入境证件的犯罪中并非典型,但是,性质上仍然是提供伪造出境证件犯罪的辅助行为,不能单列为新的犯罪。介绍行为是为了推销伪造的护照和签证,陪同行为则是为了验证伪造护照的有效、可靠,也是为了向明某收取犯罪所得。因此,全某的行为应构成提供伪造的出入境证件罪。

从本罪的立法本意看,1994 年全国人大常委会通过《关于严惩组织、运送他人偷越国(边)境犯罪的补充规定》,增加了 5 个新罪名,其中就包括“提供伪造、变造的出入境证件罪”。1997 年刑法全面修订时,正式将该罪名纳入刑法。该罪名的出现就是针对那些提供了伪造的出入境证件,但是行为又未达到组织程

① 李兵:《〈关于审理组织、运送他人偷越国(边)境等刑事案件适用法律若干问题的解释〉的理解与适用》,载《刑事审判参考》2002 年第 2 期。

度而设立的，而本案中全某的行为正好符合该立法目的。另外，应当注意到全某多次偷越国边境的行为已经独立构成了偷越国边境罪，因此要数罪并罚。

四、处理结果

检察机关以被告人全某行为构成提供伪造的出入境证件罪、偷越边境罪向法院提起公诉，法院以提供伪造的出入境证件罪、偷越边境罪判处全某有期徒刑一年零三个月。

（金颖晔）

非法行医罪中的“情节严重”如何认定

一、基本案情

被告人阳某未取得医师执业资格、无医疗机构执业许可证，2007 年 3 月起在上海市青浦区福泉山村山前 210 号开设诊所进行诊疗活动。因未取得《医疗机构执业许可证》开展诊疗活动，2008 年 3 月 27 日被上海市青浦区卫生局取缔；同年 7 月 1 日被上海市青浦区卫生局以《当场行政处罚决定书》罚款 50 元，并取缔。

2010 年 4 月 28 日下午，被害人高某某因发烧被其父高某带至该诊所治疗。该诊所诊疗设备仅有听诊器、血压计、温度计。被告人阳某测量高某某体温，注射半支氨基比林，配了午时茶等冲剂。4 月 29 日上午高某某呕吐就诊，阳某测量其体温 36.7 度，注射半支胃复安。4 月 29 日下午高某某高烧不退就诊，阳某测量其体温为 39.7 度，使用头孢呋辛钠，利巴韦林葡萄糖溶液静脉滴注至退烧。4 月 30 日凌晨 4 时许，高某某被送至复旦大学附属中山医院青浦分院治疗抢救，后转至复旦大学附属儿科医院抢救，于 4 月 30 日 8 时 30 分许抢救无效死亡。经鉴定，高某某符合间质性肺炎肺透明膜形成心肺功能衰竭而死亡。非法行医者缺乏必要的辅助检验、检查措施，诊疗过程存在一定过错，其行为与高某某死亡存在一定因果关系。

二、争议焦点

本案在处理过程中对以下问题出现了分歧意见：

（一）“一定因果关系”是否可以认定为“非法行医造成就诊人死亡”

第一种意见认为，“一定因果关系”可以认定为“非法行医造成就诊人死亡”。理由是，首先，鉴定结论认定阳某非法行医行为缺乏必要的辅助检验、检查措施，诊疗过程存在一定过错，与就诊人死亡存在的一定因果关系，并未认定其他还存在他人过错或因果关系。其次，刑法规定的因果关系并未要求必须是直接因果关系，并未要求排除其他一切原因才能成立。存在“一定因果关系”足以认定“非法行医造成就诊人死亡”。

第二种意见认为，“一定因果关系”不能认定为“非法行医造成就诊人死亡”。理由是，首先，“一定因果关系”意味着其两家抢救医院、被害人家人过错、疾病本身因素等与被害人死亡结果之间存在因果关系，被害人死亡的结果不全部是阳某非法行医行为导致。其次，“造成就诊人死亡”应当为直接因果关系或原因。本案阳某过错在于延误了就诊时间，而不是用错药或用假药劣药或操作不当直接导致就诊人死亡，是一种间接的因果关系。

（二）阳某非法行医行为是否构成“非法行医情节严重”

第一种意见认为构成“非法行医情节严重”。理由是，首先，适用《关于审理非法行医刑事案件具体应用法律若干问题的解释》（下简称《解释》）规定的“情节严重”第四种“非法行医被卫生行政部门行政处罚两次以后，再次非法行医的”条款。阳某案发前被卫生部门取缔 2 次，其中 1 次并处 50 元罚款。取缔虽非行政处罚，但其严重程度相当甚至超过行政处罚。《行政处罚法》规定行政处罚种类包括“责令停产停业”。取缔更为严厉，其对象是国家禁止的组织或活动，而前者对象是合法组织。取缔是永久性禁止，而前者是短期停业整顿，取缔所针对的问题更严重。其次，适用《解释》规定的“情节严重”第五种“其他严重情节”。阳某因非法行医被行政处罚一次后再次非法行医，且其非法行医行为与就诊人死亡结果之间存在一定因果关系。

第二种意见认为不应认定为“非法行医情节严重”。理由是，首先，阳某因非法行医行为仅受 1 次行政处罚，并未查获伪劣药品，未造成甲类传染病传播风险等，不符合《解释》明文规定的前四种情形“情节严重”。其次，“一定因果关系”代表阳某非法行医行为与被害人死亡结果之间无直接因果关系，无法认定阳某非法行医行为对被害人死亡结果之间应负的责任大小。无法适用《解释》第五种情形“其他情节严重的情形”。

三、评析意见

我们认为本案鉴定结论中的“一定因果关系”不能作为认定本案符合“非法行医造成就诊人死亡”的理由，但阳某非法行医行为应认定“非法行医情节严重”。具体分析如下：

(一)“一定因果关系”不能认定“非法行医造成就诊人死亡”

1. 对构成非法行医“造成就诊人死亡”的因果关系应为直接因果关系，非法行医行为应对就诊人死亡负至少主要责任

法律及司法解释对这一因果关系具体要求并无明文规定。在此情况下可以从刑法法条本身分析，《刑法》第 336 条第一款规定“造成就诊人死亡”对应刑罚为“十年以上有期徒刑，并处罚金”。类似幅度罪行在《刑法》第 238 条第二款规定非法拘禁罪“致人死亡的，处十年以上有期徒刑”等；在非法行医罪所属的第六章第五节危害公共卫生罪中有第 334 条第一款规定非法采集、供应血液或者制作、供应血液制品“造成特别严重后果”，以及第 336 条第二款对非法进行节育手术造成就诊人死亡，规定相同刑罚。其余该节犯罪法定刑罚均低于“十年以上有期徒刑”。

《刑法》第 5 条规定“刑罚的轻重，应当与犯罪分子所犯罪行和承担的刑事责任相适应”。对比上述类似刑罚对应罪行的主观恶性、人身危险性、社会危害性、违法性等，“十年以上有期徒刑”对应罪行应属于重罪之列。该刑罚所对应的非法行医“造成就诊人死亡”中的行为和结果之间的因果关系应认定为直接因果关系，且行为对死亡结果应当至少承担主要责任。否则将导致出现罪刑责不一致的情况，有违公平。

2. 被害人死亡系多因一果，将“一定因果关系”认定为直接因果关系，并认定阳某非法行医行为对死亡结果应负主要责任的证据不足

(1) 现有鉴定结论认定死亡结果与非法行医行为有“一定因果关系”，根据该结论可以得出本案被害人死亡是属于多因一果。非法行医行为仅是原因之一，肯定不是全部原因。是否直接原因，是主要原因还是次要原因，依现有鉴定结论无法判定。经咨询鉴定人，其亦无法提供答案。

(2) 阳某对被害人诊疗过程过错大小，缺乏证据证明。现有证据仅有鉴定结论“缺乏必要的辅助检验、检查措施，诊疗过程存在一定过错”。阳某具体用药情况无书证记录，无残余物证，仅有阳某存在一定变动的供述。用药是否对症，是否加重病情，是否加速死亡结果发生；延误就诊时间对死亡结果应负何种责任，现有证据均无法得出结论。

(3) 4 月 29 日晚被害人经阳某诊疗后退烧回家，4 月 30 日凌晨 4 时许起经

两家医院治疗抢救后死亡，两家医院亦未给出明确诊断。被害人病因较难判定，阳某过错难以确认。

（二）阳某非法行医行为应认定"非法行医情节严重"

1. 阳某因非法行医行政处罚1次，取缔2次后又非法行医，主观恶性较大

阳某明知自己无医师资格，未取得医疗机构执业许可证，在非法行医被卫生部门屡次取缔、罚款，屡次在同样地点继续非法行医。无视医疗管理秩序和患者健康，同时造成了对医疗管理秩序的破坏和患者健康的威胁。

2. 非法行医与被害人死亡有一定因果关系

本案中，阳某非法行医行为最终在一定程度上导致了被害人的死亡，应对被害人死亡承担部分责任。虽现有证据无法判断为直接还是间接因果关系，无法定量分析一定因果关系，不应认定为非法行医造成被害人死亡。但阳某诊疗设备仅有听诊器、血压计、温度计，缺乏必要的辅助检验、检查措施，无法确定病因、对症下药，从而延误了被害人的治疗，确实存在一定过错。

（三）认定"情节严重"并非基于"非法行医被卫生行政部门行政处罚两次后，再次非法行医"这一标准

1. 卫生部的相关批复

根据卫生部关于《医疗机构管理条例》执行中有关问题的批复（卫法监[1998]第15条）以及《行政处罚法》相关规定，"卫生行政部门对未经批准开办医疗机构行医或者非医师行医的违法行为进行取缔，是一种行政强制措施，不是行政处罚"；而《解释》中"情节严重"的第四种情况要求的是行政处罚，而非行政处罚及行政强制措施。

2. 行政处罚与行政强制措施存在不同

前者是行政机关为相对方设定新的义务，直接影响相对方实体权利义务，目的在于惩罚过去的违法行为；后者以相对人不履行行政决定或法定义务为前提，只是履行原定义务不添加新义务，目的在于继续督促履行原有义务。二者性质不同，目的不同，难以评价孰轻孰重，难以得出行政强制措施相当或者超过行政处罚的结论。

四、处理结果

检察机关以被告人阳某行为构成非法行医罪向法院提起公诉，法院判决认

定被告人阳某因非法行医行为被行政处罚一次后再次非法行医,且其非法行医行为存在过错,与被害人死亡之间存在一定因果关系,为非法行医情节严重,依法判处阳某有期徒刑三年,缓刑三年。

(任玲玲)

如何从证据角度对毒品贩卖与毒品运输行为进行界定

一、基本案情

2009年12月16日，被告人陈某等人携带由其与被告人骆某某等人筹集的资金，驾驶陈某租借的伊兰特轿车，从上海出发前往四川省成都市购买冰毒。到达成都后陈某及该车辆因故均被卖家“五哥”扣下，陈某于18日打电话向被告人唐某某求助。唐某某遂筹集资金于19日从上海飞抵成都市，向他人购买了2 791.25克毒品，于20日凌晨伙同陈某等人驾驶该伊兰特轿车携带上述毒品准备运抵上海，21日凌晨在江苏省平望服务站与前来接应的驾驶马自达轿车的骆某某等人会合后调换车辆，由唐某某携带上述毒品伙同骆某某驾驶马自达轿车，由陈某等人驾驶伊兰特轿车。当两车行驶至上海市青浦区沪青平高速公路上海道口附近时，唐某某、陈某、骆某某等人被守候伏击的公安人员抓获，并当场从唐某某、骆某某驾驶的马自达轿车内电脑包中缴获黄色晶体五包、白色晶体一包。经鉴定，缴获的黄色晶体五包净重1 992.10克、白色晶体一包净重799.15克，均检出甲基苯丙胺成分，其含量分别为74.88%和77.17%。

二、争议焦点

对于陈某、骆某某、唐某某三人的行为应如何定性，司法实践中有两种不同的意见：

第一种意见认为，陈某等三人的行为构成贩卖、运输毒品罪。主要理由是：本案中唐某某、骆某某供认三人均系毒贩；唐某某还供认该次查扣的毒品亦以贩卖为目的从成都毒贩处购买并已开车运至上海，如未被查获肯定要卖掉牟利，其供述合乎常理；现有证据已证实该次扣押的毒品之大部分原系陈某、骆某某伙同他人出资欲购买，因毒资被“老黑”卷走未果，后陈某向唐某某求助，唐某某遂筹集资金飞至成都买下,另又多买800克,而陈某对此应该知晓并有帮助唐某某从银行卡内提取购毒款的行为,骆某某对此也应知晓并有帮助唐某某筹集资金甚至出资的行为。对于运输毒品的主观明知,唐某某供认其与骆某某明知是毒品,唐某某将其从成都运至上海,骆某某则明知而前来接应。鉴于唐某某对陈某主观明知的供述对指控陈某起到关键作用而其又为陈某极力开脱,陈某明知是毒品而运输的证据相对薄弱,但综合全案证据宜认定其明知,故对三人行为认定为贩卖、运输毒品罪有一定的证据支持。

第二种意见认为,陈某等三人的行为构成运输毒品罪。主要理由是:认定贩卖还是运输毒品一般以查获毒品时所处行为状态决定,或者确有证据证实以贩卖为目的而购入毒品。而本案所涉毒品尚未进入贩卖环节,涉毒上下家均未查获,现有证据无法确定唐某某所购毒品的出资人,因此认定唐某某等人"以贩卖为目的"在证据上相当薄弱。根据本案证据中被告人供述及证人证言、银行卡查询明细等直接、间接证据形成的证据体系,可以证实被告人唐某某、陈某、骆某某购买毒品并明知是毒品而予以运输的犯罪事实,故应构成运输毒品罪。

三、评析意见

笔者同意第二种意见,本案陈某等三人应以运输毒品定罪处罚,不宜认定为贩卖毒品罪,理由如下:

(一)贩卖毒品罪与运输毒品罪之衔接与区分

根据《最高人民法院关于适用〈全国人民代表大会常务委员会关于禁毒的决定〉的若干问题的解释》(以下简称《解释》)及本市司法实践的一般做法,"贩卖毒品是指明知是毒品而非法销售或者以贩卖为目的而非法收买毒品的行为"。该《解释》规定:"运输毒品罪是指明知是毒品而非法运送的行为"、"认定其他行为的证据不够确实充分的,则只按照依法能够认定的行为的性质定罪。如涉嫌为贩卖而运输毒品,认定贩卖的证据不够确实充分的,则只定运输毒品罪。"走私、贩卖、运输、制造毒品罪是一个选择性罪名;行为人实施了走私、贩卖、运输、制造毒品行为之一的,应以行为人实际实施的行为确定罪名。如行为人准备将毒品带往异地贩卖,在运输途中被抓获的,应当认定运输毒品。[①]《解

① 张明楷:《刑法学(第三版)》,法律出版社2007年版,第828页。

释》还规定:“行为人虽系在短途内携带毒品行走或乘车运行,但有证据证明行为人所携带的毒品以贩卖为目的、且尚未进入交易环节的(即未与购毒者见面着手交易行为的),也可以认定运输毒品罪的既遂。如果行为人随身携带毒品已进入了交易环节的,则应以贩卖毒品罪的既遂论处。”“对被告人随身携带毒品的行为,有证据证明是为了贩卖的,可以认定为贩卖毒品罪……”从以上规定可知,认定贩卖还是运输毒品一般以查获毒品时所处行为状态决定,或者确有证据证实以贩卖为目的而购入毒品。[①]

(二)本案证据难以认定行为人主观上具有“贩卖目的”

现有证据可以证实本案由陈某、骆某某等人出资,具体由陈某等人至四川购毒,而陈某、骆某某本身并不吸毒且系毒贩,其购毒过程因毒资被同伙卷走未果。陈某向唐某某求助后,唐某某遂筹集资金至四川买下陈某、骆某某等人欲购之毒品,后唐某某、陈某携毒品回上海,途中骆某某至平望接应,最终三人被查获。就陈某而言,陈某、骆某某购毒与唐某某购毒尽管存在一定联系(所购买毒品基本一致、陈某向唐某某求助才有唐某某购毒之行为),但系两相对独立的行为。认定陈某构成贩卖毒品犯罪,必须要有行为,或起意、或实行、或帮助。对本次查获的毒品犯罪而言,现有证据可以证实唐某某购毒并非受陈某指使,即陈某并非起意犯;唐某某购毒时陈某并未在场,即陈某并非实行犯;在唐某某购毒犯罪中陈某所起作用仅为帮助取款,而唐某某称其并未告知陈某此钱用于购毒,陈某明知购毒而帮助取款的证据非常薄弱。就骆某某而言,其无实行行为,尽管其于陈某购毒时有出资、筹资,但其对本次查获的毒品犯罪无证据证实其有出资、筹资行为。骆某某拒不承认知晓唐某某为救陈某而去成都购毒、其为唐某某筹资、给唐某某1万元用于购毒。唐某某对骆某某的指认现无证据证实或证伪,即骆某某对唐某某购毒起到帮助作用的证据十分薄弱。即使有证据证明陈某、骆某某存在帮助行为,构成贩卖毒品罪仍必须要以贩卖为目的。尽管唐某某等人购买了近2.8千克的毒品,且陈某、骆某某并不吸毒,但亦不能仅凭行为人购买了数量极大的毒品就依推测来认定行为人具有贩卖目的。[②]

根据司法实践的一般做法,“对于不能查明买方购买毒品的真实用途的案

---

① 蔺剑:《毒品犯罪的定罪与量刑》,人民法院出版社2000年版,第161页。

② 路诚:《刍议运输毒品罪的犯罪目的》,载《人民法院报》2010年1月13日。

件,不能以系贩卖毒品者的帮助犯为由,认定为贩卖毒品罪的共犯;也不能单纯以所购买的毒品数量巨大一个事实为据,推定为贩卖毒品罪……”。据唐某某交代,本案中实际的出资人是专做毒品生意的“二哥”,购买毒品就是为了贩卖赚钱,其本人仅是跑腿的马仔。对于唐某某购买毒品是否以贩卖为目的,现仅有唐某某的供述,属于孤证且前后不一难以认定,唐某某本人亦吸食毒品。陈某、骆某某二人拒不供认。因此现有证据无法确定唐某某所购毒品的出资人。本案所涉毒品尚未进入贩卖环节,涉毒上下家均未查获,所谓的“二哥”未到案,且唐某某对老大“二哥”购买该毒品之目的及运回上海后作何处理的供述也仅仅是其依据惯常做法的主观推测,据此认定唐某某“以贩卖为目的”在证据上相当薄弱。

(三)从证据角度推定被告人对毒品犯罪之主观明知

公安机关从唐某某与骆某某处查获大量毒品,且唐某某对毒品犯罪供认不讳,并对骆某某的主观明知予以指认,故本案被告人之主观明知关键在于对陈某的主观认定。根据最高人民法院、最高人民检察院、公安部颁布的《办理毒品犯罪案件适用法律若干问题的意见》的规定,走私、贩卖、运输、非法持有毒品主观故意中的“明知”,是指行为人知道或者应当知道所实施的行为是走私、贩卖、运输、非法持有毒品行为。具有下列情形之一,并且被告人不能做出合理解释的,可以认定其“应当知道”,但有证据证明确属被蒙骗的除外……毒品犯罪中,判断被告人对涉案毒品是否明知,不能仅凭被告人供述,而应当依据被告人实施毒品犯罪行为的过程、方式、毒品被查获时的情形等证据,结合被告人的年龄、阅历、智力等情况,进行综合分析判断。可见,考虑到毒品犯罪刑罚的极其严厉性及证据相对薄弱的特点,毒品犯罪之主观明知一般是推定明知。[①]

首先,从被告人相互指认情况来看,唐某某到案后的前几份笔录有指认陈某明知其购毒、运毒的意思,但仍欠缺针对性、明确性。唐某某最后一份笔录中对陈某的指认明显退缩,对陈某极力开脱。唐某某曾供述陈某与骆某某等人一起做毒品生意,但未进一步讯问,后变供称只是听说;曾供述陈某与“老黑”等人去四川购毒后因“老黑”卷走毒资而电话求其帮助,其遂筹集资金去四川买下毒品,但未进一步讯问,后变供称并非陈某告知乃“五哥”在电话里向其说明;唐某

① 莫洪宪、陈金林:《论毒品犯罪死刑限制适用》,载《法学》2010年第1期。

某称陈某并未明确让其买下毒品，而其购买毒品时陈某并不在场，故陈某并不知道其以买下毒品的方式解救陈某，其也未对陈某明说。因前几份笔录侦查人员并未对唐某某运输毒品搭乘陈某租借车辆回上海，期间陈某是否明知毒品在唐某某处予以针对性讯问，后唐某某供称陈某猜到其可能购买了毒品而询问货在车上是否安全时，其骗陈某货已经安排人带走，即陈某并不知道在运输毒品，但该供述也间接印证陈某知晓其购买冰毒之事。故唐某某的多份供述前后不一，仅能指认陈某可能知道唐某某购买了毒品，尚不能从其供述得出陈某对其运输毒品的明知。

其次，从现有证据的相互印证情况来看，有证据证实唐某某系为解救陈某而筹集资金飞至成都买下陈某本欲购买之毒品，并另多买了毒品，陈某对于此事应该知晓；且通话记录印证了唐某某关于陈某告知其去成都购毒、“老黑”卷走毒资故被五哥扣押以及陈某应该知道唐某某买下毒品解救陈某、购毒数量至少包括陈某本欲购买的 2 000 克冰毒的供述。

最后，尽管唐某某本次购毒与毒贩单独交易，陈某、骆某某均不在场，且唐某某、陈某均供认陈某帮助唐某某从几张农行卡内取款时陈某并不知该钱所为何用，但结合通话记录综合全案证据，可以认定陈某应该知道该款项系唐购毒所用。

综上，对于陈某对唐某某购毒后一起运输毒品是否明知，陈某拒不认罪，唐某某作为唯一知情人在审查起诉阶段称其骗陈某冰毒已安排人送走并不在车上，即陈某并不知道是在与唐某某一起运输毒品，为陈某极力开脱。因此对陈某运输毒品的明知，现有证据非常薄弱。但从一系列供述、辩解内容有悖常理的角度，仍可以从中推定出陈某“应当知道”自己运输毒品的主观认识，例如“陈某等人已开车子回沪，本无需要却打电话让骆某某另外开车来接、让骆某某开车出上海去接并与其换车驾驶、辩解称去昆山却进上海道口”的说法有悖情理；陈某供述前后不一、有所隐瞒；唐某某的推脱不合常理等。综合全案证据并结合相关规定，应予认定陈某、骆某某对于共同运输毒品属于“应当知道”。

（四）本案依法构成运输毒品罪

本案被告人唐某某、陈某、骆某某确有贩毒的可能，但目前证据中并未实际查获毒品交易及唐某某的上下家或其他同伙，虽唐某某、骆某某供认三人均系毒贩，唐某某也交代了筹集毒资及购毒的情况，但尚未得到其他证据的佐证。

尽管唐交待所购毒品系以贩卖为目的,但其所购毒品的出资人依现有证据尚难以明确,按唐某某供述其仅为跑腿的马仔,故其关于所购毒品以贩卖为目的之供述仅系推测。本案案发后,公安机关从被告人唐某某、骆某某驾驶车辆内查获甲基苯丙胺 2 791.25 克,而陈某所驾驶现代伊兰特车辆紧随其后,并有证据证实陈某系伙同唐某某驾驶该现代伊兰特车辆从成都驶至上海,而唐某某在平望服务区换车驾驶,上述毒品及检验结论等证据证实了唐某某、陈某、骆某某运输毒品的客观行为。骆某某虽否认知晓唐某某去成都买下毒品,但曾供认明知有毒品而前去接应、运输。认定陈某主观明知方面,尽管唐某某为陈开脱称陈某不知情,但鉴于唐某某目前为陈某极力开脱的态度,而其供述对认定陈某运输毒品明知与否具有关键作用,现根据基础事实与待证事实的常态联系,运用情理判断和逻辑推理,应认定陈某主观上"应当知道"。[①]

综上,根据本案证据中被告人供述及证人证言、银行卡查询明细等直接、间接证据形成的证据体系,可以证实被告人唐某某、陈某、骆某某去成都购买毒品并明知是毒品而予以运输的犯罪事实。当然,采用第一种意见以贩卖毒品罪起诉在一定程度上可确保从重量刑要求,但考虑到相关证据过于薄弱,以第二种意见运输毒品罪认定更为合理、稳妥,且依司法实践,类似情况下认定运输毒品也可在量刑幅度内酌情考虑以实现对被告人的严厉打击,能够满足罪责相当要求,故依法应以运输毒品罪认定全案。

四、处理结果

检察机关以被告人唐某某、陈某、骆某某行为均构成运输毒品罪向法院提起公诉,法院以运输毒品罪判处唐某某、陈某死刑,缓期二年执行,剥夺政治权利终身,并处没收个人全部财产;判处骆某某无期徒刑,剥夺政治权利终身,并处没收个人全部财产。

(陈海燕)

---

① 褚福民:《证明困难的解决模式——以毒品犯罪明知为例的分析》,载《当代法学》2010 年第 2 期。

在列车上携带假毒品的行为应如何定性
——兼论不可罚的不能犯与未遂犯的区分标准

一、基本案情

2009年2月21日上午,犯罪嫌疑人李某从重庆火车北站乘上K73次旅客列车。次日11时许,李某在嘉兴火车站下车出站时,被民警盘查,当场从其黑色夹克衫右侧内口袋里查获疑似毒品白色结晶体1小包。案发后,经公安机关鉴定,李某尿样呈甲基苯丙胺阳性,缴获的白色结晶体净重25.68克,但未检出常见毒品成分。经审查,李某交代其于2009年2月19日晚在四川资阳市九曲山庄,通过朋友介绍,花人民币4 000元购得“冰毒”约20克,准备带到浙江平湖用于自己吸食(其平时在平湖开出租车),直至被查获后才知道购买的是假冰毒。

二、争议焦点

本案在处理过程中存在以下分歧意见:

第一种意见认为,应当以非法持有毒品罪(未遂)追究犯罪嫌疑人李某刑事责任。犯罪嫌疑人李某误将假毒品当作真毒品,予以购买,并采用乘坐火车随身携带的方式,将假毒品从重庆运至浙江嘉兴,在准备出站时被查获。李某系吸毒人员,其在运输过程中被查获,在无证据证明李某是为了实施贩卖等其他毒品犯罪行为的情况下,只能就低认定李某乘坐火车携带毒品的行为,属于“动态”持有行为,其行为性质应认定为非法持有毒品,而非刑法意义上的运输毒品。李某客观上实施了非法持有行为,但由于其对犯罪对象(假冰毒)的错误认识这一意志以外的因素,使得其并未真正实现对毒品的支配、控制,犯罪未能完成,根据《刑法》第348条、第23条,应当以非法持有毒品罪(未遂)追究其刑事责任。

第二种意见认为,犯罪嫌疑人李某的行为不构成犯罪。非法持有毒品行为的社会危害性本来就小,持有假毒品的行为,就更不具有社会危害性。因此,从刑法的谦抑功能看,该罪不存在未遂犯,犯罪嫌疑人李某"动态"持有假毒品的行为不构成犯罪。

第三种意见认为,非法持有毒品罪存在对象不能犯的未遂犯,但在处罚上,要根据行为人持有的假毒品的数量,区别对待。

三、评析意见

我们同意上述第三种意见。

近几年来,对于吸毒者携带毒品在运输环节被查获的案件定性问题,学术界众说纷纭,各地司法实务部门也做法不一。但随着 2008 年《全国部分法院审理毒品犯罪案件工作座谈会纪要》的出台,对此的争论已尘埃落定。《纪要》明确规定"吸毒者在购买、运输、存储毒品过程中被查获的,如没有证据证明其是为了实施贩卖等其他毒品犯罪行为,查获毒品数量达到较大以上的,应以其实际实施的毒品犯罪行为定罪处罚"。因此,本案犯罪嫌疑人李某作为吸毒人员,其乘坐火车随身携带毒品的行为,在无证据证明其为了实施贩卖等其他毒品犯罪时,在定性上,以非法持有毒品罪予以认定已无争议。但我们认为,非法持有毒品罪作为毒品犯罪中的一种补漏性罪名,具有刑罚可罚性评价,其犯罪形态应该具有未遂状态。理由如下:

(一)非法持有毒品行为具有重大法益侵害的现实危险性,其补漏、堵截犯罪的立法功能决定该罪应该具有未遂形态

非法持有毒品罪是持有型犯罪的一种,它具有持有型犯罪的特殊犯罪特征,是指行为人违反毒品管理法规,非法占有、携有、藏有或者其他方式支配、控制数量较大的毒品的一种事实上的状态。立法之所以认为这种事实上的状态具有刑事可罚性,从而将其设置成为独立的犯罪,最主要的原因是这种事实上的状态具有重大法益侵害的现实危险性。非法持有毒品行为,完全不同于纯粹的吸食毒品行为,它虽然本身表现为一种相对静止的事实状态,但它随时可能转换为动态犯罪,它往往是行为人实施性质更为严重、危害更大的走私、贩卖、运输、制造等其他毒品犯罪的过渡状态。司法实践中,非法持有毒品的犯罪嫌疑人一旦归案后,往往会掩饰、隐瞒自己已经或即将实施的性质更为严重的其

他毒品犯罪，辩称其所持有的毒品仅仅用于自吸，而控方由于受各种因素的限制（尤其在运输环节查获毒品的案件中），无法掌握足够的证据证明行为人持有毒品的去向或用途，从而无法认定行为人实施了走私、贩卖、运输、制造等其他毒品犯罪。在此现实情况下，立法为了严密刑事法网，防止狡猾的犯罪分子逃脱罪责，阻止重大犯罪的发生，保护重大法益安全，将非法持有毒品行为犯罪化，根据行为人对毒品的持有状态，保底性地追究行为人的刑事责任。对于控方而言，证明持有毒品行为的存在显然比证明毒品的来源、去向、用途或目的简单容易得多，该罪无需控方证明“现状发源”，只要证明“现状存在”即可。[①] 由此可见，非法持有毒品犯罪构成实际上是一种补漏型、堵截型犯罪构成。学者储槐植提出，所谓堵截犯罪构成是指“刑事立法制定的具有堵塞拦截犯罪人逃脱法网功能的构成要件”。[②] 这一点从立法未将吸食毒品行为犯罪化，而将非法持有毒品罪的最高法定刑设置为无期徒刑，也可见一斑。全国人大常委会《关于禁毒的决定》第 8 条明确规定“吸食、注射毒品的，由公安机关处 15 日以下拘留，可以单处或并处 2 000 元以下罚款”。而《刑法》第 348 条规定“非法持有鸦片一千克以上、海洛因或者甲基苯丙胺五十克以上或者其他毒品数量大的，处七年以上有期徒刑或者无期徒刑，并处罚金”。我们认为，立法之所以不追究吸毒者的刑事责任，而将非法持有毒品行为不仅犯罪化，而且将其最高法定刑设置为无期徒刑，就是囿于非法持有毒品行为具有重大法益侵害的现实危险性。因此，并不像第二种意见所认为，非法持有毒品行为的社会危害性本来就小，持有假毒品的行为就更谈不上有危害性。

作为堵截犯罪构成，非法持有毒品罪在基本价值取向上，显然侧重于堵截犯罪、保护法益的功能诉求，而非轻纵犯罪、保护人权的功能诉求。[③] 我们认为，对于持有假毒品行为，不论其持有的数量大小，也不考虑其主观恶性，一律不以犯罪追究，很可能会放纵犯罪的发生，这实际上与该罪应有的补漏、堵截功能相背离。因此，非法持有毒品罪应该存有未遂状态。

（二）非法持有毒品犯罪是一种故意犯罪，应当具有未完成形态

非法持有毒品罪是行为人明知是毒品而非法持有，即从认识因素上看，行

---

① 储槐植：《刑事一体化与关系刑法论》，北京大学出版社 1997 年版，第 292—293 页。

② 储槐植：《刑事一体化与关系刑法论》，北京大学出版社 1997 年版，第 292—293 页。

③ 梁根林：《持有型犯罪的刑事政策分析》，载《现代法学》2004 年第 1 期。

为人主观上对自己所持有的毒品是明知的,且认识到毒品的危害。当然这里的"明知"只要求行为人对毒品的非法性达到"概括性"认识,至于毒品的具体名称、种类、纯度则不作要求。从意志因素上看,行为人是希望或放任危害结果的发生。因此,非法持有毒品罪是一种故意犯罪。根据刑法理论,故意犯罪从犯罪故意产生,到犯罪预备、犯罪实行直至犯罪完成要经过一个逐步发展过程(或短或长),一旦犯罪行为齐备了基本的犯罪构成要件,为犯罪的完成形态;而有些犯罪行为在完成之前,由于主客观因素,或停止在犯罪预备阶段,或停止在犯罪实行阶段,或停止在法定犯罪结果、危险状态或支配事态发生之前,从而最终不齐备基本的犯罪构成要件,为犯罪的未完成形态。刑法理论上将犯罪未完成形态区分为预备犯、中止犯、未遂犯。非法持有毒品罪作为故意犯罪的一种,也存在犯罪的完成形态和未完成形态。当然,该罪有其特殊性,一般情况下,行为人一旦实施了持有行为,其对毒品的控制或支配状态也随即形成,[①]也就是说,持有行为与持有事态的既遂形态同时同步产生。所以在一般情况下,持有毒品犯罪从行为实施到完成不存在时空间隔,也就不存在未遂状态,但有一种例外情形,即行为人误将假毒品当作是真毒品而非法持有,其持有行为已经实施,但由于行为人的主观认识错误这一意志以外的因素,使得其自认为已经实现了对毒品的持有事态,而实际上并未真正实现,犯罪未能完成,应当认定为未完成形态中的未遂状态。

(三)非法持有毒品罪具有明确的犯罪对象,存在对象不能犯的未遂犯

对象不能犯的未遂,是指由于行为人的认识错误,使得犯罪行为所指向的犯罪对象具有某种属性,从而最终导致犯罪行为不齐备基本的犯罪构成要件,无法达到既遂状态的一种未完成犯罪形态。在非法持有毒品罪中,其犯罪对象非常明确,即刑法所规定的各类毒品。众所周知,毒品本身有特殊性,它的物理形态往往表现为粉末状、结晶状,包括目前新出现的液体状,其真假属性人们通过肉眼很难识别,实践中一些涉案人员把假毒品当作真毒品购买、持有、运输或贩卖的情况屡有发生。行为人误将假毒品当作真毒品持有,其主观上具有危害社会的恶意,客观上实施持有行为,只是由于其对持有的犯罪对象的认识错误

① 刘亚娜:《事态犯罪论要——实现持有型犯罪的科学归位》,载《当代法学》2005年第2期。

这一意志以外的原因，使得犯罪未能得逞，属于刑法理论上的对象不能犯，[①]只是在处罚上可视情形作区别对待。

（四）对非法持有假毒品行为的处罚

根据《刑法》第 23 条的规定，对于未遂犯，可以比照既遂犯从轻或者减轻处罚。但我们认为，非法持有假毒品的行为，相比持有真毒品的行为，在客观上对重大法益造成侵害的现实危险性要小得多，所以，对于未遂形态，在司法实践中，是否一定以犯罪论处，则可视案件的不同情形作区别对待。根据《刑法》第 13 条的但书规定，对于情节显著轻微危害不大的，可以不认为是犯罪。我们认为，毒品犯罪是一种数量型犯罪，毒品数量的多少，直接决定了行为人主观恶性及社会危害性的大小。对于假毒品数量虽已达到《刑法》第 348 条规定的“较大”，但尚未达到“情节严重”，考虑持有假毒品行为的现实危险性较小，可认定为情节显著轻微，危害不大，不以犯罪论处。对于假毒品数量已达到第 348 条规定的“情节严重”，则应根据《刑法》第 23 条的规定，可以比照既遂犯作减轻处罚。至于何为第 348 条的“情节严重”，目前相关立法、司法解释均未明确规定。我们认为，可以参照《刑法》第 347 条第四款走私、贩卖、运输、制造毒品罪的“情节严重”比例（走私、贩卖、运输、制造海洛因 10 克以上的，处七年以上有期徒刑，并处罚金；而“情节严重”的标准为 7 克，二者的比例为 70%），认定《刑法》第 348 条非法持有毒品罪中的“情节严重”的起刑标准为海洛因 35 克。因此，对于行为人非法持有假海洛因超过 35 克的，则应以非法持有毒品罪（未遂）追究其刑事责任；对于行为人非法持有假海洛因不满 35 克的，可认定为情节显著轻微危害不大，不认为是犯罪。

四、处理结果

检察机关认为犯罪嫌疑人李某持有假毒品的行为不构成犯罪，对李某不作刑事处理。

（尹海飞　傅建汉）

① 张洪成：《非法持有毒品罪若干问题研究》，载《湖北警官学院学报》2009 年第 3 期。

单纯指使他人领取邮寄毒品的行为应当如何定性

一、基本案情

被告人袁某明知从云南寄往上海的邮件内含有毒品海洛因，仍提供收件人"刘某"的身份证，并指使蒙某（另案处理）前往本市沪太路129号上海邮政速递投递局市中分部领取该邮件。2010年7月15日15时许，蒙某在领取邮件时，被公安人员当场抓获。后袁某数次电话联系蒙某，询问该邮件的领取情况，并多次变换与蒙某的见面地点。当日16时许，袁某在本市长兴路近太阳山路处，被公安人员抓获。但袁某在被抓获前，已陆续将其使用的SIM卡及手机丢弃。经上海市毒品检验中心鉴定，该邮件内有海洛因46.06克。本案案发后，被告人袁某辩称其只是受他人嘱托在上海找人前往邮局领取包裹即可，自己从中未获取任何好处，且本人不吸食毒品，也不需要该毒品。目前也没有证据证明袁某对该毒品系作贩卖、吸食之用。

二、争议焦点

关于本案的定性，存在以下两种不同意见：

第一种意见认为，被告人袁某的行为构成《刑法》第347条的运输毒品罪。理由是：袁某明知是毒品海洛因，仍然由他人从云南以邮寄的方式运输至上海，其主观上具有领取邮寄毒品的目的，客观上也实施了指使他人前往领取毒品的行为，从而完成了整个毒品运输活动，故符合运输毒品罪的构成要件。

第二种意见认为，被告人袁某的行为构成《刑法》第348条的非法持有毒品罪。理由是：本案的认定主要涉及证据问题，根据现有证据，只有被告人袁某一人的供述涉及毒品的邮寄过程。易言之，本案可以认定的事实在于，袁某明知毒品海洛因是用邮寄的方式从云南运输到上海而指使他人领取该毒品，但无法确认袁某运输毒品的主观故意，对于其指使他人领取毒品的行为，只能以非法持有毒品罪论处。

三、评析意见

笔者同意上述第二种意见，即被告人袁某的行为构成非法持有毒品罪。主要理由是：

（一）单纯从客观方面考虑，难以在实质上区分运输毒品罪与非法持有毒品罪之界限

《刑法》第 347 条规定的运输毒品罪，一般是指采用携带、邮寄、利用他人或者使用交通工具等方法，在我国领域内转移毒品的行为，具体表现为毒品在行为人的控制下实现了空间位置上的转移。第 348 条规定的非法持有毒品罪，是指行为人违反国家毒品管制法规，明知是毒品而非法持有数量较大的行为。在犯罪构成要件方面，运输毒品罪与非法持有毒品罪存在诸多相同或者类似之处，特别是在客观方面均具有“持有”或者“携带”的行为，这也是区分两者的难点所在。应当认为，运输毒品必然包含毒品的非法持有，未能持有毒品就不可能进行运输毒品的犯罪活动，持有毒品也不仅仅只是静态的占有，有的时候存在通过交通工具携带或者邮寄等方式持有毒品，如某人吸毒成瘾，出差时乘坐火车随身携带供本人吸食的毒品，或者乘坐飞机因机场通关检查严格而事先将毒品邮寄到目的地。本案中，毒品确实通过邮寄的方式运输，被告人袁某指使他人前去认领，亦是邮寄运输环节的一个组成部分，客观上帮助完成了毒品从云南邮寄至上海的整个运输过程，但仅仅以此为据，尚无法从实质上正确区分运输毒品罪与非法持有毒品罪之界限。

（二）利用交通工具或者通过邮寄方式转移毒品的行为，并非必然构成运输毒品犯罪

司法实践中，只要利用交通工具或者通过邮寄等方式使毒品发生了位移，是否一律属于运输毒品行为？我们认为，解决这一问题，需要结合刑法的立法本意，正确理解“运输毒品”的含义。从法律规定看，《刑法》第 347 条规定了走私、贩卖、运输、制造毒品罪，之所以将上述行为并列作为选择性罪名且规定了相同的法定刑，是出于四种行为具有相同或者相似的社会危害性，即妨害了国家对毒品的管理秩序。毒品在社会上的流通，严重危害人民群众的身体健康，并且走私、运输、贩卖、制造毒品行为之间存在一定的关联性，四种犯罪行为的构成要件也是基本相同的，运输毒品罪作为与走私、贩卖、制造毒品罪相提并论的最严重毒品犯罪类型之一(最高可被判处死刑),应当与“走私毒品”、“贩卖毒品”以及“制造毒品”在刑法的负价值上作等量的评价。据此,认为凡是明知是毒品且发生空间转移都是运输毒品行为的观点是片面的。例如,吸毒者携带毒品在火车上被人赃俱获,但无证据证明其实施了其他毒品犯罪行为,不宜认定为运输毒品罪,其携带毒品的数量达到非法持有毒品罪的起刑点,应当以《刑法》第 348 条非法持有毒品罪论处;如果行为人只是为犯罪分子逃避法律制裁创造条件、为司法机关追究毒品犯罪制造障碍,而将毒品转移地点的,尽管毒品在物理上发生了空间转移,也只不过是改变毒品隐匿场所的一种方式,应当以《刑法》第 349 条转移毒品罪论处。

(三)正确界定运输毒品罪与非法持有毒品罪,必须综合考虑主观构成要件

区分某一行为构成运输毒品罪还是非法持有毒品罪,除了考察其它构成要件外,行为人的主观方面同样至关重要,特别是在认定正处于空间移动中的毒品时,行为人对毒品的最终处理将直接影响案件的定性。如果行为人是为了走私、贩卖等非法牟利的目的,应当以运输毒品罪(作为选择性罪名之一)对行为人进行刑法意义上的评价;如果行为人只是出于随身携带吸食等单纯占有毒品的目的,或者难以证明行为人具有实施其它毒品犯罪之目的,应当以非法持有毒品罪论处,因为刑法设立非法持有毒品罪,目的在于尽可能地将与毒品有关的人绳之以法,当无法收集毒品持有人涉嫌走私、贩卖、制造毒品等犯罪的证据时,非法持有毒品罪便作为“兜底”条款,在毒品达到一定数量时对行为人科处相应的刑罚。

本案中,被告人袁某本人并不吸食毒品,但其在明知是毒品海洛因的前提下,指使他人前往邮局领取毒品,尽管毒品最终被公安人员截获,没有落到其手上,但是该毒品处于袁某事实上的控制之下,而侦查机关没有收集到能够证明其意图贩卖或者走私毒品的证据,也没有收集到其帮助他人隐匿毒品的证据,故应当以非法持有毒品罪定罪处罚。

四、处理结果

检察机关以被告人袁某行为构成运输毒品罪向法院提起公诉,法院经审理认为袁某构成非法持有毒品罪,判处其有期徒刑五年零六个月。

(张忠平)

组织他人异地为卖淫女网络招嫖的行为如何定性

一、基本案情

2009年3月至同年9月间，被告人何某在四川绵阳市租借房屋，购置电脑，组织郭某、刘某、李某等八人充当“枪手”，冒充卖淫女在互联网上发布招嫖信息，上传卖淫女手机号码。并通过其妹妹何某某介绍多名卖淫女给何某，利用网络招嫖在上海实施卖淫。由卖淫女在上海各自租赁房屋，开立银行账户，将银行卡邮寄给四川的何某。如卖淫女需要上网招嫖卖淫，则当天向本人账户存入人民币700元，短信通知何某，何某用银行卡提款后，通知“枪手”为卖淫女上网招嫖。“枪手”则将卖淫女的招嫖信息上传互联网，冒充卖淫女与嫖客搭识，最终将卖淫女手机号码提供给嫖客。而卖淫女则在上海暂住处接听嫖客电话、实施卖淫活动。经查，从2009年3月至案发，卖淫女通过何某等人上网招嫖实施卖淫嫖娼活动40余人次。

二、争议焦点

组织他人异地为卖淫女网络招嫖卖淫，是随着电脑、互联网科技发展而新出现的犯罪手法，不同于以往典型的组织卖淫行为，对于此类犯罪的定性存在争议，实践中存在以下分歧意见：

第一种意见认为，何某的行为构成介绍卖淫罪。理由是：何某、“枪手”在四川绵阳，卖淫女则自己租房在上海实施卖淫，卖淫女与何某未见过面，只是通过手机短信联系，两者之间关系松散，卖淫女随时可以不通过何某上网招嫖，不存在控制、管理。何某使用的招嫖手段是通过开放的互联网网络招嫖，该渠道并非其独占的。何某只负责联系嫖客、上传卖淫女电话，如同为卖淫女发布网络广告，最后是否卖淫、价格等事宜均由卖淫女与嫖客电话联系。故何某的行为是有组织的介绍卖淫罪。

第二种意见认为,何某的行为构成组织卖淫罪。理由是:从组织卖淫罪的罪状表述上来看:"招募、雇佣、引诱、容留"的手段和"纠集、控制"多人卖淫的手法均为选择性要件,两个引号内的内容,只需各实施一个行为,即可构成组织卖淫罪。何某具有纠集多名卖淫女实施卖淫的行为,并且通过掌握上网招嫖这一途径及事先收取卖淫女每天人民币700元等规定来控制、管理卖淫女。故构成组织卖淫罪。

第三种意见认为,何某的行为构成组织卖淫罪。理由是:组织卖淫罪在客观方面表现为在两个方面,一是招募、雇佣、引诱、容留等手段行为;二是以控制等方式安排多人从事卖淫的目的行为,其中,目的行为的认定是关键,也是该罪的本质行为,并以此与强迫卖淫罪,引诱、容留、介绍卖淫罪相区别。本案中,虽然何某对卖淫女不具有直接的人身控制关系,但却对整个卖淫活动具有安排、调度和管理行为,并将分散的卖淫行为予以集中,并筹建、建立、运转、维持了整个卖淫系统,符合组织卖淫罪中的目的行为,故构成组织卖淫罪。

三、评析意见

我们同意第三种意见,具体分析如下:

根据两高1992年的司法解释,组织卖淫罪是指以招募、雇佣、引诱、容留等手段,控制多人从事卖淫的行为。并指出本罪的主体必须是卖淫的组织者,可以是几个人,也可以是一人,关键是看其在卖淫活动中是否起组织作用。因此,在客观方面,组织卖淫罪表现在两个方面,一是招募、雇佣、引诱、容留等手段行为;二是控制多人从事卖淫的目的行为。而在这两者之中手段行为是次要的,在客观方面唯一的、真正堪为构成要件的,只是目的行为,并以此与强迫卖淫罪、引诱、容留、介绍卖淫罪相区别。对此,两高的司法解释也给予明确说明,在组织他人卖淫的犯罪活动中,对被组织卖淫的人有强迫、引诱、容留、介绍卖淫行为的,应当作为组织他人卖淫罪的量刑情节予以考虑,不实行数罪并罚。如果这些行为是对被组织者以外的其他人实施的,仍应当分别定罪,实行数罪并罚。

我们认为,随着互联网科技发展,新出现的组织他人异地为卖淫女网络招嫖卖淫,是否属于组织卖淫罪关键是如何解释组织卖淫罪的组织行为,如果本案中何某的行为可以被认定为组织行为，何某的行为即构成组织卖淫罪，否则则以介绍卖淫罪认定。“组织”在刑法中属于规范性的构成要件要素，需要司法人员根据一般人的价值观念进行理解和适用。从文字上解释“组织”可指安排分散的人或事物具有一定的系统性和整体性，也可指为按照一定的宗旨和系统建立起来的集体，显然组织卖淫罪中的“组织”只能理解为前者。根据两高的司法解释，将组织卖淫罪中的目的行为解释为“控制多人从事卖淫”，全国人大法工委负责人就《关于严禁卖淫嫖娼的决定》于 1991 年 9 月 13 日答记者问中解释：“组织他人卖淫指的是，有些犯罪分子控制一些妇女，诱骗迫使她们卖淫，从中牟利，实际上类似旧社会开设妓院的老鸨。”可见组织卖淫罪在设立之初对“组织”的目的行为采取了限制解释的原则，仅限于达到控制的目的和效果。

但是，随着我国近年来打击组织卖淫罪的持续和力度加大，传统的以收取身份证等手法对卖淫女人身加以控制，安排卖淫女实施卖淫，并收取卖淫女上交的部分卖淫所得，具有一定规模“妓院”性质组织卖淫已很难在现实社会生存。为逃避打击和制裁，卖淫组织也日趋松散性和临时性，而组织他人为卖淫女进行网络招嫖作为新型犯罪手段，因为成本小、涉及面大、隐蔽性强等“优势”而正被犯罪分子所扩大利用。在这类犯罪中，虽然组织者对卖淫女不具有直接的人身控制关系，但往往却对整个卖淫活动具有安排、调度和管理行为，将分散的卖淫行为予以集中，并筹建、建立、运转、维持了一个或数个卖淫系统。

如本案中，首先，何某虽没有直接纠集卖淫女，但其妹妹何某某根据何某明确授意，为何某纠集了多名卖淫女，何某的行为已将卖淫女分散的卖淫活动予以集中化。其次，何某虽然无法对卖淫女实施人身控制，但却通过异地存取款、为卖淫女制定上网招嫖制度等方式，来实现对卖淫女卖淫行为的远程管理。何某不仅规定卖淫女每天上网招嫖时间，还规定了卖淫女如需卖淫，则事先向其汇款 700 元费用。该 700 元是何某为卖淫女上网招嫖的前提，与最终网络招嫖结果无关，更是何某盘剥卖淫女的手段。虽然卖淫女是否卖淫由其自己决定，但当其向何某汇款 700 元后，基于为赚回 700 元的原因，当天则会接受何某网络招嫖的调度、安排实施卖淫活动。最后，何某在网络招嫖中并非向不特定的人员发布卖淫女信息，而是由“枪手”以卖淫女名义搭识嫖客，初步谈妥价格后，将卖淫女电话号码提供给嫖客，这不仅仅是为卖淫女“做广告”的介绍行为，而是为卖淫女调度、安排特定的嫖客，是实现对卖淫行为管理的方式之一。何某异地网络招嫖行为类似于商业行为中的加盟性质,管理公司并不直接控制加盟店的人员管理、日常经营,而是通过货源、价格的调度、安排等隐形手段达到对加盟店的控制、管理。

在社会的发展过程中,“刑法分则所描述的犯罪类型是开放的,它虽然有一个固定的核心,但没有固定的界限。即使立法者当初根本没有想像到的事实,经过解释也可能完全涵摄在刑法规范中;或者相反。”[①]随着社会的发展和组织卖淫行为的变化,对于组织卖淫罪的“组织”的目的行为不能仅限制为“控制”,即使限制解释为“控制”,也不能仅局限于对卖淫者进行人身控制上或者等同于强制,人身的控制只是“组织”的目的行为表现之一,对于积极卖淫者,则不需要对其进行严格的人身控制。否则,在本案中或者在现今社会中,刑法设立组织卖淫罪所要保护的法益将难以受到周全的保护,况且修改后的刑法对该罪仍然表述为组织卖淫罪,并没有对组织行为给予明确界定。并在附则中明确指出1991年的《关于严禁卖淫嫖娼的决定》中刑事责任规定已纳入修改后刑法,并适用修改后刑法,因此关于该决定的司法解释也要适用修改后的刑法。当然,对于像“组织”这样规范的构成要件要素进行解释时,应当注意规范用语的普通化,“应使规范用语的规范意义和该用语指称的对象与一般人心目中的普通意义进行沟通”。如在本案中,将“组织”解释为“对整个卖淫活动具有安排、调度和管理行为,并将分散的卖淫行为予以集中,筹建、建立、运转、维持了一个或数个卖淫系统,”就不会超出“组织”的普通含义底线,并符合刑法理念和目的的规范意义。在此正印证了“法律的生命在于经验,而不是逻辑”这句名言。

综上,我们认为何某的行为构成组织卖淫罪。

四、处理结果

检察机关以被告人何某行为构成组织卖淫罪向法院提起公诉,法院以组织卖淫罪判处何某有期徒刑十一年,剥夺政治权利一年,并处罚金人民币1万元;对郭某、刘某、李某等同案犯均以协助组织卖淫罪定罪处罚。

(赵　宁　杨　诚)

---

① 张明楷:《刑法分则的解释原理》,中国人民大学出版社2004年版,第6页。

如何准确认定传播淫秽物品罪中的网络传播行为

一、基本案情

2007 年 1 月，犯罪嫌疑人王某注册成为淫秽网站“丽春苑情色论坛”会员，2009 年 5 月其成为该网站中“欧美媚女区”、“自拍偷拍区”两个版块的版主。犯罪嫌疑人王某先后在该淫秽网站上传淫秽图片 146 张，同时其作为版主的自拍偷拍区存在他人上传的淫秽图片 300 余张，其作为版主的“欧美媚女区”存在他人上传的淫秽图片 600 余张。

二、争议焦点

本案涉及的主要问题是，犯罪嫌疑人王某不是淫秽网站开办者而是网络论坛的版主，其自身上传的淫秽图片没有达到定罪标准，但其担任版主的论坛中所包括的淫秽图片已经达到传播淫秽物品罪的定罪标准，对该犯罪嫌疑人是否应以传播淫秽物品罪认定，针对该问题存在以下分歧意见：

第一种意见认为，犯罪嫌疑人王某的行为构成传播淫秽物品罪。王某的行为与网站所有人、版块的另一名版主形成共同犯罪。犯罪嫌疑人王某作为网站版主，主观上具有协助网站所有人，促进淫秽网站开设的故意，即使其没有删图的权限，但其为他人上传淫秽图片评分等行为，是一种积极促使他人上传淫秽图片，招揽观众的行为。故按照共同犯罪原则，认定其对作为版主的网站版块中所有淫秽图片负责。

第二种意见认为，犯罪嫌疑人王某的行为不构成传播淫秽物品罪。犯罪嫌疑人王某的行为与网站所有人、另一版主之间的共同犯罪较为特殊，三方关系松散仅为网络上的联系，而且该网站本身就是淫秽网站，王某没有删除淫秽图片的义务，即使王某成为版主，从不履行版主管理权限，也不影响他人上传淫秽图片的行为。如果是正常网站，王某作为版主具有管理的义务，其不删除淫秽图片，则具有放任的故意。更何况王某版主权限不明，如没有删帖权，则不属于“直接负责的管理者”范围。第二种意见另外认为，即使认定构成共同犯罪，王某属于从犯，根据从犯对自己参与行为负责原则，根据王某的权限它也仅对其上传的淫秽图片负责。

三、评析意见

我们基本同意上述第二种意见，认为现有事实难以认定犯罪嫌疑人王某的行为构成传播淫秽物品罪。传播淫秽物品罪是指不以牟利为目的，在社会上传播淫秽的书刊、影片、音像、图片或者其他淫秽物品情节严重的行为。近些年来随着互联网的迅猛发展和普及，违法犯罪分子通过网络传播淫秽物品的行为呈现高发趋势，为此2000年12月第九届全国人大常委会第十九次会议专门通过《关于维护互联网安全的决定》，其中就明确规定在互联网上建立淫秽网站、网页，提供淫秽站点链接服务，或者传播淫秽书刊、影片、音像、图片，构成犯罪的，追究刑事责任。随后，最高人民法院、最高人民检察院分别于2004年、2010年先后发布了《关于办理利用互联网、移动通讯终端、声讯台制作、复制、出版、贩卖、传播淫秽电子信息刑事案件具体应用法律若干问题的解释》和《解释(二)》，对如何认定通过网络传播淫秽物品的犯罪行为进行明确和细化。

一般认为，传播淫秽物品罪中的传播行为是指通过播放、出租、出借、运输、携带、邮寄等致使淫秽物品流传的行为。而通过网络实施传播淫秽物品罪的行为则指，不以牟利为目的，利用互联网、移动通讯终端制作、复制、出版、贩卖、传播淫秽电子信息的行为；还包括利用聊天室、论坛、即时通讯软件、电子邮件等方式，实施上述规定的行为。此外，相关司法解释还明确网站建立者、直接负责的管理者明知他人制作、复制、出版、贩卖、传播的是淫秽电子信息，仍然允许或者放任他人在自己所有、管理的网站或者网页上发布的，以传播淫秽物品认定。按照上述规定和相关定罪标准，本案中淫秽网站“丽春苑情色论坛”的所有人构成传播淫秽物品类犯罪没有问题，但根据现有事实则不能认定犯罪嫌疑人王某构成传播淫秽物品罪。具体分析如下：

(一)对犯罪嫌疑人王某的行为应适用新的司法解释

最高人民法院、最高人民检察院2004年《关于办理利用互联网、移动通讯终端、声讯台制作、复制、出版、贩卖、传播淫秽电子信息刑事案件具体应用法律若干问题的解释》规定，不以牟利为目的，在互联网上上传淫秽图片构成传播淫秽物品罪的立案标准为400张，同时规定“明知是淫秽电子信息而在自己所有、管理或者使用的网站或者网页上提供直接链接的，其数量标准根据所链接的淫秽电子信息的种类计算”，即淫秽图片400张。而根据2010年2月《解释(二)》第五条规定“网站建立者、直接负责的管理者明知他人制作、复制、出版、贩卖、传播的是淫秽电子信息，允许或者放任他人在自己所有、管理的网站或者网页上发布，具有下列情形之一的，依照《刑法》第364条第一款的规定，以传播淫秽物品罪定罪处罚”，要求淫秽图片1 000张。两个司法解释的规定有所不同，第一个解释要求是“提供直接链接的”，第二个解释不需要提供直接链接，只要放任就可以，但需要直接负责的管理者。两个解释均是对立案标准的界定，但犯罪嫌疑人王某在2009年8月被公安机关查获，对其适用哪个司法解释存在冲突之处。根据最高人民法院、最高人民检察院2001年《关于适用刑事司法解释时间效力问题的规定》第3条规定：“对于新的司法解释实施前发生的行为，行为时已有相关司法解释，依照行为时的司法解释办理，但适用新的司法解释对犯罪嫌疑人、被告人有利的，适用新的司法解释。”对本案中犯罪嫌疑人王某应适用《关于办理利用互联网、移动通讯终端、声讯台制作、复制、出版、贩卖、传播淫秽电子信息刑事案件具体应用法律若干问题的解释(二)》

(二) 犯罪嫌疑人王某作为网站版主的权限存在限制

根据最高人民法院、最高人民检察院《关于办理利用互联网、移动通讯终端、声讯台制作、复制、出版、贩卖、传播淫秽电子信息刑事案件具体应用法律若干问题的解释(二)》第5条，网络传播淫秽物品罪的犯罪主体是网站建立者、直接负责的管理者，显然本案中犯罪嫌疑人王某不是淫秽网站“丽春苑情色论坛”建立者，而王某作为网站中两个板块版主的权限也存在限制。犯罪嫌疑人王某称“除了其本人之外，该两个板块还有另外一名版主。其没有删图、删帖子的权限。最多只有将一些没有链接、过期的帖子放入回收区的权限，没有进入后台管理的权限”。侦查机关也未查实版主有无删图的权限，该网站本身是淫秽网站，其他人上传淫秽图片不需要得到王某的许可。目前查实犯罪嫌疑人王某个人上传100余张淫秽图片，但在其负责的板块中存在900余张淫秽图片。虽然犯罪嫌疑人王某存在一定的管理权限，但仍难以认定王某对其余900余张淫秽图片具有“允许或者放任他人在自己管理的网站或者网页上发布”的故意和行为，因此也难以将该900余张淫秽图片计入王某的犯罪数额。

(三) 不以共同犯罪对犯罪嫌疑人王某追究刑事责任为宜

根据《关于办理利用互联网、移动通讯终端、声讯台制作、复制、出版、贩卖、传播淫秽电子信息刑事案件具体应用法律若干问题的解释》第7条:“明知他人实施制作、复制、出版、贩卖、传播淫秽电子信息犯罪，为其提供互联网接入、服务器托管、网络存储空间、通讯传输通道、费用结算等帮助的，对直接负责的主管人员和其他直接责任人员，以共同犯罪论处。”显然，本案中犯罪嫌疑人王某的行为不属于上述犯罪。同时，根据相关规定，此类案件中存在犯罪嫌疑人雇佣他人设立、维护网站、网页等的情形，对此，应首先明确此类犯罪打击的重点。对为首组织实施犯罪行为，或出谋划策、积极参与实施者，应运用刑罚予以惩处；对于出于生计，受人雇佣、以劳务或技术换取报酬，犯罪情节轻微的，可予以行政处罚，以体现区别对待的刑事政策。本案中犯罪嫌疑人王某与网站所有者关系较为松散，仅为网络上的联系，没有共谋行为，王某也不存在牟利行为，自身的管理权限也受到限制，因此不宜将其作为网站所有者的共犯处理。

四、处理结果

检察机关认为本案事实不清，证据不足，不能认定犯罪嫌疑人王某的行为已构成传播淫秽物品罪，遂将该案退回公安机关，后公安机关对本案予以撤案，并对王某作出行政处罚处理。

(赵　宁)

组织“大尺度私拍”是否构成组织淫秽表演罪

一、基本案情

2008年至2009年间，被告人李某某在网络上发布“私拍”消息，召集摄影者付费参与。随后由李某某确定活动日期、场次，并预定宾馆客房作为“私拍”场地。被告人沈某与蔡某某为牟利，相互勾结，招募参与私拍的女性模特，并面试后，提供给李某某作为“私拍”模特。随后李某某组织召集的摄影者分场次对模特进行私拍，多数为每场3人以上的群拍，也有1名摄影师的包场。在拍摄过程中，模特从穿内衣到全裸，摄影师对模特的生殖器进行特写拍摄，并要求模特做出淫秽的动作。拍摄过程中，李某某、蔡某某、沈某也在现场。经上海市文化广播影视管理局色情淫秽表演节目鉴定小组鉴定，涉案的29场“大尺度私拍”属于《营业性演出管理条例》第26条规定禁止的淫秽表演活动。

二、争议焦点

“大尺度私拍”活动是新出现的一种现象，司法实践没有判例可循，对于此类活动的定性存在以下几种分歧意见：

第一种意见认为，本案不构成犯罪。首先，组织者是让模特给摄影师摄影的，按照摄影师的要求摆出各种动作，模特在拍摄过程中都是做一个个静止的动作造型，没有一连串的表演行为，不属于“表演”行为。其次，组织者“私拍”的地点是其租赁的宾馆客房，具有一定的个人私密性，不属于公共场所，不符合淫秽表演场所的公众性要求。再次，组织者“私拍”场次中有1名摄影师包场的，也有少于3名摄影师的，如少于3名摄影师的，就不符合淫秽表演对象的不特定多数人的公众性要求。

第二种意见认为，本案构成制作淫秽物品牟利罪。在无法认定组织者构成组织淫秽表演罪的前提下，基于“大尺度私拍”组织者与摄影者之间的关系，认定构成制作淫秽物品牟利罪。理由是，组织者组织“私拍”活动，让摄影者参与拍摄，双方具有拍摄“大尺度”照片的故意，且组织者也具有组织拍摄活动的客观行为。摄影活动最后成果就是相机内存有“大尺度私拍”照片，同时“大尺度”照片被鉴定为淫秽照片，拍摄行为也成了淫秽物品的制作行为。结合组织者具有牟利的目的，可认定其构成制作淫秽物品牟利罪。

第三种意见认为，本案构成组织淫秽表演罪。“大尺度私拍”活动虽然是模特摆出一个个静止的造型让摄影者拍摄，但其实质还是一种表演活动。在表演中，模特全裸甚至可以暴露生殖器给摄影者拍摄特写照片。根据最高人民检察院、公安部《关于公安机关管辖的刑事案件立案追诉标准的规定(一)》，“以策划、招募、强迫、雇佣、引诱、提供场地、提供资金等手段，组织进行淫秽表演的，涉嫌下列情形之一的，应予立案追诉：(一)组织表演者进行裸体表演的；(二)组织表演者利用性器官进行诲淫性表演的；(三)组织表演者半裸体或者变相裸体表演并通过语言、动作具体描绘性行为的……”。所以，“大尺度私拍”组织者构成组织淫秽表演罪。

三、评析意见

我们同意第三种意见。具体分析如下：

(一) 组织者的行为不构成制作淫秽物品牟利罪

1.《刑法》第六章第九节“制作、贩卖、传播淫秽物品罪”中，对于制作淫秽物品的行为，只规定了“以牟利为目的”制作淫秽物品才构成犯罪

这里的“牟利行为”是指，行为人通过制作出的淫秽物品后的贩卖、传播等行为，达到牟利的目的，其牟利在于制作出的淫秽物品本身具有的非法利益，而非在制作淫秽物品的过程中产生的附带利益。本案中，组织者牟利的行为仅产生于其组织“私拍”活动向摄影者收费，不是产生于淫秽照片制作后产生的非法利益。

2. 如认定组织者构成制作淫秽物品牟利罪，则制作淫秽照片的主体是摄影者，组织者需要依附于摄影者成为共同犯罪，才构成此罪

在共同犯罪中，组织者与摄影者应作为一个整体来考量，两者之间不仅需要具有共同的制作淫秽照片的故意和行为，而且需要具有以此行为共同牟利的

故意。然而,组织者的利益直接来源于作为同案犯的摄影者,而不是来源于整体共同犯罪以外的第三人,两者之间在牟利上不存在共同故意,不构成制作淫秽物品牟利罪的共犯。

3. 如果组织者与摄影者之间在事先有用照片牟利的预谋,或明知摄影者拍摄后的照片将通过贩卖、传播等方式牟利的情况下,组织者仍组织“大尺度私拍”让摄影者拍摄,其在主观上便具有帮助摄影者制作淫秽照片牟利的故意,可以构成制作淫秽物品牟利罪的共犯

但是,本案中组织者与摄影者之间没有对拍摄出的照片如何处理具有事先约定,组织者无法判断摄影者在活动之后有无贩卖、传播照片牟利的行为。从主客观相一致及法律条文理解上来看,组织者不构成制作淫秽物品牟利罪。另外,组织者如本人为了贩卖照片牟利也参与拍摄的,此时,可认定其构成制作淫秽物品牟利罪。

(二)“大尺度私拍”活动属于淫秽表演

1. 根据现代汉语词典的解释,表演是指“戏剧、舞蹈、表演等演出,亦指把情节或技艺表演出来”

但是该解释并未罗列出全部表演形式,随着人类文化生活的丰富,多种新的表演形式层出不穷,如时装走秀、健美表演、人体雕塑等,这些舶来品打破了我们关于表演的传统概念,并被大众所接受,成为表演新的外延。所以,笔者认为表演首先是展示,将某些内容传递、展示给观看者;其次是表演者通过自己的形体、动作或声音等可感受的形式传递、展示给观看者,从而满足观看者感官上的感受。表演的形式各种各样,可以是动态的、也可以是静态的。如健美表演,就是表演者摆出各种姿势来体现肌肉的线条,其动作凝固的瞬间就是健美表演的精华所在。又如人体雕塑,完全就是一种静态的表演,表演者模仿雕塑,一动不动长达十几分钟。

2. 摄影,对于摄影者来说是一种创作的行为,但对于模特来说也是一种表演的行为

模特通过身体不断变化的动作,将人体之美展示给摄影者。人们对于摄影有过一句话,“用第三只眼睛看世界”。摄影者并非闭目盲拍,其拍摄照片的前提是通过照相机取景器来观察模特的动作姿势,然后再按动快门获取需要的照片。可以说摄影者是通过相机取景器来观看模特的表演的。虽然,我们现有证

实“大尺度私拍”活动的证据仅为摄影者的照片,但可以从一张张静态照片中反映出当时的表演行为。

3. 大尺度私拍是模特提供服务的表演活动

大尺度私拍不同于一般摄影。一般经营性摄影,由被摄影者支付钱款给摄影者。而大尺度私拍活动则由摄影者支付钱款给模特,要求模特摆出姿势供自己拍摄,模特则用自己的表演活动来赚取摄影者支付的劳务报酬。所以,不能因为是摄影活动而忽视、否认模特在其中的表演行为,相比较,模特的表演反而在大尺度私拍活动中占有更为主要的作用。

4. 随着我国改革开放程度的加大,人体摄影艺术也逐渐被社会接受,但是淫秽表演绝不等于人体艺术

罗丹说过“自然中任何东西都比不上人体更有性格。人体由于它的力,或者由于它的美,可以唤起种种不同的意象”。人体摄影是通过摄影者运用光与影的创作,来体现人体的美,而绝不是刻意暴露生殖器的。所以可从是否刻意暴露生殖器、模仿性交动作等违反最低道德底线等方面的动作,结合有关部门的鉴定认定是人体艺术摄影还是淫秽表演。

(三)“大尺度私拍”活动符合淫秽表演公众性的要求

1. 法律条文和司法解释并未要求淫秽表演具有公众性

淫秽表演的不合法性注定其组织者不可能明目张胆、大张旗鼓进行组织表演活动,即使具有公众性要求,也只能是相对的公众性。而且公众性体现在诸多方面,包括组织方式、参与对象、表演场地等等。

2. “大尺度私拍”活动的组织形式和参与对象具有公众性

组织者通过互联网络平台向不特定的社会公众发布活动信息,包括拍摄时间、地点、模特姓名、价格等等,征集摄影参与者。而这些摄影者在互联网络上看到活动消息,通过电话、网络与组织者联系报名后,只要交纳相关费用就可以参与“私拍”活动。组织者并不知晓每个参与活动的拍摄者的真实姓名等身份情况。所以,从活动召集、组织形式上看,是通过互联网这一开放平台面向社会公众的,具有向社会不特定公众开放的公众性。

3. 事物是辨证的,并非一成不变,一个场所是否具有公众性,关键看该场所的用途

当一座民居被破墙开店后,它就从私密性的私人住宅变成了面向不特定多

数顾客的公众性营业场所。宾馆，对于社会公众来说本就属于公众性营业场所，任何人都可以租赁住宿。当客人租赁客房供自己日常生活住宿时，宾馆客房内成为客人的私密性场所，不再具有公众性。然而，客人租赁客房后，用作营利性摄影活动场所，招待外来其他摄影者时，该客房也就失去了个人私密性，成为相对公众性的场所。同样，就是活动场所在组织者自己的私人摄影棚甚至家中，由于场所用途的改变，使得该场所不具有个人私密性，而具有相对的公众性。更何况，刑法对于淫秽表演场所并未规定具有公众性，淫秽表演的性质也决定了其场所具有相对的秘密性。

（四）“大尺度私拍”活动符合观看淫秽表演观众“不特定多数人”的人数要求

就“组织淫秽表演”的行为本身来看，法律条文或司法解释中从未规定每一场的表演中，观看人数必须达到三人以上的要求。由于司法解释未对组织淫秽表演罪明确立案标准，通常在司法实践中认为，只要一场淫秽表演观众超过三人就构成犯罪。但是 2005 年《中华人民共和国治安管理处罚法》第 69 条第二项规定，“组织或者进行淫秽表演的，处十日以上十五日以下拘留，并处五百元以上一千元以下罚款”。可见，《治安管理处罚法》对于组织淫秽表演行为也规定了相应的行政处罚，如果必须满足每场三名以上观众才属于组织淫秽表演行为，那么《治安管理处罚法》就形同虚设。所以，笔者认为就“组织淫秽表演”行为本身来说，并不需要具备三人以上的观众人数的要求。刑法处罚的是严重违法行为，认定犯罪行为应当与一般行政违法行为有所区别，体现出社会危害性及应受刑罚处罚性。笔者认为，在认定组织淫秽表演罪，也应当具有一定的标准，即淫秽表演场次或参与对象的多数性——多人多次。只要两个标准中的任何一个达到三人或三次以上，便可构成犯罪。多人多次是组织淫秽表演行为是否构成犯罪的构罪标准的要求，而非行为是否属于淫秽表演的性质方面的要求。如同戏曲剧团有在公众剧场表演，也有到私人家中唱堂会，但是唱堂会的形式不能改变此次堂会也是剧团营利性演出的性质。所以即使只有一名摄影者的包场，也不能改变该场“大尺度私拍”活动属于淫秽表演行为的性质。如果组织者组织淫秽表演的场次、观众人数不满三人次，其行为不构成犯罪；如果组织者组织淫秽表演的场数、人次已经超过三人次，构成犯罪，那其余不满三名观众的表演场次也应当一并计算入其组织淫秽表演罪的犯罪事实中。综上，我们认为“大尺度私拍”活动组织者应认定为组织淫秽表演罪。

四、处理结果

检察机关以被告人李某某构成组织淫秽表演罪向法院提起公诉，法院以组织淫秽表演罪判处被告人李某某有期徒刑三年零六个月。

（杨 诚）

冒充军人骗取他人信任再伺机拎走财物的行为应如何认定

一、基本案情

2008年8月28日凌晨2时许，冒充军人的被告人陈某某（化名霍正）身着中国人民解放军陆军夏季制服，佩戴少校军衔肩章，在南京火车站搭识了被害人孙某，谎称自己在部队工作，将孙某骗至火车站旁的军人接待站大厅休息，而后又陪同孙某到南京市的一些景点游玩，骗取孙某的信任。当日11时许，被告人陈某某陪同孙某游玩后回到军人接待站大厅休息，然后以就餐为由支使孙某上楼点菜，并趁孙某上楼点菜之机，将其放在大厅茶几上的一只红色帆布包（包内有人民币450元及衣服等物品）拎走。同年10月23日18时许，被告人陈某某再次身着中国人民解放军陆军夏季制服，佩戴少校军衔肩章，在南京火车站售票大厅内欲行作案时，被值勤民警查获。

二、争议焦点

对被告人陈某某冒充军人骗取孙某信任并伺机拎走孙某红色帆布包的行为应如何认定，有三种不同的意见：

第一种意见认为，被告人陈某某的行为应认定为盗窃，但其盗窃数额达不到起刑点的标准，故不构成犯罪。理由是：盗窃罪所表现的客观特征，是行为人在被害人不为知的情况下，将被害人的财物非法占为已有，并自由地处分该财物，使被害人失去对该财物的实际控制和占有。本案被告人陈某某趁被害人孙某上楼点菜时，将其放在大厅茶几上的红色帆布包拎走，使被害人失去对该财物的实际控制和占有,其行为符合盗窃罪的客观特征。至于被告人陈某某冒充军人骗取被害人信任的一系列行为,都是为最后窃取他人财物的侵财行为作铺垫的。因此,被告人陈某某在被害人孙某没有处置自己财物的意思表示和毫不知情的情况下,趁其上楼点菜之机偷偷将包拎走的行为,应认定为秘密窃取的盗窃行为。鉴于其盗窃数额仅为450元,达不到起刑点的标准,故不构成犯罪。

第二种意见认为,被告人陈某某的行为应认定为诈骗,但其诈骗数额达不到起刑点的标准,不构成犯罪。理由是:本案被告人陈某某为了达到非法占有他人财物的目的,身穿现役军人军服,主动搭讪被害人孙某,之后又虚构自己在部队工作,以能够帮助孙某到火车站旁边的军人接待站休息等为由,骗取了孙某对其的信任,最后谎称需要休息就餐,支使孙某上楼点菜并趁机将包拎走的行为是诈骗。因为被害人孙某上楼点菜时,出于对军人的信任而将红色帆布包置于被告人的身边,事实上是有交由被告人陈某某代为保管的含意。纵观全案,被告人陈某某之所以能够顺利取得被害人孙某的财物,都是基于其虚构事实,隐瞒真相,以“骗”为核心而实现的。所以,对陈的行为应认定为诈骗,但其诈骗数额仅为450元,达不到起刑点,故不构成犯罪。

第三种意见认为,被告人陈某某的行为构成冒充军人招摇撞骗罪。主要理由是:本案被告人陈某某身着中国人民解放军陆军夏季制服,佩戴少校军衔肩章,编造在部队工作的虚假事实,是利用了军队的声誉和人们基于对军人信任的心理,使被害人对其产生信任,放松警惕性而达到犯罪目的的。被告人陈某某也坦承,说自己在部队工作,又身着军官服装,被害人是不会怀疑的,反而更容易取得被害人的信任,更容易骗得财物。综合全案具体情况,对被告人陈某某的行为应认定为冒充军人招摇撞骗罪。

三、评析意见

我们同意第三种意见,对被告人陈某某的行为应当认定为冒充军人招摇撞骗罪。

(一)从侵犯的客体来看,被告人陈某某的行为侵犯的是复杂客体,既侵犯了军队的声誉及其正常活动,也侵犯了社会管理秩序

冒充军人招摇撞骗的行为,违反国防法的规定,不仅败坏军人的形象和声誉，损害人民的利益，影响军民、警民关系，而且危害国防安全，扰乱社会管理秩序。由于其犯罪对象是中国人民解放军和中国人民武装警察部队的现役军人的形象和声誉，所以我国刑法将该罪归纳于危害国防利益罪一章中。而盗窃、诈骗行为所侵犯的客体是公私财物的所有权。犯罪对象是国家、集体、公民个人所有的财物。我国刑法将该类罪归纳于侵犯财产罪一章中。虽然这三种行为中都有侵财的成分，但就侵犯的客体分析，显然被告人陈某某的行为所侵犯的是军人形象和声誉这一特殊客体。

（二）从犯罪的客观方面来看，被告人陈某某实施了非军人身穿佩戴有军人专用标志的军服，假冒军人名义骗取被害人的信任，从而获取非法利益的行为

冒充军人身份进行招摇撞骗的行为，首先是必须身穿佩戴军人专用标志的军服，使用、携带证明军人身份的证件、公文，或者自称是某军事单位的军人。其次是设法使被害人信以为真，从而放松应有的警惕性。再次是从被害人处非法获取钱财。实施盗窃的行为人，采用的是自认为不会被财物的所有人、保管人或者经手人发觉的方法，暗中窃取其财物的方法。实施诈骗的行为人，采取的是捏造不存在的事实，骗取被害人的信任，从而“自愿地”交出财物，或者故意对被害人掩盖客观存在的某一事实，以哄骗被害人，使其“自愿地”交出财物。虽然这三种行为中，“窃”或“骗”的手段穿插其中，但“身穿佩戴有军人专用标志的军服”和“自称是某军事单位的军人”这一行为却是冒充军人招摇撞骗罪的特殊必备客观要件，至于采取“窃”或“骗”的手段谋财，并不影响此罪的成立。

（三）从犯罪的主观方面来看，被告人陈某某具有冒充军人谋取非法利益的故意

无论是冒充军人招摇撞骗罪，还是盗窃罪或诈骗罪，都具有谋财的主观故意，但是其犯罪主观方面并不完全相同。冒充军人招摇撞骗罪的犯罪故意是明知自己冒充军人招摇撞骗的行为会损害军人的形象和声誉、扰乱社会秩序，但为了获取非法利益仍然实施。而无论是盗窃罪还是诈骗罪，其犯罪故意都是以非法占有公私财物为目的。由此可见，盗窃罪和诈骗罪的谋财故意具有普遍性，而冒充军人招摇撞骗罪的谋财故意具有特殊性。根据特别法优于普通法的刑事法律适用原则，被告人陈某某的行为应以冒充军人招摇撞骗罪认定。

四、处理结果

检察机关以被告人陈某某行为构成冒充军人招摇撞骗罪向法院提起公诉，法院以冒充军人招摇撞骗罪对陈某某判处有期徒刑一年零七个月。

（何国保）

商业机会可否认定为受贿罪中的财物

一、基本案情

2002年12月，某房地产开发公司在某市市北区开发一住宅小区，该市北区房地产管理局综合计划科科长王某(负责全区新建住宅配套费征收、管理、返回及空调外机设置审核等)主动找到该房地产公司索要该住宅小区的门窗制作业务。由于王某对辖区内楼盘开发存在一定程度的制约关系，该公司被迫将该小区门窗制作业务交给王某。王某让其朋友刘某安排承揽单位。业务完成后刘某从承揽单位取得回扣24万元，将其中12万元给了王某。

二、争议焦点

对于本案中王某的行为属于索取财物还是属于索取了商业机会，主要存在两种分歧意见:

第一种意见认为，王某的行为构成受贿罪。王某利用职务便利，索取的门窗制作业务本身是一种经济利益，目的就是想从中获利。王某及其朋友刘某在无任何投入的情况下，由承揽方完成门窗制作加工，并从承揽方取得回扣款人民币24万元，王某分得12万元，王某的行为本质上就是在索取贿赂，其行为触犯了《刑法》第385条之规定，构成受贿罪。

第二种意见认为，王某的行为不构成受贿罪。王某利用职务便利，谋取的只是商业机会，而商业机会不能等同于财物或者财产性利益，故不是我国刑法规定的受贿罪的犯罪对象，所以对其行为不能认定为受贿罪。

三、评析意见

笔者同意第二种意见，理由如下:

(一) 我国刑法理论界关于贿赂范围的研究

关于贿赂范围，在我国刑法学界一直有着不同的看法，主要有三种观点：一是财物说。主张贿赂就是财物，即金钱和物品。中国古代对贿赂的界定及字义解释，以及新中国刑事立法、现行刑法条文都坚持这一主张。二是物质利益说。这种观点认为贿赂的内涵应随着社会发展而有所改变，当前形势下，以财产性利益贿赂国家工作人员的现象大量存在，其危害与传统的财物贿赂相比，并无本质区别，甚至有过之而无不及，因此主张贿赂包括财物和财产性利益。三是利益说。认为贿赂犯罪的本质是权与利的交易，因此贿赂应指能满足受贿人各种生活需要及精神欲望的一切财产性和非财产性利益，包括财物及其他物质性利益，还包括各种非物质性利益，如性贿赂、提供住房权、提升职务、迁移户口、安置工作等。前两种观点已经或正在被我国刑事法律有条件地采纳和接受，但对于利益说中的非财产性利益仍然不认为可以构成贿赂犯罪。本案所体现的不同于传统观念中的财物，也不同于一般的财产性利益，王某索取的该商业机会应属于非财产性利益。

(二) 贿赂范围在我国司法实践中的发展变化

根据《刑法》规定，贿赂的范围限于财物。随着经济社会的不断发展变化，贿赂犯罪的手段也呈现出不断翻新的趋势，一些人为了规避法律，采用货币、物品之外的方式行贿、受贿，如提供房屋装修、含有一定金额的会员卡、代币卡(券)、旅游服务等。特别是近年来随着贿赂犯罪由权钱交易发展到权利交易、权色交易，用设立债权、无偿劳务、免费旅游等财物以外的财产性利益以及提供女色、晋职、招工、迁移户口等非财产性利益进行贿赂的案件频繁发生。对此类案件特别是采用非财产性利益进行贿赂的案件能否认定为贿赂犯罪，理论上和实践中均存在不同的认识。从我国加入的《联合国反腐败公约》的规定看，贿赂可以是任何不正当好处，其字面含义明显要宽于刑法规定中的财物。对此我国有关法律也有类似的规定，如《招投标法》表述为“财物或者其他好处”，反不正当竞争法表述为“财物或者其他手段”，《政府采购法》表述为“贿赂或者获取其他不正当利益”。将贿赂范围局限于财物，已经不能适应当前打击各类贿赂犯罪的现实需要，因而有必要扩大其范围。从司法层面看，在原则上坚持贿赂为财物的同时，当前对于贿赂范围的理解和掌握实际上有一定程度的突破，部分可以直接物化的财产性利益，如提供免费旅游、无偿劳务、消费权证等，有时也会视具体情况被认定为贿赂。为适应新形势下惩治贿赂犯罪的客观需要，综合考虑我国国情和司法操作的实效性，2008 年最高人民法院、最高人民检察院《关于办理商业贿赂刑事案件适用法律若干问题的意见》（下称《意见》）实际上也将财物扩大到财产性利益。如该《意见》第 7 条规定，“商业贿赂中的财物，既包括金钱和实物，也包括可以用金钱计算数额的财产性利益，如提供房屋装修、含有金额的会员卡、代币卡（券）、旅游费用等。财产性利益数额认定以实际支付的资费为准”。至于非财产性利益，如谋取商业机会、招工提干、调换工作、迁移户口等，则一般不被视为贿赂。

（三）索取商业机会入罪存在法律障碍

第一种意见认为王某利用职务便利，采用谋取商业机会的手法实施权钱交易，最终获得了非法利益，其行为触犯了《刑法》第 385 条之规定，构成受贿罪。该观点把对商业机会的利用产生的收益直接认定为受贿数额。但我国刑法规定，受贿罪是指国家工作人员利用职务上的便利，索取他人财物，或者非法收受他人财物，为他人谋取利益的行为。

目前，我国刑事法律将受贿罪的犯罪对象界定为财物及可以计算数额的财产性利益，不包括商业机会，即商业机会不能成为受贿罪的犯罪对象，所以认定王某通过该商业机会获得的 24 万元为犯罪数额缺乏法律依据。商业机会不同于财物，也不同于财产性利益。商业机会是一种交易的机会，是一种交易现实性和利益或然性的结合体，没有交易就没有交易利益，有交易也可能不产生期望的交易利益，在交易机会变成具体的商业行为之前，商业机会蕴涵着期待性利益，交易利益只是一种期待利益，具有不确定性。有交易就有风险，在期待交易利益的同时也应该承受可能的风险。行为人索取的商业机会是因为其具有极大的获利可能有性，即所谓的稳赚不赔。但这只是一种主观认识，市场风险的难以预测并不会因为行为人对利益的高期望而变得简单明了、风平浪静，行为人在期待利益的同时也必然要承担可能的风险，而不同的行为人对商业机会的把握和利用其结果也是差之千里。在商业机会转化为交易利益时行为人也付出了劳动，其中的哪些部分应作为劳动所得，哪些部分应作为犯罪数额实难判定。因此，直接把对商业机会的利用而产生的收益认定为犯罪数额于法无据，于理不通。索取商业机会既不属于刑法规定的索取财物，也不属于可用金钱计算的财产性利益，索取商业机会虽为不当行为，但尚未为我国刑事法律所评价。

四、处理结果

检察机关以被告人王某行为构成受贿罪向法院提起公诉,一审法院经审理认为,王某索取的只是商业机会,王某所得的12万元回扣是加工单位所给,而王某与加工单位并无职务上的制约关系,现有证据也未反映某房地产公司将该笔门窗加工业务的利润抬高以变相给予贿赂,其所获利益为其经营所得,而索取商业机会的行为不属于我国刑法所规定的受贿罪犯罪对象,即法无明文规定不为罪,因此一审判决不予认定王某构成受贿罪。

(陈新民)

退休返聘人员能否成为受贿罪的犯罪主体

一、基本案情

郑某某于2000年2月起担任上海市黄浦区市政工程管理署副署长，同年8月起担任该署总工程师，2007年7月退休。退休后经返聘，郑某某转任该署技术顾问兼黄浦区市政设施养护维修招投标工作小组组员，主要负责黄浦区市政工程的招投标管理、工程技术、质量管理等工作。2001年至2009年，郑某某利用上述职务之便，多次将市政工程发包给上海雅乐市政实业有限公司，并向该公司领导阮某某、吴某某、沈某授意，将有关工程项目转包给挂靠于上海东海华庆工程有限公司等单位的相某某承接，事后多次接受相某某给予的好处，经查受贿金额折合人民币总计178 608.70元。

二、争议焦点

对于本案的定性，存在以下四种分歧意见：

第一种意见认为，郑某某退休返聘期间收受钱财不构成犯罪。理由是：从主体上来看，郑某某退休返聘后，不再担任任何行政职务，只是提供技术服务工作，属于从事劳务的人员，不具有“从事公务”的性质；从客观行为来看，郑某某给予行贿人工程技术指导是出于二人私交关系较好而给予的帮助，而非其工作职责范围内的行为，故郑某某退休返聘期间收受钱财的行为不是犯罪行为。

第二种意见认为，郑某某退休返聘期间收受钱财构成非国家工作人员受贿罪。理由是：郑某某在退休返聘期间，因系技术顾问，不具有“从事公务”的职权。在市政署发包工程的招投标过程中，因郑系市政领域专家，聘任其担任专家评委，故郑某某在担任招投标评委期间，为他人谋取利益，非法收受工程实际承包人的钱款，应当构成非国家工作人员受贿罪。

第三种意见认为,郑某某退休后收受钱财构成利用影响力受贿罪。理由是:本案被告人郑某某退休后系离职的国家工作人员,其利用自己曾经担任市政署副署长及总工程师的职权及其地位形成的便利条件,为请托人即工程实际承包人相某某谋取不正当利益,收受相某某给予的钱款,应当构成利用影响力受贿罪。

第四种意见认为,郑某某退休返聘期间收受钱财构成受贿罪。理由是:郑某某退休返聘后虽不再担任市政署总工程师的行政职务,但是对工程施工过程中的质量及验收都具有实质上的监管职权。同时,郑某某是受黄浦区建设委员会(以下简称"区建委")委派,作为市政署(国有单位)的代表参与招投标的前期策划及相关评审管理工作,并担任招投标评委。根据相关司法解释的规定,郑某某退休返聘期间仍具备受贿罪的主体资格,故郑某某退休返聘期间收受工程实际承包人给予的钱财,应认定为受贿罪。

三、评析意见

笔者同意上述第四种意见,即认为被告人郑某某的行为应当认定为受贿罪。理由如下:

(一)郑某某属于刑法规定的"国家工作人员"

《刑法》第93条明确规定"国家工作人员是指国家机关中从事公务的人员。国有公司、企业、事业单位、人民团体中从事公务的人员和国家机关、国有公司、企业、事业单位委派到非国有公司、企业、事业单位、社会团体从事公务的人员,以及其他依照法律从事公务的人员,以国家工作人员论。"认定郑某某是属于从事劳务的人员还是从事公务的人员,应当以其工作内容中所负担的职责是否具有管理性质作为区分的标准。郑某某退休后被原单位返聘担任技术顾问,与市政署签订了劳务合同。在郑某某与市政署的劳务合同书中,明确约定郑的工作内容为:协助署长室做好署技术管理、质量管理、工程招投标管理和信息化管理工作。郑某某退休后虽然不再担任总工程师的行政职务,但是对于市政署发包的工程项目仍然具有相关管理职权。行贿人是市政署发包工程的实际承包人,在工程项目施工及验收阶段,郑某某作为市政署的技术顾问,均有职权对工程质量进行管理。另外,郑某某返聘合同及市政署领导的证言也明确表明,郑某某退休返聘期间还负责该署的工程招投标管理工作。在市政署通过招投标形式发包的工程中，郑某某均参与了市政工程招投标工作的前期准备。因此，郑某某退休返聘期间仍应属于在国家事业单位中从事公务的人员，并以国家工作人员论。

（二）郑某某客观上有为收受他人贿赂并为他人谋利的行为

本案中，郑某某在退休返聘期间，不仅利用其担任署技术顾问的身份，对市政工程的招投标管理、质量管理产生影响，而且又利用其担任工程招投标评委的身份，通过对工程实际承包人所在的投标单位打最高分的方式，对工程发包的决策产生影响。正是通过这样的“双重”身份，郑某某在退休返聘期间，对于市政工程从发包到完工验收都具有重要作用。因此，投标单位雅乐公司的领导班子充分考虑到郑某某职权的影响力，才会将承包的工程转包给郑某某“打过招呼”的行贿人相某某。郑某某借助“双重”身份，为行贿人即工程的实际承包人谋取了利益。另外，根据郑某某退休返聘合同书的规定，郑某某的工作范围包括署内的技术管理、质量管理、工程招投标管理等工作。相关的证人证言也表明，虽然郑某某退休后不再担任行政职务，但是该署返聘郑某某后，也未重新任命新的人选担任该署的总工程师。也就是说，虽然郑某某没有名义上的行政职务头衔，但是其工作内容实质与其退休前没有任何变化。因此，郑某某代表发包方市政署给予工程实际承包人技术指导，显然是其职务范围之内的责任。即使二人确实私交较好，给予行贿人较多帮助，也不能成为郑收受其钱财的理由。另外，根据郑某某交代，给予行贿人的技术指导还包括减少工程成本方面的技术，这样的技术指导是否能够保证工程质量，均存在令人担忧的隐患。行贿人无非是想利用郑的双重身份顺利中标并完成工程才给予郑贿赂。郑某某与行贿人二人的私交也恰恰是建立在这样的利益需求基础之上的。

（三）将郑某某的行为认定受贿罪符合司法解释的规定

最高人民法院、最高人民检察院2008年《关于办理商业贿赂刑事案件适用法律若干问题的意见》明确规定，依法组建的评标委员会、竞争性谈判采购中谈判小组、询价采购中询价小组中国家机关或者其他国有单位的代表，在招标、政府采购等事项的评标或者采购过程活动中，索取他人财物或者非法收受他人财物，为他人谋取利益，依照《刑法》第385条的规定，以受贿罪定罪处罚。郑某某退休返聘期间，除了担任市政署的技术顾问外，仍然继续担任黄浦区市政设施养护维修招投标工作小组组员，参与区内市政工程的招投标评审。工程招投标文件等相关书证可以反映出，郑某某作为市政署发包方的代表，受区建委委派参与招投标评审，在担任招投标评委时，给行贿人实际承接工程的投标单位打最高分，故郑某某作为发包方代表的招投标评委之一，具有对工程发包决策的职权。根据两高的上述司法解释，郑某某仍然可以构成受贿罪。

四、处理结果

检察机关以被告人郑某某行为构成受贿罪向法院提起公诉，法院以受贿罪判处郑某某有期徒刑五年，并处没收财产人民币 3 万元。

（张　璐）

不直接参与发包工程管理但基于职务身份收受承包商贿赂款的行为如何认定

一、基本案情

上海市某区绿化管理局(以下简称“绿化局”)与上海市某建设有限公司(以下简称“某公司”)前身同为区属建设委员会下属园林管理处(事业单位),该处主要职能是对全区绿化进行规划、设计、建设、施工、养护管理。2004 年因实行政企分离,新设立了绿化局和某公司。原园林管理处对区内绿化工程的建设和养护工程的管理、监督和指导等职能由绿化局(事业单位)负责;某公司(国有企业)成为了绿化工程的施工、养护和日常管理的作业单位。

为扶持区内新兴国企,绿化局按有关部署在实行市场化模式运行的同时,将部分绿化工程业务发包或委托给某公司建设。为加强工作联系和沟通,2004 年 10 月起绿化局与某公司领导合意决定每月定期召开领导班子碰头会进行工作商议和问题协调。某公司因从绿化局所承接、受托的各类绿化业务及日常监督、管理中长期获益,因此在每次碰头例会上都会以辛苦感谢费的名义每月支付给绿化局领导班子每人现金 2 000 元。原绿化局党支部书记被告人夏某在此期间共非法收受人民币 114 000 元。

二、争议焦点

关于被告人夏某是否构成“利用职务上的便利,为他人谋取利益”存在三种分歧意见:

第一种意见认为,夏某虽然存在每月收受某公司给予 2 000 元钱款的行为事实,但其在担任绿化局党支部书记期间,分管单位党务、工会等工作,职权范围不涉及区内绿化工程建设、养护等管理工作,不触及某公司经营业务,因此不构成“利用职务上的便利,为他人谋取利益”,夏某收受钱款的行为不能被评价为受贿罪。

第二种意见认为,某公司邀请夏某参加每月碰头例会并给予 2 000 元,一方面是因为某公司与绿化局原先同属一家单位,夏某与该公司已建立了熟悉的人际关系。另一方面是由于夏某长期任职绿化管理系统,对于工作环境和相关业务较为熟悉,必要时可以给予某公司业务指导,对夏某至多应认定"利用工作上的便利"而非"利用职务上的便利",夏某接受馈赠的行为不构成受贿罪。

第三种意见认为,虽然夏某不直接参与对某公司从绿化局承接的绿化工程建设、养护等管理,但基于其个人职务身份所享有的职权及职务派生影响,对某公司的业务仍有制约作用,应认定符合受贿罪职务要件和利益要件,夏某构成受贿罪。

三、评析意见

笔者同意第三种意见,具体理由如下:

(一) 对"利用职务上的便利"的认定不应局限于职务范围本身,还应考虑行为人在管理事务中的实际参与权

根据我国《刑法》第 385 条之规定,"利用职务上的便利,为他人谋取利益"是构成受贿罪的必备要件。关于"利用职务上的便利"内涵把握首先是对职务概念的明晰。职务是指组织中承担相同或相似职责或工作内容的若干职位的总合。[①] 从现实环境中我们不难发现职务本身所享有的权责范围,往往难以被职务岗位设计之初的内容要素所涵盖。这也是缘何司法机关对受贿罪的职务要件进行扩大性解释。1999 年 8 月公布的《关于人民检察院直接受理立案侦查案件立案标准的规定(试行)》明确指出:"利用职务上的便利是指利用本人职务范围内的权力,即自己职务上主管、负责或者承办某项公共事务的职权及其所形成的便利条件。"

结合这一标准,我们可以从三个方面找到夏某构成职务要件的切合点:第一,对重大事项的最终决策权。在绿化工程项目建设、规划、检查、验收等重大问题和迎奥运、迎世博、创建卫生和文明城区等重大活动中,夏某作为支部书记始终参与班子集体决策,而且按具体分工对某公司承建业务实施组织和管理。

---

① 百度百科:http://baike.baidu.com/view/1145110.htm.2011 年 7 月 10 日访问。

第二，对检查监督的参与管理权。夏某虽不直接主管和分管某公司从绿化局承接的工程业务，但作为绿化局领导班子成员参与和协助本不属她职权范围内的其他管理活动。比如，在日常管理中夏某经常与班子其他成员到现场、到工地进行例行的检查、指导和监督，参与对某公司施工、日常养护中的质量、要求、工期的管理活动。第三，利用职权影响提供便利。为帮助解决某公司在工程项目施工、日常养护工作中碰到的各类矛盾和问题，两家单位班子成员经常利用碰头会形式进行沟通、协商，在涉及工程技术类的问题时夏某也积极出谋划策，并在会后亲自出面到有关单位和部门进行沟通协调，帮助某公司解决问题、化解矛盾。

综上，认定“利用职务上的便利”不应仅限于个人直接主管和分管的范围，同时还应当注意其在管理事务中的实际参与权以及由原职务派生出的工作便利。只要行为人利用了其本人职务范围内的职权行为乃至超越职务范围所形成的方便条件，就应当视为“利用职务上的便利”。

（二）区分“利用职务便利”和“利用工作便利”应以利益要件为依据

区分行为人是“利用职务上的便利”还是“利用工作上的便利”，意义在于明晰受贿罪职务要件的本质属性，避免司法打击范围的无端扩大。而甄别两者首先是厘清工作与职务内涵的范围：首先，工作与职务有一定联系，但也并非都以职务为基础而形成，工作不仅包含职务而且还包含劳务，其内涵要大于职务；其次，职务的范围相对于工作的范围较易界定，有一个相对具体和稳定的标准范围，但工作的范围更为宽泛和模糊，所以利用职务上的便利未必等于利用工作上的便利。区分两者的关键就取决于职务要件与利益要件之间紧密联系的程度。

本案中，某公司与绿化局领导班子的碰头例会虽多以联络感情，加强沟通为由，但该会实为某公司的利益诉求平台。一方面某公司自成立以后的绝大部分业务均来自于绿化局的发包和委托，这些工程款及养护费用是其收入的主要来源；另一方面，某公司在工程建设、养护的过程中产生的各类矛盾及纠纷往往需要由绿化局领导出面解决和协调，因此即使在碰头会上某公司没有提出明确具体的请托事项，但仍然存在未来长期谋取利益的可能性。而这些利益的获取都需通过绿化局领导的职权行使而得来。职权与利益所存在的高度耦合性决定了夏某符合受贿罪中的职务和利益要件。

(三)明确受贿罪的法益保护是认定职务要件的价值标准

本案中关于认定"职务便利"的疑难还可以从受贿罪法益保护的角度予以辩明。虽然有关受贿罪的法益保护在学界众说纷纭,但我国目前的主流刑法理论采廉洁性说。在此基础上,又有学者提出了"国家人员职务行为与财物的不可交换性"的观点,即国家工作人员的职务行为已经取得相应的报酬,故不能直接从公民或其他单位那里收受职务行为的报酬,否则属于不正当的报酬。① 某公司与绿化局虽原属同一单位,两家单位领导之间或是上下属或是同事关系。但分立后互不隶属的两家单位已在性质上发生转变,两者间的业务往来也逐渐转向市场化运行模式,即使某公司享受政策扶持,但仍需在公平自由的市场竞争环境下进行。绿化局领导包括夏某在内其任何行使职务上的行为(包括超越职务派生形成的方便条件),都不能成为收受某公司馈赠钱款的理由,否则此对价行为的无异于权钱交易,意味着国家工作人员的职务行为只为提供财物的人服务,这种寻租活动必将损害他人的正当利益。

综上所述,本案中夏某的行为符合受贿罪的利益要件和职务要件的认定标准。一方面夏某作为领导班子成员,其职权范围不应限于分管工作,而是应当根据日常工作对某公司的实际影响来进行界定。另一方面,夏某每月收取某公司感谢费与其在工作中为该公司提供便利更强化了"利用职务便利"和"他人谋取利益"之间的因果关系。此外受贿罪的客体是国家工作人员职务行为的廉洁性,国家工作人员已从国家获得了应有的报酬,除此之外基于职务所收取的其他财物都是非法收益,不仅破坏了国家工作人员的廉洁制度,而且也是受贿罪社会危害性的实质所在。因此,对夏某收受某公司钱财的行为应当认定构成受贿罪。

四、处理结果

检察机关以被告人夏某行为构成受贿罪向法院提起公诉,法院判处夏某犯受贿罪,但考虑到被告人有自首情节并清退赃款,故决定免予刑事处罚。

(陈志鋆)

---

① 张明楷:《刑法学》,法律出版社 2007 年版,第 873 页。

受贿人将部分受贿款留存在转交人处未予提取的行为如何定性

一、基本案情

2009年底至2010年初，上海某造船（集团）有限公司（系国有企业）有一弃船余料板要处理，上海添誉商贸有限公司法定代表人杨某欲低价收购，遂找负责该业务的造船（集团）有限公司设备材料科科长陈某帮忙，陈与负责处理该废料的分段制造部副部长薛某等人打招呼并转告说杨某答应事后会给予其好处。事成后陈某收到杨某所送好处费87万元，杨某明确表示钱是给陈某、薛某等人的。后陈某将25万元分给薛某，讲明钱是杨某给的“好处费”。薛某因心里害怕，要求25万元先放陈某那里，以后再分次分批陆续给他。案发时，薛某已拿了5万元，另20万元还一直存放在陈某处。

二、争议焦点

本案的争议焦点是，对薛某留存在陈某那里的他人行贿款20万元是否应认定为薛某受贿既遂。

第一种意见认为，25万元是由陈某收受后代为转交，薛某对陈某如何取得行贿款，以及行贿方如何请托陈某给付钱款等行为均不知悉，薛某只有收受5万元的受贿故意，没有与陈某等共同受贿的共同故意，对没有实际收受的金额没有受贿故意，不应承担责任。

第二种意见认为，尽管薛某明知陈某转交的是受贿款，且属共同受贿中所分的个人份额，但其未完全推辞，主观上有受贿故意，又因为其客观上最终未收受，案发时对该笔钱款的处置尚处于变数不确定状态，应认定为实施终了的受贿未遂。

第三种意见认为，应认定薛某受贿25万元既遂，个人受贿实得金额为25

万元。本案薛某明知该钱款的来源,以及对方请托人给付的原因,但并没有拒绝,仅托付同伙暂为保管,需要时再支取,因此收受行为在托付他人保管时已完成,委托他人暂时保管仅属于受贿后个人对受贿款的处置,不影响受贿款的真正归属。

三、评析意见

笔者同意上述第三种意见。主要理由分析如下:

(一)从受贿完成形态看,薛某已实际控制25万元贿赂款

认定受贿罪既遂与未遂问题,法学界有多种学说,但实践中我们采用的是控制说或取得说,即行为人只要实际控制财物或者取得财物就是犯罪既遂,反之则为未遂。受贿罪应属于结果犯,对于以法定的犯罪结果的发生为犯罪既遂标准的犯罪来说,犯罪未得逞是指行为人所实施的行为没有导致这一结果的发生。

那么本案薛某是否实际控制贿赂款?首先该受贿标的物是现金流通物,因此直接获取就完成了占为己有的过程;其次,判断行为人是否实际控制该钱款,必须具体案件具体分析,结合财物是否转移的实际情况来认定。“实际控制”是对财物的一种有效支配,体现为行为人已经实现了对于财物的支配权。从这个意义上说,实际控制就是非法占有。本案中薛某采取让他人保管的形式,并未直接获取钱款,笔者认为该保管形式应属于接受后的处置方式,只有财物所有人才能作出此种处置决定。即此行为的做出必须已经非法占有或者取得了财物,实现了预期受贿犯罪的故意目的,即在受贿既遂的前提下做出的;再次,薛某已经完成钱款实质的转移,而他人代为保管只是形式上在他人手中而实质是薛某已确认受贿钱款。“实际控制”是一个与所有权相联系的概念,而所有权的转移与支配权的转移并不一定同步。在所有权尚未转移但行为人已经实际支配受贿款的场合,也成立受贿罪的既遂。最后,从刑法上“占有”的内涵分析。与民法上要求占有人必须具有占有的意图,客观上要求占用人事实上控制或管理了某物不同,刑法上的占有只是一种客观的支配状态,无关乎权利义务关系,虽然必须是事实的、现实的占有,但并不以实际上掌握财物为必要。因此对于本案“暂存保管”这种情况,贿赂款交给陈某,陈某是受托保管,但受托者并不能对财物加以处分,实质上对财物没有支配权,交给受托者保管实际是委托者薛某支配财物的一种手段。所以，陈某虽然现实地掌握或看守着财物，但作为刑法上占有该笔钱款的应该是委托者薛某。

（二）从该钱款可能发生的变数看，薛某未提取的20万元不存在退还、上缴等不确定情况

笔者认为对于受贿罪的认定，不仅要考察行为人客观上收受他人财物，更要细究主观上是否有“非法占有他人财物的故意”。值得注意的是，由于人的主观故意也存在一个发展过程，所以，特别要把握行为人“非法占有的最终故意”，并以之作为构成既遂的主观标准。仅以客观上收受他人财物，并不能马上判断行为人主观上就具有“非法占有他人财物的故意”以及“意图占有他人财物的多少”，更不能认为受贿既遂。例如，行为人暂时收下财物，随后将财物送回、上交，则不具有占有该财物的故意，当然就不构成受贿罪。如果行为人将收受的财物于案发前部分退还给行贿人，则行为人主观上对退还部分不具有非法占有的故意。

本案中我们可以清晰看到，薛某收到陈某转交的25万元时，先拿走了5万元，而留下20万元继续放置在陈某处，此时其主观上占有这20万元的故意还不明确，其非法占有的“最终故意”也未形成。只有当薛某阐明先放一放，过段时间再陆续给他后，其非法占有他人财物及欲占有多少的最终故意才非常明确，这时可以说已具备受贿的主观要件，受贿才可视为既遂。对于已收受他人财物后可能发生退还、不支取、上缴等易变情况，是否需要追究刑事责任的司法判定问题，还应按照“两高”司法解释第9条第二款规定：“国家工作人员受贿后，因自身或者与其受贿有关联的人、事被查处，为掩饰犯罪而退还或者上交的，不影响认定受贿罪。”

（三）从暂予保管人的身份特性分析，受贿款滞留在该保管人处，不影响受贿性质的认定，且应当认定伙同他人共同受贿87万元

本案的保管人陈某是受贿同伙，作为受贿款的转交人，其不存在以托词婉言拒绝的推论可能。作为行贿方已送出贿赂，而陈某代表受贿方收受了贿赂，受贿款滞留在保管人陈某处，薛某的行为是暂时中断实际支配和使用钱款，是有条件的暂停，要求“过一段时日慢慢给”，并不是因某种主客观原因而停止犯罪行为，没有拒绝受贿的主观意思。对于他人转送财物，其在认识因素上引起的后果是对受贿行为“必然”的明知，而不存在“可能”的明知。在这种认识因素支配下,行为人如果仍然决意为之,那就是一种直接故意,则应认定为受贿。薛某对自己所获取的钱款系受贿款完全清楚,在此情形下薛某对取走和留下的钱款均具有同等的受贿故意,应认定薛某个人实得25万元。

对于陈某、薛某等是否为共同受贿同犯,笔者认为各行为人之间有明显的共同受贿故意,本案中事前陈某和薛某有为杨某的添誉公司谋取利益并在事后大家一起得好处的意思联络,薛某等人也确实在该笔业务中照顾了添誉公司,事后杨某送给陈某等人共计87万元,其中薛某分得25万元并知道陈某等也同时分得钱款,虽然薛某没有积极主动地谋划受贿,也并不知道收受钱款总的确切数字,但其具有共同受贿的事前意思联络行为,主观上知晓和陈某等人共同受贿,客观上在业务中为杨某谋取利益,事后又共同分得钱款,应当认定伙同他人共同受贿87万元,对受贿总额负责。

综上,笔者认为本案薛某已构成对25万元的受贿既遂,且属多人利用各自环节的职务便利共同为他人谋取利益后共同受贿的案件。薛某对该钱款的来源,请托人给付的原因,如何共同分钱以及具体金额都清楚,应对受贿87万元总额负责。对于个人受贿25万元没有明确的拒绝表示,仅托付同伙暂为保管,需要时再支取,在收受部分贿赂款5万元后有继续受贿的主观故意,因此受贿故意明显,客观上薛某已具有为他人谋利非法收受贿赂的行为,委托他人暂时保管仅属于受贿后个人处置行为,不影响受贿款的真正归属,不影响对钱款的实际占有。

四、处理结果

检察机关以被告人薛某行为构成受贿罪向法院提起公诉,法院经审理认定,被告人薛某身为国家工作人员,利用职务上的便利,单独或伙同陈某等非法收受杨某所送现金87万元,其中个人实得25万元,为他人谋取利益,其行为构成受贿罪。

(奚犁青)

如何区分利用职务之便与利用工作之便

一、基本案情

李某系某家具装饰有限公司总经理，为办理公司违法建筑的房屋产权证明，经朋友董某介绍认识了董某的同学——被告人汪某，其时任某区房屋土地管理局土地权籍管理科科员。三人商量由汪某利用职权调取变更产权证明必需的建设工程规划许可证和建设工程竣工备案证书（简称“二证”），以该原件为样本进行伪造，并提供给李某用于申请产权变更登记手续。后汪某在工作中发现办公室同事顾某正在整理其他单位报备的产权登记档案材料，材料摊放在办公桌上，于是汪某从顾某办公桌上拿走了N公司产权登记档案资料，并以此为样本，制作了空白的“建设工程规划许可证”和“建设工程竣工备案证书”，私刻了相关行政职能部门印章，提供给了李某。李某用伪造的证书和印章，向房产交易中心办理产权变更登记，获得了违法建筑的房屋产权证明。期间，汪某通过董某收受了李某给予的好处费人民币25万元。

二、争议焦点

本案的分歧意见在于汪某获取“二证”原件的行为是否属于利用职务上的便利。

第一种意见认为，汪某的行为构成受贿罪。调取产权登记档案材料系汪某的职权，以其担任的职务为前提，不论其事后从何处获得“二证”原件，其行为均构成受贿罪。

第二种意见认为，汪某的行为不构成受贿罪。汪某获取“二证”原件利用的是其职业本身所带来的“工作之便”，并非“职务之便”，故汪某的行为因欠缺客观方面的要件，不构成受贿罪。

三、评析意见

笔者同意上述第一种意见。本案汪某的行为应属于利用"职务之便"而非"工作之便",其行为构成受贿罪。

(一) 职务之便与工作之便的区别

职务是指行为人持续、反复从事的工作或岗位所赋予的职责与权限,因而具有稳定性的特点。职务的设置与赋予应当是经过一定的组织形式或者单位进行正式任命、聘任、委派等,或因某个事项的一次性委托,而非单位中某个工作人员的个人委托。[①] 根据最高人民检察院《关于人民检察院直接受理立案侦查案件立案标准的规定(试行)》,受贿罪(此处应指《刑法》第 385 条规定的一般受贿罪,区别于第 388 条规定的间接受贿或称斡旋受贿)的"利用职务上的便利",是指利用本人职务范围内的权力,即自己主管、负责或者承办某项公共事务的职权及其所形成的便利条件。而工作上的便利,常指行为人因工作关系进出单位、熟悉环境、了解内情、知晓作案条件等便利,也就是行为人对涉及的相关财物没有职责上的权限或直接关联,仅仅是工作中易于接触或有机会接触他人管理、经手的单位财物。由此可见,"职务之便"区别于"工作之便"的关键在于行为人利用的是持续地、反复地从事单位工作的便利而非临时地、一次性地接触事物的机会,即犯罪行为以行为人所担负的工作职责为标准。

(二) 汪某利用的是"职务"赋权所形成的便利条件

1. 汪某具有持续地、反复地接触、调取土地管理部门保管的档案资料的职权

根据某区住房保障和房屋管理局出具的"权籍管理科工作岗位职责"和"权籍管理科工作人员岗位职责"证明,权籍管理科工作人员的工作职责包括负责土地调查等基础性清查、清理工作,地籍图库的维护、土地权属争议的调查处理等内容。根据该科负责人证实,权籍管理科科员可以随时到档案室调取并复印相关产权档案资料。这些证据说明,汪某履职的前提是接触各类房屋产权档案资料,汪某到档案室申请调取某单位的产权登记相关资料,其代表的是权籍科工作人员行使职权。此外,调取和查阅也有所区别,调取是可以外借出来,由调

① 王佩芬:《"利用职务便利"与"利用工作便利"的区别》,载《检察日报》2009 年 7 月 22 日。

取人暂时保管、按时归还。查阅则是仅能在档案室现场看材料，并由档案室工作人员提供有关材料的复印件。调取档案的权力仅为该区房屋土地管理局和房地产交易中心的工作人员所有。除此之外，其他公民或法人、组织(包括产权人和公检法等司法机关)只能查阅有关房地产登记档案。“调取”和“查阅”的区别在于是否可以把档案原件带出档案室，因为“二证”属国家固定格式印制，纸张色彩、格式具有一定的防伪性，故伪造“二证”一定要以证件原件作样本，仅依据复印件是无法伪造的。李某正是基于汪某有调取“二证”原件的职权才请托汪某帮忙，并给予汪某好处费的。

2. 汪某从顾某处获得“二证”原件的行为不影响其构成受贿罪

本案中，对汪某从同事办公桌上拿走 N 公司产权原始文件的行为，有意见认为汪某的这个行为是临时性的，是偶然获取的一个机会，因而是利用“工作之便”。我们认为，这种理解仅是看到行为的表象，而未看到该行为的实质。汪某从顾某处获取“二证”原件确属偶然获取，但这种偶然获取与其他人员仅利用出入该科室的时间或空间便利非法获取档案资料的行为是不同的。汪某在同李某共谋犯罪之时，原本打算自行调取材料，恰遇顾某因从事图库维护工作而调取了档案资料，对于同样享有该职权的汪某，如果因工作需要提出查阅或借阅这些资料，顾某也会予以配合，顾某将档案借予同事是出于同事具备调取档案权力的考虑，汪某从顾某处取阅材料也是因为自己本身就享有该职权。因此汪某从本单位档案管理部门调取档案也好，或者是从同办公室其他工作人员处调取或自行取阅也好，究其本质，都是基于汪某具备并利用了调取产权登记档案职务便利。

四、处理结果

检察机关以被告人汪某行为构成受贿罪向法院提起公诉，一审法院以受贿罪、伪造国家机关公文、证件、印章罪判处汪某有期徒刑十年，剥夺政治权利一年，并处没收财产人民币 8 万元；汪某以未利用职务之便为他人谋利为由提起上诉，二审法院审理后维持原判。

(汪咏梅　方　翔　卢忠敏)

违规放行不符合检疫合格条件生猪的行为应如何处理

一、基本案情

被告人朱某系上海市某动检站班长、副站长，在依法对外省市进入本市运猪车辆进行防疫监督检查的履职过程中，发现未持有效检疫证明、耳标不符、证物不符、死因不明等问题生猪，但为徇私情私利，接受请托，违反有关法律法规和检查操作规定，滥用职权，多次对梁某某、徐某某等人所运的问题生猪违规签名盖章予以放行。2007 年 8 月至 2008 年 9 月间，经朱某签名盖章，违规放行的生猪 1 万多头，并从中接受从事生猪屠宰行业的经营人员梁某某、徐某某等人宴请、请托，从中收受贿赂，总计人民币 4 万余元。

二、争议焦点

在本案中，对于朱某的行为构成受贿罪没有争议，但对于朱某接受从事生猪屠宰行业的经营人员梁某某、徐某某等人的请托，收受贿赂，违规放行问题生猪的行为，是否构成滥用职权罪，以及应如何处罚的问题，存在以下几种不同的意见：

第一种意见认为，朱某的行为构成了滥用职权罪和受贿罪，应予两罪并罚。理由是，朱某滥用职权收受管理相对人 4 万余元的行为，不是一般的违纪违法行为，已经符合受贿罪和滥用职权罪。刑法对滥用职权并收受贿赂的行为未规定择一重罪处罚，故应对朱某以滥用职权罪和受贿罪予以两罪并罚。

第二种意见认为，朱某的行为同时符合滥用职权罪和受贿罪，但应择一重罪处罚，即以受贿罪定罪处罚。理由是，虽朱某的行为既符合滥用职权罪的构成要件，也符合受贿罪的构成要件，但按照重罪吸收轻罪的原则，应择一重处，而本案中的重罪是受贿罪，故应以受贿罪一罪处断。

第三种意见认为,朱某违规放行问题生猪的行为不符合滥用职权罪的构成要件。理由是,因朱某的滥用职权行为,没有造成可量化的物质性损失,损害结果不明显,最多只能算是一般徇私舞弊的违纪违法行为,远未达到刑事介入的程度,该行为仅是受贿罪中为他人谋取不正当利益的行为,不构成滥用职权罪。

三、评析意见

我们同意第一种意见,认为朱某的行为不仅构成了受贿罪,也构成了滥用职权罪,应当以两罪并罚,理由如下:

(一)朱某的行为符合滥用职权罪的构成要件

所谓滥用职权罪,是指国家机关工作人员利用职权,致使公共财产、国家和人民利益遭受重大损失的行为。滥用职权罪侵犯的客体是国家机关的正常活动;该罪在客观方面表现为行为人滥用职权,致使公共财产、国家和人民利益遭受了重大损失;该罪系特殊主体,必须是国家机关工作人员方可构成;该罪在主观方面表现为故意。[①]

在本案中,朱某系国家机关工作人员,符合滥用职权罪的主体要件;在主观方面表现为故意,即为谋取私利,故意不履行职责;在客体上也侵犯了国家机关的正常活动。本案的争议点主要在于,朱某违规放行问题生猪入沪的行为,是否导致了公共财产、国家和人民利益遭受了重大损失。在以往的司法实践中,一般都按照物质性损失来认定犯罪,对非物质性损失适用很慎重,这也是本案导致争议的主要原因。我们认为,滥用职权罪中的损害后果应分为二种,一种是物质性损失,可量化;而另一种则是非物质性损失,不可量化。

一是已有司法实践的断案经验可借鉴。在司法实践中,已有对非物质性损失类案件进行追究的判例。如对公证员严重违反程序出具多份内容不真实公证文书造成重大损失的行为进行了打击;又如有对卫生监督所综合卫生监督员,伪造《从业人员健康检查表》和血液、粪便化学检验报告单,发放1 000余份《健康证》扰乱国家卫生监督执法秩序损害国家声誉的判例等。

二是随着社会形势的发展,对损失的认识也应与时俱进。以往案件的处理中,主要是以物质性损失来认定,但随着社会的发展,各种各样的形态都有,如

① 熊选国:《公检法刑事办案重点难点问题释解》,中国方正出版社2006年版,第3302页。

果还是机械地按照物质性损失来认定,是有失偏颇的。

三是在本案中,已经查实了朱某违规放行大量问题生猪,这个潜在的社会危害性是巨大的,同时也未必没有现实的社会危害性,只不过当前还没有以物化形式表现出来。可见,朱某多次违规放行问题生猪的行为,对不特定多数人的生命健康安全造成危险,产生了恶劣的社会影响。因此,应当认定朱某滥用职权的行为造成了公共财产、国家和人民利益的重大损失。

(二)对朱某的行为应数罪并罚

我们认为,朱某的行为构成了滥用职权罪和受贿罪,应予两罪并罚。一方面,刑法并未规定收取贿赂后滥用职权按照择一重罪而处罚。在本案中,朱某的行为既符合滥用职权罪的构成要件,也符合受贿罪的构成要件,应同时构成滥用职权罪和受贿罪。滥用职权和收受贿赂是两种不同的犯罪行为,不存在重复评价的问题,刑法也没有规定择一重罪而处罚,依法应数罪并罚。另一方面,对朱某的行为仅以受贿罪处罚,也难以涵盖本案所导致的社会危害性。

一是朱某的违规行为破坏了国家动物防疫监督检查制度。国家围绕生猪的检验检疫有完整的制度体系,如产地检疫、道口防疫监督检查、屠宰检疫、流通环节抽检、产销对接、许可证等制度,涉及产、供、销、运、屠宰等每一个环节,这一制度的周密设计,足见国家对动物防疫监督检查的重视。但朱某作为动检执法人员,在道口防疫监督检查时,为一己私利,竟置国家规定、地方规章、行业规定于不顾,长期滥用职权,致使道口的防疫监督检查形同虚设。在检查多次发现管理相对人有违章、违法行为,明知应予处罚的情况下,不认真履职,应禁不禁、应罚不罚,破坏了国家动物防疫监督检查的相关制度。

二是朱某的行为可能危及不特定多数人的生命健康安全。朱某的行为在客观上导致了大量的生猪未经检验被放行,使得含有疫情、“瘦肉精”等生猪能轻易混进来,增加了危害不特定多数人生命健康安全的现实可能性。

三是朱某的违规行为严重影响了国家机关的正常管理秩序。国家是食品安全的“守护神”,朱某作为动检执法人员,代表的是国家,理当行使好国家赋予他的权力,依法行政,规范执法。朱某的违规行为已经造成了食品安全领域极大的安全隐患,极易引起社会的焦虑、恐慌及不安,直接危害到了政府的威信和国家的声誉,侵犯了国家机关的正常管理秩序。

以上三点主要危害性是受贿罪所无法包容的,朱某的行为符合滥用职权罪的本质特征，应当以滥用职权罪处罚。滥用职权和收受贿赂是两种不同的犯罪行为，由于受贿罪所规定的“为他人谋取利益”并不要求受贿人已经为他人实际谋取利益，可见对于受贿人利用职务之便所实施的徇私舞弊行为，是独立于受贿罪犯罪构成要件之外的行为，因此，不存在重复评价的问题。我们认为朱某滥用职权收受管理相对人 4 万余元的徇私舞弊行为，已符合受贿罪的构成要件，也无法为滥用职权罪所包容，故对朱某理当以滥用职权罪和受贿罪予以两罪并罚。

四、处理结果

检察机关以被告人朱某行为分别构成滥用职权罪、受贿罪向法院提起公诉，法院以滥用职权罪判处朱某有期徒刑二年；以受贿罪判处朱某有期徒刑二年零六个月；决定合并执行有期徒刑四年。

（许卫兵　王春丽）

经济活动中的商业贿赂犯罪是否需要以谋取不正当利益为要件

一、基本案情

犯罪嫌疑人蒋某在担任天申铜业有限公司(以下简称天申铜业公司)总经理(法定代表人)期间,在与金泰铜业有限公司(后改为科泰铜业有限公司及中铝铜业有限公司,系国有公司)采购铜带业务过程中,于 2004 年春节之前至 2006 年春节之前,分三次给金泰铜业有限公司副经理钮某共计现金人民币 60 000元,一套某品牌卫生洁具,价值人民币 8 942 元;于 2005 年春节之前至 2007 年 4 月,分三次送给金泰铜业有限公司销售部部长秦某共计现金人民币 30 000 元;于 2002 年春节之前至 2006 年春节之前,分五次送给金泰铜业有限公司销售部副部长杨某共计现金人民币 24 000 元。

二、争议焦点

在办理该案的过程中,办案人员就蒋某的行为属于个人行为还是单位行为以及蒋某行为是否涉及行贿类犯罪、经济活动中的商业贿赂犯罪是否需要以谋取不正当利益为构成要件的问题形成了分歧意见。

第一种意见认为,蒋某的行为属于单位行为。因为其通过行贿所获得的利益是直接归属于公司所有,并非归其个人。行贿犯罪都必须以“谋取不正当利益”为构成要件,根据体系解释的原则和举重以明轻的原则,公务活动中行贿犯罪要以谋取不正当利益为主观构成要件,那么商业性活动中的贿赂犯罪,其危害性一般要比侵害公务活动廉洁性要轻,所以更应该予以限制。蒋某的单位行贿行为,因为达不到立案标准所以不构成犯罪。

第二种意见认为,行贿类的犯罪不应以谋取不正当利益为主观构成要件。因为,《刑法》第 389 条第二款的规定实质上是一种拟制规定,所以在经济活动中违反国家规定给予国家工作人员以各种名义的回扣、手续费，构成行贿犯罪的，不需要以谋取不正当利益为主观构成要件。本案中，蒋某的行为不构成犯罪。因为很难从实体与程序两个方面认定其在行贿的过程中谋取了不正当的利益，蒋某的行为不构成行贿犯罪。

三、评析意见

我们认为蒋某的行为属于单位行为，商业行贿类犯罪不需要以谋取不正当利益为构成要件，蒋某的行为不构成行贿犯罪。具体分析如下：

(一) 蒋某的行为属于单位行为

1. 判断一个行贿行为是单位行为还是个人行为的标准

一是看行贿行为体现的是哪个主体的意志，二是看谋取的利益归属于哪个主体。首先，从第一个标准分析。本案中，蒋某系天申铜业公司的股东、总经理、法定代表人，虽然天申铜业有限公司还有其他的股东，但不外乎是蒋某的妻子或者是母亲。可以说，天申铜业公司是一个家族公司，蒋某是该公司的实际控制人，蒋某的意志就是该公司的意志，蒋某的意志和公司的意志在本案中难以区分。作为公司的法定代表人，其对外行为应该主要是代表单位意志。其次，从第二个标准分析。从本案的证据来看，蒋某对钮某等人进行行贿的主要目的是为了公司能够更好的开展业务，其主观目的是为了公司的利益。虽然蒋某也能够从该行为中获益，但是分析获益者是谁时，我们应该首先考虑行贿行为的直接获益者，本案中直接获益者是天申铜业有限公司。所以我们认为，蒋某的行为应该定性为单位行为。

2. 行贿所得归属是区别单位行贿还是个人行贿的关键所在

根据《刑法》第 393 条单位行贿罪的规定，如果行贿所得归个人所有，应当以个人行贿论处，这是区别单位行贿与个人行贿的关键所在。同时，最高人民法院《关于审查单位犯罪具体应用法律问题的解释》中也有类似的规定：个人为了进行违法犯罪活动而设立的公司、企业、事业单位实施犯罪的，或者公司、企业、事业单位设立以后，以实施犯罪为主要活动的，不以单位犯罪论处。盗用单位的名义实施犯罪，违法所得由实施犯罪的个人私分的，依照刑法有关自然人犯罪的规定定罪处罚。

本案中无法证明蒋某行为有上述两种情形，那么蒋某行贿所得是否是归于个人所有呢？我们认为，刑法规定的“归个人所有”与单位利益最后通过工资、分红等方式转移到个人名下的形式是有重大区别的。只有违法所得直接归属于个人所有的，才能最终被认定为刑法意义上的个人犯罪，违法所得间接归于个人所有的不能认定为个人犯罪。蒋某作为公司负责人进行行贿，其谋取的利益是直接归属于公司而不是其个人。因此，不能因为蒋某最终将会从其行贿行为中受益就将其行贿行为认定为个人行为。

(二) 商业行贿类犯罪需要以谋取不正当利益为构成要件

我国《刑法》第389条第一款规定的行贿罪、第393条规定的单位行贿罪第一种情形，都以行为人主观上是为谋取不正当利益为构成要件。而对于第389条第二款规定的，在经济往来中，违反国家规定，给予国家工作人员以财物、各种名义回扣、手续费的行为，要构成行贿类犯罪是否必须要以谋取不正当利益为构成要件，因为刑法条文的表述上有问题，导致了从理论界到司法实务界对此都有很大的争议。按照体系解释方法，依照条文上下文之间的关系，该条第一款规定要以谋取不正当利益为行贿罪的构成要件，那么第二款自然也应当以谋取不正当利益为构成要件。因为，从立法原意上讲，公务活动中行贿受贿犯罪活动的危害性肯定要比一般的商务活动中的贿赂犯罪社会危害性要大，既然对公务活动的行贿规定了以谋取不正当利益为构成要件，按照“举重以明轻”的原理，对商业贿赂行为肯定更要进行限制。

同时，按照刑法的构成要件理论，构成要件有隐性与显性要件之分。商业贿赂中以谋取不正当利益为构成要件，这是刑法分则条文中隐性构成要件的一例。最高人民法院、最高人民检察院《关于办理商业贿赂犯罪案件适用法律若干问题的意见》中第9条专门对“谋取不正当利益”做了解释，这一解释有力地证明了行贿犯罪必须以谋取不正当利益为必要要件。如果不需要的话，司法解释中也不会专门对这个问题做出阐释。

(三) 蒋某的行为不构成犯罪

最高人民法院、最高人民检察院《关于办理商业贿赂犯罪案件适用法律若干问题的意见》中第9条规定：“所谓谋取不正当利益，是指行贿人谋取违反法律、法规、规章或者政策规定的利益，或者要求对方违反法律、法规、规章、政策、行业规范的规定提供帮助或者方便条件。在招投标、政府采购等商业活动中，违背公平原则，给予相关人员财物以谋取竞争优势的，属于谋取不正当利益。”

判断是否属于不正当利益，首先在实体上要判定行为人是否违反相关法律规范的前置性规定取得不正当的利益。其次，在实体不能辨别是否属于不正当利益的时候，应该从程序上予以考察，看相关人员是否提供了不正当的帮助或者便利条件而排挤了竞争对手。具体到本案中，蒋某作为公司的负责人，向钮某等人进行的贿赂行为主要目的是为了得到货源、合适的价格以及安排生产，顺利完成购买业务等，这是双方在履行合同中可以自由予以裁量和决定的事项。综合看来，蒋某为公司所进行的经营环节不属于招投标，也非政府采购，而且又没有在实体上获得违反前置性规范的利益，也没有提出违反上述司法解释所规定的前置性规范的要求用以排挤其他竞争对手。蒋某并未因其行贿行为获得在订立、履行合同之外的一些不正当利益。因此，蒋某的行为虽然在客观上具备了单位行贿罪的构成要件，但是在主观上并不符合“谋取不正当利益”的主观构成要件。因此，蒋某的行为尚不构成犯罪。

（四）行贿罪以“谋取不正当利益”为主观构成要件还值得深入思考

我国目前的规定与国外许多国家以及国际刑法的规定存在着明显差异。从国际社会有关立法例来看，包括商业行贿在内的行贿犯罪的成立或者根本无须以特殊目的为主观要件，如《公约》、日本刑法典、加拿大刑事法典等均无此方面要求，或者将特殊目的规定得十分明确，例如，美国《反海外腐败法》将主观目的限制在诱导官员滥用或偏离其职责上。我国刑事立法中，在行贿罪的犯罪构成方面设置了“为谋取不正当利益”这种内容较为模糊的主观要件，势必影响对行贿行为是否构成犯罪的认定，使惩治行贿犯罪陷入困境。事实上，该主观要件的设置已经导致司法机关在查处行贿犯罪的实践中屡屡陷入尴尬局面。这主要表现在三个方面：一是因对行贿人是否是为了谋取不正当利益各执己见而争论不休，案件查处陷入困境；二是造成对性质大致相同的行贿行为处理结果完全不同的尴尬局面；三是将以不正当手段谋取的利益等同于不正当利益，超越法律规定对有关行为人以行贿罪论处。

司法实践之所以会陷入上述困境，最根本的原因是对行贿犯罪设置“为谋取不正当利益”这一主观构成要件，使得某些本应当受到刑法打击的行贿行为被排除在打击范围之外。司法人员为了惩治这些行贿行为，不得已采取补救措施，从而引发争议。从根本上解决问题的办法，应当对这一要件进行修改。关于如何修改这一要件，理论界有很多不同的看法。有人认为，应当借鉴《公约》

及日本、加拿大等国际和外国立法经验,将这一要件取消。然而,如果取消,可能导致一些因受行政人员刁难、勒索,为谋取正当利益而被迫行贿的无辜者也受刑法追究,显然不妥。另有人认为,应当修改成要求受贿人违背职务为其谋取利益。美国国会1988年通过的《全面贸易与竞争法》也将对国外政府官员的支付分成两类,一类被称为腐败性支付,指的就是这种目的在于诱导官员滥用职权或者偏离其职责,从而获得或者保留某些利益的支付;另一类被称为加速费,其目的仅在于加快官员例行职权的行使。前者属于非法,后者则是合法的。

这种界定可以说是抓住了有害行贿行为的本质,即它不但侵犯了职务行为的不可收买性,而且会造成权力被滥用或者市场秩序等社会秩序被破坏的后果,因而较为合理。不过,实践中如何判断受贿人是否违背其职务,也是个难题。例如,在数个投标人之间条件大致相当的情况下,受贿人选择行贿人中标,是否违背了其职务行为,便很难判断。而这种行贿行为显然破坏了公平竞争的市场规则和职务行为的不可收买性,如果情节严重,也应当予以刑法制裁。

我们认为,促使有关人员滥用职权或者违背职责,进而谋取利益而行贿的,固然应当以行贿罪论处。为了排挤竞争对手进而谋取利益而行贿,即使不存在促使有关人员滥用职权或者违背职责的意图,也应当以行贿罪论处。因此,应当将我国刑法规定的作为某些行贿犯罪构成要件的"为了谋取不正当利益"修改为"为了谋取利益或者排挤竞争对手,使有关人员滥用职权或者违背职责"。这样,既可以将那些为了谋取不正当利益而行贿的行为纳入刑法的打击范围,又可以对那些虽然谋取的不是不正当利益,但是通过不正当手段来谋取利益,并且对公平竞争的市场秩序造成破坏的行贿行为,在罪刑法定原则的框架内予以刑罚制裁。同时,还避免了将那些只是为了加快官员例行职权的行使而被迫行贿的无辜者纳入打击范围。

四、处理结果

检察机关认为本案为单位犯罪,犯罪数额未达起诉标准,且没有证据证实犯罪嫌疑人蒋某谋取了不正当利益,故不构成犯罪,对本案作撤销案件处理。

(汤　徽)

国家出资公司、企业中的国家工作人员应当如何认定

一、基本案情

上海服装(集团)有限公司(以下简称“服装集团”)成立于1995年8月,系国有和集体联营的企业。后由其下属企业上海服装(集团)房地产开发经营有限公司组建上海圣骊房地产有限公司(以下简称“圣骊公司”)以及上海圣骊苑房地产有限公司(以下简称“圣骊苑公司”)。1997年7月至2001年5月,被告人杜某某担任上海服装集团房地产开发经营有限公司党委书记、总经理;2002年8月至2005年7月,经服装集团委派兼任圣骊公司执行董事、法人代表、总经理;2004年10月至案发,经报备服装集团认可兼任圣骊苑公司法人代表、总经理。在任职期间,全面负责两公司所属“圣骊澳门苑”、“圣骊名苑”、“圣骊河滨苑”等房地产项目的开发工程。2002年8月至2007年8月,被告人杜某某利用职务便利,先后共计收受工程承建方负责人林某某、陈某某等人给予的财物,折合人民币20余万元。2010年12月,被告人杜某某向检察机关投案自首。

二、争议焦点

国有出资企业中国家工作人员的认定一直是司法认定中的一个难点,也是众多司法解释关注的重点。在本案办理过程中,围绕杜某某是否具有国家工作人员身份形成了两种意见。

第一种意见认为,本案中杜某某不是国家工作人员。①国有控股、参股公司不是国有公司,不能将在国有控股、参股公司中从事管理职务的人员等同于国有公司、企业中从事公务的人员。②依据《刑法》第93条的规定,只有受国家机关、国有公司、企业、事业单位委派到国有控股、参股公司中从事公务的人员才是准国家工作人员,而服装集团不是国有公司,仅为国有控股公司,不适用该

条规定。③在最高人民法院《关于在国有资本控股、参股的股份有限公司中从事管理工作的人员利用职务便利非法占有本公司财物如何定罪问题的批复》中曾明确不是受委派的从事管理工作的人员,不属于国家工作人员。

第二种意见认为,杜某某属于国家工作人员。①国家工作人员的认定应当依据其"职责"而非"身份",代表国家从事管理活动的就属于国家工作人员,因为其行为不仅侵犯了国有财产所有权,同时侵犯了公务行为的廉洁性。②刑法以及司法解释列举的委派主体强调的是代表国家资本意志,只要委派主体符合本质要求就应当包含在内,这也符合新时期的社会发展现状。③两高在《关于办理国家出资企业中职务犯罪案件具体应用法律若干问题的意见》中明确指出,经国家出资企业中负有管理、监督国有资产职责的组织批准或者研究决定,代表其在国有控股、参股公司及其分支机构中从事组织、领导、监督、经营、管理工作的人员,应当认定为国家工作人员。因此,杜某某受国有控股公司党委委派,在下属企业中承担管理职责,肩负着国有资产保值增值的义务,应当认定为国家工作人员。

三、评析意见

我们同意第二种意见。国有企业进行股份制改革是社会主义市场经济建设中的重要一环,国家与民间资本共同投资成立公司是其常见方式。而现有国有控股、参股公司中从事管理工作的人员进行职务犯罪的现象日益凸显,要确保国有资产的有序运作、保值增值,准确认定国有出资公司、企业中的国家工作人员是必不可少的内容。我们认为,应当从委派形式、委派主体、具体职责三个方面入手予以区分。

《刑法》第93条规定,受国家机关、国有公司、企业、事业单位委派到国有控股、参股公司中从事公务的人员以国家工作人员论。即国家工作人员是以特定职务为内容的特殊身份,依照法律或者国有授权从事公务是国家工作人员特殊身份的核心内容。因此,适格的委派主体以实践认可的委派方式,使得工作人员获得对混合有国有的资产进行管理的职责,即可认定该工作人员为国家工作人员。

(一)国家出资企业中的党委委派从事公务的,可认定为委派的主体适格

1. 从法意理解来看

《刑法》第93条的规定以及司法解释中例举的"国家机关、国有公司、企业、

事业单位”都是强调委派主体本身的国有性质，即委派主体本身代表的是国有意志，在具体操作时主要是通过公司、企业的党委具体完成委派手续和流程。而现有国家出资企业中的党委等组织同样是负有管理、监督国有资产的组织，其通过任命等形式委派工作人员代表其在企业中从事组织、领导、经营、管理等工作，与上述委派人员并无二致。

2. 从司法实践来看

现有大型国企基本完成了股份制改造，但原管理运营模式尚未发生大的转变，管理人员的身份和职责也基本没变。同时，根据党管干部的组织原则，改制后企业一般设有党委，并由本级或者上级党委决定人事任免。如果用“一刀切”的方式否定管理人员的国家工作人员身份，那么由于严格意义上的国有独资公司、企业已经很少，刑法规定受委派从事公务的国家工作人员的立法意图将落空，不符合现实要求。

3. 从法益保护来看

国家出资企业中的国有资产保护，仅通过受国资委等国家机关委派的人员管理难以达到实际效果，其确立的国家工作人员的范围明显过窄，与刑法规定和客观实际均不符合。

4. 从法律依据看

两高在《关于办理国家出资企业中职务犯罪案件具体应用法律若干问题的意见》中明确指出，经国家出资企业中负有管理、监督国有资产职责的组织批准或者研究决定，代表其在国有控股、参股公司及其分支机构中从事组织、领导、监督、经营、管理工作的人员，应当认定为国家工作人员。因此，将国有控股、参股公司党委等负有管理、监督国有资产职责的组织认定作为委派主体，既反映了当前国家出资企业的经营管理实际，又体现了从事公务活动这一认定国家工作人员的实质要求。

（二）任命或者报备认可等方式都应当认定为具体的委派方式之一

《全国法院审理经济犯罪案件工作座谈会纪要》中曾明确，所谓委派，即委任、派遣，其形式多种多样，如任命、指派、提名、批准等。两高在《关于办理国家出资企业中职务犯罪案件具体应用法律若干问题的意见》中更进一步指出，具体的任命机构和程序，不影响国家工作人员的认定。因此，对于委派的方式，主要应当把握两点：

第一是形式合法。即现有国家机关、国有公司、企业、事业单位以及国家出资企业中负有管理、监督国有资产职责的组织,实际采用的委派方式均无不可,只要是以单位、组织名义,按职权范围,公开进行即可。

第二是目的特定。到国家出资公司、企业中必须是从事组织、领导、监督、管理等公务活动。随着公司法的建立健全,国有出资单位依法仅享有提名、推荐权。如果仅认可决定权将从根本上排除受委派从事公务人员的可能性。区分是否委派的关键在于其管理职位与国有单位、组织的意志是否具有关联性和延续性。其管理职位的获取,与国有出资单位、组织的指派密不可分即可。

(三)具体职责中包含对国资的组织管理、保值增值,是委派成立的内在要求

委派的具体职责应当是对国有资产或者公共事务的管理,具体到公司、企业而言应当是资产的管理和增值。因此,接受委派履行的职责应当具体包含两个方面的内容。

第一,其具体从事的公务具有代表性。即公务是代表国家或者国有单位、组织进行的,是一种国家或国有单位、组织的管理行为。虽经有关组织研究决定,但被委派人对该组织无职责义务关系的,不具有代表性,不应认定为国家工作人员。

第二,其具体从事的事务具有管理性。即对公共事务进行管理。在国家出资企业中主要体现为国有资产的组织、领导、监督、经营、管理活动,如果仅从事具体事务活动,不涉及国家权力或者其派生权力,则不具有管理性,一般不应当认定为公务。

综上,我们认为杜某某接受国有控股公司党委委派,代表其在国家出资企业中从事领导、管理工作,应当认定为国家工作人员。

四、处理结果

检察机关以被告人杜某某行为构成受贿罪向法院提起公诉,法院以受贿罪判处杜某某有期徒刑五年。

(欧阳昊)

如何把握巨额财产来源不明罪的行为要件

一、基本案情

1998 年 3 月至 2009 年 7 月期间，被告人徐某及其家庭成员的财产折合人民币共计 1 500 余万元，扣除徐某及其家庭成员的合法收入和其他能说明来源的合法财产以及被告人徐某受贿犯罪所得 96.5 万元，尚有折合人民币 800 余万元的差额不能说明其来源。

二、争议焦点

构成巨额财产来源不明罪，客观方面是行为人持有超出合法收入且来源不明的巨额财产之行为，且行为人被责令说明巨额财产来源却不能说明的行为。由于《中华人民共和国刑法修正案（七）》（以下简称“《刑法修正案（七）》”）颁布实行以后，巨额财产来源不明罪的量刑发生了变化，对此问题的不同理解，事关适用新法还是旧法以及对行为人的量刑问题。实践中，主要有两种分歧意见。

第一种意见认为，巨额财产来源不明罪是持有型犯罪。行为人非法获取巨额财产，并且明显超过合法收入之日，即已经构成了巨额财产来源不明罪，该罪名的追诉期限应当从此时起算，应适用《刑法修正案（七）》实行之前的《刑法》第 395 条第一款之规定。

第二种意见认为，巨额财产来源不明罪是不作为犯罪。构成本罪的行为要件是国家工作人员对财产、支出明显超过合法收入的差额部分，在被责令说明来源时不说明或作虚假说明，即不能说明来源时是犯罪构成之日，应适用《刑法修正案（七）》的规定。

三、评析意见

笔者倾向于第二种意见。行为是犯罪构成的核心部分，犯罪论中的行为不仅具有行为人意志客观化的意义,而且具有法益损害的本质特征。巨额财产来源不明罪不是简单的持有型犯罪,其特殊性主要体现在其行为方式的多样性上,反映出行为人的行为意志以及行为对社会的危害性。

(一) 巨额财产来源不明罪的本质辨析

由于本罪的主体是特殊主体,其侵犯的客体是国家工作人员的廉洁性。一方面,特殊主体决定了本罪所保护的法益之特殊。一般的民众对其自身所拥有的财产享有相对的隐私权,[①]无论其拥有多少财产都无过,只要不是通过犯罪手段获取就不会侵害他人的权益。但国家工作人员行使的是国家的公权力,权力需要监督的特性决定了廉洁性是对国家工作人员的本质要求。廉洁性是客观存在于社会上和人们心目中的一种要求和评价,其关系着人们对政府的信任程度。因此,国家工作人员的特殊身份潜藏着刑法的道义评价基础,国家工作人员的财产必须接受监督,保证其来源的合法性。另一方面,国家工作人员持有或支出来源不明的巨额财产,且不能给予合法说明,其本身不仅是对国家廉政制度和财产申报义务的违反,也是对法秩序的破坏和动摇,反映出行为人对法秩序的蔑视态度,此时,刑法的介入是正当和必要的。国家工作人员持有或支出来源不明的巨额财产又不能给予合法说明,这种不法的结果无价值和人格无价值,其所具体呈现的对法益造成的现实侵害,直接造成了对法律否定的不法状态的否定评价。[②] 故而,巨额财产来源不明罪惩罚的不是取得巨额财产的具体方式或者对巨额财产的持有,其犯罪本质在于国家工作人员对其负有的特殊说明义务的不履行,这种不作为的表现侵犯了国家工作人员所特有的廉洁性。

(二) 巨额财产来源不明罪的行为方式

对于巨额财产来源不明罪的行为方式,实务界与理论界有多种不同的观点。一种观点认为,巨额财产来源不明罪行为方式表现为持有与不作为或作为与不作为相结合的超常规犯罪形态。[③] 另一种观点主张,巨额财产来源不明罪是一种持有型犯罪,其在客观方面的表现是行为人持有超过合法收入且来源不

---

① 公民财产的隐私权并非是绝对的。在具有法律规定的义务的前提下,财产所有权人应当如实申报其财产状况,比如纳税。

② 谭明,王北京:《巨额财产来源不明罪基本法理问题研究》,载《广西政法管理干部学院学报》2002 年第 3 期。

③ 刘生荣,张相军,许道敏:《贪污贿赂犯罪》,中国人民公安大学出版社 1999 年版,第 249 页。

明的巨额财产之行为，其本质特征在于行为人持有来源不明的巨额财产之行为，而不是不能说明巨额财产来源合法的行为。[①] 还有学者主张巨额财产来源不明罪是不作为型犯罪，其客观方面的主要特征在于行为人不能说明这一行为。[②] 我们赞同第一种观点。巨额财产来源不明罪的行为方式应当属于复合行为，但其行为方式有可能表现得更为复杂，包括持有、不作为、作为。

对某一犯罪行为方式的正确理解，必须建立在刑法分则具体规范及其所要表达之罪的内涵之上。从巨额财产来源不明罪的形成过程来看，“行为人的财产或者支出明显超过合法收入”是该罪成立的前提，但并非全部的实行行为。在该前提中，行为人的行为表现方式有两种：一是拥有明显超过合法收入的巨额财产，即持有；二是支出明显超过合法收入，即作为。从巨额财产来源不明罪的本质来看，本罪的核心在于追究“其财产收入处在特定状态而又没有说明财产合法来源的负有特定说明义务的特定主体”的刑事责任，惩罚的重点在于对“说明义务”的“不履行”，即行为人的不作为。刑法条文中的“以非法所得论”，是以行为人“不能说明来源”为前提，而非行为人“非法获取巨额财产”为前提。也就是说，国家工作人员拥有来源不明的巨额财产并不当然构成本罪，而是其在负有说明义务的前提下不能说明财产的真实来源时才构成犯罪。因此，本罪的着眼点主要在行为人对其“说明义务”的“违反”，而不在于其非法财产的状况或非法取得的行为。如果仅仅因为犯罪嫌疑人的财产、支出明显超过其合法收入，就对犯罪嫌疑人予以刑罚处罚，则有客观归罪之嫌。上述行为方式是构成巨额财产来源不明罪的客观要件，但是各行为方式在本罪的犯罪构成中地位和作用又不尽相同。我们认为，行为人拥有的财产或者支出明显超过其合法收入的事实，是本罪成立的可罚性前提；行为人无法说明或者拒不说明财产的合法来源，违反了其所应当履行的说明义务，是本罪成立的实质性条件。

（三）巨额财产来源不明罪的追诉期限

有观点认为，由于巨额财产来源不明罪的法定最高刑为五年有期徒刑，根据我国刑法有关追诉时效的规定，国家工作人员拥有来源不明的巨额财产只要超过五年，就不能再追究其刑事责任。在对巨额财产来源不明罪的本质和行为

---

① 李宝岳，吴光升：《巨额财产来源不明罪及证明责任研究》，载《政法论坛》1999 年第 6 期。

② 高铭暄，马克昌：《刑法学》，中国法制出版社 1999 年版，第 1152 页。

方式进行分析的基础上,我们认为,巨额财产来源不明罪的实行行为是国家工作人员拥有来源不明巨额财产延续至被责令其说明时,且在负有说明义务的情况下“不能说明财产来源”。根据《刑法》第89条的规定,“追诉期限从犯罪之日起计算”,这里的犯罪之日即行为符合犯罪构成之日。从司法实践看,行为人被责令说明财产来源时,通常已经进入司法程序或者行政处理程序,不存在超过巨额财产来源不明罪追诉时效的可能性,也即巨额财产来源不明罪的追诉时效应从行为人进入司法程序或者行政处理程序而拒不说明巨额财产来源时起算。[①] 在适用法律上,应按照行为时的法律定罪处罚。从巨额财产来源不明罪的客观要件和追诉期限来看,如果行为人被责令说明财产来源时《刑法修正案(七)》已颁布实施,就应当适用该修正案。

基于上述分析,巨额财产差额的形成仅是构成巨额财产来源不明罪的前提条件,而行为人不能说明财产来源的行为才是构成该罪的实质要件。2009年7月案发后,被告人徐某在侦查、审查起诉期间直至庭审终结,对于自己全部家庭财产中价值人民币849万余元的部分始终不能说明来源。因此,被告人徐某的巨额财产来源不明罪应适用《中华人民共和国刑法修正案(七)》第14条的规定。

四、处理结果

检察机关以被告人徐某行为构成巨额财产来源不明罪向法院提起公诉,法院一审判决适用《刑法修正案(七)》的规定,以巨额财产来源不明罪判处徐某有期徒刑六年。

(林清红)

---

① 方毓敏,杨志国:《巨额财产来源不明罪追诉时效应从查办时起算》,载《检察日报》2009年1月19日。

刑事诉讼法部分

如何理解和运用刑事赔偿中"情节显著轻微危害不大"免责事由

一、基本案情

傅某因涉嫌销售假冒注册商标商品罪于 2010 年 6 月 20 日被公安刑事拘留；同年 7 月 23 日经检察院批准同日由公安机关执行逮捕；同年 12 月 2 日公安侦查终结向检察院移送起诉；经公诉部门审查认定事实如下：

傅某原系世博园环卫工人。2010 年 5 月底傅某在世博园搭识了卖假冒"海宝"的张某等人，二人共同商定，利用傅运垃圾进出园区的工作便利将假冒"海宝"等商品带入世博园，暂存于傅工作的地方，第二天取出交给张贩卖，张每次向傅支付 500 元好处费。傅纠集上夜班的同事李某共同参与，于 5 月至 6 月上旬之间三次帮助运货，共分得赃款 700 元，之后再未参与帮助运货也未分得赃款。6 月 18 日案发时查获的假冒"海宝"等物鉴定价值共计 228 300 元，但现有证据无法查证傅参与的前三次运输的假货数量。

经审查，检察院对该案其他四名嫌疑人提起公诉，并于 2011 年 3 月 1 日向公安机关出具公函，以傅某参与犯罪的证据不足为由建议撤回起诉意见；同年 3 月 7 日公安机关同意撤回案件并将傅某释放，至此傅某已被羁押 261 天。被释放后傅某向检察院提出国家赔偿申请。同年 6 月 9 日，公安机关以《刑事诉讼法》第 130 条"侦查过程中发现不应对嫌疑人追究刑事责任"为由撤案。其同案犯张某等四人分别被法院以销售假冒注册商标商品罪判处相应刑罚。

二、争议焦点

本案争议的焦点在于，对傅某最后撤案的原因是"事实不清、证据不足"的存疑撤案，抑或事实已经查清经认定属于"情节显著轻微、危害不大"。具体而言存在以下分歧意见：

第一种意见认为,本案属于国家赔偿法规定的免责情形,不应予以赔偿。理由如下:①傅某在全案中起到了介绍、帮助的作用,系共同犯罪人之一,应对全案负责。②傅某事后因此分得相应好处费。本案中张某等人共实施了五次偷运假冒商品进入世博园的行为,傅仅参与前三次帮助行为,同时得到了700元好处费,后两次之所以未参与是因为其工作时间由夜班换成日班无法继续实施,而其同事李某(由其介绍一起参与)继续帮助运输行为。综上,傅某参与了销售假冒注册商标商品犯罪,但其符合《刑事诉讼法》15条规定的"情节显著轻微危害不大"情形,属于《国家赔偿法》第19条规定的免责事由。

第二种意见认为,本案不属于《国家赔偿法》的免责情形,而属于事实不清、证据不足撤案,应予以赔偿。理由如下:《国家赔偿法》修订将逮捕的赔偿问题由原来的"违法归责"改为"结果归责",即明确了以结果出发,不论采取逮捕措施之时是否合法,只要最终决定撤案、不起诉或判决无罪终止追究刑事责任,且没有国家免责情形,国家即应赔偿。①本案嫌疑人傅某虽被批准逮捕,但最后由公安机关撤案释放,具备终止追究刑事责任的条件,符合国家赔偿要件。②本案中现有证据仅能证明傅某参与了前三次帮助行为,且该三次涉及的假冒商品数额无法查证,认定傅某销售假冒注册商标商品罪事实不清、证据不足。③检察院对事实不清、证据不足的逮捕案件应承担国家赔偿责任,应该对撤案事由作实质审查,不应一味以公安机关的撤案决定书为准。

三、评析意见

笔者赞同第二种意见,本案傅某系因事实不清、证据不足而撤案,不属于国家免责情形,应予以赔偿,理由如下:

(一)"情节显著轻微危害不大、不认为是犯罪"免责事由是建立在事实已经查清的前提下

我国刑法上的犯罪概念对危害行为既有质的规定,也不乏量的要求,将具有一定社会危害性,但达不到严重程度、不需以刑罚惩罚的一般违法排除在犯罪之外,如没有达到定罪标准的盗窃、贪污及轻微伤害行为等。《刑事诉讼法》第15条规定的"情节显著轻微危害不大、不认为是犯罪"与《刑法》第13条的"但书"桴鼓相应,正是这种限定的法律依据。

"这些违法行为与犯罪的界限,在实践中并非一眼就能看穿,往往需要进一步的侦查甚至在审判阶段才能确定。如在拘留、逮捕阶段由于其行为符合犯罪构成的基本特征,被认为是犯罪。随着侦查的深入、证据收集的完善,又被认为数额较小或结果不严重,不符合刑法规定的犯罪具体特征,而被认为‘情节显著轻微、危害不大,不认为是犯罪’而不能追究刑事责任。”[①]可见,刑事赔偿免责事由中的“情节显著轻微危害不大、不认为是犯罪”是指,行为人实施了一定违法行为被刑事立案,但经过侦查、审查起诉甚至审判,最终未被判决有罪的,对于因刑事追诉需要而予以先行羁押的,国家免责。不管违法还是犯罪,抑或是无罪行为,均系建立在事实已经查清、证据确实充分的前提下做出的判断。若事实尚未查清,相关证据未充分,则不属于该免责事由。

(二)本案傅某撤案事由系“事实不清、证据不足”,不属于免责事由

1. 修改后的《国家赔偿法》第17条第二项的解读

修改后的《国家赔偿法》第17条第二项规定,对公民采取逮捕措施后,决定撤销案件、不起诉或判决无罪终止追究刑事责任的,受害人有取得赔偿的权利。国家赔偿法修订将逮捕的赔偿原则由原来的“违法归责”改为“结果归责”原则,即明确了以结果出发,不论采取逮捕措施之时是否合法,只要最终决定撤案、不起诉或判决无罪终止追究刑事责任,且没有国家免责情形,国家即应赔偿。本案中,现有证据仅能证明傅某参与了前三次帮助行为,系共犯。由于该三次涉及的假冒商品已经销售,批发假冒商品的上家无法找到,具体的销售数额无法查证,属证据不足。后两次运销假冒商品过程中,由于傅某调做日班,没有时间实施参与,由同事李某继续帮助运货。起诉阶段补充的证据表明傅曾对李说外面风声很紧不要再做了,此言词得到李的印证,事后亦未得到好处费。因此,无充分的证据证实傅某是共犯,傅的行为属于事实不清、证据不足,不存在情节显著轻微、危害不大的情况,即不属于国家免责情形。

2. 准确辨认向法院提起公诉认定的事实和法院对张某等同案被告人犯罪事实

向法院提起公诉认定的事实和法院对张某等同案被告人犯罪事实的认定,也是基于查获的最后一次运销假冒商品(其中少部分为第4次卖剩的)中尚未

① 最高人民检察院刑事赔偿工作办公室:《国家刑事赔偿法律解读》,中国检察出版社2010年版,第87页。

销售部分,对前几次未作任何评价。

3. 本案诉讼事实结果表明未将傅某提起公诉而建议公安机关撤回起诉是缘于事实不清、证据不足

鉴于傅某由公安机关释放,并以《刑事诉讼法》第130条"在侦查过程中,发现不应对犯罪嫌疑人追究刑事责任的"规定为由予以撤案,具备终止追究刑事责任的条件,符合国家赔偿要件。

4. 本案的理解

本案中傅某并无《国家赔偿法》第19条规定的故意做虚伪供述、伪造其他有罪证据等属于国家不承担赔偿责任的情形,也不属于《刑法》第17条和18条规定不负刑事责任的免责事由。

(三)作为赔偿义务机关的检察院应当对撤案事由做实质审查

根据新《国家赔偿法》规定,检察院批准逮捕后只要出现判无罪、不起诉或撤案情形,均由检察院作为赔偿义务机关。而实践中涉及国家赔偿的刑事疑案往往回流至公安机关,这就导致出现公安机关是否撤案制约赔偿程序启动、公安机关认定的撤案理由制约检察院赔偿的尴尬局面。换言之,检察院批捕后退回公安的案件,事实上形成了公安机关决定检察院要不要"买单"、公安机关判断检察院能不能"买单"的戏谑之局。正如本案,公安机关以免责事由撤案,如果简单依据该文书而不做实质审查,检察院依法不能赔偿。

由此引发的另一个问题是:作为赔偿义务机关的检察院审查国家赔偿案件时,能否超越公安机关撤案文书上载明的事由,对撤案事由作实质审查,再决定是否予以赔偿?

笔者认为可以,理由如下:其一,权利与义务相对等的理念。检察机关作为赔偿义务机关,是最后承担赔偿责任的"买单人",根据权利义务相对等的原则,其有权自主审查案件事实以做出是否赔偿、如何赔偿的决定。其二,检察机关行使法律监督的职权。检察机关作为我国法律监督机关,依法履行法律监督职责,包括对公安机关立案、撤案活动的监督。法律监督的前提在于还原事实真相,检察机关可以也应当要查清事实,并依法提出监督措施。对撤案事由不应简单以公安撤案文书记载为准,而应审查全案,实事求是做出认定。如审查结论与公安撤案事由不一致的,应以实际审查结论为准。其三,国家赔偿豁免制度的设计原理。"《国家赔偿法》在一定程度上划定了国家活动的界限,维系着

国家权力和公民权利之间的平衡。这一平衡点最集中体现在刑事赔偿免责条款上。国家既要行使权力，又要承担权力使用中发生的对权利侵害的赔偿，同时也享有权力致害的某些豁免情形。”①实践中赔偿义务机关有意引用免责条款规避赔偿义务，或误用、滥用免责条款的现象十分突出，稍有不慎，国家权力便很容易造成对公民权利的侵蚀。国家赔偿案件面对的是已经遭受国家权力侵害的无辜公民，办理赔偿案件时，应本着实事求是的精神，对是否应予赔偿、是否符合免责做实质审查，以避免国家免责条款的滥用对公民私权利造成的“二次侵害”。

四、处理结果

检察机关决定对傅某予以赔偿。

（倪惠华　吴加明）

① 尹伊君，陈晓：《惩罚与保护的平衡点——刑事赔偿国家免责的理论与实践》，载《中国社会科学》2004年第1期。

对公安机关以危险驾驶罪提请批准逮捕的案件应如何处理

——兼论不批准逮捕和不予批准逮捕的区分

一、基本案情

2011年5月2日21时许，犯罪嫌疑人夏某醉酒后驾驶牌号为鲁QH2349小客车在上海市闵行区剑川路、碧江路路口，与顾某某驾驶牌号为沪CMA507小客车发生交通事故。经鉴定，发生事故时夏某血液中乙醇含量为2.93 mg/ml。公安机关立案后，以涉嫌危险驾驶罪向检察机关提请批准逮捕犯罪嫌疑人夏某。

二、争议焦点

《刑法修正案（八）》规定："在道路上驾驶机动车追逐竞驶，情节恶劣的，或者在道路上醉酒驾驶机动车的，处拘役，并处罚金。"可见危险驾驶罪的法定最高刑为拘役。对于这类案件，能否对犯罪嫌疑人批准逮捕；如果不能批准逮捕，应当适用绝对不捕还是相对不捕，在实践中存在以下分歧意见：

第一种意见认为，本案应适用绝对不捕。因为犯罪嫌疑人"绝对"不符合《刑事诉讼法》规定的逮捕条件，检察机关对其只能作出不批准逮捕决定。相对不捕是对犯罪情节较轻，可能判处三年以下有期徒刑或缓刑，同时具备取保候审条件、监视居住条件的或人身自由已受限制，不需采取逮捕强制措施的犯罪嫌疑人作出无逮捕必要的不予批捕决定。而危险驾驶的犯罪嫌疑人并非"无逮捕必要"，即便嫌疑人不具备取保候审、监视居住条件，检察机关也只能不捕。因为一旦逮捕即违反了刑诉法的规定，是明显的违法行为，故为了防止错捕，在不捕时应适用绝对不捕。

第二种意见认为，本案应适用相对不捕。因为绝对不批准逮捕是检察机关进行法律监督，防止错案发生的具体体现。《刑事诉讼法》并无绝对不捕规定，实务中的绝对不捕、相对不捕和存疑不捕也是参照绝对不诉、相对不诉和存疑不诉的规定制定的，故绝对不捕和绝对不诉的内容基本一致。一般而言，对于报捕案件属于《刑事诉讼法》第15条规定的情形之一的作出绝对不捕决定。相对不捕又被称为“定罪不捕”，其与绝对不捕的最大区别是，犯罪嫌疑人涉嫌犯罪的情况下不采取逮捕强制措施，而不采取强制措施的理由之一就是量刑轻。危险驾驶罪的嫌疑人并非不构成犯罪，而是因为其法定量刑较轻而不需适用逮捕强制措施，这与相对不捕的定位是一致，故在不捕时应适用相对不捕。

三、评析意见

笔者同意第一种意见，对于危险驾驶犯罪嫌疑人应适用绝对不捕，理由如下：

（一）不批准逮捕决定和不予批准逮捕决定的适用范围

《刑事诉讼法》并没有对不捕的种类作出区分，高检院提供的格式法律文书有《不批准逮捕决定书》和《不予批准逮捕决定书》两种，两份文书的正文部门除了一个“予”字外并无其他差异，对于这两份文书如何适用，制定文书的高检院研究室认为前者“主要适用于……审查认为犯罪嫌疑人的行为不构成犯罪，不符合逮捕条件，依法作出不批准侦查机关逮捕犯罪嫌疑人决定的情形。”后者“主要适用于……审查认为案件事实不清、证据不足，要求公安机关补充侦查，或者认为犯罪嫌疑人没有逮捕的必要，依法作出不予批准侦查机关逮捕犯罪嫌疑人决定的情形”。[①]

上海检察机关实务中将不捕分为绝对不捕、相对不捕和存疑不捕三种，其中将作出“不批准逮捕决定”的称为绝对不捕、对于作出“不予批准逮捕决定”的分为无逮捕必要的“相对不捕”和证据不足的“存疑不捕”。2002年10月29日上海市人民检察院和上海市公安局颁布的《关于绝对不捕、相对不捕、存疑不捕和有条件批捕的适用条件的规定》（以下简称《规定》），具体区分和规定了三种不捕的情况。但由于当时刑法分则所有犯罪的最高刑都在有期徒刑以上，所有的犯罪都有可能被判处徒刑以上刑罚，实际上刑诉法中的“可能判处徒刑以上刑罚”规定基本被虚置，故《规定》中没有具体规定“绝对不可能判处徒刑以上刑

① 最高人民检察院研究室：《检察文书制作与范例》，中国人民公安大学出版社2002年版，第340—347页。

罚”的情形下适用何种不捕。这也是目前在危险驾驶犯罪嫌疑人适用何种不捕中产生了两种分歧意见的原因。

(二)对于绝对不捕中“绝对”的理解

两种分歧意见的关键争议点在于对“绝对不捕”中“绝对”的理解。前者认为绝对是绝对不符合《刑事诉讼法》规定的逮捕条件而不捕,后者认为是依法绝对不追究刑事责任罪而不捕。《刑事诉讼法》第60条规定的法定逮捕条件有三个:①有证据证明有犯罪事实;②可能判处徒刑以上刑罚;③采取取保候审、监视居住等方法,尚不足以防止发生社会危险性、而有逮捕必要。从逻辑上说,只有符合三个法定逮捕条件才能批准逮捕,而不捕案件肯定没有同时符合这三个逮捕条件。那么无论相对不捕和存疑不捕都是不符合刑诉法规定逮捕条件的。那绝对不捕的“绝对”不符合逮捕条件又当如何解释,从相关司法实务的操作规定来看,其规定的绝对不捕条件包括“无犯罪事实存在,犯罪事实不是犯罪嫌疑人实施的;嫌疑人行为无法律规定为犯罪;嫌疑人无刑事责任能力的;不可抗力、正当防卫紧急避险等不负刑事责任的;其他不认为是犯罪的;犯罪已过追诉时效期限的;告诉才处理犯罪中没有告诉或撤回告诉的;已作刑事处罚的”,这些条件都是不能够以公诉追究犯罪嫌疑人刑事责任的情形。值得注意的是其中也包括告诉才处理犯罪中没有告诉的。可见绝对不捕并不是绝对不构成犯罪的“绝对”,也包括构成犯罪,但却是绝对不能使用公权力进行追诉的情形。由此,我们应当认识到绝对不捕也包括构罪案件,这里的“绝对”应当是绝对不可逮捕的意思。

(三)绝对不捕和绝对不诉的关系

实务中将不起诉也分为绝对不诉、相对不诉和存疑不诉三种情况。有观点认为,绝对不捕的范围应当与绝对不诉相一致,仅只有公诉部门绝对不诉的案件才能适用绝对不捕,而危险驾驶犯罪明显不属于绝对不诉范畴,因此不能适用绝对不捕。笔者认为这种观点完全不区分不捕和不诉的功能,将不捕种类和不诉种类简单化的混同,自然不可能得出正确的结论。诚然不捕和不诉都分为“绝对、相对和存疑”三种类型,但这三种不捕和不诉并非一一对应关系,最为明显的就是相对不捕的案件并非相对不诉的案件。由于逮捕只是解决强制措施,其与起诉的追诉功能具有本质区别,因此对其的把握标准不可能与起诉一一对应。从绝对不起诉又称法定不起诉来看,其体现的是法律规定的绝对性,而对危险驾驶犯罪嫌疑人仅能判处拘役而不符合法律规定的逮捕条件,也是一种

"法定"的不逮捕。而相对不起诉又被称为酌定不起诉，此时的相对意味着经检察官酌定作出了相对而言更合适的不起诉决定，可见不起诉的意志出于检察官的酌定。而危险驾驶的不捕不存在检察官的酌定意志，而纯粹是法定，故更宜认定为绝对不捕。

（四）不批准逮捕和不予批准逮捕的区分应当是权力的法定性和裁量性

我们认为，不论是不捕还是不诉，所谓绝对或相对的区别应当是检察机关是否具有自由裁量权，这一划分是为了区别不捕或不诉的权力来源，即因法律的强制性规定还是检察官的自由裁量意志。绝对不捕案件中，检察机关没有选择是否逮捕的自由裁量空间；而相对不捕案件中，捕与不捕严格来说都不违反法律规定，是检察机关对相对逮捕要件分析裁量后作出的不捕决定，因此相对不捕案件中检察机关具有充分的选择是否逮捕的裁量空间，每个相对不捕案件都是体现检察机关贯彻宽严相济的刑事政策，把握"两扩大、两减少"精神的具体范例，是检察机关裁量意志的反映。同样存疑不捕是基于检察官对于案件证据是否符合"有证据证明犯罪事实"的证明标准判断，也带有一定主观裁量的色彩。所以不予批准逮捕决定中的相对不捕和存疑不捕多少都体现了检察人员的裁量意志，而不批准逮捕决定，则完全是法条内容的直接体现。其实，绝对不诉、相对不诉和存疑不诉案件也可以从自由裁量意志是否介入，作出决定的权力是直接基于法条本身抑或检察官理性判断的角度来分析。从这个角度来说，危险驾驶犯罪嫌疑人的不捕并非出于检察机关自由裁量或自身意志，而是因法律的规定检察机关不能采取逮捕强制措施，是一种绝对不捕。

综上，《刑事诉讼法》第 60 条规定"对有证据证明有犯罪事实，可能判处徒刑以上刑罚的犯罪嫌疑人、被告人，采取取保候审、监视居住等方法，尚不足以防止发生社会危险性，而有逮捕必要的，应即依法逮捕。"其中"可能判处徒刑以上刑罚"是逮捕的必要条件。因危险驾驶不可能满足判处徒刑以上刑罚，故对公安机关提请批准逮捕的危险驾驶犯罪嫌疑人不能逮捕。

四、处理结果

检察机关依法对犯罪嫌疑人夏某作出不批准逮捕（绝对不捕）决定。

（吴　真）

《国家赔偿法》修改后的精神损害赔偿案件如何处理

一、基本案情

2004 年 7 月 21 日上海市某区公安分局对秦某某、邓某某、童某某等人以涉嫌妨害公务罪立案侦查。2004 年 12 月 16 日，邓某某因涉嫌妨害公务罪被该公安分局拘传，次日被刑事拘留。2005 年 1 月 21 日经检察机关批准逮捕，次日由公安机关执行逮捕。2005 年 2 月 26 日，公安机关以邓某某、童某某涉嫌妨害公务罪移送检察机关审查起诉。期间检察机关于 2005 年 3 月 23 日、2005 年 6 月 3 日先后两次退回公安机关补充侦查。2005 年 7 月 4 日公安机关补充侦查后，再次移送检察机关审查起诉。2005 年 8 月 18 日，公安机关为进一步调查取证，将该案撤回起诉，并将邓某某的强制措施变更为取保候审。2006 年 4 月 30 日邓某某被解除取保候审。2010 年 9 月 8 日，公安机关因邓某某不应当被追究刑事责任，决定撤销此案。

期间，2004 年 12 月 16 日邓某某被公安机关刑事拘留后，同年 12 月 27 日，其妻黄某某以邓某某患肝炎需治疗为由申请取保候审。公安机关审查后，认为邓某某所患乙肝不属传染性疾病，决定不予取保候审。邓某某被关押期间，将服用的药物放于看守民警处，按时服用。2005 年 4 月 12 日，民警将其带至普陀区利群医院检查。据邓某某本人陈述，其在被释放后，大约经一年时间，乙肝治愈。

2010 年 12 月 22 日，邓某某以被羁押 246 日后案件被撤销为由，要求检察机关作为赔偿义务机关赔偿其人民币 49 200 元。同时要求赔偿其因被羁押而延误乙肝治疗，造成的医疗费等经济赔偿金 100 000 元、精神损害抚慰金 200 000元，并要求检察机关公开赔礼道歉。2010 年 12 月 24 日，检察机关对邓某某提出的刑事赔偿申请立案审查。

二、争议焦点

本案发生在《国家赔偿法》刚刚修改之后，该案的处理，对提高检察院在实务中法律适用的能动性具有指导性意义。在办理案件过程中，对于新旧法律适用的选择以及是否对邓某某予以精神损害抚慰金赔偿存在两种观点：

第一种意见认为，应当适用修改前《国家赔偿法》程序，对邓某某的精神损害赔偿请求不予支持。

第二种意见认为，应当适用修改后《国家赔偿法》程序，但由于羁押并未造成严重后果，因此对邓某某的精神损害请求不予支持。

三、评析意见

笔者同意上述第二种意见，具体阐述如下：

（一）本案应适用修改后的《国家赔偿法》

邓某某被侵犯人身自由的时间发生在《国家赔偿法》修改之前，而提出赔偿申请是在《国家赔偿法》修改之后。关于此种情况下新旧法律的选择适用问题处理，2011 年 3 月，最高人民法院出台了《关于适用〈中华人民共和国国家赔偿法〉若干问题的解释（一）》，该解释第二条第（二）项规定，侵权行为发生在 2010 年 12 月 1 日以前，但赔偿请求人在 2010 年 12 月 1 日以后提出赔偿请求的，适用修改后的国家赔偿法。根据这一规定，本案应适用修改后的国家赔偿法。

（二）本案不宜支持邓某某的精神损害请求

关于精神损害抚慰金赔偿的问题，修改后的《国家赔偿法》第 35 条规定：有本法第三条或者第十七条规定情形之一，致人精神损害的，应当在侵权行为影响的范围内，为受害人消除影响，恢复名誉，赔礼道歉；造成严重后果的，应当支付相应的精神损害抚慰金。但具体何为严重后果，如何具体确定精神损害抚慰金标准，《国家赔偿法》没有作出规定，目前也没有相关司法解释。唯一能够参考的是，高检申诉厅王晋厅长 2010 年 9 月 18 日在全国检察机关国家赔偿工作座谈会上《关于做好修改后国家赔偿法贯彻实施工作的若干问题》的讲话精神，会议认为“精神损害造成严重后果的”一般指受害人重伤、残疾，以及出现有精神诊断证明的严重精神障碍、精神疾病等情形。

因此本案对于邓某某的精神损害抚慰金赔偿的处理可以从以下几方面进

行把握：

1. 高检院申诉厅相关负责人的讲话精神理解

《国家赔偿法》的实施细则尚未出台，但高检院申诉厅相关负责人的讲话精神已经明确，精神损害造成严重后果的，一般指受害人重伤、残疾，以及出现有精神诊断证明的严重精神障碍、精神疾病等情形；

2. 本案中邓某某提出的因关押而丧失了治疗乙肝的最佳时机不属于上述严重后果之一

他在被关押前就已患有肝炎，关押期间，家属将药物送至看守所，民警按时给其服用，并且还带其至医院进行过检查，尽到了责任。邓某某在释放后，乙肝经治疗已痊愈，未造成任何严重后果。因此，对邓某某不应进行精神损害抚慰金的赔偿。

3.《国家赔偿法》第 35 条关于精神损害赔偿分两个层次

第一层次是一般情况的精神损害，应该在侵权行为影响的范围内，为受害人消除影响，恢复名誉，赔礼道歉；第二层次是造成严重后果的，应当支付相应的精神损害抚慰金。邓某某的情况未造成严重后果，应该按照第一层次来办理。至于以何种方式消除影响，恢复名誉，赔礼道歉，通常情况下在赔偿决定书内写明这一内容即可。邓某某提出希望检察机关通过电视台或报纸进行赔礼道歉，可以派员至邓某某的老家，通过村委会召集相关人员，当场宣读赔偿决定书，作为消除影响、恢复名誉和赔礼道歉的方式。

4. 司法实务的操作考虑

如果在没有相关司法解释出台之前草率进行精神损害赔偿，不仅不利于科学地进行国家赔偿中规定的精神损害赔偿，而且在基层司法活动中也会引起一轮精神损害赔偿的风暴。因此，应严格遵循法律规定，从严把握精神损害抚慰金赔偿。

四、处理结果

检察机关作为赔偿义务机关对邓某某被侵犯人身自由 246 日予以赔偿，并且在侵权行为影响的范围内，为其消除影响，恢复名誉，赔礼道歉；对于邓某某提出的精神损害抚慰金等其他赔偿请求不予支持。

（张雅芳）

后 记

《刑事疑难案例研究(2012)》是由上海市人民检察院法律政策研究室组织编写并公开出版的法律适用类书籍，目前已纳入《上海检察文库》案例汇编类书籍序列。书中所选案例均是近年来上海司法实践中出现的典型疑难案件和新罪名、新类型案件。它们为理论界全面深入地了解司法实践提供了翔实的素材，同时，对其研究的成果将为实务部门执法办案提供主要参考依据。

《刑事疑难案例研究(2012)》分为“刑法总则”、“刑法分则”和“刑事诉讼法”三个部分，共123篇。编排顺序上，刑法总则选编案例19篇，内容涉及责任主体、正当防卫、共同犯罪、自首认定等疑难问题；刑法分则选编案例101篇，按照刑法分则章节顺序进行编排；刑事诉讼法案例选编3篇，涉及刑事赔偿、批准逮捕等问题。

本书的编写得到了市院相关部门和各分院、区县院的高度重视和大力支持，其中浦东、长宁、虹口、杨浦、宝山、嘉定、松江等7家区院研究室除组织、参与撰写部分案例外，还承担了本书的初稿校对工作。长宁区院研究室赵宁同志花费了大量的精力，对本书进行了第二次校对，保证了本书的质量。松江区院研究室贺英、嘉定区院研究室梁春程等同志在本书的后期编辑中也做了大量工作。在此，对他们的辛勤付出一并表示感谢。

需要说明的是，本书所选案例都是疑难案例，在司法实践中存在较大争议，评析意见仅代表作者个人意见，所述理由仅供参考。此外，随着刑法理论的不断发展和犯罪形势的日益演变，对本书案例反映出的争议问题，理论界和司法实务部门可能会产生新的认识和进一步的理解。由于我们水平有限，在本书的编辑中难免会有不当之处，希望司法实务界的同仁和刑法理论界的专家予以批评指正。

编 者

2013年2月